HENNINGER · ARABICA SACRA

ORBIS BIBLICUS ET ORIENTALIS

Im Auftrag des Biblischen Institutes der Universität
Freiburg Schweiz
und des Seminars für Biblische Zeitgeschichte
der Universität Münster
herausgegeben von
Othmar Keel,
unter Mitarbeit von Bernard Trémel und Erich Zenger

Zum Autor:

Joseph Henninger (1906), seit 1926 Mitglied der Gesellschaft des Göttlichen Wortes (SVD), 1932 zum Priester geweiht, seit 1934 Mitglied des Anthropos-Institutes, studierte 1926–1939 Philosophie und Theologie in St. Augustin (Rhld.) und Rom, Ethnologie, Prähistorie, physische Anthropologie, Orientalistik und Religionswissenschaft in Wien, Rom (Bibelinstitut) und Freiburg Schweiz, war 1945–1954 Privatdozent für Ethnologie (besonders Westasiens, Nord- und Ostafrikas) an der Universität Freiburg Schweiz, 1954–1956 ebendort außerordentlicher Professor, 1956–1976 ebendort Titularprofessor, 1964–1974 Lehrbeauftragter für Kulturgeschichte des Vorderen Orients an der Universität Bonn, 1936–1949 stellvertretender Schriftleiter, 1977–1979 Hauptschriftleiter der Zeitschrift Anthropos. Außer seiner theologischen Dissertation (S. Augustinus et doctrina de duplici justitia. Mödling bei Wien 1935) veröffentlichte er: «Die Familie bei den heutigen Beduinen Arabiens und seiner Randgebiete» (Leiden 1943); «Spuren christlicher Glaubenswahrheiten im Koran» (Schöneck/Beckenried 1951); «Über Lebensraum und Lebensformen der Frühsemiten» (Köln und Opladen 1968); «Les fêtes de printemps chez les Sémites et la Pâque israélite» (Etudes Bibliques, Paris 1975), ferner über 120 größere und kleinere Artikel in wissenschaftlichen Zeitschriften, Enzyklopädien, Festschriften und anderen Sammelwerken, sowie mehr als 500 Rezensionen in wissenschaftlichen Zeitschriften.

ORBIS BIBLICUS ET ORIENTALIS 40

JOSEPH HENNINGER SVD

ARABICA SACRA

Aufsätze zur Religionsgeschichte Arabiens
und seiner Randgebiete

Contributions à l'histoire religieuse de l'Arabie
et de ses régions limitrophes

UNIVERSITÄTSVERLAG FREIBURG SCHWEIZ
VANDENHOECK & RUPRECHT GÖTTINGEN
1981

CIP-Kurztitelaufnahme der Deutschen Bibliothek

Henninger, Joseph:

Arabica Sacra: Aufsätze zur Religionsgeschichte
Arabiens und seiner Randgebiete / Joseph Henninger.
Freiburg, Schweiz: Universitätsverlag;
Göttingen: Vandenhoeck und Ruprecht, 1981.

(Orbis biblicus et orientalis; 40)
ISBN 3-7278-0250-2 (Universitätsverlag)
ISBN 3-525-53348-9 (Vandenhoeck und Ruprecht

Veröffentlicht mit der Unterstützung des Hochschulrates
der Universität Freiburg Schweiz

Paulusdruckerei Freiburg Schweiz

INHALTSVERZEICHNIS – TABLE DES MATIÈRES

Rezensionen – Comptes rendus

VORWORT

«Den Übergang vom Alten Testament zu den *Arabern* habe ich gemacht in der Absicht, den *Wildling* kennen zu lernen, *auf den von Priestern und Propheten das Reis der Thora Jahve's gepfropft ist.* Denn ich zweifle nicht daran, daß von der ursprünglichen Ausstattung, mit der die Hebräer in die Geschichte getreten sind, sich durch die Vergleichung des arabischen Altertums am ehesten eine Vorstellung gewinnen läßt. Nun versteht es sich freilich, daß dabei vorzugsweise *das unverfälschte Arabertum der vorislamischen Zeit* in Betracht kommt.» So schrieb J. WELLHAUSEN im Jahre 1882 [1]. Aus dieser Einstellung heraus, die seit dem 18. Jahrhundert weit verbreitet war, verfaßte er dann etwas später sein klassisches Werk «Reste arabischen Heidentums» [2].

Nun hat sich im Laufe der fast hundert Jahre, die inzwischen vergangen sind, zwar herausgestellt, daß WELLHAUSENS Sicht zu einseitig war, und daß er vor allem den Ergebnissen der Assyriologie zu wenig Aufmerksamkeit geschenkt hat. Wie Prof. O. KEEL feststellt, haben sich seit dem Ende des 19. Jahrhunderts die Alttestamentler stärker mit den vorderasiatischen Kulturen und gelegentlich mit Ägypten, aber – von Ausnahmen abgesehen – nur noch selten mit Altarabien beschäftigt [3].

Daß dabei nun wieder manche wichtige Aspekte zu wenig berücksichtigt werden, hatte O. KEEL im Verlaufe seiner umfassenden und vielseitigen Studien schon früh erkannt. Aus seinem lebendigen Interesse für Arabien heraus

---

[1] WELLHAUSEN, Muhammed in Medina. Das ist Vakidi's Kitab al Maghazi in verkürzter deutscher Wiedergabe. (Berlin 1882) 5 [Hervorhebungen von mir. J. H.].

[2] Berlin 1887; ²Berlin 1897 (Nachdruck Berlin und Leipzig 1927); (3. unveränderte Auflage) Berlin 1961.

[3] O. KEEL, Altarabien und die Bibel. Zum Werk von Prof. DDr. J. Henninger. Schweizerische Kirchenzeitung 144 (1976) Nr. 26, pp. 403–405.

hatte er mir bereits im Jahre 1972 vorgeschlagen, eine Anzahl Aufsätze aus meinem speziellen Arbeitsgebiet, die – in verschiedenen Zeitschriften und Sammelwerken publiziert – für Bibelwissenschaftler von Interesse sein konnten, in einem Sammelband zu veröffentlichen. Wir stellten eine Liste von 35 größeren und kleineren Arbeiten zusammen, die unter dem Titel «Arabica sacra et profana» in der Reihe «Orbis Biblicus et Orientalis» erscheinen sollten. Dieser Band wurde in einem Prospekt «Arbeiten aus dem Biblischen Institut der Universität Freiburg Schweiz» bereits für das Jahr 1976 oder 1977 angekündigt; doch zog sich die Arbeit an den Addenda et Corrigenda länger als vermutet hin.

Deshalb machte mir Prof. O. Keel jetzt den Vorschlag, 16 bereits bearbeitete Manuskripte, die sämtlich religionswissenschaftlichen Inhalts sind, in einem ersten Band unter dem Titel «Arabica sacra» zu veröffentlichen und später die restlichen Beiträge Nr. 17–35 in einem zweiten Band unter dem Titel «Arabica varia» folgen zu lassen.

Dank diesem entgegenkommenden Vorschlag liegt nun der Band «Arabica sacra» vor. Er bringt die Artikel (und Rezensionen) in der Originalform; die ursprünglichen Seitenzahlen sind in Klammer vermerkt, größere Veränderungen betreffen lediglich die Transkription sowie die Abkürzungen für Zeitschriften und Sammelwerke, die vereinheitlicht wurden. Manche Wiederholungen waren dabei unvermeidlich, weil jeder Beitrag ursprünglich etwas in sich Geschlossenes war und auch nicht gekürzt werden konnte, ohne den Zusammenhang zu zerreißen. Hinweise («siehe oben», «siehe unten») ohne weitere Spezifizierung beziehen sich immer auf den gleichen Artikel; dabei vorkommende Seitenzahlen sind die alten, wie sie in Klammer angegeben sind. Hinweise auf andere Artikel sind mit deren Nummer versehen (z.B. «siehe oben Nr. 3», «siehe unten Nr. 12»). Wenn auf Artikel verwiesen wird, die in dem späteren Band «Arabica varia» veröffentlicht werden sollen, so ist der Nummer des Artikels die Abkürzung ArV vorangestellt.

Eine leere eckige Klammer [ ] weist den Leser darauf hin, daß am Schluß des Artikels unter der Überschrift «Addenda et Corrigenda» zu dieser Stelle ein Zusatz gemacht wurde.

Für die Genehmigung zum Abdruck der betreffenden Beiträge danke ich dem Anthropos-Institut, dem Centro di Studi Semitici (Università di Roma), dem Frobenius-Institut für Kulturmorphologie (Frankfurt a. M.), dem Institut für Völkerkunde der Universität Wien, dem Verlag Otto Harrassowitz

(Wiesbaden), den Zeitschriften Bibel und Kirche, Biblica, Ethnos (Stockholm) und der Zeitschrift für Ethnologie.

Ganz besonders herzlich möchte ich zum Schluß den Professoren O. KEEL und P. J. D. BARTHÉLEMY danken, die mir in großzügiger Weise die Veröffentlichung dieser gesammelten Aufsätze angeboten und der Vollendung dieses Bandes viel Sorgfalt und Mühe gewidmet haben.

Es bleibt mir nur noch der Wunsch, daß diese Studien dazu beitragen, Gottes Wort in der Heiligen Schrift, vor allem des Alten Testamentes, immer tiefer und lebendiger zu erfassen.

St. Augustin (Rhld.), am Feste Christi Himmelfahrt, den 4. Mai 1978

P. JOSEPH HENNINGER, SVD

[Korrekturzusatz: Während der Drucklegung wurden noch einige Hinweise auf 1978–1980 erschienene Publikationen eingefügt].

1

LA RELIGION BÉDOUINE PRÉISLAMIQUE

(1959)

Introduction

[115] Décrire la religion arabe préislamique, et surtout la religion *bédouine* préislamique, est une tâche pas moins difficile que de brosser un tableau de la société bédouine ancienne, à cause des lacunes de la documentation. Ce n'est pas sans raison que J. WELLHAUSEN a intitulé son livre traitant ce sujet: «Restes de la gentilité arabe» [1]. Ceci est évident quand nous nous rappelons ce qui a été dit, dans le chapitre sur la société bédouine, au sujet des sources à notre disposition, introduction qu'il ne faut pas répéter ici [2]. La littérature cunéiforme, l'Ancien Testament, les auteurs classiques, tant grecs que latins, ne nous apprennent que peu de chose sur le phénomènes religieux en Arabie ancienne. Ce ne sont que les écrivains byzantins et syriaques, et surtout arabes – tous assez tardifs – qui nous fournissent des renseignements plus détaillés, renseignements qui, pourtant, sont toujours loin d'être systématiques ou complets. Il n'est donc pas étonnant qu'aucune tentative d'écrire une monographie sur la religion arabe préislamique ne semble avoir été faite en Europe, avant [116] le 17e siècle, à cause même

---

[1] J. WELLHAUSEN, Reste arabischen Heidentums (Berlin 1887; [2]1897, réimpression 1927).

[2] Pour ces sources, voir J. HENNINGER, La société bédouine ancienne, dans: L'antica società beduina – La société bédouine ancienne – Ancient Bedouin Society – Die altbeduinische Gesellschaft. Studi di W. DOSTAL, G. DOSSIN, M. HÖFNER, J. HENNINGER, F. GABRIELI, raccolti da FRANCESCO GABRIELI (Studi Semitici 2. Università di Roma – Centro di Studi Semitici. Roma 1959), pp. 69–93 [voir ArV, nº 17], surtout pp. 71–76.

de ce manque de documents appropriés. La documentation classique et biblique étant trop maigre, les inscriptions cunéiformes encore inconnues, on ne pouvait penser à entreprendre une telle tâche avant que les auteurs arabes fussent, au moins dans une certaine mesure, accessibles à l'Occident. Dès le 10e siècle, il est vrai, on traduisit en Espagne des ouvrages arabes en latin ou en des langues européennes vivantes. Ce furent d'abord, surtout, des traités de philosophie, d'astronomie, de mathématiques, de médecine, etc. puis le Coran et d'autres livres ayant trait à la religion islamique. Les renseignements sur l'Arabie préislamique se trouvent surtout dans les ouvrages des historiens, traditionnistes et juristes musulmans qui ne furent portés à la connaissance de l'Europe chrétienne qu'à partir de la Renaissance et seulement petit à petit [3].

Le premier à décrire ex professo la religion préislamique fut EDWARD POCOCKE, dans son Specimen historiae Arabum (Oxford 1649) [4]. Puis, après un intervalle de presque deux siècles, FR. G. BERGMANN publia (en 1834) sa thèse sur la religion arabe préislamique [5], essai méritoire pour son temps, sans doute, mais bientôt dépassé par les travaux de E. OSIAN- [117] DER (en 1853) [6], de L. KREHL (en 1863) [7] et, surtout, ceux de J. WELLHAUSEN dont le plus important a déjà été mentionné, les Reste arabischen Heidentums, parus pour la première fois en 1887 [8]. Wellhausen y utilisa surtout le *Kitāb al-aṣnām,* «Le livre des idoles», d'IBN AL-KALBĪ, qui n'était alors connu que grâce aux citations contenues dans le dictionnaire géographique

[3] Voir J. FÜCK, Die arabischen Studien in Europa bis in den Anfang des 20. Jahrhunderts (Leipzig 1955), surtout pp. 1–166, passim; cf. aussi: F. WÜSTENFELD, Die Übersetzungen arabischer Werke in das Lateinische seit dem 11. Jahrhundert (Abhandl. der Ges. der Wiss. zu Göttingen, Hist.-phil. Classe 22 [1877] Nr. 2); U. MONNERET DE VILLARD, Lo studio dell'Islām in Europa nel XII e nel XIII secolo (Città del Vaticano 1944); autres références in J. HENNINGER, Sur la contribution des missionnaires à la connaissance de l'Islam, surtout pendant le moyen âge. NZM 9 (1953) 161–185. [ ]

[4] L'exposé de POCOCKE fut largement utilisé par G. SALE dans l'introduction à sa traduction du Coran (London 1734), et par beaucoup d'auteurs qui dépendent ou de l'un ou de l'autre; voir G. PFANNMÜLLER, Handbuch der Islam-Literatur (Berlin und Leipzig 1923), pp. 91, 96, 164, 171–172, 209, 216.

[5] FR. G. BERGMANN, De religione Arabum anteislamica dissertatio historico-theologica (Argentorati [= Strasbourg] 1834).

[6] E. OSIANDER, Studien über die vorislâmische Religion der Araber. ZDMG 7 (1853) 463–505.

[7] L. KREHL, Über die Religion der vorislamischen Araber (Leipzig 1863).

[8] Voir plus haut, note 1.

de YĀQŪT. W. R. SMITH, en revanche, dans les Lectures on the Religion of the Semites parues d'abord en 1889, ne contribua à la connaissance de la religion arabe préislamique que par des explications spéculatives. Pour les faits, il s'appuyait sur l'ouvrage de WELLHAUSEN [9]. On peut en dire presque autant de M.-J. LAGRANGE [10] qui, du reste, comme W. R. SMITH, apporta de nombreuses contributions de valeur sur les religions des autres peuples sémitiques. Th. NÖLDEKE, au contraire, fit avancer nos connaissances en ce domaine non seulement par sa critique positive [11], mais aussi par une synthèse nouvelle [12].

Vers la fin du 19e et du 20e siècle, l'épigraphie sud-arabe et, en général, proto-arabe, qui ne joue encore presque [118] aucun rôle dans l'ouvrage de WELLHAUSEN, était, de plus en plus, prise en considération. Bien qu'elle ne concerne que relativement peu les nomades, elle fut choisie par D. NIELSEN, depuis 1904, comme point de départ pour la reconstruction d'une religion astrale proto-sémitique commune, donc attribuée également aux Bédouins arabes – théorie par trop spéculative qui rencontra une forte opposition [13]. Des travaux plus solides furent suscités par la découverte du texte complet du *Kitāb al-aṣnām*, d'IBN AL-KALBĪ, publié au Caire en 1913 par AḤMAD

[9] W. R. SMITH, Lectures on the Religion of the Semites. The Fundamental Institutions (London 1889; ³1927). Voir ibid. pp. XVI–XVII: «For Arabia I have been able to refer throughout to my friend WELLHAUSEN's excellent volume, Reste arabischen Heidenthumes (Berlin 1887), in which the extant material for this branch of Semitic heathenism is fully brought together, and criticised with the author's well-known acumen».

[10] M.-J. LAGRANGE, Etudes sur les religions sémitiques (²Paris 1905).

[11] TH. NÖLDEKE, compte rendu sur: W. R. SMITH, Kinship and Marriage in Early Arabia (London 1885): ZDMG 40 (1886) 148–187; IDEM, compte rendu sur: J. WELLHAUSEN, Reste arabischen Heidenthumes (Berlin 1887): ZDMG 41 (1887) 707–726.

[12] TH. NÖLDEKE, Art. Arabs (Ancient). ERE I (1908) 659a–673a.

[13] D. NIELSEN, Die altarabische Mondreligion und die mosaische Überlieferung (Straßburg 1904); IDEM, Der dreieinige Gott in religionshistorischer Beleuchtung. I. København 1922. II/1. 1942; IDEM, Handbuch der altarabischen Altertumskunde I (Paris-Kopenhagen-Leipzig 1927), et d'autres publications. Pour la critique de ces théories voir: G. FURLANI, Triadi semitiche e Trinità cristiana. Bulletin de l'Institut d'Egypte 6 (1924) 115–133; E. DHORME, La religion primitive des Sémites. A propos d'un ouvrage récent. RHR 128 (1944) 5–27; A. JAMME, Le panthéon sud-arabe préislamique d'après les sources épigraphiques. LM 60 (1947) 57–147; IDEM, D. Nielsen et le panthéon sud-arabe préislamique. RB 55 (1948) 227–244; autres références in J. HENNINGER, Anth 37/40 (1942/45) 802–805; cf. aussi HENNINGER, ZfE 79 (1954) 107–110; IDEM, Anth 53 (1958) 743.

ZAKĪ PACHA [14], traduit plus tard en allemand et en anglais [15] et commenté en de nombreux articles [16].

G. RYCKMANS a le mérite d'avoir fourni un nouveau travail synthétique dans sa monographie Les religions arabes [119] préislamiques, parue d'abord en 1947 [17], dans laquelle il utilisa abondamment le matériel épigraphique (qui s'accroît toujours), en évitant soigneusement les théories hasardeuses de D. NIELSEN. Tout récemment, J. CHELHOD a essayé de donner, dans ses travaux sur la religion et l'organisation sociale de l'Arabie préislamique [18], des vues d'ensemble, cependant discutables à plusieurs égards. Enfin, dans les introductions des biographies de Mahomet [19] et des monographies sur l'Islam [20], on trouve toujours des passages, plus ou moins longs, sur la situation religieuse de l'Arabie préislamique.

---

[14] Le Caire 1913, ²1924 (réimpression du texte dans R. KLINKE-ROSENBERGER, voir note 15).

[15] Voir R. KLINKE-ROSENBERGER, Das Götzenbuch *(Kitâb al-Aṣnâm)* des Ibn al-Kalbî (Leipzig 1941); N. A. FARIS, The Book of Idols, being a Translation from the Arabic of the *Kitāb al-Aṣnām* by Hishām Ibn al-Kalbī (Princeton, New Jersey 1952).

[16] Voir, par exemple: M. S. MARMARDJI, Les dieux du paganisme arabe d'après Ibn al-Kalbî. RB 35 (1926) 397–420; H. S. NYBERG, Bemerkungen zum «Buch der Götzenbilder» von Ibn al-Kalbī, in ΔΡΑΓΜΑ, Martino P. Nilsson A. D. IV. Id. Jul. Anno MCMXXXIX dedicatum (Lund 1939), pp. 346–366; F. STUMMER, Bemerkungen zum Götzenbuch des Ibn al-Kalbî. ZDMG 98 (N. F. 23) (1944) 377–394; A. JEPSEN, Ibn al-Kalbîs «Buch der Götzenbilder». Aufbau und Bedeutung. TLZ 72 (1947), col. 139–144.

[17] G. RYCKMANS, Les religions arabes préislamiques, dans M. GORCE et R. MORTIER, Histoire générale des religions IV (Paris 1947), pp. 307–322, 526–534; ²Louvain 1951 (Bibliothèque du Muséon, Vol. 26); cf. E. DHORME, Les religions arabes préislamiques d'après une publication récente. RHR 133 (1947–48) 34–48.

[18] J. CHELHOD, Le sacrifice chez les Arabes (Paris 1955); IDEM, Introduction à la sociologie de l'Islam. De l'animisme à l'universalisme (Paris 1958), ainsi que plusieurs articles, surtout dans la RHR. Pour une critique concernant quelques détails voir: HENNINGER, Anth 50 (1955) 106 avec note 135; IDEM, Anth 53 (1958) 748–757, passim, 758, note 123, 786, 792, note 312, 795, note 339. Une critique générale reste encore à faire. [ ]

[19] Voir, par exemple: F. BUHL, Das Leben Muhammeds. Deutsch von H. H. SCHAEDER (Leipzig 1930; Heidelberg ²1955); T. ANDRAE, Mohammed. Sein Leben und sein Glaube (Göttingen 1932; traduction française: Mahomet, sa vie et sa doctrine, Paris 1945); W. M. WATT, Muhammad at Mecca (Oxford 1953; traduction française: Mahomet à La Mecque. Paris 1958); IDEM, Muhammad at Medina (Oxford 1956); [ ] M. GAUDEFROY-DEMOMBYNES, Mahomet (Paris 1957); R. PARET, Mohammed und der Koran (Stuttgart 1957). [ ]

[20] Voir, par exemple: F. M. PAREJA, Islamologia (Roma 1951); cf. aussi M. GUIDI, Storia e cultura degli Arabi fino alla morte di Maometto (Firenze 1951), surtout pp. 122–143.

L'ampleur de cette littérature semblerait démentir la remarque faite au début, que la documentation est maigre et qu'il est difficile de brosser un tableau d'ensemble de la reli- [120] gion bédouine préislamique. Cependant, cette difficulté existe en fait. Les ouvrages traitant ce sujet contiennent de nombreuses déductions, plus ou moins justifiées, par lesquelles les auteurs essaient de remplir les lacunes des données positives. D'autre part, on parle trop souvent *des* Arabes ou même *des* Sémites, sans distinguer toujours entre nomades et sédentaires [21]. En général, cependant, on sépare nettement du reste de la péninsule les hautes civilisations de l'Arabie méridionale [22]. Plus exact que tous ses prédécesseurs, G. RYCKMANS fait une distinction tripartite: Arabie centrale (où les inscriptions font défaut), Arabie septentrionale (connue par les inscriptions liḥyānites, thamoudéennes et ṣafaïtiques), et Arabie méridionale (également connue surtout par l'épigraphie) [23]. Mais même en nous bornant à l'Arabie centrale, nous avons souvent du mal à discerner clairement les cultes des nomades et ceux des sédentaires.

On croirait progresser en prenant en détail les renseignements que nous fournit, par exemple, IBN AL KALBĪ. Celui-ci dit souvent: «La tribu telle et telle adorait la divinité telle et telle». Il ne faut donc, semble-t-il, que classer les tribus en nomades et sédentaires. Cependant, ces indications sont souvent de peu de valeur pour la solution de la question présente, car beaucoup de tribus étaient en partie nomades, en partie sédentaires, et les nomades vivaient souvent en symbiose avec une ou plusieurs oasis qui étaient aussi leurs centres religieux. On a constaté que souvent les prêtres (ou mieux, gardiens) du sanctuaire appartenaient à une autre tribu qui avait émigré, tandis que les familles «sacerdotales» étaient restées [121] sur place [24]. Ce que nous savons sur les cultes de l'Arabie préislamique concerne surtout les cultes des oasis auxquelles les Bédouins venaient en pèlerins, en s'associant

---

[21] W. R. SMITH suppose une religion commune primitive de tous les Sémites, ce qui est déjà exprimé dans le titre de son ouvrage: «Lectures on the Religion of the Semites». M.-J. LAGRANGE écrit plus prudemment: «Etudes sur les religions sémitiques».

[22] Cf. J. HENNINGER, Das Opfer in den altsüdarabischen Hochkulturen. Anth 37/40 (1942/45) 779–810, surtout pp. 787–793, 805–810. [Voir plus bas, nº 7].

[23] Voir G. RYCKMANS, op. cit., pp. 7–18: Arabie centrale, pp. 19–24: Arabie septentrionale, pp. 25–49: Arabie méridionale. [ ]

[24] Voir BUHL, op. cit., pp. 73–74, 81–82; autres références in J. HENNINGER, Anth 50 (1955), 119–120.

aux pratiques religieuses des sédentaires [25]. (Il y avait, cependant, aussi des sanctuaires mobiles; c'est le mérite de H. LAMMENS d'avoir signalé ce fait qui est d'une grande importance [26]).

Dans les théories sur les rapports entre la religion des sédentaires et celle des Bédouins il y a *deux tendances,* dont l'une, pourtant, n'exclut pas toujours complètement l'autre. L'une procède de la supposition que les nomades sont, quant à la religion, plutôt indifférents [27] et sans originalité (religiös unproduktiv), et que leurs divinités sont *des emprunts faits aux civilisations supérieures* (gesunkenes Kulturgut) [28]. Selon l'autre tendance, les nomades représentent *une forme plus primitive de la religion* sémitique. La forme la plus extrême [122] de la première tendance se trouvait dans l'école panbabyloniste du début de ce siècle [29], dont les opinions sont, en général, abandonnées. Si C. E. DUBLER, tout récemment, se réclame de nouveau de H. WINCKLER [30], il ne s'agit que de quelques détails des opinions de celui-ci.

---

[25] Voir SMITH, Religion, pp. 111–113; cf. aussi G. LEVI DELLA VIDA, Les Sémites et leur rôle dans l'histoire religieuse (Paris 1938), pp. 81–91 passim, surtout pp. 89–91, et 116–117, note 40; GAUDEFROY-DEMOMBYNES, op. cit., pp. 34–39. [ ]

[26] Voir H. LAMMENS, Le culte des bétyles et les processions religieuses chez les Arabes préislamites. BIFAO 17 (1919), réimprimé dans l'ouvrage de H. LAMMENS, L'Arabie Occidentale avant l'Hégire (Beyrouth 1928), pp. 101–179; J. MORGENSTERN, The Ark, the Ephod and the «Tent of Meeting» (Cincinnati 1945), passim, surtout pp. 1–77 (où d'autres références); cf. aussi HENNINGER, IAE 42 (1943) 23–26, surtout 26, note 116; IDEM, Anth 50 (1955) 121, note 189; R. DUSSAUD, La pénétration des Arabes en Syrie avant l'Islam (Paris 1955), pp. 113–117. [ ]

[27] Voir SMITH, Religion, p. 47; WELLHAUSEN, Reste, [2] pp. 224–228; NÖLDEKE, ERE I (1908) 659b. Ces références pourraient être beaucoup plus nombreuses.

[28] Voir W. CASKEL, in Le antiche divinità semitiche (Roma 1958), pp. 104–105 (cf. S. MOSCATI, ibid., pp. 120–121); W. CASKEL, ZDMG 103 (1953) 31* (traduction anglaise: The Bedouinization of Arabia, in Studies in Islamic Cultural History, edited by G. E. VON GRUNEBAUM [The American Anthropological Association. Memoir N° 76. April 1954, Menasha, Wisconsin], p. 39); IDEM, Die Bedeutung der Beduinen in der Geschichte der Araber (Köln und Opladen 1953), p. 6.

[29] Voir par exemple H. WINCKLER, Arabisch-Semitisch-Orientalisch. MVG 6 (1901) 151–373, passim. – Ce n'est qu'à titre de curiosité qu'il faut mentionner ici AHMAD-BEY KAMAL, Les idoles arabes et les divinités égyptiennes (Recueil de travaux relatifs à la philologie et à l'archéologie égyptiennes et assyriennes, 24e année [Nouvelle série, tome 8e] [Paris 1902], pp. 11–24). Cet auteur dresse une liste de divinités qui auraient été identiques en Egypte ancienne et en Arabie. Selon l'égyptologue WERNER VYCICHL, tout cela est inadmissible (lettre du 26 mai 1959). Du reste, cette théorie hasardeuse ne semble pas avoir trouvé de partisans.

[30] Voir C. E. DUBLER, Survivances de l'ancien Orient dans l'Islam (Considérations générales). SI 7 (1957) 47–75, surtout 53–54; IDEM, Das Weiterleben des Alten Orients im Islam (Antrittsvorlesung, Zürich 1958), pp. 5–6.

En tout cas, l'influence babylonienne, soit qu'elle était forte, soit qu'elle était faible, s'est certainement fait sentir davantage chez les *sédentaires* arabes et n'a atteint les Bédouins que de façon plutôt indirecte. On est donc, en quelque manière, ramené à l'opinion de W. CASKEL sur des influences s'exerçant au dedans de l'Arabie [31].

Considérons maintenant l'autre tendance, celle qui voit dans la religion des Bédouins une forme *plus ancienne* que celle des sédentaires. Elle admet, en général, une évolution montante du moins parfait au plus parfait. Ce qu'on indique comme point de départ est, d'ailleurs, très différent selon les théories.

1. Selon les uns, c'est le *fétichisme* le plus crû, le culte de pierres et d'objets semblables; déjà des auteurs grecs ont dit que les Arabes adoraient les pierres [32].

[123] 2. Une autre opinion qui vit le jour dans le domaine des études sémitiques sous l'influence de E. B. TYLOR et y fit fortune est celle de l'*animisme*. D'après cette théorie, on ne connaît pas encore, dans les phases les plus primitives de la religion, de divinités à personnalité distincte, mais seulement des esprits, êtres collectifs et anonymes. On interprète les *ǧinn* arabes comme représentant ce stade primitif, et on attribue souvent aux Bédouins l'origine de la croyance aux *ǧinn*, alors qu'on attribue aux sédentaires la formation de divinités distinctes. WELLHAUSEN s'est fait le champion de cette théorie [33], qui se trouvait dans toute sa vigueur première à la fin du 19e siècle, et, malgré toutes les critiques [34], elle compte encore aujourd'hui des partisans convaincus [35].

---

[31] Voir CASKEL, plus haut, note 28.

[32] Les témoignages les plus anciens semblent être ceux de MAXIME DE TYR et de CLÉMENT D'ALEXANDRIE: voir les références in G. E. VON GRUNEBAUM, Medieval Islam (2 Chicago 1953), p. 131, note 89; cf. aussi A. BERTHOLET, Über kultische Motivverschiebungen. SPAW 18 (Berlin 1938), pp. 164–184, surtout pp. 165–169; E. G. GOBERT, Essai sur la Litholâtrie. Revue africaine 92 (1948) 24–110, passim; autres références in HENNINGER, ZfE 79 (1954) 103–106; IDEM, Anth 50 (1955) 107–109; DUSSAUD, op. cit., pp. 41–42; cf. aussi LAMMENS, op. cit., passim; KREHL, op. cit., pp. 69–73. [ ]

[33] Voir WELLHAUSEN, Reste2, pp. 211–214.

[34] Voir LAGRANGE, op. cit., pp. 16–28, surtout pp. 16–18; cf. aussi W. SCHMIDT, UdG 2I (Münster i. W. 1926), pp. 20–55, 69–133, passim. [ ]

[35] Il faut que je me borne à quelques exemples des plus récents: CHELHOD, Sociologie, pp. 15, 42–64, passim, 77–83, 88–90, 180–181; GAUDEFROY-DEMOMBYNES, op. cit., pp. 25, 26, 29, 32–33.

3. Une troisième théorie, moins importante, le *manisme*, a vu les prédécesseurs des dieux non pas dans les esprits de la nature, mais dans les ancêtres, dont le culte existait certainement chez les Bédouins préislamiques [36].

4. Récemment, une autre théorie a été proposée qui place au commencement de la religion *le sacré impersonnel*, la force non encore personnifiée; selon J. Chelhod, chez les Bédouins [124] ce sacré impersonnel était encore trop diffus pour constituer de véritables objets de culte [37].

5. Il ne faut plus revenir sur la théorie *totémique* de W. R. Smith, par laquelle il veut expliquer non seulement des phénomènes sociaux mais aussi religieux; nous en avons traité dans le chapitre sur la société bédouine [38].

6. Selon D. Nielsen, il y a au début de la religion nomade sémitique la *triade astrale* Soleil-Lune-Vénus, dont la lune a plus d'importance chez les nomades et le soleil chez les sédentaires [39].

7. Enfin, on a vu la forme la plus ancienne de la religion sémitique dans un *monothéisme* assez pur. On connaît la formule de M.-J. Lagrange: «*El*, le dieu commun, primitif et très probablement unique des Sémites» [40]. W. Schmidt se range à cet avis, basé sur une documentation beaucoup plus ample pour les autres peuples nomades pasteurs [41]; il admet la même croyance aussi pour les anciens nomades sémites, y compris les Bédouins arabes préislamiques [42], pour lesquels il y a une étude brève mais importante de C. Brockelmann [43].

Afin de pouvoir formuler un jugement quelconque sur les théories en présence, il faut d'abord donner de façon purement descriptive une esquisse de la religion bédouine telle qu'elle se présente à nous immédiatement avant l'Islam. Ceci, je ne puis le faire que «sous bénéfice d'inventaire». Il reste toujours des aspects de l'Arabie préislamique à étudier de façon plus approfondie, ce qui m'obligera peut-être à reviser plus tard quelques-unes des conclusions provisoires.

---

[36] Cette théorie se trouve déjà dans Ibn al-Kalbī, pour une partie des dieux du paganisme arabe; voir Klinke-Rosenberger, op. cit., pp. 56–61. Cf. aussi Krehl, op. cit., pp. 54–69, passim; A. Lods, La croyance à la vie future et le culte des morts dans l'antiquité israélite (Paris 1906), surtout I, pp. 8–17, 29–31; II, pp. 101–103, 112–113. [ ]

[37] Chelhod, Sacrifice, p. 125; idem, Sociologie, pp. 42–43, 180–181.

[38] J. Henninger, La société bédouine ancienne (voir plus haut, note 2), note 68.

[39] Voir plus haut, note 13.

[40] Lagrange, op. cit., p. 70; cf. Moscati, l. c. (plus haut, note 28), p. 122.

[41] Voir W. Schmidt, UdG VII–XII: Die Religionen der Hirtenvölker (Münster i. W. 1940–1955; le vol. XII, posthume, a été édité par F. Bornemann).

[42] W. Schmidt, op. cit., I, pp. 670–674.

[43] C. Brockelmann, Allah und die Götzen, der Ursprung des islamischen Monotheismus. ARW 21 (1922) 99–121.

Esquisse de la religion bédouine préislamique [44]

[125] Il faut d'abord mettre à part les influences de religions étrangères, tel le christianisme, qui avait gagné beaucoup de fidèles en Arabie, entre autres parmi les nomades [45]. Par contre le judaïsme [46], le parsisme et le manichéisme [47] ne semblent pas avoir fait beaucoup de prosélytes en dehors des populations sédentaires.

Essayant maintenant de décrire ce qu'on peut appeler, sous toute réserve, la religion bédouine *autochtone,* je traiterai d'abord des êtres supérieurs qu'on vénérait, puis des pratiques et du personnel du culte. Mais auparavant, qu'on me permette encore une remarque de nature plus générale: il est devenu assez courant de parler de *l'indifférence religieuse des Bédouins* [48]. Cette opinion n'est pas sans fondement (en comparaison de l'Arabie méridionale, où la vie religieuse est attestée par une documentation très riche, l'Arabie bédouine semble fournir peu d'indices dans ce domaine). Cependant, je crois que quelques réserves d'imposent. D'abord, il faut reconnaître que les Bédouins n'ont jamais été très fervents [126] dans les pratiques de la religion *islamique,* ce qui n'est pas étonnant, car l'Islam est une religion de caractère *urbain* très prononcé [49]. Quant aux Bédouins préislamiques, il faut reconnaître également que leur idéal moral de *muruwwa* «virilité» n'a pas de caractère religieux [50]. Cependant, de là à conclure à l'absence de tout senti-

---

[44] Pour cette esquisse, les références ne peuvent toujours être données en détail. Elle est basée sur les matériaux utilisés dans les publications citées plus haut, notes 1–20, et sur une étude de l'auteur, intitulée: Das Opfer bei den Arabern. Eine religionsgeschichtliche Studie, et comprenant environ 450 pages manuscrites. Il en a été publié, jusqu'ici, un résumé en français (Le sacrifice chez les Arabes. Ethnos 13 [1948] 1–16 [voir plus bas, nº 6] et un certain nombre d'extraits concernant des problèmes spéciaux (voir la liste: Anth 50 [1955] 99, note 113; en outre: plus bas, notes 81–86). [ ]

[45] Voir H. CHARLES, Le Christianisme des Arabes nomades sur le Limes et dans le désert syro-mésopotamien aux alentours de l'Hégire (Paris 1936).

[46] Voir W. M. WATT, EI, ²I, p. 919a (éd. angl.: p. 892b) (Art. Badw).

[47] Peut-être faut-il admettre une certaine diffusion du manichéisme, qui avait un centre à Ḥīra, parmi les Bédouins du désert syrien. Voir U. MONNERET DE VILLARD, Annali Lateranensi 12 (1948) 169–174, et les références y citées. Pour le parsisme, voir BUHL, op. cit., pp. 71–72.

[48] Voir plus haut, note 27.

[49] Voir X. DE PLANHOL, Le monde islamique (Paris 1957), pp. 5–45, avec la bibliographie, ibid., pp. 132–135; DUSSAUD, op. cit., p. 140. [ ]

[50] Voir I. GOLDZIHER, Muruwwa und Dîn, in Muhammedanische Studien I (Halle a. S. 1889), pp. 1–39; WATT, Muhammad at Mecca, pp. 20–33 (trad. franç.: pp. 43–46). [ ]

ment religieux, il y a loin. Lorsque, pour formuler un tel jugement, on se base sur la poésie préislamique, on fait largement usage d'un argumentum e silentio. Il ne faut pas oublier le caractère figé et conventionnel de la poésie préislamique aux siècles précédant immédiatement l'éclosion de l'Islam, qui était étroitement limitée dans le choix des sujets. C'est pour cette raison que, très probablement, cette poésie ne rend pas tous les aspects de la vie réelle d'alors [51].

Pour former un jugement, voyons plutôt en concret les manifestations de la religion.

1. Un détail qui a déjà frappé des auteurs grecs, est le rôle que jouaient les *pierres sacrées* [52], phénomène qu'on interprêtait comme étant un culte voué aux pierres brutes, donc fétichisme, considéré comme la forme la plus grossière et la plus ancienne de toute religion. Cependant, l'histoire des religions a depuis longtemps dépassé la théorie qui attribuait au fétichisme une telle place d'honneur. Même ce qu'on a coutume d'appeler fétichisme n'est pas un phénomène indépendant. L'objet matériel n'est pas vénéré comme tel, mais comme siège, soit d'un être personnel (divinité, esprit), soit d'une force [53]. Spécialement dans le domaine sémitique, les recher- [127] ches des dernières dizaines d'années ont abouti au résultat que R. DUSSAUD résume ainsi dans son dernier livre: «Il faut se persuader que ce n'est pas à la pierre elle-même que va l'adoration du fidèle, mais à la divinité qu'elle incorpore ... On a étendu le terme [de *bétyle*] aux aérolithes en développant force historiettes. Le terme ‹litholâtrie› exprime donc une idée fausse et repose sur une incompréhension totale des rites» [54]. En outre il faut se demander si la signification religieuse de rochers et de pierres sacrées a pris naissance parmi les nomades, dont il est maintenant bien établi qu'ils possédaient des sanctuaires transportables [55], et non plutôt parmi les sédentaires, plus enclins au culte d'objets concrets, se trouvant en des endroits fixes [56]. Il serait donc, à

---

[51] Voir les remarques judicieuses de LEVI DELLA VIDA, op. cit., pp. 89–90. Il serait facile de multiplier les références insistant sur le contenu strictement limité de cette poésie.

[52] Voir plus haut, note 32.

[53] Voir M. ELIADE, Traité d'histoire des religions (Paris 1949), pp. 25, 191–210, passim; A. BERTHOLET, Wörterbuch der Religionen (Stuttgart 1952), s. v. Fetischismus, pp. 167 s.; P. SCHEBESTA, Art. Fetischismus, RW, col. 252–253. [ ]

[54] DUSSAUD, op. cit., p. 41, avec note 3; cf. aussi LAGRANGE, op. cit., pp. 187–216, passim.

[55] Voir plus haut, note 26.

[56] Voir A. MUSIL, ÖMO, 43 (1917) 164; le même texte en anglais: A. MUSIL, Northern Neǧd (New York 1928), p. 257.

mon avis, peu justifié de considérer ce «culte des pierres» comme caractéristique de la religion bédouine, sinon dans le sens défini par DUSSAUD, dans lequel il s'applique tout aussi bien aux sédentaires.

2. Mais on objectera peut-être que les Bédouins n'étaient pas encore capables de concevoir une divinité personnelle, qu'ils en étaient au stade précédent qui n'avait pas encore dépassé le sacré impersonnel ou au moins collectif et anonyme, les *ǧinn*.

Ceci nous amène a considérer le rôle de ces esprits dans la religion des Bédouins préislamiques. La persistance de la croyance aux *ǧinn* dans le Coran et les témoignages de la littérature arabe, tant préislamique qu'islamique, attestent suffisamment quelle était son importance au début du 7e siècle. Mais il faut définir ce rôle plus exactement.

WELLHAUSEN a remarqué avec raison qu'on croyait à ces [128] esprits qui hantaient le désert, tous les endroits sales, solitaires et lugubres, et spécialement les ténèbres, qu'on les craignait, qu'on cherchait à se protéger contre eux, mais qu'ils n'étaient guère l'objet d'un véritable culte [57]. De cet état de choses, il tire la conclusion que ces esprits devaient d'abord monter au rang de divinités pour devenir des objets de vénération. Il y a du vrai dans cette supposition, mais la théorie générale selon laquelle le polydémonisme précède partout la croyance en des divinités et *tous* les dieux ne sont que des esprits élevés à un rang supérieur, est de plus en plus mise en doute par la science comparée des religions [58].

On suppose souvent que la croyance aux *ǧinn*, qui sont censés habiter le désert, a pris naissance chez les Bédouins et est passée d'eux aux sédentaires. Cette supposition ne me paraît pas assez bien fondée. Les Bédouins auxquels le désert est familier, y éprouvent beaucoup moins de crainte que les habitants des villes et des villages, pour qui cette région inconnue est terrifiante et qui y placent, dans leur imagination, toutes sortes de monstres et d'êtres démoniaques. Cette tendance existait déjà dans l'Ancien Orient [59]. Voici un autre fait qui mérite d'être relevé: chez les populations arabes d'aujourd'hui, la croyance aux esprits est beaucoup plus intense parmi les Fellāḥīn que

---

[57] WELLHAUSEN, Reste², p. 213; cf. ibid., pp. 148–160, passim.

[58] Voir BERTHOLET, Wörterbuch, s. v. Animismus; P. SCHEBESTA, Art. Animismus, RW, col. 52–54; J. GOETZ, Art. Dämonen (allg.), ibid., col. 154–156.

[59] Voir A. HALDAR, The Notion of the Desert in Sumero-Accadian and West-Semitic Religions (Uppsala-Leipzig 1950: résumé dans Anth 46 [1951] 624); cf. aussi EBELING, Art. Dämonen. RAss II (Berlin und Leipzig 1938), pp. 107a–113a; E. ZBINDEN, Die Djinn des Islam und der altorientalische Geisterglaube (Bern und Stuttgart 1953), surtout pp. 101–110.

parmi les Bédouins [60]. Autre [129] indice à considérer: d'après W. F. ALBRIGHT, qui s'appuie sur quelques constatations faites déjà par TH. NÖLDEKE et M. LIDZBARSKI, le mot *ǧinn* n'est pas arabe, mais est dérivé de l'araméen. Sous ce nom, les chrétiens de cette langue désignaient les divinités païennes réduites à l'état de démons. Il en conclut que les *ǧinn* eux-mêmes ne furent introduits dans le folklore arabe que dans la période préislamique tardive [61]. Quoiqu'il en soit [62], il faut sérieusement compter avec cette possibilité qui est aussi appuyée par d'autres observations de détail [63]. Même si l'on admet un animisme *autochtone*, préchrétien, chez les Bédouins arabes (ce qui me semble raisonnable), cet animisme peut avoir été renforcé par des apports venus du côté des sédentaires, et l'on ne devrait y voir ni le centre ni la racine de la religion bédouine préislamique. La possibilité de la diffusion secondaire, même de croyances et de pratiques qu'on aimerait désigner comme très primitives, n'est pas purement théorique; nous en avons un exemple évident dans la diffusion des cérémonies du *Zār* avec toute leur idéologie en Egypte et en Arabie, diffusion due à des esclaves africains, et qui n'a eu lieu que depuis le 19e siècle [64]. On [130] sait maintenant que ce qui est «primitif» au sens d'un jugement de valeur ne l'est pas toujours au sens chronologique.

3. Il y a des indices plus nombreux pour un *culte des ancêtres*. Ici, nous avons sans doute affaire à un phénomène autochtone. Une preuve suffisante en est déjà la grande diffusion de ce culte qu'on trouve encore chez les Bé-

---

[60] Voir pour les Bédouins: A. MUSIL, The Manners and Customs of the Rwala Bedouins (New York 1928), pp. 411–417; pour les Fellāḥīn: T. CANAAN, Aberglaube und Volksmedizin im Lande der Bibel (Hamburg 1914), passim; IDEM, Haunted Springs and Water Demons in Palestine. JPOS 1 (1920/21) 153–170; IDEM. Dämonenglaube im Lande der Bibel (Leipzig 1929); W. S. BLACKMAN, The Fellāḥīn of Upper Egypt (London 1927; trad. franç.: Les fellahs de la Haute-Egypte, Paris 1948); cf. aussi HENNINGER, Anth 41/44 (1946/49) 337–346, surtout pp. 343–346, sur la diffusion de certaines croyances et pratiques animistes avec l'introduction de l'élevage de la poule. [ ]

[61] Voir W. F. ALBRIGHT, JAOS 57 (1937) 319–320; 60 (1940) 292–293, avec les références y citées.

[62] D. SCHLUMBERGER, La Palmyrène du Nord-Ouest (Paris 1951), pp. 121–122, 135–137, maintient la priorité du mot arabe *ǧinn* et considère la forme palmyrène *gny'* comme dérivée de celui-là. [ ]

[63] D'après A. HALDAR, Associations of Cult Prophets among the Ancient Semites (Uppsala 1945), p. 180, la réduction de divinités à l'état de démons avait déjà commencé avant l'Islam.

[64] Voir les références in HENNINGER, Anth 50 (1955) 130–136; cf. aussi Bulletin des études arabes 3 (1943) 104–106 (varii auctores); M. RODINSON, JA 240 (1952) 129–132; IDEM, Comptes rendus sommaires des séances de l'Institut Français d'Anthropologie, fasc. 7 (1953) 21–24.

douins récents et qui ne peut être dû à l'Islam parce qu'il est contraire à ses principes. (Dans les régions frontières, ce culte s'est davantage rapproché de l'Islam par le fait que l'ancêtre a été élevé au rang de *welī*, saint musulman.) [65] Pour l'Arabie préislamique, les témoignages explicites ne font pas défaut. Il ne semble pas suffisamment établi qu'on regardât les morts en général comme des êtres puissants, surhumains. Ils apparaissent plutôt comme des êtres privés de secours, qui ont besoin de la charité des survivants. C'est pourquoi les sacrifices pour les morts, en général, ne semblent pas avoir exprimé un vrai culte des morts, mais plutôt une continuation des devoirs sociaux au delà de la tombe. Cependant, les ancêtres, c'est-à-dire surtout les héros éponymes des tribus (de même que quelques autres héros, chefs et guerriers célèbres), étaient l'objet d'une véritable vénération. A leurs tombes, on ne se bornait pas à égorger des animaux et à faire des libations, mais on dressait aussi des pierres comme aux sanctuaires des divinités locales. Comme ceux-ci, ces tombes étaient des lieux d'asile [66]. Dans ces cas-là, il s'agissait donc d'un vrai culte, et cette vénération pour l'ancêtre correspond bien à l'organisation sociale qui attribuait tant d'importance à la généa-[131] logie. – On comprend mal l'affirmation de J. CHELHOD que le sacré serait resté trop diffus pour se concrétiser dans un objet bien déterminé du culte [67]. A mon avis, le héros était, pour les Bédouins, une personnalité assez concrète. S'il ne nous paraît pas comme telle, c'est parce que nous ne connaissons que trop peu les traditions concernant l'ancêtre qui existaient dans chaque tribu (et où, plus tard, les généalogistes et d'autres écrivains islamiques ont puisé). D'autre part, le passage d'un ancêtre tribal à un *dieu tribal* ne me paraît pas trop difficile. Bien qu'il soit exagéré d'y voir l'origine de toutes les divinités particulières, on peut admettre qu'une partie d'entre elles n'étaient d'abord que des ancêtres et des héros, entourés de légendes, pour devenir peu à peu les égaux des dieux.

---

[65] Voir les détails dans mon étude sur le sacrifice arabe, mentionnée plus haut, note 44; cf. aussi CHELHOD, Sacrifice, pp. 118–119; IDEM, Sociologie, pp. 50–52.

[66] Voir I. GOLDZIHER, Le culte des ancêtres et le culte des morts chez les Arabes. RHR 10 (1884) 332–359; IDEM, Über Todtenverehrung im Heidenthum und im Islam, in Muhammedanische Studien I, pp. 229–263; WELLHAUSEN, Reste², pp. 183–185; LAMMENS, L'Arabie Occidentale, pp. 163–179, passim; BUHL, op. cit., pp. 78–79; CHELHOD, Sacrifice, pp. 101, 106, 118–119; IDEM, Sociologie, pp. 15, 180–181. Sur la question des sacrifices humains (plutôt douteux) dans le culte des morts voir HENNINGER, Anth 53 (1958) 749–752. [ ]

[67] Dans Sociologie, pp. 42–43, CHELHOD ne parle pas du culte des ancêtres; mais ibid., p. 15 et pp. 180–181, il place ce culte sur le même «palier» que le «sacré diffus et impersonnel». Cette systématisation ne me paraît pas justifiée.

4. Voyons maintenant ces *divinités locales,* appelées par les auteurs islamiques «idoles» *(aṣnām)* ou «compagnons» *(šurakā)* – sous-entendu: compagnons associés à tort à *Allāh* – divinités locales, parce que leur culte était limité à un certain endroit ou à une tribu déterminée. Dans la plupart des cas, nous sommes trop mal renseignés sur leur nature. Nous connaissons à peine leurs noms et leurs lieux de culte (souvent pas même le vrai nom, mais un surnom qui signifie, par exemple, «maître de tel et tel endroit»). Les mythes qui pourraient nous éclairer sur les qualités de ces dieux sont presque tous perdus [68]. Ceci étant donné, on comprend qu'il est difficile de décider dans chaque cas si la divinité en question doit son origine aux Bédouins ou aux sédentaires. Il est indéniable que les Bédouins empruntèrent souvent des divinités aux sédentaires, mais d'autre part, il n'est pas exclu que les Bé- [132] douins aient eu leurs divinités propres, comme dans le cas d'un dieu appelé du nom d'une montagne.

La masse de ces divinités est assez chaotique (parler de tout en panthéon, ne me paraît pas justifié) [69]. En cherchant à établir quelques données sur leur origine, on arrive à peine à dépasser les hypothèses. Celles que j'ai mentionnées plus haut me semblent contenir, presque toutes, une part de vérité. Parmi ces divinités, il peut y avoir, d'un côté, des *ǧinn,* des ancêtres mythiques et des héros légendaires, élevés peu à peu au rang de dieux, mais, de l'autre côté, également des dieux issus directement de la personnification des forces de la nature (dans le dieu *Quzaḥ,* par exemple, on reconnaît encore les caractéristiques d'un dieu de l'orage) [70]. Qu'on ne dise pas que ces dieux doivent avoir passé par un stade d'esprits, de démons, avant de devenir des dieux, et que les êtres célestes sont postérieurs aux esprits terrestres [71]. Les mythes stellaires qui existaient en Arabie préislamique (qui sont, au moins en partie, d'origine bédouine) [72] prouvent que l'on observait également le

---

[68] Voir BUHL, op. cit., pp. 76–77. La tentative de J. CHELHOD de recontruire un mythe sur les origines de la civilisation (Le monde mythique arabe. JSA, 24 [1954] 49–61) n'est pas convaincante.

[69] Voir RYCKMANS, op. cit., pp. 14–18, et les ouvrages cités plus haut, note 16. D'après CHELHOD, Sociologie, pp. 118–125, au cours de la formation d'une religion nationale arabe, une sorte de panthéon se constituait à La Mecque. Quoiqu'il en soit de cette construction d'une religion nationale, elle est, même d'après CHELHOD, postérieure à la sédentarisation, et ne concerne donc pas la religion bédouine comme telle. [ ]

[70] Voir WELLHAUSEN, Reste², pp. 67, 209; BUHL, op. cit., pp. 76–77; ALBRICHT, JAOS 60 (1940) 295–296.

[71] WELLHAUSEN, Reste², pp. 211–214.

[72] Voir J. HENNINGER, Über Sternkunde und Sternkult in Nord- und Zentralarabien. ZfE 79 (1954) 82–117, surtout pp. 88–93, 110–115. [voir plus bas, nº 3].

ciel et qu'on personnifiait aussi les astres. Dans quelle mesure ceux-ci étaient-ils l'objet d'un véritable culte? C'est une question spéciale qu'il faut aborder maintenant.

5. L'importance des *divinités astrales* en Arabie centrale a été exagérée par les théories panbabylonistes et celles de D. NIELSEN. Certainement, elles dominaient la religion de l'Ara- [133] bie méridionale, mais non pas celle de l'Arabie centrale. Les indications de quelques auteurs islamiques tardifs sur le culte de certaines planètes et étoiles fixes ne sont pas assez solidement fondées, sauf pour le culte des Pléïades qui, pourtant, provient d'influences nord-sémitiques [73]. Les trois grandes déesses vénérées par les Quraiš à La Mecque (et par quelques autres tribus), mentionnées dans le Coran comme «filles d'*Allāh*» (dans l'opinion des Mecquois), *al-Lāt, al-ʿUzzā* et *Manāt,* ne sont pas non plus exemptes de telles influences et ne peuvent pas être considérées simplement comme des divinités d'origine bédouine [74]. *Manāt* était une déesse de la destinée, sans caractère astral. *Al-Lāt* et *al-ʿUzzā* représentaient probablement deux phases de la planète Vénus (étoile du matin et étoile du soir), mais il est possible que leur identification avec cette planète soit secondaire [75]. Il y avait probablement en Arabie bédouine (comme en Arabie méridionale) d'abord une divinité masculine de la planète Vénus qui ne devint féminine que sous l'influence nord-sémitique [76]. L'existence d'une déesse *solaire* (que certains ont voulu retrouver en *al-Lāt*) est moins certaine, et celle d'une déesse de la terre ne peut pas être prouvée du tout pour les Sémites nomades [77].

6. La dernière divinité à considérer est *Allāh,* reconnu déjà avant l'Islam comme dieu, sinon unique, du moins suprême. Le fait qu'il était reconnu à La Mecque est prouvé par le Coran, mais cette croyance s'étendait plus loin [78]. Comment faut-il l'expliquer? Auparavant, on l'attribuait unique- [134] ment à des influences chrétiennes et juives. Cependant le nombre des auteurs augmente selon lesquels cette idée avait des racines plus anciennes en Arabie. La théorie de WELLHAUSEN qui voit dans *Allāh* (*al-ilāh,* «le dieu»)

---

[73] Voir HENNINGER, l. c., pp. 93–110, passim, 115–117. [ ]

[74] Voir W. CASKEL, in Le antiche divinità semitiche, p. 105.

[75] Voir HENNINGER, ZfE 79 (1954) 97–110.

[76] Voir HENNINGER, l. c., pp. 107–110.

[77] Voir HENNINGER, l. c., pp. 99–100, 110. La question des cultes solaire et lunaire en Arabie centrale reste à examiner dans une étude spéciale.

[78] Le fait est trop connu pour avoir besoin de références détaillées. Pour un exposé succinct, voir WELLHAUSEN, Reste², pp. 217–224, et l'article de C. BROCKELMANN, mentionné plus haut, note 43; cf. aussi PARET, op. cit., pp. 15–17, et les références citées, ibid., p. 156.

une sorte d'abstraction qui, en partant des divinités locales, aurait créé d'abord un mot commun, puis, une notion commune et aurait fait confluer les dieux particuliers en une seule divinité, est, avec raison, jugée insuffisante. Plutôt faut-il voir dans cet *Allāh* préislamique un de ces grands dieux, êtres suprêmes, auxquels on attribue la création du monde, mais qui jouent quelquefois dans le culte un rôle plutôt effacé [79]. Si donc *Allāh* est autochtone en Arabie, il faut se demander en outre: y a-t-il des indices d'une origine *nomade*? Je crois que oui, à cause de la comparaison avec les croyances des nomades de l'Asie centrale et septentrionale et ceux de l'Afrique du Nord-Est. Comme l'être suprême de beaucoup d'autres nomades, *Allāh* est un dieu du ciel et *dispensateur de la pluie* [80]. Ces indices peuvent paraître trop peu caractéristiques, car la notion d'un tel dieu pourrait être formée aussi par des agriculteurs sédentaires. Mais il ne faut pas oublier que, pour les nomades, l'importance de la pluie est encore plus grande. Tandis que l'agriculture est possible avec une irrigation artificielle qui rend moins sensible la dépendance directe de la pluie, pour les nomades l'état des pâturages, qui est d'une importance vitale pour les animaux et les hommes, dépend de la pluie de la façon la plus immédiate. Loin de moi la pensée de conclure simplement du monothéisme d'autres peuples nomades à un monothéisme des Sémites, y compris les Bédouins préislamiques. Toutefois, la comparaison avec ces autres nomades peut nous aider à mieux comprendre les données fragmentaires de la [135] religion préislamique. C'est spécialement vrai pour quelques pratiques du culte dont nous allons traiter maintenant.

Dans les *pratiques du culte* préislamique, la *prière* ne semble pas avoir été d'une grande importance; au moins, on en sait peu de chose. Les *sacrifices,* sanglants et non sanglants sont mentionnés plus fréquemment. Les animaux immolés étaient le chameau, le mouton et le bœuf; il n'est jamais question de volaille [81]. Il semble y avoir eu une certaine préférence pour des animaux de couleur blanche. Quant aux sacrifices non sanglants, les libations de lait sont d'origine indigène, tandis que les libations de vin et d'huile sont de provenance étrangère. Les sacrifices humains, plutôt rares chez les

---

[79] Voir WELLHAUSEN, Reste², pp. 218–219; contre cette opinion: BROCKELMANN, l. c., pp. 103–105; BUHL, op. cit., p. 94; ANDRAE, op. cit., pp. 20–21: PARET, op. cit., p. 17. Cf. aussi LEVI DELLA VIDA, op. cit., pp. 85–92 passim, 116, note 37; et plus bas, notes 98 et 99.

[80] Voir BROCKELMANN, l. c., pp. 107–108; SMITH, Religion, p. 111; WELLHAUSEN, Reste², p. 222. [ ]

[81] Voir J. HENNINGER, Über Huhnopfer und Verwandtes in Arabien und seinen Randgebieten. Anth 41/44 (1946/49) 337–346.

Bédouins, sont dus à l'influence de peuples nord-sémitiques [82]. L'offrande de la chevelure humaine n'était pas un vrai sacrifice, mais plutôt un rite de passage, soit passage de l'état profane à l'état sacré, soit l'inverse [83]. Si la préférence pour la couleur blanche de la victime rappelle déjà des coutumes de l'Asie centrale et septentrionale, c'est encore plus vrai pour la *consécration non sanglante* d'animaux, rite qui exprimait la reconnaissance pour la fécondité du bétail. Des chameaux et d'autres animaux domestiques, dédiés à une divinité, étaient exempts de tout travail; s'il s'agissait de chamelles, leur lait était réservé aux hôtes et aux pauvres. Quelquefois ces animaux, après avoir été marqués, restaient avec le troupeau, mais très souvent ces mêmes animaux, propriété du dieu, passaient dans une enceinte sacrée *(ḥimā)* près d'un sanctuaire, jusqu'à leur mort naturelle [84]. Les rites [136] du sacrifice étaient simples; chaque homme était autorisé à immoler sa propre victime. Etant donné la pénurie de combustible dans le désert, on ne brûlait pas les victimes. En général, les sacrifices se terminaient par un repas commun. Il arrivait aussi que les animaux tués étaient abandonnés aux animaux sauvages et aux oiseaux de proie. Si les rites d'effusion et d'aspersion de sang n'ont rien qui soit spécifique à une civilisation nomade, *la défense de briser les os* [85], au contraire, ne s'explique que par un complexe idéologique qu'on trouve encore en pleine vigueur chez les chasseurs et éleveurs nord-asiatiques. A la base de cette coutume il y a la croyance que l'animal peut être régénéré si les os restent intacts. Dans la documentation fragmentaire arabe, cette coutume est à peine compréhensible et a donné lieu à des interprétations très variées, en partie assez arbitraires; mais elle se présente dans une lumière nouvelle quand on la compare aux coutumes et croyances des peuples susdits. La même chose est vraie pour les *fêtes du printemps* [86], en rapport avec le sacrifice des premiers-nés du troupeau. Il y a des raisons solides pour admettre que la fête arabe du mois de *Rağab,* où primitivement les premiers-nés du troupeau étaient immolés, et la fête israé-

---

[82] Voir J. HENNINGER, Menschenopfer bei den Arabern. Anth 53 (1958) 721–805.

[83] Voir J. HENNINGER, Zur Frage des Haaropfers bei den Semiten, in Die Wiener Schule der Völkerkunde. Festschrift anläßlich des 25jährigen Bestandes des Institutes für Völkerkunde der Universität Wien (1929–1954) (Horn-Wien 1956), pp. 349–368. [voir plus bas, nº 10].

[84] Voir J. HENNINGER, Die unblutige Tierweihe der vorislamischen Araber in ethnologischer Sicht. Paideuma 4 (1950) 179–190. [Voir plus bas, nº 8].

[85] Voir J. HENNINGER, Zum Verbot des Knochenzerbrechens bei den Semiten, in Studi Orientalistici in onore di Giorgio Levi Della Vida (Roma 1956) I, pp. 448–458. [ ]

[86] Voir J. HENNINGER, Les fêtes de printemps chez les Arabes et leurs implications historiques. RMP, N. S. 4 (1950) 389–432. [ ]

lite de Pâque ont une racine commune. Toutes les deux sont dérivées d'une fête du printemps commune aux Sémites à l'état nomade (ce qui n'empêche pas que, dès la sortie de l'Egypte, la Pâque fut élevée à une nouvelle signification). Ces rites du printemps ont de nombreuses analogies chez d'autres peuples pasteurs.

Nous ne parlerons plus en détail des *pèlerinages* qui sont un élément étranger à la civilisation nomade et de date tardive chez les Sémites [87]; c'est justement par ceux-ci que [137] des éléments du culte des sédentaires pénétraient chez les nomades. L'espace nous manque également pour parler en détail des différentes pratiques de *divination*, de *magie* et de *sorcellerie* [88], qui certainement occupent une grande place dans les descriptions de la religion préislamique par les auteurs musulmans, mais dont l'origine devrait être étudiée plus à fond. Tout comme pour la croyance aux *ǧinn*, nous devrions nous demander aussi quelle est la part respective dans ces pratiques, des nomades et des sédentaires. Par la force immanente, peut-être magique, de ses paroles, le *šāʿir* (poète) [89] se rapprochait du *kāhin* (devin) [90] (tous les deux étaient censés être inspirés par les *ǧinn*).

Ceci nous amène à parler encore brièvement des personnes jouant un rôle spécial dans la religion. Peut-on parler de *fonctionnaires du culte?* Les prêtres (*sādin*, pl. *sadana*) mentionnés dans les sources arabes [91] n'étaient pas des sacrificateurs, mais plutôt des gardiens de sanctuaires, chaque homme étant autorisé à immoler sa propre victime. L'inexistence d'une classe spéciale de prêtres rappelle les conditions primitives des Sémites et d'autres peuples nomades pasteurs [92]. Il n'est pas indiqué de traiter ici de la typologie du sacerdoce [138] et des phénomènes apparentés dans l'histoire des reli-

---

[87] Voir SMITH, Religion, p. 80; cf. aussi ibid., pp. 109–110; WELLHAUSEN, Reste², pp. 121–122, avec note 3; BUHL, op. cit., p. 86. [ ]

[88] Voir WELLHAUSEN, Reste², pp. 131–138, 159–177, passim, 191–207, passim; GAUDEFROY-DEMOMBYNES, op. cit., pp. 39–44. [ ]

[89] Cf. J. HENNINGER, La société bédouine ancienne (voir plus haut, note 2), note 62.

[90] Cf. J. HENNINGER, La société bédouine ancienne (voir plus haut, note 2), note 61.

[91] Voir les références in HENNINGER, Anth 50 (1955) 119–121. – CHELHOD, Sacrifice, p. 169, écrit: «Il [c.-à-d. le prêtre préislamique] était le gardien du temple en même temps que le sacrificateur, comme on peut le constater aisément de la racine *sadana* qui donne *sâdin*, prêtre, et *sadîne*, graisse, sang, laine». Dans ce contexte, il renvoie à mon article dans Ethnos 13 (1948) 12 (voir plus haut, note 44), où je dis précisément que le *sādin* n'était pas sacrificateur. L'argument étymologique ne semble pas prouver le contraire. Sur la méthode linguistique de CHELHOD en général, voir les références in HENNINGER, Anth 53 (1958) 795, note 339. [ ]

[92] Voir SMITH, Religion, p. 143; A. J. WENSINCK, Some Semitic Rites of Mourning and Religion (Amsterdam 1917), p. 74; LEVI DELLA VIDA, op. cit., p. 116, note 39.

gions [93]. Mais, tout en restant dans le domaine sémitique, il faut au moins effleurer un problème qui est suggéré par l'identité linguistique des mots *kāhin* (devin) en arabe, et *kōhēn* (prêtre) en hébreu. Dans ce fait on a voulu voir, depuis WELLHAUSEN, la preuve d'un développement qui va du sorcier par le devin au prêtre [94]. Toutefois cette opinion est contredite par W. F. ALBRIGHT, qui, en s'appuyant sur les documents ougaritiques, écrit: «Malheureusement ce mot [c.-à.-d. *kāhin*] est isolé en arabe et peut donc, ainsi que des milliers de mots culturels en cette langue, être considéré aussi comme le mot d'emprunt de l'ancien cananéen *kâhin,* ou de l'ancien araméen *kâhnâ* signifiant tous deux ‹prêtre›; si ceci est exact, nous avons l'indication d'une spécialisation de fonction chez les Arabes, et non d'une origine magique de la prêtrise israélite» [95]. Je ne puis trancher cette question. Qu'il me soit cependant permis de relever que, dans ce cas aussi, l'explication par un développement uniforme, allant du moins parfait au plus parfait, n'est pas certaine. Du reste, les sanctuaires mobiles étaient également accompagnés de devins et d'autres personnes à fonctions soit religieuses, soit magiques, parmi lesquelles il y avait aussi des femmes [96]. Je n'oserais pas [139] affirmer l'identité de telles institutions avec le *chamanisme,* phénomène d'ailleurs vivement discuté ces dernières années quant à sa nature et à sa provenance, probablement pas plus autochtone dans les civilisations des nomades pasteurs que l'institution du sacerdoce [97].

---

[93] Voir E. O. JAMES, The Nature and Function of Priesthood (London 1955; traduction allemande: Das Priestertum, Wesen und Funktion. Wiesbaden, s. d. [1957]).

[94] Voir LEVI DELLA VIDA, op. cit., pp. 87–89, 96, 116, note 39; W. F. ALBRIGHT, From the Stone Age to Christianity (Baltimore 1940), pp. 18–19 (d'après MORGENSTERN, op. cit., p. 58, note 82; traduction allemande: Von der Steinzeit zum Christentum [Bern 1949], p. 32; traduction française: De l'âge de la pierre à la chrétienté [Paris 1951], p. 26).

[95] ALBRIGHT, op. cit., (trad. franç.), pp. 26–27; cf. trad. allem. pp. 32, 409, note 34; cf. aussi LAGRANGE, op. cit., p. 218. [ ] MORGENSTERN, op. cit., p. 58, note 82, serait prêt à concéder l'emprunt de ce mot, mais, d'autre part, il soutient que chez tous les Sémites le devin était antérieur au prêtre tel qu'on le comprend de nos jours.

[96] Voir LAMMENS, L'Arabie Occidentale, pp. 103–104, 106–110, 112–125, 132–141; MORGENSTERN, op. cit., pp. 58–61, 64; HALDAR, Associations of Cult Prophets, pp. 161–198 passim, surtout pp. 190–193, 195–197; HENNINGER, Anth 50 (1955) 121, note 189.

[97] Voir W. SCHMIDT, UdG XII (1955), pp. 615–759; M. ELIADE, Le chamanisme et les techniques archaïques de l'extase (Paris 1951); D. SCHRÖDER, Zur Struktur des Schamanismus. Anth 50 (1955) 848–881; H. FINDEISEN, Schamanentum (Zürich-Wien 1957); J.-P. ROUX, Le nom du chaman dans les textes turco-mongols. Anth 53 (1958) 133–142; IDEM, Eléments chamaniques dans les textes pré-mongols. Anth 53 (1958) 441–456; IDEM, Le chaman gengiskhanide. Anth 54 (1959) 401–432, et la littérature citée dans ces articles. [ ]

Conclusion

Pour conclure, essayons de caractériser brièvement la religion bédouine préislamique. En 1958 A. Brelich, en analysant les résultats des communications sur les divinités sémitiques anciennes, est arrivé à cette conclusion: dans la civilisation proto-sémitique, on ne peut parler de polythéisme, mais on y trouve la croyance à *un être suprême,* ainsi que *l'animisme* [98]. Je serais enclin à admettre cette formule, avec quelques légères retouches, pour la religion bédouine préislamique. Il me semble qu'il faut attribuer un peu moins d'importance à l'animisme (croyance aux esprits de la nature), mais insister un peu plus sur le culte des ancêtres.

Voici donc les éléments de cette religion: *Allāh,* le créateur du monde, maître suprême et incontesté, mais relégué à l'arrière-plan dans la vie cultuelle et pratique; puis, comme premières amorces d'un polythéisme, quelques *divinités astrales* (au moins celle de la planète Vénus) et *atmosphériques* (peut-être des attributs du dieu créateur qui ont été hypostasiés) [99]; [140] enfin les ancêtres et les *ǵinn,* ces derniers de plus grande importance dans les croyances que dans le culte. Tout cela est, du reste, assez vague, et loin d'être organisé dans un véritable panthéon ou un système hiérarchique. Les pratiques du culte sont également peu ritualisées et reflètent, à leur tour, le caractère individualiste du Bédouin et la forme peu rigide de toute sa vie sociale.

L'Islam qui a succédé à cette religion n'est pas sorti du néant, ni ne fut une religion purement étrangère. Il n'est certainement pas une religion bédouine, et ses racines principales se trouvent dans les religions bibliques; mais il a trouvé en Arabie bien des valeurs, non seulement humaines [100], mais encore religieuses qu'il a pu s'incorporer.

---

[98] Voir A. Brelich, in Le antiche divinità semitiche, pp. 135–140, surtout pp. 136, 139, 140.

[99] Sur ce processus en général, voir H. Ringgren, Word and Wisdom. Studies in the Hypostatization of Divine Qualities and Functions in the Ancient Near East (Lund 1947); cf. les recensions de O. Eissfeldt, TLZ 76 (1951), col. 154–155 et de J. Henninger, Anth 46 (1951) 646–647 [voir plus bas, nº 14]. [ ]

[100] Voir Watt, Muhammad at Mecca, pp. 24–25 (trad. franç.: pp. 48–50), sur l'«humanisme tribal» (cf. aussi p. 23; trad. franç.: p. 46). Bien que la décadence de la religion archaïque (ibid., pp. 23–24; trad. franç.: pp. 47–48) soit un fait incontestable, peut-être cet auteur (comme d'autres) va-t-il trop loin dans la séparation de cette éthique d'avec la religion; voir Th. Nöldeke, «Gottesfurcht» bei den alten Arabern. ARW 1 (1898) 361–363; Wellhausen, Reste², p. 224; Brockelmann, ARW 21 (1922) 113–114; Lammens, L'Arabie Occidentale, p. 229; Buhl, op. cit., pp. 90–91; cf. aussi plus haut, note 51. [ ]

ADDENDA ET CORRIGENDA

Comptes rendus du volume «L'antica società beduina» (Roma 1959):

RB 67 (1960) 472–474 (R. de Vaux).
Anth 55 (1960) 908–910 (E. Bannerth).
Arabica 7 (1960) 321–323 (D. Sourdel).
RHR 160 (1961) 100–102 (M. Rodinson).
BiOr 18 (1961) 187 s. (J. Ryckmans).
OLZ 56 (1961), col. 270–273 (R. Hartmann).
TLZ 86 (1961), col. 111 s. (O. Eissfeldt).
Gregorianum 43 (1962) 200–204 (V. van Bulck).

Une adaptation arabe du présent article, faite par Hassan El-Mniai, a été publiée sous le titre: *Dīnat al-Badū qabl al-Islām*, dans la revue *Da'wat al-Ḥaqq* (Rabat) 12 (1388 H. - 1969 ap. J.-C.), N° 3, pp. 19–21.

Note 3: N. Daniel, Islam and the West. The Making of an Image (Edinburgh 1960); R. W. Southern, Western Views of Islam in the Middle Ages (Cambridge, Mass., 1962).

Note 18: Voir maintenant: J. Henninger, Deux études récentes sur l'Arabie préislamique. Anth 58 (1963) 437–476.

Note 19, ligne 6: traduction française: Mahomet à Médine (Paris 1959); à la fin: M. Rodinson, Mahomet (Paris 1961; [2]1968); traduction anglaise: Mohammed (New York and London 1971); voir aussi: M. Rodinson, Bilan des études mohammadiennes. RH 229 (1963) 169–220.

Note 23: La même division tripartite est employée par M. Höfner, Die vorislamischen Religionen Arabiens (RdM 10/2 [Stuttgart 1970], pp. 233–402).

Note 25: Haldar, Associations of Cult Prophets (voir plus haut, note 63), pp. 161 s.

Note 26: Haldar, Associations of Cult Prophets (voir plus haut, note 63), pp. 161–198 passim, surtout pp. 161 s., 190–192, 196 s.; T. Fahd, La divination arabe (Leiden 1966), pp. 98–100, 136–148 passim.

Note 32: A. Dietrich, Der Islam 31 (1954) 240; W. Caskel, Der Felsendom und die Wallfahrt nach Jerusalem (Köln et Opladen 1963), pp. 45–48; sur les pierres sacrées chez les Sémites en général, voir: K. Jaroš, Die Stellung des Elohisten zur kanaanäischen Religion (Fribourg et Göttingen 1974), pp. 147–211 (sur les arbres sacrés, voir ibid., pp. 213–257).

Note 34: Ad. E. Jensen, Mythos und Kult bei Naturvölkern (Wiesbaden 1951), pp. 331–339, 368–399 (= [2][1960], pp. 315–322, 350–381; traduction française: Mythes et cultes chez les peuples primitifs [Paris 1954], pp. 303–310, 335–365); J. Henninger, Geisterglaube bei den vorislamischen Arabern, dans: Festschrift Paul J. Schebesta (Studia Instituti Anthropos, Vol. 18, Wien-Mödling 1963), pp. 279–316, surtout pp. 280–283, 309–316 [voir plus bas, n° 4].

Note 36: Voir maintenant: J. Henninger, Einiges über Ahnenkult bei arabischen Beduinen, dans: Der Orient in der Forschung. Festschrift für Otto Spies (Wiesbaden 1967), pp. 303–317 [voir plus bas, n° 5].

Note 44: Voir maintenant la liste complète des travaux de l'auteur se référant au sacrifice arabe dans: J. HENNINGER, Les fêtes de printemps chez les Sémites et la Pâque israélite (Paris 1975), bibliographie, nos 170–208.

Note 49: La thèse du caractère urbain de l'Islam a été contestée par J. CHELHOD, Les structures du sacré chez les Arabes (Paris 1964), pp. 13–33; il semble qu'il faille la nuancer, sans l'abandonner pour autant (voir mon compte rendu de ce livre: Der Islam 43 [1967] 302–304).

Note 50: Voir maintenant aussi: T. IZUTSU, The Structure of the Ethical Terms in the Koran. A Study in Semantics (Tokyo 1959); IDEM, Ethico-Religious Concepts in the Qur'ān (Montreal 1966), et le compte rendu du dernier livre (par J. HENNINGER): NZM 24 (1968) 74 s. – Certains arguments amenés pour prouver une attitude plus religieuse des Bédouins sont sujets à caution. Ainsi, on discute pour savoir dans quelle mesure les graffiti ṣafaïtiques revêtent un caractère sacré (contre H. GRIMME, voir la remarque de M. HÖFNER, dans: L'antica società beduina, p. 55; voir aussi la discussion du problème, à savoir si le Harrat ar-Rağīl, au sud du Ḥaurān, était un territoire de pèlerinage, chez J. HENNINGER, dans DBS VII [1966], col. 572, dans l'article: Pèlerinages dans l'Ancien Orient, par J. HENNINGER et H. CAZELLES, l. c., col. 567–584). Un autre phénomène, l'usage de noms théophores (voir la liste dans WELLHAUSEN, Reste[2], pp. 1–10), a également été jugé de diverses manières. Tandis que H. H. BRÄU, Die altnordarabischen kultischen Personennamen (WZKM 32 [1925] 31–59, 85–115, surtout pp. 35–37, 96–102, 107–115) y voit une influence de civilisations sédentaires, avec des formes de culte plus développées, H. GRIMME (Texte und Untersuchungen zur ṣafatenisch-arabischen Religion [Paderborn 1929], p. 143) est d'avis que dans les inscriptions ṣafaïtiques les noms théophores sont nombreux et d'origine nomade. Récemment, T. FAHD (Le panthéon de l'Arabie centrale à la veille de l'hégire [Paris 1968]) suggère que les noms composés avec *ʿAbd* ne seraient pas nécessairement tous des noms théophores, car: «Dans certains cas, il semble qu'il faille donner au mot *ʿAbd* son sens primitif d'ʿhomme'; sa relation avec l'élément suivant du nom est une relation de dépendance, d'affectation ou de service et cela sur le plan religieux, comme sur le plan profane» (op. cit., pp. 60 s.). – M. HÖFNER, Die vorislamischen Religionen Arabiens (voir plus haut, Addendum à la note 23), pp. 372 s., 379, se prononce également de manière assez réservée sur certains cas où le mot *ʿabd* ou *taim* (= serviteur) est employé. Pour des noms «pseudo-théophores» voir aussi ANDRÉ CAQUOT, Syria 39 (1962) 238 s.; 47 (1970) 189b.

Note 53: K. GOLDAMMER, Art. Fetischismus. RGG, [3]II (1958), col. 924 s., et la bibliographie y citée.

Note 60: Cf. maintenant HENNINGER, Geisterglaube (voir plus haut, Addendum à la note 34).

Note 62: Pour un nouvel examen de la thèse de W. F. ALBRIGHT, voir les Addenda à HENNINGER, Geisterglaube, notes 234–243 (plus bas, no 4).

Note 66: Voir maintenant HENNINGER, Ahnenkult (cf. plus haut, Addendum à la note 36).

Note 69: Pour les divinités de l'Arabie centrale et septentrionale en détail, voir maintenant M. HÖFNER dans H. W. HAUSSIG, Götter und Mythen im Vorderen Orient (WdM I/1. Stuttgart 1965), pp. 407–481. – T. FAHD, Le panthéon de l'Arabie centrale à la veille de l'hégire (Paris 1968) ne prétend pas du tout qu'il s'agissait d'un panthéon *organisé;* au contraire, il dit explicitement que le panthéon arabe préislamique était «confus et désordonné» (op. cit., p. 253), un «chaos» (op. cit., p. 96), qu'il présentait une «étonnante multiplicité» (op. cit., p. 249; cf. aussi p. 250), une «anarchie religieuse» (op. cit., p. 179).

Note 73: T. FAHD, Le panthéon de l'Arabie centrale (voir plus haut, Addendum à la note 69) affirme une prédominance du caractère astral des divinités (op. cit., pp. 18–24, 178 s., 181), mais cette affirmation globale n'est nullement appuyée par la liste des divinités (voir mon compte rendu de cet ouvrage, Anth 65 [1970] 309–315, surtout pp. 311 s.; cf. aussi les comptes rendus de G. VAJDA, Arabica 17 [1970] 220–222; M. RODINSON, RHR 181 [1972] 79–83).

Note 80: Pour la croyance en l'être suprême comme dispensateur de la pluie chez les nomades pasteurs en général, voir maintenant les références citées chez HENNINGER, Les fêtes de printemps (Paris 1975), p. 128, note 425.

Note 85: J. HENNINGER, Neuere Forschungen zum Verbot des Knochenzerbrechens, dans Studia Ethnographica et Folkloristica in honorem Béla Gunda (Debrecen 1971), pp. 673–702.

Note 86: Voir maintenant: J. HENNINGER, Les fêtes de printemps (Paris 1975), surtout pp. 37–42.

Note 87: Voir maintenant: J. HENNINGER et H. CAZELLES, Art. Pèlerinages dans l'Ancien Orient. DBS VII (1966), col. 567–584, surtout col. 572–584.

Note 88: Sur la divination, voir FAHD, op. cit., (plus haut, Addendum à la note 26), passim, et les comptes rendus: Arabica 15 (1968) 214–218 (G. VAJDA); Anth 63/64 (1968/69) 291–296 (J. HENNINGER); RHR 181 (1972) 79–83 (M. RODINSON); en outre: A. CAQUOT et M. LEIBOVICI (éd.), La divination. Rites et pratiques religieuses. 2 vols. (Paris 1968); compte rendu: Anth 65 (1970) 1029–1031 (J. HENNINGER).

Note 91: Voir aussi HENNINGER, Anth 58 (1963) 446 s., avec les notes 34–39, p. 448, avec la note 42, pp. 473 s., avec les notes 127–129; FAHD, op. cit. (voir plus haut, Addendum à la note 26), p. 600b (Index s. v. *sâdin*).

Note 95, ligne 2: HALDAR, Associations of Cult Prophets (voir plus haut, note 63). pp. 162 s., 179 s., note 6.

Note 97: J.-P. ROUX, Le chaman altaïque d'après les voyageurs européens des XVIIe et XVIIIe siècles. Anth 56 (1961) 438–458; R. RAHMANN, Shamanistic and Related Phenomena in Northern and Middle India. Anth 54 (1959) 681–760, surtout pp. 750–752; M.-J. HARNER (édit.), Hallucinogens and Shamanism (London 1973), et le compte rendu: Anth 69 (1974) 634 s. (D. SCHRÖDER); d'autres références chez J. HENNINGER, Les fêtes de printemps chez les Sémites et la Pâque israélite (Paris 1975), pp. 121 s., avec les notes 391 et 392.

Note 99: Pour le problème de l'hypostatisation, voir maintenant HENNINGER, Les fêtes de printemps (Paris 1975), p. 187, avec la note 694, et les références y citées.

Note 100: Voir maintenant les ouvrages de IZUTSU (plus haut, Addendum à la note 50), surtout le chapitre: The Spirit of Tribal Solidarity (The Structure of Ethical Terms [1959], pp. 49–65; Ethico-Religious Concepts [1966]. pp. 55–73); sur la notion de *ǧāhilīyah:* Ethico-Religious Concepts, pp. 28–35.

2

ÜBER RELIGIÖSE STRUKTUREN NOMADISCHER GRUPPEN*

(1972)

Wie die Lebensform des Nomadentums [1] in Gesamtdarstellungen der Kulturgeschichte schon von altersher einen wichtigen Platz einnahm [2], so hat es auch nicht an Versuchen gefehlt, typische Formen nomadischer *Religion* zu umschreiben und in ihrem Verhältnis zu den Religionen seßhafter Bevölkerungen zu betrachten. (Hierher gehört z. B. der Versuch, den Monotheismus der Semiten aus der Einförmigkeit und Grenzenlosigkeit der Wüste zu erklären, wie man ihn in der älteren Literatur gelegentlich finden kann [3].) Die Erfassung nomadischer Religion in ihrer Eigenart war allerdings erschwert, solange die Entwicklung der menschlichen Kultur in ihrer Gesamt-

---

* Erweiterter Abdruck aus: Bibel und Kirche 27 (1972), Heft 1, pp. 13–16.

[1] Als «Nomaden» sollte man, aus sprachlichen und sachlichen Gründen, nur nichtseßhafte *Viehzüchter* (Hirten) bezeichnen, nicht etwa schweifende Jäger und Sammler, wie es vielfach geschieht; vgl. ROLF HERZOG, Seßhaftwerden von Nomaden (Köln und Opladen 1963) 9–11; LÁSZLÓ VAJDA, Untersuchungen zur Geschichte der Hirtenkulturen (Wiesbaden 1968), passim, bes. 19–34, 501 f., und die an beiden Stellen zitierte Literatur. Ausdrücke wie «Hirtennomaden» und «Viehzüchternomaden» sind daher tautologisch.

[2] Vgl. HERZOG, a. a. O., 9–28; VAJDA, a. a. O., 19–96 (dazu die Rezension von J. HENNINGER: Anth 66 [1971] 249–256); J. HENNINGER, Zum frühsemitischen Nomadentum, in: Viehwirtschaft und Hirtenkultur. Ethnographische Studien, hrsg. von L. FÖLDES (Budapest 1969) 33–68, bes. 57–59; speziell zur sog. Dreistufentheorie (angebliche Entwicklung der Menschheit durch die Stadien Jäger – Hirt – Ackerbauer) siehe VAJDA, a. a. O., 42 f., 50–58 (dazu Anth 66 [1971] 252).

[3] Siehe ERNEST RENAN, Nouvelles considérations sur le caractère général des peuples sémitiques, et en particulier sur leur tendance au monothéisme. JA V/13 (1859) 214–282, 417–450.

heit, und damit auch der Religion, auf allgemeingültige Gesetze zurückgeführt wurde [4]. Wenn dies nämlich der Fall war, dann mußten Nomaden wie Seßhafte mehr oder weniger die gleichen Stadien der religiösen Entwicklung durchlaufen haben; qualitative Unterschiede waren nicht zu erwarten. Die Abkehr von dieser Betrachtungsweise ermöglichte eine bessere Einsicht in die Eigenart der einzelnen Kulturen und damit auch ihrer religiösen Ausdrucksformen, führte allerdings manchmal wieder zu Schematisierungen anderer Art.

Nach P. Wilhelm Schmidt ist die älteste erfaßbare Religionsform der Menschheit der Glaube an einen einzigen Schöpfergott. Dieser Monotheismus der «ethnologischen Urkultur» (der primitiven Jäger und Sammler) [5] sei geschwächt worden oder ganz verlorengegangen, als sich aus der primitiven nahrungs*aneignenden* Kultur verschiedene Formen der Nahrungs*produktion* entwickelten, jedoch relativ rein erhalten geblieben in den Nomadenkulturen (die nach W. Schmidt unmittelbar aus der primitiven Jägerkultur hervorgegangen sind) [6]. In diesen sei aber der Charakter des Hochgottes als *Himmelsgott* besonders stark betont worden, teilweise so stark, daß seine Gestalt mit dem sichtbaren Himmel mehr oder weniger verschwamm [7].

---

[4] Siehe Wilhelm Schmidt, Handbuch der vergleichenden Religionsgeschichte (Münster i. W. 1930), bes. 31–158; V. van Bulck, Artikel Religionsgeschichte, RW, Sp. 722–733, bes. 728–730; vgl. auch A. Closs, Artikel Religionskategorien, ebd., Sp. 733–736; Ugo Bianchi, La storia delle religioni, in: Storia delle Religioni, fondata da Pietro Tacchi Venturi, diretta da Giuseppe Castellani, [6]I (Torino 1970) 1–173, bes. 53–75 und 168–171 (Bibliographie); dasselbe in englischer Übersetzung: The History of Religions (Leiden 1975) 61–87, 221–224.

[5] Zur Terminologie vgl. W. Schmidt, UdG 10 (Münster i. W. 1952), 127: «Ich liebe weder den Ausdruck ‹Urmonotheismus› noch die Bezeichnung ‹Urmensch›. Zwar habe ich den Ausdruck ‹Urkultur› eingeführt, aber diese umfaßt nur ganz bestimmte Stämme, und ihre Gesamtheit trägt den Namen ‹Urkultur› deshalb, weil sie die relativ älteste Menschheitsstufe ist, die älteste, die wir mit den Mitteln der Ethnologie und ihrer Hilfswissenschaften erreichen können. Von der Religion dieser Stufe sage ich, daß sie die Religion der Urkultur ist, und, da diese Religion monotheistisch ist, spreche ich von einem Monotheismus der Urkultur oder einem urkulturlichen Monotheismus» (vgl. auch den Kontext, ebd. 126f.). Diese Präzisierung der Terminologie ist sachlich insofern von Bedeutung, als sie zeigt, daß W. Schmidt nicht den Anspruch erhob, die *absolut* älteste Religionsform der Menschheit erfassen zu können, wie es der Ausdruck «Urmonotheismus» nahelegen könnte.

[6] Zur Diskussion über die Entstehung der Hirtenkulturen siehe die bei Henninger, Zum frühsemitischen Nomadentum (wie oben Anm. 2), 57–59 zitierte Literatur; Vajda, a. a. O., 58–95; vgl. auch unten Anm. 29 u. 30.

[7] Siehe W. Schmidt, UdG 12 (hrsg. von Fritz Bornemann, Münster i. W. 1955) 763–836, 873–899; W. Schmidt, Primärkulturen und spätere Kulturkreise, in: Wege

Auch nach RAFFAELE PETTAZZONI ist der Himmelsvater die typische Form des höchsten Wesens in vaterrechtlichen Hirtenkulturen, während in mutterrechtlichen Ackerbaukulturen die Mutter Erde die höchste Gottheit ist [8]. In dieser Hinsicht hat PETTAZZONIS Auffassung vieles mit derjenigen von W. SCHMIDT gemeinsam, wenn sie auch in ihrem Ausgangspunkt [9] und in vielen anderen Einzelheiten zu ihr im Gegensatz steht [10]. Beiden Systemen gemeinsam ist aber eine allzu große Schematisierung bei der Darstellung der Nomadenreligion [11]. Wie problematisch der Allgemeinbegriff «Hirtenkul-

---

der Kulturen. Gesammelte Aufsätze (hrsg. vom Anthropos-Institut, St. Augustin bei Bonn 1964) 165–178; Die Religionen der späteren Primitivvölker, ebd. 179–200; Das Höchste Wesen im Kulturkreis der patriarchalen Herdenviehzüchter, ebd. 221–242 (vgl. dazu J. HENNINGER in der Einleitung, ebd., S. XXI–XXIV) – Diese Titel sind nur eine Auswahl aus den umfassenden einschlägigen Veröffentlichungen von W. SCHMIDT, enthalten aber vielfach Hinweise auf detailliertere Ausführungen an anderer Stelle.

[8] Vgl. RAFFAELE PETTAZZONI, L'onniscienza di Dio (Torino 1955); englische Übersetzung: The All-Knowing God (London 1956), passim (dazu die Rezension von ALOIS CLOSS, Anth 56 [1961] 965f.); kurz zusammengefaßt im Artikel: The Supreme Being: Phenomenological Structure and Historical Development, in: The History of Religions, Essays in Methodology. Edited by MIRCEA ELIADE and JOSEPH M. KITAGAWA (Chicago 1959) 59–66, bes. 64f.; vgl. dazu J. HENNINGER in: Anthropica. Gedenkschrift zum 100. Geburtstag von P. Wilhelm Schmidt (St. Augustin bei Bonn 1968) 163f. mit Anm. 74 (im Artikel: Primitialopfer und Neujahrsfest, a. a. O., 147–189).

[9] Nach PETTAZZONI kommt der Mensch zur Annahme eines höchsten Wesens nicht aus Erkenntnisdrang (Versuch kausaler Erklärung), sondern aus Existenzsorgen: «There are always in play in the notion of the Supreme Being reasons that are vital to human existence. The notion of the Supreme Being does not proceed so much from intellectualistic requirements as from existential anxieties» (PETTAZZONI, a. a. O., 65: vgl. auch ebd. 60, 65f.). Bei den Nomaden ist es vor allem das Bewußtsein der Abhängigkeit von den Weiden, die ihrerseits wieder vom Regen abhängen. Welche große Rolle der Himmelsgott als Regenspender in den Nomadenreligionen spielt, hat aber auch W. SCHMIDT oft und nachdrücklich betont.

[10] So hat PETTAZZONI jahrzehntelang gegen den «Urmonotheismus» polemisiert; vgl. außer dem oben Anm. 8 genannten Buch besonders noch: Das Ende des Urmonotheismus. Numen 3 (1956) 156–159.

[11] Vgl. die oben (Anm. 8) erwähnte Rezension von CLOSS; ferner: G. LANCZKOWSKI, Forschungen zum Gottesglauben in der Religionsgeschichte. Saeculum 8 (1957) 392–403; V. VAN BULCK, Raffaele Pettazzoni (3.2.1883 – 19.12.1959). Anth 55 (1960) 871–874; HENNINGER in Anthropica (wie oben Anm. 8) 163–174, bes. 163f. mit Anm. 74. – Noch abwegiger ist es freilich, wenn die autochthone Religion asiatischer Nomaden, z. B. der Mongolen vor der Übernahme von Hochreligionen, summarisch als «Schamanismus» bezeichnet wird. Schamanismus, wie immer er auch definiert werden mag, ist nur ein spezielles Phänomen, das sich in den verschiedensten Religionen finden kann, keine vollständige Religion für sich (vgl. dazu auch oben Art. Nr. 1, Anm. 97).

turen» ist, geht jetzt besonders eindrücklich aus der Arbeit von VAJDA hervor [12], und diese Einsicht hat auch ihre Konsequenzen für die Charakterisierung von «Hirten»- oder «Nomaden»-Religion.

Von daher wäre man eher geneigt, diejenigen Versuche positiver zu beurteilen, die sich auf *bestimmte Gruppen von Nomaden* beschränken. Hier wäre speziell für die *semitischen* Nomaden zunächst die Auffassung von DITLEF NIELSEN zu erwähnen. Nach seiner Ansicht, die er jahrzehntelang mit großem Aufwand von Detailkenntnissen vertreten hat, ist die ursprüngliche Form der semitischen Religion der Glaube an eine *Göttertrias:* Mond als Vater, Sonne als Mutter, Venusstern als Sohn dieses Götterpaares. Bei den Nomaden (und überhaupt bei den Südsemiten, die den ältesten Zustand der semitischen Religion darstellen) ist der Mond der Hauptgott; bei der Seßhaftwerdung treten Veränderungen ein, aus der südsemitischen weiblichen Sonnengottheit wird die nordsemitische weibliche Venussterngottheit, aus der südsemitischen männlichen Venussterngottheit wird die nordsemitische männliche Sonnengottheit (diese beiden wechseln also nicht das Geschlecht, sondern das Gestirn) [13]. NIELSENS Ansicht geht zwar von einer Reihe gesicherter Tatsachen aus, schematisiert aber den ganzen Sachverhalt doch wieder zu stark, wie die Kritik an seinen Thesen (von den verschiedensten Seiten her) gezeigt hat [14].

Während bei NIELSEN die semitischen Nomaden als die religiös schöpferische Gruppe gelten, denen die älteste (und trotz verschiedener Veränderungen recht lebenskräftige) Form semitischer Religion zugeschrieben wird, ist WERNER CASKEL durch die Untersuchung der ältesten epigraphisch bezeugten arabischen Gottheiten zu einem diametral entgegengesetzten Ergebnis gekommen: er betrachtet die Nomaden als *religiös unproduktiv;* ihre Götter sind *gesunkenes Kulturgut,* übernommen aus den Religionen der Seßhaften [15]. CASKEL unterbaut seine These mit einem eindrucksvollen

---

[12] VAJDA, a. a. O., bes. 19–34, 89–96.

[13] Siehe DITLEF NIELSEN, Handbuch der altarabischen Altertumskunde I (Paris–Kopenhagen–Leipzig 1927) 186–241, passim; Der dreieinige Gott in religionshistorischer Beleuchtung. (I. København 1922. II/1. København 1942), passim; weitere Belege bei HENNINGER, Anth 37/40 (1942/45) 802f.; vgl. auch Anth 45 (1950) 416–419 (unten Nr. 13).

[14] Siehe A. JAMME, Le panthéon sud-arabe préislamique d'après les sources épigraphiques. LM 60 (1947) 57–147; A. JAMME, D. Nielsen et le panthéon sud-arabe préislamique (Synthèse et critique). RB 55 (1948) 227–244; vgl. auch oben Anm. 13; ferner: MARIA HÖFNER, Die vorislamischen Religionen Arabiens (RdM, Bd. 10/2, Stuttgart 1970), 245f., 275–277, 351; dazu Anth 66 (1971) 599.

[15] WERNER CASKEL, Die alten semitischen Gottheiten in Arabien (in: Le antiche divinità semitiche, hrsg. von SABATINO MOSCATI, Roma 1958, 95–117), bes. 104 (ähn-

Aufwand von Detailkenntnis, besonders des epigraphischen Materials, stützt sich aber m.E. zu einseitig auf die schriftlichen Zeugnisse, ohne die allgemeinen Kulturverhältnisse genügend zu berücksichtigen. Es ist richtig, daß die semitischen Nomaden vielfach als Wallfahrer zu den Heiligtümern der Seßhaften kamen und die dortigen Gottheiten verehrten [16]; andererseits hatten sie aber auch ihre *beweglichen Heiligtümer;* für die Anerkennung und Würdigung dieser Tatsache hat sich zuerst HENRI LAMMENS nachdrücklich eingesetzt [17], später, mit noch reicherem Material, JULIAN MORGENSTERN [18].

Es bleibt nun aber die Frage, welche Gottheiten in diesen beweglichen Heiligtümern verehrt wurden. Wenn man von *«Steinfetischen»* spricht, wie sie noch ALFRED BERTHOLET als ursprünglichen Inhalt der israelitischen Bundeslade ansieht [19], so kann das nicht heißen: materielle Gegenstände, die *als solche* Kultobjekt waren; diese Auffassung hat sich als unhaltbar herausgestellt, und die allgemeine Religionswissenschaft hat den Begriff des «Fetischismus» als selbständiger Kategorie meist aufgegeben [20]. Es kommt darauf

---

liche Auffassungen erwähnt auch MAAG, wie unten Anm. 31, 132, Anm. 2). Vgl. dazu HENNINGER, Anth 55 (1960) 906–908; HENNINGER, La religion bédouine préislamique (in: L'antica società beduina, hrsg. von FRANCESCO GABRIELI, Roma 1959, 115–140) [siehe oben Nr. 1], bes. 120–122, 131–135.

[16] Siehe WILLIAM ROBERTSON SMITH, Lectures on the Religion of the Semites (³London 1927) 80; vgl. auch ebd. 109–113; ferner J. HENNINGER et H. CAZELLES, Article Pèlerinages dans l'Ancien Orient. DBS VII (Paris 1966), col. 567–584, bes. 571–575 und die dort zitierten Belege. – MAURICE VIEYRA (Les pèlerinages [Sources Orientales, 3, Paris 1960] 77) betrachtet dagegen die Wallfahrt geradezu als ein typisches Element des Nomadismus; diese Auffassung scheint aber nicht genügend begründet zu sein.

[17] HENRI LAMMENS, Le culte des bétyles et les processions religieuses chez les Arabes préislamites. BIFAO 17 (1919); abgedruckt in: L'Arabie Occidentale avant l'hégire (Beyrouth 1928) 101–179.

[18] JULIAN MORGENSTERN, The Ark, the Ephod and the «Tent of Meeting» (zuerst erschienen: HUCA 17 [1942/43] – 18 (1944]; Buchausgabe: Cincinnati 1945); weitere Literaturangaben über bewegliche Heiligtümer bei HENNINGER, IAE 42 (1943) 26f. mit Anm. 116; HENNINGER, Anth 50 (1955) 121 mit Anm. 189; siehe ferner: RENÉ DUSSAUD, La pénétration des Arabes en Syrie avant l'Islam (Paris 1955) 113–117; TOUFIC FAHD, La divination arabe (Leiden 1966) 98–100, 136–148; R. DE VAUX, Bible et Orient (Paris 1967) 261–278.

[19] Siehe ALFRED BERTHOLET, Über kultische Motivverschiebungen. SPAW 18 (1938) 164–184, bes. 165–169; ältere Vertreter derselben oder einer ähnlichen Ansicht sind aufgezählt bei JOHANN MAIER, Das altisraelitische Ladeheiligtum (BZAW 93 [1965] 55f. mit Anm. 102–103; siehe bes. LUDWIG COUARD, ZAW 12 [1892] 75–79, im Artikel: Die religiös-nationale Bedeutung der Lade Jahwes, ebd. 53–90).

[20] Der «Fetischismus» kann nicht als ein selbständiges religiöses Phänomen, erst recht nicht als eine allgemeine Entwicklungsstufe angesehen werden; Fetische sind

an, welche Wesen man in materiellen Objekten verkörpert glaubt, und daraus ergeben sich auch entsprechende Konsequenzen für den «Steinkult» der Araber und anderer Semiten [21]; die Frage nach der Art der Wesen, die von ihnen in diesen Steinen verehrt wurden, bleibt zunächst noch offen.

Gegenstände, die entweder als krafterfüllt oder als Sitz eines persönlichen Wesens (eines Geistes) gelten; daher kann man von einem «dynamistischen» und einem «animistischen» Fetischismus sprechen, und der Fetischismus ist auf diese Grundvorstellungen zurückzuführen. Übrigens bemerkt schon COUARD (wie oben Anm. 19), der sonst sehr summarisch im Sinne des damaligen Evolutionismus argumentiert, doch ausdrücklich: «... zumal da der Fetischismus nicht den Baum als Baum, den Stein als Stein, sondern nur als Behausung eines bestimmten Geistes verehrt...» (a. a. O., 75f.). Auch FRIEDRICH SCHWALLY, Semitische Kriegsaltertümer, 1. Heft: Der heilige Krieg im alten Israel (Leipzig 1901), spricht davon, daß in der heiligen Lade vielleicht ursprünglich ein «Steinfetisch» aufbewahrt worden sei, rechnet aber auch mit der Möglichkeit, daß sie leer war und als solche das Numen beherbergte. «In diesem Falle ist die Lade nicht ein Fetisch-Schrein, sondern selbst der Fetisch» (a. a. O., 10). Aber auch für SCHWALLY ist an den heiligen Gegenstand, ob Stein oder Lade, die Gegenwart der Gottheit selbst geknüpft (siehe den ganzen Kontext, a. a. O., 9–15). In den letzten Jahrzehnten haben sich die Ethnologen und Religionshistoriker immer mehr vom Begriff Fetischismus distanziert. MAURICE DELAFOSSE, ein guter Kenner Westafrikas (wo das Wort Fetisch ja zuerst gebraucht wurde) schrieb 1922: «... Le fétichisme ne constitue pas une religion distincte et il ne saurait caractériser aucune religion: il n'est que l'une des déformations, la plus apparente, de toutes les religions du monde» (RMM 49 [1922] 154; nach seiner Auffassung ist «Animismus» der richtige Ausdruck für die Religion der betr. Westafrikaner, a. a. O. 154–157). ARNOLD VAN GENNEP, L'état actuel du problème totémique (Paris 1920) schreibt resolut: «... il vaut mieux supprimer ce mot [sc. fétiche]» (a. a. O., 193). Ähnlich äußert sich BERNHARD ANKERMANN, in: CHANTEPIE DE LA SAUSSAYE, Lehrbuch der Religionsgeschichte [4](Tübingen 1925) I, 161. F. GRAEBNER schreibt bei der Behandlung der westafrikanischen Kultur (in: PAUL HINNEBERG, Die Kultur der Gegenwart. III/5: Anthropologie [Leipzig 1923]): «... obwohl diese Figuren und andere Gegenstände Geister darstellen und bisweilen von ihnen beseelt gedacht werden, sind die Kulthandlungen selbst überwiegend zauberhaft. Es ist diese amphibische Verquickung von Geister- und Zauberglauben, auf die man das vieldeutige, aber unausrottbare Wort Fetischismus wohl am besten beschränken könnte» (a. a. O., 466). Ebenso reserviert (oder noch reservierter) sind MIRCEA ELIADE (Traité d'Histoire des Religions [Paris 1949], 25, 191–210, passim) und PAUL SCHEBESTA (Art. Fetischismus, RW, Sp. 252f.). Für K. GOLDAMMER, Art. Fetischismus (RGG [3]II [Tübingen 1958] Sp. 924f.) ist «Fetischismus» ein «vieldeutiger und schwer abgrenzbarer religionswissenschaftlicher Ausdruck» (a. a. O., Sp. 924), «heute weder Bezeichnung einer Urreligion noch Name eines bestimmten Religionsstadiums, sondern nur phänomenologisch zulässig» (a. a. O., Sp. 925). Wie aus Obigem hervorgeht, wollen andere Religionswissenschaftler nicht einmal das letztere gelten lassen.

[21] Belege siehe bei HENNINGER, La religion bédouine préislamique (oben Nr. 1) Anm. 32, 53 und 54.

WILLIAM ROBERTSON SMITH hat versucht, dem Problem auf andere Weise beizukommen. Nach seiner Auffassung war die älteste Lebensform der Semiten das Nomadentum, und ihre älteste Religionsform der Glaube an eine *Clan- oder Stammesgottheit* (verkörpert im *Totem-Tier*), mit der die Mitglieder der Gruppe physisch blutsverwandt zu sein glaubten. SMITHS Theorie ist geistreich, und er hat sie auch mit großer Erudition zu stützen versucht; doch war er bei seiner Gesamtkonzeption zu sehr beeinflußt von den damals herrschenden ethnologischen Ansichten, die im Totemismus ein allgemeines Durchgangsstadium der Menschheit sahen. Diese Auffassung hat zwar durch SIGMUND FREUD eine verspätete und unverdiente Vulgarisierung erfahren [22], ist aber von der Ethnologie seit Jahrzehnten aufgegeben, und damit wird auch die Deutung hinfällig, die W. R. SMITH für die semitischen Fakten aus dieser Theorie abgeleitet hat [23].

Wenn also von einer totemistisch verstandenen Stammesgottheit keine Rede sein kann, so ist doch andererseits der Glaube an *Schutzgottheiten bestimmter Gruppen,* also an Clan- oder Stammesgottheiten, für die Semiten in einer recht frühen Zeit teils direkt bezeugt, teils zu erschließen [24]. Angeregt durch einen schon 1880 von THEODOR NÖLDEKE gegebenen Hinweis hat JEAN STARCKY den allgemein-semitischen Gottesnamen *'Ēl* [25] auf die Wurzel *'wl* bzw. *'yl* zurückgeführt, von der auch Bezeichnungen für «Stamm» und «Stammesführer» abgeleitet sind. Dieser sprachliche Zusammenhang legt es nahe, daß der Gottheit spezielle Verbundenheit mit einer Blutsverwandt-

---

[22] Siehe SIGRID WESTPHAL-HELLBUSCH, Freuds «Totem und Tabu» in der heutigen Ethnologie. Zeitschrift für Psycho-somatische Medizin 7 (1960/61) 45–58; WOLFGANG SCHOENE, Über die Psychoanalyse in der Ethnologie (Dortmund 1966), bes. 1–77.

[23] Vgl. HENNINGER, Anth 50 (1955) 148, Anm. 297; HENNINGER, Über das Problem des Totemismus bei den Semiten. WVM 10 – N. F. 5 (1962) 1–16 [siehe ArV, Nr. 26], und die dort zitierte Literatur; HENNINGER; Ahnenkult (wie unten Anm. 27) 316f. mit Anm. 87–89.

[24] Vgl. S. MOSCATI, in: Le antiche divinità semitiche (wie oben Anm. 15) 134f.; HENNINGER, Anth 55 (1960) 907.

[25] Gegenüber einer älteren Auffassung, die in *'Ēl* eine nur bei Westsemiten bekannte Gottheit sehen wollte, wird jetzt sein allgemein-semitischer Charakter anerkannt; siehe JEAN BOTTÉRO in: Le antiche divinità semitiche, 38–40, 51f.; MITCHELL J. DAHOOD, ebd. 73–75, 92; W. CASKEL, ebd. 112, 114–117; zusammenfassend: S. MOSCATI, ebd. 121f.; A. BRELICH, ebd. 135–140 (dazu JEAN STARCKY, RB 67 (1960) 269–276; HENNINGER, Anth 55 (1960) 906–908; HENNINGER, Über Lebensraum und Lebensformen der Frühsemiten [Arbeitsgemeinschaft für Forschung des Landes Nordrhein-Westfalen, Geisteswissenschaften, Heft 151, Köln und Opladen 1968] 38–44, bes. 41–43); HARTMUT GESE, Die Religionen Altsyriens (RdM Bd. 10/2, Stuttgart 1970), 95 (vgl. dazu HENNINGER, Anth 66 [1971] 598).

schaftsgruppe zugeschrieben wurde; daher dürfen wir von einer «Stammesgottheit» sprechen, und diese Vorstellung von der Gottheit ist als Gemeinbesitz der Semiten in ihrer Frühzeit anzusehen [26]. (Das heißt aber nicht, daß wir in dieser Gottheit einen aufgehöhten menschlichen Ahnen sehen müssen; die Rolle des *Ahnenkultes* bei den Semiten ist nicht so bedeutend, wie zeitweilig angenommen wurde [27]; eher ist anzunehmen, daß manche Stammvatersagen eine nachträgliche euhemerisierende Umdeutung des Stammesgottes zu einem rein menschlichen Ahnen enthalten [28].)

Die meisten bisher erwähnten Autoren sprechen von «semitischen Nomaden» in allgemeiner Weise und setzen voraus, daß *alle* Semiten ein Nomadenstadium durchgemacht haben. Diese Annahme ist aber nicht gesichert [29], und bei denjenigen Semiten, die wir in einer bestimmten Periode direkt als Nomaden erfassen können, bestehen verschiedene Lebensformen: Kamelnomaden (die eigentlichen Beduinen), Kleinvieh- und Eselnomaden. Aller Wahrscheinlichkeit nach waren *Kleinvieh- und Eselzucht* für die älteste Form semitischen Nomadentums bestimmend [30]. So drängt sich die Frage auf: welche religiösen Strukturen sind für *diese* Form des Nomadismus charakteristisch?

Nun ist aber bekanntlich das Kleinvieh- und Eselnomadentum im Vorderen Orient nicht auf Semiten beschränkt; daher hat VICTOR MAAG ver-

---

[26] JEAN STARCKY, Le nom divin *El*. ArOr 17/2 (1949) 383–386 (Inhaltsangabe: Anth 46 [1951] 277); siehe bes. ebd. 384: «... le mot arabe *'âl*, tribu, peuple, déjà attesté dans les inscriptions protoarabiques. ...»; ebd. 386: «Les premiers Sémites, qui étaient des nomades, ont certainement conçu la divinité comme une puissance tutélaire qui les entourait de sa sollicitude, à l'instar du groupe ethnique dont ils étaient membres, et du ‹cheikh› qui les dirigeait.» (Vgl. aber unten Anm. 29–30.)

[27] Vgl. dazu J. HENNINGER, Einiges über Ahnenkult bei arabischen Beduinen, in: Der Orient in der Forschung. Festschrift für Otto Spies zum 5. April 1966, hrsg. von WILHELM HOENERBACH (Wiesbaden 1967) 301–317 [siehe unten Nr. 5], bes. 301, 313–317; vgl. auch oben Anm. 24.

[28] Über historische und mythische Elemente in den Genealogien siehe: ABRAHAM MALAMAT, King Lists of the Old Babylonian Period and Biblical Genealogies. JAOS 88 (1968) 163–173 (Inhaltsangabe: Anth 65 [1970] 282f.); ders., Tribal Societies: Biblical Genealogies and African Lineage Systems. Archives européennes de sociologie 14 (1973) 126–136 (Inhaltsangabe: Anth 69 [1974] 283f.)

[29] Vgl. GEO WIDENGREN, JSS 5 (1960) 397–410 (Besprechung von: Le antiche divinità semitiche), bes. 397–404; JUSSI ARO, Gemeinsemitische Ackerbauterminologie. ZDMG 113 (1963) 471–480 (Inhaltsangabe: Anth 59 [1964] 647); HENNINGER, Lebensraum und Lebensformen (wie oben Anm. 25), passim, bes. 44–48; HENNINGER, Zum frühsemitischen Nomadentum (wie oben Anm. 2) 57–61, bes. 61 mit Anm. 156.

[30] Siehe die Belege bei HENNINGER, Lebensraum und Lebensformen, 14–34, 44–48, 54f.; HENNINGER, Zum frühsemitischen Nomadentum, 35–61, passim. – Die Bezeichnung «Halbnomadismus» lehnt D. A. JOHNSON jetzt vollständig ab (siehe unten Anm. 38).

sucht, durch Vergleiche mit Gruppen außerhalb des semitischen Bereiches die gerade für diese Kategorie von Nomaden typischen religiösen Strukturen herauszuarbeiten [31]. Er gibt folgende Charakteristik:

«Der Transmigrationsgott der Nomaden aber ist [im Gegensatz zu den Göttern der Agrarvölker] *territorial und lokal nicht gebunden*. Er wandert mit, ist selber unterwegs und ist zugegen, wo immer seine Schutzbefohlenen auch hinziehen mögen ... Und ein Letztes, das auch schon die zwei ersten Sätze der Väter-Erzählung (Gen. 12,1–2) charakterisiert: Nomadenreligion ist Religion der *Verheißung*. Der Nomade lebt ja nicht im Zyklus von Saat und Ernte, sondern in der Welt der Migration ... Im Bereiche der Transmigration wird das Geschehen als ein Fortschreiten, als ein Hinter-sich-lassen erlebt. Da wird das *Dasein als Geschichte* empfunden ... Das Ziel ist Sinngebung für die Wanderung und ihre Nöte; und die heutige Entscheidung zum Vertrauen auf den berufenden Gott ist zukunftsträchtig. Das ist das *Wesen der Verheißung in der Sicht der Transmigration ...*» [32].

FRANZ JOSEF STENDEBACH bezieht sich auf diesen Artikel; nachdem er die geschichtliche Struktur des Weltverständnisses im Werk des Jahwisten ausführlich dargelegt hat [33], schreibt er gegen Schluß dieses Kapitels: «Israel, wie es uns im Werk des Jahwisten begegnet, hat also zu seiner Welt kein mythologisches, sondern ein geschichtliches Verhältnis, es sieht seine es umgebende Welt unter der Perspektive der Geschichte. Wenn wir nach dem Grund dieses geschichtlichen Weltverständnisses im Denken Israels fragen, so können uns einige Hinweise MAAG's die Richtung weisen. Nach ihm hat das nomadische Seins- und Weltverständnis ein kinetisch-vektorisches Element gegenüber dem statischen einer agrarischen Lebensform. So ist der Nomadengott ein Transmigrationsgott, der territorial und lokal nicht gebunden ist, der mit der Gruppe wandert. Da das Dasein in einer Welt der Migration als Geschichte empfunden wird, ist Nomadenreligion eine Religion der Verheißung. 'Gott führt zu einer Zukunft, die nicht bloße Wiederholung und Bestätigung der Gegenwart ist, sondern Ziel der jetzt im Gang befindlichen Ereignisse.'» [34].

---

[31] VICTOR MAAG, Malkût JHWH, in: SVT VII (Leiden 1960) 129–153 (bes. 132, 134, 137–140, 143, 145f., 150–153).

[32] MAAG, a. a. O. 139f. [Hervorhebungen von mir. J. H.]

[33] FRANZ JOSEF STENDEBACH, Theologische Anthropologie des Jahwisten (Diss. Bonn, Rotaprintdruck 1970) 308–338, dazu die Anm. 1–365 (Anmerkungsteil, S. 154–183). Eine stark gekürzte und überarbeitete Fassung dieser Diss. ist: Der Mensch... wie ihn Israel vor 3000 Jahren sah (Stuttgart 1972).

[34] STENDEBACH (1970) 337f.; der letzte Satz ist wörtliches Zitat aus MAAG, a. a. O., 140. (In verkürzter Form ist der hier zitierte Text wiedergegeben: 1972, 169.)

Wie aus vorstehenden Ausführungen hervorgeht, sind gegenüber diesen allgemeinen Aussagen von MAAG starke Vorbehalte zu machen. Richtig ist die Beobachtung, daß die Religionsform der Nomaden einen beträchtlichen Gegensatz zu der Lokalgebundenheit in Religionen von Seßhaften darstellt, und dies trifft auch für Vorderasien weitgehend zu. Beachtenswert ist das Urteil von ALOIS MUSIL, einem der besten Kenner der arabischen Beduinen zu Anfang des 20. Jahrhunderts:

«Alle Bewohner Arabiens, Ansässige sowohl als auch Nomaden, glaubten und glauben an einen einzigen, persönlichen, unsichtbaren, allgegenwärtigen Allah. Bei den Nomaden, insbesondere bei den Kamelzüchtern, erinnert dieser monotheistische Glaube mit seinen Übungen an die Religion der alttestamentlichen Patriarchen. *Die Kamelzüchter kennen keine heiligen Orte, keine heiligen Sachen, keine Vermittler zwischen den Menschen und Allah, keine Gebetsformeln u.a.m.* Alle Nomaden sind Muslime, aber nur dem Namen nach; in Wirklichkeit kümmern sie sich um die Vorschriften des Islâm gar nicht. Anders die Ansässigen in den Oasen. Die verehren neben Allah verschiedene Patrone, haben heilige Bäume, Felsen, Quellen, heilige Gräber, feste Kultstätten und folglich auch Hüter dieser Stätten und Vermittler zwischen den Bewohnern und ihren heiligen Patronen. Der muslimische Glaube ist in den Oasen vorherrschend, aber nicht in seiner orthodoxen Reinheit, sondern in seinen absonderlichen Auswüchsen.» [35]

Dieses Urteil bezieht sich unmittelbar nur auf das neuzeitliche islamische Arabien; doch sind darin m.E. einige *Wesens*unterschiede der Religiosität von Seßhaften und Nomaden gut erfaßt, vor allem der nicht lokal und nicht dinglich gebundene Charakter der religiösen Praxis bei Nomaden. Beachtenswert ist, daß MUSIL diese Unabhängigkeit von lokalen Bindungen vor allem bei den *Kamelzüchtern* feststellt. Bei den *Kleinviehzüchtern* besteht stärkerer Kontakt mit Seßhaften, und dadurch ist auch ihre Religion beeinflußt [36]. In neuerer Zeit zeigt sich dies z.B. darin, daß die Halbbeduinen (Kleinviehzüchter) mit den Seßhaften die Verehrung islamischer Heiliger gemeinsam haben,

---

[35] ALOIS MUSIL, ÖMO 43 (1917) 164 [Hervorhebungen von mir. J. H.]; derselbe Text auch bei A. MUSIL, Zur Zeitgeschichte von Arabien (Leipzig–Wien 1918) 43, und in englischer Übersetzung: A. MUSIL, Northern Neǧd (New York 1928) 257. – Vgl. dazu über den nicht ortsgebundenen «Gott der Väter» in den Patriarchenerzählungen: STENDEBACH, 1970, 53, mit Anm. 54–59 (Anmerkungsteil, S. 7); R. DE VAUX, Histoire ancienne d'Israël I (Paris 1971) 255–269, bes. 260.

[36] Vgl. die zutreffenden Bemerkungen von HENRI CAZELLES, DBS VII (1966), col. 145 (im Art. Patriarches, a. a. O., col. 81–156) über die «double morphologie» der Halbnomaden, ihre Zwitterstellung zwischen Nomadentum und Seßhaftigkeit; siehe auch HENNINGER, Zum frühsemitischen Nomadentum, 53–57.

während die Vollbeduinen (Kamelzüchter) diese Kultformen ablehnen [37]. Andererseits dürfen die Unterschiede zwischen diesen beiden Kategorien von Nomaden aber nicht übertrieben werden. Vor allem ist zu beachten: auch bei den Vollbeduinen verlaufen die Wanderungen keineswegs regellos, sondern sind an bestimmte Wanderwege und an die Grenzen der Stammesterritorien gebunden, mögen diese auch eine größere Ausdehnung haben als bei Halbbeduinen [38]. Auswanderungen in entfernte Territorien, wie sie aus der Geschichte der arabischen Stämme bekannt sind, sind seltene, säkulare Ereignisse [39]. MAAG unterscheidet ganz richtig zwischen den periodischen Wanderungen, der «Migration» (die er, nicht ganz korrekt, auch als «Transhumanz» bezeichnet) und der «Transmigration», die unter wirtschaftlichem

---

[37] Belege siehe bei HENNINGER, Ahnenkult (wie oben Anm. 27) 308 f., mit Anm. 44–51.

[38] Belege siehe bei J. HENNINGER, Das Eigentumsrecht bei den heutigen Beduinen Arabiens. ZRW 61 (1959) 6–56 [siehe ArV, Nr. 19], bes. 14–16 (diese Belege könnten noch vermehrt werden). – DOUGLAS A. JOHNSON, The Nature of Nomadism (Chicago 1969) kommt auf Grund von 14 «case studies» aus Südwestasien und Nordafrika zum Ergebnis, daß die Wanderungen in ihren Grundzügen durch geographische und klimatische Faktoren bestimmt sind (was aber eine gewisse Flexibilität in den Einzelheiten, etwa Anpassungen an Schwankungen der Niederschlagsmenge, nicht ausschließt), und diese Feststellung gilt so allgemein, daß die Einteilung in Voll- und Halbnomaden ihm nicht als sinnvoll erscheint (a. a. O., bes. 12–19, 158–176). Zum letzteren ist zu sagen, daß die Unterscheidung von *Vollbeduinen* und *Halbbeduinen* doch noch immer als berechtigt erscheint (Vollbeduinen = kriegerische Kamelzüchter; Halbbeduinen = Gruppen, bei denen die Kamelzucht gegenüber der Kleinviehzucht zurücktritt, die aber im übrigen noch viele Charakteristika des Beduinentums bewahrt haben; vgl. HENNINGER, Zum frühsemitischen Nomadentum, 53–57). M. ROWTON, Enclosed Nomadism. JESHO 17 (1974) 1–30, schlägt eine andere Terminologie vor. Er versteht «seminomads» als «part time nomads» (was man sonst vielfach als «Halbseßhafte» bezeichnet; vgl. HENNINGER, IAE 42 [1943] 4 mit Anm. 15 und den dort zitierten Belegen). Im Anschluß an O. LATTIMORE legt er größeren Wert auf die Unterscheidung von «excluded nomads» und «enclosed nomads». Erstere leben z. B. «in the great open steppes of Central Asia, or the deserts and the arid steppes of Arabia», letztere sind «... enclosed in blocks of desert, semi-desert, steppe and highland country within the general sweep of civilization» (a. a. O., bes. 1–3). Für diese «enclosed nomads» gibt es zahlreiche Beispiele in Vorderasien, von Iran bis nach Anatolien, im ʿIrāq, Syrien und Palästina (siehe für die Neuzeit: a. a. O., 7–16, für das 2. Jt. v. Chr., nach den Mari-Texten, a. a. O., 16–21). Es ergibt sich aus der Natur der Sache, daß diese «enclosed nomads» im wesentlichen Kleinvieh- und Eselzüchter sind und in einem viel engeren Kontakt mit den Seßhaften leben als die «excluded nomads»; oft ist sogar bei demselben Stamm ein Teil seßhaft, ein Teil nomadisch.

[39] Zahlreiche Beispiele solcher Stammeswanderungen finden sich bei MAX FREIHERR VON OPPENHEIM, Die Beduinen. Unter Mitbearbeitung von ERICH BRÄUNLICH und WERNER CASKEL. 4 Bände (Leipzig bzw. Wiesbaden 1939–1968).

Druck erfolgt. «Dieser veranlaßt eine Gruppe, das ganze Gebiet ihrer bisherigen Weiderunde zu verlassen und durch bisher unbekanntes Land und über unbekannte Hindernisse hinweg einem nie zuvor gesehenen Weideland entgegen zu ziehen. Dabei handelt es sich um einen Erlebniskomplex, der bei Stämmen, denen er zuteil geworden ist, begreiflicherweise nachhaltig zu wirken vermag» [40]. In dem oben zitierten Text aus MAAG [41] ist aber der Unterschied zwischen Migration und Transmigration verwischt. Für «Transmigration» von Nomaden im hier präzisierten Sinne bringt MAAG neben Belegen aus dem Alten Testament nur noch ein einziges Beispiel, das der Bachtiaren [42].

Aus dem Vorstehenden ergibt sich: Wenn der Nomadengott ganz allgemein als «ein Gott, der mit der Gruppe wandert» charakterisiert wird, so ist dies eine Generalisierung, die der ausreichenden Grundlage entbehrt. Sie ist z.B. schon da nicht aufrechtzuerhalten, wo der Hauptgott ein *Himmels-* oder *Astralgott* ist (und das ist oft der Fall, wenn auch nicht so allgemein, wie W. SCHMIDT und PETTAZZONI bzw. NIELSEN annahmen). Auch in diesem Fall kann der Kult ohne lokale Bindungen sein. Daß aber *Geschichtlichkeit* und *Verheißung* für die Nomaden schlechthin (oder auch nur für die Kleinviehzüchter Vorderasiens) charakteristisch seien, ist nicht genügend begründet; tatsächlich kann MAAG ja auch, abgesehen von den Israeliten, nur ein einziges Beispiel für dieses Phänomen bringen [43]. Diese Dokumentation

---

[40] MAAG, a. a. O., 134, Anm. 2; vgl. auch ebd. 138, Anm. 1. – «Transhumance», zuerst von französischen Autoren für Nordafrika gebraucht, bedeutet eine vom Nomadismus verschiedene Lebensform. Bei Nomadismus ist die gesamte Gruppe ohne feste Wohnungen, bei Transhumanz sind solche vorhanden. «Ein Teil der Bevölkerung zieht mit den großen Tierherden auf Hochflächen und zu Weideplätzen, die saisonweise gewechselt werden, während der andere Teil in den Tälern seßhaft ist und Bodenbau betreibt, wobei *diese Dorfsiedlung auch von dem nomadischen Bevölkerungsteil (als Ausgangsbasis und Winterquartier) aufgesucht werden kann*» (WALTER HIRSCHBERG, Wörterbuch der Völkerkunde [Stuttgart 1965] 450, s. v. Transhumance [Hervorhebung von mir. J. H.]). Vgl. auch HENNINGER, Fêtes de printemps (Paris 1975) 103f., note 263.

[41] Siehe oben Anm. 32.

[42] Siehe unten Anm. 43.

[43] Es handelt sich um den Fall der Bachtiaren, eines Kleinviehzüchterstammes in Iran, die in einer außergewöhnlichen Situation (Ausfall der gewöhnlichen Weideplätze), geleitet durch die Weisung eines inspirierten Führers, eine weiträumige Wanderung durch unbekanntes Gebiet unternahmen (MAAG, a. a. O., 138, Anm. 1, unter Berufung auf einen Dokumentarfilm von SVEN HEDIN; vgl. auch ebd., 134, Anm. 2). Von diesem Einzelfall abgesehen, beruht die Schilderung bei MAAG fast restlos auf dem Alten Testament. (Das Beispiel aus dem Eskimo-Bereich, nach K. RASMUSSEN, bei MAAG,

reicht nicht aus, um den wesentlich *zyklischen* Charakter des Lebens bei den Nomaden [44] zu widerlegen; vielmehr ist daran festzuhalten, daß sowohl bei den Kleinvieh- und Eselzüchtern (mit enger begrenzten Saisonwanderungen) als auch bei den Kamelzüchtern (mit weiträumigeren Wanderungen) dieser Zyklus dominiert. Wenn auch unter außergewöhnlichen Umständen zuweilen ein Ausbrechen aus diesem gewohnten (mehr oder weniger ausgedehnten) Bereich vorkommt [45], so ist es doch zu viel behauptet, daß bei den Nomaden schlechthin die jetzt im Gang befindlichen Ereignisse als auf ein Ziel, eine von der Gegenwart verschiedene Zukunft hingeordnet betrachtet werden [46].

In der typisch *geschichtlichen Weltbetrachtung* ist vielmehr eine *Eigenart der Religion Israels* zu sehen [47]. Sie spricht sich auch darin aus, daß die großen Feste der israelitischen Religion ursprünglich Naturfeste (nomadischer oder bäuerlicher Art) waren, aber zu Gedächtnisfeiern der Heilsereignisse umgeformt wurden, die das Volk im Laufe seiner Geschichte erlebt hatte [48]. Einen richtigen Kern der Auffassung von MAAG kann man darin sehen, daß bei Nomaden, wegen ihrer geringeren lokalen Bindung, günstigere psycholo-

---

a. a. O., 138, Anm. 1 [mit Fortsetzung S. 139] gehört nicht hierher, weil es sich um Jäger, nicht um Nomaden handelt). – Wenn die Aufforderung Jahwehs an Abraham (Gen. 12, 1) «religionsphänomenologisch» gedeutet wird, liegt die Gefahr eines Zirkelschlusses nahe. Zur Kritik an der Phänomenologie, speziell zur Gefahr «fiktiver Universalbegriffe», siehe VITTORIO LANTERNARI, La Grande Festa. Storia del Capodanno nelle civiltà primitive (Milano 1959) 286f.; vgl. auch ebd. 31–35, 281, 283–288, 349, 404, 454–459.

[44] Das Leben der Nomaden ist zwar nicht, wie das der Seßhaften, durch den Zyklus von Aussaat und Ernte bestimmt, wohl aber durch andere zyklische Vorgänge, wie den Wechsel zwischen Winter- und Sommerweide (siehe MAAG, a. a. O., 134, Anm. 2; ferner: L[EONHARD] ROST, Weidewechsel und altisraelitischer Festkalender. ZDPV 66 [1943] 205–216 [wieder abgedruckt in: Das kleine Credo und andere Studien zum Alten Testament (Heidelberg 1965) 101–112]; L. KÖHLER, ZAW 68 [1956] 230 [im Artikel: Psalm 23, ebd. 227–234]; PETER LAAF, Die Pascha-Feier Israels [Bonn 1970], bes. 117, 120, 131, 154f., 167; J. HENNINGER, Les fêtes de printemps [Paris 1975] 225 [Index s. v. Migrations saisonnières]) und durch den Zuwachs der Herden, der besonders im Frühjahr als großes Ereignis empfunden und oft durch Erstlingsopfer gefeiert wird; siehe LANTERNARI, La Grande Festa (wie oben Anm. 43) 374–376, 397, 449f.; HENNINGER, Les fêtes de printemps, bes. 119f., 123f.

[45] Vgl. oben Anm. 39 und 43.

[46] Vgl. STENDEBACH, oben Anm. 34.

[47] Das ist hier nur im Vergleich mit den Religionen anderer Nomadenvölker gemeint. Die iranische Religion, die ebenfalls nicht zyklisch, sondern auf ein (eschatologisches) Ziel hin orientiert ist, bleibt hier außer Betracht.

[48] Siehe HERBERT HAAG, Vom alten zum neuen Pascha (Stuttgart 1971) 58–63, über «Historisierung» und «Umstiftung»; vgl. auch die Schlußbemerkung, ebd. 137.

gische Voraussetzungen und eine größere *Offenheit* für ein Eingreifen Gottes in den gewohnten Ablauf des Lebens, für das gläubige Sich-führen-lassen von der Verheißung zur Erfüllung, vorhanden sind. In diesem Sinne hätte auch die Auffassung W. SCHMIDTS von der besonderen heilsgeschichtlichen Rolle der Nomadenvölker eine gewisse Berechtigung [49].

---

[49] Vgl. oben Anm. 5–7. Freilich läßt sich nicht beweisen, daß die Geschichte der Religion so geradlinig vom «Monotheismus der Urkultur» zur alttestamentlichen Offenbarung führt, wie W. SCHMIDT es angenommen hatte. – Welche Ansatzpunkte für den *Prophetismus* die Nomadenkultur mit ihrer (auch im religiösen Bereich) geringeren Gebundenheit bietet, darüber finden sich anregende Gedanken bei GIORGIO LEVI DELLA VIDA, Les Sémites et leur rôle dans l'histoire religieuse (Paris 1938).

3

ÜBER STERNKUNDE UND STERNKULT IN NORD- UND ZENTRALARABIEN*

(1954)

Inhalt

---

* Für Literaturangaben und sonstige Auskünfte bin ich zu Dank verpflichtet: den Herren Professoren W. BAUMGARTNER (Basel), G. LEVI DELLA VIDA (Rom), R. PARET (Tübingen), O. SPIES (Bonn), ferner Frau Professor M. HÖFNER (Tübingen), Herrn Dr. W. HOENERBACH (Bonn), Herrn Dr. P. A. JAMME (Rom). [Dieser Text ist unverändert aus der Originalfassung von 1954 übernommen, obwohl manche Ortsangaben u. a. jetzt nicht mehr zutreffen].

[83] Abd-el-Jalil, J.-M.: Brève Histoire de la Littérature Arabe (Paris 1943).

Ahrens, Karl: Muhammed als Religionsstifter. AKM XIX/4 (Leipzig 1935).

Albright, W[illiam] F[oxwell], and Dumont, P. E.: A Parallel between Indic and Babylonian Sacrificial Ritual. JAOS 54 (1934) 107–128.

Albright, W[illiam] F[oxwell]: Islam and the Religions of the Ancient Orient. JAOS 60 (1940) 283–301.

– – Von der Steinzeit zum Christentum (Bern 1949).

Andrae, Tor: Mohammed. Sein Leben und sein Glaube (Göttingen 1932).

Andree, Richard: Die Plejaden im Mythus und in ihrer Beziehung zum Jahresbeginn und Landbau. Gl 64 (1893) 362–366.

Baldensperger, Philip J.: The Immovable East. PEFQS 1904–1929.

Barton, George Aaron: Semitic and Hamitic Origins, Social and Religious (Philadelphia 1934).

Baudissin, Wolf Wilhelm Graf von: Eulogius und Alvar (Leipzig 1872).

– – Adonis und Esmun (Leipzig 1911).

– – Die Quellen für eine Darstellung der Religion der Phönizier und der Aramäer. ARW 16 (1913) 389–422.

Bauer, L.: Bemerkungen zu Dr. Cana'an «Der Kalender des palästinensischen Fellachen». ZDPV 36 (1913) 266–300). ZDPV 38 (1915) 54–57.

Baumgartner, W.: Israelitisch-griechische Sagenbeziehungen. SAV 41 (1944) 1–29.

Becker, C. H.: Islamstudien. 2 Bde. (Leipzig 1924–1932).

Bertholet, Alfred: Das Geschlecht der Gottheit (Tübingen 1934).

Blochet, E.: Le Culte d'Aphrodite-Anahita chez les Arabes du paganisme. Revue de Linguistique 35 (1902) 1–26; 126–155.

Van den Branden, Alb.: Les inscriptions thamoudéennes. (Bibliothèque du Muséon, Vol. 25, Louvain-Heverlé 1950).

Briem, Efraim: Mutter Erde bei den Semiten? ARW 24 (1926) 179–195.

Brockelmann, Carl: Geschichte der arabischen Literatur. (= GAL) Bd. I: Weimar 1898; Bd. II: Berlin 1902; Suppl.-Bd. I–III: Leiden 1937–1941.

– – Allah und die Götzen, der Ursprung des islamischen Monotheismus. ARW 21 (1922) 99–121.

Buhl, Frants: Das Leben Muhammeds. Deutsch von Hans Heinrich Schaeder (Leipzig 1930); (zitiert: Buhl-Schaeder).

Burckhardt, John Lewis: Notes on the Bedouins and Wahábys (London 1830).

Cana'an, T.: Der Kalender des palästinensischen Fellachen. ZDPV 36 (1913) 266–300.

– – Folklore of the Seasons in Palestine. JPOS 3 (1923) 21–35.

– – Modern Palestinian Beliefs and Practices Relating to God. JPOS 14 (1934) 59–92.

Carruthers, Douglas: Arabian Adventure to the Great Nafud in Quest of the Oryx (London 1935).

Casanova, Paul: De quelques légendes astronomiques arabes considérées dans leurs rapports avec la mythologie égyptienne. BIFAO 2 (1902) 1–39.

Caskel, Werner: Das Schicksal in der altarabischen Poesie (Leipzig 1926).

Charles, Henri: Le christianisme des Arabes nomades sur le Limes et dans le désert syro-mésopotamien aux alentours de l'hégire. (Paris 1936).

Chwolsohn, D[aniel]: Die Ssabier und der Ssabismus. 2 Bände (St. Peterburg 1856).

Clemen, Carl: Lukians Schrift über die syrische Göttin. (Der Alte Orient, Bd. 37, H. 3–4. Leipzig 1938).
Conder, Claude Reignier: Heth and Moab ([3]London 1892).
Cook, Stanley Arthur, vgl. Smith, William Robertson.
Cumont, Franz: L'origine de la formule grecque d'abjuration imposée aux Musulmans. RHR 64 (1911) 143–150.
– – Etudes Syriennes (Paris 1917).
– – Le culte de Vénus chez les Arabes au Ier siècle. Syria 8 (1927) 368.
– – Les religions orientales dans le paganisme romain ([4]Paris 1929).
Dalman, Gustaf: Petra und seine Felsheiligtümer (Leipzig 1908).
– – Arbeit und Sitte in Palästina. 7 Bände (Gütersloh 1928–1942) (= AS).
– – Aus dem Rechtsleben und religiösen Leben der Beduinen. ZDPV 62 (1939) 52–63.
[84] Déak, Johann: Die Gottesliebe in den alten semitischen Religionen. (Diss. Basel 1913. Eperjes 1914.)
Dérenbourg, Hartwig: Une inscription yéménite nouvellement entrée au Musée du Louvre. CRAIBL 1905/1, 235–242.
– – Le culte de la déesse Al-ʿOuzzâ en Arabie au IVe siècle de notre ère. PELOV V/5 (1905) 31–40.
Devreesse, Robert: Le christianisme dans la péninsule sinaïtique, des origines à l'arrivée des Musulmans. RB 49 (1940) 205–223.
Dhorme, Paul [Edouard]: La Terre-mère chez les Assyriens. ARW 8 (1905) 550–552.
– – L'évolution religieuse d'Israël. Tome I: La religion des Hébreux nomades (Bruxelles 1937).
– – La religion primitive des Sémites. A propos d'un ouvrage récent. RHR 128 (1944) 5–27.
– – Recueil Edouard Dhorme (Paris 1951).
Dumont, P. E., vgl. Albright, W. F.
Dupont-Sommer, A.: Les Araméens. (Paris 1949).
Dussaud, René: Rapport sur une mission scientifique dans les régions désertiques de la Syrie moyenne. Avec la collaboration de M. Frédéric Macler. Nouvelles Archives des missions scientifiques 10 (1903) 411–744 (zitiert: Dussaud et Macler).
– – Notes de mythologie syrienne (Paris 1903).
– – Les Arabes en Syrie avant l'Islam (Paris 1907).
– – Les découvertes de Ras Shamra (Ugarit) et l'Ancien Testament ([2]Paris 1941).
Ebeling, Erich, vgl. Reallexikon der Assyriologie.
Eichler, Paul Arno: Die Dschinn, Teufel und Engel im Koran. (Diss. Leipzig 1928).
Eichner, Wolfgang: Die Nachrichten über den Islam bei den Byzantinern. Der Islam 23 (1936) 133–162; 197–244.
Enzyklopädie des Islām. 4 Bände und Ergänzungsband (Leiden 1913–1938).
Fakhry, Ahmed: An Archaeological Journey to Yemen (March-May, 1947), 3 Parts (Cairo 1951–1952).
Fazakerley, J. N.: Journey from Cairo to Mount Sinai and Return to Cairo, in: Robert Walpole, Travels in Various Countries of the East (London 1820) 362–391.
Février, J. G.: La religion des Palmyréniens (Thèse Lettres Paris 1931).
Forrer, Ludwig: Südarabien nach al-Ḫamdānī's «Beschreibung der arabischen Halbinsel». AKM XXVII/3 (Leipzig 1942).

FRAENKEL, SIEGMUND: Die aramäischen Fremdwörter im Arabischen (Leiden 1886).

FRANKFORT, HENRI: Cylinder Seals. (London 1939).

FRAZER, J. C.: Spirits of the Corn and the Wild. 2 Vols. (The Golden Bough, Part V. [3]London 1911).

FURLANI, G.: Triadi semitiche e Trinità cristiana. BIE 6 (1924) 115–133.

GLASER, EDUARD: Die Sternkunde der südarabischen Kabylen. SBKAWW, Mathem.-naturw. Classe, 91. Bd., 2. Abth., Heft 1, 89–99 (Wien 1885).

GORDON, CYRUS H.: Ugaritic Literature (Roma 1949).

GRAF, GEORG: Geschichte der christlichen arabischen Literatur. 4 Bände (Città del Vaticano 1944–1951).

GRANQVIST, HILMA: Birth and Childhood among the Arabs (Helsingfors 1947).

– – Child Problems among the Arabs (Helsingfors–Copenhagen 1950).

GRATZL, EMIL: Die altarabischen Frauennamen (Leipzig 1906).

GRIMME, HUBERT: Das israelitische Pfingstfest und der Plejadenkult (Paderborn 1907).

– – Texte und Untersuchungen zur ṣafatenisch-arabischen Religion (Paderborn 1929).

GUIDI, MICHELANGELO: Storia e cultura degli Arabi fino alla morte di Maometto (Firenze 1951).

GUNDEL, W. †, und GUNDEL, H.: Art. Planeten bei Griechen und Römern, in: PAULY-WISSOWA-KROLL, Real-Enzyklopädie der klassischen Altertumswissenschaft XX (Stuttgart 1950), Sp. 2017–2185.

HALDAR, ALFRED: Associations of Cult Prophets among the Ancient Semites (Diss. Uppsala 1945).

[85] HENNINGER, JOSEPH: Pariastämme in Arabien, in: Festschrift zum 50jährigen Bestandsjubiläum des Missionshauses St. Gabriel (Wien-Mödling 1939) 501–539.

– – Die Familie bei den heutigen Beduinen Arabiens und seiner Randgebiete. IAE 42 (1943) S. I–VIII und 1–188.

– – Das Opfer in den altsüdarabischen Hochkulturen. Anth 37/40 (1942/45) 779–810.

– – Spuren christlicher Glaubenswahrheiten im Koran. NZM 1 (1945) –6 (1950).

– – Sur la contribution des missionnaires à la connaissance de l'Islam, surtout pendant le moyen âge. NZM 9 (1953) 161–185.

HESS, J. J.: Miscellanea. ZDMG 69 (1915) 385–392.

– – Die Namen der Himmelsgegenden und Winde bei den Beduinen des inneren Arabiens. Islamica 2 (1926) 585–589.

– – Von den Beduinen des innern Arabiens (Zürich 1938).

HEUSSI, KARL: Untersuchungen zu Nilus dem Asketen. (Texte und Untersuchungen zur Geschichte der altchristl. Literatur. III. Reihe, 12. Bd. [der ganzen Reihe 42. Bd.] Heft 2. Leipzig 1917).

HITTI, PHILIP K[HŪRĪ]: History of the Arabs ([3]London 1946).

HOMMEL, FRITZ: Über den Ursprung und das Alter der arabischen Sternnamen, und insbesondere der Mondstationen. ZDMG 45 (1891) 592–619.

– – Der Gestirndienst der alten Araber und die altisraelitische Überlieferung (München 1901).

– – Ethnologie und Geographie des Alten Orients (München 1926).

IBN AL-KALBĪ vgl. KLINKE-ROSENBERGER, ROSA.

JACOB, GEORG: Altarabisches Beduinenleben nach den Quellen geschildert ([2]Berlin 1897).

JAMME, A.: Le panthéon sud-arabe préislamique d'après les sources épigraphiques. LM 60 (1947) 57–147.

– – Une nouvelle épithète de la déesse solaire ḥaḍramoutique. LM 61 (1948) 59–64.

JENNINGS-BRAMLEY, W. E.: The Bedouin of the Sinaitic Peninsula. PEFQS 1905–1915.

JEPSEN, A.: Ibn al-Kalbis «Buch der Götzenbilder». Aufbau und Bedeutung. TLZ 72 (1947) Sp. 139–144.

JEREMIAS, ALFRED: Handbuch der altorientalischen Geisteskultur ([1]Leipzig 1913; [2]Berlin und Leipzig 1929).

KLINKE-ROSENBERGER, ROSA: Das Götzenbuch *(Kitâb al-Aṣnâm)* des Ibn al-Kalbî (Leipzig 1941).

KREHL, LUDOLF: Über die Religion der vorislamischen Araber (Leipzig 1863).

KRUMBACHER, KARL: Geschichte der byzantinischen Literatur von Justinian bis zum Ende des oströmischen Reiches (527–1453) ([1]München 1891; [2]München 1897).

KUGLER, FRANZ XAVER: Vom Hohen Lied und seiner kriegerischen Braut. Scholastik 2 (1927) 38–52.

LAGRANGE, MARIE-JOSEPH: Etudes sur les religions sémitiques ([2] Paris 1905).

LAMMENS, H[ENRI]: L'Arabie Occidentale avant l'Hégire (Beyrouth 1928).

LANGDON, STEPHEN HERBERT: The Mythology of All Races. Vol. V: Semitic [Mythology] (Boston 1931).

LENORMANT, FRANÇOIS: Sur le culte payen de la Kâabah antérieurement à l'Islamisme (in: Lettres assyriologiques II [Paris 1872] 111–340 [Cinquième lettre]).

LEVI DELLA VIDA, G[IORGIO]: Les Sémites et leur rôle dans l'histoire religieuse. Paris 1938.

LITTMANN, ENNO: Thamūd und Ṣafā. AKM XXV/1 (Leipzig 1940).

MACLER, FRÉDÉRIC, vgl. DUSSAUD, RENÉ.

MAÇOUDI: Les prairies d'or. Texte et traduction par C. BARBIER DE MEYNARD et PAVET DE COURTEILLE, 9 tomes (Paris 1861–1877).

MARMARDJI, M. S.: Les dieux du paganisme arabe d'après Ibn al-Kalbî. RB 35 (1926) 397–420.

MERKER, M.: Die Masai ([2]Berlin 1910).

MERRILL, JOHN ERNEST: Of the Tractate of John of Damascus on Islam. MW 41 (1951) 88–97.

MESNARD, H.: Les noms arabes d'étoiles. Ciel et Terre 65 (1949) 1–19; 70–79; 104–115.

MIELI, ALDO: La science arabe et son rôle dans l'évolution scientifique mondiale (Leiden 1938).

[86] MONTAGNE, ROBERT: La civilisation du désert (Paris 1947).

MONTET, ED.: Un rituel d'abjuration des Musulmans dans l'église grecque. RHR 53 (1906) 145–163.

MORDTMANN, J. H.: Dusares bei Epiphanius. ZDMG 29 (1875) 99–106.

– – Mythologische Miscellen. ZDMG 31 (1877) 91–101; 32 (1878) 552–569.

MORGENSTERN, JULIAN: The Ark, the Ephod and the «Tent of Meeting» (Cincinnati 1945).

MURRAY, G. W.: Sons of Ishmael. A Study of the Egyptian Bedouin (London 1935).

MUSIL, ALOIS (und andere Autoren): Qusejr ʿAmra. 2 Bde (Wien 1907).

MUSIL, ALOIS: Arabia Petraea. 3 Bde. (Wien 1907–1908, zitiert: AP).

– – The Manners and Customs of the Rwala Bedouins (New York 1928).

Nallino, Carlo Alfonso: Art. Sun, Moon and Stars (Muhammadan). ERE XII (1921) 88–101.
– – Raccolta di scritti editi ed inediti. 6 Voll. (Roma 1939–1948).
Nielsen, Ditlef: Der semitische Venuskult. ZDMG 66 (1912) 469–472.
– – Die äthiopischen Götter. ZDMG 66 (1912) 589–600.
– – Über die nordarabischen Götter. MVG 21 (1916) 253–265.
– – Der dreieinige Gott in religionshistorischer Beleuchtung (I. København 1922. II/1. 1942).
– – Handbuch der altarabischen Altertumskunde. In Verbindung mit Fr. Hommel und Nik. Rhodokanakis herausgegeben. Mit Beiträgen von Adolf Grohmann und Enno Littmann. I. Bd. (Paris-Kopenhagen-Leipzig 1927).
– – Ras Šamra Mythologie und biblische Theologie. AKM XXI/4 (Leipzig 1936).
– – Die altsemitische Muttergöttin. ZDMG 92 (1938) 504–551.
Nilsson, Martin P.: Primitive Time-Reckoning (Lund 1920).
Nöldeke, Th.: Mutter Erde und Verwandtes bei den Semiten. ARW 8 (1905) 161–166.
– – Art. Arabs (Ancient). ERE I (1908) 659–673.
Noiville, J.: Le culte de l'étoile du matin chez les Arabes préislamiques et la fête de l'Epiphanie. Hespéris 8 (1928) 363–384.
Nolde, Eduard: Reise nach Innerarabien, Kurdistan u. Armenien (Braunschweig 1895).
Offord, Joseph: The Deity of the Crescent Venus in Ancient Western Asia. JRAS 1915. 197–203.
Osiander, Ernst: Studien über die vorislâmische Religion der Araber. ZDMG 7 (1853) 463–505.
Owen, T. R. H.: Notes on an Arab Stellar Calendar. SNR 16 (1933) 67–71.
Palgrave, William Gifford: Notes of a Journey from Gaza, through the interior of Arabia, to El Khatif on the Persian Gulf, and thence to Omàn, in 1862–63. PRGS 8 (1864) 63–82.
– – Narrative of a Year's Journey through Central and Eastern Arabia. 2 Vols. (London 1865).
Pelly, Lewis: A Visit to the Wahabee Capital, Central Arabia. JRGS 35 (1865) 169–191.
Pfannmüller, Gustav: Handbuch der Islam-Literatur (Berlin 1923).
Philby, H. St J. B.: Arabian Jubilee (London 1952).
Reallexikon der Assyriologie, hrsg. von Erich Ebeling und Bruno Meissner (Berlin und Leipzig 1928ff. = R Ass).
Ringgren, Helmer: Word and Wisdom. Studies in the Hypostatization of Divine Qualities and Functions in the Ancient Near East (Lund 1947).
Rösch, Gustav: Das synkretistische Weihnachtsfest zu Petra. ZDMG 38 (1884) 643–654.
Roscher, Wilhelm Heinrich: Die Zahl 40 im Glauben, Brauch und Schrifttum der Semiten. Abh. der phil.-hist. Klasse der Kgl. Sächsischen Ges. der Wissenschaften 27 (1909) 91–138 (Nr. 4, S. 1–48).
Rosenthal, Franz: Die aramaistische Forschung seit Th. Nöldekes Veröffentlichungen (Leiden 1939).
Rossi, Ettore: L'arabo parlato a San'â' (Roma 1939).
Rostovtzeff, M.: Caravan Cities (Oxford 1932).

Rousseau, J.-B. Louis Jacques: Voyage de Bagdad à Alep (1808) (Paris 1899).
Ryckmans, G.: Les noms propres sud-sémitiques. 3 tomes (Louvain 1934–1935).
– – Les religions arabes préislamiques. (Bibliothèque du Muséon, Vol. 26 ²Louvain 1951).
Schaeder, Hans Heinrich, vgl. Buhl, Frants.
[87] Schärf, Rosa R[iwkah]: Die Gestalt des Satans im Alten Testament (Diss. Zürich 1948; auch abgedruckt in: C. G. Jung, Symbolik des Geistes [Zürich 1948] 151–319).
Schmidt, Karl Ludwig: Lucifer als gefallene Engelmacht. TZ (Basel). 7 (1951) 161–179.
Schrader, Eberhard: Die Keilinschriften und das Alte Testament. 3. Auflage, neu bearbeitet von Heinrich Zimmern und Hugo Winckler (Berlin 1903).
Schrameier, W[ilhelm] L[udwig]: Über den Fatalismus der vorislamischen Araber (Diss. Leipzig. Bonn 1881).
Seetzen, Ulrich Jasper: Reisen durch Syrien, Palästina, Phönicien, die Transjordan-Länder, Arabia Petraea und Unter-Ägypten. 4 Bände (Berlin 1854–1859).
Serjeant, R. B.: Star Calendars and an Almanach from South Arabia. Anth 49 (1954) 433–459.
Smith, William Robertson: Kinship and Marriage in Early Arabia. New Edition. Edited by Stanley A[rthur] Cook. London 1907 (¹1885). (Zitate beziehen sich, wenn nicht anders angegeben, auf die 2. Auflage.)
– – Lectures on the Religion of the Semites (³London 1927. With an Introduction and Additional Notes by Stanley A. Cook [¹1889]).
Stark, Freya: Baghdad Sketches (Leipzig, Paris, Bologna 1938).
Stegemann: Art. Sternbilder, in E. Hoffmann-Krayer und Hanns Bächtold-Stäubli, Handwörterbuch des deutschen Aberglaubens (= HWDA) IX (Berlin 1938–1941), Sp. 596–689.
– – Art. Sterndeutung (Astrologie). Ebd. 689–762.
– – Sterne (Sternglaube). Ebd. 762–782.
Tallqvist, Knut: Himmelsgegenden und Winde. SO II (1928) 105–185.
– – Der assyrische Gott. SO IV/3 (1932)
Thomas, Bertram: Arabia Felix (London 1932).
Vernier, Bernard: Qédar. Carnets d'un méhariste syrien (Paris 1938).
Wāqidī: Muhammed in Medina, das ist Vakidi's Kitab al Maghazi in verkürzter deutscher Wiedergabe, herausgegeben von J. Wellhausen (Berlin 1882).
Wellhausen, J[ulius]: Reste arabischen Heidentums (²Berlin-Leipzig 1897; Neudruck 1927; [¹1887]). (Wenn nicht anders angegeben, beziehen sich die Zitate auf die 2. Auflage).
Winnett, Fred V.: Primitive Arabian and Semitic Religion. RR 4 (1939/1940) 282–285.
– – The Daughters of Allah. MW 30 (1940) 113–130.
Zapletal, Vinc.: Der Totemismus und die Religion Israels (Freiburg Schweiz 1901).
Zimmern, H.: Sīmat, Sīma, Tyche, Manāt. Islamica 2 (1926) 574–584.
Vgl. auch Schrader, Eberhard.

Die Verfasser der einzelnen im Text zitierten Artikel aus Enzyklopädien sind meistens im Literaturverzeichnis nicht ausdrücklich genannt. Ebenso sind auch Rezensionen und andere kleine Beiträge aus Zeitschriften, die in den Fußnoten gelegentlich erwähnt werden, im Literaturverzeichnis nicht eigens angegeben.

Einleitung

Es ist eine allgemein bekannte Tatsache, daß im arabisch-islamischen Mittelalter die Sternkunde einen hervorragenden Stand erreicht hatte und daß auch das christliche Abendland in dieser Hinsicht dem islamischen Orient sehr vieles zu verdanken hat [1]. Schon die zahlreichen noch heute gebräuchlichen arabischen Sternnamen machen es unmöglich, diese Tatsache zu übersehen [2]. [88] Sehr umstritten war aber zeitweilig und ist zum Teil auch heute noch die Frage, wieviel die gelehrte Astronomie der islamischen Zeit fremden, besonders indischen und griechischen Einflüssen verdankt, und wie weit sie eine schon in vorislamischer Zeit in Arabien vorhandene Sternkenntnis weitergeführt hat [3]. Noch komplizierter wird die ganze Frage dadurch, daß auch für die vorislamische Zeit schon mit den Einflüssen gelehrter Astronomie der Nachbarländer, vor allem Babyloniens [4], zum Teil auch Ägyptens [5], zu rechnen ist. Es kann nicht die Aufgabe dieses Aufsatzes sein, alle diese Probleme erschöpfend zu behandeln. Worauf es hier vor allem ankommt, ist die *religiöse* Bedeutung der Sterne (über Sonne und Mond soll noch an anderer Stelle gehandelt werden); diese muß aber, um richtig gewürdigt zu werden, im Zusammenhang mit der allgemeinen Sternkenntnis betrachtet

---

[1] Siehe darüber vor allem die Studien von NALLINO, jetzt gesammelt Raccolta V 1–407; kürzere Zusammenfassungen von demselben Autor: Art. Astrologie. EI I (1913) 514a–517a; Art. Astronomie, ebd. 517a–520b; Art. Sun, Moon and Stars (Muhammadan). ERE XII (1921) 88–101 (letzterer Artikel ist in erweiterter Form wiedergegeben: Raccolta V 1–87). – Vgl. ferner WILLY HARTNER, Art. *Minṭaqa* (= Gürtel der 12 Tierkreisbilder). El III (1936) 577a–581a; ders., Art. *al-Mushtarī* (Jupiter), ebd. 808b–809b; ders., Art. *'Uṭārid* (Merkur), ebd. IV (1934) 1146a–1147a; ders., Art *Zuḥal* (Saturn), ebd. 1339b–1340b; ders., Art. *Zuhara* (Venus), ebd. 1340a–1341b; J. RUSKA, Art. *al-Mirrīkh* (Mars) EI III (1936) 593a; W. GUNDEL † und H. GUNDEL, Art. Planeten. PAULY-WISSOWA-KROLL, Realenzyklopädie der klassischen Altertumswissenschaft XX (Stuttgart 1950) Sp. 2017–2185; MIELI 55–247 passim, 306f.; ALBRIGHT, JAOS 60 (1940) 294. [ ]

[2] Siehe MESNARD, passim; ferner die oben Anm. 1 zitierten Arbeiten. [ ]

[3] Über indische, iranische, griechische und sonstige fremde Einflüsse siehe NALLINO, EI I 516f.; ERE XII 90f., 95; Raccolta V 4–8, 48–51, 203–266. Über die Kontroverse betr. den Umfang der Sternkenntnis im vorislamischen Arabien siehe WELLHAUSEN ¹173, 217; dagegen HOMMEL, ZDMG 45 (1891) 592–619; dazu wieder WELLHAUSEN ²210 Anm. 4 (mit Fortsetzung p. 211); anders JACOB 158–161; BUHL-SCHAEDER 57; FORRER 234; NALLINO, ERE XII 95a; am ausführlichsten: NALLINO, Raccolta V 48, 152–194.

[4] Vgl. HOMMEL, ZDMG 45 (1891) 618; WELLHAUSEN ²211; JACOB 161; NALLINO, Raccolta V 170. [ ]

[5] Siehe MESNARD 10; CASANOVA 1–39 passim. Vgl. unten Anm. 29.

werden, Ferner beschränkt sich die Untersuchung auf Nord- und Zentralarabien, d. h. auf das Gebiet, in dem die Bevölkerung entweder aus Beduinen besteht oder doch rassisch und kulturell mit dem Beduinenelement in engem Zusammenhang steht. Auf die Astronomie und Astralreligion der altsüdarabischen Hochkulturen soll hier nur soweit eingegangen werden, als es der Zusammenhang der Darstellung verlangt [6]; dasselbe gilt auch für die übrigen semitischen Völker. Dagegen durfte die *heutige* Bevölkerung Arabiens und seiner Randgebiete, vor allem das Beduinenelement, aus naheliegenden Gründen nicht unberücksichtigt bleiben.

I. Sternkunde und Sternkult im vorislamischen Arabien

1. *Sternkunde*

Wenn auch die Nachrichten über die Kenntnis der Sterne bei den vorislamischen Beduinen spärlich sind, so dürfen wir uns diese Kenntnis doch nicht allzu gering vorstellen; so viel hat sich aus der obenerwähnten Kontroverse mit genügender Sicherheit ergeben. «Daß die Beduinen Kenntnis von den Sternbildern und ihren Bewegungen hatten, war schon eine natürliche Folge davon, daß sie bei ihren nächtlichen Reisen reiche Gelegenheit hatten, sie zu beobachten und zugleich als Führer zu benutzen. Zugleich aber hatten die Bewegungen der Sterne nach ihrer Auffassung Einfluß auf die Witterung und verschiedene menschliche Verhältnisse, weswegen man auch eine gewisse elementare Astronomie zu dem Wissen, das sie besaßen, hinzurechnen kann. Daß sie zugleich Sternmythen hatten, oder sie jedenfalls früher gehabt hatten, geht unverkennbar aus einigen Namen hervor, die sie Sternen und Sternbildern gaben.» Mit diesen Worten hat BUHL [7] die Situation im wesentlichen

---

[6] Literatur über die altsüdarabischen Hochkulturen siehe Anth 37/40 (1942/45) 779–787 [siehe unten Nr. 7]; dazu jetzt noch: JAMME, LM 60 (1947) 57–147; RYCKMANS, Religions arabes 25–49; RINGGREN 173–182, 186 f. Über den Umfang der Sternkenntnis in diesen Hochkulturen ist allerdings nur wenig bekannt; vgl. NALLINO, Raccolta V 152 f. [ ] – HOMMEL (Gestirndienst 11 f.) sieht in dem ḥaḍramautischen Gott *Chôl* (= *Ḥaul;* siehe RINGGREN 173 f.; JAMME, LM 60 [1947] 72 f.) eine Personifikation des Planeten Merkur (und identifiziert ihn außerdem noch mit dem mythischen Vogel Phönix). Diese Ansicht ist aber unbegründet (briefliche Mitteilung von Dr. A. JAMME, 18.3.1953; mündliche Mitteilung von Frau Professor M. HÖFNER, 25.4.1953). *Ḥaul* ist vielmehr eine andere Benennung des Mondgottes (JAMME, LM 60 [1947] 72 f. und die dort angegebenen Belege; vgl. auch RYCKMANS, Religions arabes 43 f.). [ ]

[7] BUHL-SCHAEDER 57. Ebd. Anm. 129: «In diesem Punkt hat JACOB, a. a. O. 158 ff., sicher Recht gegenüber Wellhausen». (Siehe aber unten Anm. 28.)

richtig charakterisiert. Auch der Gebrauch von Sternnamen als Personennamen, besonders für Frauen [8], bietet dafür gewisse Anhaltspunkte.

[89] Von den *Planeten* kann nur Venus (arabisch *Zuhara, Zuhra*) [9] mit Sicherheit als bekannt nachgewiesen werden [10], wahrscheinlich auch Merkur [11]. (Zur angeblichen Kenntnis und Verehrung anderer Planeten in vorislamischer Zeit siehe unten p. 94–97. Von Sonne und Mond, die im antiken Sinne zu den Planeten gehören, sehen wir ab.)

---

[8] Vgl. WELLHAUSEN 1–10, bes. 2, 8; GRATZL 55f.; GRIMME, Plejadenkult 44; ZAPLETAL 50.

[9] Siehe HARTNER, Art. *Zuhara* (wie oben Anm. 1); NÖLDEKE, ZDMG 41 (1887) 711; WELLHAUSEN 44 Anm. 2. *Zuhara* kommt auch als Frauenname vor (ZAPLETAL 50; GRATZL 56). Vgl. zum Ganzen auch NIELSEN, ZDMG 66 (1912) 469–472 (siehe aber unten Anm. 157 zur Kritik seiner Theorien). [ ]

[10] Nach NIELSEN, Der dreieinige Gott II/1, 50, waren Merkur, Mars, Jupiter und Saturn im alten Arabien unbekannt. HARTNER geht in seinen Artikeln über die einzelnen Planeten (siehe oben Anm. 1) nicht auf diese Frage ein.

[11] Vgl. NALLINO, ERE XII 95a; Raccolta V 48, 170f. – Nach WELLHAUSEN (8) kam *ʿUṭārid* (Merkur) als Personenname vor; vgl. auch ebd. 210 (Text siehe unten p. 93). – NALLINO nimmt sogar die Kenntnis aller 7 Planeten (Sonne und Mond mitgerechnet) bei den vorislamischen Arabern an. Nachdem er aus dem Koran nachgewiesen hat, daß die «sieben Himmel» (= sieben Planetensphären nach babylonischer Auffassung; arabisch *falak*, Sphäre, wahrscheinlich vom babyl. *pulukku*) zu Mohammeds Zeit etwas ganz Selbstverständliches waren, fährt er fort: «Non sappiamo però nulla di quello che gli Arabi pensassero circa la natura di questi cieli. Sappiamo invece che essi distinguevano i sette pianeti dalle stelle fisse e li chiamavano con nomi speciali, di origine antica, di cui non si conosce l'etimologia, e che continuano tuttora ad essere usati. Non ignoro che, nelle poesie preislamiche giunte fino a noi, dei cinque pianeti non si trovano ricordati che Venere *(az-Zuhrah)* e Mercurio *(ʿUṭārid)*, ma non ho alcun dubbio circa l'antichità anche dei nomi Saturno *(Zuḥal)*, Giove *(al-Mushtarī)* e Marte *(al-Mirrīkh)*, poichè sono ricordati da autori musulmani prima che fossero introdotte fra loro le scienze straniere (1) e poichè la mancanza di conoscenza della etimologia di questi nomi, assieme alla mancanza di evidente somiglianza fra essi e fra i nomi degli stessi pianeti nelle altre lingue semitiche e nella persiana, mostrano che essi sono di origine antica presso gli Arabi. Quanto a Mercurio, si sa che era adorato dai Tamīm (2); quanto a Venere, dagli autori siriaci e greci del V e VI secolo d. C. deduciamo che alcune popolazioni arabe vicine alla Siria e all' ʿIrāq l'adoravano al suo apparire al mattino chiamandola allora *al-ʿUzzà* (3).» (Raccolta V 170f.). Zu (1) wird als Beleg ein Vers des Dichters AL-KUMAYT (gest. 744) angeführt, in dem Mars und Saturn erwähnt werden; zu (2) WELLHAUSEN 210, wo aber nur gesagt wird, daß der Merkur bei den Tamīm angebetet worden sein *soll* (siehe unten p. 93). WELLHAUSEN selbst ist also nicht von den Argumenten überzeugt; zu (3) WELLHAUSEN 40–44; siehe dazu unten p. 94–97. – Die linguistischen Argumente von NALLINO zu beurteilen, bin ich nicht kompetent. Sicher haben aber die anderen Planeten keine nachweisbare Rolle im Volksglauben oder im Kult gespielt.

Dagegen war eine Anzahl von *Fixsternen* und *Sternbildern* bekannt, wie besonders aus den Erwähnungen in der altarabischen Poesie hervorgeht [12]. Der bodenständige Charakter dieser Kenntnisse ist vor allem dann offenkundig, wenn Sternbilder mit eigenen Namen benannt werden, die sich von denen der späteren gelehrten arabischen Astronomie unterscheiden. Die bekanntesten Fixsterne waren *al-Farqad* (der Polarstern) [13], *Suhail* (= α Argus, Canopus) [14], *ad-Dabarān* [15], *ʿAiyūq* (Capella) [16], *aš-Šiʿrā* (= α Canis majoris, Sirius) [17]. Ein Sternkomplex im Eridanus wurde als Straußennest, einige herumstehende Sterne als Straußeneier aufgefaßt [18]. Der Polarstern (= α des Kleinen Bären) wurde, wie gesagt, als Antilopenkalb *(al-farqad)* bezeichnet; ebenso der Stern β des gleichen Sternbildes; so erscheinen beide

---

[12] Siehe Hommel, ZDMG 45 (1891) 592–619; Jacob 158–161; Nallino, Raccolta V 171f. – Der Astronom aṣ-Ṣūfī (im 10. Jahrh., siehe unten Anm. 41) hat die von den Beduinen gebrauchten Sternnamen gesammelt und ist auf 250 oder mehr gekommen (Nallino, a. a. O. 172). [ ]

[13] Jacob 159f. [ ]

[14] Hommel, ZDMG 45 (1891) 593 Anm. 1; Jacob 160f.; Casanova 1–16; vgl. auch ebd. 35–37; Mesnard 15 (mit note 5), 71. – Canopus, der nur südlich von 38° 35′ n. Br. sichtbar ist, ist nach dem Sirius der glänzendste Fixstern (Casanova 1). Eine Hypothese über den Ursprung des Namens *Suhail* siehe bei Casanova 13f. [ ]

[15] Jacob 160f.; Nallino, Raccolta V 171. [ ]

[16] Hommel, ZDMG 45 (1891) 593 Anm. 1; Jacob 160; Nallino, Raccolta V 171; Mesnard 15. [ ]

[17] Hommel, ZDMG 45 (1891) 593 Anm. 1, 597f.; Casanova 25–34; Nöldeke, ERE I (1908) 660b; Nallino, Raccolta V 171; Mesnard 15 (mit note 11), 73f. Vgl. auch unten Anm. 63 und 64. Über den Gebrauch des Sirius-Namens im Dual vgl. Casanova, Nallino und Mesnard, a. a. O.; über andere Fixsterne siehe Hommel, ZDMG 45 (1891) 592–619; Gratzl 56; Nallino, Raccolta V 171f. – Zu den häufiger genannten gehört auch *Simāk* (= Arcturus?); siehe Jacob 159; Wellhausen 211; Hommel (ZDMG 45 [1891] 593 Anm. 1) erwähnt «die beiden *Simāk*» *(as-Simākān)* = Spica und Arcturus. Mesnard hat die unterscheidenden Bezeichnungen: *as-Simāk ar-rāmih* (= α Bootis = Arcturus) (15 mit note 9; über eine andere Benennung dieses Sternes siehe ebd. 73) und *as-Simāk al-aʿzal* (auch *as-Sounboula* genannt = α Virginis = Spica) (19 mit note 53; vgl. auch ebd. 73 und Hommel, a. a. O. 596f.) *Sunbula* (= Ähre) kommt auch als Frauenname vor, ebenso *Sumaika*, wohl ein Diminutivum von *Simāk* (Gratzl 56). – Nach Nallino (Raccolta V 171) sind *as-Simākāni* (die beiden *Simāk*) = die Fische. Vgl. auch unten Anm. 203. [ ]

[18] Jacob 159; Mesnard 7: *Oudhi an-Na'am* [*udḥī an-naʿām*], la Couvée d'Oeufs d'autruche = $\zeta\rho\eta\tau$ Eridani et $\varepsilon\pi$ Ceti. (Diese Benennung ist zwar nur durch Qazwīnī, einen Schriftsteller des 13. Jahrhunderts, überliefert – siehe über ihn unten p. 94f. – aber man kann sie doch als echt altarabisch betrachten, weil sie mit der späteren gelehrten Astronomie nicht übereinstimmt. Dazu kommt das Nachleben dieser Vorstellung im heutigen Volksglauben, siehe unten p. 92) [ ].

zusammen unter dem Namen «die beiden Antilopenkälber» *(al-farqadān)* [19]. Natürlich war auch das Sternbild des Großen Bären bekannt [20]. [90] Zu erwähnen sind ferner *aṯ-Ṯuraiyā* (die Plejaden) [21] und *al-Ǧauzā'* (Orion) [22]. Nach NALLINO [23] reicht auch die Kenntnis der 28 Mondstationen *(Manāzil al-Qamar)* in die vorislamische Zeit zurück. Vom System des Tierkreises mit seinen 12 Sternbildern kann dies dagegen nicht behauptet werden [24].

«Im allgemeinen zeigt sich bei den Arabern weit weniger als bei den Griechen das Bestreben, am Himmel punktierte Zeichnungen herauszusehen, sondern vielmehr dasjenige, in jedem einzelnen Stern ein lebendes Wesen wiederzuerkennen. Das zeigen sowohl die arabischen Sternbilder, welche meist eine Gesellschaft von Personen, weit seltener eine einzelne Person darstellen, als auch Verse wie DH [= Diwân der Hudhailiten] 95, 11, wo es von der Geliebten heißt: Wenn *Suhail* (Canopus) ihre Rede vernimmt, läßt er vom Verfolgen seiner Bahn ab und macht halt» [25].

2. *Sternglaube und Sternmythen*

Die soeben erwähnte Auffassung der Sterne als lebende Wesen macht es begreiflich, daß ihnen auch Einfluß auf die irdische Welt, besonders auf das Wetter [26] und auf das Leben der Menschen und Tiere [27] zugeschrieben wurde.

---

[19] HOMMEL, ZDMG 45 (1891) 593 Anm. 1; JACOB 105, 159f.; vgl. WELLHAUSEN ¹63; ²68, 114, 210 Anm. 1; NALLINO. Raccolta V 171; MESNARD 111f.; siehe auch unten Anm. 33. [ ]

[20] HOMMEL, ZDMG 45 (1891) 593 Anm. 1; JACOB 160; MESNARD 5, 111f. [ ]

[21] HOMMEL, ZDMG 45 (1891) 593 Anm. 1; JACOB 160f.; WELLHAUSEN 2,8,211; NÖLDEKE, ERE I 660a; GRIMME, Plejadenkult 44; NALLINO, Raccolta V 171; MESNARD 10, 75–77, 107. [ ]

[22] HOMMEL, ZDMG 45 (1891) 593 Anm. 1; JACOB 160f.; WELLHAUSEN 211; GRATZL 56; MESNARD 10, 106–109, 115. – Vgl. unten Anm. 37, 38, 204, 209. [ ]

[23] NALLINO, EI I 517b; ERE XII 95a; Raccolta V 48, 172, 175–194, 317–324 (ebenso auch HOMMEL, ZDMG 45 [1891] 597–619); ablehnend dagegen: WELLHAUSEN 210 Anm. 4. Jedoch ist zu beachten, daß die von NALLINO angenommenen Mondstationen nicht mit denen der späteren gelehrten Astronomie übereinstimmen (vgl. NALLINO, Raccolta V 179–194, 317–324). [ ]

[24] Über den Tierkreis in der späteren gelehrten Astronomie siehe HARTNER, Art. *Minṭaqa* (wie oben Anm. 1). Im vorislamischen Arabien waren wohl einzelne der Sternbilder des Tierkreises bekannt, aber nicht das ganze System als solches; vgl. HOMMEL, ZDMG 45 (1891) 593–619; NALLINO, Raccolta V 172–175, 315f. [ ]

[25] JACOB 160.

[26] WELLHAUSEN 210f. (siehe Text unten p. 93); JACOB 158f.; BUHL-SCHAEDER 57 (siehe Text oben p. 88); vgl. auch SERJEANT, Anth 49 (1954) 439. [ ]

[27] Siehe JACOB 158f. (Einfluß bestimmter Sterne auf Heuschreckenplage, Kamel-

Die Auffassung, daß das menschliche Schicksal von den Sternen abhängt, ist allerdings in der altarabischen Poesie nur schwach bezeugt [28].

Eine andere Folgerung aus der Personifizierung der Sterne war die Bildung von Sternmythen: «Die Übertragung menschlicher Verhältnisse auf die Sternenwelt ist bei den Beduinen bis zu wirklichen Sternmythen fortgeschritten. Ad-debarân freit um Thuraijâ (Plejaden), die ihn seiner Armut wegen verschmäht: ihr Name bedeutet nämlich «die kleine Reiche». Der verschmähte Liebhaber treibt deshalb immer seine jungen Kamelstuten hinter ihr her, um ihr eine bessere Meinung von seinen Vermögensverhältnissen beizubringen, jene gleichsam als mahr [= Brautpreis] anbietend. Suhail (Canopus) freit um die Gauzâ (Orion), die ihn mit einem Fußtritt an seinen jetzigen Standpunkt versetzt, worauf sie jener durch einen Schwerthieb in zwei Hälften spaltet etc.» [29]. [91] Auch hinter der Bezeichnung des Großen Bären als *banāt naʿš*, «Töchter einer (Toten-) Bahre», möchte man einen Mythus vermuten [30].

---

krankheiten usw.; vgl. auch ebd. 262, Nachtrag zu 160); CASANOVA 14f. – Vielleicht lebt der altarabische Volksglaube, daß ein Gestirn Einfluß auf die Heuschrecken hat, noch in veränderter Form fort. Vgl. dazu die Bemerkung von PHILBY (Arabian Jubilee 136): «The king (Ibn Saʿūd) was, and probably still is, convinced that the locust emanates from the mouth of a fish; there is an autenthic saying of the Prophet to that effect, while I believe that there is a grain of truth in it, subject to its proper interpretation, which seems to me fairly simple, though the literalists remain sceptical. The locust comes from the south, or the direction of Fomalhaut (= the mouth of the fish).» Tatsächlich kommt dieser Name *(fam al-ḥūt)* als Bezeichnung eines Sternes am südlichen Himmel vor (MESNARD 18: Fam-al-Hout-al-Ganoubi, α Piscis australis). Über die Tradition von einem großen Fisch als Ursprung der Heuschrecken siehe DAMĪRĪ I 172, nach JACOB 27. – Vgl. auch unten Anm. 231a, über Einfluß der Plejaden auf die Heuschrecken. [ ]

[28] Siehe CASKEL 55, gegen JACOB 159. – Allgemeines über den vorislamischen Schicksalsglauben siehe unten Anm. 86.

[29] JACOB 160f.; vgl. auch CASANOVA 1–39, bes. 2, 27–34. [ ] Die Wiedergabe des Namens durch «die kleine Reiche» ist natürlich nur eine nachträgliche Volksetymologie. Nach MESNARD (10) ist der Name von der ägyptischen Göttin *Hathor* abgeleitet: «... c'est ainsi que Athor-aye (du nom de la déesse Hathor) est devenu ath-Thourayya (diminutif de Tharoua [= tharwa], richesse] et ce sont peut-être les mêmes vicissitudes qui ont abouti à Souhaïl (diminutif de Sahl, plaine)» (Vgl. ebd. 75: Athor-aye bedeutet: Monat der Hathor, oder: der Plejaden) [ ] – Zum Namen *Suhail* vgl. oben Anm. 14.

[30] Vgl. HOMMEL, ZDMG 45 (1891) 593 mit Anm. 1, 594f.; JACOB 160; MESNARD 111f. Der Stern η Ursae majoris wird Qaid [Qa'id] Banat Na'ch, le Conducteur des Filles de la Civière, genannt (MESNARD 5, 10, 19 mit note 51). – Die Übersetzung von *naʿš* mit «Bahre» ist ebenfalls bloße Volksetymologie; es muß sich vielmehr um ein nicht mehr verstandenes Lehnwort aus einer nordsemitischen Sprache handeln (nach HOMMEL, a. a. O. 594f.) Demnach wäre die Ausdeutung von *naʿš* im Mythus sekundär. [ ]

Da die erwähnten Mythen aus vorislamischer Zeit nur in sehr fragmentarischer Form überliefert sind, ist auch ihr Nachleben bei heutigen Arabern, besonders Beduinen, zu berücksichtigen; zuweilen können ja auch Varianten von jüngerer Bezeugung eine besser erhaltene Form haben.

Von einem Fährmann in Bagdad weiß STARK zu berichten: «He knew the names of the stars: the Children of the Coffin, who follow the North Star to its eternal funeral; and Sirius and Betelgeuse, the lovers, who are Majnun and Leila, and meet, said he, together in the heavens on one night in the year» [31]. (Hier liegen auch jüngere Elemente vor, was bei einem Gewährsmann aus städtischem Milieu nicht zu verwundern ist, aber wenigstens eine Anspielung auf die «Töchter der Totenbahre».)

Bei Arabern im Sudan sind die *banāt na'š* etwas umgedeutet worden: «... the three tail-stars of the Bear are known as *banāt el-ʿanqarīb,* houris attendant on the Sultan's bedchamber ...» [32].

Einen auffallend gut erhaltenen Mythus erzählt VERNIER nach den Angaben seiner Meharisten, Beduinen der syrischen Wüste: «Nous marchons vers le nord-nord-est, la Polaire posée sur l'œil gauche de nos chamelles. – Un mythe vaste comme le ciel embrasse la Polaire, la Grande et la Petite Ourse, et Canope, cette étoile qui se lèvera tout à l'heure, puisque nous sommes à la fin de l'été et se haussera peureusement d'un travers de main au-dessus de l'horizon, juste en face de la Polaire. Les Arabes ne voient dans la Grande et la Petite Ourse ni chariot ni quadrupède comme les antiques Péloponésiens, ni casserole comme les Chinois. Ils ne retiennent d'ailleurs de la Petite Ourse que les deux étoiles arrière, plus brillantes que leurs sœurs, qui s'interposent entre la Grande Ourse et la Polaire. Cette céleste topographie suscita une légende ...

Bajân me raconte le drame de la Polaire, en me désignant chacun des acteurs ... Les sept filles de Nach, les sept étoiles de notre Grande Ourse, découvrirent un jour le cadavre de leur père. Elles accusèrent le Chevreau, autrement dit la Polaire [33], et décidèrent de se venger. Mais la belle étoile était innocente. Les Haouadjzin, les deux ‹interposées› (qui sont les deux étoiles

---

[31] STARK 57. [ ]

[32] OWEN 69.

[33] Vgl. dazu unten p. 92 und die oben p. 89 erwähnte Bezeichnung als Antilopenkalb. – MESNARD (75) erwähnt *al-Gadi* als Bezeichnung des Sternbildes Capricornus; ebd. 19: *al-Goudaï,* le Petit Chevreau = Polarstern. Der Name al-Qoutb al-Chamali [*al-Quṭb aš-Šamālī*], l'Axe du Nord (ebd. 52) stammt sicher aus der gelehrten Astronomie. [ ]

arrière de notre Petite Ourse) [34] intervinrent dans le conflit, tout comme les médiateurs d'usage entre deux tribus en contestation. Les Haouadjzin empêchèrent les filles de Nach de nous priver de la lumière du Chevreau. En réalité, le meurtrier est Seyl [= Suhail] (Canope) qui marque l'apparition des premières pluies et des premières razzias. Il a fui vers le sud et s'est réfugié à l'aplomb de La Mecque. Il n'a garde de s'éloigner de l'enceinte protectrice. Cependant, les filles de Nach s'entêtent. Elles ne veulent entendre raison; elles ne veulent pas être consolées et ne cessent de poursuivre l'innocente Polaire, en entraînant tout le firmament avec elles» [35].

Die gleiche Erzählung, mit kleinen Abweichungen, ist auch in Zentralarabien bekannt; der Gewährsmann von J. J. Hess, ein Beduine aus dem Stamm der ʿÖtâbe (ʿUtaiba), erzählte sie in folgender Form: «Es hat uns ʿAlī el-Mansûr berichtet von einer Überlieferung über ‹die Töchter der Totenbahre› [92] (die sieben Sterne des Großen Bären), daß in der Vergangenheit ‹das Böckchen› (der Polarstern) um eine der Töchter bei ihrem Vater warb. Und das Böckchen packte und raubte sie. Es fürchtete sich aber vor ihrem Vater, tötete ihn und suchte Schutz bei den Sternen el-Ḥoweiǧizên, ‹die kleinen Abwehrenden› (die zwei Sterne βγ des Kleinen Bären). Und die Schwestern trugen ihren Vater auf der Bahre fort, begruben ihn und zogen mit ihrer Bahre weiter, denn sie wollten das Böckchen töten zur Rache für ihren Vater und für den Raub ihrer Schwester. Und als sie kamen und ihn [ergreifen] wollten, sagte er: ‹O ihr in der Nacht Ziehenden, siehe, ich bin nicht der Schuldige. Der Schuldige ist Suheil (Canopus)›. Darauf suchten sie Suheil, und er kam ihnen entgegen von ferne und sagte: ‹O ihr in der Nacht Ziehenden, siehe, nicht ich bin der Schuldige, der Schuldige ist das Böckchen›. Die Schwestern wendeten sich wieder gegen das Böckchen, aber die Sterne el-Ḥoweiǧizên traten vor ihn und befreiten ihn, weil er ihr Schutzgenosse war. Und dies ist ihre Handlung immerdar [36].»

Bei Vernier finden sich auch noch einige Varianten zu anderen bereits erwähnten altarabischen Sternmythen. So heißt es im Anschluß an den oben zitierten Text über die «Töchter der Totenbahre» weiter: «Metleq, lui, me dit que la Polaire est une mère gazelle entourée de ses petits; et il me montre une étoile qui se serre contre elle, c'est son faon le plus craintif. Metleq et Bajân s'accordent en revanche à faire des huit étoiles d'Eridanus, huit

---

[34] *Ḥawaǧizūn(a);* siehe unten p. 92 die Diminutivform *Ḥuwaiǧizūn(a)* [bzw. *Ḥuwaigizān(i)* – Dual].

[35] Vernier 200f.

[36] Hess, Beduinen 3. Dazu noch zu vergleichen die Angabe bei Hess, Islamica 2 (1926) 585: der Polarstern und Canopus sind Brüder [ ].

œufs d'autruche pondus sur le sable. En tout cas, le tour de ces fictions me frappe, il contraste avec le caractère plus plastique des grecques. Elles respectent l'autonomie de chaque étoile, n'en font pas l'élément d'une ligne ingénieuse qui grouperait plusieurs astres en un dessin. Chaque étoile reste un point, un signe, un être indépendant ... Je salue les sept lampes des Pléiades, elles forment Thria, le lustre de mosquée. ‹Bajân, quand verrons-nous Ad-debarân?› Bajân secoue la tête et la main droite: ‹Une heure, une heure et demie ...› Ad-debarân, la petite riche [sic] pousse sa chamelle pour se faire admirer de Thria; mais Thria la méprise et poursuit sa course [37] ... Un feu s'allume à l'horizon et brasille avec une flamme orangée. Est-ce une étoile? le phare d'une auto? N'est-ce plutôt le feu d'une tente dont un serviteur attise la flamme avec sa robe? Le feu s'élève au-dessus de l'horizon. C'est bien une tente, celle des époux: Bételgeuse [38].»

Außerdem findet sich bei VERNIER auch noch eine kurze Erzählung über den Planeten Venus: «... L'apparition de Chala (car Vénus porte ici un nom de chamelle) donne le signal du départ. Elle brille comme une parure de belle eau. Elle a, dit-on, vendu son père et sa mère pour se couvrir de diamants [39].»

Die Übereinstimmung dieser Erzählungen mit den vorislamischen Sternmythen ist so frappierend, daß man versucht sein könnte, an eine literarische Fiktion zu glauben. Diese Annahme ist aber völlig auszuschließen. HESS hat seinen Text von einem ganz illiteraten Beduinen erhalten und genau übersetzt [40]; bei VERNIER ist möglicherweise eine etwas freiere literarische Form gewählt; aber der ganze Charakter des Buches spricht für die Echtheit des Inhalts. Dazu kommen als Zeichen der Echtheit noch die Abweichungen in Ein- [93] zelheiten, die Infiltrationen islamischer Herkunft (die Pleja-

---

[37] Hier liegt eine Verwechselung vor; nicht *ad-Dabarān*, sondern *aṯ-Ṯuraiyā* wird gedeutet als «die kleine reiche»; siehe oben p. 90. Vgl. dazu auch MESNARD 76f. [ ]

[38] VERNIER 201–203. – Auch bei Bételgeuse [*Bait al-Ǧauzā'*] haben wir es mit einer volksetymologischen Erklärung zu tun. Sie ist erst entstanden, nachdem der ursprüngliche Name *Yad al-Ǧauzā'*, Hand des Orion, durch eine Verwechselung von diakritischen Punkten verderbt worden war; siehe MESNARD 4 mit note 9, 5, 18 mit note 36, 107. Vgl. auch unten Anm. 204. [ ]

[39] VERNIER 200.

[40] Siehe HESS, Beduinen, Vorwort (ohne Seitenzahl). – Die Situation wäre etwas anders, wenn der als Berichterstatter genannte 'Alī el-Mansûr identisch wäre mit dem Astrologen IBN MANSŪR (gest. zwischen 830 und 832 n. Chr., siehe BROCKELMANN, GAL, Suppl. I 393); aber das ist ziemlich unwahrscheinlich. Der Gewährsmann von HESS wußte selber nicht genau, wer 'Alī el-Mansûr gewesen sei (so teilt mir Herr Prof. A. STEIGER, Zürich, am 14.7.1953 brieflich mit, der seinerzeit diese Angabe von J. J. HESS selbst erhalten hatte).

den als Moschee-Kronleuchter, Suhail sucht Zuflucht im heiligen Gebiet von Mekka) und andere Indizien. (Die Vorstellung, daß Suhail ein flüchtiger Totschläger ist, findet sich in einer, wiederum etwas abweichenden, Variante auch sonst noch.) [41] Einflüsse gelehrter Astronomie in einigen Details sind nicht ganz auszuschließen [42], aber im Grunde handelt es sich zweifellos um die bodenständigen altarabischen Sternmythen. Es ist jedoch zu beachten, daß diese Mythen keinerlei religiösen Charakter haben und mithin nichts für Stern*kult* beweisen. Die Frage, ob und in welchem Umfang es einen altarabischen Sternkult gegeben hat, ist daher noch eigens zu behandeln.

3. Sternkult

Die Frage nach dem Sternkult im alten Arabien (abgesehen von den altsüdarabischen Hochkulturen) ist sehr verschieden beantwortet worden. WELLHAUSEN war geneigt, ihn (ebenso wie die vorislamische Sternkenntnis) zu minimisieren: «... Für die Araber läßt sich nachweisen der Dienst der Sonne, die stellenweise schlechthin die Göttin heißt [43], der Venus, welche in gewissen Gegenden der Uzza heilig ist, und des Merkurs, der unter dem Namen Utârid bei den Tamîm angebetet [worden] sein soll [44]. Daß der Mond angebetet wurde, läßt sich wohl erschließen, wird aber nicht ausdrücklich bezeugt, wenigstens nicht für die uns näher bekannte Zeit. Der Islam protestiert nicht sowohl gegen eigentlichen Gestirndienst, als gegen den Glauben, daß die Sterne das Wetter machen, Hitze und Kälte, Donner und Blitz, und vorzugsweise Regen bewirken. Dieser Glaube war bei den Arabern verbreitet: angama [= *anǧama*],es sternt' bedeutet: das Wetter ändert sich. Gewisse Sternbilder bestimmen durch ihren Wechsel den Wechsel der Jahreszeit und somit des Wetters. Sie dienen als eine Art Naturkalender, der um so dringen-

---

[41] Siehe MESNARD (10): «Ce besoin de donner un sens aux mots est à l'origine de beaucoup de légendes où l'imagination orientale s'est donnée libre cours; ainsi celle rapportée par Al-Soufi, où Souhaïl ayant par accident brisé les reins d'Al-Gaouza qu'il avait épousée, s'enfuit vers le sud pour ne pas être obligé de rendre compte de la vie de sa femme (le sens original d'Al-Gaouza ‹les accouplés› Horus et Harpocrate, s'était déjà perdu et la légende l'assimile par métathèse à Zaouga, épouse).» – Zu dieser Erzählung siehe auch CASANOVA 2f., 18, 23; über die Vertauschung der Wörter *ǧauzā'* und *zauga* ebd. 17. – Al-Soufi ist der persische Astronom 'ABD AR-RAḤMĀN AṢ-ṢŪFĪ (gest. 986); siehe CASANOVA I, 2, note 1, et passim; BROCKELMANN, GAL I 223; Suppl. I 398; NALLINO, Raccolta I 172f. [ ]

[42] Siehe oben Anm. 38 und 41.

[43] Siehe dazu unten p. 99.

[44] WELLHAUSEN gibt für diese Einzelheit keine Quelle an; siehe dazu unten p. 94–96.

deres Bedürfnis war, je weniger der konventionelle Kalender taugte. In dem gleichen Sinne, wie wir das Wetter vom Mondwechsel abhängen lassen, nur mit ungleich besserem Rechte, machten es die Araber abhängig vom Frühaufgang der Thuraijâ, der Gauzâ, des Simâk usw. Das ist aber durchaus keine Verehrung der Sterne; es kommt ja gar nicht so sehr auf sie selber an, als auf ihren Wechsel im Frühaufgang. Daß Muhammed es als heidnischen Unglauben bezeichnete zu sagen: wir haben Regen bekommen infolge dieses oder jenes Gestirnwechsels, das war bloß sein übertriebener Puritanismus; er verbot es ja auch, guten Morgen zu sagen. Astronomie und Astrologie sind den alten Arabern überhaupt fremd und haben vor allem mit ihrer Religion nichts zu tun [45] ...»

Ganz anderer Auffassung ist JACOB: «Die Religion der heidnischen Araber besaß, wie die anderer semitischer Völker, einen Sternkultus, dessen Bedeutung mir WELLHAUSEN zu unterschätzen scheint [46] ...» Bei so widersprechenden Auffassungen bietet nur eine erneute Untersuchung der Quellen Aussicht, zu größerer Klarheit zu gelangen. Das quellenkritische Problem wird dadurch kompliziert, daß Berichte verschiedener Herkunft und verschiedenen Wertes vorliegen und daß überdies die Aussagen der Quellen auch inhaltlich [94] sehr disparat und nicht leicht zu kombinieren sind. Bevor eine solche Kombination versucht werden kann, ist zunächst jede Gruppe von Berichten für sich zu würdigen. Vor allem sind zu unterscheiden: einerseits summarische Angaben über einen umfassenden Sternkult, der sich auf Planeten und Fixsterne erstreckte, andererseits die Aussagen über die drei großen Göttinnen *al-Lāt, al-ʿUzzā* und *Manāt,* von denen die zweite vielfach mit dem Venusstern identifiziert wird.

a) Allgemeines über Planeten- und Fixsternkult

Diesbezügliche Aussagen liegen vor von einigen arabischen Autoren des 12. bis 14. Jahrhunderts, nämlich AŠ-ŠAHRASTĀNĪ (gest. 1153) [47], ABU'L-FARAĞ (BARHEBRAEUS) (gest. 1286) [48], AD-DIMAŠQĪ (gest. 1327) [49] und

---

[45] WELLHAUSEN 210f. [ ]

[46] JACOB 158. Vgl. dazu auch oben Anm. 3 und 7.

[47] Siehe BROCKELMANN, GAL I 428f.; Suppl. I 762f.; B. CARRA DE VAUX, Art. AL-SHAHRASTĀNĪ. EI IV (1934) 283a–284a; ABD-EL-JALIL 184f. [ ]

[48] Siehe BROCKELMANN, GAL I 349f.; Suppl. I 591; GRAF II 272–281; PFANNMÜLLER 128, 132 (vgl. auch ebd. 91, 96 über POCOCKE, durch den ABU'L-FARAĞS Geschichtswerk zuerst in Europa bekannt wurde).

[49] Siehe BROCKELMANN, GAL II 130; Suppl. II 161; ders., Art. AL-DIMASHḲĪ. EI I (1913) 1016a-b; ABD-EL-JALIL 211.

AL-QAZWĪNĪ (gest. 1283) [50]. Diese sind benutzt worden von OSIANDER [51], KREHL [52], CASANOVA [53] und BLOCHET [54], während WELLHAUSEN davon so gut wie keine Notiz nimmt [55]. Eine kritische Stellungnahme findet sich bei NOIVILLE [56].

Am unbestimmtesten ist die Angabe von ŠAHRASTĀNĪ: «Es gab unter den Arabern solche, welche zum Kultus der Ṣabier hinneigten *(yaṣbū ila'-ṣ-ṣābi'a)* und über den Untergang der Sterne das glaubten, was die Astronomen über die Planeten glaubten, so daß sie bei ihrer Bewegung, ihrer Ruhe, ihrem Reisen und ihrem Rasten nur nach dem Untergang eines Sternes sich richteten und sagten: wir verdanken dem Untergang des und des Sternes Regen.» [57] Hier ist nicht eindeutig von einem Stern*kult* die Rede, eher vom Sternglauben (Einfluß der Sterne auf das Wetter, günstige oder ungünstige Vorzeichen aus dem Stand der Sternbilder). Der Vergleich mit den Ṣabiern läßt diese Angabe eher als verdächtig erscheinen (siehe unten p. 96).

Detailliertere Angaben hat ABU'L-FARAǦ: «Die Ḥimyariten verehrten die Sonne, Kināna den Mond, Ṭasm den ad-Dabarān, Laḫm und Ǧuḏām den al-Muštarī (Jupiter), Ṭaiy den Suhail (Canopus), Qais den aš-Ši'rā al-'abūr (Sirius), Asad den 'Uṭārid (Merkur), Taqīf aber ein Heiligtum im oberen Teil von Naḫla gelegen, das al-Lāt genannt wurde» [58]. Fast wörtlich das Gleiche findet sich bei AD-DIMAŠQĪ: [59] «... Zur Religion der Ṣabier bekannten sich

[50] Siehe BROCKELMANN, GAL I 481f.; Suppl. I 882f.; M. STRECK, Art. AL-QAZWĪNĪ. EI II (1927) 900b–904b; ABD-EL-JALIL 210. [ ]

[51] OSIANDER 463–505, bes. 468–470.

[52] KREHL, bes. 8–11, 14f., 24–26.

[53] CASANOVA 1–39, bes. 13–15, 25–34.

[54] BLOCHET, bes. 19–21.

[55] Seine Angabe über den Kult des *'Uṭārid* (Merkur) bei den Tamīm (oben p. 93) scheint nicht auf die genannten Quellen zurückzugehen, sondern auf das Vorkommen dieses Namens als Personenname; vgl. KREHL 24f.; WELLHAUSEN 8.

[56] NOIVILEE 368f.

[57] Text und Übersetzung bei KREHL (8); Übersetzung auch bei CHWOLSOHN II 447f. (§ 41).

[58] Siehe OSIANDER 468; KREHL 9 (vgl. dazu auch ebd. 9–11, 14f., 24–26); LENORMANT 151f.; CASANOVA 14, 25. – Bei CONDER (Heth and Moab 346) findet sich diese Nachricht in folgender Form: «The early Arabs of Yemen used to worship certain fixed stars in addition to a few of the planets, including Keis, or Sirius, Tay, or Canope, and Tasm, or Aldeboran. The rising and setting of these and others was then supposed (as in Assyria) to be connected with the rain.» Hier sind durch ein groteskes Mißverständnis die Namen der bei den betr. Autoren genannten Stämme – die übrigens auch nicht alle yemenitischer Herkunft sind – zu Namen von Fixsternen gemacht worden.

[59] Vorher sind Inder, Perser, Chaldäer, Griechen, Römer und Kopten als ehemalige Anhänger des Ṣabismus (der Sternanbetung) aufgezählt worden; siehe die Texte bei CHWOLSOHN II 402–404 (§ 11).

endlich die Araber. Der Stamm Ḥimyar verehrte die Sonne, und die Erzählung vom Wiedehopf und der Bilqīs [60] beweist, daß sie und ihr Volk die Sonne verehrt haben. Die Ḥimyariten bekehrten sich nachher zum Judentum. Kināna verehrte den Mond und bekehrte sich nachher zum Judentum. Laḫm und [95] Ǧuḏām verehrten al-Muštarī, Asad verehrte den ʿUṭārid, Ṭasm den ad-Dabarān, Qais verehrte den aš-Širā al-ʿabūr, Ṭaiy den Suhail. Sie verehrten die Götzenbilder *(al-aṣnām)* und entschuldigten sich, indem sie sagten: ‹Wir verehren diese nur deshalb, damit sie uns Gott nahebringen mögen›. Sie glaubten aber nicht, daß diese Götzenbilder Schöpfer und Regierer (der Welt) seien. Ihre Verfahrungsweise ist daher dieselbe wie die der Ṣabier hinsichtlich der Verehrung der Götzenbilder [61] ...» Die Übereinstimmung der beiden letzten Texte ist so groß, daß man entweder direkte Abhängigkeit oder Abhängigkeit von einer gemeinsamen Quelle annehmen muß; wir haben es also hier nur mit einem einzigen, und zwar recht späten Zeugnis zu tun, wenn nicht nachgewiesen werden kann, daß hier bedeutend ältere Quellen benutzt worden sind [62].

---

[60] Siehe Sure 27, 20–45; B. CARRA DE VAUX, Art. Bilḳīs EI I (1913) 750a–b [ ].

[61] Siehe CHWOLSOHN II 404 (§ 11); OSIANDER 468; (vgl. auch ebd. 469f.); KREHL 8f.; CASANOVA 14, 25; BLOCHET 20.

[62] Nach BLOCHET (19f.) stützt sich AD-DIMAŠQĪ mit dieser Angabe auf ein (noch unediertes) Werk von IBN AL-KALBĪ, *Ǧamharat al-ansāb* (oder: *an-nasab*), «Sammlung der Genealogie»: vgl. dazu KLINKE-ROSENBERGER 20; BROCKELMANN, GAL I 138–140; Suppl. I 211f. Da ich nirgends eine Bestätigung dieser Angabe finden konnte, wandte ich mich um Auskunft an den besten Kenner der Textüberlieferung dieses Werkes, Herrn Prof. G. LEVI DELLA VIDA (Rom). Er hatte die Freundlichkeit, mir in einem Brief vom 10.5.1953 folgende Auskunft zu erteilen: «... avrei desiderato indagare la possibile fonte dell'equivoco di BLOCHET, del quale non mi riesce di comprendere l'origine. Di fatto, nel passo di AD-DIMAŠQĪ (p. 46 ed. MEHREN) non vi è nessuna menzione della ‹*Ǧamharat an-nasab*› di IBN AL-KALBĪ, e nessun riferimento a essa si trova neppure nella traduzione francese dello stesso MEHREN (Copenhague 1874). Nel testo della *Ǧamhara* (di cui ho copia dai due unici manoscritti conosciuti finora, del British Museum e dell'Escorial) non vi è nulla intorno al culto degli astri presso gli antichi Arabi, e neppure nulla si trova nel ‹Libro degli Idoli› dello stesso IBN AL-KALBĪ [siehe ArV, Nr. 18]. La notizia di AD-D[IMAŠQĪ] sul culto arabo degli astri è parallela, come Lei ha indicato, a quella di BARHEBREO nel ‹*Muḫtasar ad-duwal*› p. 159 ed. ṢĀLḤĀNĪ: questi cita come sua fonte ṢĀʿID IBN AḤMAD AL-ANDALUSĪ (m. 462 [H.] / 1070 [n. Chr., in Toledo]), e infatti il passo si trova nelle ‹*Ṭabaqāt al-umam*› di lui, p. 43, ed. CHEIKHO (p. 91 della traduzione francese di R. BLACHÈRE) [Kitāb Ṭabakāt al-Umam (Livre des Catégories des Nations). Traduction... par RÉGIS BLACHÈRE (Paris 1935); rezensiert von S. GOLDMAN, JRAS 1938, 156f.]: a p. 105 linee 4–5 del testo arabo è segnalata l'aggiunta di tre manoscritti: «HIŠĀM IBN MUḤAMMAD AL-KALBĪ dice: ‹i Himyar adorano il Sole›; è questa la sola traccia che ho trovata di una menzione del culto astrale risalente a IBN AL-KALBĪ. – Il testo di AD-DIM-

Al-Qazwīnī bringt nur eine Angabe über den Kult des Sirius [63] (wobei man sich fragen muß, ob hier nicht eine bloße Deduktion aus einer Anspielung des Korans vorliegt) [64] und an anderer Stelle über den Kult der Plejaden [65]. Demnach wären also verehrt worden: die Planeten *al-Muštarī* (Jupiter) und *'Uṭārid* (Merkur) [66], die Fixsterne *Suhail* (Canopus) [67], *aš-Šiʿrā* [96] (Si-

---

[Ašqī] è più esteso di quello di Ṣā'id, e quindi non può dipendere da lui, ma deve avere una fonte comune più antica; poichè ciò che segue immediatamente, ossia i nomi degli ‹idoli› adorati dagli Arabi prima dell'Islam, dipende certamente dal ‹Libro degli Idoli› di Ibn al-Kalbī (forse non direttamente), è possibile che anche la notizia sul culto degli astri risalga a una opera perduta da lui.» Diese etwas schwach begründete Möglichkeit wird aber noch unwahrscheinlicher durch weitere Einzelheiten, die G. Levi Della Vida in der Fortsetzung seines Briefes erwähnt: «A ogni modo, la dipendenza da Ibn al-Kalbī non può essere diretta. Il passo citato da Blochet si trova in un lungo capitolo (ed. Mehren p. 39–47) dedicato ai Ṣabei di Ḥarrân e ai loro templi... [vgl. oben Anm. 59 und 61]. Questo capitolo nella sua redazione attuale è molto tardo (p. 43 linea 17 si parla della distruzione di Ḥarrān da parte dei Tartari) e di carattere composito; il suo modello immediato sembra essere l'opera '*Mabāhiğ al-fikar wa-manāhiğ al-'ibar*' di Muhammad ibn-Ibrāhīm al-Waṭwāṭ, di poco anteriore a ad-Dimašqī (*cf.* Brockelmann, GAL II 55; Suppl. II 54)». Da also, alles in allem, die Zurückführung von ad-Dimašqīs Angaben auf eine ältere Quelle doch recht zweifelhaft bleibt, behalten wohl die unten (p. 96f.) entwickelten inneren Gründe gegen die Glaubwürdigkeit dieser Angaben ein bedeutendes Gewicht.

[63] Beleg siehe bei Casanova 25; vgl. dazu ebd. 25–34. Nach Krehl (24) ist die Siriusverehrung des Abū Kabša aus dem Stamme Chuza'a bereits durch Ibn Hišām (gest. etwa 834; vgl. Brockelmann, GAL I 135; Suppl. I 205f.) bezeugt. Vgl. darüber Casanova 25–27.

[64] Sure 53, 50: «Er (Allāh) ist der Herr des Sirius»; vgl. dazu Osiander 469f.; Krehl 24; Casanova 27–34. – Casanova legt wohl zuviel Gewicht auf die Ansicht der Korankommentatoren; diese schließen aus dem Umstand, daß im unmittelbar folgenden Vers die Vernichtung des altarabischen Stammes Ād erwähnt wird, dieser Stamm habe den Sirius angebetet. Tatsächlich ist aber in den folgenden Versen (51–55) auch noch von anderen die Rede, die göttlichen Strafgerichten verfielen (Thamūd, die Zeitgenossen Noes, wahrscheinlich auch Sodoma und Gomorrha). Mit dem gleichen Recht könnte man dann auch alle diese als Siriusverehrer erklären, was aber offenbar nicht angeht. Nöldeke (ERE I 660b) ist daher zurückhaltend bezüglich des Siriuskultes.

[65] Siehe Krehl 25f.; Noiville 368. – Krehl (25) führt als Gewährsmann für diesen Kult auch den Astronomen al-Farġānī an (gest. nach 861); vgl. über diesen Autor Brockelmann, GAL I 221; Suppl. I 392f.; H. Suter, Art. al-Farghānī. EI II (1927) 69b–70a. – Al-Farġānīs Notiz verdient vielleicht etwas mehr Vertrauen, weil er der vorislamischen Zeit noch bedeutend näher steht. Vgl. zur ganzen Frage Nöldeke, ERE I 660a; siehe ferner unten p. 96f.

[66] Vgl. oben Anm. 58 und 61; auch Lenormant 163, note 1. Über Jupiter ist sonst nichts bekannt. Nach Wellhausen (60) kam *Sa'd* als Name für die Planeten Jupiter und Venus oft vor, «aber schwerlich in alter Zeit» (gilt auch gegen Krehl 11–13, der im vorislamischen Gottesnamen *Sa'd* einen Beweis für Astralkult sieht). Vgl. J. Ruska,

rius) [68] und *ad-Dabarān* [69] sowie das Sternbild der Plejaden [70]. WELLHAUSEN scheint sich mit diesen Angaben nicht näher auseinandergesetzt zu haben [71]; auch sonst finde ich keine kritische Stellungnahme außer bei NOIVILLE, der schreibt: «Les Arabes, à en croire à une tradition rapportée par ŠAHRASTANI et DIMEŠQI, auraient appartenu à la religion des astres, au çabisme. Le second de ces auteurs, suivi par ABU'L FARAJ [72], énumère complaisamment les corps célestes qui auraient été adorés par telle ou telle tribu: le Soleil, la Lune, Mercure, Jupiter, les Hyades, Sirius, Canope, auxquelles on peut ajouter les Pléiades. Mais, outre que cette répartition entre les tribus de ces divers astres est fort suspecte par elle-même, et ressemble trop à la distribution que les mêmes auteurs font des dieux du paganisme aux divers peuples de la terre, on ne trouve aucune trace de culte astral dans IBN EL KALBI, le premier des écrivains musulmans qui ait rassemblé ce qu'on pouvait savoir encore des dieux du paganisme arabe à la fin du VIIIe siècle. Les renseignements de ŠAHRASTANI et de DIMEŠQI sur les dieux arabes ont été puisés à la même source que leurs renseignements sur les çabiens de Harran, c'est-à-dire dans les livres suspects du grand çabien hérétique THABIT B. QURRA qui, dans ses nombreux livres, a dépeint un çabisme d'utopie bien plus qu'un çabisme réel et qui, pour avoir ajouté au dogme de ses compatriotes, fut expulsé de sa cité natale [73].»

Art. *Sa'd* (Glücksgestirn). EI IV (1934) 30b. – Zu *'Uṭārid* (Merkur) siehe oben Anm. 55. – Zu der Behauptung, die Ka'ba sei ursprünglich ein Tempel des *Zuḥal* (Saturn) gewesen, vgl. MAS'ŪDĪ (ed. et trad. BARBIER DE MEYNARD) IV 44 (chap. 63); CHWOLSOHN II 383, 516, 673f. Anm. 17; OSIANDER 494f.; LENORMANT 124–126, 163, 175–178; NOIVILLE 373. Hier liegt offenbar nur eine tendenziöse Behauptung antiislamischer Polemik vor, keine verbürgte Nachricht aus dem arabischen Altertum. NOIVILLE (373) legt vielleicht zuviel Wert auf diese Angaben, spricht sich aber nicht ganz klar aus.

[67] Vgl. dazu außer den oben Anm. 58 und 61 erwähnten Stellen auch OSIANDER 470; CASANOVA 1–16, bes. 2, 13–15; KLINKE-ROSENBERGER 138, Anm. 425.

[68] Siehe oben Anm. 58, 61, 63, 64.

[69] Siehe oben Anm. 58 und 61. – KREHL (8f.) setzt *ad-Dabarān* = Hyaden, was nicht richtig ist; der Stern *ad-Dabarān* ist = α Tauri, während die Hyaden eine Gruppe von Sternen am Kopfe des Stieres sind; *ad-Dabarān* befindet sich in der Nähe dieser Gruppe, wird manchmal auch dazu gerechnet, aber die ganze Sterngruppe darf nicht mit dem Namen *ad-Dabarān* bezeichnet werden. Danach ist auch NOIVILLE 368 (siehe hier oben im Text) zu korrigieren. [ ]

[70] Siehe oben Anm. 65.

[71] Siehe oben p. 93f. Nach CASANOVA (14) hat WELLHAUSEN die Arbeit von OSIANDER nicht gekannt.

[72] Hier liegt ein Versehen vor, denn DIMAŠQĪ ist jünger als ABU'L-FARAĞ; siehe oben Anm. 48 und 49.

[73] NOIVILLE 368.

Diese Bemerkung über die Rolle des Ṯābit b. Qurra ist beachtenswert [74]. Aber selbst wenn er völlig richtige Informationen über die ḥarrānischen Ṣabier [75] gegeben hätte, so ist doch unbestreitbar, daß die arabischen Religionshistoriker ein System des «Ṣabismus» konstruiert und diesem eine unverdient große Rolle in der Religionsgeschichte der Menschheit zugewiesen haben. In den Rahmen dieser Konstruktion gehört wohl auch die Verteilung der Sterngottheiten auf die einzelnen Stämme. Das Ganze steht etwa auf der gleichen Linie wie die Erzählung von den 360 Idolen, die sich in der Kaʿba befunden haben sollen [76].

Dazu kommt noch eine Reihe von Einzelheiten, die den Eindruck einer künstlichen Konstruktion verstärken: so die Einordnung der Stern- und Bilderverehrung in eine monotheistische Religion, die ganz zum philosophisch-religiösen System der ḥarrānischen Ṣabier paßt, wie es in islamischen Quellen dargestellt ist, aber schlecht mit den sonstigen Nachrichten über das vorislamische Arabien harmoniert. Verdächtig ist auch die Begründung des Sonnenkultes der Ḥimyariten aus einer koranischen Legende. (Es gab zwar im alten Südarabien Sonnenkult, aber die Sonne war nicht die einzige [Stammes-] [97] Gottheit, wie hier vorausgesetzt wird [77].) Auch für den Mondkult der Kināna gibt es m. W. keine positive Bestätigung.

Zugunsten der inneren Wahrscheinlichkeit dieser späten Nachrichten könnte nur geltend gemacht werden, daß die genannten Fixsterne (nicht die Planeten) im vorislamischen Arabien tatsächlich wohlbekannt waren (siehe

[74] Über diesen bedeutenden Astronomen und Mathematiker (gest. 901) siehe Chwolsohn I 542–567; II p. I–III; Brockelmann, GAL I 217f.; Suppl. I 384–386; J. Ruska, Art. Thābit b. Qurra. EI IV (1934) 793b–794b; Nallino, Raccolta V 333f. Vgl. auch B. Carra de Vaux, EI IV 23a–b. Über ad-Dimašqīs Quellen für die Darstellung der Ṣabier siehe auch oben Anm. 62 am Schluß.

[75] Vgl. Chwolsohn, per totum; T. H. Weir, Art. Ḥarrān. EI II (1927) 286b–287a; B. Carra de Vaux, Art. al-Ṣābi'a. EI IV (1934) 22b–23b. [ ]

[76] Osiander 493; Blochet 3, 21; A. J. Wensinck, EI II (1927) 632a (im Art. Ka'ba, 625a–633a). Die schematische Zahl 360 (= abgerundete Zahl der Tage des Jahres) entstammt islamischer Legende. (Lammens 142, 144.) Sie findet sich zuerst bei al-Wāqidī (gest. 823); vgl. über diesen Autor Brockelmann, GAL I 135f.: Suppl. I 207f.; J. Horovitz, EI IV [1934] 1195a–1196b; in der Übersetzung von Wellhausen (Muhammed in Medina) 336f. Ibn Hišām (siehe oben Anm. 63) hat diese Zahl nicht (nach brieflicher Mitteilung von Herrn Prof. R. Paret, 25.4.1953). Lenormant (167) nimmt an, die Zahl 360 habe den 360 Graden des Sonnenkreises entsprochen. Eine solche Erklärung ist aber für das damalige Arabien durchaus phantastisch. [ ]

[77] Vgl. Henninger, Anth 37/40 (1942/45) 802–804, und die dort angeführten Belege; dazu jetzt noch: Jamme, LM 60 (1947) 57–147 (über die Sonnengöttin vor allem: 100–112); vgl. auch Jamme, LM 61 (1948) 59–64. [ ]

oben p. 89f.) und auch heute noch im Volksglauben eine wichtige Rolle spielen, obwohl kein eigentlicher Kult nachweisbar ist (siehe oben p. 91–93; unten p. 112–115). Auffallend ist dagegen, daß gerade der hellste und glänzendste aller Planeten in dieser Aufzählung fehlt: der Venusstern, der bei den übrigen semitischen Völkern, und nach anderweitigen Nachrichten auch bei den Arabern, eine so hervorragende kultische Bedeutung hat (siehe unten p. 101–110; vgl. auch p. 112) [78]; dieser Umstand spricht wieder für den künstlichen Charakter der ganzen Aufstellung. Da auch im alten Südarabien außer dem Venuskult kein anderer Sternkult nachweisbar ist [79], wird man

[78] Siehe NOIVILLE 368f.: «... Quelque inventée qu'ait pu être cette liste d'astres que les Arabes païens auraient adorés, une chose est frappante au premier abord: l'absence de l'étoile la plus brillante du ciel, l'étoile du matin. Mais l'on comprend le silence des auteurs musulmans lorsqu'on interroge les documents chrétiens sur les Arabes. D'un avis commun, quelle que soit leur date – et ils puisent à des sources nettement différentes – les Arabes païens étaient les adorateurs de l'étoile du matin et l'étoile du matin était même leur principale divinité...» – Die Ansicht, daß die islamischen Autoren den Kult des Morgensterns absichtlich verschwiegen (dagegen den Kult einer ganzen Reihe anderer Gestirne erfunden) hätten, ist allerdings ebenso eigenartig wie manche andere Hypothesen von NOIVILLE; vgl. dazu auch unten p. 101–110. BLOCHET (20) sucht das Verschweigen der Venusgottheit bei den islamischen Autoren durch den unmoralischen Charakter der Venus plausibel zu machen. Jedoch haben die islamischen Autoren im allgemeinen keine Bedenken, die Zeit der *Ǧahilīya* («Unwissenheit» oder «Barbarei»), die Zeit vor dem Islam, in recht schwarzen Farben zu malen. – Das Schweigen von IBN AL-KALBĪ über Sternkult, auf das sich NOIVILLE ebenfalls beruft (siehe oben p. 96), ist kein entscheidendes Argument, da dieser Autor ja nicht die gesamte vorislamische Religion, sondern nur den Kult der Idole (*al-aṣnām*) beschreiben will; vgl. JEPSEN, Sp. 139–144.

[79] Aus der Arbeit von JAMME (siehe oben Anm. 77), der das südarabische Pantheon in der detailliertesten Weise behandelt, ist darüber nichts zu entnehmen. Dazu auch ausdrückliche briefliche Mitteilung (18.3.1953): «Aucune indication relative à un culte attribué à quelque constellation.» Danach zu beurteilen: WELLHAUSEN 210 Anm. 1: «Nasr ist sabäisch, vielleicht auch die Farqadân, denen Gadhîma Trankopfer gebracht haben soll.» Über die *Farqadān* siehe auch WELLHAUSEN 68, 114; vgl. oben p. 89. Gadhîma ist ein mythischer König von Ḥīra; wenn die Angaben über seine Weinlibationen zu Ehren dieser beiden Sterne etwas Historisches widerspiegeln, ist mit nordsemitischem Einfluß zu rechnen. [ ] Worauf sich die Annahme von WELLHAUSEN stützt, der Kult dieser beiden Sterne sei vielleicht sabäisch, konnte ich nicht ermitteln. – Zu *Nasr* (= «Adler» oder «Geier») siehe OSIANDER 473; WELLHAUSEN 23; SMITH, Kinship 243f.; NÖLDEKE, ERE I 662b–663a; MARMARDJI 410; KLINKE-ROSENBERGER 35, 85f., Anm. 81–85; JAMME, LM 60 (1947) 130; RYCKMANS, Religions arabes 16, 39, 46. Die Verehrung dieser Gottheit ist sowohl durch die islamischen Autoren als auch epigraphisch bezeugt. (Siehe jetzt auch FAKHRY I 128f., mit Fig. 82; III Plate XLVII B: Darstellung eines Adlers mit zwei Schlangen, die auf den Gott *Nasr* gedeutet wird.) Dazu noch JAMME (Brief vom 18.3.1953): «*nsr* est le nom

am besten daran tun, die besprochenen Angaben als zu unsicher beiseite zu lassen. Höchstens für Plejadenkult liegen einige Indizien vor, aber auch hier handelt es sich nicht um einen bodenständig arabischen Kult, sondern um nordsemitische (aramäische) Einflüsse [80].

Zu untersuchen bleibt nun nur noch, wieweit die großen Göttinnen *al-Lāt, al-'Uzzā* und *Manāt* astralen Charakter haben.

b) Die drei großen Göttinnen

Daß bei den Quraiš in Mekka und darüber hinaus auch sonst in Nordarabien drei große Göttinnen eine hervorragende Stellung im Kult einnahmen und vielfach als eine gewisse Einheit betrachtet wurden, ist durch den Koran [81] und durch sonstige Nachrichten [82] reichlich bezeugt. Grundlegend ist der [98] Text Sure 53, 19–23: «Was meint ihr von *al-Lāt* und *al-'Uzzā* und *Manāt,* der dritten daneben? Sollen euch Söhne sein und ihm [= Allāh] Töchter? Dies wäre eine ungerechte Verteilung. Siehe, nur Namen sind es, die ihr ihnen gabt, ihr und eure Väter» [83].

---

d'une divinité sabéenne; actuellement, il est absolument impossible de préciser s'il se réfère à une divinité astrale oui ou non et pas davantage s'il est une divinité étrangère importée en Arabie du Sud.» Nach THOMAS (228 note 1) bezeichnet bei den Beduinen des *Rub' al-Ḫālī,* der südarabischen Wüste, jetzt der Name *Nasir al-Tair* den Fixtern *Altair;* vgl. auch MESNARD 9, 15: *al-Nasr-al-Taïr* (le Vautour qui vole) = α Aquilae (= *al-Taïr*); ib. 17 mit note 33: *Al-Nasr-al-Ouaqi'* (le Vautour qui tombe) = α Lyrae (= Wega). [ ]

[80] Vgl. GRIMME, Plejadenkult 44. Siehe auch oben Anm. 65.

[81] Sure 53, 19–23; vgl. auch Sure 37, 149.

[82] Siehe die Belege und ihre Erörterung: WELLHAUSEN 24–45, 208; SMITH, Kinship 298–306 (= ¹292–300); SMITH, Religion 56–58; COOK, ibid. 520f.; NÖLDEKE, ERE I 660b–662b; DUSSAUD et MACLER 457–459, 462f.; DÉRENBOURG, PELOV V/5, 33–35; CUMONT, Etudes syriennes 262–276 passim; LANGDON 15, 20–25, 56; BUHL-SCHAEDER 74–76; MARMARDJI 400–407; ANDRAE 13f.; WINNETT, MW 30 (1940) 113–130; WINNETT, RR 4 (1940) 282–285; NIELSEN, ZDMG 92 (1938) 504–551, bes. 509–525; KLINKE-ROSENBERGER 36–43, 87–104; RYCKMANS, Religions arabes 14–16. [ ]

[83] Sure 53, 19–23. – Nach einer glaubwürdigen Überlieferung hatte Mohammed zunächst die Anrufung dieser drei Göttinnen als Fürbitterinnen bei Allāh gestattet, bereute aber bald diesen Kompromiß und gab den Versen ihre jetzige Form. Siehe dazu WELLHAUSEN 34; BUHL-SCHAEDER 177–179; HESS, ZDMG 69 (1915) 385–388; ANDRAE 14–19, 95f.; AHRENS 55–57, 88f.; EICHLER 99–101; NIELSEN, ZDMG 92 (1938) 523; WINNETT, MW 30 (1940) 129; KLINKE-ROSENBERGER 39, 97 Anm. 136–138. Vgl. dazu auch HENNINGER, NZM 4 (1948) 132. – Nach WELLHAUSEN (24) wird durch die Bezeichnung «Töchter Allahs» keine genealogische Beziehung, sondern nur die göttliche Natur dieser weiblichen Wesen ausgesagt. Damit würde harmonieren, daß in anderen Überlieferungen *al-Lāt* und *al-'Uzzā* eher als Gemahlinnen Allāhs

Es ist verschiedentlich vermutet worden, daß diese Triade astral sei [84]; vor allem wird *al-ʿUzzā* gewöhnlich mit dem Venusstern identifiziert (siehe unten p. 101–110). In Anbetracht der verschiedenen Ansichten müssen die Nachrichten über jede einzelne dieser drei Gestalten überprüft werden.

a) Manāt

Dabei wird am besten mit *Manāt* begonnen, die offenkundig eine Sonderstellung einnimmt und unter den drei Göttinnen am wenigsten Bedeutung hat [85]. Die neueren Untersuchungen sind übereinstimmend zu dem Ergeb-

---

erscheinen (WELLHAUSEN 45; er betrachtet dies allerdings als muslimische Erfindung: ebd. 208), und daß wieder anderswo vielleicht *al-Lāt* und *Manāt* als «die beiden Töchter der *ʿUzzā*» bezeichnet werden (vgl. SMITH, Kinship 304; WELLHAUSEN 25 Anm. 1 [zu p. 24]; MARMARDJI 404; BUHL-SCHAEDER 75; BUHL, EI III [1936] 252a [Art. *Manāt*]). Andererseits wird im Koran auffällig stark der Gedanke betont, daß Allāh nicht zeugt, daß er keine Gefährtin und kein Kind hat. Diese Stellen werden von manchen als antichristliche Polemik, von anderen als gegen die «Töchter Allāhs» gerichtet angesehen. Vgl. HENNINGER, NZM 3 (1947) 292–294.

[84] OSIANDER sieht in den drei Göttinnen Astralgottheiten, nämlich in *al-Lāt* eine Mondgöttin (482f.), in *al-ʿUzzā* ebenfalls eine Mondgöttin (491), und bei *Manāt* hält er es für das wahrscheinlichste, daß sie eine Siriusgöttin war (498), Die Möglichkeit, daß eine der drei Göttinnen mit dem Venusplaneten zu identifizieren sei, zieht er ebenfalls in Betracht, kann sich aber nicht dafür entscheiden (498). Vgl. unten Anm. 89, 102, 103. – KREHL (80) schließt sich der Ansicht von OSIANDER an, daß *al-ʿUzzā* eine Mondgöttin sei, stützt sich dabei aber auf die oben (p. 94–97) erörterten, mit Vorsicht aufzunehmenden Nachrichten. In der Verehrung der beiden anderen Göttinnen sieht er bloßen Steinkult, ohne astrale Beziehungen zu erwähnen (ebd. 72f.) – LENORMANT (143–145) nimmt an, daß es sich ursprünglich um eine einzige Göttin handelte, die mit Venus, Mond und Sirius in Beziehung gesetzt wurde und so eine dreifache Gestalt erhielt. – Alle diese Ansichten sind längst aufgegeben, nur die Theorie einer Mondgöttin ist neuerdings wieder aufgenommen worden (siehe unten Anm. 102). – Eine isolierte Auffassung vertritt M. HARTMANN, wenn er über die drei Göttinnen schreibt (RHR 52 [1905] 174): «... il n'est pas difficile de reconnaître dans cette triade le Soleil, la Lune et l'étoile du matin (l'attribution des noms à ces trois divinités sidérales varie suivant le pays et l'époque)...» Siehe dazu unten Anm. 164.

[85] Allgemeines über *Manāt:* OSIANDER 496–498; KREHL 73; LENORMANT 144f.; WELLHAUSEN 24–29, 40, 211; NÖLDEKE, ERE I 661b–662a; DÉRENBOURG, PELOV V/5, 33f.; DALMAN, Petra 52; BUHL-SCHAEDER 74; BUHL, Art. *Manāt*. EI III (1936) 251b–252a; LANGDON 20f.; MARMARDJI 406f.; KLINKE-ROSENBERGER 36f., 87–90 Anm. 90–108; WINNETT, MW 30 (1940) 114, 116, 117, 119f., 128; RYCKMANS, Religions arabes 15f., 21; RINGGREN 184–186. [ ] IBN AL-KALBĪ betrachtete diese Göttin als die älteste unter den dreien, mit der Begründung, daß die mit *Manāt* zusammengesetzten Namen in den Genealogien schon früher vorkommen als die von *al-Lāt* und *al-ʿUzzā* abgeleiteten (siehe WELLHAUSEN 25, 29; KLINKE-ROSENBERGER 36, 37). Dieses Argument ist aber nicht durchschlagend (siehe WELLHAUSEN 29; vgl. auch

nis gekommen, daß sie eine Göttin des Schicksals, im besonderen Sinne des Todesschicksals, ist [86]; aus sprachlichen und sachlichen Gründen ist ihr nordsemitischer Ursprung (oder wenigstens nordsemitischer Einfluß auf eine arabische Göttin) anzunehmen [87]. (Abstrakte Gottheiten, wie Glück, Liebe, Zeit, finden sich auch sonst in Arabien [88], daher ist diese Bildung nichts Auffallendes.) [99] Daß *Manāt* ursprünglich ebenfalls eine Astralgottheit war, ist nur selten und mit unzureichenden Gründen behauptet worden [89]; daher scheidet sie bei der weiteren Untersuchung aus.

β) al-Lāt

Erheblich schwieriger ist die Wesensbestimmung bei *al-Lāt* [90]. Der Name kann uns wenig Aufschluß geben, denn er ist so allgemein wie nur denkbar:

---

ebd. 40; Winnett, MW 30 (1940) 116; außerdem ist auch der vielfach künstliche Charakter der Genealogien zu bedenken [ ]. Aus der Berücksichtigung aller Quellen ergibt sich vielmehr, daß zur Zeit Mohammeds *Manāt*, die unbedeutendste unter den drei, den beiden anderen untergeordnet war; vgl. Buhl, EI IV (1934) 1158a (Art. *al-ʿUzzā*). Dadurch wird aber nicht ausgeschlossen, daß *Manāt* früher im Ḥeǧāz eine größere Bedeutung hatte und erst später durch *al-ʿUzzā* in den Schatten gestellt wurde. Vgl. Buhl, a. a. O. 1157b–1158a; Wellhausen 39; Winnett, MW 30 (1940) 119, 128f.

86 Siehe die oben Anm. 85 zitierten Belege, bes. Wellhausen 28, 211; Nöldeke, ERE I 661b–662a; Langdon 20–25; Klinke-Rosenberger 87 Anm. 90; Winnett, MW 30 (1940) 119; ferner Brockelmann, ARW 21 (1922) 111; Zimmern, Islamica 2 (1926) 580–582; Andrae 13; Ringgren 184–186. Später scheint sie ihren Charakter als Schicksalsgöttin eingebüßt zu haben (siehe Caskel 24). [ ] – Allgemeines über den vorislamischen Schicksalsglauben: Schrameier, per totum; Caskel, per totum; Wellhausen 228–230; Nöldeke, ERE I 661b–662a; Buhl-Schaeder 91f. [ ]

87 Siehe die oben Anm. 86 zitierten Belege, bes. Wellhausen 28; Langdon 20–25; Zimmern, a. a. O. 580–582 (mögliche Beziehungen zu Syrien-Phönizien und letztlich Assyrien); Winnett, MW 30 (1949) 119f.

88 Vgl. Wellhausen 28; Nöldeke, ERE 661a–662b; Ryckmans, Religions arabes 14–18 passim; Ringgren 172–189; speziell über den Gott *Wadd* (Liebe): Wellhausen 14–18, 24; Nöldeke, ERE I 662a–b; Déak 44–50; Nallino, Raccolta III 169–176; Klinke-Rosenberger 59f., 135–137 Anm. 396–410; Henninger, Anth 37/40 (1942/45) 801 Anm. 90; Ryckmans, Religions arabes 16, 20; Ringgren 172–182; dieser Gott ist südarabischen Ursprungs und wahrscheinlich erst später in Zentral- und Nordarabien bekannt geworden (siehe Nallino, Raccolta III 174 nota 1; vgl. auch Henninger, Anth 37/40 [1942/45] 788 Anm. 3) [ ]

89 Dussaud (Arabes 132) spricht die Vermutung aus, *Manāt* könne die Venus als Abendstern sein, bringt aber keine Argumente dafür. Über die astralen Deutungen von Osiander und Lenormant siehe oben Anm. 84. [ ]

90 Allgemeines über *al-Lāt:* Osiander 479–483; Krehl 72f.; Wellhausen 29–34, 44f., 208; Smith, Religion 56f., 210, 212; Cook, ibid. 520f.; Lagrange 76; Déren-

«die Göttin» *(al-'ilāhat > al-'ilāt > al-lāt)* [91]. Günstig ist dagegen der Umstand, daß der Kult dieser Göttin schon sehr früh bezeugt ist, mehr als ein Jahrtausend vor dem Islam. HERODOT kennt sie als 'Αλιλάτ und identifiziert sie mit Aphrodite Urania [92]; dazu kommen die Zeugnisse der ṣafatenischen, liḥyanitischen und thamudenischen Inschriften [93]. Auch in Randgebieten, wo

---

BOURG, PELOV V/5, 33; DUSSAUD et MACLER 457–463; DUSSAUD, Arabes 118–139; NÖLDEKE, ERE I 661a; BUHL-SCHAEDER 74–76; BUHL, Art. *al-Lāt.* EI III (1936) 20a–b; MARMARDJI 400f.; LANGDON 15, 20, 24; KLINKE-ROSENBERGER 37f. 91–94 Anm. 112–130; ANDRAE 13f.; AHRENS 5; WINNETT, MW 30 (1940) 113–130, bes. 120–130; WINNETT, RR 4 (1939/40) 282–285; RYCKMANS, Religions arabes 8, 14f., 22; vgl. auch FÉVRIER 10–16; DALMAN, Petra 51f.; GRIMME, Ṣafatenisch-arabische Religion 131–137. [ ]

[91] Siehe WELLHAUSEN 33, 44f.; DUSSAUD et MACLER 457; DUSSAUD, Arabes 122; DALMAN, Petra 51; BUHL-SCHAEDER 75 Anm. 193; BUHL, EI III 20a; FÉVRIER 13; WINNETT, MW 30 (1940) 121f.; AHRENS 5; RYCKMANS, Religions arabes 15. – Die von den islamischen Autoren gegebene Etymologie ist phantastisch; vgl. WELLHAUSEN 29, 33: DUSSAUD, Arabes 119f.; KLINKE-ROSENBERGER 37, 92 Anm. 115. [ ]

[92] Siehe WELLHAUSEN 32, 33, 34, 40; KREHL 29–48; LENORMANT 142f., 146f., 184–187; BLOCHET 11–14; SMITH. Religion 316; NÖLDEKE, ERE I 661a; DUSSAUD et MACLER 457; DUSSAUD, Arabes 121–123; DALMAN, Petra 51; LIDZBARSKI, ESE 3 (1909/15) 90–92; OFFORD 198; BUHL, Art. *Alilat.* EI I (1913) 314b; LANGDON 15; FÉVRIER 13 note 7, 14 note 2; ANDRAE 13f.; AHRENS 5; WINNETT, MW 30 (1940) 121, 123; NIELSEN, Handbuch I 182f. Es ist zu beachten, daß HERODOT zwei verschiedene Namensformen hat: 'Αλιλάτ (III 8) und 'Αλίττα (I 131); letzteres wird gewöhnlich als eine Korruption von *Alilat* unter dem Einfluß des Namens *Mylitta* angesehen (so z. B. BUHL, EI I 314b; LANGDON [15] denkt an die babylonische *Alittu*); dagegen betrachtet WINNETT (MW 30 (1940) 123) die Form *Alitta* als von *al-'Uzzā* abgeleitet, scheint aber mit dieser Auffassung alleinzustehen. BLOCHET (11–14) sieht in *Alilat* eine Verschreibung für *Alidat* und identifiziert diese Göttin mit dem Venusstern, bringt den Namen aber nicht mit *al-'Uzzā* zusammen. [ ]

[93] Vgl. DUSSAUD, Arabes 118–139, bes. 133–139; DALMAN, Petra 51; GRIMME, Ṣafatenisch-arabische Religion 131–133, 136f.; LITTMANN 29f., 82f., 105f.; LANGDON 15; WINNETT, MW 30 (1940) 116–118, 120; NIELSEN, ZDMG 92 (1938) 520f.; RYCKMANS, Religions arabes 15, 20, 22; VAN DEN BRANDEN 11. [ ]

In den ṣafatenischen Inschriften kommt außer *'lt,* das von manchen *'Ilat* gelesen wird (RYCKMANS, Noms propres I 3; RYCKMANS, Religions arabes 22), von anderen *'Allât* (DUSSAUD, Arabes 122; GRIMME, Ṣafatenisch-arabische Religion 133 Anm. 1; LITTMANN 29f. 82f., 105f.) auch die Form *hlt* vor, wohl = *Hallāt* (der Artikel lautet im Ṣafatenischen *ha-*) (DUSSAUD et MACLER 457; NÖLDEKE, ERE I 661a; GRIMME, a. a. O. 133). – Ein besonderes Problem der ṣafatenischen Inschriften bildet die Identifizierung der Gottheit *Ruḍā* (= Wohlwollen, Gunst), die auch anderweitig im vorislamischen Arabien bezeugt ist (WELLHAUSEN 58f.; NÖLDEKE, ERE I 662a; MARMARDJI 420; KLINKE-ROSENBERGER 45, 108 Anm. 205; RYCKMANS, Religions arabes 18, 21, 22). WINNETT (MW 30 [1940] 123; vgl. auch ebd. 117, 118) sieht in ihr das ṣafatenische und thamudenische Äquivalent von *al-'Uzzā.* OFFORD (200) identifiziert

Synkretismus arabischer und fremder Religionsformen vorliegt, wie in Palmyra und bei den Nabatäern, ist *al-Lāt* erwähnt [94].

Alle diese Quellen geben aber nur wenig Aufschluß über ihr Wesen. Daher sind auch verschiedene Deutungen möglich. Vielfach sah man in *al-Lāt* die große semitische Muttergöttin [95]; da diese von vielen Autoren mit der Mutter Erde identifiziert wurde [96], würde das auch für die arabische *al-Lāt* gelten, [100] aber dieser Schluß ist kaum je ausdrücklich gezogen worden [97]. Da

---

sie mit dem Venusstern, LANDGON (24) mit *al-Lāt*. Wenn *al-Lāt* und *al-ʿUzzā* nur zwei Erscheinungsformen derselben Gottheit sind (siehe unten Anm. 101), sind diese beiden Deutungen miteinander vereinbar. Tatsächlich leitet auch OFFORD (198) aus HERODOT (I 131) ab, daß die ṣafatenische *Allāt* der Venusplanet gewesen sei. Vgl. auch DUSSAUD, Arabes 123, und unten Anm. 163. – NIELSEN (Handbuch I 229) erklärt *Ruḍā* als einen männlichen Venusgott (vgl. aber unten Anm. 156 und 157). Die meisten Autoren betrachten *Ruḍā* als eine weibliche Form, der die männliche Form *Arṣū* entspricht (DUSSAUD, Arabes 144; LANGDON 24; FÉVRIER 30; LITTMANN 29, 106f.; vgl. unten Anm. 163). LIDZBARSKI (ESE 3 [1909/15] 91f.) sieht in dem bei Herodot erwähnten Götterpaar die Gottheiten *'Ilat* und *Ruḍā*; letzterer wäre ursprünglich eine männliche, später vielleicht eine weibliche Gottheit gewesen. Vgl. dazu auch LITTMANN 107. Zusammenfassend jetzt RINGGREN 182f. [ ]

[94] Siehe SMITH, Religion 56; COOK, ebd. 520; WELLHAUSEN 32, 61; DUSSAUD et MACLER 457–459; DUSSAUD, Arabes 123–127, 130f.; NÖLDEKE, ERE I 661a; DALMAN, Petra 51f.; OFFORD 198f.; LANGDON 56; FÉVRIER 10–16; WINNETT, MW 30 (1940) 116–118, 122; RYCKMANS, Religions arabes 15. [ ]

[95] Vgl. WELLHAUSEN 45. – Als Bestätigung wurde vielfach eine nabatäische Inschrift zitiert, in der *al-Lāt* angeblich als «die Mutter der Götter» bezeichnet wird; siehe WELLHAUSEN 32, 33, 208; SMITH, Kinship 210, 298; SMITH, Religion 56; COOK, ebd. 520; NÖLDEKE, ERE I 661a; DUSSAUD et MACLER 457f.; FÉVRIER 14; HOMMEL, Ethnologie 714f.; LANGDON 17; ANDRAE 14; NOIVILLE 372 note 2. Aber bereits DUSSAUD et MACLER bemerken; «Toutefois la lecture est douteuse» (457 note 4; vgl. auch DUSSAUD, Arabes 126f.; DALMAN, Petra 51), und WINNETT lehnt sie völlig ab: «The reading, ‹Allat, the mother of the gods› in CIS II 185 is without any foundation, as CLERMONT-GANNEAU has pointed out (Rev. [Recueil?] d'arch. or. II. p. 374, n. 3; IV p. 181).» (MW 30 [1940] 118; vgl. auch ebd. 123 note 31; ferner FÉVRIER 14 note 6).

[96] NÖLDEKE, ARW 8 (1905) 161–166; DHORME, ARW 8 (1905) 550–552; COOK in SMITH, Religion 517f., 566f.; NIELSEN, ZDMG 66 (1912) 595f.; NIELSEN, Der dreieinige Gott I 218f., 277f., 323f., 331–333; II/1, 12; FÉVRIER 12f.; vgl. auch GRANQVIST, Birth and Childhood 229 note 53. Bei BRIEM (ARW 24 [1926] 179–184) werden noch weitere Vertreter dieser Ansicht aufgezählt, die sie allerdings zum Teil nur mit Vorbehalt aussprechen (W. W. BAUDISSIN, A. LODS, L. KÖHLER, R. EISLER, H. VINCENT, S. LANGDON, F. STEINLEITER.) Vielfach werden immer wieder dieselben Argumente wiederholt.

[97] Bei den oben Anm. 96 zitierten Autoren finde ich dafür keinen anderen Hinweis als die Angaben von SMITH, wonach das Lebendigbegraben neugeborener Mädchen im vorislamischen Arabien, wenigstens in manchen Fällen, ein Opfer an die unterirdi-

die früheren Auffassungen über die Mutter Erde bei den Semiten nach der Kritik von BRIEM [98] unhaltbar geworden sind (auch für die Nordsemiten), scheidet diese Deutung auch für *al-Lāt* aus. Sie ist vielmehr als eine ursprünglich himmlische Gottheit anzusehen [99]. Meistens wird sie als Sonnengöttin betrachtet [100], von anderen dagegen als ursprünglich identisch mit *al-ʿUzzā,* so daß in diesen beiden Göttinnen nur zwei verschiedene Erscheinungsformen einer einzigen Gestalt zu sehen wären [101]. Neuerdings hat WINNETT die

---

schen Göttinnen gewesen sein soll (SMITH, Religion 370 note 3; SMITH, Kinship 293, 305; vgl. den ganzen Abschnitt über Mädchentötung, ebd. 291–295). Daß *al-Lāt* eine solche unterirdische Gottheit gewesen sei, wird nicht ausdrücklich gesagt, ist aber nach dem Zusammenhang wohl vorausgesetzt. Auch NÖLDEKE rechnet damit, daß diese Praxis ursprünglich «a sacrifice to subterranean deities» gewesen sein könne (ERE I 669b), spricht sich aber nicht näher über diese supponierten Gottheiten aus. ARW 8 (1905) 165f. wird von ihm an Argumenten für die Mutter Erde-Vorstellung aus dem arabischen Bereich nur der Gebrauch des Wortes «Samen» im Doppelsinn angeführt; vgl. dazu BRIEM, ARW 24 (1926) 186. – LANGDON (15) deutet eine Beeinflussung der arabischen *Ilat* durch die babylonische «Erdmutter» im nördlichen Grenzgebiet an; dabei ist aber die babylonische Erdgöttin selbst sehr zweifelhaft, siehe unten Anm. 98.

[98] BRIEM, ARW 24 (1926) 179–195, bes. 185–195. – NIELSEN (Der dreieinige Gott I 277f., 323f.) hebt richtig hervor, daß die Vorstellung der «Mutter Erde» nur bei ackerbautreibenden Völkern, nicht bei den nomadischen Semiten zu Hause ist – so anfechtbar im übrigen seine Theorien auch sein mögen (siehe dazu unten p. 107f.).

[99] FÉVRIER 12–16; während die babylonische *Allatu* die Herrin der Unterwelt ist, hat die arabische *Allāt* (die sich auch in Palmyra findet) urpsrünglich himmlischen Charakter, selbst wenn dieser stellenweise verlorengegangen sein sollte. Vgl. auch DUSSAUD, Arabes 133.

[100] Vgl. WELLHAUSEN 33, 44f.; NÖLDEKE, ERE I 661a. – WINNETT (MW 30 [1940] 124) nennt als Anhänger dieser Ansicht: HOMMEL (Grundriß, p. 149 [= Ethnologie; muß heißen: p. 147), NIELSEN, (Handbuch I, p. 197, 224), BUHL (Enc. of. Islam, s. v. *al-Lāt* [= EI III 20a]) und COOK (in SMITH, Religion 520). Vgl. ferner BUHL-SCHAEDER 76 mit Anm. 198; FÉVRIER 14; AHRENS 5; HITTI 61. WINNETT (MW 30 [1940] 124; RR 4 [1939/40] 282) führt gegen diese Auffassung Belege aus nabatäischen, palmyrenischen und ṣafatenischen Inschriften an, in denen die Sonne als männlich betrachtet wird. Dort handelt es sich aber um ausgesprochene Rand- und Mischgebiete, aus denen man nicht mit Sicherheit Schlüsse für Zentralarabien ziehen kann.

[101] Als Vertreter dieser Ansicht nennt WINNETT (MW 30 [1940] 124): SMITH (Kinship 295) [= ²301)], BARTON (Origins 218), DUSSAUD (Arabes en Syrie 131 (vgl. auch ebd. 123]) und RYCKMANS (Les noms propres I 3). Vgl. auch DUSSAUD et MACLER 458–463; DALMAN, Petra 51; OFFORD 198–200; LANGDON 24f. – In Palmyra wurde *Allāt* vielleicht mit dem Venusstern identifiziert (FÉVRIER 16), aber das kann sekundär sein. – Bemerkenswert ist eine altarabische Schwurformel «bei den beiden *ʿUzzā*», die allerdings verschieden ausgelegt wird; siehe WELLHAUSEN 38 Anm. 3, 244; vgl. unten Anm. 176. [ ]

überraschende, früher noch kaum vertretene Theorie aufgestellt, daß es sich um eine Mondgöttin handle [102]. So wenig diese Auffassung in das herkömmliche Schema paßt, ist sie doch nicht a priori als unmöglich zu betrachten. Es sei aber bemerkt, daß die Darstellungen einer gehörnten Göttin nicht notwendig auf den Mond hinweisen, sondern auch eine Venusgöttin bezeichnen können, da in Babylon die Venusphasen bekannt waren [103]. Die positiven Zeugnisse für die Gleichsetzung von *al-Lāt* mit der Sonne sind schwach [104]. Da man sie andererseits mit *al-ʿUzzā* identifiziert hat, muß die Beantwortung der Frage nach ihrem Charakter zurückgestellt werden, bis über erstere Klarheit gewonnen ist.

Das ganze Problem wird kompliziert durch zwei Umstände: 1. Es ist fraglich, ob die in den literarischen Quellen (vorislamische Dichter, Koran, islamische Autoren) genannte *al-Lāt* identisch ist mit allen Göttinnen, die unter dem Namen *Ilat* oder ähnlichen Namen epigraphisch belegt sind (Ryckmans [Religions arabes 51] sieht in der bei Wellhausen [33] erwähnten zentralarabischen *Ilāhat* eine Sonnengöttin, dagegen in der *Ilat* der nordarabischen Inschriften eine Venussterngöttin. Nach Littmann [106] spricht dagegen manches dafür, daß die ṣafatenische *Allāt* eine Sonnengöttin war). 2. In den altsüdarabischen Hochkulturen gab es eine weibliche, bei den Nordsemiten eine männliche Sonnengottheit. Wo verläuft die Grenze zwischen beiden Auffassungen? Gab es überhaupt eine klare Grenze? Zentral- und Nordarabien könnte auch ein Mischgebiet gewesen sein. Nielsen ist geneigt, den Geltungsbereich der weiblichen Sonnengottheit auf ganz Arabien auszudehnen. (Vgl. Der dreieinige Gott I 322–328; Handbuch I 223; ZDMG 92 [1938] 509–525, bes. 510f., 520f.), einschließlich der nördlichen Randgebiete (Nielsen, MVG 21 (1910) 255–265, im Gegensatz zu Dussaud, Arabes 131; Ryckmans, Noms propres I 3; Ryckmans, Religions arabes 15, 20; van den Branden 11). Dabei gibt er aber zu: diejenigen Namen, die im Süden die solare Göttin als *persönliche* Gottheit (Muttergöttin) charakterisieren, wie z. B. *Ilat*, bezeichnen im Norden die Venusgöttin (Nielsen, Handbuch I 239 Anm. 1).

[102] Winnett, MW 30 (1940) 113–130, bes. 124–127; Winnett, RR 4 (1939/40) 282f. – Vor ihm war sie nur von G. A. Cooke, North Semitic Inscriptions (Oxford 1903), p. 222, vertreten worden (Winnett, MW 30 [1940] 222f.; RR 4 [1939/40] 282). – Allerdings hatte auch Krehl (43–45) die *Alilat* bei Herodot als eine Mondgöttin erklärt; aber die Belege, worauf er sich dabei stützt, können nicht mehr als stichhaltig betrachtet werden. – Über eine Mondgöttin in Ras Šamra siehe Dussaud, Ras Shamra ²141–144; vgl. auch ebd. 156f.; Dhorme, Hébreux nomades 72f. (vgl. den Kontext 69–74). [ ]

[103] Offord 197–203; vgl. auch Baudissin, Adonis und Esmun 19; Dussaud, Mythologie syrienne 6–8; Dalman, Petra 51 (über den sekundären Charakter der Beziehung zum Mond).

[104] Vgl. die Erörterung der Belege unten Anm. 179.

[101] *γ) al-ʿUzzā*

αα) Identität mit dem Venusstern?

Mit dieser Göttin haben sich die Religionshistoriker besonders ausführlich befaßt [105], da über sie ein sehr reiches, aber disparates Material vorliegt. Vielfach wird sie in der religionsgeschichtlichen Literatur einfachhin mit dem Venusstern identifiziert [106]. Diese Gleichsetzung ist zweifellos für einige Gebiete im Norden der arabischen Halbinsel berechtigt [107]; die Frage ist aber, ob es sich dabei nicht um eine sekundäre Erscheinung handelt. Die *ursprüngliche* Identität von *al-ʿUzzā* und Venusstern darf jedenfalls nicht ohne weiteres vorausgesetzt werden, sondern bleibt fraglich, solange die Quellen nicht näher geprüft sind.

Der Name *al-ʿUzzā* kann keinen Aufschluß geben; er scheint eher ein Beiname zu sein, denn er bedeutet «die Mächtigste» oder «die Erhabenste» (Femininform des Superlativs *aʿazz* zum Positiv *ʿazīz;* beides wird im Islam als Beiname Allahs gebraucht) [108].

Der Kult dieser Göttin ist bezeugt für verschiedene Orte im Ḥeǧāz, so in der Nähe von Mekka [109] und bei den Ġatafān in der Gegend von Taimāʾ [110], ferner für Stämme in den an Mesopotamien und Syrien angrenzenden Gebieten [111]. Auch für den Yemen ist ihre Verehrung epigraphisch nachgewiesen;

---

[105] Allgemeines über *al-ʿUzzā:* Osiander 484–491; Krehl 75–80; Lenormant 143f.; Wellhausen 34–45 (bes. 40–45), 48, 115, 119; Nöldeke, ZDMG 41 (1887) 710f.; Nöldeke, ERE I 660b; Smith, Kinship 300–306; Smith, Religion 57 (note 3 zu p. 56), 185, 210, 466; Cook, ebd. 521; Lagrange 134f., 138; Buhl-Schaeder 76; Buhl, Art. *al-ʿUzzā.* EI IV (1934) 1157b–1158b; Dérenbourg, PELOV V/5, 31–40; M. Hartmann, RHR 52 (1905) 173–175; Langdon 24f.; Février 19f.; Marmardji 402–406; Klinke-Rosenberger 38–43, 94–104 Anm. 131–185; Nielsen, ZDMG 92 (1938) 522; Winnett, MW 30 (1940) 113–117, 118–120, 122f., 124, 127–129; Winnett, RR 4 (1939/40) 282, 285; Andrae 14; Ahrens 5; Ryckmans, Religions arabes 15, 20; Guidi 131. [ ]

[106] Nöldeke, ZDMG 41 (1887) 710; Nöldeke, ERE I 660b; Dérenbourg, PELOV V/5, 37f.; Cumont, RHR 64 (1911) 147; Winnett, RR 4 (1939/40) 282; Winnett, MW 30 (1940) 122f.; vgl. auch ebd. 127–129; Merrill, MW 41 (1951) 95; Andrae 14; Ahrens 5; Guidi 131.

[107] Siehe die Einzelbelege unten Anm. 114–123.

[108] Siehe Wellhausen 45; Nöldeke, ERE I 660b; M. Hartmann, RHR 52 (1905) 174; Dussaud et Macler 463; Dérenbourg, PELOV V/5, 33; Ahrens 5; Klinke-Rosenberger 94f. Anm. 131 und die dort angeführten Belege.

[109] Wellhausen 34–39; Klinke-Rosenberger 38–43, 94–104 passim.

[110] Buhl, EI IV (1934) 1157b (Art. *al-ʿUzzā*).

[111] Siehe die Einzelbelege unten Anm. 114–123.

es handelt sich aber um späte Beeinflussung von Nordarabien aus [112]. Die südarabische Hochkultur besaß eine männliche Venusgottheit, *'Aṯtar* [113]; wo *al-'Uzzā* im Bereich der gleichen Kulturen ebenfalls verehrt wird, ist sie ohne Beziehung zu diesem Gestirn [113a]. Überhaupt wird in keiner arabischen Quelle die *'Uzzā* ausdrücklich mit dem Venusstern identifiziert. Zum Beweis dieser Gleichsetzung zieht man außerarabische (griechische, lateinische, syrische) Schriftsteller heran [114]. Bevor aber deren Angaben zur Kombination mit den Aussagen der arabischen Quellen herangezogen werden können, ist ihr Inhalt und ihre Tragweite zunächst genauer zu untersuchen.

Zunächst sprechen einige Belege in allgemeinerer Weise vom Kultus des Morgensterns bei den Arabern; dabei läßt es die Ausdrucksweise oft im unklaren, ob dieser als eine männliche oder weibliche Gottheit betrachtet [102] wurde [115]. Ein solcher Kult ist im 4. Jahrh. n. Chr. bezeugt für Elusa, an der Südgrenze von Palästina [116], ferner für arabische Stämme, die in die

---

[112] DÉRENBOURG, PELOV V/5, 31–40; DÉRENBOURG, CRAIBL 1905/1, 235–242; DUSSAUD, Arabes 132; COOK in SMITH, Religion 521; NIELSEN, Der dreieinige Gott I 318; NIELSEN, Handbuch I 236; WINNETT, MW 30 (1940) 114f., 116, 127; KLINKE-ROSENBERGER 94 Anm. 131; JAMME, LM 60 (1947) 106f. [ ]

[113] Vgl. HENNINGER, Anth 37/40 (1942/45) 802f.; dazu jetzt noch: JAMME, LM 60 (1947) 85–100; RYCKMANS, Religions arabes 41f. [ ]

[113a] Nach RYCKMANS (Noms propres I 26; Religions arabes 44) und JAMME (LM 60 [1947] 106f.) ist die in Südarabien bezeugte *'Uzzay*, *'Uzzayan* (die Endung *-n* ist im Südarabischen Artikel), obwohl der Name formal genau dem nordarabischen *al-'Uzzā* entspricht, die Sonnengöttin. (Das Zitat bei WINNETT [MW 30 (1940) 123 note 33] könnte den Eindruck erwecken, diese Aussage beanspruche Gültigkeit für ganz Arabien, was bei RYCKMANS offenbar nicht gemeint ist). Frau Prof. M. HÖFNER vermutet sogar, daß zwischen der nord- und südarabischen *'Uzzā* nur eine Namensgleichheit bestehe, daß also nicht die Übertragung einer individuellen Gottheit stattgefunden habe. (Brief vom 17.5.1953.) [ ]

[114] Siehe WELLHAUSEN 40–44; BLOCHET 5–19; MONTET, RHR 53 (1906) 154; CUMONT, RHR 64 (1911) 146f.; EICHNER 234–241; NOIVILLE 369–376 (daselbst weitere bibliographische Angaben).

[115] Bei griechischen Autoren finden sich die maskulinen Ausdrücke Ἑωσφόρος, Φωσφόρος, Ἑῷος; seit dem 4. Jahrh. v. Chr. war auch die Bezeichnung ὁ τῆς Ἀφροδίτης ἀστήρ bekannt, später einfach Ἀφροδίτη; siehe GUNDEL 2032; HARTNER, EI IV (1934) 1340b (Art. *Zuhara*); ebenso gebrauchen die Lateiner nebeneinander Venus und Lucifer (Beispiele siehe im folgenden). – Wenn LANGDON (15) schreibt, die griechische Aphrodite werde niemals mit dem Planeten Venus identifiziert, so ist das ein Irrtum. Vgl. zum Ganzen auch Heussi 152 Anm. 1 (mit Fortsetzung auf p. 153).

[116] Ein alljährliches Fest der «Aphrodite» in Elusa wird erwähnt von EPIPHANIUS und HIERONYMUS; letzterer schreibt in seiner Vita S. Hilarionis: «(Hilarion)... pervenit Elusam, eo forte die, quo anniversaria solemnitas omnem oppidi populum in templum Veneris congregaverat. Colunt autem illum ob Luciferum, cuius cultui Sarace-

Stadt Bēth-Ḥūr in Mesopotamien einfielen, also wohl Beduinen der Syrischen Wüste, im 5. Jahrh. Hier wird die Morgensterngottheit (von dem syrischen Schriftsteller ISAAK VON ANTIOCHIEN) bald *Beltis* (= die Herrin), bald *Kaukabtā* (= die Sternin), einmal aber auch ausdrücklich *'Uzzā* genannt [117]. Aus dem 6. Jahrh. berichtet PROKOPIUS VON CÄSAREA über Menschenopfer der Laḫmiden-Könige von Ḥīra an die «Aphrodite» [118]. Hierher gehört auch der sogenannte NILUS-Bericht, nach dessen Angabe die Beduinen der Sinaihalbinsel als einzige Gottheit den Morgenstern verehrten (ἄστρῳ δὲ τῷ πρωϊνῷ προσκυνοῦντες) und ihm das Beste von der Beute opferten [119]. Die Echtheit und Glaubwürdigkeit dieses Berichtes ist aber stark in Zweifel gezogen worden, und aller Wahrscheinlichkeit nach haben wir es hier nicht mit einer Quelle von Eigenwert zu tun, sondern mit einer romanhaften Erzählung [120]; soweit die darin enthaltenen Milieuschilderungen richtig sind, finden sie sich auch anderweitig in der griechischen und syrischen Literatur, und soweit sie darüber hinausgehen, sind sie unzuverlässig. Daher wird im folgenden von der Benutzung dieser Quelle ganz abgesehen. – Nach EPHREM

---

norum natio dedita est...» (MPL 23, col. 41, no. 25). Zur Deutung dieser Zeugnisse siehe LENORMANT 136 note 1; WELLHAUSEN 42, 44, 48; SMITH, Kinship 300–302; SMITH, Religion 57 (note 3 zu p. 56); CUMONT, RHR 64 (1911) 147f.; HEUSSI 145 Anm. 2, 152 Anm. 1; NOIVILLE 369, 374; WINNETT, MW 30 (1940) 122f.; EICHNER 237. – Ob die in Elusa verehrte «Aphrodite» dort als *al-'Uzzā* bezeichnet wurde, ist zweifelhaft (siehe SMITH, Religion 57 [note 3 zu p. 56]). Manche leiten den Namen Elusa von *al-'Uzzā* ab (so CUMONT, RHR 64 [1911] 148: «peut-être»: WINNETT, MW 30 [1940] 122), andere dagegen von Chalasa (vgl. dazu WELLHAUSEN 48; SMITH, Kinship 301). Worauf sich die Annahme von WINNETT (MW 30 [1940] 122f.) stützt, *al-'Uzzā* sei dort als Abendstern verehrt worden, ist nicht ersichtlich. – NOIVILLE (369f.) sucht auch das alle vier Jahre gefeierte Fest von Phoinikōn (nach der gewöhnlichen Ansicht = Ailat am Golf von 'Aqaba), von dem STRABO und DIODOR berichten (gestützt auf ARTEMIDOR VON EPHESUS, vgl. NÖLDEKE, ERE I 668b; LAGRANGE 296, 301; HOMMEL, Ethnologie 627; FÉVRIER 28; DEVREESSE 212 note 1) als ein Fest des Venusplaneten zu deuten, muß aber zu diesem Zweck eine ganze Reihe unbewiesener Annahmen machen.

[117] Vgl. WELLHAUSEN 40f., 43; NÖLDEKE, ERE I 660b; NOIVILLE 370; BUHL, EI IV (1934) 1158a–b (Art. *al-'Uzzā*). Sonst kommt der Name *'Uzzā* nur noch einmal bei einem syrischen Autor vor; siehe WELLHAUSEN 40; vgl. auch NÖLDEKE, ZDMG 41 (1887) 710.

[118] Siehe WELLHAUSEN 40, 43f. Vgl. auch ebd. 42 den Bericht des EVAGRIUS über das goldene Bild der «Venus» im Besitz des Phylarchen Naamanes (= Nu'mān III. von Ḥīra; siehe CHARLES 60).

[119] MPG 79, col. 611–614; siehe WELLHAUSEN 42f.

[120] Der ausführliche Nachweis findet sich in einem bereits druckfertigen Manuskript, das Anfang 1955 im Anthropos veröffentlicht werden wird; siehe einstweilen; HEUSSI 117–159; DEVREESSE 218–222. [ ]

dem Syrer verehrten die Ismaeliten die *Kaukabtā* [121]; ebenso berichtet auch Theodoret in seiner Biographie des Simeon Stylites über einen orgiastischen Kult der Aphrodite bei den Ismaeliten [122]. Hier sind aber mit «Ismaeliten» sicher nur die Beduinen der syrisch-nordarabischen Wüste gemeint. Alle bisherigen Belege sprechen also nur von *Randgebieten im Norden* und sagen über das übrige Arabien nichts aus. «Es ist aus alledem klar, daß trotz der Orgien, die nach Theodoret ihr zu Ehren gefeiert sein sollen, die Uzza mit der Venus nicht darum gleichgesetzt wird, weil sie die Göttin der Liebe war, sondern darum, weil der Venusstern ihr heilig war: colunt illam ob Luciferum. Für ganz Arabien läßt sich allerdings diese Beziehung nicht nachweisen, sondern nur für die palästinisch-syrische Grenzgegend. Im Higaz [Ḥeğāz] und im Nagd [Neğd] merkt man nichts davon; in der alten Poesie wird der Morgenstern gelegentlich als Maskulinum be- [103] handelt wie bei den Hebräern. Es ist also denkbar, daß die Araber die Kombination ihrer Göttin mit dem Planeten erst in dem Grenzlande unter fremdem Einfluß vollzogen haben ... [123].»

Man hat nun aber, gestützt auf weitere Angaben byzantinischer Schriftsteller, auch für das übrige Arabien den Kultus der Aphrodite = *ʿUzzā* nachzuweisen gesucht, ja, diesen sogar mit Mekka und mit dem schwarzen Stein der Kaʿba in Verbindung gebracht [124]. Eine Untersuchung dieser Berichte erweist sich daher nun als notwendig.

Grundlegend für diese ganze Literatur ist die Angabe von Johannes von Damaskus (gest. etwa 750) [125] in seinem Traktat über die Häresien, wo

---

[121] Siehe Wellhausen 41f.; Nöldeke, ERE I 660b; Noiville 370.

[122] Wellhausen 42, 44. – Allgemeine Aussagen über Morgensternkult bei den Arabern haben auch Origenes, Contra Celsum V 34, 37, 38 (MPG 11, col. 1233, 1237, 1240; wird u. a. erwähnt bei Baudissin, Eulogius und Alvar 212) und Hieronymus, In Amos c. 5, 26 (MPL 25, col. 1055; siehe Lenormant 136; Baudissin, Eulogius und Alvar 212; Smith, Religion 57 [note 3 zu p. 56]; Nielsen, Handbuch I 203; Noiville 369).

[123] Wellhausen 44.

[124] Siehe u. a. Lenormant 111–340, bes. 126–138, 145f.; Blochet 5–19; Cumont, RHR 64 (1911) 147f.; Noiville 369–376; weitere Literatur siehe bei Noiville 369 note 1. Vgl. auch Osiander 498: «Bedenken wir, mit welcher Einstimmigkeit die christlichen Schriftsteller von der Verehrung der Venus in Arabien sprechen, so können wir nach den schon gemachten Deutungsversuchen auch die Vermutung nicht unterdrücken, daß eine von diesen drei Göttinnen des Qur'ân die Venus darstelle. Jedoch die vorhandenen Spuren weisen, wie ausgeführt, auf andere Deutungen hin.» (Siehe oben Anm. 84.) [ ]

[125] Text seiner Werke: MPG 94–96. Vgl. Krumbacher ¹171–174; ²68–71; Becker I 434–438, 442f., 447; Henninger, NZM 9 (1953) 166f. [ ]

er sagt: Οὗτοι μὲν οὖν εἰδωλολατρήσαντες καὶ προσκυνήσαντες τῷ ἑωσφόρῳ ἄστρῳ καὶ τῇ 'Αφροδίτῃ, ἣν δὴ καὶ Χαβὰρ τῇ ἑαυτῶν ἐπωνόμασαν γλώσσῃ ὅπερ σημαίνει μεγάλη. «Diese (sc. die Sarazenen) waren Götzendiener und verehrten den Morgenstern und die Aphrodite, die in ihrer Sprache Chabar, d. h. die Große, genannt wird.» Er fährt dann fort, indem er berichtet, daß sie bis zur Zeit des Kaisers Heraklius öffentlich Götzendienst trieben, und daß dann der Pseudoprophet Mohammed bei ihnen auftrat [126]. An einer anderen Stelle verteidigt er sich gegen den Vorwurf der Muslime, die in der Kreuzverehrung der Christen Götzendienst sehen wollen, mit einem Hinweis auf die Verehrung des schwarzen Steines in der Kaʿba, und sagt dann wörtlich: Οὗτος δὲ ὃν φασὶ λίθον κεφαλὴ τῆς 'Αφροδίτης ἐστίν, ἣν προσεκύνουν, ἣν Χαβὲρ προσηγόρευον, ἐφ' ὃν καὶ μεχρὶ νῦν ἐγγλυφίδος ἀποσκίασμα τοῖς ἀκριβῶς κατανοοῦσι φαίνεται. «Dieser Stein, von dem sie sprechen, ist das Haupt der Aphrodite, die sie verehrten, die sie Chaber nannten; und noch jetzt ist bei genauem Hinschauen dort die Spur eines ausgehauenen Bildes zu sehen [127].»

Mit diesen beiden Texten hängt unverkennbar zusammen die in der byzantinischen Kirche gebräuchliche Abschwörungsformel für Muslime, die zum Christentum übertraten [128]; die Stellen, auf die es hier ankommt, lauten in der Übersetzung von MONTET: «J'anathématise les adorateurs de l'étoile du matin, c'est-à-dire Lucifer et Aphrodite, qu'on appelle dans la langue des Arabes Khabar, c'est-à-dire grande ...» ('Αναθεματίζω τοὺς προσκυνοῦντας τῷ πρωϊνῷ ἄστρῳ ἤγουν τῷ 'Εωσφόρῳ καὶ τῇ 'Αφροδίτῃ, ἣν κατὰ τὴν 'Αράβων γλῶσσαν Χαβὰρ ὀνομάζουσι, τούτεστι μεγάλην) [129]. – Ferner: «J'anathématise cette maison de prière elle-même de Mekké, dans laquelle on dit y avoir au milieu une grande pierre ayant un relief d'Aphrodite» ('Αναθεματίζω καὶ αὐτὸν τὸν εἰς τὸ Μέκκε οἶκον τῆς εὐχῆς, ἐν ᾧ φασὶ κεῖσθαι μέσον λίθον μέγαν ἐκτύπωμα τῆς 'Αφροδίτης ἔχοντα) [130].

Wenn die Abschwörungsformel nicht, wie MONTET annahm, erst im 9. Jahrh. verfaßt ist [131], sondern, wie CUMONT sehr wahrscheinlich gemacht hat, in ihren Grundzügen bereits der zweiten Hälfte des 7. Jahrh. entstammt [132], kann sie nicht von JOHANNES DAMASZENUS beeinflußt sein, der

---

126 MPG 94, col. 764. – Text abgedruckt bei CUMONT, RHR 64 (1911) 147.

127 MPG 94, col. 769. – Text abgedruckt bei CUMONT, RHR 64 (1911) 147 (dort aber irrtümlich: col. 770).

128 MONTET, RHR 53 (1906) 145–163; vgl. auch LENORMANT 129f., 135; NOIVILLE 370f., 373; unten Anm. 132 und 133.

129 MONTET, RHR 53 (1906) 154.

130 MONTET, RHR 53 (1906) 153.

131 MONTET, RHR 53 (1906) 146f.

132 CUMONT, RHR 64 (1911) 143–146, 149f.

erst gegen Ende des 7. Jahrh. geboren ist, sondern hat entweder ihm als Quelle gedient, oder beide Texte gehen auf eine gemeinsame Quelle [104] zurück [133]. Was sich an gleichartigen Aussagen bei byzantinischen Schriftstellern des 9. bis 13. Jahrh. findet, hat keinen selbständigen Quellenwert [134] und kann daher bei der weiteren Untersuchung ausscheiden; entscheidend ist die Frage, über welche Kenntnis des Kultes der Ka'ba der unbekannte Autor aus dem 7. Jahrh. verfügte, der als die eigentliche Quelle aller dieser Angaben angesehen werden muß.

Diese Frage ist aber wieder in Teilfragen zu zerlegen: 1. Woher kommt der Name Χαβάρ? 2. Welche Gottheit wurde damit bezeichnet? 3. Galt der schwarze Stein als das Idol dieser Gottheit?

ad 1: Man ist sich im allgemeinen darüber einig, daß das Wort mit dem arabischen *kabīr,* groß, zusammenhängt [135]. Es ist daher behauptet worden, *al-Kabīra,* die Große, oder *al-Kubrā,* die Größte, sei ein Beiname der *'Uzzā*

---

133 Siehe die Gründe für diese zweite Annahme: Cumont, RHR 64 (1911) 144–146. – Zugunsten der Annahme einer gemeinsamen älteren Vorlage spricht auch noch folgender Umstand: Nach der Abschwörungsformel erhält man den Eindruck, der Aphroditekult werde im Islam ganz so wie vorher fortgesetzt; Johannes von Damaskus unterscheidet dagegen sorgfältiger zwischen dem vorislamischen und dem islamischen Kultus; auf Grund seiner detaillierteren Kenntnisse konnte er die gemeinsame Vorlage exakter interpretieren als der Verfasser der Abschwörungsformel.

134 Noiville (370) hat die Situation im wesentlichen richtig skizziert: «Mais le texte le plus typique – car il est officiel et a servi de source à une dizaine d'écrivains byzantins et, en particulier, aux scoliastes que nous avons cités plus haut – est le rituel en usage dans l'Eglise orientale pour la conversion des musulmans...» Es handelt sich vor allem um folgende Autoren: Georgios Monachos (genannt Hamartolos, gest. etwa 867; siehe Krumbacher ¹128–133; ²352–358); Niketas Byzantinus (9. Jahrh.; siehe Krumbacher ²79; Eichner 134); Kaiser Leon VI., der Weise (gest. 911; siehe Krumbacher ¹349–351; ²721); Euthymios Zigabenos (gest. nach 1118; siehe Krumbacher ¹192f.; ²82–85); Michael Akominatos (gest. um 1220; siehe Krumbacher ¹194–196; ²468–470; Bartholomaios von Edessa (nach Eichner [134] 13. Jahrh., nach Krumbacher [²78] gilt er als Zeitgenosse des Photios [9. Jahrh.]; nach E. Mangenot, DTC II [Paris 1905] col. 435, Art. Barthélémy d'Edesse, läßt sich seine Zeit nicht sicher bestimmen). Vgl. zum ganzen Eichner, passim, bes. 133f., 234–241. – Wenn im lateinischen mittelalterlichen Schrifttum der Name *Cobar* (= *Kubrā*) vorkommt (siehe Baudissin, Eulogius und Alvar 211), so hat das natürlich erst recht keinen selbständigen Quellenwert.

135 Montet, RHR 53 (1906) 163 note 65; Noiville 371 note 1; Eichner 238. Auch die Texte selbst sagen das; siehe oben p. 103. – Die Lesart Χαμάρ (= *Qamar,* Mond) scheint nicht richtig zu sein. (Montet, RHR 53 [1906] 163 note 65). Auch bei anderen byzantinischen Autoren werden diese beiden Worte miteinander vertauscht (siehe Blochet 5f.) – Über die Gleichsetzung des Wortes Χαβάρ mit Ka'ba vgl. unten Anm. 143.

gewesen [136]. Manche Autoren haben sogar in der Form Χαβάρ, die eher an die Maskulinform *kabīr* (bzw. *al-akbar,* der Größte), erinnert [137], einen Beweis dafür sehen wollen, daß die in Arabien verehrte Venusgottheit männlich war und nur durch einen Irrtum der byzantinischen Autoren zu einer Göttin gemacht wurde [138].

Nun gibt es aber aus arabischen Quellen keinen Beleg dafür, daß ein solcher Beiname der *ʿUzzā* wirklich gebräuchlich war [139]. Die Vermutung ist daher nicht von der Hand zu weisen, daß hier ein Mißverständnis der islamischen Doxologie *Allāh(u) akbar(u),* Gott ist der Größte, vorliegt. Bei einem byzantinischen Autor des 9. Jahrh. wird tatsächlich diese Formel transkribiert Ἀλλᾶ, Οὐά, Κουβάρ und dann so erklärt, daß von den Muslimen neben Allah noch eine Göttin *Kubar* anerkannt werde; diese wird als σελήνη καὶ Ἀφροδίτη bezeichnet [140]. Sehen wir davon ab, daß hier diese Göttin auch

---

[136] Siehe Baudissin, Eulogius und Alvar 211–213 (Beilage IV). Vgl. auch unten Anm. 139.

[137] Die Lesart Χαβέρ stände der Form *kabīr* noch näher; siehe oben p. 103.

[138] Siehe Noiville 372f.

[139] Cumont bringt allerdings folgenden Beleg (Syria 8 [1927] 368): In einer Isislitanei aus dem 1. Jahrh. n. Chr. wird Isis mit verschiedenen ausländischen Gottheiten gleichgesetzt. «En Phénicie elle est Astarté, à Hiérapolis Atargatis, à Suse Nanaïa, en Perse Anaïtis. On l'appelle aussi ἐν τῇ Ἀραβίᾳ μεγάλην θεάν.» Diese «große Göttin» ist aber nach den oben zitierten byzantinischen Texten des 7. und 8. Jahrh. = *al-ʿUzzā;* außerdem wurde auch Isis manchmal mit dem Venusstern gleichgesetzt. – Damit scheint die Beweiskette geschlossen zu sein; man muß sich aber fragen, wie weit die Arabienkenntnisse des griechisch-ägyptischen Verfassers dieser Isislitanei aus dem 1. Jahrhundert reichten. Es ist sehr wahrscheinlich, daß sie nur die nördlichen Randgebiete umfaßten. Dementsprechend formuliert Cumont auch seine Schlußfolgerung vorsichtig: «Tout concorde donc à faire admettre que déjà au début de notre ère les habitants de l'Arabie ou les nomades du désert syrien vénéraient la planète Vénus sous le nom de Kabîr, ‹la Grande›.» Damit haben wir aber wieder nur eine Schlußfolgerung, die für die nördlichen Randgebiete gilt. Auch aus den Belegen, wie sie z. B. Baudissin (oben Anm. 136) zitiert, geht nur soviel hervor, daß eine mit der syrischen *ʿAstarte* gleichzusetzende Göttin «die Große» genannt wurde.

[140] Siehe Mordtmann, ZDMG 31 (1877) 566–568. – Eichner (238f.) bringt die gleiche Erklärung, aber ohne Mordtmann zu erwähnen. Baudissin (Eulogius und Alvar 212) bringt ebenfalls diesen Text, will darin aber nur einen Anlaß sehen, der die byzantinischen Autoren an die schon anderweitig bekannte *Kubrā* erinnerte. – Die Antikritik von Rösch (ZDMG 38 [1884] 649f.; siehe auch Lenormant 132–136, 145f.; Noiville 371 note 1) reicht m. E. nicht aus, die These von Mordtmann zu widerlegen. Rösch stützt sich auf das Vorkommen von Χαβαρᾶ bei dem vorislamischen Kosmas Indikopleustes; tatsächlich hat aber erst der Scholiast statt Χαμαρᾶ (= *Qamar,* Mond) Χαβαρᾶ in dessen Text hineinkorrigiert. Übrigens wäre auch nach der Auffassung von Rösch (650) die Gleichsetzung einer arabischen Göttin mit einer aus-

noch mit dem [105] Mond identifiziert wird, so liegt die gleiche Auffassung offenbar der Abschwörungsformel zugrunde (siehe oben p. 103), denn auch dort wird der Kult «der Aphrodite und des Morgensterns» nicht als eine durch den Islam überwundene und verpönte Religionsform, sondern als Bestandteil des Islams angesehen, von dem der zum Christentum Bekehrte sich lossagen muß. Unter diesen Umständen ist es zum mindesten sehr zweifelhaft, ob man aus dem Namen Χαβάρ irgendwelche Schlüsse ziehen darf, denn es spricht sehr vieles dafür, daß dieser Angabe ein Mißverständnis zugrundeliegt.

ad 2: Die byzantinischen Autoren stellen «Aphrodite und den Morgenstern» immer nebeneinander, was verständlich ist, da der Morgenstern hier im Griechischen mit maskulinischen Ausdrücken bezeichnet wird [141]. Offenbar liegen aber auch hier Verwechslungen und Unklarheiten vor. Bei dem Versuch, diese zu beseitigen, ist man oft davon ausgegangen, daß *al-ʿUzzā* mit dem Venusstern identisch sei [142]. Dies ist aber nur für die nördlichen Randgebiete nachgewiesen (siehe oben p. 102f.) und darf nicht ohne weiteres auf Mekka übertragen werden. Es spricht manches dafür, daß die byzantinischen Autoren Verhältnisse der nördlichen Randgebiete, die ihnen am besten bekannt waren, mit vagen Nachrichten über den Kult in Mekka kombiniert haben (siehe unten); bevor dies näher gezeigt werden kann, muß aber noch die dritte Frage beantwortet werden.

ad 3: Daß der schwarze Stein bei den byzantinischen Autoren als Idol, Haupt der Aphrodite usw. bezeichnet wird, ergibt sich klar aus dem Text [143], dagegen fehlt hier wieder jede Bestätigung aus anderweitigen Quellen – wenigstens für Mekka selbst. Dagegen läßt sich aus einem Bericht von

---

ländischen «Großen Göttin» das Ergebnis einer auf engere Kreise von Priestern und Gelehrten beschränkten Spekulation. Lenormant (337f.) betrachtet sogar den ganzen Kult der Kaʿba, wie er ihn rekonstruiert, als etwas Unarabisches, aus Syrien oder Phönizien Importiertes.

[141] Anderswo kommt es allerdings auch vor, daß der Morgenstern geradezu Ἀφροδίτη genannt oder daß diese Benennung vorausgesetzt wird, so im sog. Nilus-Bericht (MPG 79, 684 A; vgl. dazu Heussi 152 Anm. 1); siehe auch oben Anm. 115. [ ]

[142] Vgl. oben Anm. 106.

[143] Manche Autoren sehen in Χαβάρ einfach eine etwas entstellte Wiedergabe von Kaʿba (so Blochet 5–8; Eichner 238 Anm. 1; Blochet sieht darin den Namen einer Göttin und betrachtet die Bedeutung «Würfel als sekundär). Dann müßte man aber zunächst annehmen, daß die Übersetzung durch «groß», mit der deutlichen Erinnerung an *kabīr* oder eine davon abgeleitete Form, ein Irrtum ist. Noch mehr fällt aber m. E. ins Gewicht, daß für Kaʿba andere Formen der Wiedergabe vorliegen, und zwar vielfach bei denselben Autoren, die Χαβάρ = die Große, als Bezeichnung der Göttin haben, so Χαβαθά(ν), Χαβοθά, Βαχθά, Βραχθά(ν), Γαβαθά(ν); siehe Eichner 235f., 238, 240.

EPIPHANIUS (4. Jahrh.) ableiten, daß in Petra dem Gott Dusares (= arabisch *Ḏū'š-Šarā*) die Geburt aus einem Stein (Χααβοῦ = Ka'ba) zugeschrieben wurde, und daß dieser Stein mit seiner göttlichen Mutter identisch ist [144]. «Wenn also JOHANNES den Bericht des EPIPHANIUS kannte – und das dürfen wir mit Bestimmtheit annehmen –, so fand er hier die Verbindung von Aphrodite und Steinkult, die er nur von Petra auf Mekka zu übertragen brauchte; so ist für ihn der Stein in Mekka das Haupt der Aphrodite [145].»

Die Hypothese, daß JOHANNES VON DAMASKUS (oder der unbekannte Autor der Abschwörungsformel aus dem 7. Jahrh.) Rückschlüsse aus den Randgebieten auf Mekka gemacht hat, wird noch bedeutend verstärkt durch die Indizien, die MERRILL zusammenstellt: «It is said that till the time of Heraclius (610–641) these people ‹served idols openly› and ‹worshipped the morning star and Aphrodite›. Paganism was outlawed by Theodosius I (390). People who still practised pagan rites openly must have lived outside the empire, as indeed the Arabs south of the border did. That these Arabs worshipped idols is correct, as is the worship of the morning star, i. e., of al-Uzza [106] ([Sura] 53: 19, 20) [146] ... One wonders at the mention of ‹the morning star and Aphrodite›. The morning star was Venus-Aphrodite. In another place our author says that the Stone of Abraham at Mecca bears a likeness of Aphrodite. There was once at al-Hirah in Iraq an image of gold of Venus, which was worshipped by the Arabs, and was destroyed when their king accepted Christianity [147]. Many Arab tribesmen who worshipped Venus were converted to Christianity under the preaching of St. Simeon Stylites, whose pillar was not far from Antioch [148]. Does the author have in mind a star-worship, and also a goddess-worship once prevalent among the Arabs of Syria? [149].»

In der Tat ist es frappierend, daß für alle Einzelheiten dieser ältesten byzantinischen Berichte über Mekka Belege aus den *nördlichen Randgebieten*

---

[144] Vgl. LENORMANT 121f.; MORDTMANN, ZDMG 29 (1875) 99–106; RÖSCH, ZDMG 38 (1884) 643–654; WELLHAUSEN 49f., 244; DALMAN, Petra 51; SMITH, Kinship 210f., 298f.; SMITH, Religion 56 note 3; COOK ebd. 520f. (daselbst weitere Literaturangaben); DUSSAUD, Arabes 127; CUMONT, RHR 64 (1911) 148; LANGDON 16–18; EICHNER 239; WINNETT, MW 30 (1940) 123 note 31; NOIVILLE 365–368, 376, 380–384 (der größte Teil der diesbezüglichen Ausführungen von NOIVILLE sind allerdings, um seine eigenen Worte [380] zu gebrauchen, «des hypothèses séduisantes, mais fragiles»). [ ]

[145] EICHNER 239.

[146] Die Identität von Morgenstern und *al-'Uzzā* steht aber für Zentralarabien gerade noch in Frage.

[147] Vgl. oben Anm. 118.

[148] Vgl. oben Anm. 122.

[149] MERRILL, MW 41 (1951) 94f.

vorhanden sind. Es ist daher höchst wahrscheinlich, daß die Autoren die dürftigen Nachrichten über Mekka und die Verehrung des schwarzen Steines im Lichte der ihnen besser bekannten benachbarten Kulte interpretierten, ausgehend von der stillschweigenden Voraussetzung einer mehr oder weniger einheitlichen arabischen Religion. Man darf sich darüber um so weniger wundern, als ja auch noch in neuester Zeit bei der Deutung der *'Uzzā*-Gestalt ähnlich vorgegangen wurde, und braucht nicht einmal die oft phantastischen Fabeln über Mohammed und den Islam zum Vergleich heranzuziehen, wie sie sich bei den späteren Byzantinern und erst recht im abendländischen Mittelalter finden [150].

Das Ergebnis der bisherigen Untersuchung ist also, daß die außerarabischen Quellen nur über die nördlichen Randgebiete etwas Sicheres aussagen. In der nordarabisch-syrischen Wüste, und ebenso bei denjenigen Seßhaften arabischer Herkunft im Grenzgebiet, deren Religion zahlreiche nichtarabische Elemente aufgenommen hatte, wurde *al-'Uzzā* mit dem Morgenstern gleichgesetzt. Damit ist aber nicht bewiesen, daß diese Identifizierung auch für Zentral- und Westarabien galt. Was WELLHAUSEN 1897 formuliert hatte (siehe oben p. 102f.), wird auch noch 1934 von BUHL wiederholt: «Aber es fragt sich allerdings, ob wir damit die echt arabische Auffassung von ihr *(al-'Uzzā)* erreicht haben, und ob nicht ein in den Grenzländern entstandener Synkretismus vorliege ...», und das Endergebnis ist: «... so daß die echt arabische Bedeutung der *'Uzzā* offenbleibt [151].»

Bestehen keinerlei sonstige Möglichkeiten, das ursprüngliche Wesen von *al-'Uzzā* (und *al-Lāt*) zu bestimmen? Ganz allgemein gesprochen, sind noch zwei solche Möglichkeiten denkbar: Heranziehung von Quellen über Arabien, die bisher noch nicht ausgewertet worden sind, und Vergleichung mit den übrigen semitischen Völkern.

Auf die erste Arbeitsweise hat sich NOIVILLE verlegt (allerdings mit einer bedeutsamen Differenz, s. unten p. 107). Er sucht aus den Berichten der Keilschriftliteratur über die Feldzüge der assyrischen Könige in Arabien die Morgensterngottheit als die älteste literarisch bezeugte arabische Gottheit nachzuweisen. Seine Argumentation ist kurz folgende: In der Oase Adumma-

---

[150] Vgl. darüber EICHNER, per totum; ferner, besonders über das mittelalterliche Abendland, HENNINGER, NZM 9 (1953) 166–169, 173. – Bereits bei der byzantinischen Abschwörungsformel stellt MONTET fest, daß sie außer richtigen Angaben aus Koran und *Ḥadīṯ* (islamischer Tradition) «des légendes calomniatrices d'origine chrétienne» enthält (RHR 53 [1906] 147).

[151] BUHL, EI IV (1934) 1158b (Art. *al-'Uzzā*); ebenso zurückhaltend auch NÖLDEKE, ERE I 660b.

tu, dem heutigen Dūmat al-Ǧandal (im nördlichen Neǧd), wurde eine Gottheit *'Atar-samaín* verehrt. In den assyrischen Texten wird sie mit *Dilbat,* der Göttin des Planeten Venus, gleichgesetzt. Dazu kommen noch andere Indizien, die darauf hinweisen, daß *'Atar-samaín* eine Sterngottheit war [152]. *'Atar-* [107] *samamu* in den thamudenischen Inschriften ist mit *'Atar-samaín* identisch und muß daher auch eine Morgensterngottheit gewesen sein; «... il n'est donc pas étonnant que les Arabes aient connu et honoré d'une façon toute particulière ce bel astre brillant ... [153].»

Dieser Schluß scheint aber doch vorschnell zu sein. Zwar beziehen sich die beiden Zeugnisse nicht mehr auf das eigentliche Grenzgebiet, sondern auf den (nördlichen) Ḥeǧāz und den (nördlichen) Neǧd, aber es handelt sich um Orte an den großen Straßen des Karawanenhandels, wo fremde Einflüsse ziemlich wahrscheinlich sind. Überdies wird *'Atar-samain,* aus sprachlichen und sachlichen Gründen, allgemein als eine Gottheit aramäischer Herkunft angesehen [154]. Wenn also auch alle sonstigen Voraussetzungen von NOIVILLE richtig wären, wäre trotzdem für eine bodenständige arabische Morgensterngottheit noch nichts bewiesen. (Übrigens ist auch NOIVILLE selbst der Ansicht, daß die Morgensterngottheit der Araber ursprünglich *männlich* war, und daß der Morgenstern erst unter babylonischem Einfluß bei den Arabern

---

[152] NOIVILLE 371 f. – Vgl. dazu die Artikel von EBELING, RAss I (1928/32): Adummatu (39b–40a); Araber (Allgemeines) (125a–126b); Araber (Götter) (127a-b); *Attar* (312a-b); siehe auch LENORMANT 184; BARTON 315; RINGGREN 176. [ ]

[153] NOIVILLE 372; vgl. auch RYCKMANS, Noms propres I 269, 405; RYCKMANS, Religions arabes 21; RINGGREN 176.

[154] Vgl. BARTON 315: «The form of these names proves that the people who worshipped them spoke Aramaic.» EBELING (a. a. O. 312b) bezeichnet den keilinschriftlichen *Attar* als eine «aramäisch-nordarabische Gottheit» (d. h. wohl: eine ursprünglich aramäische, sekundär auch in Nordarabien verehrte Gottheit). NIELSEN (ZDMG 66 [1912] 472) spricht von einem «nordarabischen oder aramäischen» *'Atarsamain.* (BARTON [315] sieht in *'Atarsamain* eine weibliche Gottheit; auch SMITH [Kinship 305] betrachtet die von PORPHYRIUS erwähnte Gottheit von Dūma als ursprünglich weiblich). Professor W. BAUMGARTNER spricht sich ebenfalls für aramäische Herkunft aus (Brief vom 16.4.1953): Vgl. noch unten Anm. 168. – GRIMME (Ṣafatenisch-arabische Religion 134 f.) bemüht sich nachzuweisen, daß *'Atarsamain* echt arabisch sei, «obwohl man ihn auf den ersten Blick aus dem Aramäischen erklären möchte», und erst später durch den aramäischen *Ba'alsamin* verdrängt worden sei (ebd. 135), scheint aber mit dieser Auffassung ziemlich alleinzustehen. Das Vorkommen von *'Atarsam* = *'Atarsamain* in den thamudenischen Inschriften (siehe oben Anm. 153) schließt aramäische Herkunft nicht aus. – Daß Nordarabien in der verschiedensten Hinsicht stark unter aramäischem Kultureinfluß stand, ist allgemein anerkannt; vgl. NIELSEN, ZDMG 66 [1912] 472; FRAENKEL, passim; ROSENTHAL, passim [ ].

in Syrien mit *al-'Uzzā* identifiziert wurde [155]). Die Beziehung der *'Uzzā* zum Venusplaneten bleibt also nach wie vor problematisch.

ββ) Die Venusstern-Gottheit bei den Semiten im allgemeinen

Man ist nun veranlaßt, sich zu fragen: Gab es in Nord- und Zentralarabien überhaupt eine Venusgottheit, bevor sich dort nordsemitischer Einfluß geltend machte? Und wenn ja, war sie männlich oder weiblich? Um auf diese Frage antworten zu können, ist es unvermeidlich, einen kurzen Überblick über die Rolle des Venusplaneten in Mythus und Kult der übrigen semitischen Völker zu geben; der Vergleich mit diesen ist ja die zweite (und letzte) Möglichkeit zur Beantwortung unserer Frage.

Am ausführlichsten hat darüber NIELSEN gehandelt. Für ihn besteht ein ganz festes System: Ursprünglich kannten die Semiten nur drei Gottheiten, den Mond als Vater, die Sonne als Mutter und den Venusstern als Sohn dieses Götterpaares. Bei den Nordsemiten ist, vor allem unter sumerischem Einfluß, ein Wechsel eingetreten: die ursprüngliche Sonnengöttin hat sich mit dem Venusstern verbunden, und der ursprüngliche Venusgott mit der Sonne; beide haben also nicht das Geschlecht, sondern das Gestirn gewechselt [156]. Gegen diese Schematisierung sind starke Bedenken erhoben worden [157]. Ganz klar wird das Problem von DHORME gestellt: «... Mais toute la question serait de savoir *qui du soleil mâle ou du soleil femelle est apparu* [108] *le premier dans le panthéon des Sémites, et qui de Vénus mâle ou de Vénus femelle.* N'oublions pas que, chez les Babyloniens et les Assyriens, on a vénéré Ishtar comme déesse du matin et déesse du soir, en la considé-

---

[155] NOIVILLE 372–374; in demselben Sinne auch schon SMITH, Religion 57 (note 3 zu p. 56): nach seiner Auffassung ist weder für Elusa noch für die Sarazenen des sog. NILUS-Berichtes (siehe oben Anm. 116, 119, 120) die Gleichsetzung des Morgensterns mit der *'Uzzā* anzunehmen: «... nor perhaps does the worship of this planet as a goddess *(Al-'Ozzā)* appear anywhere in Arabia, except among the Eastern tribes who came under the influence of the Assyrian *Ishtar*-worship, as it survived among the Aramaeans.» Damit berichtigt SMITH teilweise seine früheren Ausführungen (Kinship 298–306 = [1]292–300), hält aber an seiner Auffassung betr. das Nebeneinander einer männlichen Morgensterngottheit und der *'Uzzā* fest; ebenso auch EICHNER 236–239.

[156] Über die einschlägigen Publikationen von NIELSEN siehe HENNINGER, Anth 37/40 (1942/45) 802–804; 45 (1950) 416–419 (siehe unten Nr. 13) Vgl. auch unten Anm. 157.

[157] Siehe darüber die Belege bei HENNINGER, Anth 37/40 (1942/45) 803f. mit Anm. 97–100; 45 (1950) 417f. mit Anm. 2–6; beizufügen wäre jetzt noch: EISSFELDT, ZDMG 83 (1929) 27f.; GRIMME, OLZ 33 (1930) 206f.; FÉVRIER 17f.; FURLANI 115–133; WINNETT, RR 4 (1939/40) 282; RINGGREN 173–182, 186f.; ALBRIGHT, Von der Steinzeit zum Christentum 247, 422, Anm. 81; GUIDI 91 («trattazione piuttosto fantastica»); auch ebd. 96, 131. [ ]

rant parfois comme mâle, le matin, et présidant aux travaux guerriers, parfois comme femelle, le soir, et présidant aux voluptés. Ce double caractère de Vénus a pu se dissocier au cours des siècles. Le caractère masculin l'emporte chez les Arabes en la personne de ʿAthtar, le caractère feminin chez les Accadiens et les Sémites de l'ouest en la personne de Ishtar, Astarté. *Il est superflu de recourir à un syncrétisme de pure fantaisie* pour imaginer, comme le fait l'auteur (NIELSEN), que ‹la divinité solaire› des Accadiens emprunte les qualités du dieu arabe de la planète Vénus et que ‹la vieille déesse-mère solaire arabe› fournit les traits de la déesse-mère des Accadiens identifiée à la planète Vénus (p. 50) [= Der dreieinige Gott II/1,50] [158].»

Um nun aber doch nicht bei einer bloßen Fragestellung stehenzubleiben, sondern wenigstens anzudeuten, in welcher Richtung die Lösung zu suchen ist, seien hier die Tatsachen in Kürze zusammengestellt, die bezüglich der Venusgottheit bei den einzelnen semitischen Völkern bekannt sind [159]; es kann sich nur um eine ganz knappe Skizze handeln, die zum Weiterforschen anregen mag.

Eine *männliche* Venusgottheit finden wir zunächst in den südarabischen Hochkulturen in der Gestalt des *ʿAṯtar* [160]. (Allerdings hat neuerdings RING-

---

[158] DHORME, RHR 128 (1944) 16 (wieder abgedruckt: Recueil 720f.). [Hervorhebungen von mir. J. H.] Über die Doppelgeschlechtigkeit des Venusplaneten bei den Babyloniern siehe ZIMMERN in SCHRADER 423, 431; JEREMIAS [1]253; [2]337; OFFORD 200; LANGDON 24f.; FÉVRIER 20; RINGGREN 177. – FRANKFORT (170) glaubt allerdings, daß es sich bei der vielkommentierten Darstellung der bärtigen *Ištar* nur um ein mehrfaches Halsband handelt, das als Bart mißdeutet worden ist. Auch TALLQVIST (Der assyrische Gott 47) schreibt bezüglich der bärtigen *Ištar* von Ninive: «Der ‹Bart› ist hier lediglich ein Bild des starken Strahlens des Planeten.» Der ambivalente Charakter der *Ištar* (als Liebes- und Kriegsgöttin) ist aber unzweifelhaft, mag auch ihre Doppelgeschlechtigkeit diskutabel sein. Vgl. unten Anm. 167. [ ]

[159] Zusammenstellung der älteren Forschungsergebnisse bei LAGRANGE 119–140 passim; NIELSEN, Ras Šamra Mythologie 37–69; RINGGREN 173–177, 180–183; vgl. ferner unten Anm. 160–172.

[160] Siehe oben Anm. 6 und 113. – DÉRENBOURG (PELOV V/5, 38) rechnet mit der Möglichkeit, daß *ʿAṯtar* eine Gemahlin *Saḥar* neben sich hat, die dann wohl auch dem Venusplaneten entsprechen müßte, analog zu den übrigen von DÉRENBOURG aufgestellten Götterpaaren, die jeweils dieselbe Naturgrundlage haben (a. a. O. 33). Diese Götterpaare sind aber von SMITH und WELLHAUSEN in Zweifel gezogen worden (DÉRENBOURG, a. a. O. 33, note 3; vgl. SMITH, Kinship 298–306; WELLHAUSEN 208). Nach JAMME (LM 60 [1947] 99) und RYCKMANS (Religions arabes 42) ist *Saḥar* ein Beiname oder eine Manifestation *ʿAṯtars*. Mit der Wahrscheinlichkeit, daß *ʿAṯtar* eine Partnerin hatte, rechnet aber auch TRITTON (JRAS 1948, 74). – Über eine Gottheit *Saḥar*, «Morgendämmerung» in Ras Šamra siehe GORDON 57–62; sie scheint männlich zu sein (briefliche Mitteilung von Prof. W. BAUMGARTNER, 16.4.1953). – ŠAḪRASTĀNĪ (siehe oben Anm. 47) erwähnt einen Tempel der Venus (= *az-Zahra*) in Ṣanʿāʾ, was von

GREN die ursprüngliche Natur *'Aṯtars* anders zu bestimmen gesucht; er erklärt ihn als eine bisexuelle Himmelsgottheit, die sich später in Hypostasen aufgespalten habe [161]. Gegen diese Hypothese können aber Bedenken geltend gemacht werden [162].) Spuren eines männlichen, wahrscheinlich in zwei Hypostasen aufgespaltenen Venusgottes finden sich auch in Syrien [163], und zwar mit arabischen Namen [164]. In Nord- und Zentral- [109] arabien kann eine männliche Venusgottheit nicht direkt nachgewiesen werden, aber in der alten Poesie wird der Morgenstern gelegentlich als Maskulinum behandelt [165], desgleichen in der hebräischen Poesie [166].

---

manchen Autoren mit den anderweitigen Nachrichten über den südarabischen *'Aṯtar* kombiniert wird; vgl. OSIANDER 472. [ ]

[161] RINGGREN 173–177, 180–182, 186.

[162] Vgl. dazu die bei HENNINGER, Anth 46 (1951) 647, mit Anm. 1, angegebenen Belege. [ ]

[163] Es handelt sich um die in der römischen Kaiserzeit literarisch und epigraphisch bezeugten Gottheiten Ἄζιζος (inschriftlich *Azizu*) und Μόνιμος; siehe LAGRANGE 135; SMITH, Kinship 302f.; COOK in SMITH, Religion 520; DUSSAUD, Mythologie syrienne 9–14; DUSSAUD et MACLER 459–463; DUSSAUD, Arabes 131–133, 142–144; LANGDON 36; FÉVRIER 16–29; ROSTOVTZEFF 138f.; OFFORD 199; NOIVILLE 373, 380; NIELSEN, Handbuch I 229–231; NIELSEN, Ras Šamra 60f.; WINNETT, MW 30 (1940) 127 note 42. *Azizos* wurde in Palmyra verehrt, zusammen mit *Arṣū*, der aus verschiedenen Gründen mit *Monimos* gleichgesetzt werden kann (siehe LIDZBARSKI, ESE 3 (1909/15) 92; DUSSAUD et MACLER 462; DUSSAUD, Arabes 132, 142–147; FÉVRIER 20–23; vgl. auch oben Anm. 93), *Azizos* und *Monimos* zusammen in Edessa (oder vielleicht Emesa, siehe FÉVRIER 16f., 19).

[164] Der Zusammenhang von *Azizos* mit dem arabischen *'Azīz* (siehe oben Anm. 108) ist unverkennbar; *Monimos* ist = *Mun'im*, «der Gnädige, der Wohltätige» (MORDTMANN, ZDMG 32 [1878] 564f.; DUSSAUD, Mythologie syrienne 10; DUSSAUD et MACLER 460; FÉVRIER 19f., 31; NIELSEN, Ras Šamra 60f.) ROSTOVTZEFF (138) bezweifelt zwar die arabische Herkunft des *Azizu;* siehe aber dagegen die soeben angeführten Belege, besonders FÉVRIER 19, 28. – Weil beide in den Quellen des 4. Jahrh. n. Chr. als Begleiter des Sonnengottes erscheinen, hat M. HARTMANN auch die mit *'Azīz* verwandte *'Uzzā* (siehe oben Anm. 108; unten Anm. 175) zu einer Sonnengöttin machen wollen (RHR 52 [1905] 173–175). Es dürfte aber kaum daran zu zweifeln sein, daß hier ursprünglich eine Personifizierung der beiden Erscheinungsformen des Venusplaneten, Morgen- und Abendstern, vorliegt; der Morgenstern geht der Sonne voraus, der Abendstern folgt ihr nach, ganz wie es von *Azizos* und *Monimos* ausgesagt wird (vgl. DUSSAUD et MACLER 461 note 4 zu p. 460; FÉVRIER 17–21, 32). In ihrer Gleichsetzung mit *Ares* und *Hermes* sehen DUSSAUD et MACLER (460f.) nur eine künstliche Spekulation späthellenistischer Zeit; FÉVRIER (17, 21f.) findet diese Gleichsetzung besser begründet, hält aber zugleich am ursprünglichen Morgen- und Abendsterncharakter der beiden Götter fest. [ ]

[165] WELLHAUSEN 44 mit Anm. 2; SMITH, Religion 57 (note 3 zu p. 56).

[166] WELLHAUSEN 44; SMITH, Religion 57 (note 3 zu p. 56). – Über die Nachwirkung

Andererseits findet sich eine *weibliche* Venusgottheit bei allen Nordsemiten: in Babylonien und Assyrien *Ištar* [167], bei den Aramäern *'Atar* (nur in Zusammensetzungen) [168], bei den Kanaanäern und Phöniziern *'Astarte* [169]. Jedoch ist zu beachten, daß die nordwestsemitische *'Astarte* ursprünglich keine Venusgottheit war, sondern erst nachträglich unter babylonischem Einfluß eine solche wurde [170]; ja, sogar bei *Ištar* spricht manches dafür, daß ihre Gleichsetzung mit dem Venusplaneten sekundär ist [171]. Manche Religionshistoriker sind noch weiter gegangen und haben sich für die Auffassung eingesetzt, daß die große Göttin, die bei den Nordsemiten unter einem mit dem südarabischen *'Aṯtar* etymologisch zusammenhängenden Namen erscheint, nichtsemitischer Herkunft oder wenigstens von außen her beeinflußt ist [172]. Dann erhebt sich aber die Frage: War nicht etwa ursprünglich die Venusgottheit doch bei allen Semiten männlich, und ist nachher ihr Name und ihr Gestirn durch eine weibliche Gottheit fremder Herkunft usurpiert worden? Die Frage kann hier nur gestellt, nicht beantwortet werden.

Was ergibt sich aber aus ders kizzierten Gesamtsituation für Arabien? Angesichts der Verbreitung des Venuskultes bei allen Semiten in den Randgebieten

---

eines Mythus vom Sturz des Morgensterns in der Bildersprache des Alten Testamentes (bes. Is. 14, 12–15; Ez. 28, 11–19) siehe SCHÄRF 127–130 (= C. G. JUNG 271–274); BAUMGARTNER 11f.; K. L. SCHMIDT, per totum (daselbst weitere Literatur); vgl. auch NIELSEN, Ras Šamra 53–65, wo neben seinen bekannten Schematisierungen doch manche anregende Bemerkungen zu finden sind. [ ]

[167] SMITH, Religion 56–59; COOK, ebd. 520, 603; LAGRANGE 136–140 (vgl. auch ebd. 119, 123, 129); BAUDISSIN, ZDMG 57 (1903) 824f.; OFFORD 197–203; LANGDON 443b (Index s.v. *Ishtar*). – Über den ambivalenten (einerseits erotischen, andererseits kriegerischen und grausamen) Charakter der *Ištar* siehe LAGRANGE 137–140; KUGLER 45–52; FÉVRIER 23; NIELSEN, Ras Šamra 61–65; vgl. auch oben p. 107f. mit Anm. 158. [ ]

[168] Siehe LAGRANGE 123, 130–133; LANGDON 20, 36–38, 56, 80; DUPONT-SOMMER 107f., 114. – Über die *Atargatis* von Hierapolis siehe CLEMEN, per totum; vgl. auch DUSSAUD et MACLER 458; FÉVRIER 135–139; DUPONT-SOMMER 107f. – Allgemeines über syrische weibliche Gottheiten: CUMONT, Les religions orientales 95–124 passim (mit Anm. 248–270). [ ]

[169] LAGRANGE 123–130; OFFORD 201–203; LANGDON 8, 14f., 25, 30–33, 68, 71. [ ]

[170] Siehe BAUDISSIN, Adonis und Esmun 15 (vgl. den ganzen Kontext 1–24); BAUDISSIN, ZDMG 57 (1903) 824f.; BAUDISSIN, ARW 16 (1913) 420; LANGDON 15. Die bei den syrischen Autoren erwähnte *Kaukabtā* (siehe oben p. 102) wird – der Bedeutung nach – wohl eine Entlehnung von den Babyloniern her sein (BAUDISSIN, ZDMG 57 [1903] 824; vgl. auch oben Anm. 155).

[171] BAUDISSIN, ARW 16 (1913) 420f.; RINGGREN 174.

[172] Siehe BAUDISSIN, ARW 16 (1913) 420; LEVI DELLA VIDA 84 (beide denken an kleinasiatische Einflüsse). LANGDON 12 (vgl. 12–29, 108–115) nimmt Entlehnung von den Sumerern her an. [ ]

(nicht nur im Norden, sondern auch im Süden) der arabischen Halbinsel, wäre es tatsächlich eigenartig, wenn Zentral-Arabien selbst keinen Kult dieses Planeten gekannt hätte [173]. Wir kommen auch nicht daran vorbei, folgende zwei Tatsachen miteinander zu vergleichen: einerseits haben wir in den nördlichen Grenzgebieten die weibliche Venusgottheit *'Uzzā*, andererseits haben wir dort auch die männliche Venusgottheit *'Azīz*. Ein Zusammenhang zwischen diesen beiden Gestalten ist bei der Gleichheit der Namenswurzel und des Gestirns kaum von der Hand zu weisen, mag man sie nun als Götterpaar aufassen [174] oder als Aufspaltungen einer ursprünglich androgynen Gestalt. Zu einer solchen Doppelung bietet ja gerade bei der Venus ihre zweifache Erscheinungsform, als Morgen- und Abendstern, besonders günstige Voraussetzungen. Nehmen wir etwa an, daß ein Zustand der Umgestaltung, währenddessen die Venusgottheit in Arabien stellenweise männlich, stellenweise weiblich aufgefaßt wurde, ziemlich lange gedauert hat. Gerade während eines [110] solchen labilen Zustandes konnte dann die babylonische Religion, direkt oder indirekt, um so leichter einwirken und der Gestalt der *'Uzzā* ihren endgültigen Charakter geben, wie er uns in den nördlichen Randgebieten Arabiens in den letzten Jahrhunderten vor dem Islam entgegentritt [175]. Die gelegentliche Verdoppelung der *'Uzzā* [176] würde sich tatsächlich am besten

---

[173] Vgl. NÖLDEKE, ZDMG 41 (1887) 710. – Ob «der Stern» *(an-nağm)* in Sure 53, 1; 55, 4–5; 86, 1–3 die Venus ist, wie NIELSEN (ZDMG 66 (1912) 472; Handbuch I 205) als selbstverständlich annimmt, ist allerdings nicht sicher. (Nach NÖLDEKE, ERE I 660a, können damit die Plejaden gemeint sein [*nağm* im Sinne von «Sternbild» verstanden]). Besser begründet ist die Deutung auf Venus (als Morgenstern) vielleicht für *aṭ-Ṭāriq* (Sure 86, 1–2); vgl. NOIVILLE 374. Aus den von HALDAR (191 f.) zitierten Versen scheint hervorzugehen, daß wenigstens zuweilen *ṭāriq* = Morgenstern = *al-Lāt* war. Auch dieses Detail erklärt sich vermutlich am zwanglosesten, wenn *al-'Uzzā* und *al-Lāt* zwei Erscheinungsformen desselben Planeten waren. [ ]

[174] Siehe dazu oben Anm. 160.

[175] Siehe dazu LAGRANGE 133–136; LIDZBARSKI, ESE 3 (1909/15) 92; DUSSAUD et MACLER 459–463; DUSSAUD, Arabes 131–133; vgl. auch HENNINGER, Anth 37/40 (1942/45) 803 Anm. 96, 805 Anm. 105. – Nach WINNETT (MW 30 [1940] 122, 128) hätte der Kult der *'Uzzā* auf der Sinaihalbinsel seinen Ursprung genommen, und die Kultstätten im Ḥeğāz wären jüngeren Datums. Vielleicht stützt sich WINNETT aber etwas zu exklusiv auf das archäologische Kriterium, die geographische Verteilung der Inschriften. [ ]

[176] Siehe oben Anm. 101. NÖLDEKE (ZDMG 41 [1887] 710; ERE I 660b) denkt an Morgen- und Abendstern (ebenso OFFORD 199 f.; DUSSAUD, Mythologie syrienne 9; DUSSAUD et MACLER 462; DUSSAUD, Arabes 132), SMITH (Religion 210 note 2; Kinship 60 [note 1 zu p. 59]) an *al-Lāt* und *al-'Uzzā* (ebenso auch FÉVRIER 20). Beides braucht sich nicht gegenseitig auszuschließen, wenn man bedenkt, wie Gottheiten sich im Laufe der Zeit von ihrer Naturgrundlage loslösen, wie sogar zwei etymologisch identi-

erklären, wenn man darin die beiden Erscheinungsformen des Venusplaneten, Morgen- und Abendstern, sehen dürfte [177]. Damit würde auch der Umstand verständlicher, daß *al-ʿUzzā* und *al-Lāt* unter sich enger zusammengehören als mit *Manāt* [178]. Eine Schwierigkeit wäre nur die Identifikation von *al-Lāt* mit der Sonne, die sich gelegentlich findet, aber die dafür vorgebrachten Gründe scheinen nicht unwiderleglich [179].

So kann also am Schluß dieses Abschnittes festgestellt werden: Einen peremptorischen Beweis dafür, daß im eigentlichen Arabien *al-ʿUzzā* ursprünglich der Venusplanet war, gibt es nicht. Jedoch ist diese Interpretation die am meisten befriedigende Hypothese angesichts der Beziehung zwischen *al-ʿUzzā* und *al-Lāt* und angesichts der Situation bei den übrigen semitischen Völkern.

Alle Berichte über den Kult anderer Planeten oder Fixsterne im vorislamischen Arabien sind unsicher.

Größere Sicherheit bezüglich des ganzen Fragenkomplexes könnte nur durch Entdeckung neuen, vor allem epigraphischen, Quellenmaterials gewonnen werden.

Was wir über Sternkunde und Sternglaube aus dem *heutigen* beduinischen Arabien wissen, reicht ebenfalls nicht aus, um zu völlig gesicherten Schlußfolgerungen zu kommen; trotzdem soll dieses Material hier noch vorgelegt werden, weil es zur Klärung mancher Einzelheiten beiträgt. Vor allem ergibt

---

sche Gottheiten so selbständig werden können, daß man sie schließlich nebeneinanderstellt (Beispiele siehe bei WELLHAUSEN 33). – Der Abendstern spielt aber eine geringere Rolle als der Morgenstern: DUSSAUD et MACLER 462.

[177] Siehe oben Anm. 163, 164, 173, 176; vgl. bes. DUSSAUD et MACLER 459–463; DUSSAUD, Arabes 131–133; DALMAN, Petra 51f.; CUMONT, Etudes syriennes 269.

[178] Siehe oben Anm. 83, 85, 101; Buhl, EI IV (1934) 1158a (Art. *al-ʿUzzā*). – Über eine besonders enge Beziehung zwischen *al-Lāt* und *al-ʿUzzā* (im Kult) siehe auch noch: LAMMENS 103f., 120f., 131f., 141, 160; MORGENSTERN 56, 61f., 65, 71–73, 75.

[179] Vgl. die Belege oben Anm. 100 und 101. Wenn *al-Ilāhat*, «die Göttin», zuweilen als gleichbedeutend mit «die Sonne» gebraucht wird, so könnte hier noch die appellative Bedeutung durchschimmern (gegen die Deutung von *al-Lāt* als Sonnengöttin: OFFORD 198). [ ] Die Ausführungen von WELLHAUSEN (33). beweisen m. E. nicht, daß *al-Lāt* überall als Individualität empfunden wurde, sondern eher das Gegenteil (siehe oben Anm. 176). So läßt WELLHAUSEN (44f.) auch die Möglichkeit der Kombination von *al-Lāt* und *al-ʿUzzā* ausdrücklich offen: «Es scheint, daß diese zwei Göttinnen aus einer gemeinsamen Wurzel entsprossen sind... Es steht allerdings der Kombination entgegen, daß jene, wie es scheint, mit der Sonne, diese mit dem Morgenstern zusammenhängt. Wer diese Schwierigkeit aber nicht für unüberwindlich hält, der mag alLāt und alUzza in eins fassen und sie der gemeinsemitischen großen Göttin gleichsetzen.»

sich daraus die überragende Bedeutung des Venusgestirns gegenüber allen anderen Planeten, und dadurch erhält die Annahme des Venuskultes im vorislamischen Arabien wenigstens noch einen höheren Grad von Wahrscheinlichkeit.

II. Sternkunde und Reste von Sternkult im heutigen Arabien

1. Sternkunde

Die Urteile der Arabienreisenden über den Umfang der Sternkunde der Beduinen sind durchaus nicht einheitlich, sondern widersprechen einander in der auffallendsten Weise. Nach SEETZEN gab es zu seiner Zeit (um 1810) bei den Beduinen in Arabia Petraea keine Spur von Kenntnis der Sterne; er schließt diese Feststellung mit der Bemerkung ab: «Die Sternkunde ist ohne [111] Zweifel das Kind einer höheren Civilisation [180].» Dagegen berichtet FAZAKERLEY ungefähr um dieselbe Zeit von den Beduinen der Sinaihalbinsel: «The Arabs make great use of the stars, not merely to guide them in the direction of their march, but as indications of time. I frequently compared their calculations with my watch, and never found them mistaken in above a quarter of an hour [181].» NOLDE, der 1892 durch Nordarabien reiste, schreibt: «Kenntnis der Gestirne findet man unter den Beduinen bisweilen in bedeutendem Maße, und namentlich der Emir [von Ḥā'il] setzte mich wirklich in Erstaunen durch die Masse seines Wissens in dieser Beziehung, denn er kennt Hunderte von Sternen mit Namen, erklärte sehr genau, wie dieselben ihre Lage je nach den Stunden verändern, und wie das alles beim Auffinden und Einhalten von Richtungen auszunutzen bzw. zu berücksichtigen sei, wie er sich denn überhaupt recht viel mit solchen Dingen abgibt, auch seine verschiedenen Uhren und Kompasse fast täglich reguliert und vergleicht [182].» Wie der letzte Satz zeigt, handelt es sich bei dem Emir um ein ungewöhnliches Maß von Kenntnis und Interesse, aber jedenfalls war der Autor auch von der Sternkenntnis anderer Beduinen beeindruckt. Was VERNIER aus

---

[180] SEETZEN III 51 f. [ ]

[181] FAZAKERLEY in WALPOLE, Travels 384. – Ungefähr um die gleiche Zeit berichtet ROUSSEAU von den Beduinen, mit denen er (1808) von Baghdad nach Aleppo reiste: «Les Ergueils [= 'Uqail, 'Aqēl] savent au besoin régler leur marche sur le cours des astres; je les considère sous ce rapport comme de bons observateurs, les ayant vu souvent présager assez exactement les changements qui surviennent dans le temps.» (ROUSSEAU 42.)

[182] NOLDE 38. – Auf diese Stelle verweist JACOB 261 (Nachtrag zu p. 159).

neuester Zeit von den diesbezüglichen Kenntnissen seiner Meharisten, Beduinen der Syrischen Wüste, berichtet (siehe oben p. 91–93), ist auch durchaus respektabel, so z. B. wenn einer seiner Gewährsmänner ihm sagen kann: «In einer bis anderthalb Stunden wird *ad-Dabarān* zu sehen sein», mit derselben Sicherheit, mit der er die Entfernung eines Brunnens in Reitstunden angeben kann [183]. Nach dem Urteil von DALMAN [184] achten die Beduinen (in Palästina und den angrenzenden Gebieten) mehr auf die Sterne, als die Bauern das tun. Ebenso auch BALDENSPERGER: «The fellah is better versed in ideas of the animal and vegetable kingdoms, because the mountains and valleys present a greater choice of all kinds of trees, flowers, shrubs, and animals; but the Bedawy is superior in meteorology and astronomy», z. B. in der Beobachtung des ersten Erscheinens der Mondsichel nach dem Neumond [185]; damit dürfte auch eine bessere Kenntnis der Sterne Hand in Hand gehen.

MURRAY hat einige Angaben über die ʿAbābda (in Oberägypten, zwischen dem Nil und dem Roten Meer), die hier auch von gewissem Interesse sind, weil dieses nördlichste Beğa-Volk stark arabisiert ist. Sein Gewährsmann entschuldigte sich zwar wegen seiner geringen Kenntnisse: «The people who know the stars are the fish-eaters of the coast. We only think in weeks; their mode of living obliges them to think in days!» Trotzdem konnte er ihm genügend Angaben machen, um erkennen zu lassen, daß dieses Volk einen Stern-, nicht einen Mondkalender besitzt [186]. Abschließend bemerkt MURRAY, daß zwar der vorislamische Sternkult (er spielt auf den Kult des Morgensterns auf der Sinaihalbinsel nach dem sog. NILUS-Bericht an) durch den Islam beseitigt wurde, daß aber Araber so gut wie Beğa ein lebhaftes Interesse für den Sternenhimmel bewahrt haben, und zählt eine Anzahl Namen von Sternen und Sternbildern auf, wie sie bei den ʿAleiqāt der Sinaihalbinsel und den ʿAbābda gebräuchlich sind [187].

Nur durch solche detaillierte Angaben kann die Frage entschieden werden, welche von den oben zitierten summarischen Urteilen der Wahrheit näher-[112] kommen. Offenbar liegen von Stamm zu Stamm und auch von Individuum zu Individuum erhebliche Unterschiede im Umfang der Sternkenntnis vor.

---

183 VERNIER 202. [ ]

184 DALMAN, AS I/1, 14. [ ]

185 BALDENSPERGER. PEFQS 1923, 178. – Über die Sternkunde bei Seßhaften im Yemen siehe GLASER 89–99, bes. 91–97; SERJEANT, Anth 49 (1954) 433–459. [ ]

186 MURRAY 163–167.

187 MURRAY 166. [ ]

Für die Beduinen der Sinaihalbinsel erwähnt JENNINGS-BRAMLEY als bekannt: *el-giddi,* «das Böckchen» (den Polarstern), *Sahel* (= *Suhail,* Canopus), *saba benat* (*sab'a banāt,* «sieben Mädchen», die Plejaden) und den Großen Bären [188]. (Die obenerwähnte Liste von MURRAY ist bedeutend länger.)

Von den Beduinen der Belqa (in Transjordanien) hat CONDER einige Details: «The Arabs are not totally devoid of astronomical knowledge, as was found by Lieutenant Mantell in the course of conversations with his guides. The Milky-way they call *Derb et Tibn,* ‹the Tract of the Chaff›; and the Morning Star and Pleiades *(Tereyeh)* they also pointed out. *N'ash,* or the Great Bear, and *el Mizân,* ‹the Balance›, or Orion, seem also to be known; and *Aldeboran* is called *Nejm el Gharârah,* ‹the Deceitful Star›, because it is sometimes mistaken for the Morning Star [189].»

Weitere Berichte über Arabia Petraea [190], die Ruala und benachbarte Stämme der syrisch-nordarabischen Wüste [191], Beduinen im südlichen Neǧd [192] und der südarabischen Wüste Rub' al-Ḫālī [193] beweisen eine noch weit ausgedehntere Sternkenntnis. Einige der wichtigsten und am häufigsten erwähnten Sterne und Sternbilder seien im folgenden noch einzeln aufgeführt; für alles übrige muß auf die zitierten Berichte verwiesen werden [194].

Unter den *Planeten* ist *Zahra* (Venus) bei weitem der wichtigste [195] (soweit ich sehe, wird Venus fast immer nur als Morgenstern, nicht als Abendstern, erwähnt) [196]. Der Name *Zahra* kommt auch heute noch als Frauenname vor [197]. Kein anderer Planet hat bei den Beduinen einen eigenen

---

[188] JENNINGS-BRAMLEY, PEFQS 1906, 27.

[189] CONDER 346.

[190] MUSIL, AP III 7f., 208, 245, 313.

[191] MUSIL, Rwala, passim; siehe unten Anm. 195–197, 200–203, 205, 207, 209, 214, 218, 219, 224, 225, 229.

[192] HESS, Beduinen 3, 65–69.

[193] THOMAS 228 note 1.

[194] Vgl. auch die von GLASER und SERJEANT bei Seßhaften im Yemen, von OWEN bei Arabern im Sudan notierten Sternkalender, die aber zum Teil schon von gelehrter Astronomie beeinflußt sind.

[195] Vgl. MUSIL, Rwala 210; CONDER 346; THOMAS 229 (note 1 zu p. 228). Auf der Sinaihalbinsel kommt für Venus der Name *aš-Ša'ala* vor (MURRAY 166), den VERNIER auch in der syrischen Wüste gefunden hat (VERNIER 200, 203; siehe oben p. 92).

[196] Vgl. CONDER 346; MUSIL, Rwala 210: *niǧmet aṣ-ṣubḥ,* der Morgenstern. Nur bei VERNIER ist einmal (200) nach dem Zusammenhang wohl die Venus am Abendhimmel zu verstehen.

[197] Vgl. MUSIL, Rwala 210, 211; PELLY 191; ROSSI 173. [ ]

Namen [198]. Unter den *Fixsternen* werden besonders häufig erwähnt: *el-ğedī* oder *el-ğidī*, «das Böckchen» (der Polarstern) [199], *Suhail, Sehēl* (Canopus) [200], *eš-Šeʿra, aš-Šaʿera* oder *el-Mirzem* (Sirius) [201], *ad-Debarān* [202], *as-Smāk (as-Simāk,* Arcturus) [203]. Damit ist aber die Liste der bekannten Fixsterne bei weitem nicht erschöpft [204].

[113] Unter den *Sternbildern* ist unstreitig das bedeutendste *aṯ-Ṯuraiyā*, die Plejaden [205]; der Name dieses Sternbildes kommt auch jetzt noch als

---

[198] THOMAS 229 (note 1 zu p. 228): «Venus was the only named planet. They had no name for Jupiter or Mars.» Die Gewährsmänner der oben Anm. 195 genannten Autoren scheinen auch keinen anderen Planeten gekannt zu haben.

[199] Siehe PALGRAVE, PRGS 8 (1864) 80; PALGRAVE, Narrative II 263; PELLY 190 (siehe unten p. 116f.); MUSIL, Rwala 183 (V. 4), 185 (zu V. 4), 186 (V. 4), 274 (V. 12), 275 (zu V. 12), 319 (V. 8), 320 (zu V. 8), 355, 396, 399; JENNINGS-BRAMLEY (siehe oben im Text); VERNIER 200–202; HESS, Beduinen 3, 68 (siehe oben p. 91f.); HESS, Islamica 2 (1926) 585; MONTAGNE 75; THOMAS 228 note 1. Auch bei den ʿAbābda findet sich der arabische Name *El-Jidi* für den Polarstern (MURRAY 166). – Nach MESNARD (75) ist *al-Gadi*, «le Chevreau», = Capricornus (siehe auch ebd.: 16, 113); dieser Gebrauch des Namens scheint aber im allgemeinen auf die gelehrte Astronomie beschränkt zu sein; als Beispiel für volkstümlichen Gebrauch ist mir nur DALMAN, ZDPV 62 (1939) 59 bekannt, wo *el-ğidi* mit «Steinbockgestirn» übersetzt ist. Vgl. unten Anm. 245. [ ]

[200] MUSIL, AP III 7; MUSIL, Rwala 7–9, 183 (V. 4), 185 (zu V. 4), 186, (V. 2, 4), 274 (V. 12), 275 (zu V. 12); VERNIER 200–203; HESS, Beduinen 3, 65, 66, 67, 68f.; HESS, Islamica 2 (1926) 585 (siehe oben p. 91f.); MURRAY 165, 166; CANAAN, JPOS 14 (1934) 87f.; THOMAS 228 note 1; JENNINGS-BRAMLEY (siehe oben im Text); DALMAN, ZDPV 62 (1939) 59. Auch bei den ʿAbābda kommt der arabische Name *Suhail* vor (MURRAY 166). [ ]

[201] MUSIL, AP III 8; MUSIL, Rwala 8f.; THOMAS 228 note 1; HESS, Beduinen 66; MURRAY 166. [ ]

[202] MUSIL, Rwala 9, 295 (V. 7), 298 (zu V. 7); VERNIER 202. – Auch in Transjordanien, auf der Sinaihalbinsel und in der südarabischen Wüste ist dieser Fixstern bekannt, aber unter anderen Namen; siehe CONDER (oben im Text); MURRAY 166; THOMAS 229 (note 1 zu p. 228). [ ]

[203] MUSIL, Rwala 8, 9, 14; OWEN 69. – Nach MUSIL (AP III 8) ist in Arabia Petraea *Smâč* [= *Simāk*] = Spica. Siehe über die beiden *Simāk* oben Anm. 17. [ ]

[204] Vgl. die oben Anm. 186, 190–194 angegebenen Listen. – Besonders interessant ist z.B., daß THOMAS (228 note 1) von seinem Gewährsmann, der noch nie aus der Wüste herausgekommen war, für *Betelgeuse* den Namen *Yid Saʿad* hörte; *Saʿd*, ein auf verschiedene Sterne und Sterngruppen angewandter Name (siehe oben Anm. 66), ist dort = Orion und *yid* ist = *yad*, Hand; die Bezeichnung entspricht also dem ursprünglichen Namen dieses Sternes (siehe oben Anm. 38). – Über die Milchstraße siehe CONDER 346 (oben im Text); HESS, Beduinen 67; MURRAY 167; MONTAGNE 75. [ ]

[205] CONDER 346 (siehe oben p. 112); MUSIL, AP III 7, 208, 245 (V. 2); MUSIL, Rwala 9, 13, 225 (V. 7), 226 (zu V. 7); THOMAS 229 (note 1 zu p. 228); MURRAY 166; HESS, Béduinen 65f.; OWEN 67–71; ROSCHER 124–127 [34–37]; BAUER 56; VERNIER

Frauennamen vor [206]. Daneben werden der Große Bär [207] und der Kleine Bär [208] besonders häufig genannt, ferner *Ğauzā'* (Orion) [209] und andere Sternbilder [210].

Kometen [211] und *Sternschnuppen* [212] werden ebenfalls beobachtet und spielen eine Rolle im Volksglauben (siehe unten p. 114).

Der praktische Gebrauch der Sternkenntnis ist hauptsächlich von doppelter Art: die Beobachtung der Sterne dient zur Orientierung im Raum und zur Zeitberechnung.

Nach MONTAGNE ist allerdings die Orientierung nach den Sternen nicht von Bedeutung: «En réalité, le Bédouin, la nuit, ne sait guère s'orienter par les étoiles, et c'est surtout sa connaissance directe des lieux, son extraordinaire mémoire visuelle, qui lui servent à trouver sa route [213].» Dieses Urteil mag für bestimmte Gebiete zutreffend sein, kann aber wohl kaum allgemeine Gültigkeit beanspruchen. Gegen ein solches Urteil sprechen nicht nur die Angaben von VERNIER (siehe oben p. 91–93), sondern auch die detaillierten Anweisungen über die Orientierung nach den Sternen, wie sie MUSIL [214] und HESS [215] von ihren Gewährsmännern erhalten haben, z.B.: «Du reitest und hast *el-Ğedī* (den Polarstern) im Gesicht (= N), im Gesicht rechts (= NW), im Gesicht links (= NO), im Rücken (= S), im Rücken rechts (= SW), im Rücken links (= SO), auf der linken Schulter (= O), auf der rech-

---

202f. (siehe oben p. 92f.); MONTAGNE 75f.; GLASER 91–97; SERJEANT, Anth 49 (1954) 433–459; vgl. oben p. 93. Siehe auch HENNINGER, Anth 37/40 (1942/45) 803 Anm. 98. – Über einen anderen Namen auf der Sinaihalbinsel siehe JENNINGS-BRAMLEY (oben p. 112). [ ]

[206] GRANQVIST, Child Problems 38.

[207] MUSIL, Rwala 319 (V. 2), 320 (zu V. 2); HESS, Beduinen 3; OWEN 69; MURRAY 166; THOMAS 228 note 1; vgl. auch oben p. 91–93 und 112.

[208] HESS, Beduinen; vgl. oben p. 91 f.

[209] MUSIL, AP III 7f.; HESS, Beduinen 66, 67; MURRAY 166. – Bei den Beduinen des Rubʿ al-Ḫālī fand THOMAS (229, note 1 zu p. 228) für den Orion die Bezeichnung *Saʿad;* vgl. dazu oben Anm. 204. Siehe auch CONDER (oben p. 112). – MUSIL (Rwala 8f.) erklärt dschawza' (*ğauzā'*) als Gemini. Über sonstigen Gebrauch des Namens in diesem Sinne siehe CASANOVA 17; NALLINO, Raccolta V 173. [ ]

[210] Siehe MUSIL, AP III 8; MURRAY 163–166; THOMAS 228 note 1; HESS, Beduinen 3, 65f.; OWEN 67–71; BAUER 56; DALMAN, ZDPV 62 (1939) 59.

[211] HESS, Beduinen 66.

[212] HESS, Beduinen 66; MONTAGNE 76; VERNIER 202.

[213] MONTAGNE 75.

[214] MUSIL, Rwala 183 (V. 4), 185 (zu V. 4), 186 (V. 2, 4), 274 (V. 12), 275 (zu V. 12), 319 (V. 8), 320 (zu V. 8), 355 (hier handelt es sich überall um Polarstern oder Canopus); ebd. 319 (V. 8), 320 (zu V. 8): Orientierung auch nach dem Großen Bären.

[215] HESS, Beduinen 68f.; HESS, Islamica 2 (1926) 585f.

ten Schulter (= W)»; ebenso detailliert wird dann auch die Orientierung nach dem *Suhail* (Canopus) angegeben [216]. Diese beiden Sterne, der Polarstern im Norden, Canopus im Süden, sind auch sonst die wichtigsten Orientierungspunkte [217]. Allerdings kommen auch dabei manchmal Irrtümer vor, und wenn ein Reisender sich während der Nacht verirrt hat, dann gibt er den Sternen die Schuld, daß sie ihn irregeführt haben [218].

Noch bedeutungsvoller und in seiner Geltung unbestritten ist der *Sternkalender,* die Einteilung des Jahres nach dem Aufgang und Untergang bestimmter Gestirne. Bei den verschiedenen Sternkalendern, die in den letzten Jahrzehnten veröffentlicht worden sind [219], ist allerdings der Einfluß der gelehrten Astronomie nicht immer ganz auszuschließen, besonders wo es sich um Seßhafte handelt; aber zweifellos enthalten sie auch viele Elemente eines altarabischen Naturkalenders, dessen Existenz selbst von WELLHAUSEN anerkannt [114] ist (siehe oben p. 93). Das gilt vor allem für die Beziehung der Plejaden zu den Regenzeiten [220] und anderen Naturvorgängen [221]. Der «Plejadenkalender» hat ja eine weite Verbreitung, auch bei primitiven Völkern [222]; als seine eigentliche Heimat wird der Bereich der Monsume in Südasien angegeben, an dessen äußersten westlichem Rand Arabien liegt [223]. Manche Äußerungen der Gewährsmänner der einzelnen Forscher sprechen dafür, daß zwischen dem Erscheinen einzelner Sternbilder und dem Regen

---

216 HESS, Beduinen 68f.

217 Polastern: siehe auch VERNIER 200. – Canopus: siehe auch CANAAN, JPOS 14 (1934) 87. – Allgemeines über die polare Orientierung: TALLQVIST, SO 2 (1928) 147–150. [ ]

218 MUSIL, AP III 313; MUSIL, Rwala 399; vgl. auch CONDER (oben p. 112).

219 Siehe oben Anm. 186, 190–192, 194; bes. MUSIL, AP III 7f.; MUSIL, Rwala 7–9, 13, 14, 225, 226, 295, 298; MURRAY 163f., 166f.; OWEN 67–71; SERJEANT, Anth 49 (1954) 433–459; L. MASSIGNON, Annuaire du Monde Musulman (RMM 53 [1922/23] 11f.; MONTAGNE 77f.; DALMAN, AS I/1, 38–40, 123. [ ]

220 Siehe unten Anm. 224.

221 So gibt z.B. eine bestimmte Stellung der Plejaden an, daß jetzt die Datteln reifen (VERNIER 203).

222 Siehe ANDREE 362–366; FRAZER I 307–319; NILSSON 129–146 passim, 247, 274–276. DALMAN (AS I/1, 39 Anm. 7) zitiert auch MERKER 198 [= ²206]. – Über die Bedeutung der Plejaden in Babylonien siehe ALBRIGHT, JAOS 54 (1934) 124–128 und die dort angegebene Literatur. [ ]

223 Vgl. L. MASSIGNON, im Vorwort zu JEANNE CUISINIER, Sumangat (Paris 1951) 7: «... cette très antique culture du ‹Calendrier des Pléiades› dont le monde sudarabique et musulman... constitue la frange extrême occidentale...» (identisch mit «Asie des Moussons», ebd.), Aus den oben Anm. 222 zitierten Belegen geht hervor, daß der «Plejadenkalender» noch weit darüber hinaus verbreitet ist, in Afrika, Australien, Melanesien, Polynesien, Nord- und Südamerika.

sowie sonstigen Wetteränderungen nicht nur ein zeitlicher, sondern auch ein kausaler Zusammenhang angenommen wird; daher gehören weitere Einzelheiten unter die folgende Rubrik.

2. *Sternglaube und Sternmythen*

Am verbreitetsten ist der Glaube an den Einfluß der Sterne auf das *Wetter*. MUSIL fand in Arabia Petraea und bei den Ruala ein System von fünf Regenperioden, die dem Canopus, den Plejaden, dem Orion, Sirius und Arcturus zugeschrieben werden [224]. Weitaus der wichtigste ist der «Plejadenregen», der etwa im November fällt und auch sonst oft erwähnt wird [225]. Bei den 'Ötābe im Neǧd sind Plejaden und Orion die Regenbringer [226]; auch Kometen sollen zur Zeit der Frühjahrsregen erscheinen [227]. Dort wird aber auch Hitze, Wind und Staub auf bestimmte Sterne und Sternbilder zurückgeführt [228].

Daneben steht der Glaube an den Einfluß der Sterne auf *Menschen* und *Tiere*. Vor allem wird gefürchtet, daß die Strahlen der Sterne das Heilen von Wunden verhindern könnten [229]. Damit dürfte auch folgender Glaube der Sinai-Beduinen zusammenhängen: Eine Wurzel, die als Medizin gegen einen Wurm unter der Haut gebraucht wird, muß an derjenigen Seite des Busches ausgegraben werden, die nicht vom Canopus beschienen wird [230].

In einem bei MUSIL wiedergegebenen Gedicht ist einmal die Rede vom Einfluß des Canopus auf eine Kamelstute [231]; dabei handelt es sich aber vielleicht um eine bildliche Redensart für ein Mädchen.

---

[224] MUSIL, AP III 7f.; vgl. auch ebd. 245 (V. 2); MUSIL, Rwala 7–9, 13f.; vgl. auch ebd. 225 (V. 7), 226 (zu V. 7), 295 (V. 7), 298 (zu V. 7). Über den Einfluß des Canopus auf den Regen siehe auch VERNIER 201. [ ]

[225] Siehe MUSIL, AP III 7; vgl. auch ebd. 245 (V. 2); MUSIL, Rwala 9, 13, 225 (V. 7), 226 (zu V. 7); ROSCHER 124–127 [= 34–37]; BAUER 56; DALMAN, AS I/1, 38f., 123; CANAAN, JPOS 3 (1923) 31; CARRUTHERS 75; SERJEANT, Anth 49 (1954) 438f.

[226] HESS, Beduinen 65f.

[227] HESS, Beduinen 66.

[228] HESS, Beduinen 65f.

[229] MUSIL, Qusejr 'Amra I 23a; MUSIL, AP III 147; MUSIL, Rwala 399, 668. – In Arabia Petraea gilt Salz als Gegenmittel gegen den ungünstigen Einfluß der Sterne (MUSIL, AP III 147); auch Kamelurin, wegen seines Salzgehaltes: MUSIL, Qusejr 'Amra I 23a.

[230] JENNINGS-BRAMLEY, PEFQS 1906, 27.

[231] MUSIL, AP III 245 (V. 3). – Der Vergleich der Geliebten mit einer Kamelstute ist in der altarabischen Poesie häufig; vgl. GEORG JACOB, Altarabische Parallelen zum Alten Testament (Berlin 1897) 20.

Nach BURCKHARDT glaubten die Beduinen der Sinaihalbinsel zu seiner Zeit (Anfang des 19. Jahrh.), daß die Wanderungen der Heuschrecken durch die Stellung der Plejaden beeinflußt werden: «These animals arrive by way of Akaba (therefore from the East), towards the end of May, when the Pleiades are setting, according to observations made by the Arabs, who believe that the locusts entertain a considerable dread of that constellation. They remain there generally during a space of forty or fifty days, and then disappear for the rest of the year [231a].»

[115] Bei Beduinen in Palästina ist der Aufgang des Canopus die geeignetste Zeit zum Segnen, zum Verfluchen und zum Eid [232]. Wie MURRAY berichtet, findet sich bei Sinai-Beduinen der Glaube, daß glückliche und unglückliche Tage vom Durchgang des Mondes durch das Sternbild des Skorpions *(ʿAqrab)* abhängen; dieses Sternbild, wie es sie auffassen, füllt etwa ein Viertel des ganzen Himmels aus [233]. Schließlich wird, vor allem in Palästina und Arabia Petraea, manchen Konstellationen auch ein ungünstiger Einfluß auf die Erzeugung von Kindern zugeschrieben und daher zu bestimmten Zeiten der eheliche Verkehr unterlassen [234].

Bei den drei zuletzt genannten Beispielen ist mit dem Einfluß gelehrter Astrologie zu rechnen [235]; im übrigen bleibt aber noch genug bodenständig Arabisches an Sternglauben übrig (vgl. oben p. 90f.). *Sternmythen* sind schon oben (p. 91–93) erwähnt worden, da ihre Übereinstimmung mit den vorislamischen so frappierend ist. Beizufügen wäre hier nur noch der Glaube, daß die Sternschnuppen Geschosse sind, die gegen böse Geister geschleudert werden [236]; dieser Glaube ist aber spezifisch islamisch [237].

3. *Reste von Sternkult?*

Alle bisher zitierten Berichte wissen nichts von einem eigentlichen Sternkult. Nur aus Südostarabien liegen zwei diesbezügliche Angaben vor, die sehr eigenartig sind. So schreibt PALGRAVE: «When I got further on, after passing

---

[231a] BURCKHARDT 269. – Vgl. auch oben Anm. 27. [ ]

[232] CANAAN, JPOS 14 (1934) 88.

[233] MURRAY 165f. [ ]

[234] Besonders *al-Balda*, der sternleeren Gegend im Sternbild des Schützen (bei π Sagittarii; siehe HOMMEL, ZDMG 45 [1891] 605; MESNARD 7), wird eine solche unheilvolle Wirkung zugeschrieben; siehe MUSIL, AP III 208; DALMAN, AS I/1, 14. Über Einfluß anderer Sterne bzw. Sternbilder siehe MUSIL, AP III 313; OWEN 69 [ ]

[235] Vgl. ALBRIGHT, JAOS 60 (1940) 294 [ ].

[236] VERNIER 202.

[237] Vgl. EICHLER 74–76, 114f.; HENNINGER, NZM 4 (1948) 135, 287. [ ]

through the Wahabite kingdom, where I again found Mohammedanism, and drawing towards the Omàn kingdom, on the Persian Gulf, I once more lit upon the practices of fire-worship and of worshipping the sun ... Another thing that I noticed, and it was a very remarkable one, exceedingly surprised me ... I had seen notices in some of the Mohammedan books that the Sabaeans when they prayed turned to the north and not to the sun alone. *Now I found these people* in the interior of the country very often, not at morning and evening prayers – when they prayed, properly speaking, to the disc of the sun –, but at other times, *praying with their faces to the north;* and not only that, but *they gave the North Star* the name which in the Hebrew Bible, in the Book of Exodus, is attributed as the incommunicable title of God, *the well-known name composed of the letters JAH.* That name was given by them to the North Star, probably from an idea of its fixity, as being the only fixed point in the heavens, around which the rest of the universe seemed to turn. From that circumstance, they had given it the name of *JAH.* I only repeat what they say; for God forbid that any one should make anything like an improper allusion to the very name by which God revealed Himself to Moses in sacred history.

This fact, along with its natural explanation from the character of the North Star, and with the practice of their turning to the north, as well as the particularly simple form of fire-worship that exists, made me believe that this is not a new form of religion, but *a wreck of the old Sabaean religion,* which, as is well known, overspread almost the whole of Arabia before Mohammed's time [!]; for before his time idolatry, in its grosser form, was confined almost exclusively to the narrow strip near the Read Sea, where certain idols of rough hewn stone were adored, and of which some vestiges are still to be found. But the rest of Arabia practised fire-worship [!] and thus ... I [116] cannot doubt that these are the remains of the old Sabaean religion which had formerly occupied almost the whole of Arabia, and which we see yet exists in the lower part of Central Arabia, as well as in the eastern and southern provinces which form the kingdom of Omàn [238].»

Was ist von dieser höchst eigenartigen Angabe zu halten? Zunächst ist PALGRAVES religionsgeschichtliche Deutung unbedingt abzulehnen. Sie übernimmt die unhaltbaren Theorien der islamischen Historiker vom allgemein verbreiteten «Ṣabismus» (siehe dazu oben p. 96f.), fügt dazu noch die Verwechslung von Ṣabiern und Sabäern, dehnt den höchstens an der Ostküste stellenweise eingedrungenen persischen Feuerkult auf fast ganz Arabien aus, und was dergleichen krasse Irrtümer mehr sind. Darauf hat übrigens Sir HENRY RAWLINSON schon sofort in der Diskussion nach PALGRAVES

---

[238] PALGRAVE, PRGS 8 (1864) 80. [Hervorhebungen von mir. J. H.]

Vortrag hingewiesen; er fügt aber dann bei, daß er die Exaktheit vieler von PALGRAVE berichteter Einzelheiten bestätigen könne [239], äußert sich jedoch nicht über den angeblichen Kult des Polarsternes und die Anwendung des Namens Jah(weh) auf diesen. Da die Glaubwürdigkeit PALGRAVES aber außerordentlich umstritten ist [240], bleibt man auch hier skeptisch, trotz seiner Beteuerungen. Die Skepsis wird noch dadurch verstärkt, daß es nirgends eine Bestätigung für einen solchen Kult gibt, und daß dieser Kult mit seiner Begründung eher in die Konstruktion des «Ṣabismus» als in die wirkliche Beduinenreligion paßt.

Eine Bestätigung der Angaben von PALGRAVE scheint allerdings in einem ein Jahr später erschienenen Bericht von PELLY vorzuliegen, wo er über den Pariastamm der Selaib (Ṣulaib) [241] folgendes sagt: «They profess to reverence

---

[239] RAWLINSON, ebd. 81. – In der Buchausgabe seiner Reiseschilderung (1865) hat PALGRAVE die erwähnten Angaben in etwas zurückhaltenderer Form wiederholt; so schreibt er von den Bewohnern von 'Omān: «... their prayers are muttered in a low and inaudible voice, accompanied by inflexions and prostrations different from those employed in Mahometan devotion. Many on these occasions turn to the north, others in other directions, perfectly regardless of Qiblah or Ca'abah. Whether the name of ‹Yāh› or ‹Yāhee› (for I heard now one occur and now the other), which is by them, and by them alone, it would seem, applied to the polar star, has any connection with credence or worship, I am unable to say. Nor could I discover the etymology or special signification of the word; it is used throughout 'Omān, and on all coasts of the Persian Gulf frequented by 'Omānee sailors. Among Arabs elsewhere the Pole-star enjoys the less mystical title of ‹Djedee›, ‹the Goat›, or of ‹Mismār›, ‹the Nail›, from its ‹true-fixed and resting quality›, of which ‹there is no fellow in the firmament›. Venus, or ‹Zahra›, to give her the customary Arab name, here becomes ‹Farqad›, a term applied elsewhere to Arcturus in Boötes. ‹Semāk› is sometimes the name of the bright star in Capella, sometimes of Arcturus; ‹Semākān›, its dual form, often belongs to Gemini, or to two stars of the first magnitude in Cycnus [sic; zu lesen: Cygnus]. These latter names are anything but constant; Arabs seem to care as little about precision in their astronomical nomenclature as in everything else.» (Narrative II 263.) Zu vergleichen sind auch folgende Stellen, wo von der «sabäischen» (= ṣabischen) Religion und ihren Nachwirkungen die Rede ist, aber in bedeutend zurückhaltenderer Weise als im Text aus den PRGS: Narrative I 250f.; II 257–259, 264f. Die Angaben über Sternnamen sind teilweise anderweitig bestätigt (siehe oben Anm. 9, 17, 33, 195), teilweise finde ich keine Bestätigung dafür, vor allem nicht für den Namen *Yāh* als Bezeichnung des Polarsterns. – NIELSEN (Handbuch I 205) spricht von «honours paid to *Zahra*, the morning star» bei den heutigen Arabern, unter Berufung auf PALGRAVE, Narrative I 250. Tatsächlich liegt hier aber ein Irrtum NIELSENS vor; aus dem Kontext ergibt sich eindeutig, daß PALGRAVE an der zitierten Stelle vom Morgensternkult bei den vorislamischen Arabern spricht.

[240] Siehe die Belege bei HENNINGER, IAE 42 (1943) 7f.; ergänzend dazu: LITTMANN, Anth 35/36 (1940/41) [erschienen 1942/44] 1044.

[241] Siehe HENNINGER, Festschrift St. Gabriel 502–519.

Mecca, but state that their own proper place of pilgrimage is Haran in Irak or Mesopotamia. They say also that their principal people have some psalms and other books written in Chaldean or Assyrian. *They respect the Polar star, which they call Jah, as the one immoveable point which directs all travellers by sea and land. They reverence also a star in the constellation, called Jeddy, corresponding with Aries* [?] In adoring either of these heavenly bodies the Selaib stands with his face toward it, and stretches out his arms so as to represent a cross with his own body ... They pray three times a day: first, as the sun rises, so as to finish the prayer just when the entire disc is above the horizon; secondly, before the sun begins to decline from the meridian; and thirdly, so as to finish the prayer as the sun sets. It is [117] asserted, however, that the Selaib of Haran have pure forms of prayer, in the Assyrian or Chaldean ... [242].»

Man sieht aber sofort, daß dieser Bericht von PALGRAVE abhängig ist und die Ṣulaib zu Anhängern der ṣabischen Religion macht, wie PALGRAVE die Bewohner bestimmter Gegenden in ʿOmān. Daß PELLY die Bezeichnung Jeddy *(el-ǧidī)*, den Namen des Polarsterns (siehe oben p. 112) auf das Sternbild des Widders bezieht, spricht auch nicht für die Zuverlässigkeit seiner Angaben [243]. Sonstige Bedenken gegen den Bericht von PELLY habe ich schon an anderer Stelle geäußert [244]. Da also die beiden hier genannten Berichte in Wirklichkeit nur eine einzige Quelle darstellen und einer Reihe von starken Bedenken unterliegen, ist das Ergebnis dieser Untersuchung, daß *kein zuverlässiger Bericht über Sternkult im heutigen Arabien* vorliegt [245]. Wohl aber finden sich in Sternglauben und Sternmythen beachtenswerte Übereinstimmungen mit dem vorislamischen Arabien.

---

[242] PELLY 190. [Hervorhebungen von mir. J. H.]

[243] Vgl. dazu oben Anm. 199.

[244] HENNINGER, Festschrift St. Gabriel 511f. – Außerdem existiert ja Ḥarrān schon längst nicht mehr als Stadt (es wurde im 13. Jahrh. durch die Mongolen zerstört, siehe oben Anm. 62 am Schluß), sondern nur noch als ein ziemlich armseliges Dorf zwischen Ruinen älterer Gebäude (vgl. T. H. WEIR, EI II [1927] 286b–287a [Art. Ḥarrān]) [ ] Nach PELLY hätte es dagegen noch um 1865 eine blühende, volkreiche Metropole gewesen sein müssen, in der «Assyrisch oder Chaldäisch» als Kultussprache gebraucht wurde! Der phantastische Charakter solcher Angaben ist offenkundig. [ ]

[245] Einen Rest von Sternkult könnte man höchstens noch in einer Schwurformel sehen, die DALMAN in Petra erfahren hat. Beim Eid wegen Grenzstreitigkeiten sagt der Beschwörende zu demjenigen, der schwören muß. *haṭṭēt es-shēl bēn ʿujūnak wil-dschidi bēn mtūnak inno hādha el ḥadd.* «Ich lege (das Gestirn) Sirius zwischen deine Augen und das Steinbockgestirn zwischen deine Seiten, daß dieses die Grenze ist.» (ZDPV 62 [1939] 59). Man kann daraus aber kaum irgendwelche sicheren Schlüsse ziehen. [ ]

Schluß

Die Untersuchung hat ergeben, daß manche herkömmliche Vorstellungen vom Sternkult in Arabien erheblich reduziert werden müssen. Während in den altsüdarabischen Hochkulturen wie auch im alten Mesopotamien die Religion einen stark astralen Charakter hatte, besaß Zentral- und Nordarabien wohl ein gewisses (und nicht zu unbedeutendes) Maß von praktischer Sternkenntnis, dazu auch einen, sicher nur trümmerhaft erhaltenen, Bestand an Sternmythen und Vorstellungen über die Wirkungen der Sterne; ein eigentlicher Kult kann aber nur für den Venusstern, und selbst hier nur mit einem hohen Grad von Wahrscheinlichkeit, behauptet werden.

ADDENDA ET CORRIGENDA

Rezensionen dieses Artikels:

ZDMG 105 (N. F. 30) (1955) 366f. (ALFRED SIGGEL)
OLZ 51 (1956) Sp. 145f. (A. SPITALER)
Arabica 3 (1956) 130f. (CH. P[ELLAT]).

Über die Stellungnahme von A. CAQUOT (1958), M. J. DAHOOD (1958) und H. GESE (1970) zum vorstehenden Artikel cf. HENNINGER, Anth 71 (1976) 157 f.

Anm. 1: Siehe jetzt die Studien von PAUL KUNITZSCH, bes.: Arabische Sternnamen in Europa (Wiesbaden 1959); Untersuchungen zur Sternnomenklatur der Araber (Wiesbaden 1961); vgl. auch E. S. KENNEDY, A Survey of Islamic Astronomical Tables (Philadelphia 1956). Zur arabischen Astrologie siehe jetzt: TOUFIC FAHD, La divination arabe (Strasbourg 1966) 468f., 478–497 und die dort zitierte Literatur. Cf. auch: WILHELM EILERS, Sinn und Herkunft der Planetennamen. (Bayerische Akademie der Wissenschaften. Phil.-hist. Klasse, Sitzungsberichte, Jahrg. 1975, Heft 5 [München 1976]), bes. über *Merrīḫ*, Mars: 76–78, 100; *Muštarī*, Jupiter: 84f., 100, 115b (Index s.h.v.); *ʿUṭārid*, Merkur: 51–53, 117a (Index s. h. v.); *Zuhara*, Venus: 55, 62, 117b (Index s. h. v.); *Zuḥal*, Saturn: 91f., 117b (Index s. h. v.); FUAT SEZGIN, Geschichte des arabischen Schrifttums VI: Astronomie bis ca. 430 H. (Leiden 1978); die Astrologie wird in einem späteren Band behandelt werden (cf. ebd., Vorwort, p. XIII).

Anm. 2: CH. PELLAT weist in seiner Rezension (siehe oben) auf eine mir damals noch unbekannte Arbeit hin: A. BENHAMOUDA, Les noms arabes des étoiles. AIEOA 9 (1951) 76–210; auch Prof. GIORGIO LEVI DELLA VIDA erwähnte in einem Brief vom 12.10.54 «il lungo articolo di A. BENHAMOUDA... che tuttavia è *confuso e poco originale*» [Hervorhebung von mir. J. H.]; ich gehe daher auf diesen Artikel nicht näher ein. Zum Artikel von MESNARD (cf. oben Anm. 1) schrieb mir Dr. PAUL KUNITZSCH am 10.7.1954: «... den Aufsatz von MESNARD... schätze ich nicht sehr hoch ein. Zwar sind die gebotenen Formen grammatisch einwandfrei; aber es bleibt im einzelnen völlig unklar, welchen Quellen der jeweilige Name entstammt; vielfach handelt es sich auch gar nicht um «Namen» im eigentlichen Sinne, sondern nur um die aufs Wesentliche reduzierte Formel, mit der PTOLEMÄUS (und die daraus übersetzenden Araber) einen Stern bezeichneten. Dazu kommt die mir sehr befremdliche Tendenz, altarabische Sternnamen aus Ägypten herzuleiten... Für altarabische Sternnamen ... bis zum 10. Jahrhundert etwa ist die zuverlässigste, ausführlichste Quelle ṢŪFĪ's Darstellung [cf. oben Anm. 12, 41]...; in zweiter Linie folgt IDELER's QAZWĪNĪ-Ausgabe mit dem reichlich beigefügten Kommentar.» [Zu QAZWĪNĪ cf. oben Anm. 50].

Anm. 4: Cf. KUNITZSCH 1961, 21f., über die Tierkreisbilder.

Anm. 6, Z. 4: Abdruck des Artikels «Das Opfer in den altsüdarabischen Hochkulturen» siehe unten Nr. 7; dort auch neuere Literatur zu Sternkunde und Sternkult im alten Südarabien.

Anm. 6, am Ende: Cf. jetzt HÖFNER, Art. *Ḥāw(i)l (ḤWL)*, WdM I/1 (1965) 510; HÖFNER, RdM 10/2 (1970) 294.

Anm. 9: Über den Namen *Zuhara* in einer islamischen Legende cf. FAHD, Divination, 70f., Anm. 4 (zu p. 70).

Anm. 12: KUNITZSCH (1961, 35–120) zählt 329 arabische Sternnamen auf. Es ist aber durchaus nicht sicher, daß alle diese Namen bei den Beduinen gebräuchlich waren; cf. ebd. 16–21, 26–34, bes. 30: «Die nähere Untersuchung der Quellen führt uns in den Bereich der arabischen Philologen und Lexikographen, deren Sammlungen der Nachwelt die erstaunlich große Anzahl von über dreihundert Gestirnnamen weitergegeben haben. Hiervon erweist sich... höchstens ein Sechstel, also rund fünfzig, als echte weithin bekannte Eigennamen. In den verbleibenden fünf Sechsteln haben wir offensichtlich Kunstprodukte der Poesie vor uns, die nicht als Bestandteil der im Lande üblichen Nomenklatur angesehen werden können.»

Anm. 13: KUNITZSCH bezweifelt, daß *Farqad* im Singular und als Bezeichnung für den Polarstern vorkommt; cf. Addendum zu Anm. 19. – Die alte Bezeichnung für den Polarstern war *al-ǧady* [*ǧadī*], «der Bock», bzw. *al-ǧudayy*, «das Böckchen»; cf. KUNITZSCH 1961, 62f. (Nr. 107a und 107b); derselbe Name kann auch das Sternbild des Steinbocks bezeichnen, daher wird der Polarstern manchmal durch einen Zusatz von diesem unterschieden; cf. KUNITZSCH 1959, 112f. (Nr. 20); 1961, 62f. Eine wahrscheinlich jüngere Bezeichnung des Polarsternes ist *ar-rukba;* cf. KUNITZSCH 1959, 67f. (Nr. 9). Zu *al-ǧadī* = Polarstern cf. auch oben p. 91f. mit Anm. 33–36, p. 112 mit Anm. 199.

Anm. 14: Cf. KUNITZSCH, 1959, 208–210 (Nr. 185); ders., 1961, 106f. (Nr. 272a-c, 273, 273a-f); cf. auch ebd. 18f., 90 (Nr. 210); FAHD, Divination, 71 (Anm. 4 zu p. 70, Ende).

Anm. 15: = α Tauri; KUNITZSCH, 1959, 70 (Nr. 18), 109f. (Nr. 16); ders., 1961, 51 (Nr. 69).

Anm. 16: Cf. KUNITZSCH, 1961, 19, 46 (Nr. 47–48).

Anm. 17: Zu *aš-Šiʿrā*, Sirius, cf. KUNITZSCH, 1959, 117–119 (Nr. 26); cf. auch ebd. 21, Anm. 2, 72 (Nr. 23), 73f. (Nr. 25), 160f. (Nr. 93); ders., 1961, 111f. (Nr. 289a-b, 290a-b); cf. auch ebd. 21, 78 (Nr. 164c). – Zu *as-Simāk* (zuweilen mit Beinamen versehen und mit verschiedenen Sternen identifiziert) cf. KUNITZSCH, 1959, 78 (Nr. 39), 79 (Nr. 41), 133–135 (Nr. 46), 146f. (Nr. 66); ders., 1961, 105 (Nr. 269–270); cf. auch ebd. 16f., 20, 21, 44 (Nr. 40), 80 (Nr. 167), 97 (Nr. 245), 112 (Nr. 294). – Zu *as-Sunbula*, die Ähre, cf. KUNITZSCH, 1961, 22, 108 (Nr. 275).

Anm. 18: Cf. KUNITZSCH, 1959, 145f. (Nr. 65); ders., 1961, 115 (Nr. 307–309). – Die Angabe von MESNARD (7), daß diese Bezeichnung sich erst bei QAZWĪNĪ finde, ist unrichtig; sie findet sich bereits im 10. Jahrh. bei AṢ-ṢŪFĪ (cf. oben Anm. 12, Anm. 41, und Addendum zu Anm. 2).

Anm. 19: KUNITZSCH 1959, 192f. (Nr. 156); ders., 1961, 58 (Nr. 96); *al-Farqadān* bezeichnet nicht α und β, sondern β und γ Ursae Minoris; der Polarstern (α Ursae Minoris) gehört also nicht zu diesem Paar. In den von VERNIER und HESS tradierten Erzählungen (oben p. 91f. mit Anm. 33–36) sind diese beiden Sterne als *Ḥawağizūn(a)* bzw. *Ḥuwaiğizūn(a)* deutlich vom Polarstern unterschieden (darauf machte mich Dr. PAUL KUNITZSCH bereits in einem Brief vom 10.7.1955 aufmerksam).

Anm. 20: Cf. KUNITZSCH, 1959, Index s. v. Ursa Maior (237 oben, 238 oben).

Anm. 21: Cf. auch oben Anm. 29, 37, 65, 205–206, 221–226, 231a. – Über die Plejaden cf. KUNITZSCH, 1959, 69f. (Nr. 16); cf. auch ebd. 55, Anm. 1, 144 (Nr. 63), 176 (Nr. 121), 182 (Nr. 134), 186 (Nr. 144); ders., 1961, 114f. (Nr. 306); cf. auch ebd. 19, 46 (Nr. 48), 77 (Nr. 160b), 90 (Nr. 209), 97 (Nr. 239); (eine alte Bezeichnung für die Plejaden ist *an-nağm*, «der Stern»; cf. KUNITZSCH, 1961, 84 [Nr. 186], 113 [Nr. 298]); EILERS, Planetennamen (wie im Addendum zu Anm. 1) 58, Anm. 140; cf. auch ebd. 136b (Index s. v. Plejaden); FAHD, Le panthéon de l'Arabie centrale à la veille de l'hégire (Paris 1968) 301a, Index s. v. Pléiades. – Über die Plejaden bei anderen semitischen Völkern (bes. in Mesopotamien) cf. JEAN BOTTÉRO in: FRANCESCO GABRIELI [ed.], Le antiche divinità semitiche (Roma 1958) 48f., 55, 62; SABATINO MOSCATI, ebd. 126; HAUSSIG, WdM I/1 (1965) 590a, Index s.v. Plejaden. – Gegen die (von MESNARD und BENHAMOUDA vertretene) Ableitung des Namens aus dem Ägyptischen (cf. oben Anm. 29) cf. jetzt KUNITZSCH, 1959, 55, Anm. 1. – Über *Ṯurayā* als Frauenname cf. die Belege oben Anm. 8; dazu jetzt: WERNER CASKEL, *Ğamharat an-nasab* (Leiden 1966) II 554b (Index s. h. v.)

Anm. 22: Cf. KUNITZSCH, 1959, 72 (Nr. 22), 150f. (Nr. 72); cf. auch ebd., 70f. (Nr. 19), 71 (Nr. 21), 72f. (Nr. 24), 154 (Nr. 78), 184 (Nr. 139), 195 (Nr. 161), 198 (Nr. 164); ders., 1961, 23–25; cf. auch ebd., 19f., 21, 44 (Nr. 39), 56 (Nr. 88), 65 (Nr. 115b), 75 (Nr. 148a-b, 149), 77 (Nr. 158), 88 (Nr. 202b), 89 (Nr. 204), 93f. (Nr. 225), 96 (Nr. 237), 97 (Nr. 241), 98f. (Nr. 251a-b), 112f. (Nr. 295), 116 (Nr. 311b, 317a).

Anm. 23: Cf. CH. PELLAT, Dictons rimés, *anwā'* et mansions lunaires chez les Arabes. Arabica 2 (1955) 17–41; CH. PELLAT, Art. *Anwā'*. EI [2]I (1960) 523a–524a (französische Ausgabe: 538b–540a); FAHD, Divination, 412–417; KUNITZSCH 1959, 53–57; ders. 1961, 11–34 passim, und die dort zitierte Literatur.

Anm. 24: Cf. KUNITZSCH 1961, 21f.

Anm. 26: Zum Einfluß der Sterne auf das Wetter cf. FAHD, Divination, 412–417.

Anm. 27: Zum Sternnamen *fam al-ḥūt* cf. jetzt KUNITZSCH 1959, 164f. (Nr. 101); cf. auch ebd., 84 (Nr. 61); ferner KUNITZSCH, 1961, 13, 26, 68f. (Nr. 126a–b); das Sternbild *al-ḥūt*, «der Fisch», ist wahrscheinlich nicht altarabischen, sondern griechischen Ursprungs. – Was die Beziehung zwischen Heuschrecken und Fischen angeht, cf. auch T. KOWALSKI, WZKM 31 (1924) 202 (Belege für die Ansicht, daß Heuschrecken durch «das Niesen des Fisches» entstehen); ERWIN GRÄF, Jagdbeute und Schlachttier im islamischen Recht (Bonn 1959) 344, Anm. 273 (Belege für Entstehung der Heuschrekken aus Fischrogen). Zweifelhaft bleibt dagegen, ob solche Vorstellungen etwas mit dem genannten *Stern* zu tun haben. Dazu schrieb mir Prof. ERWIN GRÄF (11.10.1954): «Philbys Vermutung ist äußerst geistreich, aber wohl kaum zutreffend. Voraussetzungen der Richtigkeit wären: 1. daß die Heuschrecken aus dem Süden kämen; das trifft wohl nicht allgemein und überall zu ... Allerdings könnte die Ansicht dort entstanden sein, wo es stimmt. 2. daß der *ḥūt ǧanūbī*, oder der *fam al-ḥūt*, ein für die Südrichtung repräsentatives Gestirn ist. 3. daß in dem angezogenen *ḥadīṯ* steht, die Heuschrecken stammten aus dem *Maul* des Fisches. Im *ḥadīṯ* ... heißt es: ... die Heuschrecke ist das Niesen (= das Produkt des Niesens, das Ausgenieste, s. Lane s. *nṯr*) *von großen Fischen* im Meer. Jacobs Übersetzung «*eines* großen Meerfisches» ist irreführend. – Es gibt aber auch *ḥadīṯe*, die wissen, daß die Heuschrecken aus Eiern entstehen... Alle diese *ḥadīṯe* wollen begründen, warum die Heuschrecken hinsichtlich des Schlachtens den Fischen gleichgestellt sind, d. h. keine Schlachtung nötig haben und doch nicht *maita* (Aas) sind. ... Ich will damit nicht sagen, die der pia fraus viel beschimpften frommen *fuqahā* [Rechtsgelehrten] hätten sich diese Ansicht ganz selbständig ausgedacht, aber sie haben sie für ihre Deduktionen adaptiert. Ein diesbezüglicher allgemeiner arabischer Volksglaube ist aus unseren alten Quellen nicht festzustellen. Leider!»

Anm. 29, Z. 1: Cf. jetzt HÖFNER, Artikel Sternsagen. WdM I/1 (1965) 468f.

Anm. 29 am Ende: Gegen die Ableitung des Namens *aṯ-ṯurayyā* aus dem Ägyptischen cf. Addendum zu Anm. 21.

Anm. 30: Cf. KUNITZSCH 1959, 149f. (Nr. 71); cf. auch ebd. 78 (Nr. 40); ders., 1961, 12, Anm. 2, 20, 48 (Nr. 55–57), 57 (Nr. 91), 62f. (Nr. 107a und 107b), 104 (Nr. 264–265). – Zu HOMMELS Äußerungen cf. ENNO LITTMANN: «... Wenn Hommel mit seiner Ableitung des Wortes *naʿš* ... ZDMG 45 [1891] 594 recht haben sollte – was mir aber nicht sicher ist – so muß doch die Auffassung des Sternbildes als einer Bahre uralt sein, da auch die Abessinier sie kennen...» (Beiträge zur Kenntnis des Orients 6 [1908] 57; cf. den Kontext 57f.; ferner LITTMANN, ARW 11 [1908] 303f., 309–311 (Nr. 4–6); ders., PPEA I 57–60 (Nr. 46–48, Tigrē-Text); II 61–64 (Nr. 46–48, englische Übersetzung).

Anm. 31: Eine andere Variante berichtet EILERS (Planetennamen [wie Addendum zu Anm. 1] 100): «... Im südlichen Irak erklärte man mir am nächtlichen Himmel den Mars als rotglühenden Maǧnūn, der sich in Liebe zur schönen Lailā, dem Jupiter, verzehre» (nach dem Kontext wurde ihm dies von *Beduinen* so erklärt).

Anm. 33: Zu *al-ǧadī* = Steinbock cf. KUNITZSCH, 1961, 22.

Anm. 36: Cf. auch C. BAILEY, BSOAS 37 (1974) 583f.

Anm. 37: Cf. auch C. BAILEY, BSOAS 37 (1974) 590, Anm. 38.

Anm. 38: Cf. KUNITZSCH 1959, 151 (Nr. 72); ders., 1961, 23, 116 (Nr. 317a).

Anm. 41: KUNITZSCH 1959, 25f., 29; ders. 1961, 9f., 29f.

Anm. 45: Über den vorislamischen arabischen Kalender cf. jetzt J. HENNINGER, Les fêtes de printemps chez les Sémites et la Pâque israélite (Paris 1975) 38f. mit Anm. 63–65 und die dort zitierte Literatur; cf. auch ibid. 220, Index s. v. calendrier.

Anm. 47: FAHD, Panthéon (cf. Addendum zu Anm. 21) spricht von «prédominance du caractère astral» in der vorislamischen arabischen Religion (a. a. O. 18; cf. auch 178f.,

181). In meiner Rezension dieses Buches (Anth 65 [1970] 309–315, bes. 311f. mit Anm. 11–16) mußte ich darauf hinweisen, daß diese allgemeine Aussage durch eine genaue Untersuchung der in seiner Liste behandelten Gottheiten nicht gestützt wird.

Anm. 50: KUNITZSCH 1959, 33f.; ders., 1961, 10.

Anm. 60: E. ULLENDORFF, Art. Bilḳīs. EI ²I (1960) 1219b–1220b.

Anm. 62, Z. 16: Cf. jetzt: WERNER CASKEL, *Ǧamharat an-nasab*. Das genealogische Werk des Hišām ibn Muḥammad al-Kalbī. 2 Bde. (Leiden 1966); dazu die ausführliche Besprechung: J. HENNINGER, Altarabische Genealogie. (Zu einem neuerschienenen Werk.) Anth 61 (1966) 852–870.

Anm. 69: Nach brieflicher Mitteilung von Dr. PAUL KUNITZSCH (10.7.1955) wird die ganze Hyaden-Gruppe noch bis ins Mittelalter hinein als *ad-dabarān*, der Stern α Tauri als *nayyir ad-dabarān* bezeichnet. Cf. auch Addendum zu Anm. 15.

Anm. 75: Weitere Literatur über die ḥarrānischen Pseudo-Ṣabier, besonders über ihren Planetenkult und die angeblich damit verbundenen Menschenopfer, siehe bei HENNINGER, Anth 53 (1958) 783f. mit Anm. 259–264; Anth 71 (1976) 145f. mit Anm. 62–64.

Anm. 76: Obwohl bereits WELLHAUSEN (Reste 72) ziemlich skeptisch gegenüber dieser Legende war, wird sie von manchen neueren Autoren noch immer in gewissem Grade angenommen, so z.B. von BERNHARD KÖTTING, Peregrinatio religiosa (Münster i. W. 1950) 75, Anm. 384; er beruft sich in allgemeiner Weise auf die islamische Tradition und nimmt «Tagesgötter als Diener des Sonnengottes» an. L. J. M. GAUDEFROY-DEMOMBYNES schreibt in seinem letzten Werk (Mahomet [Paris 1957] 49): «La légende qui orne les murs intérieurs de la Kaʿba avec les figures de trois cent soixante idoles, aussi nombreuses que les journées de l'année lunaire, se légitime peut-être par le souci qu'avaient les Quraïchites d'attirer à leur temple les adorateurs de tous les dieux.» Ebenso sieht auch JOSEPH CHELHOD, Introduction à la sociologie de l'Islam (Paris 1958), bes. 7, 118–120, in dieser Erzählung den Ausdruck dafür, daß Mekka das Zentrum einer arabischen Nationalreligion mit einem entsprechenden Pantheon geworden war (zur Kritik seiner Theorie über die Entwicklungsstadien der vorislamischen arabischen Religion cf. HENNINGER, Anth 58 [1963] 450–458). FAHD, Panthéon (cf. Addendum zu Anm. 21) 31, 250, nimmt die Zahl 360 nicht ernst, sondern sieht in ihr nur den symbolischen Ausdruck der Vielfalt der Gottheiten im vorislamischen Arabien; im Gegensatz zu CHELHOD nimmt er kein geordnetes Pantheon, sondern einen chaotischen Zustand, eine religiöse Anarchie an (cf. a. a. O., 96, 179, 249f., 253); cf. HENNINGER, Anth 65 (1970) 311 mit Anm. 10.

Anm. 77: Cf. jetzt HÖFNER, WdM I/1 (1965) 528–533 (Art. *Šams*); HÖFNER, RdM 10/2 (1970) 245f., 252f., 272–277, 283f., 291f., 294.

Anm. 79, Z. 7: Über die Weinlibationen des Königs Gadhîma zu Ehren der Farqadān cf. auch JACOB 105. – Prof. G. LEVI DELLA VIDA machte mich (in einem Brief vom 12.10.1954) darauf aufmerksam, daß dieser König keine mythische Persönlichkeit ist, sondern daß seine historische Existenz durch eine griechisch-nabatäische Bilingue bezeugt ist; er fügt jedoch bei: «naturalmente la sua storia coi 'due commensali' è sì mitica». (Über die Geschichte von den beiden Zechgenossen, die dieser König – oder ein anderer König seiner Dynastie – im Jähzorn lebendig begraben ließ, cf. HENNINGER, Anth 53 [1958] 736 mit Anm. 21–24 und die dort zitierte Literatur).

Anm. 79 am Ende: Zu *an-nasr aṭ-ṭā'ir* cf. KUNITZSCH, 1959, 138f. (Nr. 52); ders., 1961, 21, 86 (Nr. 194a); zu Wega: KUNITZSCH, 1959, 218 (Nr. 198).

Anm. 82: HÖFNER, RdM 10/2 (1970) 361–363 (über die drei Göttinnen im allgemeinen); ebd. 373, 388 (über ihr Vorkommen bei den Thamūd), und die dort zitierte Literatur.

Anm. 85, Z. 4: HÖFNER, WdM I/1 (1965) 454f.; HÖFNER, RdM 10/2 (1970) 361f.; über *Manāt* bei den Thamūd: ebd. 377; FAHD, Panthéon (cf. Addendum zu Anm. 21) 300b (Index s. v. *Manât*); über den Kult der *Manāt* in Palmyra cf. JEAN STARCKY in MAURICE BRILLANT et RENÉ AIGRAIN, Histoire des Religions IV (Paris s. a. [1956]) 214f.; JEAN STARCKY, Inscriptions archaïques de Palmyre, in: Studi orientalistici in onore di Giorgio Levi Della Vida (Roma 1956) II 509–528, bes. 516–519.

Anm. 85, Z. 9: Zum künstlichen Charakter der Genealogien vgl. jetzt WERNER CASKEL, *Ǧamharat an-nasab* (siehe Addendum zu Anm. 62).

Anm. 86, Z. 4: vgl. die oben zu Anm. 85, Z. 4 zitierten Belege.

Anm. 86, am Ende: HELMER RINGGREN, Studies in Arabian Fatalism (Uppsala–Wiesbaden 1955), bes. 5–85, 199–203.

Anm. 88: Zu diesem Namen äußerte sich LEVI DELLA VIDA skeptisch: «... Non credo che il dio *Wadd* sia mai stato un dio dell'amore; probabilmente la sua omofonia col nome comune '*wadd*' è casuale.» (Brief vom 12.10.1954).

Anm. 89: RENÉ DUSSAUD, La pénétration des Arabes en Syrie avant l'Islam (Paris 1955) 142 wiederholt die Deutung, die er schon 1907 vertreten hatte: *al-'Uzzā* als Morgenstern und *Manāt* als Abendstern sind zwei Hypostasen von *Allāt;* cf. auch FAHD, Panthéon (wie oben zu Anm. 85) 176f., der ebenfalls alle drei Göttinnen als Erscheinungsformen der Venus auffaßt, aber in etwas anderer Weise. Vgl. dazu: HÖFNER, WdM I/1 (1965) 422f., 454 (rein referierend); HÖFNER, RdM 10/2 (1970) 361f. (reservierter); HENNINGER, Anth 71 (1976) 138, Anm. 33.

Anm. 90: DOMINIQUE SOURDEL, Les cultes du Hauran à l'époque romaine (Paris 1952) 69–74; cf. auch Index s. vv. Allat, Athéna (125); STARCKY in BRILLANT et AIGRAIN IV (cf. Addendum zu Anm. 85) 211–213, 218, 231; CASKEL in SABATINO MOSCATI, Le antiche divinità semitiche (Roma 1958) 114, 117; MOSCATI, ibid. 122; HÖFNER, WdM I/1 (1965) 422–424; HÖFNER, RdM 10/2 (1970) 362, 371, 375, 383–385; FAHD, Panthéon (1968) 111–120; cf. auch Index s. h. v. (300a).

Anm. 91: FAHD (Panthéon, 111–114, 116) kommt allerdings wieder auf die traditionelle Etymologie zurück, aber seine Ausführungen sind nicht überzeugend; cf. Anth 65 (1970) 309 mit Anm. 2; allerdings bleiben seine Bedenken gegen die Ableitung von *al-ilāhat* beachtenswert.

Anm. 92: Vgl. HÖFNER, WdM I/1 (1965) 473f. (Art. Urania).

Anm. 93: Vgl. Addendum zu Anm. 90; cf. auch DUSSAUD, Pénétration (1955) 132, 134, 137, 138, 141–143, 145. – In einer Zuschrift vom 19.10.1954 hatte G. RYCKMANS die Frage aufgeworfen, ob in der ṣafaitischen Form *h-lt* das *h* vielleicht nicht als Artikel, sondern als Vokativpartikel zu verstehen sei. Auf eine entsprechende Anfrage antwortete Frau Prof. MARIA HÖFNER jetzt (31.10.1976): «In den ṣafaitischen Inschriften wird *h-lt* doch am wahrscheinlichsten 'O *Lāt* 'heißen, *h* also Vokativ-Partikel sein und nicht Artikel; vgl. z. B. LITTMANN, Safaitic Inscriptions, Vocabulary, S. 308b.» – Zur Gottheit *Ruḍā* cf. jetzt HENNINGER, Anth 71 (1976) 135f., Anm. 24, und die dort zitierte Literatur.

Anm. 94: Vgl. Addendum zu Anm. 90; cf. auch DUSSAUD, Pénétration (1955) 44–46, 58, 60f. (Nabatäer), 72, 90, 101–103, 113, 115 (Palmyra). – In hellenistischer Zeit wird *Allāt* dort mehrfach mit *Athena* gleichgesetzt; cf. SOURDEL (1952) 66, 74; HÖFNER, WdM I/1 (1965) 423.

Anm. 101, Z. 6: Zu den «beiden 'Uzzā» vgl. auch STARCKY in BRILLANT et AIGRAIN (cf. Addendum zu Anm. 85) 218; CHELHOD, Introduction à la sociologie de l'Islam 119.

Anm. 102: Über eine Mondgöttin in Ugarit, die aber sumerischer Herkunft zu sein scheint, siehe die Belege bei HENNINGER, Anth 71 (1976) 162, Anm. 122 (Ende).

Anm. 105–179: Vgl. jetzt J. HENNINGER, Zum Problem der Venussterngottheit bei den Semiten. Anth 71 (1976) 129–168; EILERS, Planetennamen (wie im Addendum zu Anm. 1) 55–66; cf. auch ebd. 138a (Index s. v. Venus).

Anm. 112: Cf. HENNINGER, Anth 71 (1976) 136 mit Anm. 27 und die dort zitierte Literatur.

Anm. 113: Cf. HENNINGER, Anth 71 (1976) 131–134 mit Anm. 6–19 (über Südarabien), 139–143 mit Anm. 38–54 (über Ugarit), 152–162 mit Anm. 93–125 (über die *'Aṯtar – Ištar*-Gottheit im allgemeinen), und die dort zitierten Belege; ferner: FRITZ STOLZ, Strukturen und Figuren im Kult von Jerusalem. Studien zur altorientalischen, vor- und frühisraelitischen Religion (BZAW 118, Berlin 1970) 142–144, 181–218 passim (bes. über die Gottheiten *'Aṯtar, Šaḥar* und *Šalim* und ihre historischen Zusammenhänge).

Anm. 113a: Jetzt schreibt HÖFNER: «Der Name entspricht genau nordarab. *al-'Uzzā;* ... wahrscheinlich ist auch die damit benannte Gottheit von Norden her nach Südarabien gekommen.» (WdM I/1 [1965] 548, Art. 'Uzzayān). Vgl. auch HÖFNER, RdM 10/2 (1970) 275f., 287, 362.

Anm. 120: Siehe jetzt: J. HENNINGER, Ist der sogenannte Nilus-Bericht eine brauchbare religionsgeschichtliche Quelle? Anth 50 (1955) 81–148.

Anm. 124: KLAUS E. MÜLLER, Kulturhistorische Studien zur Genese pseudo-islamischer Sektengebilde in Vorderasien (Wiesbaden 1967), bes. 311–314, und FAHD, Panthéon (1968), bes. 176–182, greifen erneut auf die Aussagen syrischer und griechischer Autoren über den Kult in Mekka zurück; cf. dazu HENNINGER, Anth 71 (1976) 136–138 mit Anm. 26–36.

Anm. 125–127: Neuerdings werden auch noch weitere Teile der JOHANNES VON DAMASKUS zugeschriebenen Werke in ihrer Echtheit angezweifelt; cf. ARMAND ABEL, Le chapitre CI du Livre des Hérésies de Jean Damascène: son inauthenticité. Studia Islamica 19 (1963) 5–25. Demnach wären diese Angaben noch späteren Datums und noch weniger verläßlich, als bisher schon angenommen.

Anm. 141: Cf. HENNINGER, Anth 71 (1976) 146 mit Anm. 67.

Anm. 144: Cf. ARTHUR BERNARD COOK, Zeus. A Study in Ancient Religion. III/1 (Cambridge 1940) 907–920 [dieses Werk war mir 1954 noch nicht bekannt]; DOMINIQUE SOURDEL, Les cultes du Hauran à l'époque romaine (Paris 1952) 59–68 (cf. auch 127b, Index s. v. Dusarès); RENÉ DUSSAUD, La pénétration des Arabes en Syrie avant l'Islam (Paris 1955) 41f., 45f., 56–61, 66, 68, 128, 130, 134, 147; G. RYCKMANS, EI [2]II (Leiden 1965) 246a–247b (Art. *Dhū 'l-Sharā*); JEAN STARCKY, DBS VII (1966) col. 986–993, 994–1016 passim (im Artikel: Pétra et la Nabatène, ebd., col. 886–1017);

HÖFNER (und E. MERKEL), WdM I/1 (1965) 433–435 (Art. *Dusares*); cf. auch ebd. 419f. (Art. *'A'arra*), 425f. (Art. *Ares*), 432 (Art. *Chaabu*), 459f. (Art. *Orotal[t]*); T. FAHD, Le panthéon (cf. Addendum zu Anm. 21) 71–75, 169, Anm. 6, 204 mit Anm. 1 und 2, 299a (Index s. v. *Ḏū š-Šarā, Dusarès*): A. CAQUOT, Syria 47 (1970) 189b; JACQUELINE PIRENNE, La religion des Arabes préislamiques d'après trois sites rupestres et leurs inscriptions, in: *Al-Bāḥiṯ*. Festschrift Joseph Henninger zum 70. Geburtstag am 12. Mai 1976 (St. Augustin 1976) 177–217, bes. 198–200, 207–210, und die in diesen Arbeiten zitierte Literatur. – Wenn *Dusares* von dem byzantinischen Lexikographen SUIDAS (um 1000 n. Chr.) mit *Ares* identifiziert wird (cf. G. RYCKMANS, EI ²II [1965] 246b), so beruht das auf einer «étymologie fantaisiste» (SOURDEL, a. a. O. 59 mit Anm. 1 und 2; cf. auch A. B. COOK, Zeus. III/1 [1940] 911: «... a piece of puerile etymology»).

Anm. 152–155: Zu J. NOIVILLE cf. jetzt: HENNINGSR, Anth 71 (1976) 137f. mit Anm. 32, 148f. mit Anm. 77–79.

Anm. 152–153: Zur Gottheit *Atarsamain* cf. jetzt HENNINGER, Anth 71 (1976) 148f. mit Anm. 77–79; siehe auch Addendum zu Anm. 168.

Anm. 157: Cf. jetzt HENNINGER, Anth 71 (1976) 129f. mit Anm. 2 und 3, 161f. mit Anm. 121–125.

Anm. 158: Die Fragestellung von DHORME ist nicht adäquat; es ist auch weiter zu fragen, ob nicht vor den männlichen und weiblichen Venussterngottheiten eine doppelgeschlechtige oder geschlechtlich nicht differenzierte Gottheit vorhanden war, und ob diese ursprünglich schon eine Venussterngottheit oder eine Himmelsgottheit war. Cf. HENNINGER, Anth 71 (1976) 129–168, bes. 131, 154–162.

Anm. 160: vgl. Addendum zu Anm. 113.

Anm. 162: Die Annahme einer ursprünglich bisexuellen (oder sexuell indifferenzierten) Gottheit erscheint mir jetzt plausibler als 1954; vgl. Addendum zu Anm. 158.

Anm. 164: Cf. jetzt HENNINGER, Anth 71 (1976) 134–136 mit Anm. 22–25; ferner (dort noch nicht berücksichtigt): JEAN STARCKY, DBS VII (1966) col. 994f., 1003 (im Artikel: Pétra et la Nabatène, ebd. col. 886–1017); nach diesen Ausführungen sind in *Azizos* und *Monimos* nicht Morgen- und Abendstern, sondern in *Azizos* die Venus (als Morgenstern), in *Monimos (Arṣū)* der Planet Merkur zu sehen, dessen Kult in Arabien auf babylonischen Einfluß zurückgeführt wird. H. J. W. DRIJVERS, The Cult of Azizos and Monimos at Edessa (in: Ex Orbe Religionum. Studia Geo Widengren... oblata ab collegis, discipulis, amicis [Lugduni Batavorum 1972] I 355–371) lehnt diese Interpretation ab (a. a. O. 366–370) und sieht in den beiden ursprünglichen arabischen Göttern lediglich Schutzgötter von Karawanen und Steppenkriegern, ohne astralen Charakter (a. a. O. 365–371 passim, bes. 370f.); die Interpretation als Morgenstern und Abendstern führt er auf den Synkretismus, Mißdeutung bildlicher Darstellungen und verfehlte Analogieschlüsse zurück.

Anm. 166: Zum Mythus vom Sturz des Morgensterns siehe jetzt HENNINGER, Anth 71 (1976) 142 mit Anm. 47 und 48, 159f. mit Anm. 117 und die dort zitierte Literatur, ferner: STOLZ (wie im Addendum zu Anm. 113) 210–212; P. C. CRAIGIE, Helel, Athtar and Phaethon (Jes 14, 12–15). ZAW 85 (1973) 223–225; O. LORETZ, Der kanaanäisch-biblische Mythos vom Sturz des Šaḥar-Sohnes Hêlēl (Jes 14, 12–15). Ugarit-Forschungen 8 (1976) 133–136.

Anm. 167: Cf. HENNINGER, Anth 71 (1976) 150–152; siehe auch 152–162, passim.

Anm. 168: Der Gottesname *Atar* kommt nicht nur in Zusammensetzungen, sondern auch alleinstehend vor, und sein Vorkommen ist nicht auf die Aramäer beschränkt; cf. HENNINGER, Anth 71 (1976) 147–149 mit Anm. 73–79, 152–154 mit Anm. 93–98 und die dort zitierten Belege.

Anm. 169: Cf. HENNINGER, Anth 71 (1976) 140 mit Anm. 41 und 42, 141 f. mit Anm. 46.

Anm. 172: Diese Theorien sind mit stärkerer Zurückhaltung zu betrachten; cf. HENNINGER, Anth 71 (1976) 151 f. mit Anm. 88–92.

Anm. 173: Zur Deutung von Sure 55, 5 (bzw. 55, 6) cf. HENNINGER, Anth 71 (1976) 136 mit Anm. 28. – *an-nağm* ist aber aus der alten Literatur auch als Bezeichnung für die Plejaden (cf. oben Anm. 21) belegt; cf. KUNITZSCH 1961, 84 (Nr. 186), 113 (Nr. 298).

Anm. 175: Über den Zusammenhang zwischen *'Azīz* und *'Uzzā* cf. HENNINGER, Anth 71 (1976) 154 f. mit Anm. 99–101.

Anm. 179, Z. 3: Gegen die Interpretation von *Allāt* als Sonnengöttin cf. auch DUSSAUD, Pénétration (1955) 46; M. HÖFNER, RdM 10/2 (1970) 375, Anm. 326 (bei den Thamūd weder als Sonnengöttin noch als Venussterngöttin gesichert).

Anm. 180–235: CLINTON BAILEY, Bedouin Star-Lore in Sinai and the Negev. BSOAS 37 (1974) 580–596.

Anm. 183: Auch JOHN VAN ESS, Meet the Arab (London s. a. [1947]) 80 bezeugt gute Sternkenntnis der Beduinen (es muß sich vor allem um diejenigen im 'Irāq handeln); nach seinen Aussagen weiß z.B. jeder Beduinenjunge sehr gut, daß die Sternbilder Orion und Skorpion niemals gleichzeitig am Himmel zu sehen sind.

Anm. 184: Bis in das 20. Jahrh. hinein waren die Beduinen der Sinaihalbinsel und des Negev noch ebenso abhängig von der Kenntnis der Sterne wie es ihre nomadischen Vorfahren jahrhundertelang waren. Seitdem hat sich durch den Kontakt mit den osmanischen Türken, Briten, Ägyptern und Israeli die Kenntnis des Sonnenkalenders verbreitet, die Sternkenntnis hatte keine praktische (wirtschaftliche) Bedeutung mehr; deshalb waren bei Feldforschungen in den Jahren 1971 und 1972 nur noch Reste der früheren Kenntnisse und Anschauungen zu finden (BAILEY, BSOAS 37 [1974] 580 f.).

Anm. 185: Cf. J. RYCKMANS, Une expression astrologique méconnue dans les inscriptions sabéennes. Orientalia Lovaniensia Periodica 6/7 (1975/76) 521–529, bes. 522 mit Anm. 10.

Anm. 187: In einem Brief vom 8.10.1954 machte mich Prof. ENNO LITTMANN darauf aufmerksam, daß ein Vergleich mit den von ihm publizierten Angaben über Sternkenntnisse, Sternberechnungen und Sternmythen der halbnomadischen Tigrē in Nordabessinien interessant wäre. Cf. ENNO LITTMANN, PPEA II (Leyden 1910) 58–74 (nos. 43–53); cf. auch ebd. über Personennamen, die von Sternen genommen sind: 160 (nos. 189–191), Männernamen; 184 (nos. 855–856a), Frauennamen. Der größte Teil der Texte (pp. 58–74) wurde schon vorher in deutscher Übersetzung veröffentlicht: Sternensagen und Astrologisches aus Nordabessinien. ARW 11 (1908) 298–319. Auf diese Publikationen bezieht sich auch HÖFNER, Art. Sternsagen [aus Äthiopien]. WdM I/1 (1965) 564 f. – Vgl. auch: ENRICO CERULLI, Le stazioni lunari nelle nozioni astronomiche dei Somali e dei Danākil. RSO 12 (1929/1930); ders., Nuovi appunti sulle nozioni astronomiche dei Somali. RSO 13 (1931/1932) 76–84; MUUSA H. I. GALAAL,

The terminology and practice of Somali weather lore, astronomy, and astrology (Mogadishu 1968) – zitiert nach der Rezension von R. B. SERJEANT, BSOAS 32 (1969) 237.

Anm. 197: Nach G. LEVI DELLA VIDA (briefliche Mitteilung vom 12.10.1954) ist allerdings eine andere Deutung dieses Namens vorzuziehen; der Frauenname *Zahra* bedeutet «Blume» («il nome di donna Zahra significa molto probabilmente ‹fiore› e non ha dunque nulla di comune con Venere, Zuharâ»).

Anm. 199: BAILEY, BSOAS 37 (1974) 582–584.

Anm. 200: BAILEY, a. a. O. 582–588 passim, 594.

Anm. 201: BAILEY, a. a. O. 585f., 589, 591; er erwähnt den Namen *al-Burbārah* und noch andere Namen für diesen Stern.

Anm. 202: BAILEY, a. a. O. 587, 589f.; auch für diesen Stern gibt es verschiedene Namen (ebd. 587, 589).

Anm. 203: Nach BAILEY, a. a. O. 595, Anm. 53, war es ein Irrtum von MUSIL (Rwala 8f.), *as-smāk* mit Arcturus zu identifizieren; nach seinen Feststellungen bezeichnet *naw as-samākīn* das Sternbild der Fische (594f.; cf. ebd., 586, Anm. 21), Vgl. aber hier oben Anm. 17.

Anm. 204: Vgl. auch BAILEY, a. a. O. 591f. über *al-Uḥaymir*, «den kleinen Roten», den er mit Antares identifiziert.

Anm. 205: BAILEY, 583, 585, 587–591, 595 (ebd. 583, Anm. 6, eine Korrektur zu MUSIL, Rwala 273f.; 589, Anm. 35, Korrektur zu MUSIL, AP III 245).

Anm. 209: BAILEY, a. a. O. 587 mit Anm. 27, 589 mit Anm. 33.

Anm. 217: BAILEY, a. a. O. 582 (ebd. Anm. 4, eine Korrektur zu MUSIL, Rwala 182–186).

Anm. 219: BAILEY, a. a. O., passim, bes. 584–591, 594.

Anm. 222: Weitere Literaturangaben über den «Plejadenkalender» cf. jetzt bei J. HENNINGER, Les fêtes de printemps (Paris 1975) 173, Anm. 629. – Cf. auch Addendum zu Anm. 21.

Anm. 224: Auch bei den Muṭair in Ostarabien ist das Erscheinen des Canopus das Zeichen für den Beginn der Herbstregen; cf. H. R. P. DICKSON, The Arab of the Desert ([2]London 1951) 254. – DOUGLAS L. JOHNSON, The Nature of Nomadism (Chicago 1969) 50, Anm. 4 zitiert diese Stelle fehlerhaft als p. 251; außerdem gibt er dort noch als Beleg an: VIOLA DICKSON, The Wildflowers of Kuwait and Bahrein (London 1955) 116f. – Zur Bedeutung des Canopus in Nordwestarabien vgl. jetzt auch BAILEY, BSOAS 37 (1974) 584–591.

Anm. 231a: Nach dem von R. B. SERJEANT übersetzten Almanach aus dem Jemen folgt auf den Aufgang des Sirius im Juli das Sterben der Heuschrecken (Anth 49 [1954] 453).

Anm. 233: Vgl. auch BAILEY, BSOAS 37 (1974) 591–594: Inauspiciuos stars.

Anm. 234: Vgl. auch BAILEY, a. a. O. 593 (ebd., Anm. 48, eine Korrektur zu MUSIL, AP III 208).

Anm. 235: Vgl. auch BAILEY, a. a. O. 592f. mit Anm. 45 und 46, 595f.

Anm. 237: Cf. jetzt J. HENNINGER, Geisterglaube bei den vorislamischen Arabern (1963) [siehe unten Nr. 4] 303, Anm. 179, 306f. mit Anm. 205.

Anm. 244, Z. 4: Cf. jetzt G. FEHÉRVÁRI, Art. Ḥarrān. EI ²III (1971) 227b–230b, bes. 228b. Cf. auch Addendum zu Anm. 75.

Anm. 244, am Ende: Bei PELLY, der auf Dolmetscher angewiesen war, könnte eine Verwechselung von Ṣubba (= Mandäer) und Ṣluba unterlaufen sein; auf diese Möglichkeit machte mich Prof. WERNER CASKEL (in einem Privatgespräch, Oktober 1956) aufmerksam.

Anm. 245: Nach G. LEVI DELLA VIDA (briefliche Mitteilung vom 12.10.1954) enthält DALMANS Übersetzung verschiedene Unrichtigkeiten; *es-shēl* [= *Suhail*] ist Canopus [cf. oben Anm. 14], *el-ǧidī* bezeichnet hier den Polarstern; der Text ist wahrscheinlich zu übersetzen: «Du hast Canopus vor dich und den Polarstern hinter dich genommen (oder: du stehst in nord-südlicher Richtung); dies ist die Grenze.» Demnach könnte man hier kaum an eine Anrufung der Sterne als Schwurzeugen denken.

[Korrekturzusatz:

Anm. 60: Cf. jetzt auch: ROSWITHA GERMANA STIEGNER, Die Königin von Saba' in ihren Namen. Beitrag zur vergleichenden semitischen Sagenkunde und zur Erforschung des Entwicklungsganges der Sage. (Dissertationen der Universität Graz, 44. – Graz 1979) und die ebd. 186–208 angegebene Literatur.]

4

GEISTERGLAUBE BEI DEN VORISLAMISCHEN ARABERN

(1963)

[279] Inhaltsübersicht

Einleitung

[280] In den Berichten über das vorislamische Arabien, wie auch in den Schilderungen der heutigen Volksreligion Arabiens und seiner Randgebiete, spielt der Geisterglaube eine bedeutende Rolle. Als vor annähernd einem Jahrhundert Edward Burnett Tylor seine Theorie vom *Animismus* als

Ursprung aller Religion aufstellte [1], fand diese auch bei vielen Semitisten Anklang. Begreiflicherweise sammelte man nicht nur aus dem Alten Testament und seiner orientalischen Umwelt sorgfältig alle Belege für Geisterglauben [2], sondern auch bei den Arabern, weil man ja dort – speziell bei den arabischen Beduinen – der ursprünglichen semitischen Kultur und Religion am nächsten zu kommen glaubte [3]. Von da aus wurde auch die Entwicklung der semitischen Religion vom Polydämonismus über den Polytheismus zum Monotheismus konstruiert.

Eine Sonderform dieser Theorie verknüpfte diesen Geisterglauben mit dem Totemismus. WILLIAM ROBERTSON SMITH argumentierte etwa so: Die arabischen Naturgeister *(ǧinn)* sind kollektiv und anonym, nicht individuell; sie bilden Clans, die solidarisch handeln; und schließlich erscheinen sie mit Vorliebe in Tiergestalt. Daraus folgt, daß diese *ǧinn*-Clans ursprünglich nichts anderes sind als die Tierspezies, die jeweils – im totemistischen Sinne – zu einer bestimmten Menschengruppe in Beziehung stehen [4]. Diese Ansicht

---

[1] Siehe EDWARD B[URNETT] TYLOR, Primitive Culture. Researches into the development of mythology, philosophy, religion, art, and custom. 2 Vols. (London 1871); WILHELM SCHMIDT, Der Ursprung der Gottesidee (UdG) [2]I (Münster i. W. 1926) 20–55, 69–133; ders., Handbuch der vergleichenden Religionsgeschichte (Münster i. W. 1930) 71–86; T. K. PENNIMAN, A Hundred Years of Anthropology (London 1935) 174–189, bes. 184–189; ROBERT H. LOWIE, The History of Ethnological Theory (New York 1937) 68–85, bes. 82–85; WILHELM E. MÜHLMANN, Geschichte der Anthropologie (Bonn 1948) 118–120, 205–209; ALFRED BERTHOLET, Wörterbuch der Religionen (Stuttgart 1952), s. v. Animismus; PAUL SCHEBESTA, Art. Animismus, RW, Sp. 52–54; JOSEPH GOETZ, Art. Dämonen (allg.) ebd. Sp. 154–156; J. HENNINGER, Art. Dämon. I. Religionsgeschichtlich. LThK [2]III (1959) Sp. 139–141 und die dort zitierte Literatur.

[2] Siehe oben Anm. 1, bes. SCHMIDT, UdG [2]I, 69–133 passim; ferner R. CAMPBELL, Semitic Magic, its origins and development (London 1908); ANTON JIRKU, Die Dämonen und ihre Abwehr im Alten Testament (Leipzig 1912); J. SCHEFTELOWITZ, Alt-Palästinensischer Bauernglaube in religionsvergleichender Beleuchtung (Hannover 1925), bes. 3–31 passim, 38–52 passim; [ERICH] EBELING, Art. Dämonen. RAss II (Berlin und Leipzig 1938) 107a–113a; ERNST ZBINDEN, Die Djinn des Islam und der altorientalische Geisterglaube (Bern und Stuttgart 1953), bes. 101–110, 120–130, sowie die einschlägigen Artikel der biblischen und allgemein-theologischen Lexika mit der dort zitierten Literatur. Vgl. auch unten Anm. 245 und 257. [ ]

[3] Grundlegend dafür sind die Arbeiten von J[ULIUS] WELLHAUSEN, Reste arabischen Heidentums ([1]Berlin 1887; [2]Berlin 1897; unveränderter Neudruck der 2. Auflage: Berlin und Leipzig 1927; nach diesem wird im folgenden zitiert) und von WILLIAM ROBERTSON SMITH (s. unten Anm. 4).

[4] WILLIAM ROBERTSON SMITH, Lectures on the Religion of the Semites (London 1889; Third Edition, with an Introduction and Additional Notes by STANLEY A. COOK, London 1927; nach dieser wird im folgenden zitiert), bes. 119–139; dazu COOK, ebd. 538–541.

wurde aber von den meisten Vertretern der animistischen Theorie nicht angenommen [5], und die von [281] W. R. SMITH angeführten Argumente sind nicht durchschlagend, wie an anderer Stelle gezeigt [6]; daher wird sie im folgenden nicht weiter berücksichtigt.

Die oben erwähnte Theorie über die *Entwicklung der semitischen Religion* ist in klassischer Weise von WELLHAUSEN formuliert worden:

«... die Götter sind den Dämonen artverwandt, und sofern sie an einer bestimmten Stelle und an einem bestimmten Gegenstand auf Erden haften, sind sie aus Dämonen erwachsen, aus den Genien des Orts, des Baumes, der Quelle, der Schlange... Die Dämonen *wohnen* nur an der heiligen Stätte, man scheut sich sie zu stören, aber man verehrt sie nicht. Sobald man sich dort nähert und ihnen dient, vollzieht sich ihr Übergang zu Göttern... Damit treten sie auch aus dem Dunkel der bloßen Gattung heraus und werden Individuen... Sie treten als Patrone oder gar als Ahnherrn an die Spitze eines geschlossenen menschlichen Kreises... Über ihre Beziehung zu den Menschen, durch den Cultus, tritt nun ihre Beziehung zu den Elementen zurück... Nachdem auf solche Weise die Cultusgötter von den Elementen, die ursprünglich ihren Cultus an einer bestimmten Stelle veranlaßten, sich gelöst haben, steht nichts im Wege, sie mit den himmlischen Erscheinungen zu combiniren... Aus dem Ethnicismus der Cultusreligion, aus dem Separatverhältnis der Gottheit zu der Gemeinde ihrer Anbeter... entspringt mit Notwendigkeit der Polytheismus... Der Syncretismus, den man gewöhnlich als den eigentlichen Polytheismus ansieht, ist in Wahrheit eine Auflösung des Polytheismus, wenigstens des ethnischen Particularismus der Religion, der ihm zu Grunde liegt. Aber er ist ein Fortschritt, denn er bildet den Übergang zum Monotheismus... Bemerkenswert ist, daß die Araber nie ‹die Götter› sagen im Sinne des griechischen οἱ θεοὶ oder des lateinischen *dii*. Si haben nicht die sämtlichen Einzelgötter in einen Plural zusammengepackt, sondern das Genuswort im Singular, die Idee, zur Hypostase erhoben. Das würde für den monotheistischen Instinkt des Semiten sprechen, wenn nicht auf der anderen Seite das hebräische Elohim und der Pluralis majestaticus dagegen spräche... [7]»

So viel Angreifbares diese (hier nur stark verkürzt zitierten) Ausführungen enthalten [8], sie sind zweifellos höchst geistreich. Dagegen sind die in manchen

---

[5] Siehe EDWARD WESTERMARCK, JRAI 29 (1899) 252, 264–268; VINC. ZAPLETAL, Der Totemismus und die Religion Israels (Freiburg/Schweiz 1901) 116–137, bes. 116–119, 124–128; ARNOLD VAN GENNEP, L'état actuel du problème totémique (Paris 1920) 234–236.

[6] Siehe J. HENNINGER, Über das Problem des Totemismus bei den Semiten. WVM 10 (1962) 1–16, bes. 5 [siehe Ar V, Nr. 26].

[7] WELLHAUSEN 211–224 (die wörtlich zitierten Stellen: 212, 213, 214, 215, 217, 219; Hervorhebung im Original). – Ebenso leitet auch noch GEORGE AARON BARTON (Semitic and Hamitic Origins, Social and Religious [Philadelphia 1934] 120f.), ganz im Sinne von TYLOR, alles aus dem Animismus ab.

[8] Zur Kritik siehe einstweilen: MARIE-JOSEPH LAGRANGE, Etudes sur les religions sémitiques (²Paris 1905) 16–20, bes. 16–18; ZAPLETAL (wie oben Anm. 5) 128f. Weiteres unten S. 311–316.

neueren Arbeiten vertretenen Auffassungen oft ärmlich und allzu simplifizierend, z.B. bei ADOLF KÄSELAU, der einfach Geisterglaube und Zauberglaube als die primitive Religion der Beduinen erklärt und ihre Entstehung aus der Umwelt ableitet [9].

MAURICE GAUDEFROY-DEMOMBYNES bringt (1957, also 70 Jahre nach der ersten Auflage von Wellhausens Werk) kaum etwas Neues ihm gegenüber, wenn er schreibt:

> «Peu à peu cependant les *djinns* étaient remplacés aux yeux de leurs adorateurs par des divinités plus distinctes... On croit donc voir, aux deux extrémités de la chaîne, en bas les *djinns*, en haut quelques divinités douées d'une personnalité distincte et puissante, et, dans l'intervalle, les dieux imprécis qui sont les *rabb* (maîtres) de telle tribu, les *djinns* qui n'ont pas encore réussi à devenir réellement des dieux. Tous sont [282] honorés par des rites qui ne diffèrent entre eux que par leur plus ou moins grande complexité et le nombre de leurs fidèles. Le changement du *djinn* en grand dieu s'est réalisé insensiblement au gré des circonstances. Ainsi est préparé le passage de l'idolâtrie au monothéisme, par la communauté du respect pour les *djinns* et les anciennes formes rituelles» [10].

Dagegen ist bei JOSEPH CHELHOD jedenfalls anzuerkennen, daß er in seinem 1958 erschienenen Buch: «Introduction à la Sociologie de l'Islam. De l'animisme à l'universalisme» (der Untertitel ist bezeichnend!) bei aller Schematisierung des geschichtlichen Ablaufs wenigstens den Versuch macht, eine Parallelität in der sozialen und religiösen Entwicklung nachzuweisen [11].

Wo die Ansicht vom Geisterglauben der arabischen Beduinen als Ausgangspunkt ihrer gesamten religiösen Entwicklung vertreten wird (und sie findet sich auch noch bei anderen neueren Autoren), wird außer den Berichten über das vorislamische Arabien auch die (in den letzten Jahrzehnten noch stark angewachsene) Literatur über die *heutige Volksreligion* mehr oder weniger ausgiebig herangezogen. Wenn daher zu dieser Entwicklungstheorie kritisch Stellung genommen werden soll, muß beides behandelt werden.

Von der heute arabisch sprechenden Bevölkerung Ägyptens und Nordafrikas wird dabei jedoch abgesehen. Bei diesen ursprünglich nichtsemitischen, erst infolge der islamischen Eroberung arabisierten Bevölkerungen stellt der Geisterglaube eine oft sehr komplizierte Mischung von bodenständigen (altägyptischen und libysch-berberischen) mit altarabisch-islamischen Ele-

---

[9] ADOLF KÄSELAU, Die freien Beduinen Nord- und Zentral-Arabiens (Diss. Hamburg 1927) 95–98, 101f.

[10] MAURICE GAUDEFROY-DEMOMBYNES, Mahomet (Paris 1957) 29; vgl. den Kontext 25–29, 32f.

[11] JOSEPH CHELHOD, Introduction à la Sociologie de l'Islam (Paris 1958) 15, 42–64 passim, 163–166, 174, 180f., 184f.

menten dar [12], und dazu kommen oft noch rezente Negereinflüsse infolge des Sklavenhandels [13]. Es ist daher von vornherein ziemlich aussichtslos, dort ursprünglich arabische Vorstellungen in reiner Form finden zu wollen [14]; solche können nur durch Vergleichung identifiziert und so aus dem Konglomerat herausgelöst werden.

Die folgende Darstellung berücksichtigt also nur die arabische Halbinsel, einschließlich ihrer, zum Teil schon in vorislamischer Zeit arabisierten, Randgebiete im Norden, Palästina, Syrien und ʿIrāq.

[283] Wenn von *«Geisterglaube»* in diesem Territorium die Rede ist, so handelt es sich dabei nur um *Naturgeister (spirits)*, nicht um *Totengeister (ghosts)*; andernfalls müßte auch die komplizierte Frage nach den Seelenvorstellungen der vorislamischen Araber und ihren Anschauungen über das Fortleben nach dem Tode miteinbezogen werden, und das würde im Rahmen eines solchen Artikels zu weit führen. – Die Begriffe «Geist» und «Dämon» werden hier unterschiedslos gebraucht (über eventuelle Spezifikationen siehe unten Anm. 205).

---

[12] Nur auf einige der wichtigsten Werke sei kurz hingewiesen: WINIFRED S. BLACKMAN, The Fellāḥīn of Upper Egypt (London 1927); ESTER PANETTA, Pratiche e credenze popolari libiche (Roma 1940); dies., Cirenaica sconosciuta (Firenze 1952); EDMOND DOUTTÉ, Magie et religion dans l'Afrique du Nord (Alger 1909); MARIE-LOUISE DUBOULOZ-LAFFIN, Le Bou Mergoud. Folklore tunisien (Paris 1946); EDWARD WESTERMARCK, The Nature of the Arab Ǧinn, Illustrated by the Present Beliefs of the People of Morocco. JRAI 29 (1899) 252–269; ders., Ritual and Belief in Morocco. 2 Vols. (London 1926), bes. I 262–413; Doctoresse LEGEY, Essai de Folklore Marocain (Paris 1926); siehe auch die Zusammenfassungen bei ZBINDEN (wie oben Anm. 2) 1–33, 111–119.

[13] Über die *Zār*- und *Bori*-Zeremonien siehe die einschlägigen Abschnitte in den oben Anm. 12 zitierten Arbeiten; ferner die Literaturangaben bei J. HENNINGER, Anth 50 (1955) 130–136; dazu jetzt noch zu ergänzen: Bulletin des études arabes 3 (1943) 104–106 (varii auctores); MAXIME RODINSON, JA 240 (1952) 129–132; ders., Comptes rendus sommaires des séances de l'Institut Français d'Anthropologie, fasc. 7 (1953) 21–24. Weiteres reiches Material über die *Zār*- (und *Bori*-) Zeremonien ist jetzt gesammelt bei: RUDOLF KRISS und HUBERT KRISS-HEINRICH, Volksglaube im Bereich des Islam. Band II: Amulette, Zauberformeln und Beschwörungen (Wiesbaden 1962), bes. 140–204.

[14] Der Titel des Artikels von WESTERMARCK im JRAI (oben Anm. 12) kann diesbezüglich falsche Vorstellungen erwecken; tatsächlich unterscheidet WESTERMARCK aber durchaus zwischen arabischen und nichtarabischen Elementen im heutigen marokkanischen Geisterglauben.

I. Geisterglaube bei den heutigen Arabern

Die Verbreitung des Glaubens an die *ǧinn* [15] ist für das heutige Arabien (im oben umschriebenen Sinne) reichlich bezeugt [16]. Besonders viel Material ist über die nördlichen Randgebiete vorhanden, speziell für Palästina und Syrien [17], [284] weniger über den ʿIrāq [18], was aber auf zufällige Lücken in

---

[15] Das Wort *ǧinn* ist ein Kollektivum, das Individuum heißt *ǧinnī*, Fem. *ǧinnīya; ǧānn* kommt synonym zu *ǧinn* vor, zuweilen auch als Individualbezeichnung (D. B. Macdonald, EI I [1913] 1091b verweist dafür auf das Lexikon von E. W. Lane, S. 492c; statt dessen ist zu lesen: 462c). – Weiteres über Herkunft und Grundbedeutung des Wortes siehe unten Anm. 225–242. – Im modernen Vulgärarabisch scheint das Wort *ǧinn* nicht immer mit Verdopplung des *n* gesprochen zu werden; deshalb findet man auch die Transkriptionen *ǧin* (bei Jaussen, siehe unten Anm. 20) und *jân* [= *ǧān*] (bei Doughty, siehe unten Anm. 16).

[16] Allgemeines über (neuzeitlichen und vorislamischen) *ǧinn*-Glauben: Wellhausen (wie oben Anm. 3) 147–159; vgl. auch ebd. 211–224 passim; Smith (wie oben Anm. 4) 119–139, 159, note 1, 198, 441–446; Cook, ebd. 538–541; Charles Montagu Doughty, Travels in Arabia Deserta. (New and Definitive Edition, London 1936) I 87, 177, 213, 296, 300f., 316, 355, 495–497, 500, 530, 598, 607, 642; II 16f., 28, 118, 121, 184, 201, 209–215, 246 (= Originalausgabe [Cambridge 1888]: I 47, 136, 170f., 254, 257–259, 273, 311, 448–450, 452, 482, 547f., 556, 590f.; II 2f., 14, 100, 103, 164, 180, 188–194, 223; siehe auch Index s. vv. *ʿAfrît, Jân, Mejnûn, Menhêl* (II 581b, 629b, 646b, 647a; 1888, II 547b, 606a-b, 628b); Westermarck, JRAI 29 (1899) 252–269, bes. 260–268; Samuel Ives Curtiss, Ursemitische Religion im Volksleben des heutigen Orients. Forschungen und Funde aus Syrien und Palästina (Leipzig 1903) 353f. (Index s. v. Dschinnen); Thomas Patrick Hughes, A Dictionary of Islam (London 1895) 133–138 (Ant. Genii); D. B. Macdonald, Art. *Djinn.* EI I (Leiden 1913) 1091a–1092b; Paul Arno Eichler, Die Dschinn, Teufel und Engel im Koran (Diss. Leipzig 1928). bes. 8–39, 59–61; H[ans] A[lexander] Winkler, Siegel und Charaktere in der muhammedanischen Zauberei (Berlin und Leipzig 1930), passim. – Die Arbeit von Zbinden (siehe oben Anm. 2) behandelt ein für eine Dissertation zu weit gespanntes Thema und kann deshalb nirgends die Literatur in ihrem vollen Umfang berücksichtigen (vgl. die Rezension, Anth 53 [1958] 1039f.). Das Buch kann manche Dienste leisten, bedarf aber noch der Überprüfung und der Weiterführung durch Detailstudien. Diese Aufgabe kann im Rahmen des vorliegenden Artikels nicht bewältigt werden; hier werden vor allem einige charakteristische Einzelheiten hervorgehoben, die zur kulturhistorischen Einordnung des *ǧinn*-Glaubens beitragen können.

[17] Siehe Curtiss, passim; Zbinden, 34–45 und die dort zitierte Literatur; Eijūb Abela, Beiträge zur Kenntnis abergläubischer Gebräuche in Syrien. ZDPV 7 (1884) 79–118. – Über Palästina liegt besonders reiches Material vor; siehe z.B.: Lydia Einszler, Der Name Gottes und die bösen Geister im Aberglauben der Araber Palästinas. ZDPV 10 (1887) 160–181; Philip J. Baldensperger, Peasant Folklore of Palestine. PEFQS (1893) 203–219, bes. 204–208, 214f.; ders. PEFQS (1899) 147–150; Claude Reignier Conder, Tent Work in Palestine (New Edition. London 1889)

der Forschung zurückgehen kann [19]; ferner auch für das eigentliche Arabien, und zwar den Norden (wozu hier auch Jordanien, die Sinai-Halbinsel und der Ḥeǧāz in seiner ganzen Längserstreckung zu rechnen sind) [20], wie den Süden und Südosten der Halbinsel [21].

312f.; ders., Heth and Moab (³London 1892) 334f., 338; J. E. HANAUER, Folklore of the Holy Land (London 1907) 188–214; TAUFIK CANAAN, Aberglaube und Volksmedizin im Lande der Bibel (Hamburg 1914), bes. 6–27; ders., Dämonenglaube im Lande der Bibel (Leipzig 1929); ders., Haunted Springs and Water Demons in Palestine. JPOS 1 (1920/21) 153–170; ders., JPOS 4 (1924) 36f., 45f., 63–65, 73; 6 (1926) 64; ders., ZAW 74 (1962) 32–34, 37, 40, 42; STEPHAN H. STEPHAN, Lunacy in Palestinian Folklore. JPOS 5 (1925) 1–16; ANTONIN JAUSSEN, Le cheikh Sa'ad ad-Dîn et les djinn, à Naplouse. JPOS 3 (1923) 145–157; ders., Naplouse et son district (Paris 1927), bes. 164, 202–207, 214, 225–236; GUSTAF DALMAN, PJb 4 (1908) 49–51; ders., AS I/2 (Gütersloh 1928) 637–639, 641f.; HILMA GRANQVIST, Marriage Conditions in a Palestinian Village II (Helsingfors 1935) 156–158, 164f.; dies., Birth and Childhood Among the Arabs. Studies in a Muhammadan Village in Palestine (Helsingfors 1947) 30–33, 63, 216–220; dies., Child Problems Among the Arabs. Studies in a Muhammadan Village in Palestine (Helsingfors-Copenhagen 1950) 49, 81, 100–104, 231, 232; JOHANNES SONNEN, Die Beduinen am See Genesareth (Köln 1952) 95, 112, 114–127, 133f., 137, 139; über Syrien siehe: Lady ANNE BLUNT, A Pilgrimage to Nejd (London 1881) II 65–67 (über Palmyra); J[EAN] CANTINEAU, Le dialecte arabe de Palmyre (Beyrouth 1934) II 103–110; AUGUST HAFFNER, Erinnerungen aus dem Orient. WZKM 18 (1904) 169–184; 19 (1905) 271–288, bes. 271–281. [ ]

[18] E[THEL] S[TEFANA] STEVENS, Folk-Tales of 'Irāq (Oxford-London 1931) pp. xv–xvii, 91f., 103–113. [ ]

[19] Der dortige Geisterglaube hat z.B. auch in manchen Erzählungen aus 1001 Nacht seinen Niederschlag gefunden; siehe unten Anm. 130.

[20] Über den Neǧd (Zentralarabien) und den Ḥeǧāz (Westarabien): DOUGHTY (wie oben Anm. 16); [ANTONIN] JAUSSEN et [RAPHAËL] SAVIGNAC, Coutumes des Fuqarâ (Paris 1914 – paru en 1920). Supplément au Volume II de: Mission archéologique en Arabie [Paris 1914], bes. 59–62; H. ST. J. B. PHILBY, The Heart of Arabia (London 1922) II 221; ders., Arabia of the Wahhabis (London 1928) 259 (zitiert bei A. S. TRITTON, JRAS 1934, 717); ders., Arabian Jubilee (London 1952) 139f.; J. J. HESS, Von den Beduinen des innern Arabiens (Zürich 1938) 2f., 4, 157–160, 165f.; H. R. P. DICKSON, The Arab of the Desert. A glimpse into Badawin life in Kuwait and Saudi Arabia (²London 1951) 208, 286f., 537–539; ALOIS MUSIL, The Manners and Customs of the Rwala Bedouins (New York 1928) 18f., 166, 181f., 389f., 398f., 400–404, 406, 411–417; ZBINDEN 46–54 passim und die dort zitierte Literatur. – Über die nordwestlichen Randgebiete («Arabia Petraea», siehe unten Anm. 83 und 84): ALOIS MUSIL, Arabia Petraea (= AP) III (Wien 1908) 196, 303, 318–328, 413, 415, 416f., 540 (Index s. v. Geister); ANTONIN JAUSSEN, Coutumes des Arabes au pays de Moab (Paris 1908) 318–323, 339–344, 359f.; W. E. JENNINGS-BRAMLEY, PEFQS 1906, 103–105 (Sinai-Halbinsel); G. W. MURRAY, Sons of Ishmael (London 1935) 155f. (Sinai-Halbinsel); ZBINDEN 46–54 passim.

[21] ADOLPH VON WREDE, Reise in Ḥadhramaut, Beled Beny 'Yssà und Beled el

Über den *Ursprung* der *ǧinn* sind verschiedene Auffassungen verbreitet, die sich aber meistens deutlich als islamisch erweisen und daher hier nicht näher behandelt zu werden brauchen [22]; dahin gehört vor allem die Erschaffung der *ǧinn* aus Feuer [23] und die Einordnung gefallener Engel in die gleiche oder eine [285] ähnliche Kategorie [24]. Wenn auch Totengeister [25] zu den *ǧinn* gerechnet werden, so liegen hier wohl nachträgliche Vermischungen vor; in den vorwiegenden Anschauungen ist das Reich dieser Geister vielmehr etwas von der Menschenwelt durchaus Verschiedenes (freilich stehen diese beiden Welten in mannigfachen Beziehungen). Gelegentlich finden sich Angaben, wonach in Palästina und Syrien die Grenzen zwischen Naturgeistern und islamischen Heiligen (*walī*, Pl. *auliā'*) oft bis zur Unkenntlichkeit verschwimmen sollen [26]; nach besseren Quellen sind diese Fälle aber doch recht selten, im allgemeinen wird im Volksbewußtsein ein deutlicher Unterschied gemacht [27].

Ḥadschar. Herausgegeben von HEINRICH Freiherrn VON MALTZAN (Braunschweig 1873) 83, 125f., 131, 147, 153, 179f., 195, 213, 232, 242–244, 246f., 266; THEODORE and Mrs. THEODORE BENT, Southern Arabia (London 1900) 219, 260f., 273f., 415; G. WYMAN BURY (ABDULLÂH MANSÛR), The Land of Uz (London 1911) 22, 26, 202f., 316–320 passim; BERTRAM THOMAS, Arabia Felix (= AF) (London 1932) 194–196, 246–251, 258f., 277–281; D. VAN DER MEULEN und H. VON WISSMANN, Ḥadramaut. Some of Its Mysteries Unveiled (Leyden 1932) 167f., 170; ZBINDEN 46–54 passim. [ ]

[22] CANAAN, Aberglaube 10–12; CANAAN, Dämonenglaube 5–8; EICHLER, bes. 35–39; MUSIL, Rwala 411; ZBINDEN 34.

[23] CANAAN, Aberglaube 10f.; CANAAN, Dämonenglaube 5; EICHLER 35f.; ZBINDEN 34, 84f., 86, 88, 91f., 97; vgl. dazu auch J. HENNINGER, NZM 4 (1948) 130, 286 mit Anm. 26–28 (Buchausgabe: Spuren christlicher Glaubenswahrheiten im Koran [Schöneck 1951] 58, 72 mit Anm. 26–28). Die Vorstellung, daß die *ǧinn* (oder wenigstens manche von ihnen) im Feuer wohnen, ist weit verbreitet; siehe CANAAN, Aberglaube 10f.; CANAAN, Dämonenglaube 5; MUSIL, AP III 320. Vgl. auch unten Anm. 100. [ ]

[24] Über gefallene Engel nach islamischer Lehre siehe CANAAN, Aberglaube 12; CANAAN, Dämonenglaube 7, 28f.; EICHLER 40–80; ZBINDEN 41; HENNINGER, NZM 4 (1948) 129f., 284–293 (= Buchausgabe 57f., 70–79) und die dort zitierte Literatur. Vgl. auch unten Anm. 91, 119, 120, 206. [ ]

[25] CANAAN, Aberglaube 11f.; CANAAN, Dämonenglaube 5f., 33; ZBINDEN 48.

[26] So CURTISS 94, 99f. 230, 231; vgl. auch COOK in SMITH, Religion 538f. Über einen *walī*, der als *malak* (Engel oder Geist) angesehen wird, siehe SONNEN 103, 109f.; über die vielfach gleichen oder ähnlichen Funktionen von Naturgeistern und Heiligen gegenüber ihrem Wohnort siehe auch JAUSSEN, Moab 302f., 330–335 (vgl. aber ebd. 319 – hier unten Anm. 27).

[27] Nach CANAAN, dessen Untersuchungen gründlicher sind als diejenigen von CURTISS, sind in Palästina Heilige und *ǧinn* doch meist besser zu unterscheiden, als CURTISS behauptet; siehe über «bewohnte» Bäume: CANAAN, JPOS 4 (1924) 36f.,

Wenn wir für diese Wesen das Wort «Geister» gebrauchen, so darf das nicht dazu verleiten, ihre *Natur* als völlig unkörperlich, immateriell aufzufassen. Zwar sind sie für gewöhnlich unsichtbar; doch wird ihnen durchwegs eine, wenn auch subtile, Körperlichkeit zugeschrieben [28]. Meistens heißt es, daß sie nicht unsterblich sind, sondern getötet werden oder auch eines natürlichen Todes sterben können [29]. Es gibt männliche und weibliche Geister [30]; sie erzeugen Nachkommenschaft [31] (untereinander oder mit menschlichen Partnern) [32]. Sie essen und trin- [286] ken [33] und tragen

---

über «bewohnte» Höhlen ebd. 45f. In den Quellen wohnen meistens Geister, nur selten sind sie von Heiligen bewohnt bzw. diesen geweiht; siehe CANAAN, JPOS 4 (1924) 63; über die Kriterien zu ihrer Unterscheidung ebd. 63f.; vgl. auch JPOS 1 (1920/21) 158f., 167f. Gegen CURTISS bemerkt CANAAN noch ausdrücklich, daß er nie von einer Quelle gehört hat, deren Bewohner manchmal ein *walī* und manchmal ein *ǧinnī* sei; wahrscheinlich handele es sich um zwei verschiedene Bewohner (JPOS 4 [1924] 66). In manchen Quellen wohnen zwei Geister, ein guter und ein böser (ebd. 37, 66f.; auch Canaan, Dämonenglaube 2). – Auch Jaussen (Moab 295, 319) unterscheidet deutlich zwischen Totengeist und *ǧinnī*. – Die Untersuchung solcher Grenzfälle kann nicht Aufgabe dieser Arbeit sein.

[28] CANAAN, Dämonenglaube 5–9 passim; MUSIL, Rwala 411; ZBINDEN 47. (In dieser und den folgenden Anmerkungen bis 129 einschl. ist die oben in Anm. 16–21 angeführte Literatur nicht vollständig ausgewertet, weil dies hier zu weit führen würde).

[29] CANAAN, Aberglaube 10; CANAAN, Dämonenglaube 17f., 21, 24, 27f.; DOUGHTY II 212 (= 1888, II 191; es handelt sich um Anschauungen aus Medina); JAUSSEN et SAVIGNAC 60; ZBINDEN 40. – Nach MUSIL, AP III 320 (vgl. auch ebd. 321) kann ein Geist nicht getötet werden, sondern nur das Tier, in dem er sich verborgen hat. Ob er nach den in Arabia Petraea herrschenden Anschauungen auch eines natürlichen Todes sterben kann, wird nicht gesagt.

[30] CANAAN, Dämonenglaube 9f., 21–24; MUSIL, AP III 320–323 passim; DOUGHTY II 212f. (= 1888, II 191f.); JAUSSEN et SAVIGNAC 61; ZBINDEN 34–36. Vgl. auch unten Anm. 48–53.

[31] CANAAN, Aberglaube 13, 14f.; CANAAN, Dämonenglaube 21, 23f.; MUSIL, AP III 320, 323; DOUGHTY II 212f. (= 1888, II 191f.); JAUSSEN et SAVIGNAC 60f.; ZBINDEN 34, 47. – Ein menschliches Kind kann mit einem Geisterkind vertauscht werden; ein solches unterschobenes Kind heißt *al-mubaddal*, Wechselbalg (MUSIL, AP III 323; ZBINDEN 52; vgl. auch SMITH, Religion 174, note 2).

[32] CURTISS 120f., 124; MUSIL, AP III 321f., 327f.; CANAAN, Aberglaube 13f.; CANAAN, Dämonenglaube 21–25; CANAAN, ZDPV 78 (1962) 9, 14; JAUSSEN, Naplouse 230–234; DOUGHTY II 212–214 (= 1888, II 191–193); JAUSSEN et SAVIGNAC 61; GRANQVIST, Birth 31f., 220; GRANQVIST, Childhood Problems 101, 232; ZBINDEN 36, 52f.; SMITH, Religion 50; COOK, ebd. 514 und die dort zitierte Literatur. – Weitere Belege bei J. HENNINGER, IAE 42 (1943) 145 mit Anm. 11–14, 146 mit Anm. 24 (in der Arbeit: Die Familie bei den heutigen Beduinen Arabiens und seiner Randgebiete). Siehe auch unten Anm. 137. – Auf solche Vorstellungen wird häufig zur Erklärung von Gen. 6, 1–4 verwiesen; so bei SMITH, Religion 50; J. CHAINE, Le Livre de la Genèse (Paris 1949) 101–106, bes. 103f. (er zitiert JAUSSEN, Naplouse 230–234).

auch, wenigstens gelegentlich, Kleider, die sie sich dann von den Menschen ausleihen [34]. Alles, was nicht durch Anrufung des Namens Gottes oder auf andere Art vor ihnen geschützt worden ist (siehe unten S. 293f.), kann durch die Geister weggeholt werden.

Bei den Ruala, «dem einzigen echten Beduinenstamm Nordarabiens» [35], ist dagegen die Auffassung der *ǧinn* weniger grob-körperlich. Zwar gelten sie auch dort als Wesen, die Nahrung brauchen (ihre Lieblingsnahrung ist rohes Fleisch, ihr Lieblingsgetränk frisches Blut) [36], sie haben Körper und sind entweder männlichen oder weiblichen Geschlechtes [37], aber sie können weder krank werden noch sterben und erzeugen auch keine Kinder, weder miteinander noch mit menschlichen Partnern [38]. Allerdings ist auch nach dem Glauben der Ruala sexueller Verkehr zwischen Menschen und *ǧinn* möglich [39]; aber eine Jungfrau, die von einem Geist mißbraucht wird, verliert dadurch nicht ihre körperliche Unversehrtheit [40].

Die *Erscheinungsformen* der (an sich unsichtbaren) Geister sind sehr mannigfaltig; am häufigsten sind Gestalten von Tieren: vierfüßige Tiere, z.B. Kamele, Esel, Ziegenböcke, Affen, Hunde, Katzen, Igel, Hyänen [41], Vögel, z.B. Raben, Eulen, Hähne, Hennen mit ihren Küchlein [42], niedere

---

[33] Canaan, Aberglaube 13; Canaan, Dämonenglaube 9–11; Einszler, ZDPV 10 (1887) 161–165; Musil, AP III 322; Jaussen et Savignac 61; Zbinden 34.

[34] Canaan, Aberglaube 13; Canaan, Dämonenglaube 11f.; Einszler, ZDPV 10 (1887) 174–176.

[35] «The Rwala are recognized by all their neighbors as the only true Bedouin tribe of northern Arabia.» (Musil, Rwala, p. xiii). Näheres über die Begriffe Vollbeduinen (= Kamelzüchter), Halbbeduinen (= Kleinviehzüchter) usw. siehe bei Henninger, IAE 42 (1943) 3f., mit Anm. 9–15.

[36] Musil, Rwala 411. «The raw meat they get from fallen animals, the blood is left for them by the Bedouins every time an animal is killed.» (ebd. 411). Die *ǧinn* züchten auch Schafe und Ziegen, aber keine Kamele und keine Pferde (ebd. 411f.).

[37] Musil, Rwala 411, 413, 415–417.

[38] Musil, Rwala 413.

[39] Musil, Rwala 413; vgl. auch 415f.

[40] Musil, Rwala 413. – Anders in Palästina; siehe z.B. Jaussen, Naplouse 233, wo ausdrücklich von der Deflorierung eines Mädchens durch einen Geist die Rede ist. Auch an den anderen oben Anm. 32 zitierten Stellen wird dies offenbar vorausgesetzt.

[41] Canaan, Aberglaube 15; Canaan, Dämonenglaube 13–18 passim; Doughty II 210f. (= 1888, II 189f.); Jaussen, Moab 321; Musil, AP III 321; Musil, Rwala 413f.; Hess 157; Zbinden 35, 38, 46–48. Vgl. auch unten Anm. 47 über den schwarzen Hund. [ ]

[42] Canaan, Aberglaube 15; Canaan, Dämonenglaube 13–15; Musil, AP III 322, 324; Zbinden 35, 47, 52.

Tiere, z. B. Skorpione [43], vor allem aber Schlangen [44]. Manche Tiergestalten werden von den *ǧinn* [287] nie angenommen, z. B. die des Wolfes, der für sie sehr gefährlich ist (schon sein Name genügt, um sie in die Flucht zu jagen) [45]; weiße und grüne Vögel werden nicht von Geistern bewohnt, dagegen schwarze mit Vorliebe [46]; auch schwarze Hunde, schwarze Schlangen usw. sind Geistertiere [47].

Wenn Geister sich nicht als Tiere zeigen, dann erscheinen weibliche Geister oft als schöne junge Frauen («Bräute») [48], männliche meist in schreckenerregender Gestalt, z. B. als Riesen [49], oder auch als gewöhnliche Menschen; aber dann sind sie an der Form ihrer Augen kenntlich [50]. In monströsen Mischgestalten können die *ǧinn* ebenfalls auftreten, vor allem die *Ġūl(a)*, ein menschenfressender weiblicher Geist [51]. Bestimmte weibliche Geister sind besonders gefährlich für ungeborene oder neugeborene Kinder; auch diese Geister erscheinen gewöhnlich in schreckhaften Gestalten [52]; das bekannteste Wesen dieser Kategorie ist die *Qarīna* [53]. Die Geister können nach Belieben

---

[43] Canaan, Dämonenglaube 13; Zbinden 35, 43; vgl. unten Anm. 94.

[44] Canaan, Dämonenglaube 13f., 26f., 37: Doughty II 215 (= 1888, II 194); Musil, AP III 320f., 324; Musil, Rwala 414f.; Hess 157; Zbinden 35, 43, 46, 48.

[45] Canaan, Aberglaube 55f.; Canaan, Dämonenglaube 13; Hess 4; Zbinden 35. [ ]

[46] Canaan, Dämonenglaube 14–16.

[47] Canaan, Dämonenglaube 11, 14–16; Doughty II 213 (= 1888, II 191); Musil, AP III 321; Zbinden 35f.

[48] Canaan, Aberglaube 8; Canaan, Dämonenglaube 12; Musil, Rwala 415f.; Zbinden 35. Solche weiblichen Geister locken auch oft Männer an und zwingen sie, mit ihnen zu tanzen, bis sie vor Erschöpfung tot zusammenbrechen, oder saugen ihnen das Blut aus; siehe Musil, Rwala 415f.

[49] Canaan, Aberglaube 15; Canaan, Dämonenglaube 12f.; Zbinden 35, 36, 47. Vgl. auch Doughty II 17 (= 1888, II 3).

[50] Doughty II 211, 214 (= 1888, II 190, 193); Curtiss 144; Zbinden 35, 48.

[51] Über die *Ġūla* und andere Monstra siehe: D. B. Macdonald, Art. *Ghūl.* EI II (1927) 175b–176a; Doughty I 90, 92f., 131, 173; II 17, 612b (Index s. v. *Ghrôl*, *Ghrûl*) (= 1888, I 51, 53f., 91, 131; II 3, 585a); Conder, Heth and Moab 334f.; Ulrich Jasper Seetzen, Reisen durch Syrien, Palästina, Phönicien, die Transjordan-Länder, Arabia Petraea und Unter-Ägypten (Berlin 1854–1859) I 273f.; III 20; Kremer, Studien III–IV (wie unten Anm. 131) 53–55; Jennings-Bramley, PEFQS 1906, 103f.; Musil, AP III 326–328; Jaussen, Moab 321–323; Jaussen et Savignac 60; Granqvist, Marriage Conditions II 169; Canaan, Aberglaube 15; Canaan, Dämonenglaube 17–19; Zbinden 35, 36f., 46f., 50. Vgl. auch unten Anm. 52 und 53.

[52] Musil, AP III 319f., 326–328; Musil, Rwala 416f.; Hess 4, 159; Zbinden 35, 46f.

[53] Canaan, Aberglaube 26f., 51–54; Canaan, Dämonenglaube 47–49; H[ans] A[lexander] Winkler, Salomo und die Ḳarīna. Eine orientalische Legende von der

und sehr schnell ihre Gestalt ändern, der einzelne ist also nicht an eine bestimmte Erscheinungsform gebunden [54].

Geister können sich auch in bestimmten Naturerscheinungen bemerkbar machen; dies gehört aber eher zu ihrer Wirkungsweise als zu ihrer Erscheinungsform (siehe unten S. 291).

Als *Aufenthaltsort* der *ǧinn* gilt bei der seßhaften Bevölkerung in Palästina und Syrien vor allem die Erde, die Unterwelt [55], vielfach werden sie mit ent- [288] sprechenden (umschreibenden) Ausdrücken bezeichnet, z.B. *ahl al-arḍ,* das Volk der Erde, u. ä. [56]. Man begegnet ihnen deshalb vor allem da, wo eine Verbindung mit der Unterwelt besteht. Solche Stellen sind zunächst einmal *Quellen,* Brunnen, Zisternen, überhaupt alles, was mit unterirdischem Wasser zu tun hat [57]. Heiße Quellen sind noch geheimnisvoller als gewöhnliche und deshalb erst recht von Geistern bewohnt, denen man das Heizen des Wassers und seine spezielle Heilkraft zuschreibt [58]. Eine andere Art von

---

Bezwingung einer Kindbettdämonin durch einen heiligen Helden (Stuttgart 1931); ZBINDEN 41f. [ ]

[54] JAUSSEN, Moab 320–322; MUSIL, AP III 326f.; MUSIL, Rwala 413f.; CANAAN, Dämonenglaube 18f., 26f.

[55] BALDENSPERGER, PEFQS (1893) 204; MUSIL, AP III 320; DALMAN, PJb 4 (1908) 49f.; CANAAN, Aberglaube 8–10; CANAAN, JPOS 1 (1920/21) 153f.; CANAAN, Dämonenglaube 25–27, 35; DOUGHTY II 213 (= 1888, II 192); HESS 157; ZBINDEN 34, 36, 37, 47, 54. – DOUGHTY I 301; II 209 (= 1888, I 259; II 188) berichtet eine Überlieferung – aus städtischem Milieu – daß die *ǧinn* sieben Stockwerke unter der Erde bewohnen. – Als Unterirdische hüten sie auch verborgene Schätze; siehe DOUGHTY I 213; II 121 (= 1888, I 170f.; II 103); MUSIL, AP III 322, 325; CANAAN, Dämonenglaube 14, 32f.; ZBINDEN 52; KREMER, Studien III–IV (wie unten, Anm. 131) 30–35. Vgl. auch unten Anm. 79, 81, 103, 107, 108, 123, 158–160.

[56] CANAAN, Dämonenglaube 22, 25; ZBINDEN 36, 37; diese Bezeichnung kommt aber auch in Zentralarabien vor: DOUGHTY I 177; II 16 (= 1888, I 136; II 3); HESS 157, ebenso bei den Fuqarā' im nördlichen Ḥeǧāz (JAUSSEN et SAVIGNAC 60, 61). Vgl. auch unten Anm. 158.

[57] In Palästina gelten fast alle Quellen als von Geistern bewohnt: siehe BALDENSPERGER, PEFQS (1893) 204; CANAAN, JPOS 1 (1920/21) 153–170; 4 (1924) 37, 63, 66–68; 5 (1925) 171f.; ders., Aberglaube 16f., 21f.; Dämonenglaube 25, 30–33; COOK in SMITH, Religion 538f.; DALMAN, AS I/2, 637f.; MUSIL, AP III 320; ZBINDEN 35–38. – Vgl. auch ALOIS MUSIL, The Northern Ḥeǧāz (New York 1926) 155; DOUGHTY II 211f. (= 1888, II 190) (Erzählung von einem von *ǧinn* bewohnten Brunnen in Ǧidda). In Ḥamā' (Syrien) wohnt ein *'Afrīt,* ein besonders bösartiger Geist, in der Schleusenkammer eines Wasserrades (CURTISS 229, 260). – Allgemeines über Quellgeister bei Semiten: SMITH, Religion 165–176. Vgl. auch unten Anm. 68, 163.

[58] BALDENSPERGER, PEFQS (1893) 210; CONDER, Heth and Moab 335; CURTISS 94f., 99, 230; MUSIL, AP III 416f.; JAUSSEN, Moab 321, 359f.; COOK in Smith, Religion 538f.; CANAAN, Aberglaube 17; CANAAN, Dämonenglaube 32; ZBINDEN 38.

Zugängen zur Unterwelt stellen *Höhlen,* Bergspalten, dunkle Täler, Schluchten, Gräber u.ä. dar [59]. Wenn man die Fundamente für einen Hausbau aushebt, stört man dabei die Geister, die in der Erde wohnen [60], und muß deshalb ihnen gegenüber besondere Vorsichtsmaßregeln anwenden (siehe unten S. 293f.). Risse im Boden, die bei großer Hitze entstehen, ja sogar schon das Ritzen des Ackers durch den Pflug genügt, um Geistern den Zugang zur Erdoberfläche zu eröffnen [61]. *Bäume* (und Sträucher) reichen mit ihren Wurzeln in die Unterwelt hinab und sind deshalb auch oft von *ǧinn* bewohnt. Allerdings bestehen hier ähnliche Unterschiede wie bei den Tieren; es gibt bestimmte Spezies von Bäumen, die von den Geistern bevorzugt und andere, die von ihnen gemieden werden [62]. Geister, die durch das Blut eines gewaltsam Getöteten angelockt wurden, halten sich dort auf, wo er umgekommen ist [63]; von manchen besonders bösartigen oder monströsen Geistern, wie z.B. der *Ǧūl,* nimmt man bei den Seßhaften an, daß sie sich meist in der *Wüste* umhertreiben [64]. Andere dieser Wesen sind den Menschen so nahe, daß sie an einem [289] bestimmten Hause haften, geradezu als *Hausgeister* bezeichnet werden können [65]. Während diese oft von gutartigem, wohlwollendem Charakter sind, halten sich an der *Schwelle* vor allem gefährliche Geister auf, und deshalb ist die Schwelle eines Hauses mit ganz besonderen Vorsichtsmaßnahmen und Zeremonien umgeben [66].

---

[59] Curtiss 100, 208, 257, 263; Canaan, JPOS 4 (1924) 45f.; Canaan, Dämonenglaube 19f., 35; Jaussen et Savignac 61; Zbinden 37. In der Gegend des Golfes von ʿAqabah fürchtet man böse Geister in Höhlen und Ruinen (T. G. Carless, TBGS 1836/38 [1844] 172). Manchmal leben in den Höhlen aber auch gutgesinnte Geister, bei denen Kranke Heilung finden; siehe Hess 2f.

[60] Canaan, Dämonenglaube 36–38; Jaussen, Moab 339, 343; Zbinden 44. Vgl. unten Anm. 103–105.

[61] Canaan, Dämonenglaube 25; Zbinden 37.

[62] Curtiss 96; Musil, AP III 324, 325; Jaussen, Moab 334; Canaan, JPOS 4 (1924) 36f.; 8 (1928) 162f.; ders., Aberglaube 17f.; ders., Dämonenglaube 34f.; Zbinden 36, 37, 38f.; Cook in Smith, Religion 562f.

[63] Canaan, Aberglaube 17; Canaan, Dämonenglaube 5f., 35; Zbinden 36. [ ]

[64] Canaan, Aberglaube 18; Canaan, Dämonenglaube 35. – Musil, AP III 326 (vgl. Zbinden 51) erwähnt einen großen schwarzen Stein, in dem ein Geist wohnt. Vgl. auch oben Anm. 51–53.

[65] Curtiss 66; Canaan, Aberglaube 18–20; Canaan, Dämonenglaube 36–39; Zbinden 44; Karl Jäger, Das Bauernhaus in Palästina (Göttingen 1912; Diss. Tübingen 1912) 50; über Geister in Backöfen ebd. 46; Canaan, Dämonenglaube 5.

[66] Einszler, ZDPV 10 (1887) 170f.; Baldensperger, PEFQS 1893, 205; Conder, Heth and Moab 302; Jäger 50; Canaan, Aberglaube 19f.; Canaan, Dämonenglaube 36–38; Canaan, JPOS 6 (1926) 64; Granqvist, Marriage Conditions II 126; Granqvist, Birth 87, 239; Granqvist, Child Problems 101f., 107, 231f.; Dalman, AS VII

Wie alle dunklen, so sind auch alle schmutzigen, übelriechenden, unordentlichen Orte, z. B. Latrinen, Misthaufen, Ölpressen u. ä. [67] beliebte Aufenthaltsorte der *ǧinn,* desgleichen die öffentlichen Badehäuser in den Städten [68].

In der *Dunkelheit* können die *ǧinn* aus der Erde und ihren sonstigen Schlupfwinkeln hervorkommen, deshalb ist die Nacht besonders gefährlich [69]

Nach den Vorstellungen der Seßhaften können also Geister praktisch überall sein, man glaubt sich auf Schritt und Tritt von ihnen umgeben und muß beständig vor ihnen auf der Hut sein [70].

Bei den Beduinen ist dies nicht in gleichem Ausmaße der Fall. So sind nach den Anschauungen der Ruala die Aufenthaltsorte der Geister weit enger umgrenzt. Sie sind Seßhafte *(haḍar)* [!], leben auf hohen Bergen, in unzugänglichen Schluchten und alten Ruinen. Sie haben niemals Zelte, wie die Beduinen. Ihre Schlupfwinkel sind unter der Erde, in Felsspalten, in Höhlen und in Gewölben verlassener Gebäude. Je weiter eine solche Schlucht oder Ruine von einer Wasserstelle entfernt ist, desto mehr sagt sie den *ǧinn* zu, weil sie wissen, daß sie dort nicht gestört werden [71]. Schlangen, die in alten Ruinen leben, sind oft von [290] Geistern bewohnt. Wer dort eine

(1942) 97f. und die dort angegebenen Belege; ZBINDEN 36, 44; J. G. FRAZER, Folk-Lore in the Old Testament (London 1918) III 1–18 (bes. 1, 2, 4, 16); vgl. auch unten Anm. 103–105.

[67] CANAAN, Aberglaube 20; CANAAN, Dämonenglaube 20f., 26, 38; ZBINDEN 39.

[68] EINSZLER, ZDPV 10 (1887) 172–180; JAUSSEN, Naplouse 164; CANAAN, Dämonenglaube 38f.; CANAAN, Aberglaube 20f.; ZBINDEN 38. Vgl. auch LANE, Arabian Society (wie unten Anm. 130) 37f., 179, 182f.

[69] CANAAN, Aberglaube 8, 22; CANAAN, Dämonenglaube 19f.; JAUSSEN, Moab 320; MUSIL, AP III 320, 323; ZBINDEN 37. – Besonders gefährlich sind die Geister nachts auf Friedhöfen: CANAAN, Dämonenglaube 20f.; über einen Friedhof in Kuwait: DICKSON (wie oben Anm. 20) 208.

[70] CURTISS 66, 107, 258, 265, 267; JAUSSEN, Moab 319, 339, 343; CANAAN, Dämonenglaube, passim. «Vom Erdinnern kommen die Geister zur Erdoberfläche und füllen den Luftraum so vollständig, daß eine Nadel, die vom Himmel fällt, sie zweifellos berühren würde.» (CANAAN, Dämonenglaube 27; dasselbe: CANAAN, Aberglaube 10.)

[71] MUSIL, Rwala 411; vgl. ebd. 412–417 passim. – Auch bei den Beduinen in Nordostarabien (Kuwait und Nachbargebiete) werden bestimmte Plätze genannt, wo sich die *ǧinn* aufhalten; in einem Falle handelt es sich um einen Meteoritenkrater, in einem anderen um eine stark schwefelhaltige, stinkende Quelle (DICKSON 538f.) Vgl. auch unten Anm. 155. Über Berggeister vgl. auch unten Anm. 80, 81, 120. – FULGENCE FRESNEL (JA VI/17 [1871] 119) referiert die Aussage von Beduinen aus dem Ḥeǧāz, daß sie ihr *wasm* (Stammeszeichen) auf Felsen einritzen, um dadurch ihr Vieh unter den Schutz des Berggeistes zu stellen. – Von den Fuqarā' im nördlichen Ḥeǧāz heißt es einerseits, daß sich nach ihrer Anschauung Geister an bestimmten Orten, z. B. in alten Gräbern aufhalten (JAUSSEN et SAVIGNAC 61), andererseits, daß die Geister «überall» sind (ebd. 62).

Schlange tötet, macht sich die Geister zu Feinden (denn sie sind, wie die Beduinen, in Stämme, Sippen und Familien eingeteilt, und diese handeln solidarisch, wenn sie angegriffen werden [72]). Wenn jemand eine solche Schlange brät und ißt, bringt er damit den Geist in sich hinein und wird besessen. Aber in der weiten, flachen Wüste leben die Geister niemals; dort kann man jede Schlange ohne Gefahr töten und essen [73]. Bestimmte Arten von Bäumen und Büschen sind von Geistern bewohnt [74]; dagegen ist offenbar die baumlose, offene Wüste von ihnen frei, und von den Wasserstellen halten sie sich fern.

Bei anderen (Kamelzüchter-) Beduinen scheinen ähnliche Anschauungen zu bestehen; Doughty berichtet von bestimmten Bäumen, Hainen und Gebüschen, wo sich «Engel» und Feen (fairies) aufhalten, im Gebiete der Moāhīb (Mawāhīb) im nördlichen Ḥeǧāz und bei benachbarten Stämmen [75] (über den dort geübten Kult siehe unten S. 295). Ferner halten sie sich auch besonders gern in Höhlen [76] auf, sowie in Brunnen und Teichen [77] (letzteres im Unterschied zu den Auffassungen der Ruala). Dagegen ist die Vorstellung sehr weit verbreitet (auch bei den Ruala), daß manche, besonders sehr tiefe, Brunnen von Geistern gegraben worden sind [78].

---

[72] Musil, Rwala 411. – Die Idee, daß die *ǧinn* in Stämme gegliedert sind, ist weit verbreitet, aber vielfach anders nuanciert. Bei Seßhaften, z. B. in Medina, spricht man von einem Sultan der *ǧinn;* siehe Doughty II 209f. (= 1888, II 188f.) Nach einer weitverbreiteten Vorstellung gibt es sieben Stämme, die von verschiedenfarbigen Geisterfürsten bzw. -königen regiert werden; in diesen sind die 7 Planetengeister wiederzuerkennen. Siehe Canaan, Aberglaube 22f.; Canaan, Dämonenglaube 27–30, 39f.; Winkler, Siegel und Charaktere 86–109, bes. 92, 97–108; Zbinden 42f., 64.

[73] Musil, Rwala 414. – Dagegen heißt es für Arabia Petraea: «In jeder Schlange wohnt ein böser Geist» (Musil, AP III 324; vgl. Zbinden 46); das gilt aber nicht bei den Ruala.

[74] Musil, Rwala 416; vgl. Dickson 537f.

[75] Bei Doughty I 316, 411 (= 1888, I 273, 365) ist die Rede von einer Akazie, die von *ǧinn* bewohnt ist. (Siehe auch die Erzählung ebd. II 231 = 1888, II 209f., wo es sich um einen Betrug handelt; aber die Anschauung von Bäumen, aus denen Geister Orakel geben, steht im Hintergrund). Über Bäume, Dickichte und Haine (*menhêl*, Plural *menāhil*, [schriftarabisch *manhal*, Pl. *manāhil*], wo die *meláika* (Plural von *melûk*, wörtlich «Engel», Geister der Luft – Doughty I 497, 530; II 407 = 1888, I 449, 482; II 379) zuweilen herabsteigen, siehe Doughty I 495, 496, 538f., 598; II 550 = 1888, I 448, 449f., 490f., 548; II 516); über den dort stattfindenden Kult siehe unten Anm. 87, 117, und 118. Vgl. auch Musil, AP III 320. Zum Ganzen siehe Kremer, Studien III–IV (wie unten Anm. 131) 13; Zbinden 50f. [ ]

[76] Vgl. Hess 2f., Philby, Arabian Jubilee 139f.; Zbinden 50f.

[77] Dickson 538f. (oben Anm. 71); Zbinden 50f.

[78] Doughty II 246 (= 1888, II 223); Charles Huber, BSG VII/6 (1885) 113; Musil, Rwala 413; Zbinden 51. [ ]

Bei den Beduinen in den süd- und südostarabischen Randgebirgen scheint ebenfalls eine starke Ortsgebundenheit der *ǧinn* angenommen zu werden. ZBINDEN schreibt: «Bei der beduinischen Bevölkerung Arabiens sind Bergspitzen, Felsen, Täler, Bäche, Bäume, Seen, Quellen, Brunnen, Höhlen, Grotten und Ruinen Aufenthalte der *Djinn*» [79]. Wie sich aus dem Kontext ergibt, bezieht sich diese Äußerung zunächst auf die oben genannten südarabischen Randgebiete [80]. [291] Sie können durch weitere Zeugnisse für Süd- (und Südost-)Arabien bestätigt werden [81]. Über das Innere Südarabiens, die Wüste *Rubʿ al-Ḫālī* («das leere Viertel»), scheinen nur wenige Angaben betr. Geisterglaube vorzuliegen [82].

---

[79] ZBINDEN 49. – Über Höhlen siehe auch ebd. 53.

[80] Als Belege werden (ebd. 49f.) verschiedene Stellen aus ABDULLÂH MANSÛR (BURY) und TH. BENT zitiert (vgl. oben Anm. 21).

[81] Vgl. besonders THOMAS, AF 209, 269 über Abstammung von *ǧinn;* ebd. 258f. über einen Akazienhain, der nicht angetastet wird, weil dort *ǧinn* wohnen; ebd. 246–251 eine Geschichte über Tötung eines *ǧinnī* in Schlangengestalt durch den Helden Bu Zaid; ebd. 277–281 eine ähnliche Geschichte aus dem Zyklus der Banū Hilāl; ebd. 194–196 über *Zār*-Zeremonien (siehe oben Anm. 13); zum Ganzen auch THOMAS, JRAI 62 (1932) 88–90; ferner aus der älteren Literatur besonders die Angaben von WREDE (siehe oben Anm. 21), die bei ZBINDEN nicht verwertet sind: Geister leben in bestimmten Tälern und Felsspalten (WREDE 83, 147), in Ruinen (153, 195), in einer Tropfsteinhöhle (125f.), in einem Fluß (179f.), im Mimosa-Strauch (131), im «Sandmeer» (242, 244, 246f.). Ein Tal, das der Tummelplatz böser Geister ist, bleibt unbewohnt, trotz seiner reichen Vegetation (83). Die Geister bewachen Schätze (126, 195, 242, 246f.). Es gibt eine Schlange, die einen Diamanten auf dem Kopfe trägt; diesen legt sie beim Trinken ab, und wenn ein Mensch sich dieses Diamanten bemächtigen kann, hat er Herrschaft über die Geister; das war bei Salomo der Fall (266). WREDE selbst stand im Rufe, ein Geisterbanner und Schatzsucher zu sein (126, 195, 213, 242, 246f.), in seiner Taschenuhr, glaubte man, sei ein Dämon eingesperrt (213). Ein anderer Reisender, der etwa 10 Jahre vor ihm die gleichen Gegenden durchzog, stand in demselben Rufe und wurde ermordet (232). – Über Kult der *ǧinn* berichtet WREDE nichts; höchstens ist zu erwähnen, daß sich die Beduinen beim Eindringen in eine Höhle mit lauten Rufen um Erlaubnis bittend an die Geister wandten (125). Über eine warme Quelle, die von einem Geist bewohnt ist, berichtet auch HEINRICH Freiherr VON MALTZAN, Reise nach Südarabien (Braunschweig 1873) 304. Vgl. dazu SMITH, Religion 168, note 3. Über Berggeister in ʿOmān siehe unten Anm. 102.

[82] Die Berichte von THOMAS (oben Anm. 81) beziehen sich auf die Randgebiete. Bei DICKSON (286f.) sind einige Angaben über den *ǧinn*-Glauben der Murra in der großen südarabischen Wüste; danach schreiben diese das Phänomen des «singenden Sandes» und andere Geräusche, die man in der Wüste hören kann, diesen Geistern zu. H. ST. J. B. PHILBY, The Empty Quarter (London 1933) erwähnt ebenfalls, daß dort der «singende Sand» (204, 295) und andere Geräusche, für die man keine Erklärung hat (191f., 295), den Geistern zugeschrieben werden. Vgl. auch unten Anm. 85.

Der Geisterglaube bei den Halbbeduinen der nordwestlichen Randgebiete, die im Altertum unter dem Namen Arabia Petraea zusammengefaßt wurden – die Sinai-Halbinsel mit ihrem nördlichen Vorland, das alte Edom und Moab; heute politisch aufgeteilt unter Jordanien, Israel und Ägypten [83] – die dank der Forschungen von ANTONIN JAUSSEN und ALOIS MUSIL besonders gut bekannt sind, weist mehr Ähnlichkeit mit demjenigen der Seßhaften in Palästina und Syrien auf [84] (siehe auch unten S. 294–296 über Opfer).

Die *Wirkungen* der Geister zeigen sich in der Natur; Luftspiegelungen, Wirbelwinde, Sandhosen, Nebel u.ä. werden auf sie zurückgeführt [85]. Vor allem [292] aber spielen sie den Menschen allerlei Schabernack, teils harmloserer, teils bösartiger Natur, wodurch sie Menschen (und Tiere) erschrekken [86]. Von geschlechtlichen Beziehungen zwischen Menschen und *ǧinn* (die oft kein gutes Ende für den menschlichen Partner nehmen) war schon die Rede (oben Anm. 32), ebenso von den weiblichen Geistern, die Männern in lockender Gestalt erscheinen, aber sie ins Verderben bringen (oben Anm. 48). Träume werden, wenigstens teilweise, den Einwirkungen von Geistern zugeschrieben [87]. Wenn ein *ǧinnī* von einem Menschen gereizt wird – was auch unwissentlich geschehen kann – so «schlägt» er ihn (manche greifen ihn auch an, ohne gereizt worden zu sein, so die oben Anm. 51–53 erwähnten bösarti-

---

[83] Über den Begriff Arabia Petraea, der seit PTOLEMÄUS in der antiken Geographie gebräuchlich war, siehe die Belege bei HENNINGER, IAE 42 (1943) 2 mit Anm. 1–3; MUSIL, AP III 1; ders., Northern Ḥeǧâz 44; H. VON WISSMANN, Saeculum 4 (1953) 70 mit Anm. 12.

[84] Siehe oben Anm. 20 und die Zitate aus diesen beiden Autoren in Anm. 27–34, 41–70 passim.

[85] Siehe MUSIL, AP III 4f.; MUSIL, Rwala 18f.; HESS 159; CANAAN, Dämonenglaube 12, 16f.; ZBINDEN 37, 47. Irrlichter werden ebenfalls auf *ǧinn* zurückgeführt (Zbinden 52). Die Vorstellung, daß Sandhosen (trombes de poussière) von *ǧinn* herrühren, findet sich auch bei den Städtern in Ṣan'ā'; siehe CLAUDIE FAYEIN, Une Française Médecin au Yémen (Paris 1955) 85. – Hierher gehört auch die Erklärung des «singenden Sandes» (oben Anm. 82), die nicht auf Südarabien beschränkt ist; so berichtet RICHARD F. BURTON aus dem alten Midian (Grenzgebiet von Arabia Petraea und dem nördlichen Ḥeǧâz), daß dort eine «Sandpyramide» beim Vorbeizug der Mekkapilgerkarawane eine Musik ertönen läßt, und daß man deswegen dort Opfer darbringt (The Land of Midian Revisited [London 1879] I 65f.); hier handelt es sich wohl auch um *ǧinn*, denen diese Musik zugeschrieben wird.

[86] MUSIL, AP III 320, 323; JAUSSEN, Moab 319f.; JAUSSEN et SAVIGNAC 61; CANAAN, Dämonenglaube 19–21, 37f.; ZBINDEN 35, 37, 40f., 47, 52.

[87] CANAAN, Dämonenglaube 21, 41; HESS 159. Bekannt ist auch die Praxis des Heilschlafes, zu dem man sich an von *ǧinn* bewohnten Orten, besonders unter den ihnen heiligen Bäumen (siehe oben Anm. 75) niederlegt; siehe DOUGHTY I 497 (= 1888, I 449f.); MUSIL, AP III 325; HESS 2f.; ZBINDEN 50f.

gen weiblichen Geister); dann ist die Folge eine Krankheit, manchmal auch der sofortige Tod. Hauptsächlich werden den *ǧinn* Nervenstörungen zugeschrieben, ferner Konvulsionen, Lähmungen, Fieber und langsames Dahinsiechen [88]. Noch schlimmer ist es, wenn der Geist in einen Menschen hineinfährt; dies ist dann der Zustand der Besessenheit. Ein Verrückter heißt *maǧnūn* (= von einem *ǧinn* besessen). In diesem Falle muß durch einen berufsmäßigen Beschwörer die Austreibung des bösen Geistes vorgenommen werden [89]. Solche berufsmäßigen Beschwörer können auch mit Hilfe der Geister wahrsagen und Zauberei betreiben [90]. Wo der Einwirkung von Geistern *moralische Schwächen* und Fehler zugeschrieben werden, liegt islamischer Einfluß vor; dieser zeigt sich schon darin, daß dann gewöhnlich vom Teufel *(Iblīs)* oder Satan *(Šaiṭān)* die Rede ist [91].

Da die *ǧinn* den Menschen in so mannigfacher Weise lästig werden können, gibt es mancherlei *Abwehrmaßnahmen* gegen sie [92]. Dazu gehört zunächst,

---

[88] Doughty I 301, 496 (= 1888, I 258f., 449), speziell wegen Verletzung eines heiligen Baumes (ebd. I 496 = 1888, I 449); Jaussen, Naplouse 225–236; Jaussen, Moab 319f.; Musil, AP III 322f., 413, 415; Musil, Rwala 399; Canaan, Aberglaube 23f.; Canaan, Dämonenglaube 19, 22, 26, 45–47; Zbinden 40, 47, 49, 52; Wrede 180. [ ]

[89] Doughty I 296, 300f., 355, 598, 607, 642; II 16f., 28, 201, 212 (= 1888, I 254, 257–259, 311, 548, 556, 590; II 2f., 14, 180, 191); Curtiss 170, 172; Musil, AP III 322f.; Musil, Rwala 398, 400–404, 412–417 passim; Jaussen, Naplouse 225–236; Jaussen et Savignac 61f.; Hess 4, 157–160; Sonnen 122–125; Canaan, Dämonenglaube 45–47; Zbinden 47, 52–54. – [ ] Bei den ʿÖtābe in Zentralarabien bedeutet *meǧnūn* aber nicht den Besessenen, sondern ein Gespenst (Hess 165f.). – Zbinden (54) äußert die Vermutung, daß die exorzistischen Zeremonien dieses Beduinenstammes städtischen Einfluß aufweisen. – Die *Zār*-Zeremonien (siehe oben Anm. 13) sind kein eigentlicher Exorzismus, wenigstens nicht immer; so schreibt Michel Leiris, La possession et ses aspects théâtraux chez les Ethiopiens de Gondar (Paris 1958) 34, note 2 mit Recht: « ‹Exorcisme› est un terme impropre lorsqu'on l'applique aux pratiques des confréries de *zâr;* le but visé est en effet de pactiser avec l'esprit plutôt que de l'expulser. »

[90] Doughty II 209f. (= 1888, II 188f.); Musil, AP III 318f.; Jaussen, Naplouse 202–207, 214; Canaan, Aberglaube 24–26; vgl. auch Wellhausen 159–167.

[91] Canaan, Dämonenglaube 41; Canaan, ZDPV 78 (1962) 14.

[92] Ein sehr einfaches Abwehrmittel ist das Spucken; siehe Doughty II 184 (= 1888, II 164); Zbinden 46; Hess 159; auch das Räuspern wird einmal erwähnt (Hess 159). Ferner dient das *Eisen* zur Abwehr der Dämonen; schon eine Nadel kann dazu genügen; siehe Kremer, Studien III–IV (wie unten Anm. 131) 37; Goldziher, ARW 10 (1907) 41–46; Canaan, Aberglaube 51, 83f.; Canaan, Dämonenglaube 11f.; Zbinden 39, 42, 44, 54. Vgl. zum Ganzen auch Kremer, Studien III–IV 36–38; unten Anm. 186. Zbinden (54) schreibt, unter Berufung auf Max Freiherr von Oppenheim, Vom Mittelmeer zum Persischen Golf II (Berlin 1900) 134; «... Sehr gebräuchlich ist bei ihnen [sc. den Šammar im ʿIrāq] auch die Anwendung von glühendem Eisen, das

a) [293] daß man alles vermeidet, was sie herbeirufen oder reizen könnte. Ganz besonders verpönt ist das Pfeifen [93]. CARLA BARTHEEL erklärt das wie folgt: «Ein Sprichwort der Beduinen lautet: ‹Du sollst in der Wüste nicht pfeifen, sonst rufst du den Teufel herbei.› In der Tat werden durch pfeifenähnliche Geräusche Schlangen und Skorpione angelockt, wie ich es später erfahren sollte.» [94] Es ist aber fraglich, ob diese rationalistische Erklärung ausreicht. Da es manchmal heißt, daß die Geister selbst pfeifen (oben Anm. 93), ist auch an das Heulen des Sturmes und ähnliche Geräusche zu denken, die einen unheimlichen Eindruck machen und deshalb als Geisterstimmen gedeutet werden; diese soll man nicht nachahmen. b) Ferner schützt man sich gegen die Geister durch Gebet verschiedenster Art. z. B. zu islamischen Heiligen, besonders durch das häufige Aussprechen des Namens Gottes [95], bei Christen auch durch das Kreuzzeichen [96]. (Bei bestimmten heißen Quellen darf man aber den Namen Gottes nicht nennen, wenn man dort im Bade Heilung sucht, sonst erzürnt man die *ǧinn* und erlangt die Genesung nicht [97].) c) Eine sehr wichtige Rolle spielt auch das Tragen von Amuletten, in denen uralte orientalische Praktiken sich mit nachbiblischen jüdischen Traditionen (Salomo und David als Herren der Geister), mit islamischen Elementen (Gebrauch von Koranversen) und anderem verschmolzen haben [98]. d) Statt Gott oder eine andere höhere Macht zu Hilfe zu rufen, kann man sich aber

---

an alle möglichen Körperstellen appliziert wird, z. B. bei Fieber sogar am Kopf. Wir begegnen hier offenbar der Meinung, daß die die Krankheit verursachenden Djinn das Eisen fürchten. Durch das Erglühen des Eisens will man vielleicht den Fieberdjinn, der den Kopf ‹heizt›, überbieten und dadurch aus dem Leibe herausärgern.» Dies sind aber rein spekulative Erklärungsversuche. Bei OPPENHEIM ist an der zitierten Stelle nicht die Rede von *ǧinn*.

[93] DOUGHTY I 607 (= 1888, I 556); JAUSSEN, Moab 320; MUSIL, AP III 305, 313; vgl. auch PHILBY, The Empty Quarter 191; unten Anm. 184.

[94] CARLA BARTHEEL, Unter Sinai-Beduinen und Mönchen (Berlin 1943) 52. – Schon bei MUSIL, AP III 313, ist erwähnt, daß nach der Ansicht eines dortigen Stammes, der Liāṯneh, durch Pfeifen Schlangen, Skorpione und giftige Spinnen angelockt werden.

[95] EINSZLER, ZDPV 10 (1887) 160–181, bes. 161–165, 166–169; MUSIL, AP III 322; MUSIL, Rwala 416; JAUSSEN et SAVIGNAC 61; CANAAN, Aberglaube 8, 17; CANAAN, Dämonenglaube 10, 37, 38, 41f., 47; ZBINDEN 38, 41f. [ ]

[96] MUSIL, AP III 322; CANAAN, Dämonenglaube 23.

[97] EINSZLER, ZDPV 10 (1887) 179f.; SMITH, Religion 171. – ZBINDEN (38) zitiert als Belege zwei Stellen aus CANAAN, wo aber diese Einzelheit nicht erwähnt ist. CANAAN, Aberglaube 8, Anm. 3 hat ein Beispiel von einer gewöhnlichen Quelle.

[98] CANAAN, Aberglaube 19, 49–56, 77–133 passim (bes. 77–93, 99–115); CANAAN, Dämonenglaube 21, 49; WINKLER, Siegel und Charaktere, passim; Musil, AP III 319; JAUSSEN et SAVIGNAC 62; ZBINDEN 42f., 53f.; CHELHOD, Objets et Mondes 5 (1965) 153–158; vgl. auch unten Anm. 217.

auch direkt an die Geister wenden und sie freundlich zu stimmen suchen. Dazu gehören solche Formeln wie: *dastūr yā ṣāḥib al-maḥall* (= [mit deiner] Erlaubnis, o Besitzer dieses Ortes), die man beim Hausbau, beim Aufschlagen eines Zeltes und ähnlichen Gelegenheiten spricht [99]. Wenn man Feuer [294] auslöscht [100], muß man ähnliche Formeln gebrauchen, um die Geister zu warnen bzw. zu besänftigen. e) Sehr wichtig sind schließlich die *Opfer an Geister* [101], die sich teils noch in sehr deutlicher Form, teils in Resten und Abschwächungen finden. In Südarabien opfert man einem Berggeist, dessen Gebiet man betritt, ein Tier, z.B. eine Ziege [102]. Bei den Seßhaften spielen die Bauopfer [103] eine große Rolle; manchmal kommt bei diesen die Beziehung zu den Geistern noch deutlich in der Opferformel zum Ausdruck [104], manchmal sind sie auch schon so weit islamisch umgedeutet, daß sie *Ḫalīl* (Abraham), anderen islamischen Heiligen oder Allah selbst dargebracht werden [105]. Bei den Halbbeduinen in Moab gibt es auch ähnliche Opfer beim Aufschlagen eines Zeltes [106]. Wenn man ein Stück Ödland

---

[99] JAUSSEN, Moab 339, 343; CANAAN, JPOS 5 (1925) 164, note 1; CANAAN, Dämonenglaube 5, 26; DALMAN, AS VII 95; ZBINDEN 34, 38f., 49, 53; WREDE 125. Vgl. auch oben Anm. 71, 81.

[100] CANAAN, Dämonenglaube 5; CANAAN, Aberglaube 11; ZBINDEN 34.

[101] Allgemeines über Opfer an Geister: DOUGHTY I 500 (= 1888, I 452); CANAAN, Dämonenglaube 2, 21, 37f.; [ ] CURTISS 68, 214, 229f., 243, 257; DALMAN, AS VII 90f., 94, 97f.; ZBINDEN 38 mit Anm. 7, 44, 50, 53.

[102] BURY (ABDULLÂH MANSÛR) 22, 26; ZBINDEN 49. Auch bei den Inland-Šiḥūḥ auf der Halbinsel Musandam in ʿOmān werden Opfer an Berggeister erwähnt; siehe Handbook of Arabia I (London s. a. [1920] 594 [nach welcher Quelle?]). [ ]

[103] Siehe DOUGHTY I 177; II 118 (= 1888, I 136; II 100); EINSZLER, ZDPV 10 (1887) 170; CURTISS 66, 68, 208, 219, 228f., 257, 265–267 (vgl. auch ebd. 73, Anm. 2, 218, 281); MUSIL, AP III 136, 313; JAUSSEN, Moab 319, 341–344; JAUSSEN, Naplouse 21f., 175; JAUSSEN et SAVIGNAC 68; CANAAN, Aberglaube 19; CANAAN, Dämonenglaube 36; CANAAN, JPOS 6 (1926) 62f.; CANAAN, ZDPV 78 (1962) 14; KAHLE, PJb 6 (1910) 84; 8 (1912) 154; DALMAN, PJb 4 (1908) 49f.; DALMAN, AS VII 90–98; GRANQVIST, Birth 153; GRANQVIST, Child Problems 121, 132; WELLHAUSEN 127; ZBINDEN 44, 53.

[104] Siehe JAUSSEN, Moab 339, 343; vgl. auch CANAAN, JPOS 13 (1933) 61f., 64, 65.

[105] CURTISS 73, 228; JAUSSEN, Moab 341f.; JAUSSEN, Naplouse 21f.; CANAAN, JPOS 6 (1926) 62, mit note 2; KAHLE, PJb 6 (1910) 84; 8 (1912) 154, 158; DALMAN, AS VII 95, 97. – Bei CANAAN, JPOS 13 (1933) 62, note 4, 64, 65 einige Berichtigungen zu JAUSSEN, Moab 341f. und CURTISS 73, 228.

[106] JAUSSEN, Moab 319, 339–341, 344; DALMAN, PJb 4 (1908) 49; CANAAN, JPOS 9 (1929) 202; 13 (1933) 64; CANAAN, Dämonenglaube 37; CANAAN, ZDPV 79 (1963) 22; MURRAY 155; ZBINDEN 44. Allerdings findet sich dieses Opfer auch bei den Fuqarāʾ im nördlichen Ḥeǧāz; siehe JAUSSEN et SAVIGNAC, 68, note 3.

urbar macht [107] oder einen Brunnen gräbt [108], muß man ebenfalls die *ǧinn*, deren Ruhe man stört, durch ein Tieropfer besänftigen. Da sich bestimmte Geister gern an der Türschwelle aufhalten (siehe oben Anm. 66), werden dort apotropäische Opfer dargebracht [109], z.B. beim Einzug in ein neu gebautes Haus [110] oder bei der Einführung der Braut in das Haus ihres Mannes bzw. ihrer Schwiegereltern [111]. Wenn man sich dauernd oder vorübergehend in einer Höhle aufhalten will, muß man die Geister durch ein Opfer günstig stimmen [112]. Weil heiße Quellen von *ǧinn* geheizt werden (siehe oben Anm. 58), [295] müssen diese ihre Opfergaben haben, wenn man im Bade Genesung sucht [113]. Auch bei gewöhnlichen Brunnen (und Bewässerungsanlagen) kann es sein, daß der betreffende Geist durch Opfer geehrt werden muß [114]. Manche Opfergebräuche bei Küstenbewohnern und Seefahrern lassen an Geister des Meeres denken [115]; zuweilen wird dies auch ausdrücklich gesagt [116]. Von Geistern bewohnte Bäume sind oft Opferstät-

---

[107] DOUGHTY I 177, 499 (= 1888, I 136, 452).

[108] DOUGHTY I 499; II 219 (= 1888, I 452; II 198); JAUSSEN et SAVIGNAC 69. In Palästina wurden solche Opfer auch beim ersten Spatenstich zu einem Eisenbahnbau (CURTISS 209, 212, 229) und bei Straßenbauten (CURTISS 229) den Geistern dargebracht.

[109] Siehe oben Anm. 66, bes. CANAAN, Dämonenglaube 21, 37f.

[110] Siehe CURTISS 57, 265–267; KAHLE, PJb 8 (1912) 158; JAUSSEN, Naplouse 22; CANAAN, Dämonenglaube 36f.; CANAAN, JPOS 13 (1933) 64; DALMAN, AS I/1, 30f., 32; VII 94f.

[111] CANAAN, Dämonenglaube 37f.; ZBINDEN 44.

[112] CURTISS 208, 257; KAHLE, PJb 8 (1912) 158 (vgl. auch ebd. Abb. 12 bei S. 140: Tür der Höhlenwohnung mit Blutzeichen); MUSIL, AP III 297; CANAAN, JPOS 4 (1924) 45f.; ZBINDEN 53.

[113] MUSIL, AP III 416f.; CANAAN, Dämonenglaube 32; ZBINDEN 38, 44. Vgl. auch oben Anm. 58.

[114] Siehe oben Anm. 57. Dem *'Afrīt* in Hamā' (siehe ebd.) wird alljährlich ein Widder geopfert (CURTISS 229, 260). Es gibt aber auch Quellgeister, denen man keine Opfer darbringt, obwohl man an ihre Existenz glaubt, siehe JAUSSEN, Moab 321; COOK in SMITH, Religion 538f.

[115] In Gaza wurde (nach BALDENSPERGER, PEFQS 1893, 216) Brot ins Meer geworfen, als Gelübdeopfer *(naḏr)* «für die Bewohner des Meeres». Ebenfalls aus Südpalästina (in der Nähe von Askalon) wird berichtet, daß dort am Meeresstrande Schafe geschlachtet wurden. Das Blut floß ins Meer, und Kopf, Eingeweide, Lungen und Füße wurden ins Meer geworfen mit den Worten: *ḫud niḏrak yā baḥr* – nimm dein Gelobtes, o Meer! (CANAAN, Aberglaube 75f.; dasselbe: JPOS 6 [1926] 12). [ ] Über Verehrung des Meeres auf der nördlichen Sinai-Halbinsel siehe MURRAY 156f. (es handelt sich dort aber ursprünglich nicht um einen Brauch von Beduinen, sondern von Seßhaften; vgl. ebd. 252).

[116] Von den Seeleuten auf dem Roten Meer berichtet JOHANN LUDWIG BURCK-

ten [117]; hierher gehören auch die Opfer an die «Engel», von denen DOUGHTY spricht [118]; bei den Opfern an den Teufel *(Iblīs)*, die aus der Oase Taimā' im nördlichen Ḥeğāz [119] und von Beduinen aus dem Neğd (zentralarabisches Hochland [120]) berichtet werden, ist wohl ebenfalls an Naturgeister zu denken. – Die Opfer an Geister sind aber nicht immer an bestimmte Orte gebunden; man bringt solche Opfer z.B. auch dann dar, wenn ein Unglück geschehen ist, das man den Geistern zuschreibt, oder wenn ein solches auch nur zu befürchten ist, z.B. wegen eines Traumes von schlechter Vorbedeutung [121]. Die Ruala überlassen den Geistern das Blut, sooft ein Tier geschlachtet wird [122]; [296] hier ist aber nicht an ein Opfer zu denken, sondern an einen Versuch zur Erklärung der islamischen Vorschrift, daß man bei der Schlachtung das Blut ausfließen lassen muß, um rituell reine Nahrung zu haben.

In den meisten Fällen handelt es sich um blutige Tieropfer, vor allem Kleinvieh (Schafe und Ziegen); Huhnopfer und andere Geflügelopfer stehen

---

HARDT (Reisen in Arabien. Aus dem Englischen übersetzt [Weimar 1830] 650), daß sie bei jeder Mahlzeit eine Handvoll Speise ins Wasser werfen «aus Furcht vor Wassergeistern»; über «Geschenke an das Meer», siehe auch C. H. BECKER, Arabischer Schiffszauber. ARW 11 (1908) 157–159. – Ähnlich SAMUEL BARRETT MILES, The Countries and Tribes of the Persian Gulf (London 1919) II 449, über Seeleute, die am Kap Musandam in 'Omān vorbeifahren: «... the weathering of this cape has always been regarded with dread by Arab navigators passing in and out the Gulf on account of the gales of wind and the strong currents that prevail here. In order to propitiate the spirits of the deep they have long been accustomed to send afloat a model ship, more or less elaborate, or even a coconut shell, filled with fragments of food and sweetmeats and to watch its career with keen anxiety, for if the toy boat reaches the shore in safety, they augur a prosperous voyage, but should it be capsized, dire forebodings fill their minds; these models were often met with by ships far out at sea in calm weather.»

[117] Vgl. oben Anm. 62, 81.

[118] Vgl. oben Anm. 75, bes. DOUGHTY I 411, 497 (= 1888, I 365, 449f.) über das Aufhängen von Opferfleischstücken, Ziegenhörnern, Tuchfetzen u. ä. an diesen Bäumen. Vgl. dazu auch WELLHAUSEN 106. Über ähnliche Opfer, von Kranken in einer Höhle dargebracht, siehe HESS 3; ZBINDEN 50.

[119] JAUSSEN et SAVIGNAC 59f.; vgl. auch LE COMTE DE LANDBERG, Etudes sur les dialectes de l'Arabie Méridionale II/3 (Leide 1913) 1711 (vgl. den Kontext 1709–1714): ein Bericht von 'Abd Allāh Mizyad aus 'Oneyzah (in Qāsim, Zentralarabien); danach opfern die Einwohner von Taimā' jedes Jahr dem Teufel mehrere Schafe; man schlachtet diese auf Berggipfeln und läßt sie liegen, die Raubtiere und die Vögel verzehren sie.

[120] LANDBERG II/3, 1712: ähnliche Opfer in Krankheitsfällen. Hier ist aus dem Kontext deutlich zu ersehen, daß es sich um *ğinn* handelt.

[121] JAUSSEN, Moab 319f.; JAUSSEN et SAVIGNAC 70.

[122] MUSIL, Rwala 411. Siehe oben Anm. 36.

auch in besonderer Beziehung mit dem Geisterkult [123]. Bezeichnenderweise muß bei den Ruala zum Schutz neugeborener Knaben gegen eine Dämonin ein Hahn geschlachtet werden, und dieser muß am Hals grüne Federn haben [124]. Schon der Umstand, daß ein Hahn notwendig ist, weist auf Herkunft dieser Praxis von den Seßhaften hin, denn der Hahn ist kein Haustier der Nomaden [125] (zur grünen Farbe siehe oben Anm. 46). Daneben finden sich auch Opfer von unblutiger, vegetabilischer Nahrung [126] und andere Gaben, z. B. eine Silbermünze, die unter der Schwelle vergraben wird [127], als Ersatz für eigentliche Opfer. Auch Weihrauch wird bei solchen Riten verbrannt [128] (ob als Opfergabe oder Abwehrmittel?).

Diese, notwendigerweise sehr gedrängte, Übersicht über Geisterglauben und Geisterkult bei den heutigen Arabern läßt bereits einige allgemeine Feststellungen von grundsätzlicher Bedeutung zu.

1. Zwar ist der Geisterglaube *bei allen Bevölkerungsgruppen* (Nomaden, Bauern, Städter) *vorhanden,* aber es bestehen doch *gewisse Unterschiede,* die es verbieten, die heutige arabische Bevölkerung diesbezüglich als eine Einheit zu behandeln. Eine Reihe von Einzelheiten zeigen, daß bei den reineren Vollbeduinenstämmen (Kamelzüchtern) der *ǧinn*-Glaube weniger intensiv ist: die Geister sind Seßhafte, denen man nur an bestimmten Orten begegnet; sie werden weniger grob-körperlich aufgefaßt, sind nicht sterblich, haben zwar männliches oder weibliches Geschlecht, erzeugen aber keine Nachkommenschaft, usw. (siehe oben Anm. 35–40, 71–82).

---

[123] Siehe J. Henninger, Über Huhnopfer und Verwandtes in Arabien und seinen Randgebieten. Anth 41/44 (1946/49) 337–346, bes. 339f., 342f., 345f. – Doughty II 121 (= 1888, II 103) berichtet eine Geschichte über einen maghrebinischen Schatzsucher, der den Geistern, den Hütern des Schatzes, einen schwarzen Hahn opferte.

[124] Musil, Rwala 417.

[125] Siehe Henninger, Anth 41/44 (1946/49) 339, 343f., 345f.

[126] Siehe Canaan, Dämonenglaube 21, über ein Gemisch aus sieben verschiedenen Körnern, das an der Schwelle ausgestreut wird. – Canaan sieht auch in dem bekannten Ritus des Vergrabens der letzten Garbe (auf den hier nicht ex professo eingegangen werden kann) «ein Opfer an die Geister des Feldes, deren ganzes Eigentum man abgeerntet hat» (Dämonenglaube 25f., dazu Anm. 237 und 238, ebd. S. 58). Außer den dort zitierten Literaturangaben siehe auch Jaussen, Moab 252f.; Musil, AP III 301; Dalman, AS I/2, 574–579; J. G. Frazer, The Golden Bough. Part IV: Adonis, Attis, Osiris ³(London 1914) II 48, 96; Part V: Spirits of the Corn and the Wild ³(1912) I 138; Zbinden 44.

[127] Canaan, Dämonenglaube 39. – Zbinden (44) sieht in dem Silber ein Abwehrmittel, das ebenso wirkt wie das Eisen (siehe oben Anm. 92).

[128] Doughty II 211 (= 1888, II 190); Jaussen, Naplouse 164, 214. Vgl. oben Anm. 89 über Exorzismus-Riten. Jaussen, Naplouse 164, erwähnt auch eine zu Ehren eines *ǧinnī* angezündete Wachsfackel oder Kerze (flambeau).

2. Ebenso deutlich zeigen sich diese *Unterschiede im Kult;* so weisen die Opfer für das Zelt, die fast nur bei den Halbbeduinen in Moab vorkommen [297] (siehe oben Anm. 106), deutlich auf die Bauopfer der Seßhaften hin (siehe Anm. 103–105), desgleichen auch die Zeremonie der Ruala, bei der ein Hahn geschlachtet wird (siehe oben Anm. 124, 125).

3. Eine Reihe von Einzelheiten sind *nichtarabischen, z.T. sogar nichtsemitischen Ursprungs.* Dazu gehören die *Zār-Zeremonien,* die aus Abessinien oder Negerafrika stammen (siehe oben Anm. 13 und 89). Die Vorstellung von sieben Dämonenfürsten entstammt der gelehrten Astrologie (siehe oben Anm. 72) und ist hellenistisch beeinflußt, wie überhaupt viele Details im Volksaberglauben literarisch beeinflußt und deshalb, jedenfalls in ihrer jetzigen Form, jüngeren Datums sind [129]. Andere Einzelheiten, z.B. der Glaube an Salomos und Davids Herrschaft über die Geister und seine Anwendung auf Amulette und Abwehrformeln (siehe oben Anm. 95 und 98) sind nachbiblisch-jüdischer Herkunft. All dies muß beim Versuch einer Rekonstruktion «ursemitischer» Zustände ausgeschieden werden.

4. Nach Eliminierung aller dieser fremden Bestandteile bleibt nun noch die Frage: Wo ist der *Ursprung* derjenigen Elemente von Geisterglauben und Geisterglauben und Geisterkult, die Nomaden und Seßhaften gemeinsam sind? Sind sie bei beiden Gruppen *unabhängig entstanden,* oder hat eine Gruppe sie von der anderen *übernommen?* Welche ist die gebende und welche die empfangende, oder bestehen wechselseitige Beziehungen? Bevor diesen Fragen nähergetreten werden kann, muß aber erst noch untersucht werden, wie sich der heutige volkstümliche *ǧinn*-Glaube zum vorislamischen und zum offiziell-islamischen *ǧinn*-Glauben verhält.

II. Geisterglaube im vorislamischen Arabien

Als *Quellen* für den vorislamischen *ǧinn*-Glauben können nicht ohne weiteres alle Werke der arabisch-islamischen Literatur betrachtet werden, denn viele Einzelheiten über Geisterglauben, die sich dort finden, sind fremden Ursprungs und erst spät in die arabische Kultur eingedrungen; das gilt z.B. vom Geisterglauben, wie er sich in der Erzählungssammlung 1001 Nacht spiegelt [130]. [298] Brauchbareres Material enthalten die vorislamischen

[129] Siehe W. F. Albright, Islam and the Religions of the Ancient Orient. JAOS 60 (1940) 283–301, bes. 291f., 294.

[130] Siehe Alfred von Kremer, Culturgeschichte des Orients unter den Chalifen II (Wien 1875) 255–264; Edward William Lane, Arabian Society in the Middle

Dichter (allerdings nur spärlich), ferner der Koran, die Biographie Mohammeds und die übrige ältere islamische Literatur, schließlich auch noch die spätere islamische Literatur, Traditionssammler, Korankommentatoren, Juristen usw. Auch hier ist oft Vorsicht am Platze, aber dieses Quellenmaterial ist in den bereits vorliegenden systematischen Arbeiten [131] meist

---

Ages. Edited by STANLEY LANE-POOLE (London 1883) 25–46, 179, 182f.; WELLHAUSEN 158; G. VAN VLOTEN, Dämonen, Geister und Zauber bei den alten Arabern. Mittheilungen aus Djâhitz' Kitâb al-haiwân. WZKM 7 (1893) 169–187, 233–247; 8 (1894) 59–73; A. S. JAYAKAR, Some Notes on the Arab Belief in the Metamorphosis of Human and Other Beings. JASB 6 (1902/03) 181–192, bes. 183–186 (Einzelheiten über *ǧinn* nach QAZWĪNĪ, DAMĪRĪ und anderen islamischen Autoren); O. RESCHER, Über das «Geister- und Teufelsbuch» des Schiblî (Cairo 1326 [= 1908]). WZKM 28 (1914) 241–252; O. RESCHER, Studien über den Inhalt von 1001 Nacht. Der Islam 9 (1919) 1–94, bes. 42–50, 63f. (jüdisch-christliche Einflüsse: 42; persisch-indische Einflüsse: 45; Geisteskranke als Besessene betrachtet: 63f.); RENÉ BASSET, Mille et un Contes, Récits et Légendes Arabes I (Paris 1924) 55–57, 59f., 151f., 159, 175, 180f.; III (1927) 205–207, 233f., 240f., 271f., 309–311; J. HENNINGER, Mohammedanische Polemik gegen das Christentum in 1001 Nacht. NZM 2 (1946) 289–304 (bes. 290–296: Literaturangaben über die verschiedenen Bestandteile dieser Erzählungssammlung); J. HENNINGER, Über die völkerkundliche Bedeutung von 1001 Nacht. SAV 44 (1947) 35–65, (bes. 37f., 64, Anm. 2 und die dort zitierte Literatur über Geisterglauben u. ä.); J. HENNINGER, Der geographische Horizont der Erzähler von 1001 Nacht. Geographica Helvetica 4 (1949) 214–229 (bes. 227–229: Legendarische und mythische Geographie); ZBINDEN 59–72, 132–137; vgl. auch ebd. 141–162 passim. – Über 1001 Nacht siehe auch MACDONALD, EI I (1913) 1092a; im Anschluß daran schreibt er: «... Den Vorstellungen der Menge noch näher [als die Geister-Erzählungen in 1001 Nacht] stehen die von Artin, Oestrup, Spitta und Stumme gesammelten Märchen. Hier überwuchert das folkloristische Element der einzelnen Rassen die gemein-muslimische Atmosphäre. Die in diesen Erzählungen auftretenden Geister sind mehr nordafrikanisch, ägyptisch, syrisch, persisch und türkisch als arabisch oder islamisch...»

[131] Siehe vor allem: WELLHAUSEN 106, 147–159, 211–214; SMITH, Religion 119–139, 159, note 1, 198, 441–446; COOK, ebd. 538–541; ZAPLETAL (wie oben Anm. 5) 116–120, 123–128; IGNAZ GOLDZIHER, Abhandlungen zur arabischen Philologie (2 Theile, Leiden 1896–1899), bes. I 1–27, 41f., 59, 77, 106–117, 126, 133, 197–212; II S. CVIII (Nachträge zu I 199–212); TH. NÖLDEKE, Art. Arabs (Ancient), in: ERE I (Edinburgh 1908) 659a–673a, bes. 669b–671a; ALFRED VON KREMER, Studien zur vergleichenden Culturgeschichte, vorzüglich nach arabischen Quellen I–II. SBKAWW, Phil.-hist. Cl. 120 [Wien 1890], 3. Abhdlg.; III–IV, ebd. 8. Abhdlg. bes. 26–44, 53–55; EDWARD WESTERMARCK, JRAI 29 (1899) 260–264; HUBERT GRIMME, Mohammed. II (Münster i. W. 1895), bes. 63–71; D. B. MACDONALD, Art. *Djinn*. EI I (1913) 1091a–1092b; H. REINFRIED, Bräuche bei Zauber und Wunder nach Buchari (Karlsruhe 1915; Diss. Freiburg i. Br. 1914), bes. 16–47 passim, 55f.; A[RENT] J[AN] WENSINCK, Animismus und Dämonenglaube im Untergrunde des jüdischen und islamischen rituellen Gebets. Der Islam 4 (1913) 219–235; SAMUEL S. ZWEMER, The Influence of Animism on Islam (New York 1920), bes. 125–145; A. S. TRITTON, Spirits and Demons in

schon einer eingehenden Kritik unterzogen worden. So kann, auf diese quellenkritisch gut fundierten Arbeiten gestützt, hier eine gedrängte Darstellung des vorislamischen *ǧinn*-Glaubens gegeben werden, aus der sich einige Antworten auf kulturhistorische Fragen gewinnen lassen.

Die *Natur* der *ǧinn* ist im vorislamischen Arabien ebensowenig rein geistig wie im heutigen Volksglauben; sie sind zwar keine Wesen von Fleisch und Blut, sind geheimnisvoll und für gewöhnlich unsichtbar, aber doch irgendwie körperlich [132]. Sie essen und trinken [133], sie können verwundet und getötet werden [134]. [299] Es gibt männliche und weibliche Geister [135]; die *ǧinn* haben Nachkommenschaft [136], sie können sich auch mit menschlichen Partnern verbinden, sogar wirkliche Ehen mit ihnen schließen [137]. Wie die Menschen, sind sie in Sippen und Stämme gegliedert; das Kollektivum ist bei

---

Arabia. JRAS (1934) 715–727; EICHLER, bes. 8–39, 59–61; ZBINDEN 75–80 (vgl. auch ebd. 81–99 passim); RUDI PARET, Mohammed und der Koran (Stuttgart 1957), bes. 21–23, mit Literaturangaben 156; JOSEPH CHELHOD, Le sacrifice chez les Arabes (Paris 1955), bes. 104–106, 174, 176, 195, 196; GAUDEFROY-DEMOMBYNES (wie oben Anm. 10) 25–29; G. RYCKMANS, Les religions arabes préislamiques (3e édition, in: M. GORCE et R. MORTIER, Histoire générale des religions IV [Paris 1960] 201–228, mit Bibliographie: 593–605). – Siehe auch oben Anm. 2–11 und 16. Die hier (Anm. 130 und 131) erwähnte Literatur über Geisterglauben im vorislamischen Arabien ist in den folgenden Anmerkungen (132–221) nicht restlos ausgewertet, wie dies auch mit der Literatur über das neuzeitliche Arabien nicht der Fall ist (vgl. oben Anm. 28); übrigens werden in der Literatur vielfach die gleichen Originalbelege wiederholt. [ ]

[132] WELLHAUSEN 148f., 151f., 154; SMITH, Religion 119f.; EICHLER 38; TRITTON, JRAS 1934, 716f.; RYCKMANS 203b.

[133] LANE, Arabian Society 33; WELLHAUSEN 149; TRITTON, JRAS (1934) 720f.; ZBINDEN 71, 77, 98. Ihre Nahrung ist Kot: WELLHAUSEN 150; vgl. auch EICHLER 33; ZBINDEN 93.

[134] WELLHAUSEN 149, 153f.; SMITH, Religion 120, 127, note 2, 128.

[135] WELLHAUSEN 149, 154; GAUDEFROY-DEMOMBYNES 28. Vgl. auch unten Anm. 152 und 153.

[136] LANE, Arabian Society 33.

[137] WELLHAUSEN 154; SMITH, Religion 50, 128; COOK, ebd. 514; W. R. SMITH, Kinship and Marriage in Early Arabia (2London 1907) 240; VAN VLOTEN, WZKM 7 (1893) 245–247; 8 (1894) 64f.; IGNAZ GOLDZIHER, Vorlesungen über den Islam (2Heidelberg 1925) 68, 319f., Anm. 131; TRITTON, JRAS (1934) 721f.; CHELHOD, Sacrifice 105; ZBINDEN 71f., 78, 85, 98. Vgl. auch oben Anm. 32. Es ist nicht bei allen Belegen ersichtlich, ob dieser Glaube dort ausdrücklich als vorislamisch bezeichnet wird, aber er ist für die vorislamische Zeit genügend sicher bezeugt. Dafür spricht u. a. auch Sure 55, VV. 56, 74, wo es von den *Ḥūrīs* (Paradiesjungfrauen) heißt, daß «weder Mensch noch *ǧānn* sie zuvor berührte» (vgl. CANAAN, Dämonenglaube 21; HENNINGER, NZM 5 [1949] 132f.; [= Buchausgabe: Spuren christlicher Glaubenswahrheiten im Koran, Schöneck 1951, 85f.]; ZBINDEN 85, 98). [ ]

ihnen wichtiger als das Individuum, ganz wie bei den Arabern [138], und diese Gemeinschaft handelt solidarisch, wenn es darauf ankommt, z. B. im Falle der Blutrache [139]. Geister können in Pflanzen, besonders Bäumen und Sträuchern (siehe unten Anm. 162) wohnen; ihre häufigste *Erscheinungsform* ist jedoch diejenige von Tieren, besonders Tieren der Wildnis, zuweilen aber auch von Haustieren [140]. Neben vierfüßigen Tieren wie Panther, Schakal, Wildkatze, Esel, Hund, Katze, Maus [141], spielen Vögel dabei eine gewisse Rolle; z. B. Rabe, Eule, Grünspecht, Wiedehopf, Strauß [142], vor allem aber Schlangen [143] und überhaupt kriechende Tiere, wie Eidechsen, Skorpione, Käfer u. ä. [144]. Die Verbindung der Geister mit Tierleibern ist bald enger, bald weniger eng; manchmal ist der Tierleib nur eine angenommene Maske [145]. Die Geister können ihre Erscheinungsformen wechseln, manche be- [300] sitzen eine große Vielgestaltigkeit [146]. Öfters werden die Dämonen auch auf Tieren reitend gedacht, besonders auf Straußen und Füchsen [147].

---

[138] WELLHAUSEN 148; SMITH, Religion 126f.; TRITTON, JRAS (1934) 717.

[139] WELLHAUSEN 148f., 153f.; SMITH, Religion 127, 128; CHELHOD, Sacrifice 176.

[140] WELLHAUSEN, 106, 151–155, 157; SMITH, Religion 119, 127–132 (auch COOK, ebd. 541); TRITTON, JRAS (1934) 718–720; CHELHOD, Sacrifice 105; ZBINDEN 76f.; GAUDEFROY-DEMOMBYNES 26; vgl. auch R[UDOLF] GEYER, Die Katze auf dem Kamel. Ein Beitrag zur altarabischen Phraseologie, in: Orientalische Studien. Theodor Nöldeke zum 70. Geburtstag gewidmet (Gießen 1906) I 57–60, bes. 66f. Über die Katze als dämonisches Tier siehe MENAHEM NAOR, Über die arabische Katze. WZKM 35 (1928) 276–289; 36 (1929) 87–107, bes. 35 (1928) 278–280; 36 (1929) 227–229.

[141] WELLHAUSEN 150–152; LANE, Arabian Society 34f.; vgl. auch oben Anm. 140; unten Anm. 185.

[142] WELLHAUSEN 152, 154; SMITH, Religion 120, 129; GEYER (wie oben Anm. 140) 66f.; RYCKMANS 203b.

[143] TH. NÖLDEKE, Die Schlange nach arabischem Volksglauben. Zeitschrift für Völkerpsychologie und Sprachwissenschaft 1 (1860) 412–416; NÖLDEKE, ERE I 669b; LANE, Arabian Society 34f.; KREMER, Studien III–IV 26–28; GEORG JACOB, Altarabische Parallelen zum Alten Testament (Berlin 1897) 5f., 16; ders., Altarabisches Beduinenleben (²Berlin 1897) 24; WELLHAUSEN 108f., 149, Anm. 2, 151–155, 163f., 212, 214; SMITH, Religion 120 mit note 1, 127 mit note 2, 129f., 133, 168, 176, 177 (vgl. auch ebd. 442f.); TRITTON, JRAS (1934) 717–720; EICHLER 11f.; ZBINDEN 71, 76f., 78, 81, 85f., 93f. (vgl. auch ebd. 75). Beim Glauben an Hausschlangen – gute Hausgeister in Schlangengestalt, vgl. unten Anm. 164 – vermutet ZBINDEN (94) bereits syrischen Einfluß. Vgl. zum Ganzen oben Anm. 44, 47, 65; unten Anm. 163. [ ]

[144] WELLHAUSEN 151–154 passim; SMITH, Religion 128, 129f.; ZBINDEN 77. [ ]

[145] WELLHAUSEN 152, 154.

[146] WELLHAUSEN 149, 152; SMITH, Religion 120; JACOB, Beduinenleben 123; TRITTON, JRAS (1934) 719, 721.

[147] WELLHAUSEN 152; SMITH, Religion 129; TRITTON, JRAS (1934) 719f.; ZBINDEN 76. [ ]

Ob sie auch nach altarabischer Vorstellung in Menschengestalt erscheinen können (wie nach heutigem Volksglauben, siehe oben Anm. 50) oder in furchterregender Gestalt, etwa als Riesen [148], ist aus den Quellen nicht ersichtlich [149]. Dagegen zeigen sich manche in monströsen Mischformen, z.B. in einer Zusammensetzung von Wolf und Hyäne [150] (dieses Detail ist auffallend, weil nach heutigem Volksglauben der Wolf der schlimmste Feind der *ǧinn* ist, siehe oben Anm. 45).

Die Grenzen zwischen *ǧinn* und Tieren scheinen manchmal fließend zu sein; verschiedene Bezeichnungen für einzelne Dämonenklassen bedeuten zugleich auch ein Tier, eine Wettererscheinung, oder überhaupt allgemein Unglück, Schrecken u.ä. [151] Die menschenfressende *Ġūl* [152] und verschiedene andere Sonderspezies von dämonischen Wesen sind bereits im vorislamischen Arabien unter denselben Bezeichnungen wie heutzutage bekannt [153].

Aufenthaltsort der *ǧinn* ist die Wüste [154], vor allem bestimmte Gegenden, die schwer zugänglich und nur wenig bekannt sind [155], ferner alte Ruinen [156],

---

[148] Siehe oben Anm. 49 und 130.

[149] WELLHAUSEN (156) erwähnt nur den diesbezüglichen heutigen Volksglauben. SMITH (Religion 120, 127, 129, note 1) spricht von der Möglichkeit des Erscheinens in Menschengestalt, bringt aber nur 129, note 2, einen Beleg, und zwar aus DAMĪRĪ, wo bereits islamisch-mittelalterliche Vorstellungen vorliegen könnten. TRITTON (JRAS [1934] 725) hat keinen Beleg. In der islamischen Tradition ist diese Erscheinungsform erwähnt (ZBINDEN 93), sehr häufig auch in 1001 Nacht (ZBINDEN 61f., 64), was ZBINDEN aber auf persischen Einfluß zurückführt (ebd.). Für das vorislamische Arabien beruft sich ZBINDEN (77) auf den ʿAntar-Roman, der aber nicht ohne weiteres als Quelle für diese Zeit gelten kann, weil er erst im 8.–12. Jahrhundert n. Chr. entstanden ist; siehe die Belege bei HENNINGER, Anth 53 (1958) 750f., 758f.

[150] WELLHAUSEN 152; SMITH, Religion 129; CHELHOD, Sacrifice 105; RYCKMANS 203b; ZBINDEN 76.

[151] WELLHAUSEN 149; SMITH, Religion 119f., 121 mit note 2, 124–132 passim.

[152] WELLHAUSEN 149f., 154, 155; SMITH, Religion 126, note 1, 128, note 3, 129, note 2, 131; JACOB, Beduinenleben 122f.; LANE, Arabian Society 41–43, 104; TRITTON, JRAS (1934) 721; CHELHOD, Sacrifice 105; ZBINDEN 97. – *dhūl* bei GAUDEFROY-DEMOMBYNES 28 ist zweifellos ein Druckfehler für *ghūl*. – Vgl. auch oben Anm. 51.

[153] WELLHAUSEN 149; LANE, Arabian Society 43–46; TRITTON, JRAS (1934) 715f.; EICHLER 13f.

[154] WELLHAUSEN 149f.; SMITH, Religion 120–122; TRITTON, JRAS (1934) 717f.; CHELHOD, Sacrifice 105; ZBINDEN 75. Vgl. auch unten Anm. 255.

[155] WELLHAUSEN 150 (ebd. 106 allgemeiner: «in Höhlen, Bergen und Tälern»); SMITH, Religion 121f.; TRITTON, JRAS, (1934) 717; MACDONALD (EI I [1913] 1091b) betrachtet gerade die «feste Lokalisierung» der *ǧinn* als etwas so Charakteristisches, daß man die klassische Definition des römischen genius loci «naturalem deum uniuscuiusque loci» darauf anwenden könnte (vgl. oben Anm. 71–73, 99). Gegen MACDONALD: EICHLER 17 (aber nicht überzeugend). [ ]. – Wenn ZBINDEN (75) schreibt:

[301] Friedhöfe, überhaupt alle Stätten der Verwesung und des Schmutzes, z.B. Latrinen [157]. Die Geister wohnen in der Erde [158], und wenn man Ödland kultiviert, Brunnen gräbt, Fundamente für Häuser u.ä. aushebt, stört man sie und kann sich ihren Zorn zuziehen [159]. Ob auch Höhlen eine besondere Rolle als Wohnung der *ǧinn* spielen, ist nicht ersichtlich [160].

Sie hausen aber nicht nur in der Wüste, sondern auch in Gegenden, die reich an Wasser und Vegetation sind [161], in Bäumen und Dickichten [162]. Eine besondere Beziehung zu Quellen und Brunnen, wie heutzutage (siehe oben Anm. 57, 58, 77, 79, 80, 81, 113, 114), ist im alten Arabien seltener als in Syrien und Palästina [163]. Als Hausgeister finden sich die *ǧinn* auch in den

---

«... In jeder Schlucht und hinter jedem Stein sind sie versteckt», so scheint das eine unberechtigte Ausdehnung zu sein. Mir ist aus dem vorislamischen Arabien kein positiver Beleg für das Wohnen von *ǧinn* in Steinen (Felsblöcken) bekannt (in neuerer Zeit vereinzelt, vgl. oben Anm. 64). WELLHAUSEN (212) stellt ausdrücklich fest: «... Eine Beziehung der Ançâb [*Anṣāb*], der heiligen Steine, zu den Ginn ist allerdings nicht nachzuweisen...» Wenn GAUDEFROY-DEMOMBYNES (26) und ZBINDEN (a. a. O.) vom Wohnen der *ǧinn* in Steinen sprechen, so liegt wohl ein Rückschluß von in Steinen lokalisierten Gottheiten auf frühere *ǧinn* vor (vgl. ZBINDEN 80).

156 WELLHAUSEN 150; CHELHOD, Sacrifice 105; ZBINDEN 76; RYCKMANS 203b.

157 WELLHAUSEN 150, 158.

158 WELLHAUSEN 151f.; SMITH, Religion 198; RYCKMANS 203b. [ ]

159 WELLHAUSEN 151, 153; SMITH, Religion 133, 135, 159, note 1; KREMER, Studien III–IV 26; TRITTON, JRAS (1934) 717f.; ZBINDEN 76. [ ]

160 WELLHAUSEN 106 spricht von Höhlen (siehe oben Anm. 155), gibt aber keinen Beleg an.

161 WELLHAUSEN 106, 151; SMITH, Religion 131f.; ZBINDEN 75. – SMITH (131) schreibt ausdrücklich: «... while the jinn frequent waste and desert places in general, their special haunts are just those where wild beasts gather most thickly – not the arid and lifeless desert, but the mountain glades and passes, the neighbourhood of trees and groves, especially the dense untrodden thickets that occupy moist places in the bottom of the valleys.» So leiten auch WELLHAUSEN (106–108) und SMITH (Religion 112 mit note 1, 142–151 passim) die Einrichtung des *ḥimā*, des heiligen Bezirkes, von diesem Wohnen der Geister ab, die erst später von den Göttern verdrängt worden seien. Vgl. dazu HENNINGER, Paideuma 4 (1950) 181 mit Anm. 7–12, 187 mit Anm. 51.

162 WELLHAUSEN 104–106, 151, 164; SMITH, Religion 120, note 1, 132f. (vgl. auch 442); KREMER, Studien III–IV 26; GAUDEFROY-DEMOMBYNES 27, 29; ZBINDEN 76. Vgl. auch oben Anm. 161.

163 WELLHAUSEN (106) schreibt allgemein: «Sie wohnen in Wassern», gibt aber keinen Beleg und kein konkretes Beispiel (212f. spricht er nur von der Quelle in Aphaka, die in Syrien ist). Auch bei GAUDEFROY-DEMOMBYNES (26) ist nur in allgemeiner Weise vom Wohnen in Quellen die Rede. CHELHOD (Sacrifice 105) erwähnt heilige Quellen, die von Geistern in Gestalt riesiger Pythonschlangen bewacht wurden; als Beleg dafür gibt er nur ERE VI 751 sq. an (a. a. O. 105, note 6). Es handelt sich um den Artikel: Holiness (Semitic), von OWEN C. WHITEHOUSE (a. a. O. 751b–759b).

Wohnungen der Menschen, wo sie manchmal als Schlangen erscheinen [164]. Ob auch die Vorstellung von der Schwelle als bevorzugtem Aufenthaltsort der Dämonen (vgl. oben Anm. 66, 109–111) altarabisch ist, ist nicht zu ermitteln [165]. «Überall sind sie gegenwärtig, überall ist man in Gefahr, sie zu stören ...» [166]. Vor allem treiben sie ihr Unwesen in der Dunkelheit, beim Hellwerden verschwinden sie [167].

[302] Ihre *Wirkungen* sind in der Natur festzustellen, vor allem im Außergewöhnlichen und Unerklärlichen, so in seltsamen Geräuschen, wie man sie etwa nachts in der Wüste hört [168], in der Fata Morgana, im Wirbelwind u.ä. [169]. Sie greifen störend und erschreckend in das Leben der Tiere [170] wie der Menschen ein. Die Tiere spüren ihre Gegenwart, auch wenn die Menschen sie noch nicht bemerken, und reagieren darauf [171]. Bei den Menschen verursachen sie Krankheiten, besonders Fieber, Epidemien, Epilepsie usw., sowie Störungen der Sexualfunktionen (beim Mann Impotenz, bei der Frau Unfruchtbarkeit oder Fehlgeburten [172]). Der Wahnsinnige heißt *mağnūn,* von

---

Dort ist einmal (754b) von «serpent jinn» die Rede, ohne daß ein Beleg dafür angegeben würde. Hier liegen aber offenbar die Ausführungen von Smith (Religion 135f. und 165–212, bes. 166–179) zugrunde. Er betont ausdrücklich, daß bei den nomadischen Arabern heilige Quellen und Brunnen von geringerer Bedeutung waren als in Syrien und Palästina (167; vgl. 169–177 passim). Über die Quelle in Aphaka siehe ebd. 168f., über das alte Südarabien ebd. 168, 176, 177 (z. T. nur indirekte Belege), über Quellgeister in Gestalt von Schlangen ebd. 168, 176, 177 (nur altes Südarabien und Syrien–Palästina). Vgl. unten Anm. 190. [ ]

[164] Wellhausen 151, 164; Smith, Religion 120, note 1; Tritton, JRAS (1934) 717; Zbinden 76.

[165] Gaudefroy-Demombynes 27 behauptet das zwar, aber mir ist kein positiver Beleg aus dem vorislamischen Arabien bekannt.

[166] Wellhausen 151.

[167] Weillhausen 151 (vgl. auch 149f.); Smith, Religion 131; Tritton, JRAS (1934) 718; Zbinden 76; Ryckmans 203b. – Daß der Hahn durch sein Krähen die Dämonen vertreibt, scheint eine persische Vorstellung zu sein, die von dort her in das arabisch-islamische Gebiet eingedrungen ist; vgl. Henninger, Anth 41/44 (1946/49) 341 mit Anm. 35–38 und die dort angeführten Belege; ferner auch Tritton, JRAS (1934) 725; Dalman, AS I/2, 637f. [ ]

[168] Wellhausen 150, 154f.; Smith, Religion 130; Jacob, Beduinenleben 122.

[169] Wellhausen 151, 205f.; Smith, Religion 134; Lane, Arabian Society 36; Kremer, Studien III–IV 29; Canaan, Dämonenglaube 16f. [ ]

[170] Wellhausen 155; Zbinden 77. Allerlei üble Streiche der *ğinn:* Tritton, JRAS (1934) 723f.; Gaudefroy-Demombynes 28.

[171] Wellhausen 151.

[172] Wellhausen 151f., 163; Smith, Religion 120, 128, 135; Tritton, JRAS (1934) 722, 724; Gaudefroy-Demombynes 27f., 43f.; Zbinden 77; Ryckmans 203b. Siehe auch T[adeusz] Kowalski, Nase und Niesen im arabischen Volksglauben und Sprach-

ǧinn besessen [173]. Sie entführen Menschen, Kinder wie Erwachsene, in die Wüste [174].

Neben diesen Belästigungen und Störungen gibt es aber auch eine freundliche, positive Art des Innewohnens und sonstiger engerer Beziehungen zwischen Menschen und *ǧinn* [175]. Die Vorstellung, daß jeder Mensch seinen Doppelgänger bei den *ǧinn* hat [176], vielleicht sogar die Vorstellung eines persönlichen Schutzgeistes [177], war vorhanden, – ganz sicher aber der Glaube, daß einzelne, besonders bevorzugte Menschen mit den *ǧinn* in engen, freundschaftlichen Bezie- [303] hungen stehen. Als von ihnen inspiriert gilt der Wahrsager *(kāhin)* [178], denn die *ǧinn* besitzen ein geheimes Wissen [179], von

---

gebrauch. WZKM 31 (1924) 193–218, bes. 203 (Eindringen von Krankheitsdämonen durch die Nase); 212 (Ausscheiden durch Niesen; vgl. dazu auch 218); 213 (Eindringen beim Gähnen). Über Niesen und Gähnen auch: WELLHAUSEN 163.

173 WELLHAUSEN 156; SMITH, Religion 120, 127, note 2, 128, 129, note 2; TRITTON, JRAS (1934) 722–724; CHELHOD, Sacrifice 195f.; GAUDEFROY-DEMOMBYNES 27f.; EICHLER 23–29 passim; RYCKMANS 203b; ZBINDEN 77. Vgl. auch unten Anm. 231–233. [ ]

174 WELLHAUSEN 154, 155. [ ]

175 WELLHAUSEN 156 mit Anm. 1; er verweist auf heutige Vorstellungen, wonach auch ein Mensch eine Art *manhal* sein kann (vgl. oben Anm. 75), unter Berufung auf DOUGHTY (1888, II 109 = 1936, II 127). – *Ǧinn* können sich den Menschen gegenüber auch hilfreich erweisen: WELLHAUSEN 154f.; TRITTON, JRAS (1934) 722; NÖLDEKE, ERE I 669b; CHELHOD, Sacrifice 105; ZBINDEN 78.

176 WELLHAUSEN 156f.; TRITTON, JRAS (1934) 722. Dazu GAUDEFROY-DEMOMBYNES (28f.): «Les *djinns* qui hantent les cimetières paraissent avoir été les doubles des morts. La croyance musulmane a conservé la notion que chaque homme est doublé d'un *djinn* qui est son compagnon intime *(qarīn)* : il est son bon ou son mauvais génie. Il semble possible de retrouver ce double dans le *djinn* qui, invisible ou transformé en oiseau sinistre, rôde autour de la tombe.» (Auf die Beziehungen zum altarabischen Seelenglauben soll hier aber nicht näher eingegangen werden). Wenn EICHLER (35–39) auch von «*ǧinn* als Doppelgängern der Menschen» spricht, so hat das bei ihm einen anderen Sinn; er versteht darunter, daß die *ǧinn* nach einer der im Koran vorkommenden Auffassungen auf derselben Stufe stehen wie die Menschen, eine Klasse von Geschöpfen sind wie Menschen (und vierfüßige Tiere, Vögel, usw.), aber keine dämonischen Wesen mehr (mit übermenschlicher Macht). Vgl. unten Anm. 205.

177 WELLHAUSEN 156; KREMER, Studien III–IV 43; EICHLER 16. – G. D. HORNBLOWER (Traces of a *Ka*-Belief in Modern Egypt and Old Arabia. Ancient Egypt 8 [1923] 67–70, bes. 69f.) vermutet einen altarabischen Glauben an einen persönlichen Schutzgeist, ähnlich dem altägyptischen *Ka*-Glauben.

178 WELLHAUSEN 134–140 (bes. 134, 137f.), 157, Anm. 1; VAN VLOTEN, WZKM 7 (1893) 183f.; JACOB, Altarabische Parallelen 15f.; NÖLDEKE, ERE I 671a; EICHLER 23–29; C. SNOUCK HURGRONJE in [P. D.] CHANTEPIE DE LA SAUSSAYE, Lehrbuch der Religionsgeschichte [4](Tübingen 1925) I 651, 661; TRITTON, JRAS (1934) 724, 726; H. S. NYBERG, Bemerkungen zum «Buch der Götzenbilder» von Ibn al-Kalbī, in:

dem sie mitteilen. Auch für den Dichter *(šā'ir)* und den Musiker wurde eine solche Inspiration angenommen, die zum hohen Ansehen des Dichters im vorislamischen Arabien, zum Glauben an die immanente Kraft seiner Worte, seines Fluches und seiner Satire gegen die Feinde des Stammes nicht wenig beitrug [180]. Eine irgendwie verwandte Vorstellung ist, daß die *ǧinn* Träume bewirken und deshalb auch Traumdeutung geben können [181].

Im ganzen gesehen, sind sie den Menschen aber eher unangenehm. Sie sind keine «bösen Geister» im moralischen Sinne, wie sie sich in den biblischen Religionen und im Islam finden (siehe unten Anm. 206–209), sondern

---

ΔΡΑΓΜΑ, Martino P. Nilsson A. D. IV. Id. Jul. Anno MCMXXXIX dedicatum (Lund 1939) 346–366, bes. 357–360, 362f.; ALFRED HALDAR, Associations of Cult Prophets Among the Ancient Semites (Uppsala 1945) 161–198, bes. 167, 179–183, 186; ROSA KLINKE-ROSENBERGER, Das Götzenbuch *(Kitâb Al-Aṣnâm)* des Ibn al-Kalbî (Zürich und Leipzig 1942) 59, 135, Anm. 391 und 392; PARET, Mohammed und der Koran 21–23, 156; ZBINDEN 78f., 83; GAUDEFROY-DEMOMBYNES 29, 39–42; J. HENNINGER, La societé bédouine ancienne, in: L'antica società beduina – La société bédouine ancienne – Ancient Bedouin Society – Die altbeduinische Gesellschaft. Studi di W. DOSTAL, G. DOSSIN, M. HÖFNER, J. HENNINGER, F. GABRIELI, raccolti da FRANCESCO GABRIELI (Studi Semitici 2. Roma 1959) 69–93 [siehe ArV, Nº 17] bes. 83 mit note 61; J. HENNINGER, La religion bédouine préislamique, ebd. 115–140, bes. 137 mit notes 88–90, 138f. mit notes 94–97 [siehe oben Nr. 1]. Vgl. auch unten Anm. 213 und 268. Auch Mohammed, der in der äußeren Form seiner Verkündigung an einen *kāhin* erinnerte, wurde durch seine Gegner als von einem *ǧinn* inspiriert betrachtet; siehe SNOUCK HURGRONJE, a. a. O. I 661; RICHARD ETTINGHAUSEN, Antiheidnische Polemik im Koran (Gelnhausen 1934; Diss. Franfurt a. M. 1931) 15–19, 25–27; JOHANN FÜCK, Die Originalität des arabischen Propheten. ZDMG 90 (1936) 509–525, bes. 516f. und die dort zitierte Literatur.

[179] WELLHAUSEN 137f., 155; EICHLER 24–27, 30–32; TRITTON, JRAS (1934) 726; ZBINDEN 78f., 83f.; GAUDEFROY-DEMOMBYNES 29, 41. – Der Mythus von den am Himmel lauschenden *ǧinn*, die durch Sternschnuppen vertrieben werden (siehe unten Anm. 205) ist aber nicht altarabisch, sondern islamisch (und jüdisch beeinflußt); siehe WELLHAUSEN 137f.; KREMER, Studien III–IV 39; GRIMME II 65; EICHLER 30–32; ZBINDEN 83f., 87, 91. [ ]

[180] WELLHAUSEN 135, Anm. 3, 156, 157, Anm. 1; IGNAZ GOLDZIHER, Die Ǵinnen der Dichter. ZDMG 45 (1891) 685–690; ders., Abhandlungen zur arabischen Philologie I 1–121 (bes. 1–27, 41f., 59), 133; JACOB, Altarabische Parallelen 15f.; RESCHER, Der Islam 9 (1919) 48f.; NÖLDEKE, ERE I 671a; SNOUCK HURGRONJE I 651, 661; EICHLER 23–29; TRITTON, JRAS (1934) 718, 723; HALDAR, Cult Prophets 178, 182f., 187–189; CHELHOD, Sacrifice 105, 131 mit note 5; ZBINDEN 72, 78f., 82–84, 98; GAUDEFROY-DEMOMBYNES 23f., 29; PARET, Mohammed und der Koran 21, 156; HENNINGER, La société bédouine (wie oben Anm. 178) 83f. mit note 62; ROBERT C. ELLIOT, The Power of Satire (Princeton 1960), bes. 15–18, 103, note 6 und die dort zitierte Literatur. [ ]

[181] GAUDEFROY-DEMOMBYNES 41f. [ ]

moralisch indifferent; sie nützen und schaden nach Lust und Laune, je nachdem, ob sie jemandem freundlich oder feindlich gesinnt sind [182]; deshalb hat man nicht gern mit ihnen zu tun, weil man nie weiß, wie sie reagieren, und gebraucht allerlei *Abwehrmaßnahmen,* um sie fernzuhalten [183]. a) Ebenso wie heutzutage, muß [304] man z. B. das Pfeifen vermeiden, weil sich die Geister untereinander durch Pfeifen rufen [184]. b) Eine Schutzmaßnahme konnte auch sein, daß man das Verhalten von Tieren nachahmte, die selbst als dämonisch oder mit besonderer Kraft gegen die Dämonen begabt galten, z. B. das Schreien des Esels [185]. c) Auch Amulette wurden getragen [186], und manche altarabischen Beschwörungen richteten sich vielleicht letztlich gegen die *ǧinn* [187]. Von Anrufungen höherer Mächte zum Schutz gegen die *ǧinn* hört man aus vorislamischer Zeit nichts [188]; dagegen sind d) an die *ǧinn* selbst gerichtete Anrufungen überliefert, die an das heutige *dastūr yā ṣāḥib al-maḥall* (siehe oben Anm. 99) erinnern [189]. e) Ebenso wird auch von Riten berichtet, die man als Opfer bezeichnen möchte, nämlich Schlachtungen von Tieren mit Blutsprengung bei Hausbau, Graben eines Brunnens, Kultivierung von Ödland u. ä. [190] – ähnlich wie in heutiger Zeit (siehe oben

---

[182] WELLHAUSEN 149; EICHLER 3f., 8f.

[183] WELLHAUSEN 157–167 (dabei auch manche erst durch den Islam eingeführte Praktiken, vgl. unten Anm. 217); NÖLDEKE, ERE I 670b; TRITTON, JRAS (1934) 717, 718, 720, 724–726.

[184] GAUDEFROY-DEMOMBYNES 27 (aber ohne Beleg); WELLHAUSEN (150) berichtet das nur von den heutigen Arabern, nach DOUGHTY (siehe oben Anm. 93).

[185] WELLHAUSEN 162f.; JACOB, Beduinenleben 154f.; R[UDOLF] GEYER, Das Fieber von Ḫaibar und der Esel. WZKM 17 (1903) 301f.; GAUDEFROY-DEMOMBYNES 43f. [ ]

[186] WELLHAUSEN 160–167 passim; SMITH, Religion 129, note 2, 133, note 4 (Amulette aus dem Körper des Hasen, weil dieses Tier von den Geistern nicht geritten wird); LANE, Arabian Society 36f., 40 (Eisen); CHELHOD, Sacrifice 174 mit note 7 (Menstrualblut vertreibt die Geister); ZBINDEN 77f.; GAUDEFROY-DEMOMBYNES 42f. [ ]

[187] WELLHAUSEN 160–167 passim; ZBINDEN 77f.; TRITTON, JRAS (1934) 717.

[188] Der Gedanke, daß Allāh allen anderen Mächten überlegen ist, wird zuweilen schon bei vorislamischen Dichtern ausgesprochen; siehe CARL BROCKELMANN, Allah und die Götzen, der Ursprung des islamischen Monotheismus. ARW 21 (1922) 99–121, bes. 107–111, 114f.; doch scheint man daraus nicht die praktische Folgerung gezogen zu haben, ihn etwa gegen die *ǧinn* anzurufen.

[189] LANE, Arabian Society 38f.; EICHLER 16f.; CANAAN, Dämonenglaube 47; TRITTON, JRAS (1934) 717, 722; CHELHOD, Sacrifice 105f.

[190] SMITH, Religion 159, note 1; KREMER, Studien I–II 48; NÖLDEKE, ERE I 670b; EICHLER 16, 18; TRITTON, JRAS (1934) 717, note 6; ZBINDEN 78; GAUDEFROY-DEMOMBYNES 27; vgl. auch oben Anm. 159. – Von Opfern an die *ǧinn* spricht wohl auch Sure 6, 128 (vgl. MACDONALD, EI I [1913] 1091b; ZBINDEN 88). Vielleicht steht

Anm. 103–108), wenn auch solche Berichte aus dem vorislamischen Arabien eher selten sind. Der Zweifel, ob man hier von einem Opfer (im Sinne einer Gabe) oder etwa nur von einem Abwehrritus sprechen kann, hängt mit der Frage zusammen, wie überhaupt das Verhältnis der altarabischen *ǧinn* zu den vorislamischen Göttern ist, und ob man einen wirklichen *Kult* der *ǧinn* für das vorislamische Arabien behaupten kann.

Auf den ersten Blick scheint die Frage überflüssig zu sein, denn der Koran sagt ausdrücklich, daß es zu Mohammeds Zeit Araber gab, die die *ǧinn* verehrten (Sure 34, 40; 72, 6), oder sie mit Allah in Verbindung brachten (Sure 6, 100; 37, 158), [305] d.h. also wie Gottheiten behandelten [191]. Ähnliche Angaben finden sich in der alten islamischen Tradition [192]. Deshalb haben auch ältere Islamforscher eine wirkliche «*ǧinn*-Anbetung» angenommen, z.B. ALOIS SPRENGER, gegen den WELLHAUSEN schreibt: «... Es ist zwar nicht richtig, daß die Araber zwischen Göttern und Dämonen überhaupt nicht unterschieden hätten. Dies ist die Ansicht SPRENGERS. Er meint, es gehe aus dem Kuran unwidersprechlich hervor, daß die Ginnanbetung den Kern des arabischen Polytheismus bildete (1, 252) [193]. Grade so unwidersprechlich geht es aus den Kirchenschriftstellern hervor, daß die Griechen, Römer, Germanen usw. die Dämonen und unsauberen Geister verehrten, oder aus dem Leviticus und der biblischen Chronik, daß auf den altisraelitischen Höhen den Satyrn und Feldteufeln geopfert wurde. In Wahrheit sind die Götter erst durch den Islam zu Dämonen herabgesetzt. Aber allerdings wie sie zuletzt zu Dämonen heruntergesunken sind, so sind sie zu Anfang aus Dämonen emporgestiegen...» [194] Dies ist die vorwiegende Auffassung der religionsgeschichtlich eingestellten Islamisten und Semitisten des aus-

---

auch das Ausgießen des Opferblutes in die Grube am Fuße des Idols (siehe WELLHAUSEN 39, 103, 116) in Beziehung zu den chthonischen Dämonen (KLINKE-ROSENBERGER 99, Anm. 151). – Ein Wahrsager aus dem Yemen brachte vor dem Wahrsagen jedesmal große Opfer dar, offenbar zu Ehren des ihn inspirierenden Geistes; siehe VAN VLOTEN, WZKM 7 (1893) 183f. – Über Opfer bei Quellen im alten Südarabien, die wohl auch für Geister bestimmt waren, siehe SMITH, Religion 177 (vgl. ebd. 168, 176); dazu J. HENNINGER, Anth 37/40 (1942/45) 795, Anm. 38, 797, Anm. 49, 805, Anm. 104. Vgl. auch DAVID HEINRICH MÜLLER, SBKAWW, Phil.-hist. Classe 94 (1879) 366f. (arabischer Text: ebd. 401); LUDWIG FORRER, Südarabien nach al Hamdānī's «Beschreibung der arabischen Halbinsel» (Leipzig 1942), 111, Anm. 2, 223–225; vgl. oben Anm. 163. [ ]

[191] Sure 6, 100; 34, 40; 37, 158; 72, 6 (vgl. außerdem auch Sure 6, 128); dazu: EICHLER 16–18, 25, 34, 38f.; TRITTON, JRAS (1934) 726; HALDAR, Cult Prophets 182 mit notes 5–8; ZBINDEN 79f. [ ]

[192] Z. B. IBN AL-KALBĪ, vgl. KLINKE-ROSENBERGER 48, 113, Anm. 248; ZBINDEN 79f. Man muß sich allerdings manchmal fragen, ob solche Angaben in der Tradition selbständigen Wert haben oder ob sie nur auf Korantexten beruhen, die kommentiert werden.

[193] Die zitierte Stelle ist: ALOIS SPRENGER, Das Leben und die Lehre des Mohammed I (Berlin 1861) 252.

[194] WELLHAUSEN 211f.

gehenden 19. Jahrhunderts: Geister und Götter unterscheiden sich nicht ihrer Natur nach, sondern nur durch die Art ihrer Beziehung zu den Menschen; die Geister scheut man und vermeidet ihre Wohnstätten, den Göttern begegnet man mit Zutrauen und sucht ihre Wohnstätten eigens auf, um ihnen Kult zu erweisen und Hilfe zu erlangen [195]. Eine ähnliche Auffassung vertritt auch noch CHELHOD, gestützt auf die Theorie einer einlinigen Entwicklung, die (nicht mit den Geistern, sondern) mit dem Unpersönlich-Heiligen beginnt: «Le même défaut de personnalisation s'observe également dans la conception que se fait le nomade du divin... l'analyse du vieux fond sémitique laisse supposer que la notion même du divin personnel est une acquisition tardive. A sa place on trouve un sacré indifferencié représenté essentiellement par les *djinn*... Tout est animé et merveilleux dans le désert, mais rien ne l'est au point de devenir un véritable objet d'adoration...» [196] Daher gibt es nach CHELHOD bei den Nomaden so gut wie keinen öffentlichen Kult; dieser beginnt erst mit der Seßhaftwerdung und mit persönlichen Gottheiten [197].

Bei einer solchen Auffassung muß man aber doch die erwähnten Korantexte, die von Verehrung der *ǧinn* sprechen, etwas gewaltsam interpretieren; denn wenn man im Koran auch keine theologische Präzision findet, so wird dort doch zwischen den Gottheiten des arabischen Polytheismus und den *ǧinn* ziemlich klar unterschieden [198], und die Deutung, daß die zitierten vier Stellen sich auf Gottheiten beziehen [199], begegnet erheblichen Schwierigkeiten. Deshalb sind manche neueren Autoren der von WELLHAUSEN und SMITH vertretenen Ansicht nicht mehr gefolgt. D. B. MACDONALD nimmt die Angaben des Korans über den Kult der *ǧinn* ohne Abstrich, versteht sie aber im Sinne seiner Auffassung, daß zu Mohammeds Zeit in Mekka schon kein eigentliches Heidentum mehr herrschte, sondern ein Synkretismus, «eine Art christlichen Glaubens, worin Heilige und Engel zwischen Gott und seine Diener getreten waren» und rechnet anscheinend die *ǧinn* auch zu diesen (bei Allāh fürbittenden) Zwischen-[306] wesen [200]. J. STARCKY schreibt: «Les Arabes d'aujourd'hui, qui croient aux *djinns*, les considèrent comme des génies plutôt malfaisants; mais, pour les contemporains de Mahomet, les *djinns* étaient des dieux (Coran VI, 11) [sic; zu lesen: VI, 100].» [201] Hier geht STARCKY offenkundig, wie auch DUSSAUD [202], von der Tatsache aus, daß es in Palmyra eine Klasse von niederen Gottheiten gab, die mit dem Wort *ginnaye* bezeichnet wurden, das zweifellos mit dem arabischen *ǧinn* etymologisch zusammenhängt (darüber siehe unten S. 310f.). Auch GAUDEFROY-DEMOMBYNES nimmt einen vorislamischen *ǧinn*-Kult an, aber unter der Voraussetzung eines ganz allmählichen und fließenden Überganges von *ǧinn* zu Gottheiten, die erst noch mehr unbestimmt,

---

[195] SMITH, Religion 119, 121–124, 126, 130; vgl. auch COOK, ebd. 539; WELLHAUSEN 211–214 passim (siehe oben S. 280–282); NÖLDEKE, ERE I 670b.

[196] CHELHOD, Sociologie 42f.

[197] CHELHOD, Sociologie 90.

[198] EICHLER 17, 37f., 76–78; ZBINDEN 79f., 84.

[199] TRITTON, JRAS (1934) 726.

[200] D. B. MACDONALD, EI I (1913) 1091b.

[201] J[EAN] STARCKY, in: MAURICE BRILLANT et RENÉ AIGRAIN, Histoire des Religions IV (Paris s. a. [1956]) 219.

[202] RENÉ DUSSAUD, La pénétration des Arabes en Syrie avant l'Islam (Paris 1955) 90f., 98, 99, 101, 110–113, 160, mit fig. 26 (p. 111) und fig. 27 (p. 114).

später mit fest umrissener Persönlichkeit ausgestattet sind (siehe oben S. 281f., mit Anm. 10). Am entschiedensten spricht sich ZBINDEN [203] für einen vorislamischen *ğinn*-Kult aus.

Vielleicht ist aber der Unterschied der Auffassungen doch nicht so schroff, wie es auf den ersten Blick scheint. Bei SMITH ist der Gegensatz zwischen den Dämonen als gefürchteten und den Göttern als freundlichen und hilfreichen Wesen wohl überspitzt, was mit seiner ganzen Theorie über die semitischen Götter (als Blutsverwandte ihres Clans, im totemistischen Sinne) zusammenhängt. Tatsächlich gibt es im vorislamischen Arabien auch unter den *ğinn* freundliche und hilfreiche Wesen (siehe oben, Anm. 175–180), und eine völlige Kultlosigkeit behauptet auch SMITH nicht (siehe oben, Anm. 190). Schon deshalb sind an den absoluten Formulierungen von SMITH einige Abstriche zu machen. WELLHAUSEN hat einen Hinweis, der weiterführen kann «... Es gibt auch einen Dienst der Dämonen, aber er ist völlig *privat* und erhebt sich kaum über den Zauber; von da geht kein Fortschritt aus...» [204] Läßt man einmal die Auffassung beiseite, die immer wieder alles in eine aufsteigende Entwicklungslinie bringen will, so ist hier eine wichtige Unterscheidung ausgesprochen: privater Kult von Geistern (*ğinn*, Dämonen) und öffentlicher, gemeinsamer Kult von Gottheiten kann nebeneinander existieren (und das eine braucht nicht aus dem anderen hervorgegangen zu sein – jedenfalls nicht immer).

Bevor aber diese kulturgeschichtliche Frage behandelt wird, wird am besten zuerst noch kurz dargestellt, *wie der Islam den altarabischen ğinn-Glauben beeinflußt hat.*

Mohammed teilte den Glauben seiner Landsleute und Zeitgenossen über die *ğinn* und übernahm ihn ohne Bedenken in seine neue Religion, soweit er die Einzigkeit Gottes nicht gefährdete. Eliminiert wurde grundsätzlich alles, was nach einem Kult der *ğinn* aussah oder ihnen irgendwie göttliche (oder halbgöttliche) Natur zuschrieb, z. B. ihr genealogischer Zusammenhang mit Allāh (Sure 37, 158). Im Islam werden die *ğinn* mit den Menschen auf eine Stufe gestellt: sie sind Geschöpfe Allāhs, haben ein irdisches und ein jenseitiges Leben, sind vor die Entscheidung gestellt, ob sie die islamische Offenbarung annehmen wollen oder nicht (Mohammed selber hat den *ğinn* gepredigt, siehe Sure 46, 28–31; 72, 1–19), und je nachdem sind sie dann gute (gläubige) oder böse (ungläubige) *ğinn;* die guten werden nach dem Endgericht ins Paradies eingehen, die bösen in die Hölle geworfen. – Seitdem die islamische Offenbarung erfolgt ist, ist den *ğinn* auch der Zugang zum Himmel verwehrt, wo sie früher lauschen und infolgedessen den Wahrsagern manches Verborgene und Zukünftige mit- [307] teilen konnten (Sure 72, 8–10, u. a.) [205]. Während der Unterschied zwischen den guten

[203] ZBINDEN 79f., 83f. 99.

[204] WELLHAUSEN 213, Anm. 1 [Hervorhebung von mir. J. H.] – Vgl. auch COOK in SMITH, Religion 539, der zwar auch die Kultlosigkeit der Dämonen prinzipiell annimmt, aber andererseits betont, daß die Grenzlinie nicht scharf zu ziehen ist. Vgl. dazu auch WILHELM WUNDT, Völkerpsychologie ²VI/3 (Leipzig 1915) 50f., 64f., 312–315, 412–448 (bes. 412–420).

[205] WELLHAUSEN 137f., 153; KREMER, Studien III–IV 27f., 38f.; LANE, Arabian Society 34f., 37f., 39; GRIMME II 63–71, bes. 63–66, 69–71; SMITH, Religion 135, note 1;

ǧinn und (den aus den biblischen Religionen übernommenen guten Geistern, nämlich) den Engeln ziemlich klar ist [206], gibt es bei den bösen Geistern nicht immer eine so genaue Unterscheidung [207]. Schon im Koran ist es nicht ganz klar, ob *Iblīs* (Diabolos, der Teufel), ursprünglich zu den Engeln oder zu den *ǧinn* gehörte [208]. Zu den bösen Geistern, die nach dem Jüngsten Gericht in die Hölle geworfen werden, gehören wenigstens drei Kategorien: 1. gefallene Engel (Satane; das Wort *Šaiṭān*, Satan, kommt im Koran auch im Plural *Šayāṭīn* vor, *Iblīs* dagegen nur im Singular) [209]; 2. die ungläubigen *ǧinn* [210]; 3. die heidnischen Gottheiten [211]. Letztere werden also auch als eine Art böser Geister betrachtet, und so fragt sich, ob sie nicht auch unter der Kategorie der bösen *ǧinn* einbegriffen sind.

MACDONALD, EI I (1913) 1091b–1092a; SNOUCK HURGRONJE I 664; EICHLER 5, 8–39, bes. 17–19, 30–39; HENNINGER, NZM 4 (1948) 130 (= Buchausgabe: Spuren christlicher Glaubenswahrheiten 58); RYCKMANS 203b mit note 34; ZBINDEN 71, 81–93. Über jüdische (und christliche) Elemente in der islamischen *ǧinn*-Lehre siehe: LANE, Arabian Society 39f.; KREMER, Studien III–IV 39–44; EICHLER 8, 16, 18–23; ZBINDEN 82–99 passim, 120–130 (siehe die kritischen Bemerkungen von HANS JOACHIM SCHOEPS, ZRGG 6 [1954] 369); über die Lehre von den *ǧinn* in der islamischen Tradition und Theologie siehe ZBINDEN 93–99, 141–162; dazu: O. Spies, OLZ 50 (1955) Sp. 536–538; J. FÜCK, Der Islam 32 (1955) 105. – EICHLER (3, 8–39) legt großen Wert darauf, daß im Koran drei verschiedene Auffassungen der *ǧinn* unterschieden werden müssen (und ZBINDEN, 81–87, stimmt ihm darin weitgehend zu), nämlich: «Dschinn-Dämonen» (8–29), «Dschinn-Mittelwesen» (30–35) und «die Dschinn als Doppelgänger der Menschen» (35–39). Diese Dreiheit gilt aber höchstens für die (koranische und spätere offizielle) islamische Lehre, nicht für die vorislamische Auffassung, und auch nur in beschränktem Maße für die Volksreligion. In beiden schließt der Begriff des Doppelgängers den dämonischen Charakter (übermenschliche Macht) nicht aus (vgl. oben Anm. 176). Überdies ist der Terminus «Mittelwesen» nicht glücklich; vgl. dazu HENNINGER, NZM 4 (1948) 130 (= Buchausgabe 58) mit Anm. 10. Deshalb wird hier keine solche Unterscheidung gemacht. [ ]

206 KREMER, Studien III–IV 40–44; EICHLER 1–7, 81–131; HENNINGER, NZM 4 (1948) 129–141 (= Buchausgabe 57–69) und die dort zitierte Literatur; ZBINDEN 89f. – Im volkstümlichen Islam ist allerdings auch diese Unterscheidung oft verwischt; vgl. CANAAN, Aberglaube 7; CANAAN, Dämonenglaube 3f.; siehe auch oben Anm. 75.

207 GRIMME II 69–71; KREMER, Studien III–IV 39–41; LANE, Arabian Society 25, 27f., 32f.; EICHLER 1–80 passim; HENNINGER, NZM 4 (1948) 284–293 (= Buchausgabe 70–79) und die dort zitierte Literatur; ZBINDEN 87–89.

208 LANE, Arabian Society 29–32; EICHLER 11, 33f., 36, 53f., 59–61; HENNINGER, NZM 4 (1948) 130, Anm. 11, 286–289 (= Buchausgabe 58, Anm. 11, 72–75); ZBINDEN 88f.

209 EICHLER 48, 56–64, 75; HENNINGER, NZM 4 (1948) 284–286 (= Buchausgabe 70–72).

210 Siehe Sure 7, 36; 11, 120; Eichler 37f.; HENNINGER, NZM 4 (1948) 130 mit Anm. 8; 5 (1949) 243 mit Anm. 164 (= Buchausgabe 58 mit Anm. 8, 97 mit Anm. 164); ZBINDEN 85, 99.

211 GRIMME II 63–71, bes. 65f., 69–71; EICHLER 78; HENNINGER, NZM 5 (1949) 293 mit Anm. 163 (= Buchausgabe 97 mit Anm. 163) und die dort zitierte Literatur. [ ]

Eines ist klar: im Koran wird (außer an vereinzelten Stellen) nicht die Existenz dieser Wesen geleugnet, sondern nur ihre göttliche Natur, und deren Usurpation stellt ihre Schuld dar, wie die Schuld ihrer Verehrer die Zuerkennung der göttlichen Natur an Wesen außer Allāh ist (die Sünde des *širk*, der «Beigesellung», was in der islamischen Theologie der technische Ausdruck für Polytheismus geblieben ist); deshalb werden diese «Gefährten» (Allāhs), *šurakā'*, zur Höllenstrafe verdammt [212]. Als welche Art von [308] Wesen man diese heidnischen Gottheiten betrachten muß, darüber gibt der Koran aber keine Auskunft; erst im späteren Islam sind sie unter die bösen *ǧinn* oder unter die *Šaiṭāne* eingeordnet worden [213].

Im heutigen Volksglauben der arabisch-islamischen Länder hat die Stellungnahme Mohammeds und der ältesten Tradition zum *ǧinn*-Glauben natürlich ihren Einfluß gehabt [214], aber in ungleichmäßiger Weise. Von der Scheidung der *ǧinn* in gläubige und ungläubige ist in der volkstümlichen Literatur [215] und auch sonst gelegentlich [216] die Rede, aber alles in allem spielen im Volksbewußtsein die bösen *ǧinn*, die oft mit den *Šaiṭānen* zusammengeworfen werden, eine weit größere Rolle als die guten. Die Abwehrmittel gegen diese «bösen Geister» (siehe oben Anm. 92–98, 183–188) sind durch manche typisch islamische Elemente bereichert worden, so durch Verwendung von Korantexten zu Beschwörungen und Amuletten [217]. Typisch islamisch ist z.B. auch die Vorstellung, daß der heilige Fastenmonat *Ramaḍān* eine besondere Kraft hat, die *ǧinn* fernzuhalten; so etwa, daß sie während dieses ganzen Monats hinter den Berg *Qāf*, an den Rand der Erde, verbannt sind, erst am Ende des *Ramaḍān* zurückkehren und kein Haus betreten können, in dem sich noch etwas aus dem *Ramaḍān* befindet (z.B. Brot, das

---

[212] Karl Ahrens, Muhammed als Religionsstifter (Leipzig 1935) 88–90; Eichler 17, 38f., 76–78; Henninger, NZM 4 (1948) 286 mit Anm. 21 (= Buchausgabe 72 mit Anm. 21); Zbinden 85, 88.

[213] Eichler 17; vgl. auch ebd. 2, 5; Haldar, Cult Prophets 181f., 186; Zbinden 84. – Wellhausen (157–159, 211f.) und Smith (Religion 120f.) sagen nicht ausdrücklich, wann nach ihrer Auffassung diese Einordnung unter die *ǧinn* erfolgte. Allgemeines über Degradierung von Göttern zu Dämonen: Cook in Smith 539 mit note 2; vgl. auch oben Anm. 1; unten Anm. 239. [ ]

[214] Wellhausen 157–159; Zbinden 97–99.

[215] Über gläubige und ungläubige *ǧinn* in 1001 Nacht siehe Henninger, NZM 2 (1946) 298 mit Anm. 42 (im Artikel: Mohammedanische Polemik gegen das Christentum in 1001 Nacht, ebd. 289–304); Zbinden 59–70, bes. 66; sonstiges über populäre arabische Literatur ebd. 70–72.

[216] Doughty (I 301; II 209 = 1888, I 259; II 188) hörte die Ansicht, daß die *ǧinn* zur Hälfte ungläubig und böse, und zur Hälfte gläubige Muslime und gut seien. Hier scheint es sich aber um den Einfluß städtischer Anschauungen zu handeln.

[217] Siehe auch Zbinden 67–69, 72, 95f., 98. Über Amulette u. ä. vgl. jetzt auch Kriss (wie oben Anm. 13), bes. 1–139 passim.

in diesem Monat gebacken ist [218]). Natürlich ist jede Art von Verehrung der *ǧinn,* durch Anrufungen oder gar durch Opfer (siehe oben Anm. 99–128, 190–193) mit dem Islam im flagranten Widerspruch [219]. Wie kommt es nun, daß die *ǧinn*-Opfer trotzdem *in der heutigen Volksreligion eine so große Rolle* spielen, sogar viel reichlicher und sicherer bezeugt sind als aus dem vorislamischen Arabien? Man hat das daraus erklären wollen, daß eben durch die Degradierung der heidnischen Götter zu Dämonen diese Geisterwelt an Umfang und Bedeutung gewachsen ist und auch alle Überbleibsel des Kultes der vorislamischen Gottheiten auf sich gezogen hat [220]. Das ist weitgehend richtig, berechtigt aber doch nicht zu dem Schlusse, daß es im vorislamischen Arabien überhaupt keine Opfer an *ǧinn* gegeben habe. Vor allem der Umstand, daß erst im *späteren* Islam die heidnischen Götter als *ǧinn* bezeichnet wurden (siehe oben Anm. 213), verbietet es, die Korantexte über *ǧinn*-Kult (siehe oben Anm. 191) einfachhin auf die heidnischen Gottheiten zu beziehen. Hier hat wohl ZBINDEN [309] im wesentlichen recht, wenn er die Auffassung vertritt, daß im vorislamischen Arabien sowohl Götter wie *ǧinn* einen Kult erhielten [221] (durch Opfer wie auch anderweitig), wenn man auch seiner Begründung nicht vollständig zustimmen kann (siehe unten S. 312f.).

III. Kulturhistorische Fragen

Der bisherige Überblick über heutigen und vorislamischen *ǧinn*-Glauben hat bereits weitgehend Gemeinsamkeiten wie Unterschiede hervortreten lassen. Es muß nun versucht werden, das bodenständig Arabische im *vorislamischen ǧinn-Glauben* noch schärfer zu umgrenzen. Dabei ist einmal alles auszuscheiden, was sich nicht im vorislamischen Arabien, sondern nur in den nachträglich arabisierten Ländern findet. Dazu gehören manche Elemente, die, wie ALBRIGHT nachgewiesen hat, weder arabisch noch altsemitisch, sondern jüngerer, manchmal erst hellenistischer Herkunft sind [222]. Wenn z.B. in Palästina die eine Quelle bewohnende *ǧinnīya* vielfach *ʿarūsa* (= Braut, junge Frau) genannt wird, so ist das die genaue Übersetzung des griechi-

---

[218] CANAAN, Dämonenglaube 21; ZBINDEN 45, 130.

[219] DAMĪRĪ bei SMITH, Religion 159, note 1; KREMER, Studien I–II 48; EICHLER 2, 16; TRITTON, JRAS (1934) 717; ZBINDEN 99.

[220] WELLHAUSEN 157. Vgl. auch oben Anm. 212 und 213.

[221] ZBINDEN 79f.

[222] W[ILLIAM] F[OXWELL] ALBRIGHT, Islam and the Religions of the Ancient Orient. JAOS 60 (1940) 283–301, bes. 284–287, 289–295, 300f.

schen νύμφη [223] und weist auf Einflüsse aus hellenistischer Zeit hin. Wenn ferner mancherorts die Geister in Gestalt von Hähnen, Hennen und Küchlein erscheinen, so kann auch diese Vorstellung nicht sehr alt sein, weil sich das Haushuhn erst im Laufe des 1. Jahrtausends v. Chr. über Syrien und Palästina verbreitet hat [224].

Aber es bleibt nicht bei der Ausscheidung solcher sekundärer Einzelheiten; es ist sogar in Frage gestellt, ob das Wort *ǧinn* und die damit verbundene Vorstellung überhaupt etwas Altes und bodenständig Arabisches ist. Deshalb ist nun die Frage nach *Etymologie und Herkunft des Wortes ǧinn* ex professo zu behandeln [225].

Die arabischen Lexikographen leiten das Wort von der Wurzel *ǧanna* (= bedecken, verbergen, verhüllen) ab und erklären daher *ǧinn* als das «verborgene, geheimnisvolle Wesen» [226]. Da diese Erklärung aber verschiedenen Schwierigkeiten begegnet [227], hat man an Entlehnung gedacht, sei es aus dem Äthiopischen [228], sei es aus einer indo- [310] germanischen Sprache. Für diese Theorie hat die Ähnlichkeit mit dem lateinischen *genius* immer wieder Anlaß gegeben; allerdings hat man kaum direkte Entlehnung aus dem Lateinischen angenommen, sondern etwa an ein wurzelverwandtes Wort im Iranischen gedacht [229]. Diese Erklärung wird aber jetzt allgemein abgelehnt [230].

---

[223] ALBRIGHT, JAOS 60 (1940) 291. [ ]

[224] ALBRIGHT, JAOS 60 (1940) 291f. (die Ansicht von JOHN P. PETERS, JAOS 33 [1913] 363–370, daß Hühnerzucht in Palästina erst nach dem Exil bekannt wurde, ist allerdings jetzt nicht mehr aufrechtzuerhalten; es gibt bereits Belege aus dem 7. Jahrh. v. Chr.; siehe ALBRIGHT, JAOS 54 [1934] 108f.) Vgl. zum Ganzen auch HENNINGER, Anth 41/44 (1946/49) 337–346.

[225] Siehe WELLHAUSEN 148f.; NÖLDEKE, ERE I 669b–670a; D. B. MACDONALD, EI I (1913) 1091b; A[RENT] J[AN] WENSINCK, The Etymology of the Arabic Djinn (Spirits). Verslagen en Mededeelingen der Koninklijke Akademie van Wetenschappen, Afd. Letterkunde, 5e Reeks, Deel IV, 506–514 (Amsterdam 1920); dazu: Supplementary Notes on the Etymology of the Arabic Djinn (Spirits). pp. 514a–514e; EICHLER 9–11; CANAAN, Dämonenglaube 4, 51, Anm. 35; ZBINDEN 75.

[226] Siehe die Belege an den oben Anm. 225 zitierten Stellen.

[227] MACDONALD, EI I (1913) 1091b; vgl. auch unten Anm. 231–233.

[228] Vgl. WELLHAUSEN 148, Anm. 3; MACDONALD, EI I (1913) 1091b; ALBRIGHT, JAOS 60 (1940) 292; EICHLER 9.

[229] MACDONALD, EI I (1913) 1091b; EICHLER 9f.; vgl. unten Anm. 230.

[230] NÖLDEKE, ZDMG 41 (1887) 717; WELLHAUSEN 148, Anm. 3; WENSINCK, a. a. O. 506; EICHLER 9f.; NYBERG (wie oben Anm. 178) 358, Anm. 21; SCHLUMBERGER (wie unten Anm. 236) 121, note 1; DUSSAUD, Pénétration 90, 110, note 8; STARCKY in BRILLANT et AIGRAIN IV 219. – Neuerdings hat JACQUES NUMA LAMBERT in seinem höchst diskutablen Buch: Aspects de la civilisation à l'âge du fratriarcat (Alger 1958; siehe die Rezension: Anth 56 [1961] 974–976) sowohl die palmyrenische Form *gny* (siehe unten Anm. 236) wie das arabische *ǧinn* von einem griechischen *gennaios* abgeleitet (a. a. O. 85–141, bes. 86, 123f.). Die Ansicht von DUSSAUD (Pénétration 110–113),

A. J. Wensinck [231] hat die Ableitung von der Wurzel *ğanna* als richtig angenommen, aber nicht im passiven, sondern im aktiven Sinne erklärt: das, was krank oder irr macht, und wie folgt begründet: «I. In the Semitic conception psychic affections and certain bodily actions are caused by spirits. II. The dealings of spirits with men are usually expressed by verbs meaning to cover. III. The action of covering is conceived in this way, that the spirit comes upon a man, takes its abode in him and overpowers him, so that he is no longer himself but the spirit that is upon or within him; the action is a real incarnation [232]. IV. Poetic and prophetic inspiration are thus to be considered as caused by incarnated spirits. V. The etymology of the word *djinn* is to be viewed in this light» [233].

Die bisherigen Erklärungen haben, bei allen Divergenzen, das eine gemeinsam, daß sie das Wort *ğinn* als rein arabisch betrachten. Von W. F. Albright wird aber eine andere Auffassung vertreten.

Er geht von folgender Tatsache aus: Wie schon Th. Nöldeke und M. Lidzbarski bemerkt hatten [234], gibt es ein aramäisches Wort *g^e^nê*, «verborgen», mit dem Plural *g^e^nên*, «verborgene Dinge» und dem emphatischen Plural *g^e^nayyâ* [235]; dieser Ausdruck erscheint als Bezeichnung einer Klasse von niederen Gottheiten in Inschriften aus dem 3. Jahrh. n. Chr. in Dura am Euphrat und in der Gegend von Palmyra [236]. Auch in aramäischen Zaubertexten aus dem 6. Jahr. n. Chr. kommt das Wort im Sinn von «(böser) Geist» vor [237]. Bei syrischen Kirchenschriftstellern des 4. und 5. Jahrh. und in der syrischen Bibelübersetzung (Pešīṭtā) bedeutet das abgeleitete Substantiv [311] *genyâṯâ* (emphatischer weiblicher Plural) heidnische Heiligtümer und heidnische Gottheiten oder Dämonen [238]. Aus all dem zieht Allbright den Schluß: «*The*

---

daß es überhaupt keinen Gott Gennéas (Gennaios) gegeben habe, sondern daß *gny* immer Appellativ sei, wird von Lambert als hyperkritisch abgetan, scheint aber nicht widerlegt zu sein. [ ]

231 Siehe seine oben Anm. 225 zitierte Studie mit Supplement.

232 Zur Präzisierung dieses etwas mißverständlichen Ausdruckes siehe Wensinck, Etymology 510–513; Supplementary Notes 514c–514e.

233 Wensinck, Etymology 513f. [ ]

234 Theodor Nöldeke, ZDMG 41 (1887) 717; Mark Lidzbarski, ESE II (1903/1908) 82 (zitiert bei Albright, JAOS 57 [1937] 319f.; vgl. auch ebd. 60 [1940] 292 mit note 29).

235 Albright, JAOS 60 (1940) 292.

236 Albright, JAOS 60 (1940) 292 mit note 30; seitdem liegen ausführlichere Berichte vor: Daniel Schlumberger, La Palmyrène du Nord-Ouest (Paris 1951) 25, 67, 121f., 123b, 127f., 135–137, et planche XXIX, 1; Dussaud, Pénétration 90f., 98, 99, 101, 110–113, et fig. 26 (p. 111), fig. 27 (p. 114); Starcky in Brillant et Aigrain IV 219; Recueil des tessères de Palmyre, par Harold Ingholt, Henri Seyrig, Jean Starcky, suivi de remarques linguistiques par André Caquot (Paris 1955) 32 (nos 225 et 226), 35 (no 248); dazu Caquot ebd. 182. – Ebd. 30, no 211 kommt auch ein Wort *gny* vor, aber nicht als Gottesname; vgl. dazu Caquot. ebd. 143, über die Wurzeln *gny* und *gn'*, und Franz Rosenthal, JAOS 75 (1955) 199b–200a (in seiner Rezension dieses Buches, ebd. 199a–201b). [ ]

jinn themselves were probably introduced into Arabic folk-lore in the late pre-Islamic period ... The passage from an Aramaic **ganyâ* or **genyâ*, feminine *$^*g^e$nîṯâ*, ,demon', to Arabic *jinnîy(un), jinnîyat(un)* offers no difficulty whatever when one remembers that Aram. *g^{e}nâ* and Arab *janna* are synonymous and that a slight morphological adaption would therefore be normal. The occult figures of depotentized pagan deities with which the imagination of the Christian Aramaeans peopled the underworld, the darkness of night, ruined temples and sacred fountains, were organized by Arab imagination into the *jinn* of the Arabian Nights, creatures of smoke, intermediate between the fiery devils of hell and the angels of light.» [239]

Daß das arabische *ǧinn* mit den erwähnten aramäischen Wörtern zusammenhängt, ist unbestritten; andere Autoren betrachten aber die palmyrenischen *genayya* (oder *ginnayā'*), eine Gruppe von niederen Gottheiten, die nur mit diesem Appellativum benannt werden, als von arabischen Nomaden dort eingeführt, und infolgedessen das Wort als aus dem Arabischen abgeleitet [240]. Damit würde auch das Vorkommen des Terminus in der christlich-syrischen Literatur erklärt, aber vielleicht nicht in den aramäischen Zaubertexten, in denen kein sonstiger arabischer Einfluß nachzuweisen ist [241].

Die Auffassung von ALBRIGHT, wonach sowohl das Wort *ǧinn* wie auch die *ǧinn*-Vorstellung in Arabien eine erst spät erfolgte Entlehnung aus dem aramäischen Sprach- und Kulturgebiet ist, hat also manches für sich, zumal sich ja auch manche sonstigen aramäischen Entlehnungen in Arabien nachweisen lassen [242]. Eine direkte Widerlegung ist schon deshalb nicht möglich, weil die literarischen Dokumente in Arabien spät einsetzen und somit auch die direkten Zeugnisse für den arabischen *ǧinn*-Glauben erst aus der Zeit kurz vor Mohammed stammen, also jünger sind als die erwähnten palmyrenischen Zeugnisse. Trotzdem ist es unwahrscheinlich, daß es vorher in Arabien überhaupt keinen Geisterglauben gegeben habe. Schon SMITH hat darauf hingewiesen, daß die Vorstellung von haarigen Wüstengeistern sich auch bei den Nordsemiten nachweisen läßt und somit doch wohl zum gemeinsamen Bestand der frühsemitischen Religion gehört [243].

Man muß freilich damit rechnen, daß der, vor allem durch die Keilschriftliteratur reichlich bezeugte, Dämonenglaube in Mesopotamien [244] nicht

---

237 ALBRIGHT, JAOS 60 (1940) 292 und die dort angeführten Belege.

238 ALBRIGHT, JAOS 60 (1940) 292f. und die dort angeführten Belege.

239 ALBRIGHT, JAOS 60 (1940) 292f. [ ]

240 SCHLUMBERGER (wie oben Anm. 236) 136; DUSSAUD, Pénétration 90f., 99, 113f.

241 ALBRIGHT, JAOS 60 (1940) 292, note 31.

242 Vgl. HENNINGER, Anth 53 (1958) 800 mit Anm. 357 und die dort zitierten Belege.

243 SMITH, Religion 120, 198, 441–446; dazu COOK, ebd. 538f.

244 Vgl. oben Anm. 2; unten Anm. 245 und 257.

rein semitisch ist, sondern viele fremde, besonders sumerische, Bestandteile enthalten kann [245]. Mit Recht wird ja zwischen den Semiten in ihrem rekonstruierten gemeinsamen Stadium und den rassisch und kulturell bereits gemischten semiti- [312] schen Einzelvölkern unterschieden [246]. Jedoch führt die auf einem Symposion in Rom 1958 durchgeführte Vergleichung der altsemitischen Gottheiten [247] zu folgenden Ergebnissen: Ein fest konstituiertes frühsemitisches Pantheon läßt sich nicht nachweisen; alles spricht vielmehr dafür, daß sich in der frühesten Zeit, wo Semiten für uns faßbar werden (3. Jahrtausend v. Chr.) eine Anzahl von Gottheiten in Entstehung befinden, und daß dieser Prozeß parallel mit dem Seßhaftwerden der Nomaden voranschreitet [248]. In der ältesten erschließbaren semitischen Nomadenreligion finden wir zunächst nur den Gott *El,* (dessen Charakterisierung durch Lagrange: «*El,* le dieu commun, primitif et très probablement unique des Sémites» weitgehend das Richtige getroffen hat, wenn auch einige Einschränkungen zu machen sind [249], ferner Schutzgottheiten von Stämmen und Gruppen [250] und schließlich auch «animistische» Vorstellungen [251]. Wie der altsemitische Hochgott im israelitischen und islamischen Monotheismus überhöht fortlebt, so ist aus diesen «animistischen» Anschauungen der spätere Polytheismus, vor allem mit seinen Astral-, Wetter- und Fruchtbarkeitsgottheiten, hervorgegangen [252].

Wenn das Wort «Animismus» (schon bei den hier zitierten Autoren [253]) in Anführungszeichen gesetzt wird, so weist das darauf hin, daß er, bei aller Anerkennung der Tatsache eines Naturgeisterglaubens, wesentlich

---

[245] Siehe die oben Anm. 2 zitierten Belege. Vgl. auch Stephan Herbert Langdon, The Mythology of all Races. Vol. V: Semitic [Mythology] (Boston 1931) 354–374 (allerdings in vielen Einzelheiten diskutabel); ders., Babylonian and Hebrew Demonology. JRAS (1934) 45–56, und unten Anm. 257.

[246] Siehe Sabatino Moscati, The Semites: a Linguistic, Ethnic, and Racial Problem. CBQ 19 (1957) 421–434 (Zusammenfassung: Anth 53 [1958] 626f.). [ ]

[247] Siehe: Le antiche divinità semitiche – Les divinités sémitiques anciennes – Ancient Semitic Deities – Die alten semitischen Gottheiten. Studi di J. Bottéro, M. J. Dahood, W. Caskel, raccolti da Sabatino Moscati (Studi Semitici 1, Roma 1958); dazu die Rezension von J. Henninger: Anth 55 (1960) 906–908.

[248] Moscati, in: Le antiche divinità semitiche, 119–135, bes. 135; Angelo Brelich, ebd. 135–140, bes. 135, 139f.; Anth 55 (1960) 907f.

[249] Moscati, a. a. O. 121f., 135; Brelich, a. a. O. 137; Anth 55 (1960) 907.

[250] Moscati, a. a. O. 134f.; Anth 55 (1960) 907.

[251] Moscati, a. a. O. 135; Brelich, a. a. O. 135–140, bes. 139f.; Anth 55 (1960) 907f.

[252] Moscati, a. a. O. 121f., 134f.; Brelich, a. a. O. 137, 139f.; Anth 55 (1960) 907f. [ ]

[253] Moscati, a. a. O. 135; Brelich, a. a. O. 139f.

anders aufgefaßt wird, als bei TYLOR und in der unmittelbaren Folgezeit (siehe oben Anm. 1). Diese Unterschiede können hier nicht erschöpfend dargelegt werden, nur einige seien hervorgehoben:

1. Die schematisierende Auffassung, daß die Erkenntnis der menschlichen Seele das Primäre ist und dann erst nach außen projiziert wird, ist aufzugeben. Die arabischen *ǧinn* sind von Hause aus auch keine Totengeister [254]; hinter ihnen [313] steht vielmehr die dem Menschen nicht unterworfene, oft geheimnisvolle und feindliche Natur [255].

2. Dies ist nicht etwa nur in dem rationalistischen Sinne zu verstehen, daß der Mensch, philosophisch grübelnd, kausale Erklärungen sucht und diese in der Personifikation findet, sondern auch von dem Schauer her, den das Geheimnisvolle, Unheimliche weckt [256].

---

[254] WELLHAUSEN (157) ist der Auffassung, daß die *ǧinn* «vielfach Totengeister sind», aber die von ihm angeführten Gründe sind nicht alle durchschlagend; übrigens fügt er selbst dann gleich bei: «Aber man darf doch nicht die ganze gemischte Gesellschaft der Ginn aus diesem Ursprunge ableiten; der Monismus der Erklärung ist auf diesem phantastischen Gebiet sehr unnötig und sehr gefährlich. Die verborgenen Ursachen und Centren subjectiver oder objectiver Erscheinungen und Wirkungen werden personificirt, sie werden nach *Analogie* der menschlichen Seele vorgestellt, aber nicht allgemein und geradezu als menschliche Seelen.» (ebd.; [Hervorhebung im Original]). – Man kann diesen Gedanken vielleicht noch so weiterführen: Im heutigen Volksglauben sind die *ǧinn* bei den Beduinen nur Naturgeister, bei den Seßhaften sind sie teilweise auch Totengeister (siehe ZBINDEN 47f., 51f.; vgl. oben Anm. 25), und diese Vorstellungen der Ansässigen haben teilweise wieder auf die Beduinen zurückgewirkt (ZBINDEN 52). So spricht manches dafür (u.a. auch allgemein-kulturhistorische Gründe), daß die Vermischung von Totengeistern und *ǧinn* von den Seßhaften ausgeht. – Mit Recht weist ALFRED LOISY (Essai historique sur le sacrifice [Paris 1920] 372), wo er den Bericht von JAUSSEN über «Opfer für das Zelt» in Moab kommentiert (siehe oben Anm. 106), auch darauf hin, daß durch dieses Opfer der *ǧinnī* kein Schutzgeist des Zeltes wird; er hat eine naturgegebene Beziehung zum Ort (vgl. oben Anm. 99, 155, 189) und nur indirekt zum Zelt, das dort aufgeschlagen wird.

[255] Vgl. WELLHAUSEN 157 (Text oben in Anm. 254 zitiert); ausdrücklicher: SMITH, Religion 120–123; vgl. auch oben Anm. 154–169 passim; NÖLDEKE, ERE I 669b–670a: MACDONALD, EI I (1913) 1091b und die dort zitierte Literatur; HALDAR, Cult Prophets 182. – EICHLER (15) interpretiert die Ansicht von SMITH nicht ganz richtig; SMITH sagt nicht, daß erst der Islam die Geister in die Wüste getrieben habe, sondern daß mit fortschreitender Naturbeherrschung, vor allem in Zusammenhang mit dem Ackerbau, der Bereich der Geister (wie derjenige der wilden Tiere) mehr und mehr auf die Wüste eingeschränkt wird. Aber auch diese Auffassung steht im Widerspruch zu manchen Tatsachen, z.B. dazu, daß man gerade bei den Seßhaften die Geister – die aus der Unterwelt kommen – überall fürchtet; siehe oben S. 287f.; hier S. 313–315.

[256] Vgl. J. HENNINGER, Artikel: Le Mythe en ethnologie. DBS VI (Paris 1957) col. 225–246 und die dort zitierte Literatur.

3. Der Geisterglaube kann auch nicht mehr als der einzige Ausgangspunkt aller Vorstellungen von höheren Wesen aufgefaßt werden, sondern als ein Phänomen neben anderen (siehe unten S. 315f.).

An die Erwägung, daß sich im Geisterglauben der Schauer vor dem Unheimlichen manifestiert, ist aber noch eine andere Frage anzuknüpfen, die schon oben (S. 296f.) angedeutet wurde, nämlich die Frage: Stammt der semitische Geisterglaube *von den Nomaden oder von den Seßhaften?* Die Frage wird sich kaum restlos entscheiden lassen, aber folgendes kann doch dazu gesagt werden: Man nimmt sehr oft an, daß der Glaube an die *ǧinn,* die Bewohner der Wüste, bei den Nomaden entstanden und von ihnen zu den Seßhaften übergegangen ist. In dieser Form kann das aber kaum zutreffen. Den Nomaden ist die Wüste vertraut und erweckt bei ihnen die Empfindung des Unheimlichen wohl nur an bestimmten Orten und zu bestimmten Zeiten; den Dorf- und Stadtbewohnern ist sie weit fremder und unheimlicher. Man könnte das als psychologisierende Theorie abtun, aber zugunsten dieser Auffassung sprechen verschiedene positive Fakta. a) Schon im alten Orient war die Wüste für die Stadtbewohner eine unbekannte und schauerliche Gegend, von Monstra und dämonischen Wesen bevölkert [257]. b) Diese Einstellung ist bis in die neuere Zeit hinein gleich geblieben. Zu Anfang des 19. Jahrhunderts schildert E. W. LANE, wie fremd den damaligen ägyptischen Städtern die Wüste war, und daß eine auch nur kurze Reise durch die Wüste wie ein großes Abenteuer betrachtet wurde [258], und zu Anfang des [314] 20. Jahrhunderts hatte sich an dieser Einstellung noch nicht viel geändert [259]. c) Für das islamische Mittelalter haben wir ein interessantes Dokument in den Erzählungen aus 1001 Nacht, die ihre endgültige Formung in einem städtischen Milieu erhalten haben und diesen städtischen Charakter überall verraten [260]; man hat mit Recht gesagt: Die Personen dieser Erzählungen bewegen sich in den Straßen und Basaren der Städte; sobald sie die Stadt verlassen, beginnt für sie die Welt der Geister und der märchenhaften Abenteuer [261]. d) Deshalb ist es auch nicht verwunderlich, daß

---

[257] Vgl. ALFRED HALDAR, The Notion of the Desert in Sumero-Accadian and West-Semitic Religions (Uppsala und Leipzig 1950); Zusammenfassung: Anth 46 (1951) 624.

[258] EDWARD WILLIAM LANE, An Account of the Manners and Customs of the Modern Egyptians (London 1836) I 384.

[259] Vgl. EWALD BANSE, Wüsten, Palmen und Basare (Braunschweig 1921) 24f.; ders., Das Beduinenbuch (Berlin 1931), S. VI.

[260] Siehe J. HENNINGER, Über die völkerkundliche Bedeutung von 1001 Nacht. SAV 44 (1947) 35–65, bes. 40–45; J. HENNINGER, Der geographische Horizont der Erzähler von 1001 Nacht. Geographica Helvetica 4 (1949) 214–229, bes. 215–219.

[261] CONSTANCE E. PADWICK, BSOS 3 (1932/25) 426.

Geisterglaube und Geisterkult bei der heutigen seßhaften Bevölkerung weit intensiver sind, als bei den Beduinen (siehe oben S. 283–297). Die spezielle Beziehung der Geister zur Erde, zur Unterwelt, ihre Gegenwart überall da, wo eine Verbindung zur Unterwelt besteht, scheint auch eine Besonderheit der seßhaften, auf Ackerbau beruhenden Kultur zu sein [262]. Gelegentlich stößt man auch auf ausdrückliche Zeugnisse dafür, daß die Beduinen die Geister weniger fürchten, als dies bei den Seßhaften der Fall ist. So berichtet MURRAY von Beduinen aus dem östlichen Ägypten (zwischen dem Nil und dem Roten Meer): «... But on the whole, they are not very much afraid of their *jinn*. The Ma'aza sheikh, Salem Faraj, said: ,The *jinn* abound in our mountains, but nobody but a *fellah* would fear them. Now, wolves are really dangerous!' [263]» (vgl. dazu oben Anm. 258). Wenn andererseits von südarabischen Beduinen gesagt wird, ihre Religion bestehe hauptsächlich oder sogar ausschließlich im *ǧinn*-Glauben [264], so ist dieses Urteil in seinem Wert nicht zu überschätzen. Von allem anderen abgesehen, sind diese südarabischen «Beduinen» – es handelt sich nicht um das Innere, sondern um die Randgebiete im Süden und Osten – Vertreter eines ganz anderen Kulturtyps als die zentral- und nordarabischen Kamelzüchter. Sie wohnen meist nicht in Zelten, sondern oft in Höhlen; Mittelpunkt des Stammeslebens ist gewöhnlich ein festungsartiges Gebäude, wo der Scheich residiert [265] – m.a.W., wir haben es hier eher mit Halbbeduinen oder Halbseßhaften zu tun, ähnlich wie in den nordwestarabischen Randgebieten (siehe oben Anm. 83 und 84), und daher kann man von da aus keine Rückschlüsse auf ursprünglich beduinische Verhältnisse machen. Für das vorislamische Arabien sind, wegen der Art der Quellen, die Unterscheidungen zwischen den Anschauungen von Nomaden und Seßhaften schwieriger [315] zu machen. Wenn wir aber von den heutigen Verhältnissen ausgehen und die oben angeführten Umstände berücksichtigen, so spricht

---

[262] ZBINDEN (80, Anm. 9) schreibt: «Zur Ackerbaukultur gehören auch die chthonischen Dämonen, *ahl al-arḍ*.» Dafür beruft er sich auf SMITH 151 (gemeint ist die deutsche Übersetzung von STÜBE; es handelt sich um die Stelle SMITH, Religion 198). Dort wird allerdings nicht ausdrücklich davon gesprochen, daß die Vorstellung von unterirdischen Geistern mit dem Ackerbau in Beziehung steht. Auch ist die Vorstellung von *ǧinn* unter der Erde den Beduinen nicht völlig fremd. Wohl aber scheint die Anschauung, wie sie sich etwa in Palästina findet (durch jede, selbst die kleinste Öffnung in der Erde kommen Geister zur Erdoberfläche, siehe oben S. 288) etwas für eine Bauernkultur Typisches zu sein. [ ]

[263] MURRAY (wie oben Anm. 20) 156.

[264] ZBINDEN 48, unter Berufung auf TH. BENT und ABDULLÂH MANSÛR (siehe oben Anm. 21).

[265] Belege bei HENNINGER, IAE 42 (1943) 161, Anm. 150. [ ]

vieles dafür, daß der Geisterglaube bei den Seßhaften eher älter und stärker ist als bei den Nomaden, und es ist sehr wohl möglich, daß der *ǧinn*-Glaube der Nomaden durch Einflüsse seitens seßhafter Bevölkerungen sekundär verstärkt worden ist. In diesem Sinne enthält die oben dargelegte Ansicht von ALBRIGHT (S. 310f.) zweifellos einen richtigen Kern.

Für die arabischen Beduinen (wie auch für die frühen Semiten überhaupt) darf man im Geisterglauben weder das zentrale Faktum ihrer Religion noch den Ausgangspunkt aller weiteren Entwicklungen sehen [266]. Der vorislamische Allāh kann nicht als das letzte und späte Ergebnis einer Entwicklung vom Polydämonismus über den Polytheismus zum Monotheismus angesehen werden [267], wenn schon in frühsemitischer Zeit der Hochgott *El*, vor dem Polytheismus, vorhanden ist (siehe oben S. 312). Das schließt nicht aus, daß manche vorislamische Gottheiten aus *ǧinn* entstanden sind [268], aber dies gilt nicht für alle; vor allem darf man die himmlischen Gottheiten nicht als das letzte Ergebnis einer Entwicklung von *ǧinn* über Erdgottheiten zu Himmelswesen ansehen, wie dies WELLHAUSEN u.a. wollten (siehe oben S. 280–282) [269].

---

[266] Vgl. J. HENNINGER, La religion bédouine préislamique (wie oben Anm. 178) 115–140 [siehe oben Nr. 1], bes. 123 mit notes 33–35, 127–130 mit notes 57–64, 132 mit note 71.

[267] Vgl. HENNINGER (wie Anm. 266) 133–136, 139f.; siehe auch oben Anm. 188, 247–252; ZBINDEN 80. Eine ausführliche Behandlung dieses Gegenstandes muß für eine andere Arbeit vorbehalten bleiben.

[268] Vgl. BROCKELMANN, ARW 21 (1922) 105; ZBINDEN 79f.; vgl. zur ganzen Frage der vorislamischen arabischen Gottheiten HENNINGER (wie Anm. 266) 119–140 passim, bes. 126–134, 139f. – ZBINDEN (79f.) legt großen Wert auf den Umstand, daß die arabischen Lokalgottheiten vielfach, ebenso wie die *ǧinn*, als in Bäumen und Steinen wohnend gedacht wurden. Doch ist das Wohnen von *ǧinn* in Steinen für die vorislamische Zeit nicht gut bezeugt (siehe oben Anm. 155). Zum vorislamischen «Steinkult» siehe HENNINGER (wie Anm. 266) 122, mit note 32, 126f., mit notes 52–56. – Andererseits ist auch damit zu rechnen, daß schon in vorislamischer Zeit manche Lokalgötter zu *ǧinn* oder ähnlichen Zwischenwesen herabsanken; so GRIMME (II 66, unter Berufung auf Sure 10, 19; 39, 4); vielleicht ist auch DUSSAUD (Pénétration 160) in diesem Sinne zu verstehen. Vor allem wurde schon wiederholt darauf hingewiesen, daß im Glauben an die *ǧinn*-Inspiration des *kāhin* (siehe oben Anm. 178) eine solche Degeneration vorliege: früher galt dieser, wie bei den Nordsemiten, als von einem Gott, erst später als von einem *ǧinn* inspiriert. Vgl. VAN VLOTEN, WZKM 7 (1893) 183; WELLHAUSEN 134; NYBERG (wie oben Anm. 178) 357–363 (bes. 359f., 362f.); HALDAR, Cult Prophets 163, 180, 182, 186.

[269] Gegen die Auffassung von WELLHAUSEN (211–214; siehe oben S. 281), daß auch die himmlischen Götter der Semiten ursprünglich irdische Wesen waren, siehe einstweilen ZAPLETAL 128f.; BROCKELMANN, ARW 21 (1922) 105; HENNINGER (wie Anm. 266) 132f., 139f. und die dort zitierte Literatur. Vgl. auch oben Anm. 247–252.

Die neuere Religionsgeschichte ist mehr und mehr zu der Erkenntnis gekommen, daß nicht alle Phänomene in eine einlinige Entwicklung einzureihen sind. Wenn auch eine Studie über die Semiten wie die vorliegende noch lange nicht an die Anfänge der Menschheit heranführt, so kann sie doch in gewissem Sinne als eine Bestätigung für ein Urteil des Jubilars gelten, dem diese Publikation gewidmet ist. Im Jahre 1954 bemerkte PAUL SCHEBESTA in einer Buchbesprechung: «... Darin stimme ich dem Autor jedoch zu, wenn er schreibt, daß es müßig sei, die Priorität des Theismus vor dem Dynamismus oder dieses vor dem Animismus zu verteidigen, denn alle drei entströmen der gleichen [316] Quelle, der Menschenseele. Sie gehen von allem Anfang an darin nebeneinander her, jedoch bei den einzelnen Völkern verschiedentlich differenziert» [270]. In welcher Weise diese «Differenzierung» im Bereich der semitischen Völker zu verstehen ist – zur Aufhellung dieser Frage sollte die vorstehende Arbeit (wenn sie auch nur skizzenhaft und bei weitem nicht erschöpfend ist) einen Beitrag leisten.

ADDENDA ET CORRIGENDA

Anm. 2: WALTHER EICHRODT, Theologie des Alten Testaments, Teil II + III ([4]Stuttgart-Göttingen 1961) 152–156 (und die dort zitierte Literatur); HERMAN WOHLSTEIN, Zur Tier-Dämonologie der Bibel. ZDMG 113 (1963) 483–492; ANDRÉ CAQUOT, Anges et démons en Israël. In: Sources Orientales 8 (Paris 1971) 113–152. – (Syrien und Kanaan): W. RÖLLIG, in H. W. HAUSSIG, Götter und Mythen im Vorderen Orient (WdM I/1. Stuttgart 1965) 274–276. – (Mesopotamien): D. O. EDZARD, in HAUSSIG, a. a. O., 46–49; MARCEL LEIBOVICI, Génies et démons en Babylonie. In: Sources Orientales 8 (1971) 85–112; über Dämonen und Götter bei den Sumerern: J. VAN DIJK, RAss III/7 (1969) 537b–538a (im Artikel Gott). – Über das vorislamische Arabien vgl. TOUFY FAHD, Anges, démons et djinns en Islam. In: Sources Orientales 8 (1971) 153–214. – Allgemeines über Dämonenglaube und Dämonenabwehr in der Umwelt Israels (Mesopotamien, Ägypten, Phönizien, Arabien): HERBERT HAAG, Teufelsglaube (Tübingen 1974) 143–162; über Israel ebd. 163–180, 218–262 passim.

Anm. 17: ABDULLA M. LUTFIYYA, Baytīn. A Jordanian Village (The Hague 1966) 69–74; JOSEPH CHELHOD, Objets et Mondes 5 (1965) 149–174 (über den Negev; siehe besonders 149–158, 163–166, 170f.).

Anm. 18: SIGRID WESTPHAL-HELLBUSCH, Die Ma'dan (Berlin 1962), Index s. vv. Geisterglaube (350b), Besessenheit (349a).

---

[270] PAUL SCHEBESTA, Anth 49 (1954) 722 (in der Rezension über KUNZ DITTMER, Allgemeine Völkerkunde [Braunschweig 1954], ebd. 721–723). – In demselben Sinne äußert sich auch JOSEPH GOETZ in: F.-M. BERGOUNIOUX et JOSEPH GOETZ, Les religions des préhistoriques et des primitifs (Paris 1958) 79f., 113. [ ]

Anm. 21: R. B. SERJEANT, Bustan 5 (1964), Nr. 2, p. 17a; R. B. SERJEANT, Two Yemenite Djinn, BSOAS 13 (1949/50) 4–6.

Anm. 23: Vgl. FAHD 1971, 186–196, passim.

Anm. 24: Vgl. FAHD 1971, 175–186, passim.

Anm. 41: R. B. SERJEANT,BSOAS 13 (1949/50) 4f.

Anm. 45: J. CHELHOD, (Objets et Mondes 5 [1965] 152): bei Beduinen des Negev dienen Körperteile des Wolfes als Abwehrmittel gegen *ǧinn*. Dagegen kann der jemenitische *ǧinnī 'Udhrūṭ* auch die Gestalt eines Wolfes annehmen (SERJEANT, BSOAS 13 [1949/50] 4f.), was sehr auffallend ist.

Anm. 53: Siehe jetzt auch KRISS (wie oben Anm. 13) II (1962) 22–25, 75–80, 110–124, 147–149 (stützt sich allerdings vielfach auf H. A. WINKLER).

Anm. 63: Für den Jemen siehe SERJEANT, BSOAS 13 (1949/50) 4.

Anm. 75: CHELHOD, Objets et Mondes 5 (1965) 160 berichtet, daß nach dem Glauben bestimmter Beduinen des Negev das Blut der Opfertiere von Engeln getrunken wird; dies ist sicher die islamisierte Form einer Vorstellung, die sich ursprünglich auf *ǧinn* bezog (vgl. hier oben Anm. 36).

Anm. 88: Samenerguß im Schlaf wird *ǧinn* bzw. dem Teufel zugeschrieben (CANAAN, ZDPV 78 [1962] 14f.); ein Impotenter ist von Dämonen gebunden (ebd. 15).

Anm. 89, Z. 5: HILMA GRANQVIST, Muslim Death and Burial (Helsinki 1965) 28–32; CHELHOD, Objets et Mondes 5 (1965) 163–166; LUTFIYYA (siehe Addendum zu Anm. 17) 71f.; WESTPHAL-HELLBUSCH, siehe Addendum zu Anm. 18.

Anm. 95: SERJEANT, BSOAS 13 (1949/50) 5; HESS, Beduinen 159; dort ist außerdem noch eine zweite Abwehrformel erwähnt: «Im Zelt sind gute Geister *(äǧwâd)*», die vielleicht vorislamisch ist.

Anm. 101, Z. 2: CANAAN, ZAW 74 (1962) 34, 37, 40, 42; ZDPV 78 (1962) 14f.; ZDPV 79 (1963) 22f.

Anm. 102: Über sonstige *ǧinn*-Opfer in Südarabien siehe SERJEANT, Bustan 5 (1964), Nr. 2, p. 17a.

Anm. 115, Z. 6: Über Opfer an das Meer siehe auch CANAAN, ZDPV 79 (1963) 21; dort schreibt er: «Ob sie glauben, daß gute oder böse Geister im Meere wohnen, ist mir unbekannt geblieben»; der Kontext spricht aber dafür, daß man eher an *gute* Geister im Meere glaubt.

Anm. 131: Siehe jetzt auch besonders: FAHD 1971 (vgl. Addendum zu Anm. 2); über die von ihm benutzten arabischen Quellen ebd. 157–159.

Anm. 137: Siehe jetzt auch FAHD 1971, 193; auch zwischen den Haustieren der *ǧinn* und den Haustieren der Menschen (z. B. Kamelen) kommen solche Verbindungen vor (ebd. 193f. mit Anm. 154 und 155 [p. 210]).

Anm. 143: FAHD 1971, 188f., 194f.

Anm. 144: FAHD 1971, 188f.

Anm. 147: FAHD, 1971, 192.

Anm. 155, Z. 6: Auch FAHD 1971 (195, mit Anm. 160 [p. 211]) vergleicht einen *ǧinnī* mit dem genius loci.

Anm. 158: Vgl. auch T. FAHD, La divination arabe (Leiden 1966) 174–176.

Anm. 159: Vgl. auch WERNER CASKEL, *Ǧamharat an-nasab* (Leiden 1966) II 408b (Art. Mirdās b. A. ʿĀmir), 497a (Art. Saʿd b. Ubāda); T. FAHD, Le panthéon de l'Arabie centrale à la veille de l'hégire (Paris 1968) 34; FAHD 1971, 187f.

Anm. 163: Über Quellenkulte in Mesopotamien, Kleinasien und Syrien vgl. jetzt: FRIEDRICH MUTHMANN, Mutter und Quelle (Basel 1975) 279–332.

Anm. 167: IRENE GRÜTTER (Der Islam 32 [1955/57] 98) vermutet, die Begleitung des Leichenzuges mit Lichtern habe (auch) den Sinn gehabt, sich die Geister vom Leibe zu halten, die im Dunkeln ihr Spiel treiben.

Anm. 169: Über die gleiche Vorstellung bei Berbern und bei anderen Völkern siehe WERNER VYCICHL, Der Teufel in der Staubwolke. LM 69 (1956) 341–346.

Anm. 173: FAHD 1971, 191f.

Anm. 174: FAHD 1971, 192.

Anm. 178, Z. 18: Siehe jetzt: FRITZ MEIER, Quelques aspects de l'inspiration par les démons en Islam. In: Le rêve et les sociétés humaines, sous la direction de ROGER CAILLOIS et G. E. VON GRUNEBAUM (Paris 1967) 418–425; FAHD, La divination arabe, 68–76 passim; FAHD 1971, 191 (auch Mohammed wurde so eingeschätzt: ebd., 191).

Anm. 179: FAHD 1971, 191.

Anm. 180: F. MEIER (Addendum zu Anm. 178), bes. 420–422; FAHD 1971, 191.

Anm. 181: Vgl. auch TOUFY FAHD, Les songes et leur interprétation selon l'Islam. In: Sources Orientales 2 (Paris 1959) 125–157.

Anm. 185: FAHD, La divination arabe, 475.

Anm. 186: FAHD, La divination arabe, 213, Anm. 7 (Hasenknöchelchen als Abwehrmittel). Über Gebrauch von Eisen siehe GOLDZIHER, ARW 10 (1907) 41–46, bes. 42f.

Anm. 190: Über Bauopfer nach DAMĪRĪ: CANAAN, ZDPV 79 (1963) 22; Sonstiges über Opfer an *ǧinn:* FAHD 1971, 190 mit Anm. 129 (p. 209).

Anm. 191–204: Über die *ǧinn* im vorislamischen Arabien und ihr Verhältnis zu den Gottheiten siehe jetzt: FAHD, Le panthéon de l'Arabie centrale, 9 (Fortsetzung der Anm. 3 zu p. 8), 12, Anm. 1, 44, 80, 88, 116, Anm. 1; FAHD 1971, 190, FAHD scheint aber in seinen Auffassungen nicht immer konsequent zu sein. Einmal unterscheidet er die *ǧinn* von den Gottheiten («Comment ... de tels esprits sans individualité ni personnalité pouvaient-ils être assimilés aux dieux individualisés et personnifiés?» [FAHD 1971, 190]), andererseits scheint er doch zuzugeben, daß ein *ǧinnī manchmal* als Gott betrachtet werden konnte («... le djinn, sans être individualisé ni personnifié, est en rapport permanent avec l'homme ou la collectivité, *sans être toujours considéré comme dieu.*» [ebd. Hervorhebung von mir. J. H.]). Mit der letztzitierten Formulierung steht es in Einklang, daß er *Allāh* als Appellativum für alle höheren Gottheiten, *ǧinn* als Appellativum für die niederen Gottheiten betrachtet: «En somme, Allâh nous semble avoir été, avant l'Islam, un appellatif applicable à toute divinité supérieure du panthéon arabe, alors que Ǧadd, l'ancêtre divinisé, et Ǧinn, en tant que génie des lieux, désignaient les divinités inférieures.» (FAHD, Panthéon, 44; vgl. auch ebd. 8, Anm. 3, mit Fortsetzung p. 9, 12, Anm. 1, 116, Anm. 7) Zur Stützung dieser Ansicht verweist er darauf, daß es für niedere Gottheiten im Aramäischen die Bezeichnung Ginnayé gab (ebd. 80,

Anm. 2; vgl. dazu hier oben Anm. 236). Die Aussagen von FAHD über das Verhältnis der Begriffe *Ǧadd* und *ǧinn* sind ebenfalls nicht ganz klar (vgl. Panthéon 44 mit ebd. 80f.). Während an der oben zitierten Stelle (Panthéon 44) *Ǧadd* als vergöttlichter Ahnherr von den *ǧinn* unterschieden wird, heißt es nachher: «Le Gad fut, en terre araméenne, l'équivalent du Baʿl cananéen, et, en terre arabe, celui d'une certaine catégorie de djinns.» (ebd. 80 [Hervorhebung von mir. J. H.]), und in der Anmerkung: «Ǧadd et Ǧinnī sont des termes génériques équivalents.» (ebd. 80, Anm. 2). Als sicher ist aber festzuhalten, daß auch für FAHD vorislamische Gottheiten und *ǧinn* nicht schlechthin identisch waren, sondern nur teilweise.

Anm. 205: Vgl. auch FAHD, Panthéon 79, Anm. 1; FAHD 1971, 175–186 mit Anm. 105–163 (pp. 207–211). – Zur Islamisierung des *ǧinn*-Glaubens macht Prof. ERWIN GRÄF noch folgende Bemerkungen (Brief vom 3. 2. 1964): «... Zu *ǧinn* in Suren 46 und 72: es ist vielleicht nicht ganz zufällig, daß die Tradition die Predigten außerhalb des *ḥaram* von Mekka verlegt. Dürfen *ǧinn* nicht in den hl. Bezirk? (siehe aber Suren 113 und 114!). Das wäre wichtig für die Frage ihrer Beziehungen zu Allah und den in Mekka akkreditierten Göttern. Ich glaube allerdings, daß man vor Mohammed und außerhalb Mekkas wenig über solche Zusammenhänge reflektiert hat. (M. E. könnten die *ǧinn*-Predigten irgendwie von Christi Predigt im Hades angeregt sein) ...» [vgl. 1. Petr. 3, 19–20].

Anm. 211: Zur realen Existenz der heidnischen Gottheiten nach dem Koran siehe auch: RUDI PARET, Mohammed und der Koran (Stuttgart 1957) 95.

Anm. 213: Zur Degradierung von Göttern einer überwundenen Religion zu Dämonen vgl. auch: FRANZ JOSEPH DÖLGER, «Teufels Großmutter». *Magna Mater Deum* und *Magna Mater Daemonum*. Die Umwertung der Heidengötter im christlichen Dämonenglauben. Antike und Christentum 3 (1932) 153–176.

Anm. 223: Vgl. auch MARTIN NINCK, Die Bedeutung des Wassers in Kult und Leben der Alten (Darmstadt 1960); MUTHMANN (cf. Addendum zu Anm. 163) 77–278 passim.

Anm. 230: Vgl. jetzt auch F. MEIER (Addendum zu Anm. 178) 421.

Anm. 233: Vgl. FAHD 1971, 213.

Anm. 236: Vgl. auch J. STARCKY, RB 63 (1956) 276 (mit Belegen, ebd. Anm. 2–4); MARIA HÖFNER, Artikel Genneas, in HAUSSIG 1965 (vgl. Addendum zu Anm. 2) 439f.

Anm. 239: Prof. GIORGIO LEVI DELLA VIDA lehnt in (einem Brief vom 16. 1. 1964) die von ALBRIGHT vorgeschlagene Etymologie entschieden ab; er betont nachdrücklich, daß man es hier mit zwei verschiedenen Wurzeln zu tun hat: die erwähnten aramäischen Wörter sind von der Wurzel *gny* = verborgen sein abgeleitet, das arabische *ǧinn* dagegen von einer Wurzel *gnn* = bedecken; daher betrachtet er die Erklärung von WENSINCK (siehe hier oben Anm. 231–233) nach wie vor als gültig. «Secondo me non vi è nessuna relazione tra il palmyreno *gny'*, siriaco *genyātā* e l'arabo *ǧinn*; ... i vocaboli aramaici risalgono a una radice significante ‹esser nascosto› (lo stesso ALBRIGHT lo afferma) in cui *y* appartiene alla radice; *ǧinn* risale a una radice *gnn* con *n* reduplicata (la *ī* di *ǧinnī* è naturalmente il suffisso formativo dell'aggettivo e non appartiene alla radice) col significato di ‹coprire› (credo che la spiegazione di WENSINCK sia ancora valida: cf. *incubus!*). I *gny'* aramei sono delle divinità chthonie, del tutto distinti dai *ǧinn* arabi che vivono all'aria aperta (crederei che colà dove appaiono quali spiriti sotterranei si tratti di credenze non puramente arabe). Che le due radici *gny* e *gnn* possano essere originariamente apparentate in una fase protosemitica non ha naturalmente nulla a che vedere colla questione.» Prof. FRITZ MEIER äußert sich, nach Kenntnisnahme dieser Äußerung von LEVI DELLA VIDA, ebenso zurückhaltend, oder noch zurückhaltender: «Was die Etymologie von *ǧinn* angeht, so halte auch ich sie für arabisch, aber was der Name bedeutet, ist noch völlig ungeklärt. Der Möglichkeiten, ihn zu deuten, sind zu viele: aktiv bedeckend, passiv bedeckt, aber wie? was? ... Ich bin keineswegs sicher, daß etwas wie *incubus* vorliegt, es könnten gerade so gut Schutzgottheiten (bedecken!) vorliegen, aber auch anderes.» (Brief vom 5. 11. 1968). Siehe jetzt die ausführliche Erörterung zur Herkunft des Wortes *ǧinn:* Asiatische Studien 33 (1979) 189–198, im Artikel: FRITZ MEIER, Ein arabischer «Bet-Ruf», a. a. O. 153–198. Nach Anführung zahlreicher Belege lehnt MEIER alle nichtarabischen (sei es indogermanischen, sei es äthiopischen oder aramäischen Etymologien) ab (a. a. O. 189–192) und betrachtet die Ableitung aus dem Arabischen als wahrscheinlicher (a. a. O. 192–198), allerdings doch wieder nur mit Vorbehalt (a. a. O. 198). – Auch wenn die arabische Etymologie gesichert wäre, könnten doch in den Inhalt der Vorstellung nichtarabische Elemente eingedrungen sein; mit dieser Möglichkeit ist besonders für den neuzeitlichen *ǧinn*-Glauben in Syrien und Palästina zu rechnen.

Anm. 246: Vgl. jetzt auch J. HENNINGER, Über Lebensraum und Lebensformen der Frühsemiten (Köln und Opladen 1968), bes. 7–13, 43–48, und die dort zitierte Literatur.

Anm. 252: Hier ist allerdings vorausgesetzt, daß der Nomadismus die älteste Lebensform aller Semiten war, und das wird neuerdings wieder stark in Frage gestellt; vgl. HENNINGER, Lebensraum und Lebensformen, 43–48; HENNINGER, Les fêtes de printemps chez les Sémites et la Pâque israélite (Paris 1975) 201–215.

Anm. 262: Nach LEVI DELLA VIDA (vgl. Addendum zu Anm. 239) sind die arabischen *ǧinn* ursprünglich keine unterirdischen Wesen (im Gegensatz zu den aramäischen *gny*').

Anm. 265: Zum *ǧinn*-Glauben bei den Āl Murra, die echte Vollbeduinen sind (oben Anm. 81), vgl. jetzt noch die Äußerungen von DONALD POWELL COLE, Nomads of the Nomads. The Āl Murrah Bedouin of the Empty Quarter (Chicago 1975). Ihre Ursprungslegende sagt zwar, daß sie von einem Ahnherrn namens Murra und einer *ǧinnīya* abstammen (a. a. O. 93; schon erwähnt oben Anm. 81), aber im großen und ganzen scheint ihr *ǧinn*-Glaube nicht intensiv zu sein. Bei Seßhaften gilt das «leere Viertel» als menschenleer und als Wohnort von Geistern (a. a. O. 31, 93); nach der Auffassung der Āl Murra besagt diese Bezeichnung nur, daß es dort keine festen Siedlungen gibt (a. a. O. 31). «They believe in the existence of the *jinn*, spirits, and *shetan*, devils, because the Koran says they exist and because they have numerous folk tales about them. But many of the Āl Murrah I knew were skeptical, because they had never individually come into contact with these beings.» (a. a. O. 126).

Anm. 270: Vgl. auch PAUL SCHEBESTA, Die Religion der Primitiven, in: Christus und die Religionen der Erde, hrsg. von FRANZ KÖNIG (Wien 1951) I 539–578, bes. 546, 557–561; ders., Anth 49 (1954) 696.

[Korrekturzusatz:
Anm. 92: Cf. jetzt auch: PETER W. SCHIENERL, Eisen als Kampfmittel gegen Dämonen. Manifestationen des Glaubens an seine magische Kraft im islamischen Amulettwesen. Anth 75 (1980) 486–522].

5

EINIGES ÜBER AHNENKULT BEI ARABISCHEN BEDUINEN

(1967)

Der Ahnenkult ist in primitiven wie in höheren Kulturen weit verbreitet. Sein Einfluß auf die allgemeine Religionsentwicklung wurde zeitweilig überschätzt, vor allem in der Theorie von HERBERT SPENCER, die im Manismus die Hauptwurzel der Religion sah, aber schon bald wieder gegenüber anderen Theorien in den Hintergrund trat [1]. Speziell für den semitischen Bereich ist die Bedeutung des Ahnen- und überhaupt des Totenkultes viel diskutiert worden [2]. Auch hier haben die schematisierenden Theorien, die

---

[1] Über Ahnenkult (und verwandte Phänomene) im allgemeinen siehe: Art. Ancestor-Worship and Cult of the Dead (varii auctores). ERE I (1908) 425a–467a, bes. W. CROOKE, Introduction, a. a. O. 425a–432b (Erörterung der Theorie von H. SPENCER: 427a–428b; vgl. auch G. MARGOLIOUTH, ebd. 440a, 449b); I. NAUMANN, Art. Ahnenglaube, HWDA I (1927) Sp. 226–235; WILHELM SCHMIDT, Handbuch der vergleichenden Religionsgeschichte (Münster i. W. 1930) 59–70; Art. Ahnenkult (varii auctores) in RW, Sp. 25–30; J. HAEKEL, Art. Ahnen, Ahnenkult. I. Religionsgeschichtlich. LThK ²I (1957) Sp. 222f.; KURT GOLDAMMER, Die Formenwelt des Religiösen (Stuttgart 1960) 37, 180f., 390, 470–473; Art. Totenverehrung (varii auctores). RGG ³VI (Tübingen 1962) Sp. 959–963.

[2] Siehe bes. ADOLPHE LODS, La croyance à la vie future et le culte des morts dans l'antiquité israélite. 2 tomes (Paris 1906) und die sich daran anschließende Diskussion, z.B. die ausführliche Rezension von M.-J. LAGRANGE, RB 16 (N. S. 4) (1907) 422–433; M.-J. LAGRANGE, Etudes sur les religions sémitiques (Paris 1905) 331–336; die entsprechenden Sektionen in ERE I (wie oben Anm. 1): Babylonian (437a–440a), Hebrew (444b–450a), Jewish (457b–461a). sämtlich von G. MARGOLIOUTH; FRIEDRICH BLOME, Die Opfermaterie in Babylonien und Israel I (Romae 1934) 13–17; H. SCHMID, Art. Totenverehrung. II. Im AT. RGG ³VI, Sp. 961f. Zur zeitweiligen Überschätzung des Ahnenkultes bei den Semiten siehe auch ARTHUR STANLEY COOK in WILLIAM ROBERT-

alles aus einem einzigen «Urphänomen» herleiten wollten, einer abgewogeneren und differenzierteren Betrachtung Platz gemacht, und der Schwerpunkt der Forschung verlagerte sich auf Detailstudien. Als Beitrag [302] zu diesen ist die folgende Erörterung einiger Aspekte des Ahnenkultes bei den Arabern, vor allem arabischen Beduinen, gedacht.

I. Ahnenkult im vorislamischen Arabien

Daß der Ahnenkult einen Bestandteil der vorislamischen arabischen Religion bildete, ist allgemein anerkannt [3]; wenn man aber die angeführten Belege näher studiert, stellt man fest, daß konkrete Angaben eher selten sind – vor allem solche, die eine Abgrenzung zwischen kultischer Verehrung

---

son Smith, Lectures on the Religion of the Semites ([3]London 1927) 546f.; G. Margoliouth, ERE I (1908) 449b.

[3] Siehe Ludolf Krehl, Über die Religion der vorislamischen Araber (Leipzig 1863) 54–69; Ignace Goldziher, Le culte des ancêtres et le culte des morts chez les Arabes. RHR 10 (1884) 332–359 (Inhalt in etwas erweiterter Form wiederholt: Ignaz Goldziher, Muhammedanische Studien I [Halle a. S. 1889] 229–263); J. Wellhausen (siehe unten Anm. 5–9); W. R. Smith (siehe Anm. 14); A. J. Wensinck, Some Semitic Rites of Mourning and Religion (Amsterdam 1917) 13–15, 20–23, 26f., 30, 39, 41; Frants Buhl, Das Leben Muhammeds. Deutsch von H. H. Schaeder (Leipzig 1930; [2]1955) 78f.; H. Lammens (siehe unten Anm. 9–12); Joseph Chelhod, Introduction à la Sociologie de l'Islam. De l'animisme à l'universalisme (Paris 1958) 15, 50f., 78–93, 180f.; Joseph Chelhod, Les structures du sacré chez les Arabes (Paris 1964), bes. 68f., 181f.; vgl. auch ebd. 103, 106, 113, 115, 125, 126, 128, 131, 132, 134, 145, 146, 179, 193, 204, 227 Anm. 3, 262; J. Henninger, La religion bédouine préislamique (siehe oben Nr. 1), bes. 123 mit Anm. 36, 130f. mit Anm. 65–67, 139f. und die dort zitierte Literatur; J. Henninger, Anth 58 (1963) 454.

Ein wichtiger Beleg (schon zitiert bei Goldziher, Studien I 229) ist Sure 2, 196: «Und wenn ihr die Zeremonien der Wallfahrt beendet habt, so gedenket Allahs, so wie ihr eurer Vorfahren gedenket und noch mehr». Herr Prof. Erwin Gräf, der mich noch ausdrücklich auf diese Stelle aufmerksam macht, bemerkt dazu: «... Nach dem Zusammenhang handelt es sich bei den Koranversen zweifellos um ein kultisches Gedenken Allahs, dessen liturgische Durchführung uns unbekannt ist. Sollte der Vergleich passen, müßte ihm ein liturgisches Gedenken der Väter gegenüberstehen, dessen Einzelheiten wir nicht kennen ... Leider wissen auch die guten, alten Kommentare, wie z. B. Tabarī, nicht genügend Bescheid ...» (Brief vom 15.10.1965). Zu dieser Koranstelle vgl. auch Werner Caskel, *Ǧamharat an-nasab*. Das genealogische Werk des Hišām ibn Muḥammad al-Kalbī (Leiden 1966) I 24. [ ] – Die Belege für Ahnenkult im Bereiche der altsüdarabischen Hochkulturen sind weit weniger sicher, als ältere Autoren annahmen, z.B. Goldziher, Studien I 231 mit Anm. 5 (nach brieflichen Mitteilungen von Frau Prof. Maria Höfner, Graz, 3.1.1966 und 17.3.1966).

des Stammvaters (heros eponymos) und anderer Ahnen und Heroen ermöglichen würden [4]. Nach den Vorarbeiten von I. GOLDZIHER (siehe oben [303] Anm. 3) hat vor allem J. WELLHAUSEN das einschlägige Material sorgfältig gesammelt [5]; doch zeigt die Formulierung seiner Schlußfolgerungen, wie wenig aus den vorislamischen Quellen allein zu entnehmen ist: «Gegenwärtig bringen die Beduinen nach Doughty den Toten, bis in die dritte Generation, richtige Schlachtopfer dar. Nach Burckhardt fassen sie das große islamische Opferfest als ein Totenfest auf, jede Familie schlachtet daran so viel Kamele, als sie im vergangenen Jahre erwachsene Mitglieder durch den Tod verloren hat. Dergleichen läßt sich nun zwar bei den alten Arabern nicht als Sitte nachweisen, aber zu leugnen ist doch nicht, daß sich auch bei ihnen *Spuren* von eigentlichem Totencultus, von Ahnen- und Heroendienst finden» [6]. Als solche «Spuren» zählt er dann mit einzelnen Belegen auf: Asylrecht an Gräbern, die Errichtung von *anṣāb* (heiligen Steinen), das gelegentliche Vorhandensein eines *ḥimā* (heiligen Bezirkes), die Gebräuche des rituellen Haarschneidens, des Steinwerfens und schließlich «eine Art Opfer» an Gräbern – lauter Parallelen zu den Heiligtümern der Gottheiten [7].

Der Kult einzelner Stammväter läßt sich nur in wenigen Fällen konkret identifizieren. Schon WELLHAUSEN rechnet damit, daß alte Kultusstätten

---

[4] Auf die Unterscheidung von Kult des Stammvaters und Kult der Ahnen (culte de l'ancêtre et culte des ancêtres) legt CHELHOD großen Wert; er schreibt in seinem neuesten Buch: «... En effet, il serait exagéré de parler d'un véritable culte *des* ancêtres [Hervorhebung im Original] chez les Bédouins. D'abord, parce que cette marque de dévotion n'allait pas indistinctement à tous les ascendants: si tous les aïeux étaient respectés, peu d'entre eux prenaient place dans la hiérarchie du sacré. En d'autres termes, il y aurait lieu de parler du culte de l'ancêtre et non pas des ancêtres. Ensuite, parce que le mot culte semble, en l'occurrence, inadéquat, car il implique une attitude qui va au-delà de la vénération et suppose certains actes d'adoration qui sont adressés au défunt devenu esprit tutélaire. Or, au témoignage du Coran, la survie était contestée par les anciens Arabes ... Elle aurait été limitée à ceux des leurs qui s'étaient distingués par des actions d'éclat, et plus particulièrement aux héros civilisateurs ...» (Structures du sacré 69, Anm. 1). In seinem vorhergehenden Buch hatte er allerdings einmal geschrieben: «... Celle-ci (sc. la vie religieuse) débute par l'animisme et l'hommage suprême aux ancêtres» [Hervorhebung von mir. J. H.] (Sociologie, 15). Hier sind aber wohl die Ahnen einer Mehrheit von Stämmen gemeint, so daß zu übersetzen wäre: Kult der Stammväter. Zu Einzelheiten der Auffassung CHELHODS, so der Verknüpfung von heros eponymos und Kulturheros, siehe unten Anm. 80 und 83.

[5] J[ULIUS] WELLHAUSEN, Reste arabischen Heidentums (²1897; unveränderter Neudruck Berlin und Leipzig 1927; Berlin 1961) 177–186; vgl. auch ebd. 4 mit Anm. 1.

[6] A. a. O. 183f. [Hervorhebung von mir. J. H.].

[7] A. a. O. 184f. Vgl. auch GOLDZIHER, Studien I 229–242 passim. [ ]

nachträglich zu Gräbern umgedeutet worden sind [8]. Ob es sich beim Grab des Tamīm im Ḥeǧāz wirklich um den heros eponymos des bekannten großen Stammes der Benī Tamīm handelt, ist zweifelhaft [9]. H. LAMMENS konnte [304] WELLHAUSENS Ausführungen um verschiedene Details erweitern [10]; so behandelt er ausführlicher den Brauch, bei den Ahnen und ihren Gräbern zu schwören [11] und die Sitte, auf Gräber Steine zu werfen (ursprünglich ein Akt der Verehrung, erst durch den Islam zu einem Ausdruck der Verachtung umgedeutet) [12]. Als Beispiele von Stammvaterkult werden immer wieder genannt: der heros eponymos des Stammes Ṯaqīf, dessen Kult durch den theophoren Namen ʿAbd Ṯaqīf gesichert ist [13], und Qoṣayy (Quṣaiy) in Mekka, ebenfalls bezeugt durch einen theophoren Namen, ʿAbd Qoṣayy, «lequel demeure un témoin philologique des honneurs religieux jadis rendus à l'aïeul des clans aristocratiques de Qoraiš, l'auteur présumé de la Constitution mecquoise» [14]. In beiden Fällen handelt

---

[8] WELLHAUSEN, a. a. O. 184.

[9] Zu WELLHAUSEN, Reste 87, 184 vgl. HENRI LAMMENS, MUSJ 11 (1926) 158: «... Non loin de la Mecque Marr aẓ-Ẓahrān conservait le tombeau d'un certain Tamīm. Wellhausen s'est, croyons-nous, trop pressé d'identifier cet inconnu avec l'ancêtre éponyme de la grande tribu des Tamīmites, dont on montrait également le tombeau dans la région de Baṣra. Le nom de Tamīm n'était pas rare à l'époque préislamique. J'ai signalé ailleurs la donnée impérialiste laquelle prétend assigner aux principales tribus d'Arabie le Ḥiǧâz comme le centre de leur habitat primitif ...».

Über dieses Grab vgl. auch CASKEL, *Ǧamharat an-nasab* II 544a (Register s.v. Tamīm b. Murr); Weiteres über diesen Stamm a. a. O. 544a–b (mit Literaturangaben); I, Tafel 59–84; II 7–10.

[10] HENRI LAMMENS, L'Arabie Occidentale avant l'Hégire (Beyrouth 1928) 163–179; über Errichtung von heiligen Steinen an den Gräbern: ebd. 166–171 passim; über Asylrecht: ebd. 167f.; über das *ḥimā:* 168–170; über Opfer: 167, 169, 176–179.

[11] LAMMENS, L'Arabie Occidentale 172 (allerdings schon erwähnt von GOLDZIHER, Studien I 229f., 239, und WELLHAUSEN, Reste 184, aber dort nur kurz).

[12] WELLHAUSEN, Reste 112; LAMMENS, L'Arabie Occidentale 173–176, 178f. Allgemeines über Steinhaufen mit sakraler Bedeutung im semitischen Kulturbereich: J. HENNINGER, Anth 50 (1955) 108 mit Anm. 138. – Ein Beispiel von noch heute geübter, aber nicht mehr verstandener *Verehrung eines Grabes durch Steinwerfen* (bei den Tiyāhā): BRÄUNLICH, Islamica 6 (1933/34) 225; OPPENHEIM, Beduinen (wie unten Anm. 15) II 110f. [ ]

[13] LAMMENS, L'Arabie Occidentale 169–172, 178f. – Weiteres über diesen Stamm und die widersprechenden Traditionen über seinen Stammvater siehe: S. A. BONEBAKKER, Art. Abū Righāl. EI [2]I (Leiden-London 1960) 144b–145a; CASKEL, *Ǧamharat an-nasab* I, Tafel 118–119; II 16f. (bes. 17 Anm. 2). 466b (s.v. Qasī b. Munabbih und Qasī b. Munabbih b. an-Nabīt). 553a (s.v. Ṯaqīf). [ ]

[14] LAMMENS, MUSJ 11 (1926) 68; LAMMENS, L'Arabie Occidentale 170f.; vgl. auch G. LEVI DELLA VIDA, Art. Ḳuṣaiy. EI [1]II (1927) 1243a–1244b, bes. 1244a; über Quṣaiy

es sich aber um seßhafte [305] oder höchstens teilweise nomadische Stämme [15]. Anderswo scheinen lediglich Indizien, keine eindeutigen Zeugnisse für Ahnenkult vorzuliegen. So ist es begreiflich, daß man, um arabischen Ahnenkult zu schildern, immer wieder Angaben über die neuzeitlichen Beduinen heranzieht [16]. Ein solches Vorgehen ist methodisch nur dann einwandfrei, wenn zunächst die Angaben über vorislamische und neuzeitliche Araber für sich getrennt behandelt und dann erst, unter Anwendung der entsprechenden Vorsicht, miteinander kombiniert werden.

II. Ahnenkult bei heutigen Beduinen

Glücklicherweise sind die Berichte über den im 19. und 20. Jahrhundert bei arabischen Beduinen praktizierten Ahnenkult reichhaltig. Belege für den Stammvaterkult finden sich vor allem in den nördlichen Randgebieten, von Syrien bis zur Sinaihalbinsel [17], nnd fehlen auch in Südarabien nicht [18].

---

als sakralen König siehe ALFRED HALDAR, Associations of Cult Prophets Among the Ancient Semites (Uppsala 1945) 164–168.

Über Quṣaiy als «Kultheros von Mekka» vgl. auch CASKEL, *Ğamharat an-nasab* II 92f., 478b (s.v. Rabi'a b. Ḥarām), 489a (s.v. Rizāḥ b. Rabi'a), 602a (s.v. Zaid b. Kilāb Qusaiy). Da Quṣaiy wohl nabatäischer Herkunft ist (siehe HALDAR und CASKEL, a. a. O.), scheint seine Einordnung in die Genealogie der Quraiš eine künstliche Konstruktion zu sein. – WILLIAM ROBERTSON SMITH, Kinship and Marriage in Early Arabia. ([1]London 1885; [2]1907) schreibt: «... though the Arabs paid the greatest respect to the graves of their forefathers, as has been illustrated at length by Goldziher ..., there is hardly one well-authenticated case of a tribe which possessed a really ancient tradition as to the place where the tribal ancestor was interred». ([2]1907, 20). Aber in seinen 4 Jahre später erschienenen Lectures on the Religion of the Semites ([1]London 1889; [3]1927) 156 Anm. 2 spricht er von «some remarks, perhaps too sceptical, in my Kinship, p. 20, n. 2», und I. GOLDZIHER hat in der 2. Auflage von Kinship and Marriage einige weitere Belege über Lokalisierung von Ahnengräbern (aus YĀQŪT und dem *Kitāb al-Aġānī*) beigefügt (a. a. O. 21, Fortsetzung der Anm. 2 zu S. 20). [ ]

[15] Über die Quraiš siehe H. LAMMENS, Art. Ḳuraish. EI [1]II (1927) 1203b–1208a, bes. 1204a–b (über Nomadismus dieses Stammes vor der Seßhaftwerdung in Mekka), 1208a (über teilweisen Nomadismus zu Anfang des 19. Jahrhunderts); MAX FREIHERR VON OPPENHEIM, Die Beduinen II (Leipzig 1943) 399–404; über den Stamm Ṯaqīf siehe H. LAMMENS, Art. Thaḳīf. EI [1]IV (1934) 795a–b. – Vgl. auch oben Anm. 13.

[16] So schon WELLHAUSEN (siehe oben Anm. 6); ebenso CHELHOD, Sociologie 50f. In diesem Buch ist die Darstellung des Beduinentums im ganzen zu sehr auf unterschiedslos gebrauchten alten und neuzeitlichen Belegen aufgebaut; vgl. HENNINGER, Anth 58 (1963) 454.

[17] SAMUEL IVES CURTISS, Ursemitische Religion im Volksleben des heutigen Orients

Wenn über den Ḥeǧāz und den Neǧd nur wenige diesbezügliche Angaben [306] vorliegen [19], so kann das auf einer zufälligen Lücke in der Berichterstattung beruhen. Jedenfalls ist für den großen Beduinenstamm der Ruala, dessen Schweifgebiet vom nördlichen Syrien bis in den Neǧd hineinreichte [20], ein solcher Kult ebenfalls bezeugt, wenn auch über Details einige Unklarheiten bestehen (siehe unten S. 309–312). Neben dem eigentlichen Stammvater (auf den der ganze Stamm als solcher zurückgeführt wird) [21] werden auch Sippenahnen [22], andere Vorfahren [23], berühmte Krieger und angesehene Scheichs [24] in ähnlicher Weise verehrt, ihr Kult tritt aber doch gegenüber jenem zurück. (Wenn hier und im folgenden das Präsens gebraucht wird, so soll damit nicht behauptet werden, daß *alles* noch heutzutage zutrifft; jedenfalls galt es für den Anfang dieses Jahrhunderts und teilweise wohl auch noch jetzt) [25].

(Leipzig 1903) S. xvf., 204, 219; ANTONIN JAUSSEN, RB 12 (1903) 262–266; ders., Coutumes des Arabes au pays de Moab (Paris 1908) 313–318; ALOIS MUSIL, AP III 40, 116, 329, 343f., 382, 450f.; ders., The Manners and Customs of the Rwala Bedouins (New York 1928), Index s.vv. Graves, Sacrifice; PAUL KAHLE, PJb 6 (1910) 75; TAUFIQ CANAAN, JPOS 9 (1924) 204; LEO HAEFELI, Die Beduinen von Beerseba (Luzern 1938) 198; DOUGLAS CARRUTHERS, Arabian Adventure to the Great Nafud in Quest of the Oryx (London 1935) 43 (über das Grab des Ahnherrn der Benī Ṣaḫr); G. W. MURRAY, Sons of Ishmael (London 1935) 254; OPPENHEIM, Beduinen II 95, 110f., 129, 135, 149 Anm. 6, 151, 190, 248 Anm. 9.

[18] Siehe HAROLD INGRAMS, Arabia and the Isles (London 1942) 198, 202 Anm. 1.

[19] Siehe JAUSSEN et SAVIGNAC, Coutumes des Fuqarâ (Paris 1914, paru en 1920) 4f.

[20] Siehe MUSIL, Rwala 162, 205. Vgl. auch OPPENHEIM, Beduinen I (1939) 98–102.

[21] Vgl. ERICH BRÄUNLICH, Islamica 6 (1933/34) 68–111, 182–229, bes. 68–77, 94f., 195–204, 210–228; JAUSSEN, Moab 313, 317; HENNINGER in: L'antica società beduina (siehe oben Anm. 3) 80f. und die dort zitierte Literatur. – Die geläufige Bezeichnung für Stammvater in diesem eigentlichen Sinne ist *ǧidd* (die klassische Aussprache dieses Wortes ist *ǧadd*); vgl. MUSIL, AP III 329, 382; JAUSSEN, Moab 313 mit Anm. 1 und 3 (ebd. Anm. 1: «Les nomades prononcent *Ǧid* avec un seul *d* et le son *i*, inclinant vers *é* ...») [ ]

[22] Vgl. MUSIL, Rwala 402 (Ahnherr der Sippe eines Sehers); ebd. 539 (andere Sippenahnen): MUSIL, AP III 450f.; JAUSSEN, Moab 313.

[23] Siehe JAUSSEN, RB 12 (1903) 262–266 passim; JAUSSEN, Moab 313, 357 Anm. 2; MUSIL, AP III 329, 450f.; MUSIL, Rwala 402, 539; CLAUDE REIGNIER CONDER, Heth and Moab ([4]London 1892) 336f., 339–342; INGRAMS, Arabia 202 Anm. 1. Von den Ruala schreibt MUSIL (Rwala 539): «Every kin reveres its ancestor but never knows at what period he lived or where he was buried».

[24] JAUSSEN, Moab 313; MUSIL, AP III 287, 329, 332; MUSIL, Rwala 418–420; OPPENHEIM, Beduinen II 95, 214, 242 Anm. 8, 243 Anm. 12; vgl. auch H. H. SPOER, JAOS 43 (1923) 188 (über Opfer am Grabe des Scheichs Nimr ibn ʿAdwān).

[25] Schon seit dem ersten Weltkrieg sind diese Gewohnheiten vielfach verschwunden;

Daß diese Verehrung des Stammvaters einen ausgesprochen religiösen (und vielfach schwer mit dem Islam vereinbaren) Charakter hat, ergibt sich aus dem ganzen Komplex der äußeren Formen, in denen sie sich manifestiert. Dies sind zunächst Gebete und Hilferufe, die an den Ahnherrn gerichtet werden, vor allem in schwierigen und gefährlichen Situationen [26], [307] Anrufungen beim Eid [27] und Gelübde, die besonders vor Beutezügen gemacht werden [28], doch auch bei anderen Gelegenheiten [29]. Dabei handelt es sich in der Regel um Tieropfer. (Solche werden aber auch zuweilen ohne vorhergehendes Gelübde dargebracht) [30]. Ihre Bestimmung für den Ahnherrn wird durch die Formeln, die man bei der Schlachtung spricht, eindeutig zum Ausdruck gebracht, z.B.: «Dies ist dein Abendmahl, o unser Ahnherr, hilf uns am heutigen Tage» [31]. «O unser Ahnherr Slêm, dies ist dein Opfer» [32]. «Ceci est la *ḏabīḥeh* d'un tel (bei der Darbringung eines Schafes); ceci est le *ğezour* d'un tel (bei der Darbringung einer Kamelstute)» [33]. Zuweilen wird auch Allah dabei ausdrücklich genannt: «O Allah, dieses Opfer ist für meinen Ahnherrn bestimmt» [34]. «Allah, dies ist unsere Gewohnheit! Dies gehört dem Angesicht Allahs und dem Angesicht unseres Stammvaters» [35]. «O Allah, voici la victime pour Râšid et pour tous nos morts» (so die Fuqarā' im nördlichen Ḥeğāz am Grabe ihres Stammvaters) [36]. In anderen Formeln liegt offenbar die islamische Vorstellung vom Zugutekommen des Verdienstes an einen Toten zugrunde, wenn auch Allah dabei nicht ausdrücklich genannt wird, z.B.: «Don et récompense en faveur du mort. Don et gratification à mon ancêtre un tel» [37].

---

vgl. Tovia Ashkenazi, Tribus semi-nomades de la Palestine du Nord (Paris 1938) 105 Anm. 1.

[26] Jaussen, Moab 109 Anm. 2, 290, 314, 315, 316; Musil, Rwala 420; Bräunlich, Islamica 6 (1933/34) 221f.; Oppenheim, Beduinen II 66. Bei den Fuqarā' besteht diese Gewohnheit aber nicht (Jaussen et Savignac, Fuqarâ 5).

[27] Musil, AP III 116, 343f.; Jaussen, Moab 314.

[28] Jaussen, Moab 168, 305, 355, 356, 368, 369; Musil, Rwala 419f.

[29] Jaussen, Moab 356, 368.

[30] Musil, AP III 382; Musil, Rwala 539; Jaussen, Moab 267, 357 Anm. 2; Jaussen et Savignac, Fuqarâ 5; Carruthers, Arabian Adventure 43.

[31] Musil, AP III 382; eine ähnliche Formel: Musil, Rwala 420.

[32] Musil, AP III 329.

[33] Jaussen, Moab 355; vgl. ebd. 267.

[34] Musil, Rwala 402 (vgl. aber oben Anm. 22).

[35] Musil, Rwala 539.

[36] Jaussen et Savignac, Fuqarâ 4f.

[37] Jaussen, Moab 316.

Solche Opfer werden besonders zahlreich am Jahresfeste des Stammvaters dargebracht [38]; dann besucht man sein Grab und feiert ein Fest, das mit [308] den Jahresfesten der Heiligen große Ähnlichkeit hat [39]. Man besucht das Grab aber auch zu anderen Zeiten oder bringt ein Opfer dar, wenn der Stamm auf seiner Wanderung gerade dorthin kommt [40]. Die Vorstellung von der weitreichenden Macht des Ahnherrn ist so stark, daß man auch aus weiter Ferne Gebete und Anrufungen an ihn richtet und dabei auf seine wirksame Hilfe hofft [41]. Zur Opferdarbringung ist es nicht nötig, das Grab des Stammvaters aufzusuchen; sie kann auch anderswo erfolgen, wenn nur durch eine entsprechende Formel das Opfer ihm zugeeignet wird [42]. Ein Fremder, der in einen Stamm aufgenommen wird, muß bei dieser Gelegenheit ein Opfer für den Ahnherrn seines neuen Stammes darbringen; dadurch wird der Rechtsakt der Aufnahme besiegelt [43].

Alle diese Kultformen – Gräberbesuch, Jahresfeste, Opfer, Gelübde, Eid, Anrufungen – haben sehr viel mit dem volkstümlichen islamischen Heiligenkult gemeinsam. Tatsächlich wird in manchen Fällen der Ahnherr auch zugleich als Heiliger *(walī)* betrachtet; Vorbedingung dafür ist, daß seine Heiligkeit von Allah durch Wunderzeichen bestätigt worden ist [44].

---

[38] JAUSSEN, Moab 111, 315–317; MUSIL, AP III 329, 450f.; MURRAY, Sons of Ishmael 254; BRÄUNLICH, Islamica 6 (1933/34) 225; OPPENHEIM, Beduinen II 95, 110f., 129. Diese Feste sind meist im Frühling (vgl. JAUSSEN, Moab 315; OPPENHEIM, Beduinen II 129), was für ihren Charakter als alte Hirtennomaden-Frühlingsfeste spricht; vgl. J. HENNINGER, Über Frühlingsfeste bei den Semiten. In: In Verbo Tuo. Festschrift zum 50jährigen Bestehen des Missionspriesterseminars St. Augustin, 1913–1963 (St. Augustin bei Siegburg, Rheinland, 1963) 375–398 und die dort zitierte Literatur. [ ]

[39] JAUSSEN, Moab 111, 315–317; MUSIL, AP III 308, 329, 331f.; INGRAMS, Arabia and the Isles 198; OPPENHEIM, Beduinen II 95, 110f., 129.

[40] JAUSSEN, Moab 314–316; MUSIL, AP III 308, 329; JAUSSEN et SAVIGNAC, Fuqarâ 4f.; BRÄUNLICH, Islamica 6 (1933/34) 224–226. Die Rwala kümmern sich aber im allgemeinen wenig um Gräber: MUSIL, Rwala 418.

[41] JAUSSEN, Moab 109 Anm. 2, 290, 314; JAUSSEN et SAVIGNAC, Fuqarâ 5; OPPENHEIM, Beduinen II 66.

[42] CURTISS, Ursemitische Religion, S. XV; JAUSSEN, Moab 109 Anm, 2, 317; HAEFELI, Beduinen von Beerseba 198; OPPENHEIM, Beduinen II 190.

[43] BŪLUS SALMĀN, zitiert bei ERWIN GRÄF, Das Rechtswesen der heutigen Beduinen (Walldorf, Hessen, 1952) 18; ERWIN GRÄF, Religiöse Bindungen in frühen und in orientalischen Rechten (Wiesbaden 1952) 49 mit Anm. 30 (S. 56). Allgemeines über diese Aufnahme in den Stamm siehe: BRÄUNLICH, Islamica 6 (1933/34) 195–204, 210–228; GRÄF, Rechtswesen, 18–20.

[44] Siehe JAUSSEN, Moab 267, 295, 297, 305; W. E. JENNINGS-BRAMLEY, PEFQS 1906, 26; MURRAY, Sons of Ishmael 151; JAUSSEN et SAVIGNAC, Fuqarâ 4f.; ALOIS MUSIL, AD 428f.; INGRAMS, Arabia and the Isles 198; A. S. COOK in SMITH, Lectures

Die dafür zitierten Beispiele beziehen sich aber auf Seßhafte [45] oder auf [309] Beduinen in Randgebieten [46], während reine Vollbeduinenstämme, wie die Ruala, den Heiligenkult der Randgebiete (den sie besonders bei ihren Wanderungen in der sommerlichen Trockenzeit beobachten) grundsätzlich ablehnen bzw. als eine Angelegenheit der Seßhaften betrachten, die sie nichts angeht [47]. Dieser Feststellung widerspricht nur scheinbar T. CANAAN, wenn er schreibt: «I do not know any Bedouin tribe which does not possess several *awliā* of its own» [48]. Jedoch bezieht sich diese Bemerkung nur auf Palästina und benachbarte Gebiete (teils im heutigen Israel, teils in Jordanien), denn er schreibt gleich darauf: «This is true of the districts of Beer-Sheba, Gaza, Ramleh, Bīsān, Wādî Mūsâ, Kerak and Ammân» [49]. Ähnlich wie in diesen nordwestlichen Randgebieten ist es auch im ʿIrāq [50] und in Ḥaḍramaut [51].

---

on the Religion (wie oben Anm. 14) 546; vgl. auch ULRICH JASPER SEETZEN, Reisen durch Syrien, Palästina, Phönicien, die Transjordan-Länder, Arabia Petraea und Unter-Ägypten (Berlin 1854–1859) III 69; IV 413f.; OPPENHEIM, Beduinen II 160 (in diesem Falle ist es aber nicht ganz eindeutig, ob es sich wirklich um den Stammvater handelt).

Ein Beispiel aus neuester Zeit für Verehrung eines Stammvaters als Heiligen bei Beduinen im Negev siehe bei J. CHELHOD, Objets et Mondes 5 (1965) 158 mit Anm. 14 und 15 (ebd. 172f.), im Artikel: Surnaturel et guérison dans le Négueb, a. a. O. 149–174.

[45] T. CANAAN, JPOS 7 (1927) 69–77, bes. 75–77; vgl. auch ebd. 31–37 (alles bezieht sich auf Seßhafte in Palästina).

[46] Siehe die Beispiele oben Anm. 44. Sonstiges über Heiligenkult bei Beduinen in Randgebieten: MUSIL, AP III 329–334; CHESTER CHARLTON MCCOWN, AASOR 2/3 (1921/22) 55; T. CANAAN, JPOS 14 (1934) 61; OPPENHEIM, Beduinen II, S. IV, 184. – Allgemeines über die (vielfach aus Scheichs hervorgegangenen) Beduinenheiligen und ihre Eigenart: GOLDZIHER, Studien II (1890) 319–322 und die dort zitierten Belege.

[47] Siehe MUSIL, Rwala 417f.; MUSIL, AD 428f.; MUSIL, Northern Neǧd (New York 1928) 257; JAUSSEN et SAVIGNAC, Fuqarâ 55; auch MUSIL, AP III 329; ASHKENAZI, Tribus semi-nomades, S. XII, 102 und die dort zitierten Belege; J. J. HESS, Von den Beduinen des innern Arabiens (Zürich 1938) 153. – Die Q̣muṣa (ein Unterstamm der mit den Ruala nahe verwandten Sbaʿa), die meist in der Nähe von Palmyra lagern, haben von den Seßhaften die Gewohnheit übernommen, eine Tasse mit Kaffee auf das Grab eines Scheichs zu stellen, aber die Ruala spotten darüber (MUSIL, AD 428f.; vgl. auch BERNARD VERNIER, Q̣édar [Paris 1938] 96f.) – Vgl. auch J. CANTINEAU, Le dialecte arabe de Palmyre (Beyrouth 1934) II 87f. (über ein Grabheiligtum in der Nähe von Palmyra, das auch für Beduinen aus der Nachbarschaft dieser Oase ein Wallfahrtsziel war, aber nach dem ersten Weltkrieg von Šammar-Beduinen zerstört wurde).

[48] CANAAN, JPOS 14 (1934) 61.

[49] A. a. O., Fußnote 10.

[50] Siehe HENRI CHARLES, Tribus moutonnières du Moyen-Euphrate (Damas 1939) 20.

[51] Siehe THEODORE and Mrs. THEODORE BENT, Southern Arabia (London 1900) 133.

Anderseits ist auch bei Seßhaften in manchen Fällen Stammvaterkult festzustellen (als Nachwirkung aus einem früheren Nomadenstadium?), dort aber fest mit dem Heiligenkult verbunden [52].

Was speziell die Frage des Stammvaterkultus der Ruala, des «einzigen echten Beduinenstammes in Nordarabien» [53], angeht, so enthalten die Quellen darüber einige Unklarheiten. Nach S. I. CURTISS verehren die [310] Ruala Abu ed-Duhûr als Ahnherrn [54] bzw. als «Schutzheiligen» [55]. Sie opfern ihm bei Ausbruch eines Krieges und besprengen mit dem Opferblut die Kamelsänfte *(merkab)* für die Schlachtenjungfrau [56]. Sein Heiligtum befindet sich im Ǧōf [57]; dort bringen sie ihm Gelübdeopfer dar [58]. Nach A. JAUSSEN ist der Stammvater der Ruala Nāīf (Nā'īf), dessen Grab sich «tief im Inneren der Wüste» befindet [59]. A. MUSIL, der beste Kenner der Ruala, berichtet, daß die Scheichsfamilie der Ruala Eben Nâjef heißt [60] (bzw. Eben Ša'lân, siehe unten S. 311f.) und erwähnt das Grab von Nâjef eben Ša'lân und die ihm dargebrachten Opfer, nach Berichten von Gewährsleuten. Er fügt aber bei, daß er selbst nichts Derartiges beobachten konnte, als er im dortigen Lager der Ruala weilte, und daß die Ruala sich überhaupt wenig um Gräber kümmern [61]. *Abu-d-Dhûr* ist bei MUSIL nur erwähnt als Bezeichnung der heiligen Kamelsänfte *(merkab)* [62]; der Name bedeutet

---

[52] Vgl. oben Anm. 45.

[53] MUSIL, Rwala, S. XIII.

[54] CURTISS, Ursemitische Religion, S. XVf.; vgl. auch CURTISS, VKARG 2 (1904) 264.

[55] CURTISS, Ursemitische Religion 204.

[56] CURTISS, Ursemitische Religion, S. XVf. In seinem Referat VKARG 2 (1904) 264 bezeichnet CURTISS ihn sogar als «Kriegsgott». – Über die heilige Kamelsänfte der Ruala, sowie über das ganze Problem der beweglichen Heiligtümer und der «Schlachtenjungfrau» siehe Zusammenstellung der Belege bei HENNINGER, IAE 42 (1943) 23–26; Anth 50 (1955) 121 Anm. 189; die ausführlichste Erörterung der Belege über die neuzeitlichen Beduinen siehe bei JULIAN MORGENSTERN, The Ark, the Ephod and the «Tent of Meeting» (Cincinnati 1945) 5–41. Dort werden noch verschiedene Berichte neueren Datums herangezogen, so CARL A. RASWAN, The Black Tents of Arabia (London s.a. [1936?]; vgl. dazu unten Anm. 75.

[57] CURTISS, Ursemitische Religion 204, 219.

[58] CURTISS, a. a. O. 219.

[59] JAUSSEN, Moab 316. – Nach JAUSSEN, Moab 109, ist Wāīl der Stammvater der Ruala; dies ist ebenfalls richtig, insofern als er nach der genealogischen Überlieferung Stammvater einer größeren Gruppe ist, zu der auch die Ruala gehören. Vgl. unten Anm. 71.

[60] MUSIL, Rwala 289; vgl. ebd. 57, 589, 628; OPPENHEIM, Beduinen I 107 Anm. 4.

[61] MUSIL, Rwala 418; ebenso auch andere Vollbeduinen: ASHKENAZI, Tribus seminomades, S. XII.

[62] MUSIL, Rwala 540, 571–574, 605, 631, 632. Vgl. dazu MORGENSTERN (wie oben

«Vater unbegrenzter Zeitperioden» und soll der heiligen Kamelsänfte deshalb beigelegt worden sein, weil diese, das Wahrzeichen und Palladium des Stammes, sich von Generation zu Generation vererbt [63]. JAUSSEN erwähnt [311] einen Namen, den man auf den ersten Blick als identisch mit *Abu-d-D(u)hûr* ansehen möchte; er schreibt ihn *Abou 'ẓ-Ẓohor* [64]. Wenn diese Transkription richtig ist, kann das aber nicht der Fall sein, denn *duhūr* (Vulgäraussprache *dhūr* oder *dĕhūr*) ist eindeutig der Plural des bekannten Wortes *dahr*, Zeit, während bei JAUSSEN *ẓ* statt *d* steht [65]. Andererseits spricht aber doch wieder manches für eine sachliche Identität, denn nach den Angaben von JAUSSEN ist *Abou 'ẓ-Ẓohor* eine Persönlichkeit, über die zwar sehr wenig bekannt ist (er gilt als Bruder, oder, nach einer anderen Tradition, als Sohn von ʿAnnaz, dem Stammvater der ʿAneze), die aber bei allen ʿAneze-Stämmen große Verehrung genießt [66], ja sogar bei anderen

---

Anm. 56) 5–41, bes. 6f., 11, 15–17, 20, 28–32, 39–41. Diese sakrale Kamelsänfte ist auch das Abzeichen der Scheichswürde; siehe MUSIL, Rwala 571f.; OPPENHEIM, Beduinen I 104.

[63] MUSIL, Rwala 571. – In einer früheren Publikation, die bei MORGENSTERN zitiert wird (Miszellen zur Bibelforschung. Die Kultur (Wien) 11 (1910) 1–12), gebraucht MUSIL selbst die Form *abu ẓhûr*, jedoch eindeutig nur als Bezeichnung der heiligen Kamelsänfte, nicht einer mythischen Persönlichkeit. MORGENSTERN glaubt ihn darin korrigieren zu müssen (siehe unten Anm. 57). Er schreibt, je nach seiner Vorlage, *abu ẓhûr* bzw. *Abu Ẓhûr* (MORGENSTERN, a. a. O. 5f., 7, 11, 39f.) oder *Abu-d-D(u)-hûr*, im Anschluß an MUSILS spätere Publikation bzw. an RASWAN (20 Anm. 32, 26 Anm. 42, 27–30, 32), anscheinend ohne auf die Abweichung der Schreibweise überhaupt zu achten, während diese doch ganz verschiedene arabische Worte voraussetzt (siehe hier weiter unten). MUSIL hat offenbar seine frühere Schreibweise später stillschweigend korrigiert.

[64] JAUSSEN, Moab 168, 174, 317f.

[65] Siehe JAUSSEN, Moab, S. IX; vgl. auch ebd. 318 Anm. 1, wo der Name in arabischer Schrift angegeben ist, ebenso RB 12 (1903) 252 Anm. 2, wo es mit den gleichen Buchstaben, nur graphisch etwas anders wiedergegeben ist.

[66] JAUSSEN, RB 12 (1903) 262 Anm. 4, 265; JAUSSEN, Moab 168, 317f. – In der Nähe von Palmyra gibt es eine Ortschaft Khirbet Abou Ḍouhour; siehe RENÉ DUSSAUD, La pénétration des Arabes en Syrie avant l'Islam (Paris 1955) 100f. und die dort zitierte Literatur; hier ist aber der erste Buchstabe weder *d* noch *ẓ*, sondern *ḍ*. Nach T. CANAAN, JPOS 4 (1924) 83 ist *Abu eḏ-Ḏhûr* der Name eines Felsblockes am Wege von Jerusalem nach Jericho, dem man die Kraft zuschreibt, Rückenschmerzen zu heilen. Hier hätten wir am Anfang *ḏ*, also wieder einen anderen Radikal, was aber kaum richtig sein kann. RUDOLF KRISS und HUBERT KRISS-HEINRICH, Volksglaube im Bereich des Islam. Band I: Wallfahrtswesen und Heiligenverehrung (Wiesbaden 1960) 176f. erwähnen nämlich denselben Felsblock (vgl. dazu auch Abbildung 90, zwischen S. 144 und 145) unter dem Namen *Abū ẓ-Ẓahr* «Vater der Rücken»

Stämmen, die nicht zu den ʿAneze gehören, vor allem bei den Benī Ṣaḫr [67]. Bei den «Eben Šaʿalan» (mit diesem Namen werden gelegentlich die Ruala bezeichnet, weil ihre Scheichsfamilie so heißt) [68] wird nach JAUSSEN bei dem jährlichen Opfer [312] vor der Kamelsänfte *Abou 'ẓ-Ẓohor* angerufen, mit gnädigem Blick auf das Opfertier zu schauen [69]. Ebenfalls nach JAUSSEN könnte *Abou 'ẓ-Ẓohor,* «père du midi», die vergöttlichte Sonne sein [70].

Es ist nicht leicht, aus diesen widersprechenden Angaben den wirklichen Sachverhalt zu eruieren. Was die Genealogie der Ruala und ihrer Scheichsfamilie angeht, so finden sich jetzt die ausführlichsten Angaben bei M. FREIHERR VON OPPENHEIM zusammengestellt [71]. Dort erscheint Nājef als Nachkomme von Schaʿlān in der 4. Generation [72]; in diesem Sinne ist es also berechtigt, von Nājef ibn Schaʿlān zu sprechen. Von einem Kult, der ihm erwiesen wird, berichtet OPPENHEIM nichts. Was die rätselhaften Angaben über *Abou 'ẓ-Ẓohor* bei JAUSSEN angeht, so nahm J. J. HESS einen Hörfehler bei JAUSSEN an [73]. Auch A. MUSIL stellte fest, daß JAUSSEN in den ersten Jahren seiner Forschungsarbeit das Arabische noch nicht beherrschte [74]. Demnach wäre also doch wohl *Abu-d-d(u)hūr* die einzig richtige Form. Welchen Wert aber die Angaben von JAUSSEN und CURTISS haben, die darin den Namen einer legendären oder mythischen Person sehen, während es nach MUSIL nur die Bezeichnung für ein Kultgerät ist, bleibt nach wie vor ungeklärt. Da aber MUSIL der beste Kenner der Ruala

---

[sic]; hier haben wir das Wort *ẓahr,* Rücken, Plural *ẓuhūr,* (geschrieben mit denselben Konsonanten wie *ẓuhr,* Mittag), bei CANAAN im Plural, bei KRISS im Singular. Mit JAUSSENS Deutungsversuch (siehe unten Anm. 70) hat dies alles aber offenbar nichts zu tun.

[67] JAUSSEN, RB 12 (1903) 265; JAUSSEN, Moab 317f.

[68] JAUSSEN, RB 12 (1903) 262 Anm. 4; vgl. MUSIL, Rwala 706b (Index s.v. Šaʿlân, Eben); OPPENHEIM, Beduinen I (1939) 102–108. – Genauer gesagt, führt nur die Hauptgruppe der Ruala, nicht der ganze Stamm, den Namen Benī Šaʿlân; siehe BRÄUNLICH, Islamica 6 (1933/34) 89 mit Anm. 3; Allgemeines über Benennung von Stämmen nach ihren Scheichsfamilien: ebd. 88–95. 226.

[69] Siehe JAUSSEN, RB 12 (1903) 252; JAUSSEN, Moab 174.

[70] JAUSSEN, Moab 318 Anm. 1. – Hier liegt die bekannte Wurzel *ẓhr* vor, von der auch die Bezeichnung des islamischen Mittagsgebetes, *ṣalāt aẓ-ẓuhr,* abgeleitet ist.

[71] Siehe OPPENHEIM, Beduinen I 98–130, besonders die Tabellen S. 106 und 113; vgl. auch ebd. 62f. Über Wā'il (oben Anm. 59) ebd. 109f., 112f.

Weiteres über Wā'il und die widersprechenden Angaben bezüglich seiner Stellung im genealogischen System siehe bei E. GRÄF, Art. ʿAnaza. EI ²I (1960) 482b–483b, bes. 482b; CASKEL, *Ǧamharat an-nasab* I, Tafel 142–165; II 23–28, 223a–b (s.v. Bakr b. Wā'il), 541b–542a (s.v. Taġlib b. Wā'il), 585a (s.v. Wā'il b. Qāsiṭ).

[72] OPPENHEIM, Beduinen I 106.

[73] Briefliche Mitteilung vom 6.5.1942.

ist und sie von langen Aufenthalten her kennt, verdienen seine Berichte doch am meisten Glauben, und man darf eher Mißverständnisse bei JAUSSEN und erst recht bei CURTISS annehmen [75].

III. Kulturhistorische Fragen

Vorstehende Übersicht über Zeugnisse von Ahnenkult kann keinen Anspruch auf Vollständigkeit erheben; doch ergeben sich daraus einige kulturhistorische Fragen.

1. Angesichts der weitgehenden Übereinstimmung in den äußeren Formen des Kultus von beduinischen Stammesahnen und islamischen Heiligen kann man zunächst fragen: Ist der neuzeitliche Ahnenkult nicht etwa durch *Übertragung des islamischen Heiligenkultes* auf andere Gestalten, die durch die Stammesüberlieferung bekannten Ahnen, entstanden, stellt also eine Art «abgesunkenes Kulturgut» aus einer Hochreligion, in diesem Falle dem Islam, dar [76]? Doch spricht der ganze Sachverhalt eher für einen umge-

---

[74] Briefliche Mitteilung vom 10.8.1943.

[75] MORGENSTERN schließt sich dagegen den Erklärungen von CURTISS und JAUSSEN an, die in *Abu Ẓhūr* eine ursprüngliche Stammesgottheit sehen wollen (MORGENSTERN, a. a. O. 7, 11, 15f., 39f.). Dies tut er, obwohl er weiß, daß CURTISS nur einen flüchtigen Kontakt mit den Ruala hatte (a. a. O. 16f.; CURTISS war nur zwei Tage mit den Ruala zusammen, als sie sich im Sommer im Haurangebiet aufhielten; vgl. CURTISS, Ursemitische Religion 34), und obwohl MUSIL immer die Deutung aufrechterhalten hat, daß *Abu-d-d(u)hūr* nichts anderes bedeutet als die heilige Kamelsänfte. MORGENSTERNS Stellungnahme scheint methodisch nicht gerechtfertigt zu sein. Allerdings zitiert CURTISS (Ursemitische Religion, S. xv) einen Vers, der für die personale Deutung spricht (vgl. MORGENSTERN, a. a. O. 7); doch konnte CURTISS nur durch Dolmetscher mit seinen Gewährsleuten verkehren, und ein Mißverständnis ist nicht ausgeschlossen. Jedenfalls wird dieses Detail nirgends bestätigt. – Ebenso anfechtbar ist, daß MORGENSTERN bei Divergenzen zwischen MUSIL und RASWAN vielfach dem letzteren recht gibt (a. a. O. 27 Anm. 44, 31–34, 38). Dabei muß er aber doch feststellen, daß in der Wiedergabe bestimmter Traditionen RASWANS Angaben irrig sind (a. a. O, 35–38. bes. 36f.), und schreibt über ihn sogar: «Occasionally the author seems to distort matters slightly and even to draw somewhat upon his very fertile imagination in striving for romantic effect». (a. a. O. 31; vgl. auch 36, 38). Wie er trotzdem daran festhalten kann, daß bei einem «thrilling account» RASWAN als zuverlässiger Augenzeuge berichtet (a. a. O. 38), und daß «in the main his picture is unquestionably authentic» (a. a. O. 31), ist schwer verständlich.

[76] Vgl. WERNER CASKEL in: Le antiche divinità semitiche. Studi di J. BOTTÉRO, M. J. DAHOOD, W. CASKEL, raccolti da SABATINO MOSCATI (Studi Semitici 1, Roma 1958) 104f.; dazu die Erörterung bei HENNINGER, La religion bédouine ancienne (oben Nr. 1), 121 mit Anm. 28, 131–133.

kehrten Vorgang [77]: Kultformen aus vorislamischer Volksreligion, wie Wallfahrten, Tieropfer, Gelübde sind in den Kult der islamischen Heiligen eingedrungen. Der Ahnenkult paßt sehr gut in die (schon vorislamische) Stammesstruktur und die ganze damit verknüpfte Mentalität hinein (siehe unten S. 314). Außerdem ist es ja auch nicht so, daß der Ahnenkult *nur* für die Neuzeit bezeugt wäre. Die vorislamische Dokumentation ist zwar dürftig, doch reicht sie aus, um seine Existenz zu beweisen. Ebenso kann sich für [314] das Mittelalter unsere Kenntnis der volkstümlichen Nomadenreligion nicht auf so reichhaltige Berichte stützen wie in der Neuzeit, aber das Fortleben solcher Bräuche während des Mittelalters ist doch bezeugt [78]. An der Existenz eines *vorislamischen* Ahnenkultus in Arabien kann also kein Zweifel sein.

2. Viel schwieriger ist es freilich, diesen vorislamischen Ahnenkult in seinem Wesen, seinen konkreten Erscheinungsformen, den zugrundeliegenden Glaubensanschauungen und seiner *Funktion im Kulturganzen* zu erfassen; hier lassen uns eben die Quellen meist im Stich, und die Gefahr besteht, daß diese Lücken durch reine Analogieschlüsse und Spekulationen ausgefüllt werden. Manche Funktionen des Ahnenkultes, wie sie aus anderen Kulturen bekannt sind (siehe Anm. 1), z.B. seine Beziehung zur Fruchtbarkeit des Bodens, haben in einer Hirten-Nomadenkultur keinen «Sitz im Leben». Auch eine Begründung der Ethik aus der Beziehung zu den Ahnen läßt sich nicht nachweisen. (Freilich besteht die Möglichkeit, daß das vorislamische ethische Ideal der *muruwwa* [79] die säkularisierte Spätform einer früher religiös begründeten Ethik darstellt – aber beweisen läßt sich das nicht.) J. Chelhod sicht die Begründung des Stammvaterkultus darin, daß sich im Stammvater das unpersönliche «Heilige» in besonderer Weise konzentriert; (vgl. oben Anm. 3); doch sind seine Auffassungen über die Entwicklung der vorislamischen Religion zu schematisch [80]. Eher kann

---

[77] Für ein Hervorgehen des Heiligenkultes aus dem Ahnenkult spricht sich schon A. Lods aus (siehe oben Anm. 2, a. a. O. II 101f., 127); allerdings ist seine Argumentation etwas summarisch.

[78] Ein Beispiel aus dem Neǧd im 15. Jahrhundert siehe bei Oppenheim und Caskel, Die Beduinen III (1952) 23 Anm. 1.

[79] Zum vorislamischen Begriff der *muruwwa* siehe die grundlegenden Ausführungen von Goldziher: Muruwwa und Dîn, in: Studien I (1889) 1–39; vgl. auch ebd. II (1890) 319–322; ferner William Montgomery Watt, Muhammed at Mecca (Oxford 1953) 20–33; Henninger, La religion bédouine ancienne (oben Nr. 1) 126 mit Anm. 50. [ ]

[80] Siehe J. Henninger, Deux études récentes sur l'Arabie préislamique. Anth 58 (1963) 437–476, bes. 450–458. – Chelhod, Structures du sacré, konnte dort noch nicht behandelt werden; ich behalte mir vor, an anderer Stelle darauf zurückzukommen. [ ]

man daran denken, daß Unterschiede in der *sozialen Stellung* auch auf die Vorstellungen von den Toten und das Verhältnis zu ihnen einwirkten. Deshalb kann man m.E. bei den vorislamischen Arabern nicht von einem allgemeinen Totenkult sprechen, sondern eher von Totenpflege, Totenfürsorge, die sich den Toten als hilfsbedürftigen Wesen zuwendet [81]. Nur einzelne, ganz [315] besonders hervorragende Persönlichkeiten wurden nach ihrem Tode als so mächtige Wesen angesehen, daß ihnen ein regelrechter Kult, eine auf Anerkennung ihrer überlegenen Macht beruhende Verehrung erwiesen wurde [82]. In diese Kategorie gehörten hervorragende Krieger, Stammeshäupter, und vor allem der Stammesgründer, der heros eponymos [83].

---

[81] Zum Unterschied von Totenpflege (ministration and aid) und Totenkult (worship) siehe W. CROOKE, ERE I (1908) 426b–428b; G. MARGOLIOUTH, ebd. 439a–b; LAGRANGE (wie oben Anm. 2); HEDWIG JAHNOW, Das hebräische Leichenlied im Rahmen der Völkerdichtung (Gießen 1923) 34f.; HENNINGER, La religion bédouine ancienne (oben, Nr. 1) 130f. Nicht als Totenkult, sondern als Totenfürsorge werden die arabischen Fakta auch aufgefaßt von WELLHAUSEN, Reste 183; TH. NÖLDEKE, ERE I (1908) 672b (im Artikel: Arabs, Ancient); BUHL, Das Leben Muhammeds 89f.; ANDRÉ PARROT, RHR 114 (1936) 91. Gegenteilige Behauptungen (die den Toten im allgemeinen übermenschliche Macht zuschreiben und sie als Empfänger eines wirklichen Kultes hinstellen) beruhen meist nur auf Analogieschlüssen.

ADA THOMSEN, ARW 12 (1909) 488f. übt Kritik an WELLHAUSEN, Reste 183, faßt aber den Begriff des Totenkultes wohl zu weit. [ ]

[82] Über den Kult einzelner hervorragender Toter (Stammväter, anderer Vorfahren, Heroen) im vorislamischen Arabien siehe oben Anm. 3, 6–14; vgl. besonders LAMMENS, L'Arabie Occidentale 169, 176f.; auch TOR ANDRAE, Der Ursprung des Islams und das Christentum (Uppsala und Stockholm 1926) 156. – Zu den angeblichen Menschenopfern im Totenkult siehe die kritische Untersuchung der Belege bei HENNINGER, Anth 53 (1958) 749–752 mit Anm. 90–106. 801.

[83] Hier kann man im wesentlichen der Formulierung von CHELHOD zustimmen: «Même dans le semblant de culte qu'il [sc. le Bédouin] voue à son ancêtre, on ne saurait discerner un véritable acte d'adoration ... Rien de plus incompatible en effet avec la mentalité nomade que la divinisation d'un être humain. L'ancêtre n'était à ses yeux ni un dieu, ni le fils d'un dieu, mais un homme qui, de son vivant, avait fait preuve de qualités supérieures (physiques et morales), attestant ainsi la profusion du sacré en lui. La mort a simplement auréolé, porté à un plus haut degré ce que la société avait déjà respecté: la digne figure patriarcale d'un chef nomade». (Structures du sacré 68f.). Die Worte «attestant ainsi la profusion du sacré en lui» können dabei m.E. ganz gut wegbleiben. Über die innere Begründung des Stammvaterkultes und sein späteres Zurückweichen vor dem Kult der Lokalgottheit bei den Seßhaften nach CHELHODS Ansicht vgl. CHELHOD, Sociologie 78f., 93, 180f. und die übrigen oben Anm. 3 zitierten Texte. Besonders ist er bestrebt, für den heros eponymos auch den Charakter eines Kulturheros nachzuweisen, auf den der Mythos soziale und religiöse Institutionen zurückführt; vgl. darüber jetzt: Structures du sacré 115–146 passim, und Index s.v. Héros

3. Bei der Dürftigkeit unserer Quellen über das vorislamische Arabien kann man sich fragen, ob nicht durch einen Vergleich mit den *anderen semitischen Völkern* neue Erkenntnisse zu gewinnen wären. Doch ist die Deutung des Materials – es handelt sich hauptsächlich um Babylonier und Hebräer (siehe oben Anm. 2) – stark umstritten. W. CROOKE kam seinerzeit zu dem durchaus negativen Urteil: «In the Semitic sphere the evidence for [316] its existence [sc. ancestor-worship] is inconclusive» [84]. Dieses Urteil ist freilich hyperkritisch, denn für die Araber läßt sich ein solcher Nachweis doch führen, wie aus dem Vorstehenden hervorgeht; es trifft aber insofern zu, als sich keine Schlüsse auf einen gemeinsemitischen Zustand vor der Abspaltung der semitischen Einzelvölker ziehen lassen [85]. W. F. ALBRIGHT hat es neuerdings unternommen, den Kult an den kanaanäischen Höhenheiligtümern auf Verehrung von Ahnengräbern zurückzuführen [86]; doch ist dieser Komplex von agrarischen Elementen durchsetzt und vielleicht vorsemitisch.

4. Schließlich kommt man auch auf die Frage, wie weit es sich beim Ahnenkult um *ursprünglich als menschlich aufgefasste* (und nachträglich irgendwie vergöttlichte) *Stammesbegründer* und wie weit um *nachträglich vermenschlichte Stammesgötter* handelt. Bekanntlich hat ja W. R. SMITH die älteste Form der semitischen Religion im Glauben an einen Stammesgott, mit dem der Stamm physisch blutsverwandt ist, sehen wollen [87].

---

civilisateur. Zu seinen früheren einschlägigen Ausführungen, die dort teilweise wiederholt werden, vgl. meine kritischen Bemerkungen: Anth 58 (1963) 446 Anm. 3. Zweifellos liegen manche Einzelheiten vor, die in diesem Sinne gedeutet werden können, so in den Traditionen über Quṣaiy (siehe oben Anm. 14 und 15); diese haben aber nicht nomadischen, sondern ausgesprochen städtischen Charakter. (Noch fraglicher ist, ob in den islamischen Erzählungen über Abraham als Gründer der Ka'ba ein bodenständiger vorislamischer Kern enthalten ist, demgegenüber der Einfluß jüdischer Tradition nur eine sekundäre Rolle spielt). So scheint die Gleichsetzung von heros eponymos und Kulturheros nicht ausreichend begründet zu sein.

[84] ERE I (1908) 426b.

[85] Allgemeines darüber siehe in dem Sammelband: Le antiche divinità semitiche (siehe oben Anm. 76): dazu JEAN STARCKY, RB 67 (1960) 269–276; J. HENNINGER, Anth 55 (1960) 906–908. Grundsätzliches zum Begriff des Polytheismus, der von A. BRELICH für die semitische Frühzeit abgelehnt wird (Le antiche divinità semitiche, 135–140), siehe: A. BRELICH, Der Polytheismus. Numen 7 (1960) 123–136.

[86] W. F. ALBRIGHT, The High Place in Ancient Palestine. SVT 4 (1957) 242–258; Inhaltsangabe: Anth 54 (1959) 993.

[87] Vgl. SMITH, Lectures on the Religion of the Semites ([3]1927) 28–83, 318–320; dazu auch A. S. COOK, ebd. 509–512, 544–548; SMITH, Kinship and Marriage ([2]1907) 19f. Kurz zusammenfassend: W. CROOKE, ERE I (1908) 425a; jetzt auch CHELHOD, Structures du sacré 203 mit Anm. 4 (mit Fortsetzung auf S. 204).

Gegen diese Theorie ist manches zu sagen [88], sie ist aber neuerdings, mit gewissen Ein- [317] schränkungen, wieder von J. LECERF vertreten worden [89]. Möglicherweise liegt in manchen Fällen eine nachträgliche «Euhemerisierung», Umdeutung von Gottheiten in menschliche Ahnen vor, doch sicher nicht so allgemein, wie W. R. SMITH annahm.

5. An letzter Stelle käme noch die Frage, ob der semitische Ahnenkult schon ursprünglich etwas typisch *Hirtenkulturliches* ist, oder ob er vielmehr in einer *Ackerbaukultur* wurzelt, von der die Nomadenkultur nur einen Ableger darstellt. Die neueren Auffassungen gehen ja mehr und mehr dahin, im Vollnomadismus (jedenfalls im Vollnomadismus der Kamelzüchter) eine jüngere, nicht gemeinsemitische Erscheinung zu sehen [90]. Die älteren Semiten sind eher kleinviehzüchtende Halbnomaden mit dem Esel als Transporttier gewesen; vielleicht enthielt ihre Kultur sogar auch eine Ackerbau-Komponente [91]. All das wäre auch zu berücksichtigen, wenn man die Entstehung des Ahnenkultes erklären will. So muß diese kleine Arbeit mit verschiedenen offenen Fragen schließen.

---

[88] Grundsätzliche Kritik an dieser Theorie schon bei VINC. ZAPLETAL, Der Totemismus und die Religion Israels (Freiburg/Schweiz 1901) 93–98; LAGRANGE, Etudes sur les religions sémitiques (1905) 110–118. Über das Bild der ältesten semitischen Religion, wie es sich jetzt aus den Dokumenten ergibt, siehe: Le antiche divinità semitiche (wie oben Anm. 76), bes. die abschließenden Bemerkungen von S. MOSCATI (a. a. O. 119–135) und A. BRELICH (a. a. O. 135–140); speziell über Stammes- und Nationalgottheiten: MOSCATI, a. a. O. 134 f. – Zum totemistischen Aspekt der Theorie von W. R. SMITH siehe J. HENNINGER, Über das Problem des Totemismus bei den Semiten: WVM 10 (1962) 1–16 (siehe ArV, Nr. 26). Auch JEAN LECERF, der SMITHS Auffassung eher positiv gegenübersteht (vgl. unten Anm. 89), ist doch reservierter, was die totemistische Theorie angeht; siehe Arabica 3 (1956) 45–50.

[89] JEAN LECERF, Arabica 3 (1956) 42–45.

[90] Näheres in meinem Artikel Zum frühsemitischen Nomadentum, der 1967 in Budapest in einem Sammelwerk über eurasiatisches Nomadentum erscheinen wird. [ ]

[91] Vgl. ARO JUSSI, Gemeinsemitische Ackerbauterminologie. ZDMG 113 (1963) 471-480; Inhaltsangabe: Anth 59 (1964) 647. [ ]

Anm. 3 (2. Abschnitt, Z. 10): RUDI PARET, Der Koran. Übersetzung (Stuttgart 1962) übersetzt diese Stelle (nach seiner Zählung Vers 200): «Und wenn ihr eure Riten *(manāsik)* vollzogen habt, dann gedenket Gottes, wie ihr eurer Väter gedenkt, oder noch inniger!» In seinem Kommentar (Der Koran. Kommentar und Konkordanz [Stuttgart 1966] 43) bemerkt er zu dieser Stelle: «Der Sinn des Vergleichs ist nicht recht klar. Vielleicht wird auf die altarabische Sitte angespielt, Macht und Ansehen der Väter und Vorväter zu rühmen.» Nach dieser Deutung wäre von Ahnen*kult* nicht die Rede. In seinen «Weiteren Verbesserungen zu meiner Koranübersetzung» (Stuttgart 1975) stellt er eine andere Übersetzung zur Diskussion: «wie ihr eurer Väter gedenkt – Oder: so wie ihr (bisher) eurer Väter gedachtet» und erwähnt auch die hier angegebene Stelle aus W. CASKEL (1966, I 24): «W. Caskel ... verweist auf einen Ahnenstolz und den Rest eines Ahnenkultes, der bis ins 19. Jahrhundert bestanden hat», ohne diese Interpretation in Frage zu stellen.

Anm. 7: In einem Brief vom 15.10.1965 macht Herr Prof. ERWIN GRÄF mich auch aufmerksam auf die Totenstele *(nfs)* im westsemitischen Bereich; er bemerkt dazu: «Wenn sie auch nicht genuin beduinisch ist, diente sie doch sicher den Beduinen als Anschauungsmaterial.» Vgl. dazu RENÉ DUSSAUD, La pénétration des Arabes en Syrie avant l'Islam (Paris 1955) 31–37 (unter der Überschrift: Le culte et le rituel à Pétra) und die dort zitierte Literatur.

Anm. 12: Über die Sitte, Steine auf ein Grab zu legen, bei Ṣafā-Arabern siehe MARIA HÖFNER, Die vorislamischen Religionen Arabiens (RdM 10/2, Stuttgart 1970) 387. – Wie weit das Verständnis für den ursprünglichen Sinn des Steinewerfens auf ein Grab schon verlorengegangen ist, beweisen die Informationen, die J. CHELHOD 1962 von seinen Gewährsmännern im Negev erhielt. Die Tiyāha betrachten al-ʿAmri als ihren Ahnherrn, aber «... plutôt que d'honorer ce dernier et l'invoquer dans les difficultés, comme il est coutume de le faire dans le désert, l'emplacement présumé de sa tombe est un *rajm* [*rağm*], un lieu de lapidation. Lui-même est considéré comme *Iblîs*, Satan, et son nom n'est presque jamais prononcé sans qu'on emploie aussitôt une formule de conjuration. Aux dires de mes informateurs, il aurait commis l'inceste.» (JSA 35 [1965] 384 f.)

Anm. 13: Allerdings wird jetzt in Zweifel gezogen, ob alle mit ʿAbd zusammengesetzten Namen wirklich theophore Namen sind; siehe: La religion bédouine préislamique (oben Nr. 1), Addendum zu note 50.

Anm. 14: Über Quṣaiy siehe jetzt auch TOUFIC FAHD, La divination arabe (Strasbourg 1966) 121–124. Der in Mekka verehrte Gott *Hubal* ist nach TOUFIC FAHD, Le panthéon de l'Arabie centrale à la veille de l'hégire (Paris 1968) 99–101, wahrscheinlich ein vergöttlichter Ahnherr der Muḍar-Stämme, nämlich Hâbil, der biblische Abel; die von FAHD angeführten Argumente sind aber wenig vertrauenerweckend (vgl. dazu ZAYADINE, JA 257 [1969] 171). – Vgl. auch: DIANA KIRKBRIDE, Ancient Arabian Ancestor Idols. Archaeology 22 (1969) 116–121, 188–195 (interessante Kombination archäologischer Funde – Ausgrabungen in Risqeh, Jordanien, im alten Midian – mit den bei IBN AL-KALBĪ wiedergegebenen Überlieferungen und seiner Theorie über den Ursprung des Idolkultes aus dem Ahnenkult im vorislamischen Arabien). – Den Hinweis auf den Artikel von D. KIRKBRIDE verdanke ich P. Dr. JOH. MARINGER, Anthropos-Institut.

Anm. 21: Vgl. auch EMANUEL MARX, Bedouin of the Negev (Manchester 1967) 234 mit Anm. 1; ferner ebd. 186–193, 235f.

Anm. 38: Vgl. jetzt J. HENNINGER, Les fêtes de printemps chez les Sémites et la Pâque israélite (Paris 1975) 27–36.

Anm. 79: Vgl. jetzt auch die beiden Bücher von T. IZUTSU (siehe: La religion bédouine préislamique, oben Nr. 1, Addenda zu note 50 und note 100).

Anm. 80: Siehe jetzt die Rezension dieses Buches von J. HENNINGER, Der Islam 43 (1967) 302–304; ferner HENNINGER, DBS IX (1975), col. 461–467 passim (im Artikel: Pureté et impureté).

Anm. 81: Nach BERNHARD ANKERMANN, Totenkult und Seelenglaube bei afrikanischen Völkern (ZfE 50 [1918] 89–153. bes. 136f.) wäre dort die, auf sozialen Motiven beruhende, Ahnenverehrung älter als der allgemeine Totenkult. Was auch immer von der chronologischen Ordnung der Phänomene zu halten ist, jedenfalls sind hier Parallelen zwischen Afrika und dem vorislamischen Arabien festzustellen (Vorkommen von Ahnenkult ohne allgemeinen Totenkult).

Anm. 90: Siehe jetzt: J. HENNINGER, Zum frühsemitischen Nomadentum, in: Viehwirtschaft und Hirtenkultur. Ethnographische Studien, herausgegeben von L. FÖLDES (Budapest 1969) 33–68, bes. 53–61.

Anm. 91: Vgl. jetzt J. HENNINGER, Über Lebensraum und Lebensformen der Frühsemiten (Köln und Opladen 1968), bes. 30–34, 44–48.

6

LE SACRIFICE CHEZ LES ARABES*[1]

(1948)

Dédié au professeur Dr Wilhelm Schmidt à l'occasion de son 80e anniversaire, le 16 février 1948

---

* [Afin d'adoucir la forme trop concise de cet article, nous avons maintenant ajouté les notes 4 à 19, 21 et 22, contenant des références basées sur des travaux publiés après 1948. De cette façon, les notes 4 et 5 de l'article original sont devenues les notes 20 et 23.]

[1] Le présent article est le résumé d'une étude du même auteur, intitulée: «Das Opfer bei den Arabern. Eine religionsgeschichtliche Studie», et comprenant environ 450 pages manuscrites. Les références détaillées se trouvent dans ce travail, qui n'a pas encore été publié. L'extrait qu'on va lire est destiné à fournir un premier aperçu des résultats auxquels l'auteur est parvenu. – Pour la revision du texte français de cet article, nous sommes redevable au R. P. Th. Deman, professeur à l'Université de Fribourg (Suisse).

Introduction

En histoire comparée des religions, on déplorera toujours que nous soyons si peu renseignés sur la religion préislamique des Arabes. J. WELLHAUSEN a eu raison d'intituler le livre qu'il publia sur ce sujet: «*Restes* de la gentilité arabe» [2]. Et cependant les Arabes précisément, le seul peuple sémitique dont une partie considérable soit restée jusqu'à présent à l'état de nomades pasteurs, seraient d'une extrême importance comme trait d'union entre les peuples pasteurs de l'Asie centrale et de l'Afrique orientale. Il vaut donc bien la peine d'approfondir autant que possible nos connaissances sur la religion arabe préislamique. Les témoignages directs étant trop peu nombreux – si l'on excepte les hautes civilisations de l'Arabie du Sud, très différentes cependant de la civilisation nomade de l'Arabie centrale et septentrionale [3] – il faut étudier avec d'autant plus de soin les survivances de l'ancienne religion dans les coutumes populaires d'aujourd'hui. L'étude du sacrifice se prête bien à de telles recherches: dans le passage d'une religion à l'autre en effet, les rites, les formes extérieures du culte changent moins vite que les croyances. Ainsi qu'on le verra, ce principe se vérifie dans le monde arabo-islamique.

L'*Islam officiel* ne connaît pas de sacrifice proprement dit. Il y a des immolations de caractère religieux, mais on les interprète autrement, par exemple comme des aumônes, parce que la viande de l'animal est ensuite donnée aux pauvres. En réalité, ce sont là des survivances de l'ancien rituel païen auxquelles on a donné une autre signification [4], et dans la religion populaire ces survivances sont encore plus nombreuses et moins déguisées que dans l'Islam officiel.

[3] Nous parlons de sacrifice quand il s'agit de l'oblation d'un objet visible à un être surhumain. Cette définition a besoin d'être encore précisée; ces précisions toutefois ne seront données qu'à la fin de l'article, les faits ayant été d'abord exposés pour eux-mêmes. Notons pour le moment que des immolations sans destinataire personnel ne sont pas de sacrifices proprement dits, mais autre chose, par exemple des actions magiques [5]. Dans

---

[2] J. WELLHAUSEN, Reste arabischen Heidentums. [1]Berlin 1887; [2]1897 (nouvelle impression: Berlin-Leipzig 1927).

[3] Cf. J. HENNINGER, Das Opfer in den altsüdarabischen Hochkulturen. Anth 37/40 (1942/45) 779–810 [voir plus bas, nº 7].

[4] [Cf. J. HENNINGER, Anth 58 (1963) 458–464: Notion du sacrifice préislamique; pp. 465–467: Persistance du sacrifice dans l'Islam officiel (dans l'article: Deux études récentes sur l'Arabie préislamique, l. c., pp. 437–476).]

[5] [Pour la question de savoir si (et dans quelle mesure) le sacrifice peut avoir le

beaucoup de cas, les relations trop peu détaillées ne permettent pas de classer les faits avec une certitude suffisante. Ces cas douteux sont à traiter avec réserve, surtout parce que les immolations profanes sont, elles aussi, souvent accompagnées de formules religieuses. La chose va si loin qu'on a pu énoncer en boutade que: «Chez les Sémites, toute boucherie est rituelle.» Souvent des immolations ou des repas aujourd'hui profanes sont des survivances d'anciens sacrifices, mais on ne peut toujours l'établir avec certitude.

Première partie: Le sacrifice chez les Arabes d'aujourd'hui

1. Matière

Presque toujours on offre des animaux, non pas du gibier, mais des *animaux domestiques*. Chez les grands nomades, les vrais bédouins de l'intérieur de la péninsule arabe, le chameau est la victime préférée. Chez les demibédouins des régions limitrophes et les sédentaires, le petit bétail, moutons et chèvres, dans quelques régions aussi le bœuf, ont plus d'importance. Le sacrifice de sept brebis est considéré comme équivalent à celui d'un chameau ou d'un bœuf. En général, on est entièrement libre de choisir entre grand et petit bétail. Les sédentaires offrent aussi de la volaille, des poules et (plus rarement) des colombes [6]. Le cheval et les animaux censés impurs, comme le porc et le chien, sont exclus de ces offrandes [7].

Quant aux qualités de la victime, il n'y a pas de règle fixe sur le sexe ou l'âge. Quand la couleur est mentionnée, on reconnaît une [4] certaine préférence pour des animaux blancs; quand il s'agit d'immolations à caractère apotropaïque (qui peut-être ne sont pas de vrais sacrifices, mais des rites magiques) quelquefois, mais non toujours, la couleur noire est obligatoire. Il y a donc beaucoup de liberté dans le choix d'une victime; cependant, il faut absolument qu'elle soit saine et sans défaut.

---

caractère d'une action magique, cf. ALFRED BERTHOLET, Der Sinn des kultischen Opfers (APAW, 1942, Nr. 2. Berlin 1942) et la critique, assez sévère, de ce travail par WILHELM SCHMIDT, Anth 37/40 (1942/45, publié en 1946/47) 375–379; voir aussi J. HENNINGER, Anth 58 (1963) 461–464.]

[6] [Cf. J. HENNINGER, Über Huhnopfer und Verwandtes in Arabien und seinen Randgebieten. Anth 41/44 (1946/49) 337–346.]

[7] [Sur l'impureté du porc et du chien chez les Arabes (et les autres Sémites) voir maintenant J. HENNINGER, DBS, tome IX, fasc. 49–50 A (Paris 1975), col. 476–482, 484–485 (dans l'article: Pureté et impureté. I. Histoire des religions, l. c., col. 398–491).]

Outre ces sacrifices sanglants, il y a aussi des *sacrifices non sanglants*. On offre des produits de l'élevage, de l'agriculture et de l'horticulture, surtout quand il s'agit de prémices. En ce cas, les matières de l'offrande sont: le lait, le beurre, les céréales non moulus (froment ou orge), des gâteaux, de la bouillie de gruau. Dans les régions limitrophes, l'huile est très souvent matière de sacrifice; elle ne sert pas toujours à entretenir une lampe, mais quelquefois elle est répandue devant la porte d'un sanctuaire ou sur une pierre sacrée. Quant aux libations, le lait a déjà été nommé. Les boissons fermentées sont exclues, parce que défendues par l'Islam, mais il y a des libations de café. Quelquefois on brûle de l'encens ou d'autres matières aromatiques, soit séparément, soit pour accompagner un sacrifice sanglant.

Nous ne parlons pas des *ex-voto* qui peuvent être des objets d'espèces très différentes ni de l'offrande de la propre chevelure. Peut-être celle-ci a-t-elle aussi le caractère d'un don remplaçant la personne humaine, donc d'un vrai sacrifice, mais la question est trop compliquée pour être traitée dans le cadre de ce bref article.

Une chose résulte clairement de l'exposé précédent: c'est que la matière du sacrifice consiste presque toujours en aliments destinés à la nourriture de l'homme.

2. *Rite*

Comme il est de règle dans toute la vie religieuse des bédouins, les formes du sacrifice restent assez indéterminées. Chez les grands nomades, le rituel est très simple; dans les régions limitrophes, certains détails ont été réglés plus exactement par la coutume, sans [5] que l'on verse néanmoins dans la rigidité. On comprend aisément que le rituel ne puisse être trop compliqué: car il n'y a pas de classe sacerdotale, mais chacun peut sacrifier, n'importe où et n'importe quand.

Il n'y a pas d'autel proprement dit. Il y a cependant certains *lieux de sacrifice préférés,* principalement dans les régions limitrophes: tels les tombeaux d'ancêtres ou de saints, les pierres et les arbres sacrées, le seuil de certains sanctuaires ou aussi, pour quelques catégories de sacrifices, le seuil de simples maisons privées. Chez les nomades, ces lieux sacrés n'existent pas du tout, ou ils n'ont que peu d'importance. Dans la tribu des Rouala, on offre des sacrifices chaque année devant la litière sacrée, disposée sur le dos d'un chameau, qui est le vestige d'un sanctuaire transportable.

Quelquefois la victime est déjà choisie un certain temps avant le sacrifice; elle est marquée (par exemple on lui coupe le bout d'une oreille), puis parée. Quand tout est prêt pour l'immolation, la tête de l'animal est tournée vers la Mecque, quelquefois aussi vers un sanctuaire local voisin ou vers l'est. Dans cette position, on lui coupe la gorge et on fait écouler le sang soit par terre soit dans un vase pour le cas où il doit encore servir à des aspersions ou des onctions. Ces *utilisations du sang sacrificiel* sont très fréquentes. Pour honorer soit les objets sacrés soit leurs possesseurs, on asperge de sang les tombeaux des ancêtres et des saints, les pierres et les arbres sacrés, le seuil, les montants de porte et les murs des sanctuaires. En gage de bénédiction et de protection, on asperge ou l'on oint de sang le sacrificateur, les membres de sa famille et d'autres assistants; le sang est pareillement appliqué aux animaux domestiques, à la tente ou à la maison, aux champs, aux murs d'un puits, etc.

Ces rites terminés, la chair de l'animal tué est servi dans un *repas commun,* sauf le cas de quelques sacrifices d'un caractère spécial où l'animal est enfoui ou bien abandonné aux bêtes sauvages et aux oiseaux; mais on ne le brûle jamais. En général c'est le sacrificateur avec sa famille qui mange cette viande, mais on y invite aussi des assistants, des passants, surtout des pauvres. Quelquefois il faut donner [6] toute la viande aux pauvres sans se réserver la plus petite partie; peut-être cette coutume est-elle due à l'influence de l'Islam qui a remplacé l'idée du sacrifice par celle de l'aumône. – Dans certains sacrifices, il est défendu de briser les os de l'animal [8].

Jusqu'ici, nous avons parlé des sacrifices sanglants. Le rite des sacrifices non sanglants est encore plus simple, et il a déjà été indiqué plus haut; on pourrait seulement ajouter que le beurre sert quelquefois à oindre des objets sacrés, comme le sang.

3. Occasions et fin

Il y a des *occasions ordinaires* et extraordinaires. Parmi les occasions qui se repètent *chaque année* il faut surtout mentionner le sacrifice pour les morts. Il a lieu partout en Arabie le 10 du mois *D̠u'l-Ḥiǧǧa,* le mois du pèlerinage, le même jour que les grandes immolations à la montagne d'ʿArafa, près de la Mecque. En général, les fêtes spécifiquement musulmanes, par exemple la fin du Ramaḍān, mois de jeûne, n'ont pas grande importance dans la vie religieuse des Bédouins. Au contraire, les anniversaires des saints musulmans et des ancêtres sont l'occasion de nombreux sacrifices, offerts par les pèlerins qui se rendent en foule auprès de leurs tombeaux. Il est assez

---

[8] [Cf. J. Henninger, Les fêtes de printemps chez les Sémites et la Pâque israélite (Paris 1975), pp. 147–157, et les références y citées.]

probable qu'il s'agit là, en beaucoup de cas, de *fêtes* primitivement *saisonnières,* par exemple de fêtes printanières dans lesquelles on offrait les prémices de l'élevage (le premier lait, le premier beurre, les premiers-nés des troupeaux), ce qui se fait encore aujourd'hui, mais pas toujours à date fixe [9].

Toute la vie pareillement, de la naissance jusqu'à la mort, est accompagnée de sacrifices. La naissance d'un enfant, surtout d'un garçon, et la première coupe de ses cheveux sont célébrées par des sacrifices, ainsi que les actes les plus importants de la vie, comme la circoncision et le mariage. En Palestine et dans les régions avoisinantes, il faut immoler des victimes quand une maison est construite, pour apaiser les esprits qui habitent dans le sol et qui sont dérangés par cette construction. Enfin, la mort, les funérailles et certains jours [7] déterminés après l'enterrement constituent des occasions pour d'autres sacrifices.

Parmi les *sacrifices extraordinaires,* non liés à certaines périodes de l'année et de la vie, les plus fréquents sont ceux qu'on offre lors d'une maladie soit des hommes soit des animaux domestiques. Quelquefois on fait des vœux qu'on accomplit après la guérison, quelquefois l'immolation a lieu immédiatement, et le malade est oint ou aspergé du sang de la victime. Du reste, les vœux sont un moyen auquel on a recours très fréquemment dans les nécessités les plus diverses, pour écarter de soi-même, de sa famille, de sa maison ou de sa tente, de ses champs et de son bétail des maux présents ou futurs.

En outre, dans la vie de famille et dans la vie sociale des grandes communautés de la tribu ou du village, il y a encore beaucoup d'occasions de sacrifice que nous ne pouvons énumérer ici en détail.

Il y a relativement peu de chose à dire sur la *fin des sacrifices.* La plupart sont des sacrifices de demande. D'ordinaire, le sacrifice votif est en même temps sacrifice de demande et d'action de grâces; le vœu comme tel a la valeur d'une demande, et son accomplissement après qu'on a été exaucé a le caractère d'un sacrifice d'action de grâce. Il y a en outre des sacrifices d'action de grâces sans vœu préalable. Y-a-t-il des sacrifices expiatoires? On peut en douter pour la raison que la notion de péché est quelquefois trop peu claire. Ce qu'on désigne parfois comme «sacrifice expiatoire» serait rendu plus justement par «sacrifice de rachat»; il s'agit, en beaucoup de cas, simplement d'écarter un mal physique, sans se demander si celui-ci est causé ou non par une offense morale.

---

[9] [Cf. J. Henninger, Les fêtes de printemps, pp. 27–36.]

4. *Le sacrificateur*

Il n'existe pas une classe spéciale de prêtres dans les sociétés arabes. Quelques auteurs, il est vrai, parlent des «prêtres» de tel et tel sanctuaire en Syrie et en Palestine, mais il faudrait plutôt les appeler «desservants» ou «gardiens» du sanctuaire, car eux-mêmes, en général, [8] n'offrent pas le sacrifice. D'ordinaire, chaque individu immole sa propre victime (entendons chaque homme: car il est interdit aux femmes d'offrir des sacrifices, sauf quelques exceptions très rares). Bien qu'en principe chaque homme soit autorisé à sacrifier, on préfère choisir à certaines occasions (sacrifices communs d'une tribu ou d'un autre groupe) un homme qui occupe un rang social plus élevé, par exemple le cheikh ou le chef d'une expédition militaire.

5. *Les destinataires*

Souvent nos sources ne précisent pas à qui tel ou tel sacrifice est offert. Il n'y a pas lieu de s'en étonner, car souvent il s'agit de coutumes éteintes qui n'existent plus qu'en des formes figées, devenues incompréhensibles même à ceux qui les pratiquent. En revanche, en beaucoup d'autres cas, les prières prononcées pendant l'immolation expriment clairement les destinataires.

De ceux-là, une première classe est constituée par les esprits de la nature *(ğinn)* qui habitent ou peuvent habiter un peu partout, mais surtout dans le sol, dans les cavernes, dans les puits, près du seuil de la porte, etc. La croyance à de tels esprits est répandue parmi les Bédouins et les sédentaires; chez ces derniers, cependant, elle est plus développée et a plus d'influence sur le culte. – Des sacrifices aux «anges» et au «diable» sont quelquefois mentionnés: dénominations dérivées de l'Islam sous lesquelles se cachent, très probablement, des esprits de la période antéislamique [10].

Plus caractéristique pour les Bédouins est le culte des aïeux, surtout de l'ancêtre (héros éponyme) de la tribu. A côté d'autres formes de culte, il y a aussi des sacrifices en son honneur qu'on offre de préférence sur sa tombe [11]. – Plus haut, nous avons déjà mentionné les sacrifices offerts à l'occasion des funérailles et à certaines dates fixes après l'enterrement. Cependant, on ne

---

[10] [Cf. J. Henninger, Geisterglaube bei den vorislamischen Arabern. Festschrift Paul J. Schebesta zum 75. Geburtstag gewidmet (Studia Instituti Anthropos, 18. – Wien-Mödling 1963), pp. 279–316, surtout pp. 283–297. (Voir plus haut, nº 4).]

[11] [Cf. J. Henninger, Einiges über Ahnenkult bei arabischen Beduinen, dans: Der Orient in der Forschung. Festschrift für Otto Spies zum 5. April 1966 (Wiesbaden 1967), pp. 301–317, surtout pp. 305–312 (voir plus haut, nº 5).]

voit pas toujours clairement s'il s'agit de sacrifices offerts aux morts ou offerts simplement pour les morts; en d'autres termes, si les morts ordinaires sont considérés comme des êtres puissants auxquels il faut se soumettre, rendre une [9] certaine révérence, ou, au contraire, comme des êtres privés de secours, qui ont besoin de l'aide des survivants.

Le premier cas se vérifie quand il s'agit d'un saint *(walī, welī)*. Le culte des saints est beaucoup plus enraciné chez les sédentaires que chez les Bédouins. Chez ces derniers, la forme la plus notable du culte des saints consiste en ce que certains des ancêtres sont devenus des *welīs;* encore, ne le constate-t-on que dans les régions limitrophes. La liste des saints musulmans est très variée; elle comprend des personnages bibliques, par exemple Abraham, Moïse, Aaron, Elie, etc., des saints chrétiens, des personnages islamiques historiques ou légendaires, enfin aussi des divinités païennes transformées. A quelles occasions on offre à ces saints des sacrifices, nous l'avons déjà indiqué plus haut (p. 6).).

Dans la religion populaire, le culte des saints, spécialement les vœux qu'on leur fait, occupent une très grande place. Cependant, *Allāh* n'est pas tout à fait oublié, pas même dans les sacrifices qui sont entièrement étrangers à l'Islam officiel. On ne peut affirmer que ce phénomène soit toujours dû à l'influence islamique; au contraire, il est au moins probable qu'il y avait des sacrifices en l'honneur d'Allāh déjà avant l'Islam, surtout chez les Bédouins (voir plus bas, pp. 13s.).

Deuxième partie: Le sacrifice chez les Arabes avant l'Islam

Remarques préliminaires

Nos connaissances concernant la religion des Arabes préislamiques sont assez limitées, à cause des lacunes de la documentation. Les auteurs classiques, les syriaques et les byzantins nous apprennent certains détails sur cette religion, mais souvent il s'agit de la population des régions limitrophes dont la civilisation contient beaucoup d'éléments de provenance étrangère. Les auteurs arabes de la période [10] islamique sont souvent tendancieux, et dans leurs écrits l'histoire et la légende sont fortement entremêlées. Les seules sources arabes, ou presque, antérieures à l'Islam sont des poésies qui contiennent relativement peu de chose sur la religion. (Nous omettons ici les documents épigraphiques appartenant aux hautes civilisations de l'Arabie méridionale assez différentes de la civilisation du reste de la péninsule [12].) On comprend donc que la description de la religion préislamique reste assez fragmentaire, mais l'importance du sujet exige que nous tenions compte de chaque notice, si maigre soit-elle.

1. *Matière*

Ici, la concordance avec les sacrifices contemporains est assez complète de sorte qu'il suffira d'en parler brièvement. Les animaux immolés étaient des animaux domestiques, le chameau, le mouton, le bœuf, rarement des animaux sauvages (par exemple des gazelles par lesquelles certains avares remplaçaient les moutons qu'ils avaient voués). Le bœuf est mentionné plus fréquemment qu'aujourd'hui, mais la volaille jamais.

Les renseignements sur les qualités de la victime sont maigres; il est parlé quelquefois de la couleur blanche.

A côté des libations de lait qui étaient d'origine indigène en Arabie bédouine, il y avait aussi des libations de vin et d'huile, rites de provenance étrangère, comme les offrandes de farine et d'autres produits de l'agriculture.

Les *sacrifices humains* n'étaient pas inconnus, mais ils apparaissent à une époque assez tardive et sont dus à des influences des peuples nord-sémitiques [13]. L'offrande de la *chevelure* a été expliquée par quelques auteurs comme un succédané des sacrifices humains, ce qui, cependant, ne peut être vrai que dans une mesure assez restreinte. Peut-être les rites pratiqués avec les cheveux n'ont-ils pas du tout le caractère d'un sacrifice [14].

[11] 2. *Rite*

Il semble que le sacrifice n'était pas attaché à un endroit fixe; il en va de même aujourd'hui. Cependant, en général on immolait dans un lieu sacré, c.-à-d. devant une idole ou un arbre sacré. Les idoles étaient presque toujours des pierres brutes ou peu travaillées. La victime était marquée et parée

---

[12] [Cf. MARIA HÖFNER, Südarabien (Saba', Qataban u.a.), dans: Götter und Mythen im Vorderen Orient (WdM I/1. Stuttgart 1965), pp. 483–552; dies., Die vorislamischen Religionen Arabiens, dans RdM 10/2 (Stuttgart 1970), pp. 233–402, surtout pp. 237–353.]

[13] [Cf. J. HENNINGER, Menschenopfer bei den Arabern. Anth 53 (1958) 721–805, surtout 733–766, 797–803.]

[14] [Cf. J. HENNINGER, Zur Frage des Haaropfers bei den Semiten, dans: Die Wiener Schule der Völkerkunde (Horn, N.Ö. – Wien 1956), pp. 349–368 (voir plus bas, nº 10).]

quelque temps avant le sacrifice. Les formules prononcées pendant l'immolation étaient brèves. On coupait la gorge de l'animal (quelquefois aussi les tendons des pattes de derrière avant de l'égorger). Le *sang* coulait dans la fosse qui se trouvait devant la pierre sacrée, ou bien on le versait sur la pierre sacrée elle-même. Il y avait aussi des applications du sang sacrificiel à des hommes et des animaux domestiques, mais, semble-t-il, moins fréquemment qu'aujourd'hui. Il était rare qu'on bût du sang, bien que l'interdiction absolue de boire le sang n'ait été introduite que par Mahomet.

La plupart des sacrifices (sanglants) se terminaient par un *repas commun* auquel on invitait aussi des pauvres et même des gens passant par hasard. Il arrivait aussi que les animaux tués fussent abandonnés aux bêtes sauvages, mais peut-être moins fréquemment que certains auteurs ne l'ont supposé (la solution dépend de l'interprétation de quelques textes poétiques obscurs). La matière du sacrifice était très rarement brûlée.

Outre les sacrifices sanglants, on pratiquait une *consécration non sanglante.* (De cette institution quelques traces subsistent encore aujourd'hui, mais leur caractère religieux a été oublié.) Des chameaux et d'autres animaux domestiques étaient dédiés à une divinité pour exprimer la reconnaissance, motivée surtout par la fécondité du bétail. Ces animaux étaient exempts de tout travail; s'il s'agissait de chamelles, leur lait était réservé aux hôtes et aux pauvres. Quelquefois, ces animaux restaient avec le troupeau après avoir été marqués, mais très souvent on les laissait paître dans une enceinte sacrée *(ḥimā)* près d'un sanctuaire, comme propriété de la divinité, jusqu'à la mort naturelle, à moins qu'ils ne fussent tués comme victimes après un certain temps [15].

3. Occasions et fin

[12] Parmi les *occasions ordinaires,* il faut signaler les fêtes annuelles des divinités locales. Quelques-unes de ces fêtes étaient célébrées au printemps, et celles-ci très probablement étaient primitivement en rapport avec le sacrifice des prémices de l'élevage; d'autres tombaient en automne, et à ces occasions on offrait les prémices de l'agriculture [16].

---

[15] [Pour l'Arabie préislamique, cependant, nous n'avons pas de témoignage explicite que de tels animaux aient été tués comme victimes après un certain temps. – Cf. J. Henninger, Die unblutige Tierweihe der vorislamischen Araber in ethnologischer Sicht. Paideuma 4 (1950) 179–190 (voir plus bas, n° 8); J. Henninger, DBS, tome IX, fasc. 49–50 A (Paris 1975), col. 466–467.]

[16] [Cf. J. Henninger, Les fêtes de printemps (plus haut, note 8), pp. 37–50, passim.]

La première coupe des cheveux d'un garçon était l'occasion d'un sacrifice dont les témoignages sont assez fréquents; non moins riche est la documentation concernant les sacrifices pour les morts.

Parmi les *sacrifices extraordinaires,* ceux qui étaient dus à un vœu étaient très nombreux, bien que certains auteurs aient exagéré en proposant la théorie selon laquelle tous les sacrifices, ou presque, étaient de caractère votif. Du reste, il y a dans ces sacrifices extraordinaires une assez grande concordance avec les usages contemporains; de même en ce qui concerne la *fin du sacrifice.* Dans la consécration non sanglante de certains animaux, l'idée d'action de grâces se manifeste assez clairement. L'existence d'un sacrifice expiatoire au sens propre reste douteuse.

4. *Le sacrificateur*

Les «prêtres» mentionnés dans nos sources, en général descendants de familles aristocratiques, attachés à un certain sanctuaire (où ils restaient même quand la tribu émigrait et qu'une autre tribu occupait le territoire) n'étaient pas des sacrificateurs; mais chacun était autorisé à immoler sa propre victime (c'est-à-dire chaque homme, non les femmes). Dans les sacrifices communs, c'est souvent le chef de la tribu qui exerçait cette fonction. Mais la non-existence d'une classe spéciale de prêtres rappelle les conditions primitives des Sémites et de tous les autres peuples nomades pasteurs.

[13] 5. *Les destinataires*

Sur ce point, les lacunes de la documentation sont spécialement sensibles. On ne sait que peu de chose sur la nature des êtres auxquels les sacrifices étaient adressés.

Il est surprenant tout d'abord qu'on trouve si peu de témoignages concernant les sacrifices aux esprits de la nature *(ǧinn),* coutume si répandue aujourd'hui. Cependant, pour expliquer ce fait il faut noter que beaucoup d'anciennes divinités païennes ont été déclassées après la victoire de l'Islam et sont descendues au rang de démons, grossissant ainsi cette catégorie d'êtres surhumains [17].

En revanche, les sacrifices pour les morts sont fréquemment attestés. Souvent on attachait la monture du défunt près de son tombeau et on la laissait mourir de faim, ou bien on lui coupait les tendons des pattes de

---

[17] [Cf. J. HENNINGER, Geisterglaube (voir plus haut, note 10), surtout pp. 297–309.]

derrière pour l'empêcher de se sauver. A l'occasion des funérailles, on égorgeait aussi d'autres animaux, peut-être quelquefois aussi des hommes (surtout des prisonniers de guerre [18]), et on faisait des libations de vin sur la tombe. Cependant, si l'on excepte les ancêtres de la tribu et certains héros, il ne semble pas suffisamment établi qu'on regardât les morts comme des êtres puissants, surhumains. Ils apparaissent plutôt comme des êtres privés de secours, qui ont besoin de la charité des survivants. C'est pourquoi, sauf les exceptions susdites, les sacrifices pour les morts ne semblent pas exprimer un vrai culte des morts, mais plutôt une continuation des devoirs sociaux au delà de la tombe [19].

Il est hors de doute qu'il exista des sacrifices offerts aux divinités locales, les «idoles» des auteurs musulmans, mais nous sommes mal renseignés sur la nature de ces dieux. Quelquefois ils étaient des ancêtres divinisés, mais non le plus souvent. Il ne serait même pas juste de les appeler des divinités tribales, car certains d'entre eux, surtout ceux de caractère astral, étaient vénérés dans un territoire plus vaste, ainsi les trois grandes déesses *Manāt, al-Lāt et al-'Uzzā.*

Y avait-il des sacrifices à *Allāh* avant l'Islam? Il est aujourd'hui admis qu'Allāh était reconnu comme Dieu suprême en Arabie déjà [14] avant l'Islam, et le nombre des auteurs augmente qui n'y voient pas seulement un effet des influences chrétiennes et juives, mais selon qui cette idée a des racines plus anciennes en Arabie. Cependant, dans le culte Allāh jouait un rôle assez effacé, et nous n'avons pas de témoignages indubitables sur des sacrifices offerts en son honneur. Il y a des raisons toutefois de croire que dans le culte des vrais Bédouins de l'intérieur (éleveurs de chameaux) le dieu suprême Allāh avait plus d'importance que dans les régions frontières. La comparaison avec la situation religieuse de l'Arabie actuelle [20] nous

---

[18] [Selon les études que nous avons pu faire depuis lors, il faut dire que les affirmations de certains auteurs selon lesquelles on immolait aux morts des prisonniers de guerre sont au moins assez sujettes à caution, sinon dénuées de tout fondement; cf. J. HENNINGER, Anth 53 (1958) 749–753, avec les notes 90–106.]

[19] [Cf. plus haut, note 11.]

[20] Voir le jugement de l'explorateur tchèque ALOIS MUSIL: «All the inhabitants of Arabia, settlers as well as nomads, have believed and now believe in one single, personal, invisible, all-present Allâh. Among the nomads, especially the camel breeders, this monotheistic faith with its practices is reminiscent of the religion of the Old Testament patriarchs. The camel breeders know no holy places, no sacred objets, no intermediaries between man and Allâh, no forms of prayer. All nomads are Moslems but only in name; in reality they pay no heed to the precepts of Islam. It is otherwise with the settlers of the oases. Besides Allâh they worship various patron saints, have holy trees, rocks, springs, sacred groves, fixed places of worship, and, in consequence, also

induit à penser qu'en Arabie préislamique le culte des divinités locales était plus développé chez les sédentaires et les demi-bédouins des régions frontières qu'à l'intérieur de la péninsule. Aujourd'hui encore, le monothéisme est plus pur à l'intérieur que dans les régions frontières, bien que l'influence islamique y soit beaucoup plus faible. Il semble donc que nous ayons plutôt affaire dans ce cas à la survivance d'une religion plus ancienne et plus simple.

Conclusion: Le sens du sacrifice chez les Arabes

Le manque d'espace ne nous permet pas de traiter ce sujet dans toute son ampleur, mais il faut ajouter au moins quelques remarques concernant cette question. Des théories très variées sur l'origine et [15] la nature du sacrifice ont été proposées; elles ont été appliquées au sacrifice sémitique et spécialement arabe.

La théorie la plus ancienne, et jadis universellement acceptée, est celle qui regarde le sacrifice comme un don fait à la divinité, ou mieux, à n'importe quel être supérieur. Cependant, ce don peut avoir des caractères très différents: ou bien hommage à un être de puissance supérieure, qui n'a pas besoin d'un don; ou bien don de corruption, présent destiné à gagner les faveurs d'un être supérieur, mais qui en a besoin, qui se laisse corrompre: au fond, il s'agit d'un marchandage: do ut des. Sous cette dernière forme, la théorie a été propagée surtout par Edward B. Tylor qui dérivait tous les êtres supérieurs des esprits de la nature, conçus à la manière de chefs facilement accessibles à la flatterie et à la corruption.

En réaction contre cette explication, William Robertson Smith a proposé une théorie très ingénieuse, mais dont la preuve positive reste insuffisante. Selon lui, le sacrifice, surtout le sacrifice sémitique, était primitivement non un don, mais une communion totémique, le repas commun où était mangée la chair d'un animal totémique offert à la divinité tribale; dans ce repas, sacrificateurs, victime et destinataire du sacrifice étaient de la même nature.

D'autres auteurs voient l'essentiel du sacrifice dans la destruction de la victime; cette explication peut être combinée avec la théorie du don (dans ses deux formes), mais aussi avec la théorie magique selon laquelle le sacri-

---

caretakers of these places and intermediaries between the inhabitants and their holy patrons. The Moslem faith prevails in the oases, not in its orthodox purity, but for the most part in its more peculiar variations.» (Northern Neǧd [New York 1928], p. 257).

fice, sans destinataire personnel, consistait primitivement en une simple action impersonnelle ordonnée à délier des forces magiques.

Enfin, il faut mentionner les théories syncrétiques qui combinent deux ou plusieurs des opinions précédentes en attribuant au sacrifice plusieurs caractères essentiels.

Chacune de ces théories contient quelque chose de vrai, mais pour la plupart, elles pèchent par leur exclusivité et décrivent un développement chronologique du sacrifice qui ne correspond pas aux résultats acquis par l'ethnologie générale dans les dernières dizaines [16] d'années. En tenant compte de ces résultats et en analysant le sacrifice arabe à leur lumière, on arrive aux conclusions suivantes:

1. Le don-hommage est très probablement la forme la plus ancienne du sacrifice arabe, très souvent défigurée et recouverte par d'autres phénomènes, mais reconnaissable encore dans les traces qu'elle a laissées, surtout dans l'offrande des prémices [21].

2. Le don de corruption est l'idée sousjacente à beaucoup de sacrifices offerts à des esprits et à d'autres catégories d'êtres supérieurs, mais non a l'être suprême; on ne peut prouver qu'elle soit l'idée la plus primitive.

3. La destruction de la victime est très fréquente, mais elle n'est pas essentielle à tous les sacrifices.

4. La même chose est vraie du banquet sacrificiel; cependant, il faut accorder que dans la plupart des cas la communion avec la divinité est exprimée par le moyen d'un tel repas, mais il n'a aucun caractère totémique [22].

5. Des idées magiques ont influencé certaines pratiques du sacrifice arabe, mais on n'est pas autorisé à croire que le sacrifice comme tel soit dérivé de l'action magique impersonnelle.

Somme toute, le sacrifice chez les Arabes peut être décrit comme suit: l'oblation d'un objet visible (généralement symbolisée et réalisée par sa destruction) faite à un être surhumain, soit pour reconnaître sa suprématie, soit pour gagner ses faveurs, et se mettre en rapport plus étroit avec lui; ce dernier aspect de l'action est, le plus souvent, exprimé par un banquet sacrificiel [23].

---

[21] [Cf. J. Henninger, Primitialopfer und Neujahrsfest, dans: Anthropica (Studia Instituti Anthropos, 21. – St. Augustin 1968), pp. 147–189.]

[22] [Cf. J. Henninger, Über das Problem des Totemismus bei den Semiten. WVM 10 (1962) 1–16 (voir ArV, nº 26).]

[23] Les résultats acquis par cette enquête pourraient sans doute être beaucoup approfondis par une comparaison entre les Arabes et les peuples nomades pasteurs

de l'Asie centrale et septentrionale. Cependant, pour établir cette comparaison avec un plus grand succès, il vaut mieux attendre la publication des volumes IX à XIII de W. SCHMIDT, Ursprung der Gottesidee [UdG], qui s'occupent en détail de ces peuples. (Voir son article: Das Himmelsopfer bei den zentralasiatischen Pferdezüchtern. Ethnos 7 [1942], pp. 127–148, surtout pp. 127–128, sur le contenu de ces volumes non encore publiés). [Cet article de W. SCHMIDT a été réimprimé dans un volume contenant un recueil d'articles, publié à l'occasion du 10e anniversaire du décès du Père W. SCHMIDT: WILHELM SCHMIDT SVD †, Wege der Kulturen. Gesammelte Aufsätze. Herausgegeben vom Anthropos-Institut. (Studia Instituti Anthropos, Vol. 20. – St. Augustin bei Bonn 1964), pp. 243–256; voir les remarques de J. HENNINGER dans l'Introduction de ce volume, p. XXIV s. Ce qui concerne les peuples nomades de l'Asie centrale et septentrionale a été publié, dans un ordre un peu différent de celui projeté par W. SCHMIDT en 1942, dans les volumes de l'UdG IX à XII, parus de 1949 à 1955, le dernier à titre de publication posthume faite par les soins de FRITZ BORNEMANN. Dans J. HENNINGER, Les fêtes de printemps – voir plus haut, note 8 – surtout pp. 109–129, 147–157, 171–199 passim, le contenu de ces volumes a été utilisé afin de mieux comprendre les fêtes saisonnières et les rites sacrificiels arabes. Pour d'autres aspects du sacrifice, la comparaison reste encore à faire.]

7

DAS OPFER IN DEN ALTSÜDARABISCHEN HOCHKULTUREN

(1946/47)

Meinem verehrten Lehrer Professor Dr. P. WILHELM KOPPERS
gewidmet zu seinem 60. Geburtstage, 8. Februar 1946

Inhalt

Literaturverzeichnis

[780] ABBOTT, NABIA: Pre-Islamic Arab Queens. AJSL 58 (1941) 1–22.

AHRENS, KARL: Christliches im Qoran. ZDMG 84 (1930) 15–68, 148–190.

– – Muhammed als Religionsstifter. (AKM XIX/4. – Leipzig 1935).

ALTHEIM, FRANZ: Die Krise der Alten Welt im 3. Jahrhundert n. Zw. und ihre Ursachen. Mit Beiträgen von E. TRAUTMANN-NEHRING. I. Die außerrömische Welt (Berlin-Dahlem 1943).

ANDRAE, TOR: Der Ursprung des Islams und das Christentum (Uppsala und Stockholm 1926).

ANDREE, RICHARD: Die Plejaden im Mythus und in ihrer Beziehung zum Jahresbeginn und Landbau. Gl 64 (1893) 362–366.

ARENDONK, C. VAN: An Initiation Rite of the Sorcerer in Southern Arabia. (A Volume of Oriental Studies presented to EDWARD G. BROWNE on his 60th Birthday. [7th February 1922.] Edited by T. W. ARNOLD and REYNOLD A. NICHOLSON. [Cambridge 1922] 1–5.)

BARTON, GEORGE AARON: Semitic and Hamitic Origins, Social and Religious. (Philadelphia 1934).

BAUMGARTNER, WALTER: Ras Schamra und das Alte Testament. Theologische Rundschau, N. F. 12 (1940) 163–188; 13 (1941) 1–20, 85–102, 157–183.

– – Ugaritische Probleme und ihre Tragweite für das Alte Testament. TZ 3 (1947) 81–100.

BENT, THEODORE and Mrs. BENT, THEODORE: Southern Arabia (London 1900).

BLOCHET, E.: Le culte d'Aphrodite-Anahita chez les Arabes du paganisme. Revue de linguistique et de philologie comparée. 35 (1902) 1–26, 126–155.

BLOME, FRIEDRICH: Die Opfermaterie in Babylonien und Israel. I. (Romae 1934).

BOISSONADE, J[EAN] F[RANÇOIS]: Anecdota Graeca. Vol. V. (Parisiis 1833).

BRÄU, HANS HERMANN: Die altnordarabischen kultischen Personennamen. WZKM 32 (1925) 31–59, 85–115.

BROCKELMANN, C.: Allah und die Götzen, der Ursprung des islamischen Monotheismus. ARW 21 (1922) 99–121.

[781] BROCKELMANN, C.: Gibt es einen hamitischen Sprachstamm? Anth 27 (1932) 797–818.

BROWNE, EDWARD G. siehe ARENDONK, C. VAN.

BUHL, FRANTS: Das Leben Muhammeds. Deutsch von H. H. SCHAEDER (Leipzig 1930).

CAETANI, LEONE: Studi di Storia Orientale. Vol. I. (Milano 1911).

CATON-THOMPSON, G.: The Hadhramaut and its Past. RCAJ 26 (1939) 79–92.

CAUSSIN DE PERCEVAL, A. P.: Essai sur l'histoire des Arabes avant l'Islamisme. 3 tomes. (Paris 1847).

CHANTEPIE DE LA SAUSSAYE, [P. D.]: Lehrbuch der Religionsgeschichte. 4. Aufl. Herausgegeben von ALFRED BERTHOLET und EDVARD LEHMANN. 2 Bde. (Tübingen 1925).

CHWOLSOHN, D[ANIEL]: Die Ssabier und der Ssabismus. 2 Bde. (St. Petersburg 1856).

COOK, STANLEY ARTHUR siehe SMITH, WILLIAM ROBERTSON.

COON, CARLETON STEVENS: The Races of Europe (New York 1939).

– – Southern Arabia, a Problem for the Future. Smithsonian Report for 1944, 385–402.

CURTISS, SAMUEL IVES: Ursemitische Religion im Volksglauben des heutigen Orients. Mit einem Vorwort von WOLF WILHELM Grafen BAUDISSIN (Leipzig 1903).

DALMAN, G[USTAF]: Arbeit und Sitte in Palästina. (= AS). 7 Bde. (Gütersloh 1928–1942). Siehe auch NIELSEN, DITLEF.

DÉAK, JOHANN: Die Gottesliebe in den alten semitischen Religionen. (Diss. Basel-Eperjes 1914).

DÉRENBOURG, HARTWIG: Le dieu Allâh dans une inscription minéenne. JA VIII/20 (1892) 157–166.

– – Le culte de la déesse al-ʿOuzzâ en Arabie au IVe siècle de notre ère. PELOV V/5 (1905) 31–40.

– – Une inscription yéménite nouvellement entrée au Musée du Louvre. CRAIBL 1905/1, 235–242.

– – Le dieu Souwâ' dans le Coran et sur une inscription sabéenne récemment découverte. BRAH 47 (1905) 72–78.

DUSSAUD, RENÉ: Les découvertes de Ras Shamra (Ugarit) et l'Ancien Testament. (²Paris 1941 [¹1937].)

Encyclopaedia of Religion and Ethics (HASTINGS). (= ERE), 12 Vols and Index. (Edinburgh 1908–1926).

Enzyklopädie des Islām. (= EI). 4 Bde. + Ergänzungsband. (Leiden 1913–1938).

FELL, W.: Südarabische Studien. 1. Zur Erklärung der sabäischen Götternamen. ZDMG 54 (1900) 231–259.

FORRER, LUDWIG: Südarabien nach AL-HAMDĀNĪ's «Beschreibung der arabischen Halbinsel». (AKM XXVII/3. – Leipzig 1942).

GLASER, EDUARD: Die Sternkunde der südarabischen Kabylen. SBAWW (Mathem.-naturw. Classe) 91/2 (1885) 89–99.

– – Mittheilungen über einige aus meiner Sammlung stammende sabäische Inschriften (Prag 1886).

– – Skizze der Geschichte und Geographie Arabiens von den ältesten Zeiten bis zum Propheten Muḥammad. 2 Bde. (I: München 1889; II: Berlin 1890).

– – Die Abessinier in Arabien und Afrika (München 1895).

– – Punt und die südarabischen Reiche. MVG 4 (1899) 51–122.

– – Altjemenische Studien. Nach dem Tode des Verfassers herausgegeben von OTTO WEBER, I. MVG 28/2 (1923).

GOLDZIHER, IGNAZ: Muhammedanische Studien. 2 Bde. (Halle a. S. 1889–1890).

GOODLAND, ROGER: A Bibliography of Sex Rites and Customs (London 1931).

GRATZL, EMIL: Die altarabischen Frauennamen (Leipzig 1906).

[782] GRAY, GEORGE BUCHANAN: Sacrifice in the Old Testament (Oxford 1925).

GREBENZ, KARL: Die kleinen Fragmente aus GLASER's Tagebuch XI (Mârib). WZKM 42 (1935) 67–92.

GRESSMANN, HUGO: Altorientalische Texte zum Alten Testament. In Verbindung mit ERICH EBELING, HERMANN RANKE, NIKOLAUS RHODOKANAKIS herausgegeben (²Berlin-Leipzig 1926).

GRIMME, HUBERT: Mohammed. Die weltgeschichtliche Bedeutung Arabiens (München 1904).

– – Internes aus der minäischen Religion (Inschrift Glaser 282). OLZ 9 (1906) 57–70.

– – Südarabische Tempelstrafgesetze. OLZ 9 (1906) 256–262, 324–330, 395–398; mit Nachwort ebd. 433–438.

– – Das israelitische Pfingstfest und der Plejadenkult (Paderborn 1907).

– – «Ein Schauspiel für Kemosch». ZDMG 61 (1907) 81–85.

– – Spuren von Kinderopfern in Südarabien. ZA 29 (1914/15) 184–190.

– – Der südarabische Levitismus und sein Verhältnis zum Levitismus in Israel. LM 37 (1924) 169–199.

– – Ein Felspsalm aus altarabischer Heidenzeit. OLZ 29 (1926) 13–23.

– – Zwei rätselhafte Götter der thamudischen Inschriften. ZS 5 (1927) 250–261.

– – Texte und Untersuchungen zur ṣafatenisch-arabischen Religion (Paderborn 1929).

– – Aus unedierten südarabischen Inschriften des Berliner Staatsmuseums. LM 45 (1932) 91–116.

– – Religiöses aus thamudischen Inschriften. MO 28 (1934) 72–98.

– – Südarabische Felsgraffiti der Sammlung Glaser und ihre sakrale Bedeutung. LM 48 (1935) 255–274.
– – Neubearbeitung der wichtigeren dedanischen und liḥjanischen Inschriften. LM 50 (1937) 269–322.
– – Sind unsere Begriffe vom liḥjanischen und thamudischen Alphabet reformbedürftig? OLZ 41 (1938) 345–353.
GROHMANN, ADOLF: Göttersymbole und Symboltiere auf südarabischen Denkmälern. (Denkschr. d. Kaiserl. Akad. d. Wiss. in Wien, Phil.-hist. Klasse, Bd. 58, Abh. 1. Wien 1914).
– – Südarabien als Wirtschaftsgebiet. 2 Teile. (Wien 1922–1933. [I: Osten und Orient. I. Reihe, 4. Band; II: Schriften der Philos. Fak. der Deutschen Univ. in Prag, 13. Band].)
– – Art. Minaioi, in: PAULY-WISSOWA, Suppl. VI (1935) 461–488.
Siehe auch NIELSEN, DITLEF.
GRÜNEBAUM, GUSTAV VON: Die Wirklichkeitweite der früharabischen Dichtung. (Beihefte zur WZKM, 3. Heft. – Wien 1937).
GUIDI, IGNATIUS: Summarium Grammaticae Arabicae Meridionalis. LM 39 (1926) 1–32.
HALÉVY, JOSEPH: Examen critique du témoignage d'HÉRODOTE sur la religion des Arabes. CRAIBL II/7 (1871) 231–238.
– – Le prétendu dieu minéen Allah. RS 1 (1893) 90–94.
– – Ex-voto sabéens relatifs aux purifications. RS 7 (1899) 267–278.
– – La fixation définitive de l'alphabet safaïtique. RS 9 (1901) 128–145, 220–233, Fortsetzung unter dem Titel: Nouvel essai sur les inscriptions proto-arabes. Ib. 316–355; 10 (1902) 61–76, 172–173, 269–274; 11 (1903) 63–69, 259–262. Weitere Fortsetzung: Nouvelles remarques sur les inscriptions proto-arabes. 12 (1904) 349–370.
– – Remarques complémentaires sur les inscriptions du Safa. RS 12 (1904) 37–54.
– – Le dieu sabéen Almaḳah. RS 18 (1910) 476–485.
[783] HARTMANN, MARTIN: Südarabisches. OLZ 10 (1907) 19–22, 189–191, 241–246, 309–313, 428–432, 605–610; 11 (1908) 173–179, 269–274.
– – Die arabische Frage. Mit einem Versuche der Archäologie Jemens. (Der islamische Orient. Berichte und Fortschritte. II. – Leipzig 1909).
HARTMANN, RICHARD und SCHEEL, HELMUTH: Beiträge zur Arabistik, Semistik und Islamwissenschaft (Leipzig 1944).
HEHN, JOHANNES: Die biblische und die babylonische Gottesidee (Leipzig 1913).
HEIN, WILHELM siehe MÜLLER, DAVID HEINRICH.
HELFRITZ, HANS: Land ohne Schatten (Leipzig 1934).
– – Geheimnis um Schóbua. (Berlin 1935).
HENNINGER, JOSEF: Eine eigenartige Beschneidungsform in Südwestarabien. Anth 33 (1938) 952–958.
– – Nochmals: Eine eigenartige Beschneidungsform in Südwestarabien. Anth 35/36 (1940/41) 370–376.
– – Pariastämme in Arabien (Festschrift zum 50jährigen Bestandsjubiläum des Missionshauses St. Gabriel, Wien-Mödling. [Wien-Mödling 1939] 501–539).
– – Fell- und Lederkleidung in Arabien. IAE 40 (1941) 41–50.
– – Die Familie bei den heutigen Beduinen Arabiens und seiner Randgebiete. IAE 42 (1943) S. I–VIII + 1–188.

HESS, J. J.: Die Entzifferung der thamûdischen Inschriften (Paris-Freiburg [Schweiz] 1911).
HÖFNER, MARIA: Die sabäischen Inschriften der südarabischen Expedition im Kunsthistorischen Museum in Wien. WZKM 40 (1933) 1–36. Fortsetzung unter dem Titel: Die ḳatabanischen und sabäischen Inschriften ... ebd. 42 (1935) 31–66.
– – Die Inschriften aus GLASER's Tagebuch XI (Mārib). WZKM 45 (1938) 7–37.
– – Altsüdarabische Grammatik (Leipzig 1943).
– – Der Stand und die Aufgaben der südarabischen Forschung (in: HARTMANN und SCHEEL, 42–66).
Siehe auch RHODOKANAKIS, NIKOLAUS.
HOMMEL, FRITZ: Die altisraelitische Überlieferung in inschriftlicher Beleuchtung (München 1897).
– – Der Gestirndienst der alten Araber und die altisraelitische Überlieferung (München 1901).
– – Ethnologie und Geographie des Alten Orients (München 1926).
Siehe auch NIELSEN, DITLEF.
INGRAMS, W. H.: A Dance of the Ibex Hunters in the Hadhramaut. Is it a Pagan Survival? Man 37 (1937) No. 6.
JACOB, GEORG: Altarabisches Beduinenleben ([2]Berlin 1897).
JAHN, ALFRED: Die Mehri-Sprache in Südarabien (SE III. – Wien 1902).
JEREMIAS, FRIEDRICH: Semitische Völker in Vorderasien (in: CHANTEPIE DE LA SAUSSAYE I 496–647).
KLAMETH, G.: Das Opfer bei den Arabern. CRSER III (1923) 301–315.
KLINKE-ROSENBERGER, ROSA: Das Götzenbuch (Kitâb al-Aṣnâm) des IBN AL-KALBÎ (Leipzig 1941).
KOPPERS, WILHELM siehe SCHMIDT, WILHELM.
KREMER, ALFRED VON: Die himjarische Kasideh (Leipzig 1865).
– – Über die südarabische Sage (Leipzig 1866).
– – Altarabische Gedichte über die Volkssage von Jemen (Leipzig 1867).
– – Culturgeschichte des Orients unter den Chalifen. 2 Bde. (Wien 1875–1877).
– – Studien zur vergleichenden Culturgeschichte, vorzüglich nach arabischen Quellen. I–II: SBAWW 120/3 (1890); III–IV: ebd., 120/8.
[784] LAGRANGE, MARIE-JOSEPH: Etudes sur les religions sémitiques ([2]Paris 1905).
– – La controverse minéo-sabéo-biblique. RB 11 (1902) 256–272.
LANDBERG, LE COMTE DE: Etudes sur les dialectes de l'Arabie Méridionale I. Ḥaḍramoût (Leide 1901). II. Daṯînah (3 parties) (Leide 1905–1913).
LANDERSDORFER, S.: Die Bibel und die südarabische Altertumsforschung ([3]Münster i. W. 1920 [[1-2]1910]).
LANGDON, STEPHEN HERBERT: The Mythology of All Races. Vol. V: Semitic (Boston 1931).
DE LANGHE, ROBERT: Les textes de Ras Shamra-Ugarit et leurs rapports avec le milieu biblique de l'Ancien Testament. 2 vols. (Louvain 1945).
LÉVI DELLA VIDA, G.: Les Sémites et leur rôle dans l'histoire religieuse (Paris 1938).
LIDZBARSKI, MARK: Der Ursprung der nord- und südsemitischen Schrift. ESE 1 (1900/02) 109–136.
– – Südarabische Inschriften. ESE 2 (1903/06) 93–108.

LITTMANN, ENNO: Zur Entzifferung der thamudenischen Inschriften. MVG 9 (1904) I–VIII + 1–112.
– – Ruinen in Ostarabien. Der Islam 8 (1918) 19–34.
– – Thamūd und Ṣafā. (AKM XXV/1. – Leipzig 1940).
LOEB, E. M.: The Blood Sacrifice Complex (Menasha 1923).
MADER, EVARISTUS: Die Menschenopfer der alten Hebräer und der benachbarten Völker (Biblische Studien XIV/5–6. – Freiburg i. Br. 1909).
MALTEN, LUDOLF: Der Stier in Kult und mythischem Bild. JDAI 42 (1928) 90–139.
MARGOLIOUTH, D. S.: The Relations between Arabs and Israelites prior to the Rise of Islam (London 1924).
MILES, S(AMUEL) B(ARRETT): The Countries and Tribes of the Persian Gulf. 2 Vols. (London 1919 [Reprinted 1920]).
MITTWOCH, EUGEN: Aus der Frühzeit der Sabäistik. Or, N. S. 4 (1935) 344–352.
Siehe auch MORDTMANN, J. H.
MONTGOMERY, JAMES A.: Arabia and the Bible (Philadelphia 1934).
MORDTMANN, J. H.: Zwei himjarische Inschriften. ZDMG 30 (1876) 21–39.
– – Die himjarischen Inschriften von Kharibet-Seʿoûd (Hal. 628–638). ZDMG 52 (1898) 393–400.
– – und MITTWOCH, EUGEN: Sabäische Inschriften. (RATHJENS – v. WISSMANN'sche Südarabien-Reise I. – Hamburg 1931).
– – – – Altsüdarabische Inschriften. Or, N. S. 1 (1932) 24–33, 116–128, 257–273; 2 (1933) 50–60; 3 (1934) 42–62.
– – und MÜLLER, D. H.: Eine monotheistische sabäische Inschrift. WZKM 10 (1896) 285–292.
MORITZ, B.: Der Sinaikult in heidnischer Zeit. (AGWG 16/2 [1916/17] Berlin 1916).
– – Arabien (Hannover 1923).
MÜLLER, DAVID HEINRICH: Südarabische Studien. SBAWW 86 (1877) 103–184 (auch als Sonderdruck mit eigener Paginierung erschienen).
– – Die Burgen und Schlösser Südarabiens nach dem *Iklîl* des HAMDÂNÎ. SBAWW 94 (1879) 335–423; 97 (1881) 955–1050 (auch als Sonderdruck mit eigener Paginierung erschienen).
– – Ḥimjarische Studien. ZDMG 30 (1876) 671–708.
– – Die Mehri- und Soqoṭri-Sprache. 3 Bde. I. Texte (SE IV). II. Soqoṭri-Texte (SE VI). III. Šḫauri-Texte (SE VII). (Wien 1902–1907).
– – Mehri- und Ḥaḍrami-Texte. Gesammelt im Jahre 1902 in Gischin von WILHELM HEIN. (SE IX. – Wien 1909).
Siehe auch MORDTMANN, J. H.
[785] MUSIL, ALOIS: The Northern Ḥeǧâz (New York 1926).
NICHOLSON, REYNOLD A.: A Literary History of the Arabs (Cambridge 1941).
NIELSEN, DITLEF: Die altarabische Mondreligion und die mosaische Überlieferung (Straßburg 1904).
– – Der sabäische Gott Ilmuḳah. MVG 14 (1909) 305–375 (Heft 4).
– – Die äthiopischen Götter. ZDMG 66 (1912) 589–600.
– – Der semitische Venuskult. ZDMG 66 (1912) 469–472.
– – Gemeinsemitische Götter. OLZ 16 (1913) 200–204, 241–249.
– – Abstrakte Götternamen. OLZ 18 (1915) 289–291.

– – Über die nordarabischen Götter. MVG 21 (1916) (= Festschrift FRITZ HOMMEL I) 253–265.
– – Der dreieinige Gott in religionshistorischer Beleuchtung. I. Die drei göttlichen Personen (København 1922). II/1. Die drei Naturgottheiten (1942).
– – Handbuch der altarabischen Altertumskunde. In Verbindung mit FR. HOMMEL und NIK. RHODOKANAKIS herausgegeben. Mit Beiträgen von ADOLF GROHMANN und ENNO LITTMANN. I. Die altarabische Kultur (Paris-Kopenhagen-Leipzig 1927).
– – The Mountain Sanctuaries in Petra and its environs. JPOS 11 (1931) 222–237 (mit einer Bemerkung von G. DALMAN, ebd. 237–240); 13 (1933) 185–208.
– – Ras Šamra Mythologie und biblische Theologie. (AKM XXI/4. – Leipzig 1936).
– – Die altsemitische Muttergöttin. ZDMG 92 (1938) 504–551.
NÖLDEKE, THEODOR: Art. Arabs (Ancient). ERE I (1908) 659–673.
– – Geschichte des Qorans. 2. Aufl. Bearbeitet von FRIEDRICH SCHWALLY. 3 Teile (Leipzig 1909–1938).
PAULY [AUGUST FRIEDRICH] und WISSOWA, GEORG: Real-Encyclopädie der classischen Altertumswissenschaft (Stuttgart 1894 ff.).
PETTAZZONI, RAFFAELE: La confessione dei peccati. 3 Voll. (Bologna 1929–1936).
PFANNMÜLLER, GUSTAV: Handbuch der Islam-Literatur (Berlin 1923).
PHILBY, H. ST. J. B.: Sheba's Daughters. Being a Record of Travel in Southern Arabia (London 1939).
PRAETORIUS, FRANZ: Unsterblichkeitsglaube und Heiligenverehrung bei den Himjaren. ZDMG 27 (1873) 645–648.
RATHJENS, CARL und WISSMANN, HERMANN VON: Vorislamische Altertümer. (RATHJENS – v. WISSMANN'sche Südarabien-Reise II. – Hamburg 1932).
REILLY, SIR BERNARD: The Aden Protectorate. RCAJ 28 (1941) 132–145.
RHODOKANAKIS, NIKOLAUS: Studien zur Lexikographie und Grammatik des Altsüdarabischen. 3 Hefte. I: SBAWW 178/4 (1915). II: ebd. 185/3 (1917). III: ebd. 213/3 (1931) (zitiert: Studien).
– – Die Bodenwirtschaft im alten Südarabien. Anzeiger der Kaiserl. Akad. der Wiss. in Wien, Phil.-hist. Kl. 53 (1916) 173–198 (auch als Sonderdruck mit eigener Paginierung erschienen; zitiert: Bodenwirtschaft, mit Paginierung wie oben).
– – Ḳatabanische Texte zur Bodenwirtschaft. 2 Teile. I: SBAWW 194/2 (1919). II: ebd. 198/2 (1922) (zitiert: Ḳatab. Texte).
– – Die Inschriften an der Mauer von Koḫlān- Timnaʿ. SBAWW 200/2 (1924) (zitiert: Inschriften).
– – Altsabäische Texte. I: SBAWW 206/2 (1927). II: WZKM 39 (1932) 173–226 (zitiert: Altsab. Texte).
– – Zur altsüdarabischen Epigraphik und Archäologie. WZKM 38 (1932) 167–182.
– – Die Inschriften Gl. 424 und 825. WZKM 47 (1940) 50–60.
[786] RHODOKANAKIS, NIKOLAUS und HÖFNER, MARIA: Zur Interpretation altsüdarabischer Inschriften. WZKM 43 (1936) 21–108, 211–234.
Siehe auch GRESSMANN, HUGO; NIELSEN, DITLEF.
RUDOLPH, WILHELM: Die Abhängigkeit des Qorans von Judentum und Christentum (Stuttgart 1922).

RYCKMANS, G[ONZAGUE]: Inscriptions sud-arabes. LM 40 (1927) 161–200; 45 (1932) 285–313; 48 (1935) 163–187; 50 (1937) 239–268; 52 (1939) 51–112, 297–319.
– – Notes épigraphiques. LM 43 (1930) 389–407; 50 (1937) 323–344.
– – Où en est la publication des inscriptions sud-sémitiques? RB 41 (1932) 89–95.
– – Deux inscriptions expiatoires sabéennes. RB 41 (1932) 393–397.
– – Les noms propres sud-sémitiques. 3 vols. (Louvain 1934–1935).
– – Rites et croyances préislamiques en Arabie méridionale. LM 55 (1942) 165–176.
– – Rites et croyances préislamiques en Arabie méridionale. CRAIBL 1942, 232–234 (ein Auszug aus dem gleichnamigen Artikel in LM).
– – Chronologie sabéenne. CRAIBL 1943, 236–246.
– – Les fouilles de Ḥureyḍa (Ḥaḍramout). LM 57 (1944) 163–176.
– – La confession publique des péchés en Arabie méridionale préislamique. LM 58 (1945) 1–14.

SCHEEL, HELMUTH siehe HARTMANN, RICHARD.

SCHMIDT, WILHELM: Das Eigentum auf den ältesten Stufen der Menschheit. 3 Bde. (Münster i. W. 1937–1942).
– – und KOPPERS, W[ILHELM]: Völker und Kulturen. 1. Teil: Gesellschaft und Wirtschaft der Völker (Regensburg 1924).

SCHRADER, EBERHARD: Die Keilinschriften und das Alte Testament. 3. Aufl. Neu bearbeitet von H. ZIMMERN und H. WINCKLER (Berlin 1903).

SCHWALLY, FRIEDRICH siehe NÖLDEKE, THEODOR.

SCOTT, HUGH: The Peoples of South-West Arabia. RCAJ 28 (1941) 146–151.
– – In the High Yemen (London 1942).

SMITH, W[ILLIAM] ROBERTSON: Kinship and Marriage in Early Arabia. New Edition. Edited by STANLEY A. COOK (London 1907 [[1]1885]).
– – Lectures on the Religion of the Semites ([3]London 1927) With an Introduction and Additional Notes by STANLEY A. COOK ([1]1889).

SPRENGER, A.: Das Leben und die Lehre des Moḥammad. 3 Bde. ([2]Berlin 1869).

STARK, FREYA: Some Pre-Islamic Inscriptions on the Frankincense Route in Southern Arabia. JRAS 1939, 479–498.
– – An Exploration in the Hadhramaut and Journey to the Coast. GJ 93 (1939) 1–17.
– – Seen in the Hadhramaut (London 1938).
– – A Winter in Arabia (London 1940).

THOMAS, BERTRAM: Four Strange Tongues from Central South Arabia. – The Hadara Group. (Proceedings of the British Academy 23 [1937] 231–331).
– – Arabia Felix (= AF). (London 1932.)

TKAČ: Art. Εὐδαίμων ᾿Αραβία, in: PAULY-WISSOWA VI (1909) 885–892.
– – Art. Homeritae. Ebd. VIII (1913) 2182–2188.
– – Art. Saba. Ebd. I A (1920) 1298–1511.
– – (TKATSCH): Art. Saba'. EI IV (1934) 3–19.

TRAUTMANN-NEHRING, E. siehe ALTHEIM, FRANZ.

TRITTON, A. S.: Art. Sabaeans. ERE X (1918) 880–884.

WEBER, OTTO: Studien zur südarabischen Altertumskunde. MVG 6/1 (1901) 1–94. Siehe auch GLASER, EDUARD.

[787] WELLHAUSEN, J[ULIUS]: Reste arabischen Heidentums ([2]Berlin 1897 [Neudruck 1927]).

WETZSTEIN, J. G.: Der Markt in Damaskus. ZDMG 11 (1857) 475–525.
WINCKLER, HUGO: Šams = Göttin. ZDMG 54 (1900) 408–420.
Siehe auch SCHRADER, EBERHARD.
WINNETT, F. V.: A Study of the Lihyanite and Thamudic Inscriptions. (University of Toronto Studies. Oriental Series, No. 3. – Toronto 1937).
– – Allah before Islam. MW 28 (1938) 239–248.
– – The Daughters of Allah. MW 30 (1940) 113–130.
WISSMANN, HERMANN VON siehe RATHJENS, CARL.
WÖLFEL, DOMINIK JOSEF: Die Hauptprobleme Weißafrikas. AfA, N. F. 37 (1942) 89–140.
WREDE, ADOLPH VON: Reise in Ḥadhramaut, Beled Beny ʿYssà und Beled el Ḥadschar. Herausgegeben von HEINRICH FREIHERRN VON MALTZAN (Braunschweig 1873).
ZIMMERN, HEINRICH siehe SCHRADER, EBERHARD.

Weitere Literatur ist vor allem bei NIELSEN, Handbuch, verzeichnet. – Rezensionen und andere kleine Beiträge aus Zeitschriften, die in den Fußnoten gelegentlich zitiert werden, sind hier nicht eigens angeführt.

Einleitung [1]

Für vergleichend-historische Studien über die Religionen der Hirtenvölker bildet Arabien ein wichtiges Bindeglied zwischen den Hirtenkulturen in Zentralasien und in Ostafrika. Während aber in den beiden letztgenannten Gebieten noch heute viel von der alten Hirtenreligion lebendig ist, hat in Arabien der Islam die frühere Religion verdrängt und bis auf geringe Reste zerstört. Aber je dürftiger unsere Kenntnisse von der vorislamischen Religion der Araber sind, desto notwendiger ist es, alles sorgfältig zu sammeln und auszuwerten, was irgendwie zu ihrer Rekonstruktion beitragen kann. Dazu gehören außer den spärlichen literarischen Nachrichten über die altarabische Religion, wie sie vor allem von WELLHAUSEN gesammelt worden sind, und den Überlebseln in der heutigen Volksreligion [2] auch die Hoch-

[1] Frl. Dozentin Dr. MARIA HÖFNER (Tübingen) hatte die Freundlichkeit, das Manuskript dieses Artikels durchzusehen und mir (durch Brief vom 23.2.1947) verschiedene Ergänzungen und Berichtigungen mitzuteilen, die in den Anmerkungen 47, 78, 88, 92, 97 und 104 verwertet sind. Diese Zusätze sind jeweils in eckige Klammern gesetzt und durch die Initialen M. H. kenntlich gemacht. [Wo in den Original-Anmerkungen der Name RYCKMANS vorkommt, ist immer G. RYCKMANS gemeint, weil mir 1947 noch keine Arbeiten von J. RYCKMANS bekannt waren. In den Addenda werden dagegen G. und J. RYCKMANS immer ausdrücklich unterschieden.] [ ]

[2] Diese Aufgabe hat sich besonders CURTISS gewidmet (in seinem Werk: Ursemitische Religion im Volksleben des heutigen Orients), aber die Methode, nach der er die

kulturreligionen in den Randgebieten (Mesopotamien, Syrien, Palästina, Südarabien). Allerdings handelt es sich dort niemals um eine eigentliche Hirtenreligion, denn beim Seßhaftwerden von Nomaden ist immer auch in der Religion eine Mischung mit der älteren Ackerbauerbevölkerung eingetreten. Dazu kommt, daß diese seßhafte Vorbevölkerung in den genannten Gebieten meistens auch ein nichtsemitisches Element enthält. Zur Rekonstruktion altarabischer und [788] altsemitischer Religion sind also diese Religionen nur mit Vorsicht zu verwerten, aber sie verdienen zweifellos größte Beachtung.

Am engsten sind die Beziehungen zwischen den Hochkulturen Südarabiens einerseits und dem beduinischen (oder stärker beduinisch beeinflußten) Nord- und Zentralarabien andererseits [3]. Daher ist es nicht nur geographisch, sondern auch kulturell begründet, wenn Nord- und Südaraber (einschließlich der südarabischen Kolonien in Abessinien) als «Südsemiten» zusammengefaßt und den «Nordsemiten» (in Mesopotamien, Syrien und Palästina) gegenübergestellt werden. Nur darf diese Einteilung nicht zu starr und schematisch angewandt werden, sonst wird sie irreführend. Unter anderer Rücksicht unterscheiden sich die Ostsemiten (Assyrer und Babylonier) wieder stärker von allen übrigen Semiten als die Westsemiten (in Syrien und Palästina) von den Arabern [4] Zwar bestehen auch zwischen Nord- und Südarabien bedeutungsvolle Unterschiede, aber Südarabien ist nicht – oder wenigstens nicht so stark – dem übermächtigen Einfluß der babylonischen Kultur ausgesetzt gewesen wie die nord- und westsemitischen Gebiete und stellt daher eine Größe sui generis dar. In diesem Sinne besteht die Bemerkung von LANGDON zu Recht: «In fact there are only two large groups of Semitic religions; on the one hand there is the Minaean-Sabaean-Qatabanian, including Abyssinia and the Thamudic-Minaean religion; on the other hand there is the Babylonian-Assyrian religion of Mesopotamia,

---

«ursemitischen» Elemente bestimmt, ist viel zu summarisch, und seine Ergebnisse bedürfen vielfach der Nachprüfung.

[3] So sind manche Gottheiten – auch dem Namen nach – in Nord- und Südarabien identisch; vgl. WELLHAUSEN, Reste 24; NIELSEN, Handbuch I 190 (mit Literaturangaben); DÉAK 44–50. Nach WINNETT (MW 30 [1940] 115) ist die südarabische Religion aber erst spät von Nordarabien aus beeinflußt worden. So sind z.B. die Göttinnen *al-Lāt* und *al-ʿUzzā* ursprünglich nordarabisch und erst spät in Südarabien verehrt worden. Vgl. dazu DÉRENBOURG (PELOV V/5, 35–40) über *al-ʿUzzā* im Yemen auf einer Inschrift aus dem 4. Jahrh. n. Chr. (Louvre AO 4149); siehe auch DÉRENBOURG, CRAIBL 1905/1, 235–242. Andererseits sind mit auswandernden yemenischen Stämmen südarabische Götter nach Nordarabien gelangt (WELLHAUSEN, a. a. O. 24). [ ]

[4] Vgl. JEREMIAS in CHANTEPIE DE LA SAUSSAYE I 496. [ ]

which from prehistoric times moulded the mythological and theological concepts of all the Semitic races of the Northern and Western Semitic areas, in Syria, Phoenicia, Palestine, and Trans-Jordania [5]». Es ist daher wohl angebracht, diese altsüdarabische Religion einer genaueren Untersuchung zu unterziehen. Um damit einen Anfang zu machen, möchte der Verfasser die Nachrichten über das Opfer in [789] den altsüdarabischen Hochkulturen, die er bei der Vorbereitung einer größeren Arbeit über das arabische Opfer im allgemeinen (sie umfaßt im Manuskript 450 Seiten und soll später vollständig veröffentlicht werden) sammeln konnte, hier vorlegen und wenigstens summarisch mit den entsprechenden Erscheinungen in Nord- und Zentralarabien vergleichen. Im deskriptiven Teil kann es sich hier nicht darum handeln, jede Einzelheit direkt aus den Originalquellen zu belegen, sondern nur darum, die Ergebnisse der Sabäistik für eine ethnologische Vergleichung übersichtlich zusammenzufassen. In das Gebiet der Ethnologie gehören die altsüdarabischen Hochkulturen nur insofern, als ihre Entstehung aus Tiefkulturen oder ihr Einfluß auf diese behandelt wird. Wie z. B. die Hochkulturen Ägyptens und Mesopotamiens zum Gegenstand der Ethnologie gehören, obwohl sie von eigenen Wissenschaften, der Ägyptologie und der Assyriologie, behandelt werden, so auch, im gleichen Sinne und im gleichen Grade, die altsüdarabischen Hochkulturen, die das Gebiet der Sabäistik bilden. Freilich sind letztere weder an Alter noch an innerem Reichtum oder an menschheitsgeschichtlicher Bedeutung mit der ägyptischen oder mit der sumerisch-akkadischen Hochkultur zu vergleichen, aber immerhin ist ohne ihre Berücksichtigung weder ein befriedigendes Studium der arabischen Halbinsel und ihrer Hirtenkultur noch ein solches von Ost- und Nordafrika möglich.

---

[5] LANGDON 15. – Inzwischen ist unsere Kenntnis der westsemitischen Religion durch die Ausgrabungen von Ras Šamra bedeutend gefördert worden. Vgl. DUSSAUD, Ras Shamra ([1]Paris 1937; [2]Paris 1941); BAUMGARTNER, Theol. Rundschau, N. F. 12 (1940) 163–188; 13 (1941) 1–20, 85–102, 157–183 (über Religion bes. 13 [1941] 85–102); DE LANGHE, passim. So wichtig die Religion von Ras Šamra-Ugarit für das Alte Testament ist, an allgemeiner Bedeutung läßt sie sich den beiden genannten Gruppen doch wohl kaum gleichstellen; übrigens ist sie ja von Babylonien her beeinflußt und hat vielleicht auch Beziehungen zu Südarabien, wenigstens indirekt. Zur Frage der Zusammenhänge der Nordwestsemiten mit Arabien vgl. MONTGOMERY, passim; DUSSAUD, Ras Shamra [2]81, 182; NIELSEN, Ras Šamra 94–97. Kritisches zur «Süd-Theorie», wie sie von VIROLLEAUD und DUSSAUD in ihrer Interpretation der Ras Šamra-Texte vertreten wurde, siehe bei BAUMGARTNER, Theol. Rundschau, N. F. 13 (1941) 12–19; BAUMGARTNER, TZ 3 (1947) 91–93. [ ]

I. Allgemeines über die altsüdarabischen Hochkulturen

Unter Südarabien, insofern es eine geographische, sprachliche, ethnologische und anthropologische Sonderstellung gegenüber Nord- und Zentralarabien einnimmt (im Folgenden wird statt «Nord- und Zentralarabien» immer die abgekürzte Bezeichnung «Nordarabien» in diesem umfassenden Sinne gebraucht) verstehen wir das Gebiet südlich vom 18. Grad n. Br. und etwa zwischen 41° und 56° ö. L.; dazu sind noch einige benachbarte Inseln zu rechnen, vor allem Soqoṭra [6]. (Von Südostarabien wird hier abgesehen, weil es kulturhistorisch zu wenig bekannt ist [7]). Die geographische Einheit Südarabiens im definierten Sinne ergibt sich eindeutig daraus, daß es, bis auf einen schmalen Streifen im Westen, durch die große Sandwüste Rubʿ al-H̱ālī («das leere Viertel») von Nordarabien getrennt ist. Südarabien ist, ebenso wie die Südspitzen der beiden anderen großen Halbinseln Asiens, Vorder- und Hinterindien, zugleich Rückzugsgebiet für primitive Kulturen und Mutterboden bedeutender Hochkulturen geworden [8]. Als Rückzugsgebiet älterer Kulturen erweist sich vor allem der östliche Teil dieses Territoriums, etwa zwischen 51° 10′ und 56° 20′ ö. L., der bedeutende anthropologische Besonder- [790] heiten aufweist [9], und wo auch heute noch südarabische Sprachen fortleben, das Mehrī und Šḫaurī, zu denen noch das Soqoṭrī auf der gleichnamigen Insel zu stellen ist [10]. Dagegen sind die durch das epigraphische und archäologische Material bekannten altsüdarabischen Hochkulturen im westlichen Teil beheimatet gewesen, in den Reichen Maʿīn, Saba', Qatabān und Ḥaḍramōt (Ḥaḍramaut), wozu als fünftes Gebiet noch das weniger bekannte Ausān gerechnet werden kann [11]. Für

---

[6] So GROHMANN, Südarabien als Wirtschaftsgebiet I 3.

[7] Vgl. NIELSEN, Handbuch I 37. Über Ruinen in Ostarabien vgl. LITTMANN, Der Islam 8 (1918) 19–34; die dort erwähnten Ruinen stammen aber meistens aus islamischer Zeit. Über Ausgrabungen auf den Bahrain-Inseln siehe MONTGOMERY 70, note 33; über einzelne am Persischen Golf gefundene südarabische Inschriften ebd. 139, 166, note 9. [ ]

[8] COON, Southern Arabia 385f.

[9] Siehe GROHMANN, Südarabien als Wirtschaftsgebiet I 52–61; weitere Belege bei HENNINGER, IAE 42 (1943) 157–159. [ ]

[10] Vgl. die Textsammlungen von A. JAHN, D. H. MÜLLER, und die systematischen Studien von M. BITTNER u.a. (siehe die Angaben bei GROHMANN, Südarabien als Wirtschaftsgebiet I 51, Anm. 2). Nach den Forschungen von B. THOMAS sind zu dieser Gruppe noch zwei weitere Sprachen zu rechnen, das Harsūsī und das Botāharī, die mit dem Mehrī verwandt sind (Proc. of the Brit. Acad. 23 [1937] 231–331; über die Verbreitungsgebiete dieser Sprachen siehe die Karte ebd. bei p. 232). Demnach gibt es im ganzen fünf lebende südarabische Sprachen. [ ]

eine vollständige Darstellung sind auch die Kolonien dieser Kulturen in Abessinien und in Nordarabien zu berücksichtigen. Die Entdeckung der liḥyanitischen, thamudenischen und ṣafatenischen Inschriften im Nordwesten und äußersten Norden Arabiens, die mit den südarabischen verwandt sind, hat in eindrucksvoller Weise die Kulturbeziehungen vor Augen gestellt, die von einem Ende der arabischen Halbinsel zum andern reichten [12] Wie diese Kulturbeziehungen im einzelnen aufzufassen sind, darüber bestehen allerdings noch zahlreiche Meinungsverschiedenheiten. So wird z.B. vielfach die Ansicht vertreten, daß die Sabäer noch im 8. Jahrh. v. Chr. in Nordarabien lebten und erst dann nach Südarabien wanderten [13], während MUSIL alles, was aus dem Alten Testament und aus assyrischen Quellen über Sabäer in Nordwestarabien bekannt ist, auf die dortigen Handelskolonien der Sabäer zurückführen will [14]. In engem Zusammenhang mit diesen Diskus- [791] sionen steht die ganze Minäer-Frage (Minaioi, gräzisierte Form des Namens Maʿīn), d. h. die Frage, ob die minäischen Inschriften bis in das 2. Jahrtausend v. Chr. zurückreichen und mithin das minäische Reich bedeutend älter ist als das sabäische, oder ob beide Reiche längere Zeit nebeneinander bestanden haben. Das hohe Alter der minäischen Inschriften wurde zuerst von EDUARD GLASER und nach ihm

---

[11] Siehe die Übersichtskarte von GROHMANN in RHODOKANAKIS, Altsab. Texte I. – Die Ḥimyaren waren ein Stamm, aus dem in späterer Zeit eine Herrscherdynastie des sabäischen Reiches hervorging; daher tritt dieser Name zeitweilig stark hervor (NIELSEN, Handbuch I 53).

[12] Siehe NIELSEN, Handbuch I 37–49, 54; HÖFNER, Grammatik 7; RYCKMANS, RB 41 (1932) 89–95; verschiedene Artikel von HALÉVY (RS 9 [1901]-12 [1904]); aus der neueren Literatur vor allem noch zu berücksichtigen: LITTMANN, Thamūd und Ṣafā; GRIMME, Ṣafatenisch-arabische Religion; MO 28 (1934) 72–98; LM 50 (1937) 269–322; OLZ 41 (1938) 345–353; WINNETT, Inscriptions, per totum (besonders zu beachten die Karte der Fundstellen [Plate IX] und die vergleichende Tabelle der verschiedenen altarabischen Alphabete [Plate X]); WINNETT, MW 28 (1938) 239–248; 30 (1940) 114, note 3. [ ]

[13] HOMMEL, Ethnologie 142f., 581, Anm. 1; HOMMEL in NIELSEN, Handbuch I 65f.; MONTGOMERY, 49, note 40, 56, 58–61, 136, 151, 174, 180f.; MORITZ, Arabien 91–93; MARGOLIOUTH 49f.; DUSSAUD, Ras Shamra ²81; vgl. auch DUSSAUD, Syria 15 (1934) 383–385 (Rez. über MONTGOMERY); ABBOTT, AJSL 58 (1941) 2f.

[14] MUSIL, Ḥeǧâz 243–248, 288f. Über südarabische Handelskolonien in Nordarabien siehe auch NIELSEN, Handbuch I 41f.; HOMMEL, ebd. 60; RHODOKANAKIS, ebd. 109; BARTON 211–213; ALTHEIM I 123, 128, 173b, 204, Anm. 52–53; MONTGOMERY 138 und die dort zitierte Literatur; vgl. auch ebd. 196 (Index, s. v. Commerce). – M. HARTMANN glaubt nicht, daß die Sabäer jemals Nomaden gewesen seien. OLZ 10 (1907) 312f. [ ]

von manchen anderen Forschern verteidigt [15]: von anderen wurde dagegen diese Annahme entschieden abgelehnt oder wenigstens zurückhaltend aufgenommen [16]. Im allgemeinen scheint die Tendenz zum Herunterdatieren immer mehr an Boden zu gewinnen [16a]. Für die vorliegende Untersuchung ist diese chronologische Frage nur von untergeordneter Bedeutung, aber sie mußte doch wenigstens erwähnt werden.

Was die Quellen der Kulturgeschichte des alten Südarabiens angeht, so haben die literarischen Quellen – vor allem griechische und römische, sowie auch arabische Autoren – meist nur dürftige und vielfach unzuverlässige Angaben [17]. Dagegen stehen als Originalquellen zahlreiche Inschriften

---

[15] Siehe GLASER, Skizze der Geschichte und Geographie Arabiens I passim, bes. 3–11, 46–63; GLASER, Abessinier, bes. p. VI, 28–38, 72–77; HOMMEL, Altisr. Überlieferung 77f.; HOMMEL in NIELSEN, Handbuch I 67 (und die gesamte Darstellung der altsüdarabischen Geschichte ebd. 57–108, bes. 66–86); O. WEBER, MVG 6/1 (1901), bes. 1–45 (das minäische Reich ist etwa 1350–750 v. Chr. anzusetzen, ebd. 5); H. WINCKLER in SCHRADER 136–153, bes. 141f., 148–150; BARTON 201; GRATZL 2; DÉAK 40f.; ALTHEIM I 122; weitere Literatur bei PFANNMÜLLER 86–88. – Auch PHILBY (380, 392, 401f.) spricht sich für das hohe Alter der Minäer aus, aber seine Theorien über den Zusammenhang zwischen Minäern und minoischen Kretern und über die Herkunft der Phönizier (ebd. 379–381, 390–392) machen einen wenig vertrauenerweckenden Eindruck; zum mindesten müßten sie besser begründet werden. – RATHJENS und WISSMANN (209–212) lassen die Frage unentschieden, neigen aber doch mehr dazu, die Priorität der Minäer anzunehmen (ebd. 211); eine ähnliche Stellung nimmt GRIMME ein (Mohammed [1904] 16–18; LM 50 [1937] 270f.; WZKM 39 [1932] 239–244); anscheinend auch MARGOLIOUTH (7, 10f., 51). [ ]

[16] Vgl. die Literaturangaben bei PFANNMÜLLER 87f.; BUHL 7; ferner: MORDTMANN, ZDMG 44 (1890) 173–195, bes. 182–184 (Rez. über GLASER, Skizze); A. SPRENGER, ebd. 501–514; D. H. MÜLLER, WZKM 8 (1894) 9f.; LAGRANGE, RB 11 (1902) 256–272; N. S. 6 (1909) 486–488 (Rez. über CLERMONT-GANNEAU); L. H. VINCENT, RB 36 (1927) 597 (Rez. über I. BENZINGER); LANDERSDORFER 14f.; TKAČ in PAULY-WISSOWA I A (1920) 1298–1511 (Art. Saba; gegen GLASER bes. 1331, 1504–1511; ebd. 1511: das Minäerreich begann frühestens im 8. Jahrh. v. Chr.); GROHMANN, ebd. Suppl. VI (1935) 479–488 (Art. Minaioi; verweist auf vorstehenden Artikel von TKAČ, 1504–1511); TKATSCH, EI IV (1934) 13–15 (Art. Saba'); RYCKMANS, RB 37 (1928) 286; RYCKMANS, LM 52 (1939) 95. Nach LIDZBARSKI können die minäischen Inschriften nicht älter sein als das 8. Jahrh. v. Chr. (ESE 1 [1900/02] 109–113; 2 [1903/06] 101f.) HÖFNER rechnet frühestens mit dem 9. Jahrh. v. Chr. (Grammatik 1). Zurückhaltend gegenüber der Theorie von GLASER ist auch M. HARTMANN, Arabische Frage 4, 126–132, 134–136. Gegen die frühe Datierung der Minäer siehe auch K. MLAKER, WZKM 41 (1934) 69, 94–106; MONTGOMERY 60, 133–136, 163. [ ]

[16a] [ ]

[17] Vgl. NIELSEN, Handbuch I 177–186. [ ] – HALÉVY hat seinerzeit auch das Zeugnis HERODOTS über die Religion der Araber auf Südarabien deuten wollen. Vgl. CRAIBL II/7 (1871) 231–238. Über die Gottheiten *Orotalt* und *Alilat* vgl. auch BLO-

[792] zur Verfügung. Über die Geschichte ihrer Erforschung, über Textpublikationen und Bearbeitungen des epigraphischen Materials findet sich die wichtigste Literatur bei PFANNMÜLLER [18], ausführlichere Angaben bei NIELSEN [19], RYCKMANS [20] und HÖFNER [21]. Eine kurze Zusammenfassung über die altsüdarabische Religion gibt auch LANGDON [22].

Wenn trotz der großen Zahl von Inschriften, die seit 1834 nach Europa gelangt, publiziert und entziffert worden sind, noch so viele Unklarheiten und Meinungsverschiedenheiten bestehen, so beruht das zum guten Teil auf dem Charakter dieser Inschriften. Es sind nämlich fast nur Dedikationsinschriften (sei es für Gebäude, sei es für bewegliche Weihegeschenke) oder

---

CHET 11–19. Nach NIELSEN (Handbuch I 182f.) sind die bei HERODOT als «arabisch» bezeichneten Gottheiten weder nord- noch südarabisch, sondern nordsemitisch; ihm waren eben nur die nordwestlichen Randgebiete Arabiens bekannt. Die Frage ist noch offen. – [ ] Bezüglich späterer arabischer Nachrichten über das alte Südarabien vgl. KREMER, Himjarische Kasideh; KREMER, Südarabische Sage; KREMER, Altarabische Gedichte über die Volkssage von Jemen; D. H. MÜLLER, Südarabische Studien; D. H. MÜLLER, Die Burgen und Schlösser Südarabiens nach dem *Iklîl* des ḤAMDÂNÎ; FORRER, Südarabien; NICHOLSON 4–29 (mit Ergänzung 471). Nicht zugänglich war mir: W. F. PRIDEAUX, The Lay of the Himyarites. Privately printed paper. Issued 1909. (Zuerst gedruckt: Sehore [?] 1879). Über den Autor NASHWAN B. SA'ID AL-ḤIMYARÎ, gest. 1177, vgl. NICHOLSON 12f. [ ]

[18] PFANNMÜLLER 82–89. [ ]

[19] NIELSEN, Handbuch I, bes. 1–56. – Siehe zum «Handbuch» I die Rezension von RYCKMANS, RB 37 (1928) 283–289, bes. 288f. über Religion.

[20] RYCKMANS, Noms propres; vgl. auch RYCKMANS, RB 37 (1928) 284–286; 41 (1932) 89–95.

[21] HÖFNER in HARTMANN und SCHEEL 42–66, bes. 43–51 (über Forschungsreisen); 51–55 (über Bearbeitung des Materials). – Eine Zusammenfassung über die Erforschung auch bei TKAČ in PAULY-WISSOWA I A (1920) 1501–1504. Allgemeines über das alte Südarabien siehe auch bei GRIMME, Mohammed (1904) 3–44 passim (über Religion: 29–38); M. HARTMANN, Arabische Frage 4–61, 126–516, 593–595, 599–620; CAETANI I 223–265; DÉAK 40–52; ALTHEIM I 121–125 (und dort zitierte Belege); TKAČ in PAULY-WISSOWA VI (1909) 885–892 (Art. Εὐδαίμων 'Αραβία); TKAČ, ebd. VIII (1913) 2182–2188 (Art. Homeritae); GROHMANN, ebd. Suppl. VI (1935) 461–488 (Art. Minaioi); TKATSCH, EI IV 3–19 (Art. Saba'; 18a–19b Literaturangaben; für Einzelheiten verweist er auf seinen gleichnamigen Artikel in PAULY-WISSOWA I A). Eine mehr für weitere Kreise bestimmte Gesamtdarstellung siehe bei SCOTT, Yemen 195–221 (über Religion bes. 214–219); COON, Southern Arabia, bes. 391–401. (Während COON auf anthropologischem Gebiet sehr Wertvolles geleistet hat, ist diese Zusammenfassung über das südarabische Altertum in manchen Einzelheiten fehlerhaft; siehe z.B. unten Anm. 32.) Allgemeines über das alte Südarabien siehe auch bei MARGOLIOUTH, 1–56 passim (über den Kultus bes. 21f.); MONTGOMERY passim, bes. 114–159, 180–184 (über Religion: 151–159). [ ]

[22] LANGDON, passim, bes. 3–7; vgl. unten Anm. 94.

juristische Texte, z. B. Verträge mit religiöser Sanktion, die in Tempeln deponiert wurden [23]. Von allen anderen Literaturgattungen, wie sie z.B. in der Keilschriftliteratur so reichlich vorhanden sind (Ritualien, Hymnen, Gebete, Beschwörungstexte, Ominatexte, ferner erzählende Texte wie große Epen – meist mythischen Inhalts –, chronikartige Aufzeichnungen, Königslisten usw.) ist in Südarabien bis jetzt nichts gefunden worden. Infolgedessen sind die Sabäisten noch vielfach auf mühsame Rekonstruktionen angewiesen, deren Sicherheit um so geringer wird, je weiter sie sich von den unmittelbar dokumentierten Einzelheiten entfernen. Immerhin ist man gerade bezüglich der [793] Religion doch vielfach in einer besseren Lage als bezüglich des alten (vorislamischen) Nordarabien, wo die Lücken der Dokumentation in mancher Hinsicht noch fühlbarer sind. Daher ist es doch nicht ohne Wert, wenn hier versucht wird, kurz zu skizzieren, was aus den bisherigen Publikationen der Spezialisten zur Frage des Opfers im alten Südarabien entnommen werden kann. Wenn es auch vielfach eine dürftige Skizze bleibt, so kann sie doch eine vorläufige Orientierung bieten und eine Arbeitshypothese für die weitere Forschung liefern.

II. Das Opfer in den altsüdarabischen Hochkulturen

1. Materie

Als die beiden großen Kategorien von Opfern werden wiederholt nebeneinander gestellt Schlachtopfer und Räucheropfer. Bei den Angaben über *Schlachtopfer* ist nicht immer ersichtlich, um was für ein Tier es sich handelt [24]. Ausdrücklich bezeugt sind bei den Sabäern Opfer von Schafen [25] und von Stieren [26]. Opfer von Kamelen sind nicht direkt belegt [27], aber

[23] Vgl. über die verschiedenen Gruppen von Inschriften HÖFNER, Grammatik 4. [ ]

[24] HOMMEL, Ethnologie 144, 664, Anm. 2 (S. 665a), 713, Anm. 3, Sp. b; HOMMEL in NIELSEN, Handbuch I 77; GRIMME, OLZ 9 (1906) 325, 434; RHODOKANAKIS, Studien II 27, 56, 66; RHODOKANAKIS, Ḳatab. Texte I 14, Anm. 3; MORDTMANN und MITTWOCH, Or, N. S. 1 (1932) 271.

[25] GROHMANN, Südarabien als Wirtschaftsgebiet I 191; HOMMEL, Ethnologie 688; TRITTON, ERE X 883a; vgl. auch GRIMME, ZA 29 (1914/15) 185f.; RYCKMANS, LM 55 (1942) 171. [ ]

[26] NIELSEN, Mondreligion 117, 159f.; NIELSEN, Ilmuḳah 52 (= MVG 14 [1909] 356); GROHMANN, Südarabien als Wirtschaftsgebiet I 190; TRITTON, ERE X 883a; RYCKMANS, Noms propres I 35; RYCKMANS, LM 40 (1927) 187f.; 55 (1942) 171;

doch [794] wahrscheinlich [28], weil einerseits in Nordarabien das Kamel das wichtigste (oder doch eines der wichtigsten) Opfertiere ist und war, andererseits in Südarabien goldene, silberne und bronzene Kamele als Votivgeschenke vorkommen [29]. Über die Farbe der Opfertiere erfährt man

---

RHODOKANAKIS, Bodenwirtschaft 187f.; KLAMETH, CRSER III (1923) 307; MARGOLIOUTH 21. – Vgl. auch ein späteres Zeugnis über den südarabischen Stamm der Ḫaulān (SPRENGER III 457f.; WELLHAUSEN, Reste 121; SMITH, Religion 225; über diesen Stamm siehe GROHMANN, EI II 1001f. [Art. Khaulān]; KLINKE-ROSENBERGER 122, Anm. 316).

Manche Darstellungen von Stieren in Verbindung mit der Mondsichel sprechen dafür, daß der Stier das heilige Tier und das Symbol des Mondgottes war; wahrscheinlich war der Name «Stier» sogar sein Beiname. Vgl. GROHMANN, Göttersymbole 40, 65–67; NIELSEN, Mondreligion 110–112; NIELSEN, Ilmuḳah 51f., 64 (= MVG 14 [1909] 355f., 368); NIELSEN, Handbuch I 214, 244; NIELSEN, Der dreieinige Gott II/1, 176; GLASER, MVG 28/2 (1923) 70; MALTEN, JDAI 43 (1928) 119; GLASER, Mitteilungen 2–6; RYCKMANS, Noms propres I 35; RYCKMANS, LM 55 (1942) 175; M. HARTMANN, OLZ 11 (1908) 269–273. [ ]

Da auch noch andere Tiere als Göttersymbole dienten, vermutet RYCKMANS (LM 55 [1942] 169), daß die Götter selbst in Tiergestalt dargestellt wurden. – M. HARTMANN betont, daß das Rind als solches nicht göttlich verehrt wurde (Arabische Frage 397f., 424). Nach NIELSEN (Der dreieinige Gott I 326) gab es überhaupt keinen direkten Tierkult bei den Südsemiten. Auch der Steinbock (Ibex) war dem Mondgott heilig (RYCKMANS, LM 55 [1942] 175; HÖFNER in HARTMANN und SCHEEL 62; vgl. auch GLASER, MVG 28/2 [1923] 69f.; RHODOKANAKIS, Altsab. Texte II. WZKM 39 [1932] 192); daher die heute noch oft feststellbare sakrale Verwendung der Ibexhörner in Südarabien (HÖFNER, a. a. O.; vgl. auch LANDBERG, Etudes I 736; HELFRITZ, Land ohne Schatten 62; HELFRITZ, Schóbua 52, 63 (dazu die Abbildungen bei p. 56 und p. 66); STARK, Seen in the Hadhramaut, p. IX, 39, 136 (dazu Abbildung 37, 38, 137); INGRAMS, Man 37 (1937) No. 6 (mit Abb.) (Daselbst wird aber unrichtig angegeben, der Steinbock sei dem [Venusgott] *Athtar* [*ʿAṯtar*] geweiht gewesen).

[27] Das Beispiel eines Kamelopfers bei HOMMEL, Ethnologie 627, Anm. 4, gehört nach dem nordwestarabischen Kolonialgebiet der südarabischen Kultur. – Ganz wertlos ist natürlich die spätere Angabe in einem arabischen Gedicht, einer der alten ḥimyarischen Könige habe (in Mekka) 70 000 [!] junge Kamelstuten geopfert; siehe KREMER, Himjarische Kasideh 16, 17 (V. 76); Kommentar dazu: KREMER, Südarabische Sage 84.

[28] HOMMEL, Ethnologie 718; vgl. auch GRIMME, ZA 29 (1914/15) 187.

[29] HOMMEL, Ethnologie 718; NIELSEN, Handbuch I 237; GROHMANN in NIELSEN, Handbuch I 172, 174; GROHMANN, Südarabien als Wirtschaftsgebiet I 169, 172; NIELSEN, MVG 11 (1906) 263, 266–270; M. HARTMANN, Arabische Frage 398, 424; SMITH, Religion 168, note 1; siehe auch COOK ebd. 557. Vgl. auch unten p. 796 mit Anm. 43. – Das Vorkommen von Kamelen als Votivgeschenke würde für sich allein als Beweis nicht genügen, denn es kommen auch Votivfiguren von solchen Tieren vor, die sicher keine Opfertiere waren, z. B. Schlangen. [ ]

aus den Originalquellen anscheinend nichts [30]. Zulässig waren männliche wie weibliche Opfertiere [31]. – Menschenopfer sind nicht mit Sicherheit nachzuweisen [32].

---

[30] YĀQŪT (ed. WÜSTENFELD II 356 sq.) berichtet von der Schlachtung einer schwarzen Ziege bei der Initiation eines Zauberers in Südarabien (vgl. KREMER, Culturgeschichte II 263; FORRER 88 mit Anm. 3 und 4; am ausführlichsten: ARENDONK in der E. G. BROWNE-Festschrift 1–5). Nach der Erklärung von ARENDONK (a. a. O. 2) scheint das Fleisch der Ziege oder wenigstens der größte Teil desselben (a. a. O., note 6) für die dämonischen Bewohner der Höhle bestimmt zu sein, von denen der Adept Zauberkraft zu erlangen wünscht; vgl. auch ebd. 4: «The sacrifice is undoubtedly intended for the demon(s) by which the place is haunted according to AL-ḤAMDĀNĪ.» Der Ort, an dem diese Initiation angeblich vorgenommen wird, liegt übrigens nicht «zwischen Ḥaḍramaut und ʿUmān», wie der erste der von AL-ḤAMDĀNĪ angeführten Berichte sagt, sondern ostsüdöstlich von Taʿizz (a. a. O. 3). [ ]

[31] Vgl. HÖFNER und RHODOKANAKIS, WZKM 43 (1936) 219; MARGOLIOUTH 21.

[32] GRIMME hat die Existenz von Menschenopfern bei den Minäern nachzuweisen gesucht. Er deutet die Inschrift Glaser 282 als die Opferung einer Frau («Blutehe» mit dem Mondgott) (OLZ 9 [1906] 57–70, bes. 62, 68f.). Darin ist ihm MADER gefolgt (68f.), und auf MADER stützt sich KLAMETH (CRSER III [1923) 314f.). Dagegen erklären RHODOKANAKIS und RYCKMANS diesen Text anders, nämlich von der Weihe einer Hierodule (RHODOKANAKIS, Studien I 60–66, bes. 62; RYCKMANS, LM 55 [1942] 171). Vgl. dazu unten p. 801. – Aus einer anderen Gruppe von Texten hat GRIMME Opfer von Kindern herausgelesen, die sich nach seiner Annahme in der volkstümlichen Religion noch länger erhielten, nachdem sie bereits aus dem Kult der Tempel verschwunden waren, und die teilweise draußen an Bächen geschlachtet wurden (ZA 29 [1914/15] 184–190). Nach RYCKMANS sind aber die Inschriften mangelhaft kopiert gewesen, und mit der Wiederherstellung des richtigen Textes wird die Erklärung von GRIMME hinfällig (LM 55 [1942] 171). So läßt sich also kein Menschenopfer nachweisen. Es kam wohl vor, daß führende Männer eines besiegten Stammes auf Grund eines Orakelspruches getötet wurden, aber nicht als Menschenopfer (RHODOKANAKIS, Altsab. Texte I 30, 56, 78). [ ] – Die Verwechslung von Ṣabiern und Sabäern, die anscheinend unausrottbar ist, obwohl bereits CHWOLSOHN (bes. I 9f., 91–95) den Unterschied klargestellt hat, führt immer wieder dazu, daß den Sabäern Menschenopfer (sogar mit Kannibalismus) zur Last gelegt werden; so bei LOEB 10 (ebd. 33 als Beleg: CHWOLSOHN II 28ff., wo es sich natürlich um die [ḥarrānischen] Ṣabier handelt; auf der Karte [Map A: Cannibalism and Human Sacrifice] ist aber das Gebiet der Sabäer in Südwestarabien markiert). Über Menschenopfer bei den ḥarrānischen Ṣabiern siehe CHWOLSOHN I 428–430, 464–467; II 19–21, 28f., 130–132, 142–150, 215, 327, 387, 388f., 391, 393, 395, 397, 666f. – Bei COON, Southern Arabia 400 finden sich mehrere groteske Mißverständnisse. Er stützt sich offenbar auf NIELSEN, Handbuch I 203f., 231 (dieser auf CHWOLSOHN II 397), betrachtet aber die Sarazenen des NILUS (auf der Sinaihalbinsel) als Ḥimyariten und die ḥarrānischen Ṣabier als einen anderen südarabischen Stamm. (Übrigens wurde auch bei den letzteren nicht dem Abendstern, wie COON schreibt, sondern dem Mondgott ein alter Mann geopfert, nach CHWOLSOHN, a. a. O.) [ ]

[795] Das *Weihrauchopfer* muß einen sehr bedeutenden Platz im Kultus eingenommen haben [33], wie das im klassischen Weihrauchlande ja auch sehr naheliegend war. Dafür spricht schon das Vorhandensein eigener Räucheraltäre [34]. Überhaupt galt der Weihrauch als besonders heilig; schon beim Einsammeln waren bestimmte religiöse Vorschriften zu beobachten [35].

Über *sonstige Opfermaterie* erfährt man nicht viel; doch ist anzunehmen, daß bei den wiederholt erwähnten Erstlingen außer Getreide [36] auch sonstige Feld- und Gartenfrüchte gemeint sind. Opfer von Brot, Früchten oder anderen Nahrungsmitteln wurden zuweilen verbrannt [37] oder bei heiligen Quellen niedergelegt [38]. Gelegentlich werden «Opfer- oder Ölsteine» erwähnt [39]; demnach wäre auch das Öl als Opfermaterie anzusehen. [796]

---

[33] Hommel, Altisr. Überlieferung 279; Hommel in Nielsen, Handbuch I 77; Nielsen, Mondreligion 134f.; Tritton, ERE X 883a; Rhodokanakis, Studien II 27, 30, 39, 56, 66; III 32; Rhodokanakis in Gressmann 469–471; Ryckmans, LM 55 (1942) 171; Klameth, CRSER III (1923) 308, 313. Allgemeines über Weihrauch und sonstige Aromata: Grohmann, Südarabien als Wirtschaftsgebiet I 110–164 (speziell über Weihrauch: 122–148; vgl. auch II 265b [Index s. h. v.]); M. Hartmann, Arabische Frage 19f., 414–416, 419f.; Altheim I 122f., 145. – Interessant ist, daß in Babylonien, nach Ausweis der Keilschriftliteratur, unter den verschiedenen im Kult verwendeten Aromata der eigentliche Weihrauch (im botanischen Sinne) durchaus keine so große Rolle spielte, wie man früher auf Grund einer Notiz von Herodot annahm; siehe darüber Blome I 282f. (§ 263); vgl. den ganzen Kontext 269–284 (§ 255–265). Ganz anders war das im israelitischen Kult; siehe ebd. 289f. (§ 271). Das paßt gut zu den sonst bekannten handelsgeographischen Tatsachen (vgl. oben Anm. 14): die klassische Weihrauchstraße verlief in der Nähe der Westküste Arabiens, während die Handelsverbindungen zwischen Südarabien und dem Persischen Golf viel weniger intensiv waren. [ ]

[34] Hommel, Altisr. Überlieferung 279; Hommel, Ethnologie 234 (zu S. 130f.). 713, Anm. 3, Sp. b; Grohmann, Südarabien als Wirtschaftsgebiet I 111; Grohmann in Nielsen, Handbuch I 155; Tritton, ERE X 883; Nielsen, Mondreligion 135; Rhodokanakis, Studien I 9; II 14, Anm. 5 (p. 15); III 31f.; Rhodokanakis, Altsab. Texte I 83, Anm. 7; II. WZKM 39 (1932) 175, 184, 186; Rhodokanakis in Gressmann 469, 470; Mordtmann und Mittwoch, Sabäische Inschriften 139, 234–239; Ryckmans, LM 55 (1942) 171. [ ]

[35] Vgl. Smith, Religion 426f. – Von der Weihrauchernte war der Zehnte an die Tempel abzuliefern (Smith, Religion 247, note 5; M. Hartmann, Arabische Frage 20; Grohmann, Südarabien als Wirtschaftsgebiet I 81; Rhodokanakis, Studien I 6–10), nach Theophrast soll es sogar ein Drittel gewesen sein (vgl. Tkač in Pauly-Wissowa I A [1920] 1307). [ ]

[36] Siehe Grimme, OLZ 9 (1906) 325, 395, 434. – Glaser vermutet auch eine Darbringung von Kuchen (MVG 28/2 [1923] 57–60).

[37] Rhodokanakis, Studien III 31f.; Rhodokanakis, WZKM 43 (1936) 52.

[38] Smith, Religion 177.

[39] Grohmann, Göttersymbole 8a, 10a; Grebenz, WZKM 42 (1935) 72; vgl. auch Ryckmans, LM 55 (1942) 171.

Welche Flüssigkeiten an den «Libationsaltären»[40] ausgegossen wurden, ist nicht ersichtlich; wahrscheinlich waren es Weinspenden[41].

Votivgeschenke der verschiedensten Art sind uns zahlreich erhalten geblieben, werden auch in den Inschriften oft genannt. Zum Teil dienten als Votivgeschenke solche Stoffe, die schon im unbearbeiteten Zustande wertvoll waren, wie Gold und Weihrauch[42], meistens aber Erzeugnisse des Kunsthandwerkes, wie Inschrifttafeln, Statuetten von Menschen und Tieren (Kamele, Stiere, Pferde, Steinböcke, Schlangen, einmal auch eine Maus), Arme und Beine aus Bronze, Gold usw.[43].

2. *Ritus*

Über den Ritus ist wenig bekannt; daß er aber ziemlich kompliziert war, läßt die ganze Einrichtung des Kultus, das Vorhandensein von Tempelbauten und die hohe Organisation der Priesterschaft, vermuten.

Daß die Begriffe «schlachten» und «opfern» nahe verwandt waren, ist genügend belegt (siehe oben p. 793). Das minäische Wort *maḏbaḥ* bedeutet

---

[40] Vgl. MORDTMANN und MITTWOCH, Or, N. S. 2 (1933) 52f.; RHODOKANAKIS, WZKM 43 (1936) 53–58. [ ]

[41] Über Weinbau im Yemen siehe GROHMANN, Südarabien als Wirtschaftsgebiet I 41f., 203, 234–238; II 18, 33f., 51f., 71; FORRER, Südarabien 227; über Weinspenden in den nördlichen Randgebieten Arabiens: WELLHAUSEN, Reste 114, 182f., 210, Anm. 1; SMITH, Religion 220, 235; GRIMME, Ṣafatenisch-arabische Religion 158. [ ]

[42] NIELSEN, Handbuch I 235; HÖFNER, WZKM 40 (1933) 6f.

[43] GROHMANN, Südarabien als Wirtschaftsgebiet I 169, 172, 190f.; GROHMANN in NIELSEN, Handbuch I 172–175; NIELSEN, ebd. 236–238; RHODOKANAKIS, ebd. 139; RHODOKANAKIS in GRESSMANN 467–469; RHODOKANAKIS, Bodenwirtschaft 185; RHODOKANAKIS, Ḳatab. Texte I 144 (zu p. 12); RHODOKANAKIS, Altsab. Texte I 83, 93; RHODOKANAKIS, WZKM 43 (1936) 75; 47 (1940) 52f.; M. HARTMANN, Arabische Frage 398, 424; TRITTON, ERE X 883b; BARTON 210; GLASER, MVG 28/2 (1923) 61–69; RYCKMANS, LM 55 (1942) 169, 170; GRIMME, OLZ 9 (1906) 68; MORDTMANN und MITTWOCH, Or, N. S. 1 (1932) 122; HÖFNER, WZKM 40 (1933) 3–14; 42 (1935) 44f.; 45 (1938) 13, 20, 37; MARGOLIOUTH 22, 36. [ ] – Bei GRIMME, OLZ 9 (1906) 258, 329, 395–398, 435 handelt es sich entweder um Votivgeschenke oder um pflichtmäßige Naturalabgaben an Tempel. Über Abgabe des Zehnten und sonstige Steuern an Tempel vgl. RYCKMANS, LM 48 (1935) 186f.; RHODOKANAKIS, Studien I 6–10; II 58, 66; RHODOKANAKIS, Ḳatab. Texte I 11–19, 21, 26, 59, Anm. 3, 62, 65, 81, Anm. 8 (p. 82), 134, 144 (zu p. 12). Siehe auch oben Anm. 35. Diese Tempelsteuern waren eine Ablösung für persönlich zu leistende Frondienste (RHODOKANAKIS, Anzeiger 54 (1917) 69f.).

Als Geschenke an die Tempel wurden neben Tieren (besonders Stieren und Pferden) auch Sklaven gegeben (RYCKMANS, LM 55 [1942] 170); vgl. dazu auch unten p. 800f. mit Anm. 84–92.

«Schlachtaltar», wird aber auch im weiteren Sinne für Räucheraltäre gebraucht [44]. Neben Schlachtopferaltären [45] ist auch von «Opfersteinen» die Rede [46], die man sich wohl als unbearbeitete oder nur wenig bearbeitete Fels- [797] blöcke zu denken hat. Die regelrechten Altäre befanden sich in den Tempeln oder auch auf den Mauern der Tempelstädte [47].

Daß zum Opfer auch ein *Opfermahl* gehörte, ergibt sich aus der Erwähnung eines Ortes, wo das Opferfleisch gekocht wurde [48]. Jedoch wurden nicht alle Opfer verzehrt; Brot, Früchte oder andere Nahrungsmittel wurden zuweilen bei heiligen Quellen niedergelegt und den Vögeln oder anderen Tieren überlassen [49].

Das Feuer spielte eine große Rolle im Kult [50]. Nach NIELSEN [51] wurde auch Fleisch von Opfertieren verbrannt, nach anderen dagegen nur Weihrauch oder allenfalls noch ungenießbare Teile der Opfertiere [52]; diese Ansicht ist aber unhaltbar, nachdem feststeht, daß auch vegetabilische Nahrungs-

---

[44] HOMMEL, Ethnologie 713, Anm. 3, Sp. b; RYCKMANS, LM 55 (1942) 171. [ ]

[45] MORDTMANN und MITTWOCH, Sabäische Inschriften 19f.; vgl. auch GROHMANN, Göttersymbole 41b; HÖFNER und RDODOKANAKIS, WZKM 43 (1936) 217–219.

[46] GROHMANN, Göttersymbole 8a, 10a, 14b; MORDTMANN und MITTWOCH, Or, N. S. 1 (1932) 29f.; GREBENZ, WZKM 42 (1935) 86, 87. [ ]

[47] RHODOKANAKIS in NIELSEN, Handbuch I 135 (verweist auf Studien II 29–41, 54–71); über Darbringung von Opfern auf hohen Gebäuden siehe RHODOKANAKIS, WZKM 43 (1936) 49f., 52. [Es werden in südarabischen Inschriften folgende Arten von Altären erwähnt: Räucheraltar, Schlachtopferaltar, Brandopferaltar, Feueraltar, Libationsaltar (vgl. oben Anm. 34, 40; unten Anm. 50), und schließlich Stelenaltar, würfelförmige Basis, auf der sich eine Stele erhebt, die verschieden geformt sein kann. Abbildungen bei GROHMANN, Göttersymbole, z. B. S. 38, Abb. 84. – Welche Opfer auf diesen Stelenaltären dargebracht wurden, erfahren wir nicht. Vielleicht (sogar wahrscheinlich) waren diese *ḳyf* oder *mḳf* genannten Altäre überhaupt keine Opferaltäre, sondern dienten anderen kultischen Zwecken. Vgl. zu *ḳyf* (auch zur Etymologie des Wortes) HÖFNER und RHODOKANAKIS, WZKM 43 (1936) 212–222. Ferner wird als Ort eines Opfers in der Inschr. CIH 392 (vgl. a. a. O. 218f.) ein Grenzstein *(wṯn)* erwähnt. Es heißt dort, dem Grenzstein (d. h. der Gottheit, die darin ihren Sitz hat) sei «einmal im Jahre ... ein makelloses Schlachtopfer ... zu schlachten.» M. H.] [ ]

[48] HOMMEL, Ethnologie 144; KLAMETH, CRSER III (1923) 311–313; vgl. auch MONTGOMERY 157. [ ]

[49] Siehe oben p. 795 mit Anm. 38. Auch die Rinderopfer der Ḫaulān sollen den wilden Tieren überlassen worden sein (siehe oben Anm. 26).

[50] NIELSEN, Mondreligion 103f., 134, 159f.; RYCKMANS, LM 55 (1942) 171; RHODOKANAKIS, Studien II 39; vgl. auch ebd. 34, 36, 45, 167f.; III 31f.; RHODOKANAKIS, Altsab. Texte II. WZKM 39 (1932) 175; HÖFNER, WZKM 40 (1933) 11, 29f. [ ]

[51] NIELSEN, Mondreligion 159f.

[52] KLAMETH, CRSER III (1923) 313.

mittel verbrannt wurden (siehe oben p. 795); auch werden Brandopferaltäre und Räucheraltäre voneinander unterschieden (siehe Anm. 47; auch oben p. 795).

Gemeinsames Gebet war ebenso wenig bekannt wie in Nordarabien [53].

3. Anlässe und Zwecke

Die Opferanlässe waren zum großen Teil durch Gelübde gegeben, wie aus den zahlreichen Votivinschriften hervorgeht [54], also freigewählt oder durch besondere Umstände motiviert [55], in manchen Fällen vielleicht auch [798] mit Wallfahrten verbunden [56]. Ferner brachte man Opfer dar, um Regen [57] und um eine gute Ernte zu erlangen [58]. Manche Monatsnamen weisen auf regelmäßige Opfer hin [59], besonders auf Erstlingsopfer [60]. Mit diesen hängt vielleicht der als Tempelsteuer zu entrichtende Zehnte zusammen [61] (vgl. auch oben Anm. 35), der allerdings nicht nur von der Ernte,

---

[53] Ryckmans, LM 55 (1942) 172.

[54] Vgl. Rhodokanakis, Bodenwirtschaft 194, Anm. 5; Rhodokanakis, Studien II 158, 159; Rhodokanakis, Ḳatab. Texte I 58, 106, 122, 130f., 132–134.

[55] Opfer wurden auch dargebracht bei der Vollendung eines großen Gebäudes (Rhodokanakis, Altsab. Texte I 21, 34f., 37), z.B. bei der Übergabe von fertiggestellten Festungsbauten an den Staat (Rhodokanakis, Studien II 57); wahrscheinlich auch bei den Weihungen, durch die der Stifter seine Person, seine Familie und seinen Besitz einem Gott weihte, d.h. in göttlichen Schutz stellte und für sakrosankt erklärte (Rhodokanakis, Bodenwirtschaft 195, mit Anm. 5).

[56] Auf Grund von Graffiti lassen sich Wallfahrtsorte vermuten (Mordtmann und Mittwoch, Sabäische Inschriften 156; vgl. auch Grimme, LM 48 [1935] 255–274; Margoliouth 21). [ ]

[57] Rhodokanakis in Nielsen, Handbuch I 130, 139; Rhodokanakis, Ḳatab. Texte II 52f. [ ]

[58] Rhodokanakis in Nielsen, Handbuch I 139.

[59] Vgl. Ryckmans, Noms propres I 379a; «*D̲û-Mawṣabim* – mois pendant lequel avait lieu un sacrifice?»; siehe auch ebd. 380b; ferner Ryckmans, LM 55 (1942) 171; Grimme, ZA 29 (1914/15) 185, 187–189. – Der Termin des Jahresbeginnes in Südarabien ist noch unbekannt (Rhodokanakis, Ḳatab. Texte II 20). [ ]

[60] Ryckmans, Noms propres I 380 b: «*D̲û-Farâʿim*, mois de perception de prémices» (verweist auf Rhodokanakis, Ḳatab. Texte I 81, Anm. 8); vgl. auch ebd. 389: «... ont acquitté le tribut de prémices au *baʿal* ...» – Über alljährliche Dankopfer für gute Ernten vgl. Rhodokanakis, Ḳatab. Texte I 25f.; Rhodokanakis, Studien II 158, 159, 161; über ein agrarisches Fest ungefähr zur Zeit der ersten Ernte siehe Rhodokanakis, Ḳatab. Texte II 20. [ ]

[61] Vgl. Rhodokanakis in Nielsen, Handbuch I 139; Rhodokanakis, Studien II 56–58, 66; vgl. auch ebd. 152f.; Ryckmans, LM 55 (1942) 169; Margoliouth 21; Montgomery 157.

sondern auch von Erbschaft und Kauf zu bezahlen war [62]. Durch einen Orakelspruch konnten Opfer zur Pflicht gemacht werden, die alljährlich zu wiederholen waren [63].

Die vorstehenden Beispiele bezeugen die Existenz von Bitt- und Dankopfern, oft in einer Opferhandlung miteinander verbunden. Die Stiftung von Votivstatuetten war oft mit der Bitte um Schutz verbunden [64], konnte aber auch den Dank für empfangene Wohltaten zum Ausdruck bringen; so dankt z. B. ein Ehepaar in einer Inschrift für die vier Kinder, die ihm geschenkt wurden, und bittet um ihren weiteren Schutz [65]. Die Existenz des Dankopfers ist auch sonst noch bezeugt [66]. Sühnopfer in Verbindung mit [799] Schuldbekenntnissen waren üblich [67]. Ein reines Lobopfer scheint nicht in Übung gewesen zu sein; man müßte denn gerade das einmal erwähnte «Huldigungsopfer» [68] als solches ansehen.

4. Darbringer

Als Darbringer des Opfers figuriert der Priester, oder vielmehr eine ganze Hierarchie von Priestern [69]. Die Spitze dieser Hierarchie bildet in der

---

[62] RHODOKANAKIS in NIELSEN, Handbuch I 141. Vgl. auch GRIMME, LM 37 (1924) 173 über Erstlinge und Zehnten als Folge der freiwilligen Weihe an eine Gottheit.

[63] Siehe RHODOKANAKIS, Bodenwirtschaft 187f. (vgl. ebd. 190, 193f.): der Gott verspricht durch sein Orakel eine gute Ernte und verpflichtet seinen Verehrer, alljährlich ein Dankopfer darzubringen. (Dasselbe: RHODOKANAKIS, Ḳatab. Texte I 25 – verweist auf Bodenwirtschaft 17, 20, 23 [= 187f., 190, 193f., nach obiger Zählung].) – Ferner gab es auch Opfer bei periodischer Bundeserneuerung in Verbindung mit einer sakralen Jagd. RHODOKANAKIS, Altsab. Texte I 38f., 83, 92f. (verweist auf WZKM 28 [1914] 112f. und Studien II 166f.); Altsab. Texte II. WZKM 39 (1932) 191f. Vgl. auch oben Anm. 47, über das alljährliche Opfer für den Grenzstein. [ ]

[64] NIELSEN, Handbuch I 237; vgl. auch RHODOKANAKIS, Ḳatab. Texte I 144 (zu p. 12). [ ]

[65] NIELSEN, Handbuch I 236f.

[66] HOMMEL, Ethnologie 144 (sabäischer Terminus); vgl. auch RHODOKANAKIS, Ḳatab. Texte I 25f.; RHODOKANAKIS, Studien II 158, 159, 161; GRIMME, LM 37 (1924) 173, 177. [ ]

[67] HOMMEL. Altisr. Überlieferung 321f.; LAGRANGE, Etudes 256f.; KLAMETH, CRSER III (1923) 315; GRAY 63f., 406. Manchmal waren als Sühne Geldstrafen an den Tempel zu entrichten (RYCKMANS, LM 55 [1942] 170f.) – Über die Reueurkunden vgl. bes. HALÉVY, RS 7 (1899) 267–278; M. HARTMANN, Arabische Frage 207–211; RHODOKANAKIS in GRESSMANN 465; RHODOKANAKIS, Studien I 57–60; RYCKMANS, LM 52 (1939) 74; 58 (1945) 1–14; MONTGOMERY 157f.; PETTAZZONI II 312–365. [ ]

[68] RHODOKANAKIS, Studien II 40.

[69] Allgemeines über das südarabische Priestertum siehe bei LAGRANGE, Etudes 217,

älteren Zeit der *mkrb*, gewöhnlich vokalisiert *mukarrib* [70], der «Priesterfürst» [71] oder «Opferfürst» [72], der Repräsentant der alten Theokratie, die allmählich in ein weltliches Königtum überging [73], wie auch im alten Mesopotamien an die Stelle des *pa-te-sí*, des Priesterfürsten, der *lu-gal*, der König, trat [74]. Der [800] Terminus *mukarrib* ist wahrscheinlich qatabanischen Ursprungs [75] und von den Sabäern übernommen worden [76]; jeden-

---

219; Nöldeke, ERE I 667a; M. Hartmann, Arabische Frage 16. – Nach Ryckmans (LM 55 [1942] 171) war der Stifter des Opfers anscheinend auch selbst der Darbringer («Le sacrificateur paraît avoir été le dédicant lui-même»). Bei bestimmten Gelegenheiten opferte der König (Ryckmans, a. a. O.; vgl. auch LM 40 [1927] 188). Jedenfalls blieben aber doch bestimmte Funktionen den Priestern reserviert, wenn auch der Stifter etwa selbst die Schlachtung vollzog. Grimme vermutet, daß individuelle Opfer, vor allem außerhalb der Tempel, noch nach altsemitischem Brauch von Privatpersonen vollzogen wurden (LM 45 [1932] 99–101). [ ]

[70] Hommel, Altisr. Überlieferung 76f.; Hommel in Nielsen, Handbuch I 77. 86f., 97; Nielsen, Handbuch I 235; Nielsen, Ilmuḳah 53, 68 (= MVG 14 [1909] 357, 372); Rhodokanakis, Bodenwirtschaft 196; Rhodokanakis, Altsab. Texte I 9, 14, 20, 33, 36, 38, 54, 56, 79, 108; Grohmann, ebd. 115, 118; Glaser, Skizze der Geschichte und Geographie I 64–73; Ryckmans, LM 55 (1942) 166. Zuweilen wird auch vokalisiert *makrûb* (Hommel, Altisr. Überlieferung 76f.) oder *mukarrab* (M. Hartmann, Arabische Frage 132–136, 350, 599). Nielsen (MVG 11 [1906] 250) ließ noch die 3 Möglichkeiten offen: *mukarrib, makrūb* oder *mukarrab*. [ ]

[71] Hommel, Ethnologie 698; Hommel in Nielsen, Handbuch I 77, 86; Rhodokanakis, ebd. 111, 113, 118, 131, 141; Nielsen, ebd. 235; Ryckmans, LM 55 (1942) 166; Landersdorfer 18.

[72] Rhodokanakis in Nielsen, Handbuch I 118; Ryckmans, LM 55 (1942) 166.

[73] Rhodokanakis in Nielsen, Handbuch I 118; Hommel, ebd. 86; Rhodokanakis, Bodenwirtschaft 196; Rhodokanakis, Anzeiger 54 (1917) 68 (vgl. auch ebd. 70); Rhodokanakis, Studien II 11, 59, 67, 153, 165; Rhodokanakis, Altsab. Texte I 14, 20, 38, 54, 108; Rhodokanakis, Ḳatab. Texte II 44–56; Rhodokanakis, Inschriften 10, 11, 26, 44f.; M. Hartmann, Arabische Frage 135; Montgomery 137, 143. – Nur Mordtmann und Mittwoch, Sabäische Inschriften (15, Anm. 2) äußern sich zurückhaltend: «Von den Makrab der altsabäischen Periode, den Vorläufern der Könige von Saba, hat man es bisher, wenn auch ohne Beweis, als selbstverständlich angenommen, daß sie eigentlich Oberpriester waren und als solche auch die politische Herrschaft ausgeübt haben ...» [ ]

[74] Hommel in Nielsen, Handbuch I 86, Anm. 2 (beruft sich auf Rhodokanakis, Bodenwirtschaft 26 mit Anm. 2; Ḳatab. Texte I 35, Anm. 1). [ ]

[75] Hommel, Ethnologie 661; Hommel in Nielsen, Handbuch I 86f., 97; vgl. auch Rhodokanakis, ebd. 131, 141; Rhodokanakis, Altsab. Texte I 96; Rhodokanakis, Ḳatab. Texte I 27, 29; II 75; Rhodokanakis, Studien III 45; Rhodokanakis, Inschriften 33–49 (vgl. auch ebd. 3, 10, 11, 12, 26); M. Hartmann, Arabische Frage 135, 165.

[76] Hommel in Nielsen, Handbuch I 86f.

falls findet er sich bei diesen häufig [77]. Auch in Ḥaḍramaut gab es einen *mukarrib* [78]. Bei den Minäern sind jedoch keine Priesterfürsten, sondern nur Könige bekannt [79]; neben diesen bestanden aber auch aristokratische Priestergeschlechter [80].

Ferner wird bei Minäern und Sabäern oft ein Oberpriester (*kabīr*) genannt [81]. Seine Funktion scheint ursprünglich das Regenopfer gewesen zu sein; später wurde er zu einem weltlichen Beamten, und in dieser Eigenschaft kommt er anscheinend häufiger in den Inschriften vor als in seiner früheren sakralen Stellung [82]. Daneben finden sich noch verschiedene andere Bezeichnungen für Priester, deren spezielle Bedeutung nicht immer festzustellen ist [83].

Schießlich werden auch Leviten erwähnt – dieser Terminus soll minäischen Ursprung sein (*lawi'ān*) [84], ebenso Levitinnen [85]. Ob es eigent- [801]

---

[77] Hommel, Ethnologie 664, Anm. 2, 671–673, 684, Anm. 4, 692, 695, 698; vgl. Rhodokanakis in Nielsen, Handbuch I 111, 113, 118; Rhodokanakis, Studien II 127; Rhodokanakis, Ḳatab. Texte II 44–56; Landersdorfer 18; weitere Belege an den oben Anm. 70–72 zitierten Stellen.

[78] M. Hartmann, Arabische Frage 135, 165; Rhodokanakis, Studien II 49; Hommel in Nielsen, Handbuch I 86, Anm. 4 (p. 86f.), 103; Rhodokanakis, ebd. 118; dort war es aber vielleicht ein bloßer Titel des Königs, ohne priesterliche Funktionen, denn er kommt in sehr später Zeit vor, wo in den anderen südarabischen Staaten schon längst das weltliche Königtum bestand. [Der Titel *mkrb* erscheint in den Inschriften nur in der Zeit vor dem Königtum und zwar immer als Titel des Herrschers, der damals die oberste Priestergewalt und Herrschergewalt in einer Person vereinigte. Ob *mkrb* als Titel des Oberpriesters auch nach der Trennung von Priestertum und Königtum beibehalten wurde, ist aus den Inschriften nicht ersichtlich; diese erwähnen lediglich den neuen Herrschertitel *mlk* «König». Als sicher dürfen wir wohl annehmen, daß es auch dann noch eine priesterliche Hierarchie gegeben hat; die Tempel spielten ja weiterhin eine außerordentlich wichtige Rolle. M. H.] [ ]

[79] Hommel in Nielsen, Handbuch I 86; Rhodokanakis, ebd. 118; Ryckmans, LM 55 (1942) 166, note 2. [ ]

[80] Hommel, Ethnologie 735.

[81] Hommel, Ethnologie 144, 235 (zu p. 161). Vgl. auch Rhodokanakis, Studien II 150; H. Dérenbourg, BRAH 47 (1905) 76: *kabîr* = grand-prêtre.

[82] Rhodokanakis in Nielsen, Handbuch I 130 (verweist auf Ḳatab. Texte II 53, 67, Anm. 2); M. Hartmann, Arabische Frage 648b (Index s.v. Kabir, Kabirat). [ ]

[83] So z.B. *ršw* (*raššâw?*), nach Rhodokanakis in Nielsen, Handbuch I 131 (nach Glaser, MVG 28/2 [1923] 4–11 war der *raššâw* vielleicht kein Priester); vgl. ferner Tritton, ERE X 883a; Ryckmans, LM 55 (1942) 169; Landersdorfer 67. [ ]

[84] Nielsen, Handbuch I 42; Grimme, ZDMG 61 (1907) 83–85; Grimme, LM 37 (1924) 169–199; Ryckmans, LM 55 (1942) 170; vgl. auch Gray 186, 242–244; Montgomery 156. Da dieser Terminus sich aber nur auf Inschriften in der in Nordarabien gelegenen minäischen Handelskolonie von al-ʿUla (el-ʿÖla) findet, nicht in der südarabischen Heimat, könnte er vielleicht doch aus dem Norden entlehnt sein (Gray 244). Auch Margoliouth (21f.) ist zurückhaltend. [ ]

liche Priesterinnen gab, ist zweifelhaft [86]. Nach GRIMME ist es unberechtigt, aus den Bezeichnungen *lawi'ān* und *lawi'atān* (Levit bzw. Levitin) priesterliche Funktionen abzuleiten, wie es vielfach geschieht, indem man sie mit «Priester» und «Priesterin» übersetzt [87]. Die betreffenden Personen sind vielmehr dem Heiligtum «verpfändet», «als Pfänder übergeben», und zwar für eine bestimmte Zeit [88].

Über die Rolle der gelegentlich erwähnten Hierodulen [89] ist aus den betreffenden Stellen keine volle Klarheit zu gewinnen. Man braucht nicht anzunehmen, daß alle Hierodulen Sakralprostituierte waren (das war ja auch in Babylonien nicht der Fall) [90]. Sakralprostitution war aber jeden-

---

[85] HOMMEL, Ethnologie 144, 581; NIELSEN, Handbuch I 42.

[86] Eine Priesterin wird erwähnt in einem heiligen Palmenhain an der Küste des Golfes von ʿAqaba (NÖLDEKE, ERE I 667a; vgl. darüber auch HOMMEL, Ethnologie 627; MORITZ, Sinaikult 36–38; KREMER, Studien III–IV 12; GRAY 186). Ob dieses Heiligtum zu einer südarabischen Kolonie gehörte oder von ihr beeinflußt war? [ ]

[87] GRIMME, LM 37 (1924) 169–199, bes. 181–183, 191–193; vgl. auch LANDERSDORFER 66.

[88] GRIMME, a. a. O. [Zu den *lw'n, lw'tn* in den nordminäischen Inschriften von El-ʿÖla vgl. K. MLAKER, Die Hierodulenlisten von Maʿīn, S. 58 (Samml. orientalistischer Arbeiten im Verlag O. HARRASSOWITZ, Heft 15, Leipzig 1943). A. a. O. setzt sich MLAKER mit den Ansichten von GRIMME (LM 37 [1924] 169–199) auseinander. Er ist auch der Ansicht, daß die als *lw'(t) n* bezeichneten Personen Pfandpersonen waren (in Südarabien!), weist aber GRIMMES Versuch, die altsüdarabischen «Leviten» eindeutig mit den hebräischen zusammenzustellen, als «nicht zwingend» zurück. Neben anderem sind ihm dabei vor allem chronologische Überlegungen maßgebend. M. H.] – Die Arbeit von MLAKER war mir bekannt, aber bis jetzt nicht zugänglich. Sie existiert nur in wenigen Exemplaren, da der größte Teil der Auflage kurz nach Fertigstellung bei dem Luftangriff in Leipzig verbrannte. (Nach briefl. Mitteilung von Frl. Dozentin M. HÖFNER, 23.2.1947).

[89] HOMMEL, Ethnologie 143f.; HOMMEL in NIELSEN, Handbuch I 82, Anm. 2; RHODOKANAKIS, ebd. 117; GRIMME, LM 37 (1924) 174; GROHMANN, Südarabien als Wirtschaftsgebiet II 119, 123f.; RYCKMANS, LM 55 (1942) 169f., 171; 58 (1945) 4f. und die dort angegebene Literatur; RHODOKANAKIS in GRESSMANN 463–465; vgl. auch ebd. 466f.; RHODOKANAKIS, Altsab. Texte I 35; NIELSEN, ZDMG 92 (1938) 510; M. HARTMANN, Arabische Frage 7, 16, 23, 193, 206f. (vgl. den ganzen Zusammenhang 202–207), 421, 603f.; MONTGOMERY 156, 182.

[90] Auch LANDBERG, der sich um den Nachweis bemüht, daß diese Frauen Sakralprostituierte waren (Etudes II/2, 952–957), muß doch gestehen: «On ne sait pas au juste quelles fonctions remplissaient ces femmes» (ebd. 953). Daran ändern auch seine Ausführungen nichts, die viel Unsicheres enthalten (erst recht nicht die ganze unerquicklich breite Abhandlung a. a. O. 907–973). So spricht sich LANDBERG z.B. sehr entschieden dafür aus, in *Wadd* den Gott der sinnlichen Liebe zu sehen (a. a. O. II/2, 953, 954, 955; II/3, 1874), was aber zum mindesten sehr umstritten ist (vgl. WELLHAU-

falls bekannt [91]. Daß sie bei besonderen Gelegenheiten auch von freien Frauen ausgeübt wurde, ist gelegentlich vermutet worden; es ist aber unwahrscheinlich [92]. Obszöne Zeremonien (wahrscheinlich Fruchtbarkeitsriten) sind aller- [802] dings noch in späterer Zeit für Südarabien bezeugt [93]; es ist aber nicht ersichtlich, ob sie mit dem Opferkult irgendwie in Zusammenhang standen.

SEN, Reste 17f.; NÖLDEKE, ZDMG 41 [1887] 708f.; DÉAK 44–50); daher läßt sich auch aus diesem Namen keinerlei Klarheit über unsere Frage gewinnen.

[91] NIELSEN, ZDMG 67 (1913) 382; vgl. auch RHODOKANAKIS, Studien I 62. [ ]

[92] M. HARTMANN, Arabische Frage 195f. Gelegentlich wurden auch freie Frauen zum (zeitweiligen?) Tempeldienst hingegeben; siehe MORDTMANN, ZDMG 52 (1898) 400; RHODOKANAKIS in GRESSMANN 464; PETTAZZONI II 356f. (Anm. 107); es ist aber nicht gesagt, daß sie dort als Prostituierte dienten. [Zu den südarabischen «Hierodulen» siehe ebenfalls MLAKER, a. a. O., bes. 62f.; dort heißt es (als Abschluß des Kapitels: «Zur sachlichen Erklärung»): «So können wir aus dem uns vorliegenden Material für die altsüdarabischen Verhältnisse nur eine ziemlich eingeschränkte Folgerung ziehen: während die Sachlage bei der Hingabe von Sklaven klar liegt – wohl völlige Übertragung des Eigentumsrechtes – dürfen wir bei Freien, die ‹geweiht› werden, nur an eine zeitweilige, beschränkte Unfreiheit denken. Aus all dem ergibt sich aber jetzt, daß die Auffassung, es handle sich speziell bei den weiblichen Hierodulen wesentlich um sakrale Prostitution (z. B. M. HARTMANN, Arabische Frage, 202 ff., 604; P. JENSEN, ZDMG 67 [1913] 507–509), nicht ohne weiteres haltbar ist. (M. P. NILSSON, Etudes sur le culte d'Ichtar. Archives d'Etudes Orientales, publiées par I. A. LUNDELL 2 [1911] 1–10; dazu D. NIELSEN, ZDMG 67 [1913] 380–383) ... Die allzu knappe Terminologie unserer Hierodulenliste läßt uns also nicht zu einem zwingenden Schlusse kommen, in welcher Rechtslage sich die ‹geweihten› Ehefrauen befinden. Analogien und parallele Beobachtungen reichen nicht aus; erst neues Material vermag uns über den vorläufig feststellbaren Tatbestand hinauszuführen.» M. H.] [ ]

[93] GOODLAND (196b) hat folgende Notiz: «Ritual nudity at spring festival of Minaeans or ancient Arabs»; als Quelle gibt er an: AMERICUS FEATHERMAN, Social history of the races of mankind. London 1881–1891. 7 Vols (5 Divisions). Fifth Division (Aramaeans) (1881) 347, note 1. (Dieses Werk war mir nicht zugänglich, daher konnte ich die Belege nicht überprüfen.) [ ] – Nach der Christianisierung Südarabiens mußte man gegen obszöne Maskentänze vorgehen (vgl. SMITH, Kinship 245; SCHMIDT und KOPPERS 278). Über die dem hl. Bischof GREGENTIUS zugeschriebenen «Gesetze der Homeriten» (= Ḥimyariten), aus denen diese Angabe entnommen ist, siehe E. MANGENOT, Art. Gregentius, DTC VI (1920) 1775f.; R. AIGRAIN im Art. Arabie, DHGE III (1924) 1246f. – Text der «Gesetze» bei MPG 86, 567–620; BOISSONADE 63–116; mit deutscher Übersetzung bei HAMMER-PURGSTALL, Literaturgeschichte der Araber I (Wien 1850) 577–620; die Stelle über Maskentänze (Kap. 34) siehe: MPG 86, 600; BOISSONADE 95; HAMMER-PURGSTALL 589, 611. Die Autorschaft des hl. GREGENTIUS ist zweifelhaft; überhaupt handelt es sich um eine reine Privatarbeit, die aber eine gute Kenntnis Südarabiens zeigt (vgl. J. WELLHAUSEN, NGWG, 1893, 463, Anm. 4). [ ]

5. *Empfänger*

Als Empfänger des Opfers werden in den Inschriften eine große Zahl von Göttern genannt [94]. NIELSEN erklärt die meisten Namen als Epitheta und kommt so dazu, die Zahl der Gottheiten auf drei zu reduzieren, nämlich den Mondgott, die Sonnengöttin und den Sohn dieses Götterpaares, den Venusstern [95]; diese drei Naturgottheiten sind nach seiner Ansicht allen Semiten [803] gemeinsam, wenn auch in mancherlei Umgestaltungen, die vor allem die zweite und dritte Gottheit betreffen [96]. Die Ansichten

---

[94] NIELSEN, Handbuch I 186–234; HOMMEL, ebd. 88; M. HARTMANN, Arabische Frage 11–15; RYCKMANS, Noms propres I 1–35 (dieses Kapitel schon vorher abgedruckt: LM 44 [1931] 199–233); RYCKMANS, LM 55 (1942) 167, 168, 170, 171, 173; TRITTON, ERE X 882b–883a; RHODOKANAKIS, Studien II 10, 166; FELL, ZDMG 54 (1900) 231–259; LANGDON 2–7, 11, 14, 15, 20, 21, 24, 36, 65, 66 (das südarabische Pantheon ist nicht frei von babylonischem Einfluß: ebd. 5); LANDERSDORFER 22–27; HEHN 141–146; DÉAK 40–52 (speziell über die Gottheit *Wadd*, in Nord- und Südarabien: 44–50). – In Ḥaḍramaut kommen noch heute theophore Namen vor, in denen diese heidnischen Gottheiten fortleben (WREDE 164f.). [ ]

[95] NIELSEN, Handbuch I 198–205, 213–234; dasselbe auch wiederholt in anderen Veröffentlichungen von NIELSEN, so: Ilmuḳah 39, 50–65 (= MVG 14 [1909] 343, 354–369); OLZ 16 (1913) 200–204; OLZ 18 (1915) 289–291; ZDMG 66 (1912) 469–472, 589–600; ZDMG 67 (1913) 381–383; Der dreieinige Gott I 121–126; Ras Šamra, bes. 2–45, 54–69, 99–103. LANGDON (3–6) nimmt ebenfalls die Göttertrias an, aber er sieht es nur als möglich an, daß sie die einzigen Gottheiten waren («perhaps»). Ähnlich drückt sich CATON-THOMPSON aus: «Pre-Islamic religion seems to have centered on the worship of an astral triad; a solar goddess, Shems, a moon god, Sin; and Ishtar, Venus, also male» (RCAJ 26 [1939] 83); desgleichen MONTGOMERY 152f. Vgl. auch unten Anm. 97.

[96] NIELSEN, Handbuch I 186–241 passim; Der dreieinige Gott I und II passim; MVG 21 (1916) 253–265, und die anderen in Anm. 95 zitierten Veröffentlichungen von NIELSEN; speziell über die Venusgottheit, die nach NIELSEN auch in Nordarabien männlich ist (nur bei den Nordsemiten weiblich): ZDMG 66 (1912) 469–472; 67 (1913) 379–383; Handbuch I 204, 231, 238–240. (Dagegen ist nach RYCKMANS [Noms propres I 3] die Göttin *'Ilat* in Nordarabien Venusgöttin.) Nach NIELSENS Auffassung haben die Sonnen- und Venusgottheit nicht das Geschlecht, sondern das Gestirn gewechselt, also:

Südsemitisch: *Šams* (weibliche Sonne) = nordsemitisch: *Ištar-'Aštart* (weibliche Venus).

Südsemitisch: *'Aṯtar* (männliche Venus) = nordsemitisch: *Šamaš* (männliche Sonne).

(Siehe bes. Handbuch I 239; Der dreieinige Gott I 253–255, 328–331). Diejenigen Namen, die im Süden die solare Göttin als persönliche Gottheit (Muttergöttin) charakterisieren, wie z.B. *'Ilat*, bezeichnen im Norden die Venusgöttin (NIELSEN, Handbuch I 239, Anm. 1). Ob diese Distinktion ausreicht, um seine These aufrechtzuerhalten, ist fraglich.

von NIELSEN sind aber stark angefochten worden [97]. Zweifellos war der Astralkult in Südarabien sehr bedeutend [98], und vor allem der Mondkult nahm dort einen hervorragenden [804] Platz ein [99], aber für die Gesamt-

---

[97] Siehe z. B. die Kritik von RYCKMANS, RB 37 (1928) 288f.; LM 55 (1942) 176; M. HARTMANN, Arabische Frage 13–15 (es gibt noch andere als diese drei Gottheiten); auch BARTON (202–211) nimmt gegen NIELSEN Stellung, stützt sich dabei aber teilweise auf evolutionistische Theorien. Nach seiner Ansicht ist *Athtar* [*ʿAṯtar*] ursprünglich ein Gott chthonischen Charakters (Fruchtbarkeitsgott) und erst nachträglich zum Venusgott geworden (136) – eine Theorie, die nicht genügend begründet ist. – Gegen NIELSENS Ansicht, daß auch bei den Thamudenern der männlich gedachte Mond eine weiblich gedachte Sonne neben sich gehabt habe, siehe GRIMME, ZS 5 (1927) 255f. Vgl. auch J. CANTINEAU, Antiquity 2 (1928) 503; H. WEINEL, OLZ 26 (1923) 50–54, bes. 53. [Es ist wohl richtig, daß sich eine ganze Anzahl der Unmenge von Götternamen als Beinamen der drei Hauptgottheiten Mond-Sonne-Venusstern erweisen, Beinamen, die meist eine besondere Erscheinungsform des betr. Gottes bezeichnen. Aber daß das altsüdarabische Pantheon nur diese Trias enthalten habe, ist doch kaum anzunehmen. M. H.] Vgl. auch DUSSAUD, Syria 20 (1939) 272.

Es würde hier zu weit führen, sich mit der ganzen Argumentation von NIELSEN auseinanderzusetzen; es sei nur auf eine Grundvoraussetzung hingewiesen, die Bedenken erregen muß: die viel zu schematische Verwendung der Gleichung «Südsemiten» = «primitive Nomadenkultur», z. B. in Generalisierungen wie: In der primitiven südsemitischen Nomadenkultur sind die Götter vorwiegend Naturobjekte, in der höheren nordsemitischen Ackerbaukultur werden diese Naturgötter allmählich zu menschenähnlichen Personen umgeformt (Der dreieinige Gott I 373). Gehören die altsüdarabischen Hochkulturen zur primitiven Nomadenkultur? [ ]

[98] RYCKMANS, LM 55 (1942) 169, 175, 176; LANGDON passim, bes. 3–6; RHODOKANAKIS, Studien III 5, 9; TKAČ in PAULY-WISSOWA I A (1920) 1307f. [siehe oben Nr. 3]. – Plejadenkult ist in südarabischen Inschriften nicht bezeugt, im nordarabischen Gebiet nur schwach, und zwar unter aramäischem Einfluß (GRIMME, Pfingstfest und Plejadenkult 44), obwohl noch heute im südarabischen Bauernkalender (siehe GROHMANN, Südarabien als Wirtschaftsgebiet II 16–18 und die dort angeführten Belege) und auch sonst oft bei Ackerbauern (sogar Primitiven) die Plejaden eine ziemlich bedeutende Rolle spielen (ANDREE, Gl 64 [1893] 362–366). [ ]

[99] Vgl. außer den in Anm. 95–96 zitierten Stellen vor allem: NIELSEN, Mondreligion, passim; (HOMMEL, Ethnologie 239f., macht einige Reserven gegenüber diesem Werk, stimmt aber doch weitgehend mit NIELSEN überein; ähnliche Auffassungen schon vorher: HOMMEL, Gestirndienst, passim); NIELSEN, Ilmuḳah 61–70 (= MVG 14 [1909] 365–374); NIELSEN, MVG 11 (1906) 258–260; GRIMME, OLZ 9 (1906) 57–70, bes. 63–66, 69; GROHMANN, Göttersymbole 37–44; HOMMEL, Ethnologie 85f., 136–144; M. HARTMANN, Arabische Frage 12; RYCKMANS, LM 55 (1942) 168, 170. Archäologisch ist der Mondkult für Südarabien jetzt auch nachgewiesen durch die Ausgrabung eines Mondtempels in Ḥuraiḍa im westlichen Ḥaḍramaut (vgl. CATON-THOMPSON, RCAJ 26 [1939] 88f.; RYCKMANS, LM 57 [1944] 163–176, bes. 167–169; NIELSEN, Der dreieinige Gott II/1, 64f., 107–111). [ ]

heit der Semiten wird der Mondkult von NIELSEN doch überschätzt [100]. (Eingehende Behandlung dieser Fragen muß für später zurückgestellt werden.) Die Götter wurden nicht in menschlicher Gestalt abgebildet [101]. Der Mond erscheint auch als mythischer Stammvater, und zwar unter verschiedenen Namen bei Minäern, Sabäern und Qatabanern [102]. Ein Kult der rein menschlichen Ahnen bestand ebenfalls [103]; ob dieser auch mit Opfern verbunden war, ist nicht ersichtlich.

[805] Auf Opfer an Naturgeister deuten vielleicht die an heiligen Quellen niedergelegten Opfergaben hin (siehe oben pp. 795, 797 [104].)

---

[100] Siehe oben Anm. 97; ferner P. DHORME, RB, N. S. 3 (1906) 485–489, bes. 488f. (Rez. über NIELSEN, Mondreligion); MARGOLIOUTH 17; MONTGOMERY 158, note 27; DUSSAUD, Syria 20 (1939) 272. [ ] WINNETT (MW 30 [1940] 124–128) vertritt die Auffassung, daß die Mondgottheit in Nordarabien weiblich war. Mit dieser Ansicht steht er allerdings fast allein, aber die Frage verdiente doch noch eine genauere Untersuchung. – In Ras Šamra-Ugarit wurde, wie es scheint, außer einem Mondgott noch eine Mondgöttin verehrt; letztere geht aber auf sumerischen Einfluß zurück (DUSSAUD, Ras Shamra ²141–144; vgl. auch ebd. 156f.). [ ] – NIELSEN lehnt die Annahme einer weiblichen Mondgottheit als «unmöglich» ab und interpretiert den Text anders (Ras Šamra 92–94). Nach LANGDON (86f.) ist der Mondkult bei den Nordsemiten gänzlich auf babylonischen, d.h. letztlich auf sumerischen Einfluß aurückzuführen.

[101] NIELSEN, Handbuch I 201; NIELSEN, Ilmuḳah 70 (= MVG 14 [1909] 374); NIELSEN, Der dreieinige Gott I 126–129; TRITTON, ERE X 883b; LANDERSDORFER 27; MONTGOMERY 156. GRIMME vermutet menschengestaltige Götterdarstellungen (Mohammed [1904] 31), aber die dafür angeführten Gründe sind schwach. Auch RYCKMANS läßt diese Möglichkeit offen, drückt sich aber zurückhaltend aus: «On ignore sous quelle forme la divinité était adorée dans les temples. D'après les représentations symboliques qui figurent sur les inscriptions et les ex-voto, il est vraisemblable que les divinités étaient des statues à forme humaine ou animale. Ainsi, un dédicant offre une tunique pour vêtir le dieu *'Athtar*» (LM 55 [1942] 169). [ ]

[102] NIELSEN, Ilmuḳah 69f. (= MVG 14 [1909] 373f.); NIELSEN, Handbuch I 217; vgl. auch RYCKMANS, LM 55 (1942) 167, 174; BARTON 208; MARGOLIOUTH 12f. [ ]

[103] Vgl. PRÄTORIUS, ZDMG 27 (1873) 645–648; MORDTMANN, ebd. 30 (1876) 39; GOLDZIHER, Studien I 231, Anm. 5; RYCKMANS, LM 55 (1942) 173 (über Gräber und Grabstelen); ebd. 174 (über Vergöttlichung von Königen und legendären Personen). Über Vergötterung der Könige vgl. NIELSEN, ZDMG 66 (1912) 593f.; 68 (1914) 715f., 717f.; NIELSEN in Handbuch I 233f.; HOMMEL ebd. 68; GROHMANN, ebd. 161f. (über Totenbestattung). 162–165 (über Grabstelen). 165f. (über Ahnenstatuetten). Immerhin sind unsere bisherigen Kenntnisse darüber noch sehr dürftig. «Bisher konnten in Südarabien immer nur leere Grabstätten vom Typus der Felsengräber näher untersucht werden. Wir wissen daher von der Bestattungsweise, von Grabbeigaben, von Totenkult und Jenseitsglauben der alten Südaraber so gut wie nichts, jedenfalls nichts Sicheres.» (HÖFNER in HARTMANN und SCHEEL 60). [ ]

[104] Über Brunnengeister vgl. auch M. HARTMANN, Arabische Frage 399. Wassergottheiten (dei aquarii) bei den Sabäern werden genannt von MORDTMANN und MITT-

Eine Beziehung bestimmter Opfergaben zu bestimmten Gottheiten (oder überhaupt allgemeiner zu bestimmten Empfängern) läßt sich nicht feststellen [105].

III. Unterschiede zwischen dem altsüdarabischen und dem altnordarabischen Opfer [106]

	Südarabien	**Nordarabien**
Materie:		
1. Wichtigstes Opfertier	Rind	Kamel
2. Farbe	nichts bekannt	mit Vorliebe weiß
3. Menschenopfer	nicht nachweisbar	verschiedentlich bezeugt, aber nur in Randgebieten und spät (nordsemitische Einflüsse) [106a]
4. Weihrauch	große Bedeutung	geringe Bedeutung
5. Unblutige Tierweihe	nichts bekannt [106b]	stark bezeugt [106c]

WOCH, Sabäische Inschriften 69. [Bewässerungsgottheiten (*mnḏht*) werden in den Inschriften, besonders solchen, die über den Bau von Wasseranlagen irgendwelcher Art berichten, sehr häufig erwähnt. M. H.] Es ist aber nicht sicher, ob diese «Ressortgottheiten» einer hochspezialisierten Zivilisation aus früheren Naturgeistern hervorgegangen sind. Mit größerer Berechtigung könnten die oben Anm. 30 zitierten Angaben auf Kult von Naturgeistern gedeutet werden. [ ]

[105] Für den Grundsatz der Ähnlichkeit zwischen dem Empfänger des Opfers und der Opfergabe beruft sich NIELSEN (Handbuch I 204, 231) auf das Ritual der ḥarrānischen Ṣabier (CHWOLSOHN II 389; vgl. auch ebd. 385, 387, 391, 393, 395, 397) und leitet daraus ab, daß auch bei den Sarazenen des NILUS (auf der Sinaihalbinsel) die Morgensterngottheit als Knabe aufgefaßt wurde, weil ihr junge, schöne Knaben geopfert wurden. Ein so später und so vereinzelter Beleg wie das Ritual der ḥarrānischen Ṣabier ist aber keine genügende Grundlage für so weitreichende Schlüsse. Jedoch kann im übrigen NIELSENS Annahme zu Recht bestehen, daß die Morgensterngottheit auch in Nordarabien ursprünglich männlich war und erst unter babylonischem Einfluß zu einer weiblichen Gottheit wurde. [ ]

[106] Die Knappheit des Raumes gestattet nicht, die Belege für Nordarabien im einzelnen zu bringen; ich muß dafür auf eine später zu veröffentlichende Arbeit verweisen (siehe oben p. 789) und mich hier mit einer rein tabellarischen Gegenüberstellung begnügen. [ ]

[106a] [ ]

[106b] Die oben (p. 796, Anm. 43) erwähnten Schenkungen von Stieren und Pferden an Tempel gehören nicht hierher, denn diese Tiere dienten wohl zum wirtschaftlichen Gebrauch, während in Nordarabien die geweihten Tiere gerade davon ausgeschlossen waren.

[106c] [ ].

	Südarabien	Nordarabien
6. Votivgeschenke	Erzeugnisse des Kunsthandwerkes (Statuetten usw.)	hauptsächlich Waffen und Kleider; Statuen, auch Idole so gut wie unbekannt, nur nordsemitischer Import
Ritus:		
7. Altar	kunstvoll hergestellte Altäre	keine Altäre, nur rohe Steine
8. Brandopfer	sehr bedeutend	fast unbekannt
Anlässe:		
9. Regelmäßige Opfer	sehr häufig, vor allem in Verbindung mit dem Ackerbau	weniger bedeutend, außer Erstlingsopfern (bei den Hirten ursprünglich im Frühling)
10. Zehnter (als Tempelsteuer)	feste Einrichtung	unbekannt
Zwecke:		
11. Sühnopfer	häufig, in Verbindung mit Schuldbekenntnis (Reueurkunden)	nichts dergleichen bekannt
Darbringer:		
12. Priester	organisierte Hierarchie	keine Opferpriester, nur Hüter der Heiligtümer; jeder Mann konnte selbst opfern
13. Kultische Funktionen der Frau	zwar nicht Opferpriesterin, aber vielleicht sonstige Bedeutung im Kult (als Sakralprostituierte?)	sehr geringe Bedeutung; Sakralprostitution unbekannt
Empfänger:		
14. Astralgottheiten	durchaus dominierend	astraler Charakter der Gottheiten meist zweifelhaft, jedenfalls weniger ausgeprägt
15. Monotheismus	nicht nachweisbar, immer eine Mehrheit von Göttern; Hauptgott der Stammesgott, wahrscheinlich der Mondgott	Mehrheit von Göttern, aber der alte Himmelsgott (Allāh) noch erkennbar, wenn auch im Kult zurücktretend [107]
16. Ahnenkult	Vergötterung von Königen	Vergötterung nicht nachweisbar; eher Totenfürsorge als Totenverehrung

[107] Über den vorislamischen Allāh in Nordarabien vgl. BROCKELMANN, ARW 21

Schließlich muß man sich auch noch fragen, ob nicht das geringere oder größere religiöse Interesse überhaupt einen charakteristischen Unterschied zwischen Nord- und Südarabien darstellt. Tatsächlich haben manche Autoren einen starken Kontrast zwischen dem von Religion ganz durchtränkten Leben der alten Südaraber und der religiösen Indifferenz der Beduinen im vorislamischen Nordarabien behauptet [108]. Aber vielleicht ist dieser Gegensatz doch etwas überspitzt und der Eindruck einer so verschiedenen Einstellung zur [807] Religion zum großen, wenn nicht gar zum größten Teil durch den Charakter der Quellen bestimmt. Aus Südarabien liegen die monumentalen Zeugen des Kultus in Tempeln, Altären, kostbaren Votivgeschenken und Weiheinschriften vor, denen Nordarabien keine gleichartigen Zeugnisse der religiösen Betätigung entgegenzustellen hat. An zeitgenössischen literarischen Quellen sind dort aus vorislamischer Zeit nur Gedichte erhalten, aus denen man wenig über das religiöse Leben entnehmen kann; dabei darf aber die bereits erstarrte Kunstform der altarabischen Poesie, ihre konventionelle Begrenzung nach Stoff und Form nicht vergessen werden [109]. Immerhin liegen aber doch auch aus Nordarabien gewisse epigraphische Zeugnisse religiösen Lebens vor, freilich nur in Form einfacher Felsgraffiti [110], und wenn man auch in ihrer Ausdeutung im religiösen Sinne nicht so weit gehen kann wie GRIMME [111], so bleibt doch immerhin noch beachtenswert viel bestehen [112]. Der Unterschied zwischen

---

(1922) 99–121. Gegen die Theorie von GRIMME und MARGOLIOUTH, die diesen Monotheismus aus Südarabien herleiten will, vgl. ebd. 121; ferner: NÖLDEKE-SCHWALLY II 206f.; BUHL 130, Anm. 16; AHRENS, ZDMG 84 (1930) 16, 35f.; AHRENS, Muhammed 45–48, 55; RUDOLPH 71–75. Auch NIELSEN (Handbuch I 250) ist zurückhaltend, obwohl er in vielem mit GRIMME übereinstimmt. – Zugunsten eines südarabischen Monotheismus vgl. MORDTMANN und MITTWOCH, Sabäische Inschriften 2 (allerdings handelt es sich hier um eine Inschrift aus dem Jahre 439–440 n. Chr.). Vgl. auch D. H. MÜLLER, ZDMG 30 (1876) 671–673; MORDTMANN und MÜLLER, WZKM 10 (1896) 285–292; MARGOLIOUTH 67f. Über das angebliche Vorkommen des Gottesnamens Allāh in einer minäischen Inschrift vgl. HALÉVY, RS 1 (1893) 90–94, gegen H. DÉRENBOURG, JA VIII/20 (1892) 157–166. [ ]

[108] GOLDZIHER, Studien I 3f.; PETTAZZONI II 346. [ ]

[109] GRÜNEBAUM, passim; vgl. auch ANDRAE 34; LEVI DELLA VIDA 89f. [ ]

[110] Vgl. bes. LITTMANN, Thamūd und Ṣafā, passim; GRIMME, OLZ 29 (1926) 13–23; MO 28 (1934) 72–98; Ṣafatenisch-arabische Religion, passim. Die ṣafatenischen und zum größten Teil auch die thamudenischen Inschriften stammen von Beduinen (NIELSEN, MVG 21 [1916] 258; LITTMANN, Thamūd und Ṣafā 1f., 23–27, 34–37, 97–104, 115–117). [ ]

[111] GRIMME, siehe Anm. 110, bes. Ṣafatenisch-arabische Religion 143; dazu LITTMANN, Thamūd und Šafā 5, 39. Siehe auch WINNETT, Inscriptions 6f.

[112] LITTMANN, a. a. O. 103. – Beachtenswert sind auch die vielen theophoren

dem religiösen Leben in Nord- und Südarabien besteht in erster Linie wohl nicht in der größeren oder geringeren Intensität, sondern vielmehr in den Ausdrucksformen der religiösen Betätigung, die in der Hochkultur viel mehr organisiert und ritualisiert sind, während sie in der Beduinenkultur individueller und unbestimmter sind [113].

Schlußbemerkungen

Beruhen die Unterschiede zwischen Nord- und Südarabien im Opferwesen (und überhaupt in der Religion) nur auf einer verschiedenen Entwicklungsstufe, mit anderen Worten, sind sie nur das Ergebnis einer inneren Entwicklung, oder werden hier Kulturkomplexe für uns faßbar, die genetisch selbständig sind, mit ethnisch verschiedenen Trägern?

Ein großer Teil der registrierten Unterschiede erklärt sich zweifellos aus der verschiedenen Höhe der allgemeinen Kultur. Daß der rohe Steinblock durch einen kunstvollen Opferaltar ersetzt wird, daß an die Stelle des Opferplatzes unter freiem Himmel der geschlossene Tempel tritt, und vieles andere dieser Art ist sehr naheliegend. Dazu gehört auch die Ausbildung eines eigenen Priesterstandes, der der Hirtenkultur ursprünglich fremd ist. Es wäre sicher [808] verfehlt, in der nord- und südarabischen Kultur zwei ganz verschiedene Komplexe zu sehen, die nur geographisch benachbart sind und genetisch nicht zusammenhängen. Beide enthalten vielmehr eine starke gemeinsame Komponente, die sich im Opferwesen, nach Abzug aller in der Tabelle dargestellten Unterschiede, deutlich zeigt (gemeinsam sind z.B. die blutigen Tieropfer mit Opfermahl – die auch in der Ackerbaukultur sehr häufig vorkommen –, Gelübde und Wallfahrten, Erstlingsopfer, Bitt- und Dankopfer, Verehrung der Gottheiten an bestimmten heiligen Stätten, vielleicht Kult des Mondgottes als Hauptgott, und Naturgeisterkult). Überhaupt zeigt der ganze Befund, daß nicht nur die Sprachen, sondern auch die Kulturen in Nord- und Südarabien nahe verwandt sind.

Dadurch wird aber die Möglichkeit eines nichtarabischen oder sogar nichtsemitischen ethnischen Substrats in Südarabien durchaus nicht aus-

---

Personennamen (Wellhausen, Reste 1–10; Bräu, WZKM 32 [1925] 31–59, 85–115). Richtig ist allerdings, daß diese nur den kleineren Teil der Namen bilden (verglichen mit der Namensbildung eines höheren semitischen Altertums, haben die nordarabischen Namen verhältnismäßig wenig religiösen Inhalt), doch sind sie immerhin noch zahlreich. Vgl. Gratzl 9–11; siehe auch ebd. 15. [ ]

[113] Vgl. Bräu, WZKM 32 (1925) 111f.; siehe den ganzen Kontext 107–115. [ ]

geschlossen, und diese andere Komponente würde vieles von den Unterschieden im Opferwesen und auch sonst erklären. Tatsächlich hat man ja schon lange mit einer solchen Vorbevölkerung gerechnet [114], die gewöhnlich als «kuschitisch» oder «hamitisch» bezeichnet wurde [115]. Das bringt uns aber nicht viel weiter, nachdem der Begriff der «Hamiten» überhaupt so problematisch geworden ist [116]. Vom Namen einmal ganz abgesehen, sprechen eine Reihe von Gründen für die Annahme eines solchen andersartigen Substrats. PETTAZZONI hat das z.B. schon bezüglich des Schuldbekenntnisses vermutet [117], das in Nordarabien unbekannt ist. Ein anderer wichtiger Zug ist die Bedeutung des Rindes in Südarabien, die ja auch ins Mythologische hinüberzugreifen scheint [118]. In diesem Zusammenhang verdient die Tatsache Beachtung, daß es noch heute in Südarabien eine Kultur gibt, die fast ganz auf der Rinderzucht beruht, ohne nennenswerten Ackerbau zu besitzen, nämlich bei den Qarā zwischen 53° und 55° 21′ ö.L. [119]. Dort ist auch das Rind mit einer Art religiöser Verehrung umgeben [120], die im heutigen Arabien sonst nirgends vorkommt [121]. Stellt diese Rinderzucht ohne

---

[114] Vgl. CAUSSIN DE PERCEVAL I 5; WINCKLER in SCHRADER 144; MILES, Persian Gulf I 1f., 11–15; II 355, 361, 418; RATHJENS und WISSMANN 209–212; GROHMANN, Südarabien als Wirtschaftsgebiet I 58; weitere Belege bei HENNINGER, IAE 42 (1943) 157–159, 161. [ ]

[115] CAUSSIN DE PERCEVAL, a. a. O.; WINCKLER, a. a. O.; MILES, a. a. O. [ ]

[116] Vgl. BROCKELMANN, Anth 27 (1932) 797–818; WÖLFEL, AfA, N. F. 37 (1942) 89–140. [ ]

[117] PETTAZZONI II 324–347, bes. 344–347.

[118] Siehe oben Anm. 26 über Beziehungen zwischen Rind und Mond. [ ]

[119] Am ausführlichsten beschrieben von B. THOMAS, AF; zu vergleichen auch BENT 244–267; eine kurze zusammenfassende Darstellung bei SCHMIDT, Eigentum II 319–325. [ ]

[120] Vgl. THOMAS, AF 80, 98.

[121] Nur bei einigen Stämmen im nördlichen Yemen – also noch näher dem Kerngebiet der alten südarabischen Hochkulturen – sind Spuren einer Heilighaltung des schwarzen Rindes festzustellen (siehe GLASER, Mitteilungen 4f.). [ ] Außerdem besteht in manchen Teilen des arabischen Sprachgebietes ein ausgesprochener Widerwille gegen den Genuß von Rindfleisch. So schreibt DALMAN (AS VI [1939] 72): «Der Araber liebt Rindfleisch nicht. Man sagte in Jerusalem, im Deutschen Hospital werde viel Rindfleisch gekocht, weil es gesund sei und sichere, daß die Araber nur bei wirklichen Leiden ins Hospital kommen und da aushalten würden.» Vgl. auch ebd. 160f.; ferner KREMER, Studien III–IV 86f.; JACOB 94. Da dieses Vorurteil besonders im ʿIrāq verbreitet ist (KREMER, a. a. O. 86), ist es nicht zu gewagt, darin iranischen Einfluß zu sehen (anders MORITZ, Arabien 47, der den Widerwillen gegen Rindfleisch daraus erklären will, daß Rinder im alten Arabien als schlechtes Omen galten. Vgl. dazu WELLHAUSEN, Reste 115, Anm. 2). Die sonstige Dokumentation für die Heilighaltung des Rindes ist aber sehr schwach. So schreibt COOK (in SMITH, Religion 600): «Cattle killers was a term of

Ackerbau eine bloße [809] Verarmungserscheinung dar, oder haben wir hier etwas Ursprüngliches vor uns, eine Komponente der altsüdarabischen Hochkulturen, die weiter westlich beheimatet waren und Ackerbau mit Rinderzucht verbanden [122]? Die Frage läßt sich noch nicht definitiv beantworten, aber die zweite Annahme ist wahrscheinlicher. Auf jeden Fall ist die südarabische Rinderzüchterkultur für die allgemeine Kulturgeschichte außerordentlich wichtig, und zwar als Bindeglied zwischen Ostafrika und Vorderindien. Wie man sich die Verbreitung dieser Rinderzucht zu denken hat, ist einstweilen noch nicht mit Sicherheit zu sagen. Die Wanderung konnte an der Küste des Persischen Golfs entlang gehen (nicht notwendig von Vorderindien aus; der gemeinsame Ausgangspunkt könnte auch weiter nördlich sein, nachdem jetzt eine alte Rinderzucht aus Anau bekannt ist); sie konnte auch durch das Innere von Südarabien gehen – wenn die Wüste Rubʿ al-Ḫālī früher einmal ein wasserreiches Gebiet war, wofür manche Anzeichen sprechen [123] – und schließlich ist auch der Seeweg nicht ausgeschlossen, denn nach Soqoṭra muß die Rinderzucht auf dem Seewege gelangt sein, und zwar schon früh, denn das dortige Rind ist buckellos [124] – eine Form, die auch auf dem südarabischen Festland älter ist als das heutige Buckelrind [125].

Schließlich sind auch noch sonstige kulturelle Besonderheiten Südarabiens zu erwähnen, die für einen eigenen Kulturkomplex sprechen, wie eine eigenartige Form der Beschneidung [126] und anderes aus dem Gebiet [810]

---

reproach for the man of Jōbar (Wetzstein, ZDMG XI, 488)». Tatsächlich sagt Wetzstein an der betr. Stelle (11 [1857] 488), daß einem Bauern aus dieser Ortschaft (bei Damaskus) zugerufen wird: «Ihr tötet euer Vieh» (d.h. ihr quält es durch Überlastung zu Tode), weil er einen Baumstamm von einem alten, gebrechlichen Pferd [!] schleppen läßt. Daraus läßt sich also für eine besondere Heilighaltung des Rindes nichts ableiten.

[122] Grohmann, Südarabien als Wirtschaftsgebiet I 190f.; vgl. über die Rinderzucht auch ebd. I 196f.; II 250a (Index s.v. Rind).

[123] Siehe die Belege bei Henninger, IAE 42 (1943) 143, Anm. 2. [ ]

[124] Reilly, RCAJ 28 (1941) 133f.; Scott, ebd. 150; Grohmann, Südarabien als Wirtschaftsgebiet I 196 (und die dort angegebenen Belege).

[125] Dafür spricht, daß alte bildliche Darstellungen durchgängig das buckellose Rind zeigen. Vgl. Glaser, Punt 4, 12. (= MVG 4 [1899] 54, 62); Coon, Southern Arabia 392; Stark, GJ 93 (1939) 8; Stark, JRAS 1939, 487; Stark, Winter in Arabia 202; Stark, Seen in the Hadhramaut 175; wird mir auch bestätigt durch biefliche Mitteilung von Herrn Prof. Dr. A. Staffe (21.1.1947); er macht mich darauf aufmerksam, daß die von M. Hartmann (OLZ 11 [1908] 173–179, 269–274) besprochene südarabische Darstellung typische Kurzhornrinder zeigt, wie sie auch der ältesten Rinderzüchterschicht in Afrika angehören (siehe die Abbildung vor Sp. 269).

[126] Henninger, Anth 33 (1938) 952–958; 35/36 (1940/41) 370–376. [ ]

der materiellen und sozialen Kultur [127]. Diese Annahme wird verstärkt durch den linguistischen und anthropologischen Befund (siehe oben p. 789f.); letzterer ist deshalb besonders interessant, weil darin schon ein Zusammenhang mit Vorderindien festgestellt werden konnte [128].

Beim jetzigen Stand unserer Kenntnisse sind wir allerdings noch weit davon entfernt, die Herkunft und die Wanderungen dieser altsüdarabischen Bevölkerung eindeutig bestimmen zu können, und so wirft diese Arbeit viel mehr Fragen auf, als sie beantworten kann. Immerhin dürfte es aber doch von Nutzen sein, die bestehenden Probleme in dieser Weise umschrieben und einige Vorfragen bereinigt zu haben. Fortschritte der Erkenntnis sind zu erwarten einerseits von der weiteren ethnographischen und archäologischen Erforschung Südarabiens – Ausgrabungen sind ja erst in ganz geringem Umfang durchgeführt worden [129] –, andererseits von der Vergleichung mit Nachbargebieten, vor allem mit den Rinderzüchterkulturen in Ostafrika und in Vorderindien.

ADDENDA ET CORRIGENDA

Rezension: G. Ryckmans, LM 61 (1948) 294f.

Ausführliche *Gesamtdarstellungen der altsüdarabischen Religionen* (seit 1947): G[onzague] Ryckmans, Les religions arabes préislamiques (²Louvain 1951; dazu Rez. von Maria Höfner, Bi Or 9 [1952] 212a–214b); ³in: M. Gorce et R. Mortier, L'Histoire Générale des Religions ²IV (Paris 1960) 200–228, 593–605; A. Jamme, La religion sudarabe préislamique, in: Maurice Brillant et René Aigrain, Histoire des Religions IV (Paris s.a. [1956]) 239–307 (dazu Rez. von J. Henninger, Anth 55 [1960] 898f.); Maria Höfner, Südarabien (Saba', Qatabān u.a.), in: WdM I/1 (1965) 483–552 (dazu Rez. von J. Henninger, Anth 63/64 [1968/69] 287–289); dies., Die vorislamischen Religionen Arabiens, in: RdM 10/2 (1970) 233–402 (dazu Rez. von J. Henninger, Anth 66 [1971] 598f.; von W. W. Müller, ZDMG 126 [1976] 156–159). – Cf. auch René Dussaud, La pénétration des Arabes en Syrie avant l'Islam (Paris 1955), bes. Chap. V: Les Sud-Arabes en Syrie. Liḥyanites, Thamoudéens, Ṣafaïtes, ebd. 119–161.

---

[127] Henninger, IAE 40 (1941) 41–50; 42 (1943) 44–46, 142, 152–154; Henninger, Pariastämme, bes. 526–530, 532–534; Grohmann, Südarabien als Wirtschaftsgebiet I passim, bes. I 96–102 (diese Zusammenfassung des Materials über die südarabischen Pariaklassen war mir 1939 noch unbekannt. J. H.). [ ]

[128] Coon, Races of Europe 407, 425–431; Scott, Yemen 198, 202f.; Scott, RCAJ 28 (1941) 150. – Grohmann (Südarabien als Wirtschaftsgebiet I 61) hielt die Frage noch nicht für spruchreif.

[129] Siehe die Publikationen von Caton-Thompson (oben Anm. 99), Rathjens und Wissmann. [ ]

Allgemeines über die altsüdarabischen Hochkulturen siehe ferner bei: HERMANN VON WISSMANN und MARIA HÖFNER, Beiträge zur historischen Geographie des vorislamischen Südarabien (Wiesbaden 1952); HERMANN VON WISSMANN, Geographische Grundlagen und Frühzeit der Geschichte Südarabiens. Saeculum 4(1953) 61–114; ders., Zur Geschichte und Landeskunde von Alt-Südarabien. SBAWW 246 (Wien 1964); ders., Über die frühe Geschichte Arabiens und das Entstehen des Sabäerreiches. I. SBAWW 301/5 (Wien 1975); ders., Die Geschichte des Sabäerreichs und der Feldzug des Aelius Gallus, in: Aufstieg und Niedergang der römischen Welt, hrsg. von HILDEGARD TEMPORINI und WOLFGANG HAASE. II. 9/1 (Berlin – New York 1976) 308–544; ADOLF GROHMANN, Arabien (München 1963), bes. 91–252 (dazu Rez. von M. HÖFNER, AfO 21 [1965] 102b–104a; von J. PIRENNE, BiOr 23 [1966] 3a–15b). Zur Geschichte Südarabiens, besonders in den nachchristlichen Jahrhunderten, cf. auch FRANZ ALTHEIM und RUTH STIEHL, Die Araber in der Alten Welt. 5 Bde. (Berlin 1964–1969), passim.

Für *bibliographische Angaben* siehe, außer den genannten Arbeiten, auch: G. RYCKMANS, L'épigraphie arabe préislamique au cours de ces dix dernières années. LM 61 (1948) 197–213; M. HÖFNER, Forschungen in Südarabien von 1936 bis 1952. AfO 16 (1952/53) 122–129; Y[OUAKIM] MOUBARAC, Eléments de bibliographie sud-sémitique. REI 1955, 121–176 (bes. 126, 139–162 passim); ders., Les études d'épigraphie sud-sémitique et la naissance de l'Islam, éléments de bibliographie et lignes de recherches. REI 1957, 13–68 (bes. 24–68 passim); MAXIME RODINSON, RH 229 (1963) 178–185 (im Artikel: Bilan des études mohammadiennes, ebd. 169–220); JACQUES RYCKMANS, Bibliographie de Mgr G. RYCKMANS, LM 83 (1970) 13–40; CHR. ROBIN, Bibliographie générale systématique, in: Corpus des Inscriptions et Antiquités sudarabes (Louvain 1977), bes. Section 5: Religions de l'Arabie du Sud antique (215–243).

Anm. 1: Auch für diesen Neudruck bin ich Frau Professor MARIA HÖFNER (jetzt in Graz, emeritiert) für zusätzliche briefliche Auskünfte (vom 13.11.1976 und 28.12.1976) zu großem Dank verpflichtet; diese Mitteilungen sind besonders in den Addenda zu Anm. 50–52 und Anm. 73 verwertet. Auch Professor JACQUES RYCKMANS (Louvain) hat mir freundlicherweise (in Briefen vom 26.11.1976 und 8.12.1976) verschiedene Auskünfte erteilt; cf. bes. die Addenda zu Anm. 14, 50–52, 56, 92 und 129.

Anm. 3: Über *al-ʿUzzā* und die sekundäre Verbreitung ihres Kultes in Südarabien cf. den Artikel: Über Sternkunde und Sternkult in Nord- und Zentralarabien (oben Nr. 3), Addenda zu Anm. 113 und 113a. – Über den Gott *Wadd* cf. ebd., Addendum zu Anm. 88.

Anm. 4: Zur Einteilung der Semiten cf. J. HENNINGER, Über Lebensraum und Lebensformen der Frühsemiten (Köln und Opladen 1968) 7f. mit Anm. 2–5 und die dort zitierte Literatur.

Anm. 5: Die Literatur über Ugarit ist in den letzten Jahrzehnten so umfangreich geworden, daß hier nur summarisch auf die einschlägigen Artikel in Nachschlagewerken und (orientalistischen und bibelwissenschaftlichen) Zeitschriften hingewiesen werden kann.

Anm. 7: In Ostarabien sind in den letzten Jahrzehnten wichtige Ausgrabungen durchgeführt worden, vor allem seit 1953 von dänischen Archäologen (P. V. GLOB u.a.) auf Bahrain; siehe die zusammenfassende Darstellung: GEOFFREY BIBBY, Looking for Dilmun (New York 1969); deutsche Übersetzung: Dilmun. Die Entdeckung der ältesten Hochkultur (Reinbek bei Hamburg 1973); cf. auch A. GROHMANN, Arabien (1963) 253–269; HERMANN VON WISSMANN, Über die frühe Geschichte Arabiens I

(SBAWW 301/5, Wien 1975), bes. 11–43 passim und die dort zitierte Literatur; HANS-JÜRGEN PHILIPP, Geschichte und Entwicklung der Oase al-Hasa (Saudi-Arabien) I (Saarbrücken 1976), bes. 10–29: Vorislamische Epoche; dazu 311–317, Anm. 18–60, und die dort zitierte Literatur.

Anm. 9: Cf. A. GROHMANN, Arabien (1963) 9–14; H. VON WISSMANN, Über die frühe Geschichte Arabiens (cf. Addendum zu Anm. 7) 9–11 und die in diesen Arbeiten zitierte Literatur; cf. auch Anm. 114 und 115 mit Addenda.

Anm. 10: Cf. MARIA HÖFNER, Die lebenden südarabischen Mundarten, in: Handbuch der Orientalistik, hrsg. von BERTOLD SPULER, III. Band: Semitistik, 2. und 3. Abschnitt (Leiden 1954) 331–341 und die dort zitierte Literatur; ferner : Y. MOUBARAC, REI 1955, 173–176 (nos 596–634); 1957, 37; EWALD WAGNER, Der Dialekt von ʿAbd-el-Kūrī. Anth 54 (1959) 475–486 [dieser Dialekt ist dem Soqoṭrī nächstverwandt]; R. B. SERJEANT, A Sixteenth-Century Reference to Shahrī Dialect at Ẓufār. BSOAS 22 (1959) 128–130 (mit einem Zusatz von EWALD WAGNER, ebd. 130–132).

Anm. 12: Cf. G. RYCKMANS, LM 61 (1948) 198–204; G. RYCKMANS (editor), Corpus Inscriptionum Semiticarum. Pars Quinta. Tomus I, fasc. I: Inscriptiones safaiticae (Parisiis 1950); MARIA HÖFNER, Die Stammesgruppen Nord- und Zentralarabiens in vorislamischer Zeit. WdM I/1 (1965) 407–481, passim; dies., Zentral- und Nordarabien. RdM 10/2 (1970) 354–388 (bes. 368–388) und die dort zitierte Literatur (cf. Bibliographie, ebd. 395–400); R. DUSSAUD, La pénétration des Arabes (Paris 1955), bes. 130–161; M. RODINSON, RH 229 (1963) 185–188; OTTO EISSFELDT, Das Alte Testament im Lichte der ṣafatenischen Inschriften. ZDMG 104 (1954) 88–118 (wieder abgedruckt: Kleine Schriften III [Tübingen 1966] 289–317).

Anm. 14: Über die Weihrauchstraße cf. Addendum zu Anm. 33. – Gegen ein angebliches Nomadenstadium der Sabäer cf. G. RYCKMANS, BSOAS 14 (1952) 6 (im Artikel: On Some Problems of South Arabian Epigraphy and Archaeology, a. a. O. 1–10); VON WISSMANN, Saeculum 4 (1953) 75, Anm. 16, Ende. – Zur südarabischen Kolonisation in Nordarabien cf. J. RYCKMANS, Zuidarabische Kolonizatie. Jaarbericht No 15 van het Vooraziatisch-Egyptisch Genootschap Ex Oriente Lux (Leiden 1957–1958) 239–248; ders., Les «Hierodulenlisten» de Maʿīn et la colonisation minéenne, in: Scrinium Lovaniense. Mélanges historiques Etienne van Cauwenbergh (Louvain 1961) 51–61; GROHMANN, Arabien (1963) 21–26, 35–49 passim; H. VON WISSMANN, Art. Ōphīr und Ḥawīla, in: PAULY-WISSOWA, Realencyclopädie, Suppl. XII (1970) Sp. 905–980, bes. 947–969; F. V. WINNETT and W. L. REED, Ancient Records from North Arabia (Toronto and Buffalo 1970), nach der Rez. von J. RYCKMANS, BiOr 31 (1974) 143a–144a, und die in diesen Arbeiten zitierte Literatur.

Anm. 15: Für die «lange Chronologie» setzte sich weiterhin ein: H. ST. J. B. PHILBY, The Background of Islam. Being a Sketch of Arabian History in Pre-Islamic Times. (Alexandria 1947) 7–126, bes. 32–58, dazu die Zeittafel ebd. 141; cf. die Rezension von G. RYCKMANS, LM 60 (1947) 303–307; Erwiderung von PHILBY: South Arabian Chronology. LM 62 (1949) 229–249; dazu wieder G. RYCKMANS, LM 73 (1960) 477–479 [cf. aber Anm. 16a, am Ende]. Ebenso vertrat CARL RATHJENS weiterhin die «lange Chronologie»; cf. JKF 1 (1950/51) 18–20 (im Artikel: Kulturelle Einflüsse in Südwest-Arabien von den ältesten Zeiten bis zum Islam, unter besonderer Berücksichtigung des Hellenismus, a. a. O. 1–42); ders., Tribus, N. F. 2/3 (1952/53) 290–296 (im Artikel: Die Weihrauchstraße in Arabien. Die älteste Welthandelsstraße, a. a. O. 275–304).

Anm. 16: Nach K[ARL] MLAKER, Die Hierodulenlisten von Maʿīn, nebst Untersuchungen zur altsüdarabischen Rechtsgeschichte und Chronologie (Leipzig 1943) 72–104 [war mir 1947 noch nicht zugänglich] ist der Beginn der Inschriften auf das 8. Jahrh. v. Chr. anzusetzen. In demselben Sinne äußerten sich inzwischen: G. RYCKMANS, BSOAS 14 (1952) 1–4; ders., L'Arabie antique et la Bible, in: L'Ancien Testament et l'Orient (Louvain 1957) 89–109, bes. 91–93; W. F. ALBRIGHT, The Chronology of Ancient South Arabia in the Light of the First Campaign of Excavation in Qataban. BASOR, no. 119 (October 1950) 5–15 (mit teilweisen Korrekturen an den chronologischen Ansätzen von MLAKER, cf. bes. a. a. O. 6, Anm. 4); ders., Zur Chronologie des vorislamischen Arabien, in: Von Ugarit nach Qumran. Festschrift für Otto Eissfeldt, BZAW 77 (Berlin 1958), 1–8 (Inhaltsangabe: Anth 54 [1959] 586); A. F. L. BEESTON, Problems of Sabaean Chronology. BSOAS 16 (1954) 37–56.

Anm. 16a: Seit 1954 hat sich JACQUELINE PIRENNE für eine «ganz kurze» Chronologie eingesetzt; nach ihrer Auffassung weist die südarabische Schrift griechische Einflüsse auf, und die Inschriften sind nicht älter als Ende des 6. oder Anfang des 5. Jahrhunderts v. Chr. Cf. JACQUELINE PIRENNE, La Grèce et Saba. Une nouvelle base pour la chronologie sud-arabe. (Mémoires présentés par divers savants à l'Académie des Inscriptions et Belles-Lettres, tome 15 [Paris 1955]; Inhaltsangabe: Anth 51 [1956] 328f.); dies., Paléographie des inscriptions sud-arabes I. (Bruxelles 1956); dazu Rezensionen Syria 35 (1958) 138b–141a (RENÉ DUSSAUD); Anth 55 (1960) 272–274 (J. HENNINGER); dies., Annales d'Ethiopie 2 (1957) 37–68, bes. 38–45, 49–51, 55–64; dies., De la chronologie des inscriptions sud-arabes après la fouille du temple de Mârib (1951–52). BiOr 26 (1969) 303a–311b (ebd. 303a, Anm. 1, Titel weiterer Beiträge zu Problemen der Chronologie in BiOr seit 1953). – Auseinandersetzung mit den älteren Theorien bei PIRENNE 1955, 89–139 (bzw. 1–51) passim; 1956, 13–53, passim. Für weitere bibliographische Angaben zur Diskussion um die Chronologie cf. Y. MOUBARAC, REI 1955, 153f. (nos 342–352); 1957, 31 mit Anm. 70bis, 38–45; H. VON WISSMANN, Zur Geschichte und Landeskunde von Alt-Südarabien (Wien 1964) 27–77; M. HÖFNER, RdM 10/2 (1970) 239f. mit Anm. 3 und 4. – «H. ST. J. B. PHILBY s'est rallié récemment à la thèse de la chronologie brève, telle qu'elle a été exposée récemment par Mlle J. PIRENNE; cf. La Grèce et Saba ...» (G. RYCKMANS, L'Arabie antique et la Bible [1957, cf. Addendum zu Anm. 16] 92, Anm. 9).

Anm. 17, Z. 1: Die Angaben der griechischen und römischen Autoren über das alte Südarabien sind behandelt von JACQUES RYCKMANS in seiner Lizentiatsarbeit: L'Arabie chez les auteurs classiques, d'Hérodote à Agatharchide de Cnide (Louvain 1947. – Maschinenschrift).

Anm. 17, Z. 7: Zur Angabe von HERODOT über die Göttin *Alilat* cf. Artikel Nr. 3, Über Sternkunde und Sternkult (oben Nr. 3) 99f. mit Anm. 90–104 und Addenda (bes. Anm. 92 und 93); über den Gott *Orotal(t)*, den HERODOT mit *Dionysos* identifiziert, bestehen bis heute verschiedene Auffassungen. Für ältere Deutungsversuche cf. W. R. SMITH, Lectures on the Religion of the Semites (³London 1927) 316; S. A. COOK, ebd. 603f.; weitere Belege bei HENNINGER, Über Sternkunde und Sternkult (oben Nr. 3) 99, Anm. 93, am Ende. Einstimmigkeit scheint jetzt darüber zu bestehen, daß diese Angabe von HERODOT sich nur auf Nordwestarabien bezieht (wie schon W. R. SMITH, a. a. O. 316, richtig formuliert hatte: «... the Arabs of the Egyptian frontier»); daher hat man zur Erklärung des Namens *Orotal* vor allem nabatäische und andere nordarabische Zeugnisse herangezogen. Zwei Ableitungen des Namens sind am häufigsten vertreten worden: 1. In dem Element *Oro* sieht man den nabatäischen Gott *'A'ara ('A'arra)*; so z.B., im Anschluß an verschiedene ältere Autoren, R. DUSSAUD, La pénétration des Arabes (1955) 45f., 56; G. RYCKMANS, EI ²II (1965) 246a–247b (Art. Dhū 'l-Sharā; frz. Ausgabe: 253a–254b). Dieser Gott ist vor allem bekannt unter seinem Beinamen *Ḏu 'š-Šarā*, gräzisiert *Dusares*; cf. HENNINGER, Sternkunde und Sternkult (oben Nr. 3) 105 mit Anm. 144 und Addendum zu dieser Anmerkung sowie die dort zitierte Literatur; ferner DUSSAUD, a. a. O.; G. RYCKMANS, a. a. O. (oder ist *'A'ara* Beiname? auch diese Ansicht ist vertreten worden). Der Name *Ḏu 'š-Šarā* wird meist als Toponym erklärt; anders jetzt J. PIRENNE in *Al-Bāḥiṯ*. Festschrift Joseph Henninger (1976; cf. Addendum zu Anm. 63) 198–200, 207–210. – 2. Da aber gegen diese Ableitung des Namens manche Schwierigkeiten vorgebracht werden können (cf. E. MERKEL, Art. Orotal[t] in HÖFNER, WdM I/1 [1965] 459f.), hat eine andere Erklärung viel Anklang gefunden: *Orotal = Ruḍā (Raḍū)*, eine in thamudischen und ṣafatenischen Inschriften wie auch literarisch bezeugte Gottheit (ob diese männlich oder weiblich ist, ist umstritten; cf. die Belege über diese Gottheit bei HENNINGER, Anth 71 [1976] 135f., Anm. 24). Für diese Erklärung hat sich besonders JEAN STARCKY eingesetzt, zuerst noch zweifelnd (cf. in M. BRILLANT et R. AIGRAIN, Histoire des Religions IV [1956] 212); später (DBS VII [1966] col. 990f., 994, 1003 – im Artikel: Pétra et la Nabatène, ebd. col. 886–1017) spricht er sich entschieden dafür aus, a) daß *Ruḍā* eine männliche Gottheit war, b) daß nicht *'A'arra*, sondern *Ruḍā* der Hauptgott der noch nomadischen Nabatäer war und den Beinamen *Ḏu 'š-Šarā* führte. Beachtenswert ist die Erklärung der verschiedenen Schreibweisen aus phonetischen Gegebenheiten: «L'abbé Milik nous paraît avoir rendu définitive cette identification en notant qu'au temps d'Hérodote (Vᵉ siècle) le *ḍad* de *Ruḍâ* était certainement prononcé avec le *l* latéral décrit par les grammairiens arabes. Pour un Grec, *Roḍl* devenait *Rodal* ou *Rotal* et l'*O* initial n'est que prothétique. On a aussi le témoignage de la transcription accadienne du nom divin, à savoir *Ruldaiu*.» (STARCKY, a. a. O., col. 991). Die Form *Ruldaiu* in Keilschrifttexten ist also keine «déformation» des Namens *Ruḍā*, wie TOUFIC FAHD (Le panthéon de l'Arabie centrale à la veille de l'hégire [Paris 1968] 144) annimmt, sondern «la graphie cunéiforme a essayé de rendre la dentale sonore latéralisée.» (A. CAQUOT, Syria 47 [1970] 190b). – Diese beiden Erklärungsversuche haben die größte Wahrscheinlichkeit für sich; über andere, weniger plausible, vgl. die zitierte Literatur, bes. A. S. COOK in W. R. SMITH (1927) 603f. – A. VAN DEN BRANDEN will *Orotal* vom thamudischen *Ratal* ableiten; diesen Vorschlag erwähnt HÖFNER (RdM 10/2 [1970] 378) nur mit Zurückhaltung.

Anm. 17, am Ende: Das von W. F. PRIDEAUX 1879 herausgegebene und übersetzte Werk konnte ich inzwischen einsehen: es ist identisch mit der von A. VON KREMER behandelten «ḥimyarischen Qaṣīda». Über den literarischen Charakter und den sehr geringen historischen Wert dieser Dichtung cf. WERNER CASKEL, *Ǧamharat an-nasab*. Das genealogische Werk des Hišām ibn Muḥammad al-Kalbī (Leiden 1966) II 44, 68–72, 195a–b, 320a, 397a, 525b–526a: dazu J. HENNINGER, Anth 61 (1966) 862–864 (Allgemeines über die Eingliederung der Südaraber in die arabisch-islamische Genealogie und Historiographie ebd. 860–864). Grundsätzliches zum Vergleich der arabisch-islamischen Literatur mit den altsüdarabischen Originaldokumenten siehe jetzt bei J. RYCKMANS, Les inscriptions sud-arabes anciennes et les études arabes. Annali dell' Istituto Orientale di Napoli 35 (N. S. 25 [1975]) 443–463.

Anm. 18–22: Cf. dazu die am Anfang der Addenda angegebene allgemeine Literatur.

Anm. 21: Cf. MICHELANGELO GUIDI, Storia e cultura degli Arabi fino alla morte di Maometto (Firenze 1951) 82–122, und die dort zitierte Literatur.

Anm. 23: Cf. A. JAMME, Classification descriptive générale des inscriptions sud-arabes. (Supplément à la revue Ibla [Tunis] 11 [1948] 401–476; Inhaltsangabe: Anth 45 [1950] 376f.).

Anm. 25: Über Opfer von Schafen und Ziegen (letztere jetzt auch archäologisch bezeugt) cf. G. RYCKMANS, L'Arabie antique (wie Addendum zu Anm. 16) 104; HÖFNER, RdM 10/2 (1970) 331, 338f.

Anm. 26, 2. und 3. Abschnitt: Über Beziehungen zwischen Stier und Mondgott cf. HÖFNER, WdM I/1 (1965) 539–541 (Art. Stier, Stierkopf); dies., RdM 10/2 (1970) 311–314 (Allgemeines über Göttersymbole und heilige Tiere ebd. 295–317). Cf. auch J. RYCKMANS, Notes sur le rôle du taureau dans la religion sud-arabe. In: Mélanges d'islamologie dédiés à la mémoire de A. Abel (Bruxelles 1975) II 365–373; siehe ferner Anm. 63, mit Addendum, über sakrale Jagd; Anm. 99 und 102, mit Addenda, über den Mondgott. – Das Symboltier des Venussterngottes *ʿAṯtar* war nicht der Steinbock, sondern die Antilope; cf. HÖFNER, WdM I/1 (1965) 497 (Art. Antilope); dies., RdM 10/2 (1970) 247, 299, 312f.

Anm. 29: Die Wahrscheinlichkeit, daß das Kamel auch Opfertier war, möchte ich jetzt weit geringer veranschlagen als 1947. Der Sinn der Votivstatuetten war wohl eher, daß diese Tiere, ebenso wie Pferde (cf. unten Anm. 43) dadurch unter den Schutz der Götter gestellt werden sollten.

Anm. 30: Cf. RATHJENS, Tribus 2/3 (1952/53) 286: «... An einem Orte Haddja [Ḥaǧǧa] in Jemen herrscht ... noch der Brauch, daß an einer für die Bewässerung lebenswichtigen Quelle ein schwarzes Rind geschlachtet wird, wenn sie spärlicher zu fließen beginnt, was auf die Verehrung einer früheren Wassergottheit hinzudeuten scheint.»

Anm. 32, Z. 16: Gegen die Annahme von Menschenopfern cf. A. JAMME in M. BRILLANT et R. AIGRAIN IV (1956) 296f. Cf. auch HENNINGER, Anth 53 (1958) 757 mit Anm. 122 (dort ist ein Text erörtert, in dem manche eine Opferung von Kriegsgefangenen bezeugt sehen wollten; nach HÖFNER, RdM 10/2 [1970] 333 handelt es sich dort aber nicht um Menschenopfer).

Anm. 32, am Ende: Über die (Pseudo-) Ṣabier von Ḥarrān und die ihnen zugeschriebenen Menschenopfer cf. Über Sternkunde und Sternkult (oben Nr. 3) 96 mit Anm. 73–75; ferner HENNINGER, Anth 53 (1958) 783f. mit Anm. 259–264; Anth 71 (1976) 145f. mit Anm. 62–64.

Anm. 33–35: Über Weihrauch und andere Aromata in Südarabien, ihre Verwendung im Kult und ihren Export cf. J. RYCKMANS 1947 (cf. Addendum zu Anm. 17, Z. 1) 119–145; G. RYCKMANS, De l'or (?), de l'encens et de la myrrhe. RB 58 (1951) 372–376; RATHJENS, Die Weihrauchstraße (cf. zu Anm. 15), bes. 276, 279–284; G. W. VAN BEEK, Frankincense and Myrrh in Ancient South Arabia. JAOS 78 (1958) 141–152; VON WISSMANN, Zur Geschichte und Landeskunde (cf. Anm. 16a) 117–128; ders., Über die frühe Geschichte Arabiens (cf. Addendum zu Anm. 7), bes. 53f., 81–86; WALTER W. MÜLLER, Alt-Südarabien als Weihrauchland. Theologische Quartalschrift 149 (1969) 350–368 (Inhaltsangabe: Anth 66 [1971] 244 f.); ders., Notes on the Use of Frankincense in South Arabia (Proceedings of the Seminar for Arabian Studies 6 [1976] 124–136); ders., Weihrauch. Ein arabisches Produkt und seine Bedeutung in der Antike (München 1978 [Abdruck aus PAULY-WISSOWA, Suppl. XV, Sp. 700–777]).

Anm. 33, am Ende: Tatsächlich führte eine wichtige Abzweigung der Weihrauchstraße von Neğrān durch das Wādī Dawāsir über verschiedene zentralarabische Oasen an die Ostküste (Gerrha, Bahrain-Inseln) und von da weiter nach Mesopotamien; cf. die oben angegebene Literatur, bes. RATHJENS, Weihrauchstraße, 276 (Kartenskizze), 283.

Anm. 34: Über Weihrauchopfer im Altertum cf. W. W. MÜLLER 1976, 125–129; über deren Nachleben im heutigen Volksbrauch ebd. 129–131; über Räucheraltäre cf. auch HÖFNER, RdM 10/2 (1970) 328–331, bes. 331, und Addendum zu Anm. 44.

Anm. 35: Über spezielle Reinheitsvorschriften bei der Weihraucherernte (nach PLINIUS) cf. W. W. MÜLLER, 1976, 129; über Ablieferung des Zehnten bzw. eines Drittels ebd. 127.

Anm. 40: Zum Problem der «Libationstafeln» cf. HÖFNER, RdM 10/2 (1970) 330 (Libationen sind in den Inschriften nicht ausdrücklich erwähnt, ebd. 330). Cf. auch Addendum zu Anm. 44.

Anm. 41: Über das Weinranken-Ornament in der altsüdarabischen Kunst (wo es allerdings auf syrischen Einfluß zurückgeht) cf. J. PIRENNE, Le rinceau dans l'évolution de l'art sud-arabe. Syria 34 (1957) 99–127 (Inhaltsangabe: Anth 53 [1958] 275); HÖFNER, RdM 10/2 (1970) 306f.; zur Verwendung des Weines im Kult ebd. 307.

Anm. 43, Z. 9: Cf. VON WISSMANN, Saeculum 4 (1953) 94f.; HÖFNER, RdM 10/2 (1970) 336–338. Kamelstatuetten sind besonders typisch für die 'Amīr, einen kamelzüchtenden Nomadenstamm im nördlichen Yemen (cf. VON WISSMANN, Zur Geschichte und Landeskunde [wie Anm. 16a] 128–135; HÖFNER, RdM 10/2 [1970] 253f.), kommen aber auch sonst vor; cf. HÖFNER, a. a. O. 262, 264.

Anm. 44: Cf. G. RYCKMANS, Sud-arabe *mḏbḥt* = hébreu *mzbḥ* et termes apparentés, in: Festschrift Werner Caskel zum 70. Geburtstag 5. März 1966 gewidmet (Leiden 1968) 253–260 (Inhaltsangabe: Anth 65 [1970] 283).

Anm. 46: Cf. VON WISSMANN und HÖFNER, Beitrage zur historischen Geographie ... (1952) 25f., 30, Anm. 1, 51, 78 (bzw. 243f., 248, Anm. 1, 269, 296).

Anm. 47: Cf. HÖFNER, RdM 10/2 (1970) 328–331.

Anm. 48: Cf. J. RYCKMANS, Le repas rituel dans la religion sud-arabe. In: Symbolae Biblicae et Mesopotamicae, Francisco Mario Theodoro de Liagre Böhl dedicatae (Leiden 1973) 327–334.

Anm. 50–52: Die Existenz von Brandopfern im eigentlichen Sinne (Verbrennung von Opfertieren oder Teilen von solchen) ist nach den neueren Untersuchungen zweifelhaft geworden. Nach R. DE VAUX, Les sacrifices de l'Ancien Testament (Paris 1964) 42, mit Anm. 2–7, beziehen sich alle Angaben über kultischen Feuergebrauch im alten Südarabien auf Verbrennung von Aromata. Durch seine Argumentation ist auch G. RYCKMANS überzeugt worden; er schreibt (im Artikel: Sud-arabe *mḏbḥt* ..., 1968, cf. Addendum zu Anm. 44) 256f.: «... Une dizaine d'inscriptions sud-arabes font mention du *mṣrb*, de la racine *ṣrb*, dont un des sens est ‹brûler›. J'ai interprété le terme *mṣrb* comme désignant un ‹autel à holocaustes› ... Le P. DE VAUX fait très justement observer qu'il s'agit non d'un autel à holocaustes mais d'un autel brûle-parfums ...» (an einer anderen Stelle muß *mṣrb* eine ‹table à libations› bezeichnen [cf. Anm. 40 mit Addendum]). Vgl. auch den Kontext bei G. RYCKMANS, wo die einzelnen Inschriften und die darin vorkommenden Termini erörtert sind. – J. RYCKMANS, Le repas rituel (cf. Addendum zu Anm. 48) 328f. spricht von «holocauste», ausgehend von der Tatsache, daß das Verbum *hnr* die Bedeutung «verbrennen» haben kann; in seinem Brief vom

8.12.1976 äußert er sich aber zurückhaltend: «Bien entendu il peut s'agir de simples aromates.» Höfner, RdM 10/2 (1970) 330 mit Anm. 224, betont, daß für *maṣrab* weder die Übersetzung «Libationstafel» noch «Brandopferaltar» völlig sicher ist; ebd. 340 spricht sie von einem «Brandopfer», präzisiert aber (im Brief vom 28.12.1976), daß das verbrannte Objekt nirgends in den Inschriften ausdrücklich genannt ist. – Demnach ist also folgendes festzuhalten: 1. das Feuer spielte eine bedeutende Rolle im Kult; 2. unzweifelhaft wurden Weihrauch und andere Aromata (z.B. wohlriechendes Holz) verbrannt; 3. ein eindeutiger Beleg für die Verbrennung von Opfertieren (oder Teilen von Opfertieren) ist aus den altsüdarabischen Inschriften nicht zu entnehmen. – Zum Problem des Brandopfers bei den Semiten im allgemeinen cf. die Literaturangaben bei J. Henninger, Les fêtes de printemps chez les Sémites et la Pâque israélite (Paris 1975) 31, Anm. 32.

Anm. 56: Über Wallfahrten cf. J. Ryckmans, Le repas rituel (wie Addendum zu Anm. 48) 331–334; ders., Les inscriptions sud-arabes anciennes et les études arabes (wie Addendum zu Anm. 17, am Ende) 452f., und die dort zitierten Belege; über Orakel und Opfer anläßlich von Orakeln cf. Höfner, RdM 10/2 (1970) 334–337; cf. auch Addenda zu Anm. 59 und 66.

Anm. 57: Zeremonien zur Erlangung von Regen gehörten vielleicht auch zu den Funktionen der Eponymen (cf. Addendum zu Anm. 83). Cf. ferner: J. Ryckmans, Un rite d'*istisqâ'* au temple sabéen de Mârib. Annuaire de l'Institut de Philologie et d'Histoire Orientales et Slaves 20 (1968/72) 379–388 (Inhaltsangabe: Anth 69 [1974] 287); von Opfern ist in dem von J. Ryckmans kommentierten Text allerdings nicht die Rede.

Anm. 59: Cf. M. Höfner, Die altsüdarabischen Monatsnamen. In: Festschrift für Viktor Christian zum 70. Geburtstag (Wien 1956) 46–54 (Inhaltsangabe: Anth 52 [1957] 953); A. F. L. Beeston, Epigraphic South Arabian Calendars and Datings (London 1956); ders., New Light on the Himyaritic Calendar. Arabian Studies 1 (1974) 1–6; J. Henninger, Les fêtes de printemps (cf. Addendum zu Anm. 50–52) 100 mit Anm. 243–247. Zwei Monatsnamen weisen auf Wallfahrten hin (Höfner, a. a. O. 51). Wahrscheinlich waren mehrere Kalender nebeneinander im Gebrauch: manche Monatsnamen stehen mit der Religion, andere mit der Landwirtschaft in Verbindung (cf. Höfner, a. a. O. 49, 53).

Anm. 60: Cf. Höfner, Monatsnamen, 52. – G. Ryckmans, RB 58 (1951) 373 vermutet, daß Primitialopfer von Weihrauch dargebracht wurden.

Anm. 63: Das Problem der sakralen Jagd ist seit 1947 in der Literatur öfters behandelt worden; siehe: J. Ryckmans, La chasse rituelle dans l'Arabie du Sud ancienne. In: *Al-Bāḥiṯ*. Festschrift Joseph Henninger zum 70. Geburtstag am 12. Mai 1976 (Studia Instituti Athropos 28. – St. Augustin 1976) 259–308 und die dort (303–308) angegebene Literatur; cf. auch M. Höfner, *Ta'lab* und der «Herr der Tiere» im antiken Südarabien. Ebd. 145–153, bes. 147–149. – Auf sakrale Jagd in Ostafrika hatte schon Rhodokanakis in den zitierten Publikationen hingewiesen; cf. auch E. Haberland, zitiert bei Höfner, RdM 10/2 (1970) 331, Anm. 227; über sakrale Jagd in Indien und Hinterindien cf. Rudolf Rahmann, Anth 47 (1952) 322f., 871–890; cf. auch Anth 51 (1956) 329.

Anm. 64: Cf. Höfner, RdM 10/2 (1970) 337.

Anm. 66: Über Dankopfer nach einem günstigen Orakel cf. Höfner, RdM 10/2 (1970) 335.

Anm. 67: Über die Reueurkunden und damit verbundene Sühneopfer cf. JAMME, Classification (wie Addendum zu Anm. 23) 29–31; HÖFNER, RdM 10/2 (1970) 338f. mit Anm. 240a; J. RYCKMANS, Les confessions publiques sabéennes: le code sud-arabe de pureté rituelle. Annali dell'Istituto Orientale di Napoli 32 (N. S. 22 [1972]) 1–15 (Inhaltsangabe: Anth 67 [1972] 920f.); ders., Les inscriptions anciennes de l'Arabie du Sud: points de vue et problèmes actuels (Leiden 1973) 104–108. Cf. auch Addendum zu Anm. 17, am Ende.

Anm. 69: Cf. HÖFNER, RdM 10/2 (1970) 347–350.

Anm. 70: Über den *mukarrib*, die Ableitung dieses Titels, seine Funktionen und sein Verhältnis zum Königtum ist in den letzten Jahrzehnten noch viel diskutiert worden, ohne daß in allem Übereinstimmung erzielt worden wäre. Cf. J. RYCKMANS, L'institution monarchique en Arabie méridionale avant l'Islam (Ma'în et Saba) (Louvain 1951), bes. 51–100; er vergleicht die Stellung des *mukarrib* mit derjenigen eines islamischen Herrschers, der zwar «chef religieux» ist (auf Grund der theokratischen Staatsverfassung), aber keine spezifische sakrale Funktion ausübt (a. a. O., 51–53, 64–68, 98f.) Cf. auch J. PIRENNE, Paléographie I (wie oben Anm. 16a) 47, 144–146; M. HÖFNER, War der sabäische Mukarrib ein «Priesterfürst»? WZKM 54 (1957) 77–85 (Inhaltsangabe: Anth 53 [1958] 627) hält, gegenüber J. RYCKMANS, J. PIRENNE und A. JAMME, daran fest, daß auch der sabäische *mukarrib* kultische Funktionen hatte (was für den qatabanischen *mukarrib* ausdrücklich bezeugt ist). In Saba war zum mindesten die Bundesschließung, d.h. die Konstituierung des theokratischen Staates, und deren Erneuerung ein kultischer Akt, den der *mukarrib* zu vollziehen hatte. Cf. auch HÖFNER, RdM 10/2 (1970) 240f., 347 (Saba'), 280f., 286, 347 (Qatabān), 288 (in Ma'īn ist der Titel *mukarrib* unbekannt), 339f. (über die Bundesschließung); zur Bundeserneuerung cf. oben Anm. 63.

Anm. 73: Unabhängig von den Diskussionen über den ursprünglichen Sinn des Wortes *mukarrib* und die religiösen Funktionen des *mukarrib* (cf. Addendum zu Anm. 70) hielten bis vor kurzem die meisten Spezialisten an der Auffassung fest: in Saba führten die Herrscher in der älteren Zeit den Titel *mukarrib*, später, etwa ab 400 v. Chr., den Titel *malik* (König), und darin zeigt sich der Übergang von der Theokratie zum weltlichen Königtum; cf. J. RYCKMANS, L'institution monarchique (1951) 51–346 passim, bes. 73–75, 101, 156–158, 268–282, 330; VON WISSMANN, Saeculum 4 (1953) 91f., 103f.; HÖFNER, RdM 10/2 (1970) 240–280 passim. Über den *mukarrib* in Qatabān cf. J. RYCKMANS, a. a. O. 52f., 97, 99f.; dort führt anscheinend derselbe Herrscher einmal diesen, einmal jenen Titel (HÖFNER, RdM 10/2 [1970] 281, 347); über Ḥaḍramaut cf. Anm. 78 mit Addendum. – Nun schreibt mir aber Frau Professor M. HÖFNER (am 28.12.1976): «Alle bisherigen Vorstellungen diesbezüglich sind ins Wanken geraten. Eine der Hauptstützen für die Folge 1. *mkrb* – 2. *mlk* dürfte tatsächlich sehr fraglich geworden sein; der Ausdruck *b-mlk-hw* in RES 3945/1 (= Gl 1000 A) wird wohl eher heißen ‹während seiner Regierung› und nicht ‹als er (scil. der *mkrb* KRB'L WTR) König wurde›, wie RHODOKANAKIS übersetzte [cf. HÖFNER, RdM 10/2 (1970) 241]. Es scheint jedenfalls möglich, daß *mkrb* ein Titel war, den der König (oder sagen wir: der Herrscher) bei bestimmten Gelegenheiten verwendete. Ob es möglich sein wird, aus den Inschriften in dieser Frage absolut sichere Antworten zu erhalten, bleibt abzuwarten.» In einem Brief vom 28.1.1977 gibt Frau Prof. M. HÖFNER dazu noch folgende Präzisierungen: «*Mukarrib* war, zumindest in Saba', bis gegen 500 v. Chr. doch wohl der offizielle Herrschertitel. Wenn es den Titel *mlk* damals schon gegeben hätte, so wäre es doch etwas merkwürdig, daß er in keiner Inschrift aus dieser Frühzeit vorkommt. Wie es in Qatabān und Ḥaḍramaut damit war, müßte man, glaube ich, noch genauer untersuchen; es ist möglich, daß hier die Verhältnisse etwas anders waren». – Nach J. PIRENNE gab es in Saba keine zeitliche Priorität des *mukarrib*-Titels (cf. Paléographie [wie Anm. 16a] I 47f., 122–126, 144–146, 190f., 234–243 passim), und in Qatabān stand die priesterliche Funktion des *mukarrib* erst am Ende der Entwicklung (cf. Paléographie I 125f., 144, 146, 228–237); diese Gesamtkonzeption hängt aber mit ihren Theorien über die Chronologie im allgemeinen (cf. oben Anm. 16a) und über die Entwicklungsphasen der altsüdarabischen Schrift zusammen. – Cf. zum Ganzen jetzt auch A. F. L. BEESTON, Kingship in Ancient South Arabia. JESHO 15 (1972) 256–268 (Inhaltsangabe: Anth 70 [1975] 941), bes. 265: «... We would do well to reexamine the earlier phase of Sabaean and Qatabanian history, allowing for a possibility that every *mkrb* was in fact also a king. The disappearance of the title *mkrb* in the later phase of Sabaean history should be seen as bound up with the transformation ... of the concept of kingship from that of group leadership into that of a territorially based office.»

Anm. 74: Für das alte Mesopotamien läßt sich die Theorie einer geradlinigen Entwicklung von der theokratischen zur säkularisierten Herrschaftsform nicht mehr aufrechterhalten. Die Herrschertitel *en, en-sí* (so wird das betr. Keilschriftzeichen jetzt gelesen, statt *pa-te-si*, wie früher) und *lu-gal* kommen auch gleichzeitig vor, wobei sich ihre genaue Bedeutung und ihre Abgrenzung gegeneinander nicht immer feststellen läßt; in bestimmten Zeitabschnitten ist der *en-sí* dem *lu-gal* untergeordnet. Cf. DIETZ OTTO EDZARD, Problèmes de la royauté dans la période présargonique. ARAI 19 (Paris 1971 – publié Paris 1974) 141–149, bes. 145–149; CLAUS WILCKE, Zum Königtum in der Ur III-Zeit. Ebd. 177–232, bes. 184, 199, Anm. 117–118; F. R. KRAUS, Das altbabylonische Königtum. Ebd. 235–261, bes. 236f., 239, 246f.; ferner: Art. Herrscher. RAss IV/4–5 (1975) 335a–367a, bes. 335a–342a (D. O. EDZARD), mit Bibliographie, ebd. 342a.

Anm. 78: Cf. J. RYCKMANS, L'institution monarchique (wie Addendum zu Anm. 70) 51, Anm. 2, 54, Anm. 3; VON WISSMANN und HÖFNER, Beiträge zur historischen Geographie (1952) 96, 106, 109 (bzw. 314, 324, 327).

Anm. 79: Cf. J. RYCKMANS, L'institution monarchique (wie Addendum zu Anm. 70) 11–49, bes. 11, 48f.; HÖFNER, RdM 10/2 (1970) 288.

Anm. 82: Cf. auch N. PIGULEVSKAJA, JESHO 4 (1961) 6–10, 13f.

Anm. 83: Über die «Priester-Eponymen» *(ršw)* cf. A. G. LUNDIN, Die Eponymenliste von Saba (aus dem Stamme Ḫalīl), Sammlung Eduard Glaser 5 (SBAWW 248/1, Wien 1965); dazu die Rezensionen: Oriens Antiquus 5 (1966) 143–145 (G. GARBINI); Anth 61 (1966) 924 (J. HENNINGER); BiOr 24 (1967) 139b, 143a–145a (J. RYCKMANS); ferner: A. G. LUNDIN, The List of Sabaean Eponyms Again. JAOS 89 (1969) 533–541 (Auseinandersetzung mit der Kritik von A. JAMME; Inhaltsangabe: Anth 66 [1971] 244). Cf. dazu auch HÖFNER, WZKM 62 (1969) 340–342. Über die Funktionen der Eponymen cf. bes. LUNDIN 1965, 57–63; sie waren teils wirtschaftlicher Art (Kontrolle über die Bewässerung, Beobachtung des Wirtschaftsjahres u.a.), teils kultischer Art (so das Eponymat selbst, astronomische Beobachtungen und entsprechende rituale Handlungen); cf. ebd. 63; anscheinend auch Opfer an *ʿAṯtar* (ebd. 61). Cf. zum Ganzen HÖFNER, RdM 10/2 (1970) 348.

Anm. 84–88: Cf. R. DE VAUX, «Lévites» minéens et lévites israélites. In: Lex tua veritas. Festschrift Hubert Junker (Trier 1961) 265–273 (wieder abgedruckt in: Bible et Orient

[Paris 1967] 277–285); HÖFNER, RdM 10/2 (1970) 333f. und die dort zitierte Literatur. Die Auffassung, daß es sich nicht um «Priester» und «Priesterinnen», sondern um Pfandpersonen handelte, wird durch diese neueren Arbeiten bestätigt. Cf. auch Anm. 89 und 90.

Anm. 86: Bei dem Ritus zur Erlangung von Regen, der in einer sabäischen Inschrift erwähnt ist (cf. J. RYCKMANS, Addendum zu Anm. 57) spielen auch Frauen eine Rolle. «Ce n'était pas une classe sacerdotale ... A notre avis, il s'agit d'une classe sans attache tribale spéciale (parce qu'elle était d'origine servile ou étrangère), qui constituait le monde des sorcières, magiciennes, entremetteuses et prostituées. Ce sont évidemment ces femmes qui sont directement visées par le terme *rqt*, et, du moins en partie, par *'nṯn* ... (J. RYCKMANS, a. a. O. 382; cf. den Kontext 381f.) Worin die Beteiligung dieser Frauen an den Regenriten bestand, wird weiterhin noch interpretiert: «... Sans doute s'agissait-il non seulement de pratiques de magie sympathique, mais encore de manifestations extérieures (pleurs, lacération du visage et des vêtements) qui sont spécialement l'apanage de femmes lors de deuils et de calamités publiques, et dont on a d'ailleurs une trace en sud-arabe.» (a. a. O. 385, mit Anm. 3). In all dem sind keine typisch priesterlichen Funktionen zu erkennen. (Zur Magie im alten Südarabien cf. auch HÖFNER, RdM 10/2 [1970] 340f.)

Anm. 91: Cf. HENNINGER, Anth 53 (1958) 794 mit Anm. 333; 61 (1966) 869 mit Anm. 78 und die dort zitierte Literatur. Zum Artikel von A. F. L. BEESTON, The So-called Harlots of Ḥaḍramaut (Oriens 5 [1952] 16–22) cf. jetzt die kritischen Bemerkungen von WERNER CASKEL, *Ǧamharat an-nasab* (cf. Addendum zu Anm. 17) II 502a; HENNINGER, Anth 61 (1966) 869 mit Anm. 77.

Anm. 92: Cf. M. HÖFNER, Drei sabäische Personenwidmungen. WZKM 51 (1948) 38–42. – Sowohl HÖFNER (RdM 10/2 [1970] 334) als auch J. RYCKMANS (briefliche Mitteilung vom 8.12.1976) zweifeln daran, ob es überhaupt eindeutige Beweise für Sakralprostitution im alten Südarabien gibt.

Anm. 93, Z. 5: Die Angabe von A. FEATHERMAN ist mir inzwischen zugänglich geworden und hat sich als völlig wertlos herausgestellt, weil sie groteske Mißverständnisse und Verwechslungen enthält. Auch was sonst an Belegen für rituelle Nacktheit im alten Südarabien angeführt werden könnte, ist nicht stichhaltig. Näheres dazu bei HENNINGER, Anth 53 (1958) 794f. mit Anm. 334 und 336. Zur rituellen Nacktheit beim Umlauf *(ṭawāf)* um die Ka'ba siehe den Artikel: Zur Frage des Haaropfers bei den Semiten (unten Nr. 10), Addendum zu Anm. 73.

Anm. 93 am Ende: Weitere bibliographische Angaben über GREGENTIUS siehe bei GEORG GRAF, Geschichte der christlichen arabischen Literatur I (Città del Vaticano 1944) 22f.

Anm. 94: Cf. A. JAMME, Le panthéon sud-arabe préislamique d'après les sources épigraphiques. LM 60 (1947) 57–147; ders., D. Nielsen et le panthéon sud-arabe préislamique. RB 55 (1948) 227–244; VON WISSMANN, Saeculum 4 (1953) 92–94; WERNER CASKEL, Die alten semitischen Gottheiten in Arabien, in: SABATINO MOSCATI (ed.), Le antiche divinità semitiche (Roma 1958) 95–117, bes. 104–113; HÖFNER, WdM I/1 (1965) 491–552; dies., RdM 10/2 (1970) 237–353, bes. 240–295.

Anm. 97: Über die Ansicht von NIELSEN und die daran geübte Kritik siehe jetzt die Zusammenstellung der Belege bei HENNINGER, Anth 71 (1976) 129f. mit Anm. 2 und 3, 161f. mit Anm. 121–125.

Anm. 98: Über die Göttertrias im alten Südarabien cf. Addendum zu Anm. 94 (bes. HÖFNER, RdM 10/2 [1970] 245f., 248, 252, 275f., 291–293, 302f., 351); über die (männliche) Venussterngottheit: HENNINGER, Anth 71 (1976) 131–134, 152–162 passim (im Artikel: Zum Problem der Venussterngottheit bei den Semiten, ebd. 129–168); über die Sonnengöttin: JAMME, LM 60 (1947) 100–112; CASKEL (wie Addendum zu Anm. 94) 108f.; HÖFNER, WdM I/1 (1965) 528–533 (Art. Šams); dies., RdM 10/2 (1970) 245, 252f., 257, 272–277, 283f., 291f., 294f., 302f., 315f.; über den Mondgott cf. Anm. 99 (mit Addendum); über die Plejaden siehe Artikel: Über Sternkunde und Sternkult in Nord- und Zentralarabien (oben Nr. 3). Anm. 220–226 und Addendum zu Anm. 222 (keine Belege über einen *Kult* der Plejaden). Zu sonstigen Gottheiten neben den drei Hauptgottheiten cf. Addendum zu Anm. 94; über *'Īl,* der früher wahrscheinlich Hauptgottheit war, aber an Bedeutung verloren hat, cf. Anm. 107 mit Addendum.

Anm. 99: Cf. JAMME, LM 60 (1947) 62–85; CASKEL (wie Addendum zu Anm. 94) 106–108; HÖFNER, WdM I/1 (1965) 515 (Stichwort Mondgottheit, mit Hinweisen auf die verschiedenen Namen und Beinamen des Mondgottes); dies., RdM 10/2 (1970) 243, 247f., 254–256, 261–268, 274, 282f., 286f., 289f., 293f., 302f., 310, 312–314, 328. Cf. auch oben Anm. 26 mit Addendum. – Über den Mondtempel in Ḥuraiḍa siehe jetzt: G. CATON THOMPSON, The Tombs and Moon Temple of Hureidha (Hadhramaut) (Oxford 1944); dazu Rez. von M. HÖFNER, BiOr 6 (1949) 124b–129b. Über den Mondgott im allgemeinen siehe auch: WILHELM EILERS, Sinn und Herkunft der Planetennamen (Bayerische Akademie der Wissenschaften, Phil.- hist. Klasse, Sitzungsberichte, Jahrg. 1975, Heft 5. – München 1976), 23–41 passim.

Anm. 100, Z. 3: Cf. R. DUSSAUD, La pénétration des Arabes (1955) 127: «... L'archéologie sud-arabe manque de bas-reliefs éclairant les textes religieux et nous mettant en garde contre des systèmes arbitraires.» Ebd. Anm. 1: «Nous visons en particulier le cas de Ditlef Nielsen dont l'œuvre considérable est fondée sur une longue recherche, malheureusement dominée par ce qu'on a justement appelée la 'hantise du dieu lunaire'.» (DUSSAUD verweist dann auf die kritischen Äußerungen von E. DHORME, G. RYCKMANS und A. JAMME).

Anm. 100, Z. 8: Über die Mondgöttin *Nikkal* (< sumerisch *Ningal*), die neben dem westsemitischen Mondgott *Yaraḫ (Yariḫ)* in Ugarit vorkommt, cf. die Belege bei HENNINGER, Anth 71 (1976) 162, Anm. 122.

Anm. 101: Das «Gewand» für *'Aṯtar* könnte aber auch eine Hülle für einen nicht menschengestaltigen Kultstein sein; cf. M. HÖFNER, BiOr 9 (1952) 213a (in der Rez. über G. RYCKMANS, Les religions arabes préislamiques [2][1951], a. a. O. 212a–214b).

Anm. 102: Cf. die oben, Addendum zu Anm. 99, zitierten Texte, bes. HÖFNER, RdM 10/2 (1970) 282f., 289f.; cf. auch HÖFNER, WdM I/1 (1965) 496f. (Art. 'Anbāy), 510 (Art. Ḥaukim).

Anm. 103: Über Ahnenkult cf. RATHJENS, JKF 1 (1950/51) 21; ders., Tribus 2/3 (1952/53) 298 (Allgemeines über Grabstätten ebd. 296–301); Allgemeines über Gräber und Grabbeigaben auch: VON WISSMANN, Saeculum 4 (1953) 94–97: HÖFNER, WdM I/1 (1965) 545–547 (Art. Totenkult); dies., RdM 10/2 (1970) 341–347 (Gräber und Totenkult) und die dort zitierte Literatur. Vergöttlichung eines Königs ist nur für Ausān sicher bezeugt; cf. VON WISSMANN, Saeculum 4 (1953) 91, 101f.; HÖFNER, WdM I/1 (1965) 552 (Art. Yasduq'īl); BEESTON, JESHO 15 (1972) 267f. In anderen Fällen ist Vergöttlichung von Menschen (Sippenahnen?) nur zu vermuten; cf. HÖFNER, WdM

I/1 (1965) 497 (Art. 'Aranyada'), 502 (Art. 'Azīzlāt), 510 (Art. Hauf'il), 552 (Art. Yada'sumhū).

Anm. 104: Unter den Gottheiten, die neben den drei Astralgottheiten vorkommen, (cf. die im Addendum zu Anm. 94 zitierte Literatur) sind besonders die «Schutzgottheiten» (von Orten, Stämmen, Familien, Einzelpersonen) zu erwähnen (diese Funktion kann aber auch von den «großen» Göttern ausgeübt werden); cf. bes. JAMME, LM 60 (1947) 115–146; CASKEL (1958) 113; HÖFNER, WdM I/1 (1965) 515 (Art. Manḍaḥ), 533 (Art. Šāyim); dies., RdM 10/2 (1970) 277f. (es ist umstritten, ob *manḍaḥ* Schutzgottheiten oder Bewässerungsgottheiten bezeichnet). – Über «niedere» Gottheiten, die oft schwer von Naturgeistern abzugrenzen sind, cf. VON WISSMANN, Saeculum 4 (1953) 93.

Anm. 105: Cf. jetzt HENNINGER, Anth 71 (1976) 144–147 mit Anm. 61–69 und die dort zitierte Literatur.

Anm. 106: Über Beziehungen zwischen altsüdarabischer und altnordarabischer Religion cf. jetzt JACQUELINE PIRENNE, La religion des Arabes préislamiques d'après trois sites rupestres et leurs inscriptions, In: *Al-Bāḥiṯ*. Festschrift Joseph Henninger (cf. Addendum zu Anm. 63) 177–217, bes. 178–191, 212–214.

Anm. 106a: Cf. J. HENNINGER, Menschenopfer bei den Arabern. Anth 53 (1958) 721–805, bes. 733–766, 797–803.

Anm. 106c: Cf. J. HENNINGER, Die unblutige Tierweihe der vorislamischen Araber in ethnologischer Sicht (unten Nr. 8).

Anm. 107: Nach neueren Arbeiten scheint auch im alten Südarabien, wie bei anderen semitischen Völkern, der Gott *'Il ('Ēl)* in alter Zeit eine größere Bedeutung besessen zu haben (dafür spricht sein Vorkommen in den Personennamen), dann aber durch andere Gottheiten (zunächst durch *'Aṯtar*, dann durch den Mondgott) in den Hintergrund gedrängt worden zu sein, so daß er später im Kult keine Rolle mehr spielt. Cf. dazu HENNINGER, Anth 71 (1976) 159–161 mit Anm. 114–120 und die dort zitierte Literatur. Die Vermutung, *'Īl* sei ursprünglich auch ein Mondgott gewesen, geht auf NIELSEN zurück und entbehrt der positiven Begründung (cf. zur Kritik an NIELSEN oben Anm. 97 mit Addendum). – Zur Frage, ob *'Aṯtar* ursprünglich ein (androgyner) Himmelsgott war und erst nachträglich «astralisiert» wurde, cf. HENNINGER, a. a. O. bes. 156–162. – Zu den späten (jüdisch oder christlich beeinflußten) monotheistischen Inschriften cf. HÖFNER, RdM 10/2 (1970) 280.

Anm. 108: Cf. R. BLACHÈRE, Histoire de la littérature arabe (wie Addendum zu Anm. 109) I 32f., 36; cf. auch Artikel Nr. 1: La religion bédouine préislamique (oben Nr. 1), 121 mit Anm. 27–28, 125f. mit Anm. 48–51 und Addenda.

Anm. 109: Cf. ALFRED BLOCH, Qaṣīda. Asiatische Studien 2 (1948) 106–132 (Inhaltsangabe: Anth 45 [1950] 375f.); RÉGIS BLACHÈRE, Histoire de la littérature arabe, des origines à la fin du XVe siècle de J.-C., 3 vols. (Paris 1952–1966), bes. II (1964) 368–453; FUAT SEZGIN, Geschichte des arabischen Schrifttums, Band II: Poesie bis ca. 430 H. (Leiden 1975), 1–315, bes. 7–33.

Anm. 110: Cf. oben Anm. 12 mit Addendum.

Anm. 112: Hinsichtlich der theophoren Namen ist vielleicht eine größere Zurückhaltung angebracht; cf. Artikel: La religion bédouine préislamique (oben Nr. 1), Anm. 50a und die dort zitierte Literatur.

Anm. 113: In neuester Zeit hat der Islam bei den Beduinen in Saʿūdī-Arabien offenbar tiefere Wurzeln geschlagen; cf. z.B. DONALD POWELL COLE, Nomads of the Nomads. The Āl Murrah Bedouin of the Empty Quarter (Chicago 1975) 112–135, bes. 126–129 (Rezension von J. HENNINGER, Anth 71 [1976] 638f.)

Anm. 114: Cf. WERNER CASKEL, Die Bedeutung der Beduinen in der Geschichte der Araber (Köln und Opladen 1953) 34.

Anm. 115: Cf. RATHJENS, Tribus 2/3 (1953) 277–279, 296–299; VON WISSMANN, Saeculum 4 (1953) 77, Anm. 21 (Ende); man will besonders in der elliptischen Tempelform den «hamitischen» Einfluß erkennen (cf. auch HÖFNER, AfO 16 [1952/53] 124b).

Anm. 116: Cf. J. HENNINGER, Über Lebensraum und Lebensformen der Frühsemiten (Köln und Opladen 1968) 9 mit Anm. 7 und der dort zitierten Literatur; ferner: I. M. DIAKONOFF, Semito-Hamitic Languages. An Essay in Classification (Moscow 1965) [von HENNINGER, 1968, noch nicht berücksichtigt]; dazu DIETZ OTTO EDZARD, Die semitohamitischen Sprachen in neuer Sicht. RA 61 (1967) 137–149 (Inhaltsangabe: Anth 65 [1970] 642); Rezension von JOH. FRIEDRICH, ZDMG 118 (1968) 136f.

Anm. 118: Allgemeines zur kulturhistorischen Einordnung der Rinderzucht: W. SCHMIDT, UdG XII (Münster i. W. 1955) 765–768; HENNINGER, Les fêtes de printemps (cf. Addendum zu Anm. 50–52) 103f. mit Anm. 264–267, 202–204 mit Anm. 772–786 und die dort zitierte Literatur.

Anm. 119: Cf. W. SCHMIDT, Zu den Anfängen der Herdentierzucht. ZfE 76 (1951) 1–41, bes. 14–16, 20–23, 30–41.

Anm. 121, Z. 3: Cf. CARLETON S. COON, Measuring Ethiopia and Flight into Arabia (London 1936) 230; im ganzen Kontext (ebd. 228–231) handelt es sich um Berichte aus zweiter Hand, die etwas zurückhaltend zu bewerten, aber, verglichen mit den Angaben von GLASER, doch zu beachten sind. (Cf. auch Addendum zu Anm. 30.)

Anm. 123: RATHJENS, Tribus 2/3 (1952/53) 275–278; A. GROHMANN, Arabien (1963) 14–20; HAROLD A. MC CLURE, The Arabian Peninsula and Prehistoric Populations (Miami, Florida 1971), bes. 16–36 (Paleoclimate and Paleogeography); EMMANUEL ANATI, Rock Art in Central Arabia (Expédition Philby-Ryckmans-Lippens en Arabie. 1re partie: Géographie et Archéologie, tome 3). Parts I–IV (Louvain 1968–1974), dazu Rez. von J. PIRENNE, Syria 47 (1970) 414a–417a; von J. HENNINGER, Anth 65 (1970) 667–669; 68 (1973) 967f.; 71 (1976) 636f.

Anm. 126: Cf. ArV, Nr. 27 und 28.

Anm. 127: Bezüglich der «Pariastämme» (nicht der Pariaklassen) in Südarabien ist an meinen früheren Ausführungen einiges zu korrigieren; cf. ArV, Nr. 22, bes. die Addenda.

Anm. 129: Über weitere Ausgrabungen siehe die eingangs angeführten Publikationen, bes. VON WISSMANN, GROHMANN und HÖFNER; ferner: RAY L. CLEVELAND, An Ancient South Arabian Necropolis. Objects from the Second Campaign (1951) in the Timnaʿ Cemetery. (Baltimore 1965) [nach den Rez. von J. RYCKMANS, BiOr 24 (1967) 226a–b; und von J. PIRENNE, Syria 46 (1969) 156a–161a]; GUS W. VAN BEEK, Hajar Bin Ḥumeid. Investigations at a Pre-Islamic Site in South Arabia, with contributions by ALBERT JAMME [etc.] (Baltimore and London 1969) [nach der Rez. von J. RYCKMANS, BiOr 29 (1972) 236a–237b]; J. PIRENNE, Le péristyle du temple de Mârib d'après les fouilles de 1951–52. Syria 46 (1969) 293–318.

8

DIE UNBLUTIGE TIERWEIHE DER VORISLAMISCHEN ARABER IN ETHNOLOGISCHER SICHT*

(1950)

[179] In dem breiten Steppengürtel, der Asien und Afrika durchzieht und die Heimat der großen Hirtenvölker bildet, hat Arabien die Rolle eines Bindegliedes zwischen Asien und Afrika und spielt daher bei allen kulturvergleichenden Studien über die Hirtenvölker eine wichtige Rolle. Wenn es sich um Religionsgeschichte handelt, stößt die Forschung hier allerdings auf bedeutende Schwierigkeiten, weil in Arabien die frühere Religion durch den Islam verdrängt worden ist. Um so wichtiger ist es, die spärlichen Angaben über die vorislamische Religion sorgfältig zu sammeln und in vergleichender Untersuchung zu deuten. Der Verfasser hat diese Aufgabe in Angriff genommen, zunächst in einer größeren Arbeit über das Opfer bei den Arabern, aus der bisher nur einige Teile veröffentlicht werden konnten [1]. In einem gewissen Zusammenhang mit dem Opfer steht ein interessantes Phänomen, das hier etwas eingehender behandelt werden soll, nämlich die unblutige Tierweihe.

---

* Band 4 der Zeitschrift «Paideuma» (1950), herausgegeben als Festschrift zum 50jährigen Jubiläum des Frobenius-Institutes, wo dieser Artikel zuerst publiziert wurde, erschien gleichzeitig in anderem Einband als Buch unter dem Titel «Mythe, Mensch und Umwelt». (Vgl. dazu die Besprechungen von M. Eliade, RHR 140 [1951] 246f.; H. W. Obbink, BiOr 9 [1952] 226a–228a).

[1] Siehe: J. Henninger, Ist in Arabien die rituelle Erdrosselung eines Tieres bekannt? Anth 37/40 (1942/45) 319f. [unten Nr. 11]; Das Opfer in den altsüdarabischen Hochkulturen. Anth 41/44 (1946/49) 779–810 [oben Nr. 7]; Über Huhnopfer und Verwandtes in Arabien und seinen Randgebieten. Anth 41/44 (1946/49) 337–346; Le sacrifice chez les Arabes. Ethnos (Stockholm) 13 (1948) 1–16 [oben Nr. 6]. [ ]

Darunter verstehen wir eine Kulthandlung, durch die ein lebendes Tier dem profanen Gebrauch entzogen und einer Gottheit (oder überhaupt einem übermenschlichen Wesen) zum ausschließlichen Eigentum überlassen wird, ohne daß es jemals als Schlachtopfer dargebracht würde. Die so definierte Tierweihe unterscheidet sich also 1. von einer auf das Opfer vorbereitenden Weihe; diese kann z. B. darin bestehen, daß ein Tier schon längere Zeit, etwa mehrere Wochen oder Monate vor dem Opfertermin, von den übrigen Tieren abgesondert und gekennzeichnet wird. Diese Tierweihe ist nicht unblutig, weil das Endziel der ganzen Handlung die rituelle Schlachtung ist. Die hier zu besprechende Tierweihe unterscheidet sich auch 2. von der Überlassung eines lebenden Tieres an Kultuspersonen zu wirtschaftlichen Zwecken, z. B. als Arbeitstier für die Bestellung der Tempelgrundstücke, oder zum Verkauf, wobei der Erlös zum Lebensunterhalt des Kultuspersonals dient. Die beiden letztgenannten Arten von «Tierweihe» finden sich ebenfalls in Arabien, sollen aber hier nur nebenbei behandelt werden (siehe unten Anm. 19, 34, 48). Die unblutige Tierweihe, von der hier die Rede sein soll, schließt prinzipiell jeden [180] wirtschaftlichen Gebrauch aus, einerlei, ob die betreffenden Tiere einfach freigelassen oder einem Heiligtum zugewiesen werden [2]. Wo trotzdem ein scheinbar profaner Gebrauch zugelassen wird, ist er altruistisch motiviert und deshalb nicht mit einem wirtschaftlichen Gebrauch zum eigenen Vorteil auf eine Stufe zu stellen.

Die unblutige Tierweihe im vorislamischen Arabien ist schon öfters behandelt worden; fast jeder Autor, der sich mit der vorislamischen arabischen Religion beschäftigt, erwähnt sie wenigstens kurz. Soweit ich sehe, ist sie bisher aber nur von W. Schmidt in einen größeren ethnologischen Zusammenhang hineingestellt worden; dieser erwähnt sie auch nur nebenbei, anläßlich der Behandlung des Eigentums, und berücksichtigt nur einen kleinen Teil des vorliegenden Materials [3]. Daher dürfte eine neue Behandlung an dieser Stelle wohl angebracht sein.

---

[2] So definiert auch Th. Nöldeke die unblutige Tierweihe als «the practice of setting an animal at liberty ... thenceforth the animal in question was not to be used for any purpose, except perhaps by needy travellers who might be allowed to milk it». (ERE I [Edinburgh 1908] 666a [Art. Arabs, Ancient]). Ebenso auch William Robertson Smith: «These camels seem to be sometimes spoken of as the property of the deity, but they were not used for his service. Their consecration was simply a limitation of man's right to use them.» (Lectures on the Religion of the Semites. [3London 1927. With an Introduction and Additional Notes by Stanley A. Cook] 149).

[3] Wilhelm Schmidt, Das Eigentum auf den ältesten Stufen der Menschheit. II. Das Eigentum im Primärkulturkreis der Herdenviehzüchter Asiens (Münster i. W. 1940) 315; vgl. auch 285 f. – Die unblutige Tierweihe in Nord- und Zentralasien ist von W.

Die Tatsache der unblutigen Tierweihe ist für das vorislamische Arabien bezeugt durch einige Stellen des Korans, gelegentliche Anspielungen bei vorislamischen Dichtern und vor allem durch arabische Autoren aus der muslimischen Zeit (Korankommentatoren. Traditionensammler, Historiker usw.). Ihre Angaben sind allerdings mit großer Vorsicht zu gebrauchen [4]; die kritische Sichtung der einschlägigen Angaben ist aber zum größten Teil schon in den Werken geschehen, die sich ex professo mit der vorislamischen Religion der Araber befassen, vor allem bei J. WELLHAUSEN [5] und W. R. SMITH [6]. Wo die [181] Interpretationen und Urteile dieser Spezialisten voneinander abweichen oder aus anderen Gründen unhaltbar erscheinen, soll hier versucht werden, aus allgemein-ethnologischen Erwägungen heraus zu einer Entscheidung zu kommen.

Zu vielen Heiligtümern von Lokalgottheiten im vorislamischen Arabien gehörte ein «heiliges Gehege», eine Art Naturpark mit Wasser und reichlicher Vegetation (so werden öfters Bäume darin erwähnt), das meistens *ḥimā* genannt wird [7], seltener *ḥaram* [8]. Innerhalb dieses Bezirkes durften

---

SCHMIDT und anderen bereits ausführlicher behandelt worden: siehe darüber unten Anm. 58.

[4] Hier gilt im wesentlichen das Gleiche, was J. FRIEDLÄNDER hinsichtlich eines Sagenstoffes einmal bemerkt: «Die Traditionarier und Exegeten des Islams waren keine Folkloristen, sondern Theologen. Worauf es ihnen ankam, war nicht die Feststellung der Sage, sondern die Deutung des göttlichen Buches, dem sie ihr Können und Wissen widmeten, häufig auch opferten. Wir müssen daher genau unterscheiden zwischen dem, was die Traditionarier, in ihrer Abhängigkeit vom Koran, aus demselben herauslesen, und dem, was sie, mit größerer Gelehrsamkeit ausgestattet, in denselben hineinlesen. Die muhammedanischen Theologen waren nur allzu leicht geneigt, da, wo sie nichts Besseres wußten, den Koran zum Ausgangspunkt ihrer eigenen Erdichtungen zu machen und das nackte Koranwort hinter Legendenschmuck verschwinden zu lassen. Wo dies der Fall ist, sind ihre Angaben lediglich subjektive Einfälle und für die Geschichte der Sage ohne Wert. Wo dagegen die Theologen, auch im Anschluß an den Koran, Dinge vorbringen, die im Koran selber nicht angedeutet sind oder gar mit dessen Wortlaut im Widerspruch stehen, da liegt ohne Zweifel alte Überlieferung vor, die, kritisch gesichtet, mit großem Nutzen für die Geschichte der Sage verwendet werden kann.» (Die Chadhirlegende und der Alexanderroman [Leipzig-Berlin 1913] 67f.) Mit der Schlußfolgerung, daß im Falle von Divergenzen immer «ohne Zweifel alte Überlieferung» vorliege, geht FRIEDLÄNDER freilich auch wieder etwas zu weit, aber im großen und ganzen trifft seine Formulierung das Richtige.

[5] J[ULIUS] WELLHAUSEN, Reste arabischen Heidentums. [2]Berlin und Leipzig 1897 (Neudruck 1927). [[1]1887].

[6] Siehe oben Anm. 2.

[7] WELLHAUSEN, a. a. O. 30, 34f., 49, 51, 105–107, 108f., 141; SMITH, a. a. O. 112 note 1, 142–151, 155–157; COOK, ebd. 543; HENRI LAMMENS, Le Berceau de l'Islam I. Le Climat – Les Bédouins (Romae 1914) 37, 60–64; FRANTS BUHL. Das Leben Muham-

keine Bäume oder Sträucher umgehauen und kein Wild getötet werden, außer Raubtieren. (Für den *ḥaram* von Mekka und Medina hat der Islam diese Gewohnheiten übernommen und zu einem Bestandteil der Wallfahrtsvorschriften gemacht; daher finden sich bei den muslimischen Juristen zahlreiche Einzelheiten darüber [9]). Im *ḥimā* weideten auch die der betreffenden Gottheit geweihten Haustiere [10]; meistens waren es Kamele, aber auch Schafe werden erwähnt [11]. Vieh, das sich zufällig in das *ḥimā* verlief,

---

meds. Deutsch von H. H. SCHAEDER (Leipzig 1930) 40, 74, 78, 80; ROSA KLINKE-ROSENBERGER, Das Götzenbuch *(Kitâb al-Aṣnâm)* des Ibn al-Kalbî (Leipzig 1941) 97 Anm. 140; GAUDEFROY-DEMOMBYNES, Contribution à l'étude du pèlerinage de la Mekke (Paris 1923) 1–25, 287. Über die Ableitung des Wortes von der (gemeinsemitischen) Wurzel *ḥmy* «schützen, hüten» siehe SMITH 150 mit note 2; vgl. auch COOK, ebd. 543; KLINKE-ROSENBERGER 97 Anm. 140; LAMMENS 37. [ ]

Eine solche Privatweide konnte aber auch eine profane Einrichtung sein (WELLHAUSEN 107f.; LAMMENS 37, 60–64; BUHL 40; vgl. auch GEORG JACOB, Altarabisches Beduinenleben [²Berlin 1897] 221). In diesem Sinne wird das Wort heute noch gebraucht, um Weideland in der Nähe von Dörfern und Städten zu bezeichnen, dessen Benutzung den Beduinen nicht gestattet ist (CHARLES M. DOUGHTY, Travels in Arabia Deserta. [New and Definitive Edition. London 1936] II 268, 310: vgl. auch ebd. 623a, Ind. s. v. *Ḥ'má*. In seiner Besprechung der 1. Auflage [Cambridge 1888] hat WELLHAUSEN auch diese Einzelheit hervorgehoben. (ZDMG 45 [1891] 177). WELLHAUSEN, Reste arab. Heidentums 107f., betrachtet das profane *ḥimā* als eine sekundäre Erscheinung, LAMMENS 61f. dagegen als das Ursprüngliche, dem nur in bestimmten Fällen nachträglich noch ein religiöser Charakter verliehen wurde. Über den Grundbesitz, besonders die Weiderechte im alten Arabien siehe auch SMITH 95f., 104f., 112, 143f., dazu COOK ebd. 636. Immerhin zeigen aber die reichen von LAMMENS (37, 60–64) gesammelten Materialien, daß solche Weidereservate ziemlich häufig waren. [ ]

[8] WELLHAUSEN 78, 105; GAUDEFROY-DEMOMBYNES 1–25; BUHL 38; KLINKE-ROSENBERGER 39, 62, 97 Anm. 140, 138 Anm. 427. Über die Ableitung des Wortes von der ebenfalls gemeinsemitischen Wurzel *ḥrm*, deren Grundbedeutung etwa «trennen» oder «entziehen» sein könnte, siehe SMITH 150 mit note 1; COOK ebd. 543; KLINKE-ROSENBERGER 97f. Anm. 140. – *Ḥaram* ist immer ein religiöser Begriff und kam nach LAMMENS (60–64, bes. 61f.) (als eine höhere Stufe der Unverletzlichkeit, die eine religiöse Sanktion einschloß) nur dann einem *ḥimā* zu, wenn es ein Heiligtum umgab. Auch die Form *ḥarim* kommt vor (LAMMENS 37). Eine andere, seltenere Bezeichnung ist *mahgar* [*maḥǧar*] (WELLHAUSEN 105). [ ]

[9] WELLHAUSEN 30, 51, 78, 106; SMITH 142, 146, 156; GAUDEFROY-DEMOMBYNES 7–16; KLINKE-ROSENBERGER 97 Anm. 140; BUHL 38; vgl. auch LAMMENS 62f. Es wird erzählt, daß sogar Wölfe und Jagdhunde diese heiligen Territorien respektierten (Belege siehe bei LAMMENS 63). Einzelheiten über Vegetation ebd. 64f.

[10] WELLHAUSEN 54, 55, 107, 113; JACOB 221; LAMMENS 62. NÖLDEKE (666a) betrachtet es nur als wahrscheinlich, daß diese Tiere im heiligen Gehege waren. Vgl. auch SMITH 149 note 2; siehe ferner unten Anm. 13.

[11] WELLHAUSEN 107, 112–114; BUHL 86 Anm. 239.

verfiel ebenfalls dem Heiligtum, und es galt als Sakrileg, solche Tiere zurückzuholen [12].

[182] Die geweihten Tiere kamen aber nicht immer in das *ḥimā* [13]; oft blieben sie auch bei ihrer Herde und wurden nur gezeichnet [14] oder auch durch eine schwere Verwundung zum Reiten und Lastentragen unfähig gemacht [15]. Jedenfalls durften sie nicht mehr zum Reiten oder Lastentragen benutzt werden, auch wenn sie physisch noch dazu imstande waren [16]; in Notfällen kam es aber doch vor, daß man sich ihrer bediente [17]. Auch durften sie nicht geschlachtet werden [18], und melken durfte man die Kamelstuten nicht, außer für Gäste und Arme [19]. Auch kam es vor, daß die Jungen der so geweihten Tiere nur von Männern, nicht von Frauen gegessen werden durften [20], ähnlich wie bei manchen Opfermahlzeiten die Frauen vom Genuß des Opferfleisches oder wenigstens bestimmter Teile ausgenommen waren [21].

Der Koran verurteilt alle diese Beschränkungen schärfstens: «(139) Und sie sprechen: ‹Dieses Vieh und diese Früchte sind verboten, wenn wir es nicht erlauben› – in ihrer Meinung – und: ‹Es gibt Vieh, dessen Rücken

---

[12] WELLHAUSEN 53–55, 107; SMITH 146, 149; BUHL 38; LAMMENS 62; KLINKE-ROSENBERGER 73 Anm. 27. Das Asylrecht soll sich sogar soweit erstreckt haben, daß auch gestohlenes Vieh von seinen Eigentümern nicht mehr zurückgeholt werden durfte, wenn es einmal in den heiligen Bezirk gebracht worden war. SMITH (149) nimmt das ohne weiters als Tatsache, während WELLHAUSEN darin eher die unberechtigte Verallgemeinerung eines gelegentlichen Mißbrauches sieht (52f., bes. 53; siehe auch KLINKE-ROSENBERGER 62). Über die tieferen Gründe dieser Meinungsverschiedenheit siehe unten p. 187f.

[13] WELLHAUSEN 113, 114; SMITH 149 mit note 2, 450, 462.

[14] WELLHAUSEN 113; SMITH 149; JACOB 221; WALTER GOTTSCHALK, Das Gelübde nach älterer arabischer Auffassung (Berlin 1919) 119f., 121; siehe auch EUGEN MITTWOCH, MSOS 16/2 (1913) 41, Nr. XXIV (im Artikel: Abergläubische Vorstellungen und Bräuche der alten Araber. Nach Ḥamza al-Iṣbahānī. Ebd. 37–50). [ ]

[15] WELLHAUSEN 114; SMITH 149 note 3; GOTTSCHALK 122f; vgl. auch MITTWOCH 41, Nr. XXIV. [ ]

[16] WELLHAUSEN 112, 113; vgl. SMITH 149, note 3, 450; GAUDEFROY-DEMOMBYNES 287f.

[17] WELLHAUSEN 113 Anm. 1; SMITH 149 note 3; GOTTSCHALK 120.

[18] WELLHAUSEN 168.

[19] WELLHAUSEN 113, 168; SMITH 149 note 3; NÖLDEKE 666a. – Ähnliche Beschränkungen galten auch für die zum Schlachtopfer bestimmten Tiere während der Weiheperiode, die dem Opfer vorausging; vgl. darüber GOTTSCHALK 134; GAUDEFROY-DEMOMBYNES 287f.

[20] WELLHAUSEN 113; SMITH 149 note 3; GOTTSCHALK 120, 121. [ ]

[21] WELLHAUSEN 113.

verboten ist›. Und es gibt Vieh, über das sie nicht Allahs Namen sprechen, es wider ihn erdichtend. Wahrlich, er wird ihnen lohnen für ihre Erdichtungen. (140) Und sie sprechen: ‹Was im Schoß dieses Viehes ist, ist unsern Männern erlaubt und unseren Gattinnen verwehrt.› Ist es aber tot (geboren), so haben beide Anteil daran. Wahrlich, lohnen wird er ihnen ihre Behauptungen; siehe, er ist weise und wissend. (141) Verloren sind diejenigen, welche ihre Kinder töricht in ihrer Unwissenheit mordeten, und welche verwehrten, was Allah ihnen beschert, indem sie wider ihn (eine Lüge) erdichteten. Sie irrten und waren nicht geleitet. (142) Und er ist es, welcher wachsen läßt Gärten mit Rebspalieren und ohne Rebspaliere und die Palmen und das Korn, dessen Speise verschieden ist, und die Oliven und die Granatäpfel, einander gleich und ungleich. Esset von ihrer Frucht, so sie Frucht tragen, und gebet die Gebühr davon am Tag der Ernte, und seid nicht verschwenderisch; siehe, er liebt nicht die Verschwender. (143) Und unter den Kamelen gibt es Lasttiere und Schlachttiere; esset von dem, was euch Allah beschert, und folget nicht den Fußstapfen des Satans; siehe, er ist euch ein offenkundiger Feind. (144) (Ihr habt) acht zu Paaren, von den Schafen zwei [183] und von den Ziegen zwei. Sprich: ‹Hat er die beiden Männchen verwehrt oder die beiden Weibchen oder, was der Mutterschoß der Weibchen in sich schließt? Verkündet es mir mit Wissen, so ihr wahrhaft seid›. (145) Und von den Kamelen zwei und von den Rindern zwei. Sprich: ‹Hat er die beiden Männchen oder die beiden Weibchen verwehrt, oder, was der Mutterschoß der Weibchen in sich schließt? Oder waret ihr Zeugen, als Allah euch dieses befohlen›? Wer aber ist sündiger als der, welcher wider Allah eine Lüge ersinnt, um unwissende Leute irrezuführen? Siehe, Allah leitet nicht die Ungerechten. (146) Sprich: ‹Ich finde nichts in dem, was mir offenbart ward, dem Essenden verboten zu essen, als Krepiertes oder vergossenes Blut oder Schweinefleisch – denn dies ist ein Greuel – oder Unheiliges, über dem ein anderer als Allah angerufen ward›[22]». Hier werden also die Beschränkungen im Gebrauch und Genuß von Tieren, außer denen, die (unter jüdischem Einfluß) im letzten Vers vorgeschrieben werden, verurteilt, als gegen die göttliche Schöpfungsordnung gerichtet, und mit heidnischen Greueln wie dem Kindermord (gedacht ist an das Lebendigbegraben der neugeborenen Mädchen) auf eine Stufe gestellt.

Weniger ausführlich, aber ebenso entschieden heißt es an der vielkommentierten Stelle Sure 5, 102: «Allah hat nichts festgesetzt hinsichtlich *Baḥīra* oder *Sā'iba* oder *Waṣīla* oder *Ḥāmī;* vielmehr ersinnen die Un-

---

[22] Sure 6, 139–146. [ ]

gläubigen Lügen wider Allah, und die meisten von ihnen haben keinen Verstand.»[23] Hier ist offenkundig von vier verschiedenen Arten von Weihetieren die Rede, und deshalb hat diese Stelle seit jeher großes Interesse erregt; aber die Definitionen der einzelnen Termini durch die arabischen Philologen (die alle der islamischen Zeit angehören) sind durchaus nicht einheitlich[24]; oft wird man einfach geraten haben, um aus dem Koranwort, mochte es auch noch so dunkel sein, auf jeden Fall einen Sinn herauszubekommen[25]. Es wird daher besser sein, sich auf diese Erklärungsversuche weiter nicht zu stützen.

Wichtiger sind die gelegentlich gemachten Angaben, welches die Anlässe zur unblutigen Tierweihe waren. Es wird berichtet, daß eine Kamelstute, die zehnmal weibliche Füllen geworfen hatte, dem profanen Gebrauch entzogen wurde[26] (bzw. das zehnte weibliche Kamelfüllen selbst; die Angaben sind zum Teil verworren)[27]. Ähnlich geschah es bei einem Mutterschaf[28] und bei einem Kamelhengst, der eine bestimmte Zeit hindurch [184] erfolgreich beschält hatte[29]. Daher erklärt WELLHAUSEN den Sinn der Weihe so: «Das Wesen der Sache, das durch alle Differenzen klar hindurchscheint, läuft hinaus auf Danksagung für die Fruchtbarkeit des Viehs, nur daß in diesem Fall nicht der Wurf geschlachtet, sondern die verdienten Etern auf die Weide der Gottheit geschickt wurden[30]». Es ist also der gleiche Gedanke wie beim Primitialopfer, das im vorislamischen Arabien ebenfalls bekannt war[31]; nur handelt es sich in diesem Falle nicht um die Opferschlachtung, wie bei den Primitialopfern, sondern eher um eine Art

---

[23] Sure 5, 102.

[24] Vgl. WELLHAUSEN 112f.; JACOB 221; GOTTSCHALK 120f.; KLINKE-ROSENBERGER 33, 78 Anm. 44, und die an den genannten Stellen zitierten Belege. – Für weitere Einzelheiten siehe die muslimischen Korankommentatoren und die Koranübersetzungen in europäische Sprachen, die in den Anmerkungen oder der Einleitung deren Angaben übernommen haben, wie SALE, PALMER, RODWELL, WHERRY, KASIMIRSKI, MONTET, M. HENNING u.a.; vgl. darüber GUSTAV PFANNMÜLLER, Handbuch der Islam-Literatur (Berlin und Leipzig 1923) 206–229. [ ]

[25] Vgl. GOTTSCHALK 120f.: «Über die Begriffsbestimmung der einzelnen Arten sind sich die muslimischen Gelehrten sehr wenig einig, besonders scheint man sich über die Unkenntnis der *waṣīla* mit den waghalsigsten Definitionen hinweggeholfen zu haben». Vgl. auch oben Anm. 4. [ ]

[26] WELLHAUSEN 113; SMITH 462; JACOB 221; GOTTSCHALK 121.

[27] Vgl. WELLHAUSEN 113; GOTTSCHALK 120f.

[28] WELLHAUSEN 113; GOTTSCHALK 121.

[29] WELLHAUSEN 113; GOTTSCHALK 121.

[30] WELLHAUSEN 113. [ ]

[31] Vgl. z.B. WELLHAUSEN 98f., 121f.; SMITH 109f., 111, 227f. note 3, 368 note 1, 462–465; GOTTSCHALK 119. [ ]

von Votivgeschenk [32]. Daher wird es verständlich, daß die Freilassung von Tieren auch bei anderen Gelegenheiten gelobt werden konnte, z. B., für den Fall, daß man von einer Krankheit genäse, glücklich von einer Reise zurückkehrte oder wohlbehalten aus einem Gefechte entkäme [33]. Auf die Frage, wie Votivgeschenk und Opfer gegeneinander abzugrenzen sind, braucht hier nicht eingegangen zu werden; es mag hier genügen, festzustellen, daß es sich in dem einen wie in dem anderen Falle um ein Geschenk an die Gottheit (bzw. an ein übermenschliches Wesen im weitesten Sinne) handelt.

Bevor die Frage nach dem Sinn der unblutigen Tierweihe genauer gestellt wird, sollen auch noch ihre mutmaßlichen Überlebsel im heutigen Arabien behandelt werden [34]. [185] Der Koran hat die blutigen Opfer bestehen

---

[32] Vgl. WELLHAUSEN 121 Anm. 2 mit ebd. 26, 31, 48, 52, 53, 102, 103, 104, 112; SMITH 167f., 185, 339, 460; GOTTSCHALK 133f.; GAUDEFROY-DEMOMBYNES 72f.; BUHL 79f.; KLINKE-ROSENBERGER 37, 63, 139 Anm. 433, 140 Anm. 436 und 437.

[33] GOTTSCHALK 121; vgl. auch NÖLDEKE 666a.

[34] In den Hochkulturen des alten Südarabien scheint nichts Derartiges bestanden zu haben. Zwar ist gelegentlich die Rede von der Schenkung lebender Tiere an Tempel; siehe G. RYCKMANS, LM 55 (1942) 170; aber nach dem Kontext muß es sich um Tiere handeln, die zu wirtschaftlichen Zwecken dienten; daher fällt diese Art «Tierweihe» aus dem Bereich unseres Themas heraus. Vgl. dazu J. HENNINGER, Anth 37/40 (1942/45) 796 Anm. 43 am Ende. Nach einer am 24.7.1948 erhaltenen Privatmitteilung von Herrn Prof. G. RYCKMANS ist es nicht ganz sicher, was mit den an die Tempel überwiesenen lebenden Tieren geschah; jedenfalls waren sie nicht nur zu Opfern bestimmt, und es ist daher wahrscheinlich, daß sie auch zur Arbeit gebraucht wurden. – Auch die Einrichtung geweihter Territorien im Umkreis der Heiligtümer scheint bekannt gewesen zu sein; jedenfalls besteht sie noch heute im großem Umfang, wenn auch in islamischer Umdeutung; vgl. darüber Le Comte DE LANDBERG, Etudes sur les dialectes de l'Arabie Méridionale II: Datînah, 3e partie (Leide 1913) 1781–1789; die dort üblichen Termini sind *ḥiǧra* und *maḥǧar*. Siehe auch ADOLF GROHMANN, Südarabien als Wirtschaftsgebiet I (Wien 1922) 75–77, 81f., 84, 92, 95; vgl. auch ebd. II (1933), 226a, Ind. s. v. *Ḥiǧra* (Temenos). Es findet sich aber nirgends eine Angabe darüber, daß diese heiligen Territorien auch als Weide für der Gottheit geweihte Tiere dienten. Offenbar ist die typisch hirtenkulturliche Sitte der unblutigen Tierweihe den ganz auf Ackerbau begründeten altsüdarabischen Hochkulturen unbekannt gewesen. [ ] – Frl. Dozentin Dr. MARIA HÖFNER (Tübingen) hatte die Freundlichkeit, eine Kopie des Manuskriptes für diesen Artikel durchzusehen und macht mir dazu (durch Brief vom 2.1.1949) einige Mitteilungen, die eine Ergänzung und teilweise Berichtigung der vorstehenden Bemerkungen darstellen: «1. In der Inschrift Glaser 1210, Zeile 6, 7 (siehe N. RHODOKANAKIS, Altsab. Texte II, WZKM 39 [1932] 186–206) werden Steinböcke in gewissen Revieren erwähnt, die für die sakrale Jagd bestimmt waren. Auch andere Inschriften wie Glaser 1000 B, Zeile 7 (siehe RHODOKANAKIS, Altsab. Texte 1. [SBAWW, Phil.-hist. Kl. Bd. 206, Abh. 2] 83, 92f.) und Glaser 797 (RHODOKANAKIS. Altsab. Texte II [siehe oben] 191f. berichten von sakralen Jagden, anscheinend auch auf andere Arten von Wild, die wir aber aus den Angaben der Inschriften nicht näher bestimmen können.

lassen, wenn er ihnen auch einen anderen Sinn unterlegt hat [35], die unblutige Tierweihe dagegen in der schärfsten Weise verurteilt [36]. Trotzdem scheinen sich noch einige Spuren davon erhalten zu haben, deren religiöser Charakter allerdings nicht ganz sicher ist. So berichtet LANDBERG (aus Nordarabien, ohne nähere Lokalisierung): «Dans le Nord, si un chameau étalon a produit environ deux cents petits, on ne s'en sert plus pour saillir. On le laisse alors paître librement et à la mort de son propriétaire on l'égorge sur sa tombe. Cet étalon est appelé *al-musayyib* [37].» Hier scheint ein Überlebsel der unblutigen Tierweihe mit der (ebenfalls altarabischen) Sitte verquickt worden zu sein, daß man dem Toten sein Reittier mitgab [38].

Außer den Steinböcken, die besonders dem Gotte 'Almaqah heilig waren – er heißt mehrfach ‹Herr der Steinböcke› – gab es auch noch andere einer Gottheit geweihte Tiere, die wir aus Reliefdarstellungen und Kleinplastiken kennen (vgl. A. GROHMANN, Göttersymbole und Symboltiere auf südarabischen Denkmälern, Wien 1914)». (Demnach gab es also tatsächlich heilige Reviere, die aber nicht von der ursprünglichen Herde abgesonderte Haustiere, sondern Wildtiere enthielten. Dieser Gebrauch und die sakrale Jagd weisen auf einen ganz anderen Vorstellungskomplex hin als die nordarabische unblutige Tierweihe. J. H.). «2. Es gibt eine große Anzahl von altsüdarabischen Inschriften, in denen die Widmung von Votivgegenständen berichtet wird; und zwar sind die Votivgegenstände meist Statuetten von Menschen oder Tieren (Kamelen und, seltener, auch anderen). Könnte man hier an einen Zusammenhang mit der unblutigen Tierweihe denken, etwa an eine Umwandlung dieser ‹typisch hirtenkulturlichen Sitte› im Rahmen der Ackerbaukultur?» (Dieser Gedanke ist in der Tat naheliegend, und das um so mehr, als das wichtigste Zuchttier in Südarabien nicht das Kamel, sondern das Rind war, während in den Votivstatuetten trotzdem das Kamel mehr hervortrat. Über diese Votivstatuetten siehe Anth 37/40 [1942/45] 796 mit Anm. 43. J. H.) [Erst während der Drucklegung dieses Artikels kam mir eine Arbeit zu Gesicht, in der alle epigraphischen Belege für sakrale Jagd im alten Südarabien ex professo untersucht werden: A. F. L. BEESTON, The Ritual Hunt. A Study in Old South Arabian Religious Practice. LM 61 (1948) 183–196. Diese Untersuchung bestätigt, was schon oben gesagt wurde, daß sakrale Jagd und unblutige Tierweihe nichts miteinander zu tun haben J. H.] [ ]

35 GOTTSCHALK 134–136, 184; Weiteres in meiner oben p. 179 erwähnten, noch unveröffentlichten Arbeit. [ ]

36 Siehe oben p. 182f.; vgl. auch WELLHAUSEN 113; GOTTSCHALK 121f., 136.

37 LANDBERG 1779 (die Angabe wird ganz nebenbei gemacht, in der Abhandlung: Sacrifices en Daṯînah, unter dem Abschnitt: Sacrifice du défunt). – Interessant ist der Terminus *musayyib*, von derselben Wurzel *syb* wie die altarabische Bezeichnung *sā'iba* für eine geweihte Kamelstute, siehe oben p. 183; GOTTSCHALK 121); der Sinn ist hier offenbar «freilassen».

38 Das geschah in der Weise, daß man seine Reitkamelin am Grabe anband und verhungern ließ (WELLHAUSEN 180f.; JACOB 141; NÖLDEKE 672b). Oft hieb man ihr auch die Sehnen der Hinterbeine durch, damit sie nicht weglaufen konnte (WELLHAUSEN 180f., 184f.)

Wenn in diesem Falle die individuelle Tierweihe nachzuwirken scheint, so kann man in einer anderen heute noch bestehenden Einrichtung eher ein Überlebsel der im *ḥimā* weidenden geweihten Kamelherde sehen. Manche größere Beduinenstämme in Nordarabien besitzen (oder besaßen wenigstens noch vor kurzem) eine Herde von weißen Kamelen. Diese weißen Kamele *(maṛâṭîr [maġāṭīr])* sind der Stolz jedes Stammes; sie bilden die einzige Herde, aus der niemals ein Tier verkauft wird. Ihre Bewachung wird den besten Kriegern des Stammes anvertraut, und wenn sie geraubt wird, ist es besonders ruhmvoll für den, dem ein solches Bravourstück gelingt, eine Schande für den, der sie sich rauben läßt [39]. Besonders ausführliche Angaben besitzen wir über diese weiße Kamelherde bei den Ruala [40] und bei [186] den ihnen benachbarten Sba'a [41]. Bei den Ruala wird kein weißes Kamel geschlachtet, außer wenn es zu alt geworden ist oder eine Verwundung erlitten hat [42]. Bei den Ruala und anderen Stämmen wird diese weiße Kamelherde mit einem Frauennamen bezeichnet, der als Kriegsruf des Stammes gebraucht wird [43]. Außerdem berichtet VERNIER die sehr wichtige Einzelheit: «Les chamelles blanches ne sont astreintes à aucun travail, sauf celle qui porte la litière sacrée [44]. Elles sont le butin suprême que les tribus s'assignent en guerre [45].» Die enge Beziehung zu der heiligen Sänfte und die Befreiung vom Lastentragen, die auch sonst vereinzelt bezeugt ist [46], lassen sehr stark vermuten, daß diese Einrichtung ursprünglich religiös ist, wenn auch dieser Charakter heute verwischt ist. W. SCHMIDT hat darauf hinge-

---

[39] ALOIS MUSIL, The Northern Ḥeǧâz (New York 1926) 37. [ ]

[40] ALOIS MUSIL, The Manners and Customs of the Rwala Bedouins (New York 1928) 335f.; vgl. dazu W. SCHMIDT, Eigentum II 285f., 315.

[41] BERNARD VERNIER, Qédar. Carnets d'un méhariste syrien (Paris 1938) 183–186.

[42] MUSIL, RWALA 336. [ ]

[43] VERNIER 183f. Vgl. dazu J. HENNINGER, Die Familie bei den heutigen Beduinen Arabiens und seiner Randgebiete. IAE 42 (1943) 87 Anm. 46. [ ]

[44] Über die heilige Kamelsänfte vgl. HENNINGER, IAE 42 (1943) 24–26 mit Anmerkungen, bes. Anm. 116 und die dort angeführte Literatur. Nach MUSIL, Rwala 572f., wird sie «gewöhnlich» (also nicht immer!) von einem weißen Kamel getragen. [ ]

[45] VERNIER 186. – Im Jahre 1885 raubten die Sba'a die weiße Kamelherde der Ruala. Die Ruala veranstalteten einen Rachezug, aber es gelang ihnen nicht, die weiße Kamelherde zurückzugewinnen (VERNIER, ebd.).

[46] «Es gibt Stämme, welche am *Ḍaḥîje*-Fest auserlesenen Kamelstuten, die noch nie eine Last getragen haben, mit dem Blute des *Ḍaḥîje*-Opfers das Zeichen ⊕ oder ⊕ als *Wasm* aufschmieren». SAMUEL IVES CURTISS, Ursemitische Religion im Volksleben des heutigen Orients (Leipzig 1903) 223. – Das *Ḍaḥîje*-Fest ist das alljährlich stattfindende Totenfest; *wasm* ist die Eigentumsmarke, überhaupt das Zeichen des Stammes. Leider wird nicht gesagt, ob diese Kamelstuten weiß sind, und was nachher mit ihnen geschieht. [ ]

wiesen, daß es interessant wäre zu wissen, was mit der Milch dieser weißen Kamelstuten geschieht, ob sie etwa auch, wie in vorislamischer Zeit, für Gäste und Arme reserviert ist [47]. aber leider lassen uns hier die Quellen im Stich.

Immerhin sprechen gewichtige Gründe dafür, daß wir in den beschriebenen Bräuchen Überlebsel der vorislamischen unblutigen Tierweihe vor uns haben [48]; jedoch sind die vorliegenden Berichte, vor allem in bezug auf den Sinn dieser Einrichtung, zu lückenhaft und können uns daher in der Interpretation nicht weiterbringen. Um den Sinn dieses Ritus zu ermitteln, müssen wir vielmehr die Berichte über die vorislamische Zeit mit anderen ethnologischen Tatsachen vergleichen.

Nach der Auffassung von WELLHAUSEN (siehe oben p. 184) ist die unblutige Weihe lebendiger Tiere eine Dankesgabe an die (persönliche) Gottheit und mit Votivgaben aus leblosem Stoff grundsätzlich auf eine Stufe zu stellen. Die Richtigkeit dieser Interpretation ist aber [187] bestritten worden. Um hier zur Klarheit zu kommen, muß man zunächst zwei Dinge auseinanderhalten: die Einrichtung des heiligen Bezirkes *(ḥimā, ḥaram, maḥǧar)* und die Tierweihe an sich. Der heilige Bezirk, der eine Kultstätte umgibt, kann kaum als ursprüngliches Element einer Nomadenhirtenkultur betrachtet werden. Zum Stil des Nomadenlebens paßt das bewegliche Heiligtum, dessen Überlebsel noch heute in der heiligen Kamelsänfte vorhanden ist [49]. W. R. SMITH hat mit Recht hervorgehoben, daß die aus dem vorislamischen Arabien bekannten Kulte vor allem Kulte von Oasenbewohnern sind, zu deren Heiligtümern auch die Beduinen als Pilger kamen [50]. Wir dürfen also

---

[47] SCHMIDT, Eigentum II 315.

[48] G. W. MURRAY, Sons of Ishmael (London 1935) 170 berichtet, daß in Ägypten, im Niltal wie in der westlichen (Libyschen) Wüste, der Glaube besteht, eine schwangere Frau dürfe kein Kamelfleisch essen, sonst werde ihre Entbindung verzögert. Dieselbe Ansicht besteht auch bei einigen Stämmen der Sinaihalbinsel. Da sie bei den oberägyptischen Beǧa-Völkern (Bišārīn und ʿAbābde) unbekannt ist, sieht MURRAY, wohl mit Recht, darin etwas rein Arabisches und bringt es mit den oben (S. 182f.) erwähnten altarabischen Verboten in Verbindung, die speziell die Frauen betrafen (MURRAY, a. a. O. 170f.) – Dagegen hängt es sicher nicht mit der altarabischen Tierweihe im hier beschriebenen Sinne zusammen, wenn heutzutage manchmal ein lebendes Tier gelobt wird, das man dann zugunsten der Armen verkauft (ein Beispiel siehe bei PAUL KAHLE, PJb 8 [1912] 154 [ ]; dabei ist das Entscheidende die wirtschaftliche Nutzung, die bei der eigentlichen Tierweihe gerade wegfällt.

[49] Siehe oben Anm. 44. In diesem Zusammenhang ist beachtenswert, daß vor der heiligen Kamelsänfte der Ruala noch heute Opfer dargebracht werden (siehe MUSIL. Rwala 574), während dieser Stamm, ebenso wie die anderen Vollbeduinen, keine festen heiligen Orte kennt (MUSIL, Northern Neǧd [New York 1928] 257).

[50] SMITH 109f., 112f.

mit gutem Grund annehmen, daß die Zuweisung der geweihten Tiere an ein Heiligtum, wie auch immer man den ursprünglichen Charakter des heiligen Bezirkes auffassen mag [51], etwas Sekundäres ist und uns über den Sinn der Tierweihe als solcher keinen Aufschluß gibt.

Welches ist nun aber der ursprüngliche Sinn der Tierweihe, wenn diese, äußerlich gesehen, nur in der Freilassung des Tieres und seinem Ausschluß vom profanen Gebrauch bestand? SMITH vertritt die Ansicht, daß es sich hier um ein bloßes Tabu handelt, ohne daß dieses Tier damit Eigentum einer Gottheit wurde [52]. Einen ähnlichen Charakter hat die Erklärung, die, wenigstens in bestimmten Fällen, nur einen Abwehrritus gegen den bösen Blick u.ä. erkennen will: «Ist die Zahl der Kamele, die jemand besitzt, auf tausend angewachsen, so schlägt man dem Leithengst ein Auge aus, um den bösen Blick, Krankheit und feindlichen Angriff von ihnen fernzuhalten. Sind es aber mehr als tausend Kamele, so blendet man ihm auch das andere Auge. Ein solches geblendetes Kamel nennt man *mufaqqā* und *muʿammā*» [53]. Ähnliche Prozeduren (schwere Verwundung am Höcker und an der Wirbelsäule) wurden auch schon bei Erreichung der Zahl Hundert vorgenommen [54]. Die Deutung als Abwehrmaßnahme wird aber von GOTTSCHALK entschieden abgelehnt: «... nicht um den bösen Blick und den feindlichen Überfall abzuwenden, sondern um [188] das Tier für die Menschen wertlos zu machen [55]».

---

[51] Über die darüber bestehenden abweichenden Auffassungen vgl. oben Anm. 7 und 8. WELLHAUSEN (106) spricht seine Ansicht mit folgenden Worten aus: «Man muß vor allem festhalten, daß das Hima nicht erst mit dem Cultus entsteht, sondern vor und ohne Cultus da ist. Es wohnt dort ursprünglich gar nicht ein benannter Gott, der einen Cultus und einen Kreis von Verehrern hat, sondern das unbestimmte und unbenannte Göttliche, die Ginn [*Ǧinn*]». Dementsprechend betrachtet er die profanen Privatweiden der Fürsten als eine spätere, sekundäre Bildung (ebd. 107f.). Daß die Geister überall vor den Göttern dagewesen seien, ist natürlich klassischer TYLORscher Animismus, von dem sich WELLHAUSEN in seinen religiongeschichtlichen Interpretationen stark beeinflußt zeigt. Auch die Erklärung von SMITH (112 mit note 1, 142–151 passim) betrachtet die Heiligkeit des *ḥimā* als ein primäres, mit dem Animismus zusammenhängendes Tabu, dem erst später andere Deutungen gegeben wurden. Nach LAMMENS dagegen (61f.) hat erst die Existenz eines Heiligtums diese Wirkung. DOUGHTY (II 268) verweist auf Numeri 35, 2–5 als Parallele zum profanen *ḥimā* im heutigen Sinne. GAUDEFROY-DEMOMBYNES (1f.) läßt die Frage unentschieden. Für die uns hier beschäftigende Hauptfrage, nach dem ursprünglichen Sinn der Tierweihe, ist sie tatsächlich auch ohne Bedeutung.

[52] SMITH 149, 450, 462.

[53] MITTWOCH 41, Nr. XXIV (nach HAMZA AL-IṢBAHĀNĪ, gest. zwischen 961 und 971 n. Chr., siehe ebd. 37).

[54] WELLHAUSEN 114; GOTTSCHALK 122f.

[55] GOTTSCHALK 123.

«... um jede Beeinträchtigung des göttlichen Rechtes durch menschliche Nutznießung zu verhindern [56]». Wie läßt sich nun nachweisen, daß dieses wirklich die ursprüngliche Auffassung ist?

Zunächst negativ: die Ansicht von SMITH hängt zusammen mit seiner Opfertheorie, die im semitischen Opfer ursprünglich nicht eine Gabe, also Eigentumsübertragung, sondern eine Totem-Kommunion sieht. Diese Theorie ist aber nach den ethnologischen Forschungsergebnissen der letzten Jahrzehnte unhaltbar geworden [57]. Damit wird auch die Deutung, die in der Eigentumsübertragung immer etwas Sekundäres sehen will, etwas zweifelhaft.

Für den positiven Nachweis, welches der ursprüngliche Sinn der arabischen Tierweihe ist, reicht das arabische Material allein, wegen seines fragmentarischen Charakters, nicht aus; hier muß die ethnologische Vergleichung einsetzen, die vor allem die nord- und zentralasiatischen Pferde- und Rentierzüchter und die bei ihnen bestehenden analogen Bräuche zu berücksichtigen hat.

Dort ist nun die unblutige Tierweihe mit ausdrücklicher Beziehung auf eine Gottheit, und zwar mit Vorzug auf den Himmelsgott, als noch heute lebendiger Brauch stark bezeugt [58]. Auch bei den Pferdeopfern im indoger-

---

[56] GOTTSCHALK 122. – Dieselbe Deutung wird auch von WELLHAUSEN (113; siehe oben p. 184) und JACOB (221) vertreten.

[57] Der eingehende Nachweis dafür findet sich in der oben (p. 179) erwähnten, noch unveröffentlichten Arbeit des Verfassers. [ ]

[58] Vgl. darüber die Belege bei ALEXANDER GAHS, Blutige und unblutige Opfer bei den altaischen Hirtenvölkern. CRSER IV (Paris 1926) 217–232, bes. 225, 226f. (vgl. auch ebd. 228f.); W. SCHMIDT, UdG III (Münster i.W. 1931) 369f., 550f.; ebd. VII (1940) 609–646, 670, 674, 687, 695f.; ebd. IX (1949) 63, 179, 533f., 589f., 604, 626, 634, 673–681, 747, 770, 771f.; SCHMIDT, Eigentum II 74, 169, 259, 315; WILHELM KOPPERS, Anth 24 (1929) 1082–1085, 1088; ebd. 30 (1935) 19–22; W. KOPPERS, Pferdeopfer und Pferdekult der Indogermanen. WB IV (1936) 279–411, bes. 286, 303–312; THEOPHIL CHODZIDŁO, Die Familie bei den Jakuten (Freiburg [Schweiz] 1950) 372 mit Anm. 1612–1614. Weitere Ausführungen zu diesem Thema finden sich bei W. SCHMIDT, UdG X–XIII (diese Bände liegen bis jetzt erst im Manuskript vor, konnten aber von CHODZIDŁO und von mir benutzt werden). Es handelt sich bei den betr. Völkern um Rentierzüchter (Samojeden, Korjaken, Jenissei-Tungusen, Karagassen) und Pferdezüchter (Altai-Tataren, Abakan-Tataren, Jakuten, Sojoten, Karagassen, Baikal-Tungusen, Burjaten, Mongolen, Tscheremissen). Über die Alt-Türken vgl. auch C. BROCKELMANN, Asia Major 2 (1925) 118 (erwähnt bei KOPPERS, Anth 24 [1929] 1084 und SCHMIDT, UdG IX 63). – Die Vergleichung mit den afrikanischen Rinderzüchtern erweist sich für das vorliegende Thema als weniger fruchtbar, obwohl diese den Arabern sprachlich und rassisch näher stehen als die nord- und zentralasiatischen Hirtenvölker. Zwar findet sich auch in Afrika die unblutige Tierweihe, aber teilweise in einer abgeschwächten Form, teilweise nur in mehr oder weniger unsicheren Spuren, teilweise allerdings auch als wirklich selbständiger Ritus, aber ohne die sonst bekannten charakteristischen Einzel-

manischen Bereich ging der Opferschlachtung manchmal eine Freilassung des Opfertieres voraus – beim indischen Aśva- [189] medha-Opfer dauerte sie ein ganzes Jahr – die in ihren Einzelheiten auffallend an die Riten der selbständigen Tierweihe erinnert [59]. Leider gestattet der Raum hier keine ausführliche Erörterung der einzelnen Belege; es mag genügen, die charakteristischen Elemente hier in einer (unvermeidlicherweise etwas schematischen) tabellarischen Zusammenstellung vorzuführen und für die Einzelheiten auf die zitierte Literatur zu verweisen.

	Rentierzüchter	Pferdezüchter	arabische Kamelzüchter vorislamische	heutige
Eigenschaften des Tieres:				
jung	?	+	+ [60]	?
meist weiß (oder wenigstens hellfarbig)	+	+ [61]	? [61a]	+
unberitten	+	+ [62]	+ [63]	+
Weihezeit:				
meist Frühling oder Sommer [64]	+	+	+ [64a]	?
Ritus:				
Markierung	+	+	+	—
Freilassung	+	+	+	+

---

heiten, wie weiße Farbe usw. Unter den Hamiten weisen nur die Galla eine Zermonie auf, die vielleicht eine unblutige Tierweihe ist (Schmidt, UdG VII 52, 57), unter den Hamitoiden die Masai (ebd. 393, 589, 603). Stärker bezeugt ist sie bei den Niloten, aber meistens in der Form, daß das betr. Tier später doch, wenn auch erst nach langer Zeit, blutig geopfert wird. Vgl. über die Niloten im allgemeinen: Schmidt, UdG VIII (1949) 549–551; Einzelbelege: ebd. 28f., 111, 150, 212, 218, 238, 241, 321f., 324, 387f., 391, 415, 418, 454, 501, 504, 508, 552, 625; über die afrikanischen Hirtenvölker im allgemeinen: ebd. 627–633, 705, 712; Schmidt, Eigentum III (1942) 188f. [ ]

[59] Vgl. darüber Koppers, Anth 24 (1929) 1081 f.; ebd. 30 (1935) 19 f.; WB IV (1936) 306.

[60] Wenigstens in manchen Fällen.

[61] Teilweise ausdrücklich bezeugt, teilweise auch daraus zu erschließen, daß die Opferpferde hellfarbig sein müssen; vgl. Schmidt, UdG IX 14, 31, 38, 63, 178f., 747.

[61a] [ ]

[62] Auch hier teilweise aus den Angaben für die Opfertiere zu erschließen; vgl. Koppers, Anth 24 (1929) 1081; ebd. 30 (1935) 20. – Rentiere werden meistens überhaupt nicht zum Reiten gebraucht; daher können geweihte Rentiere nur dadurch ausgezeichnet werden, daß sie nicht zum Schlittenziehen und ähnlichen Arbeiten gebraucht werden.

[63] Allerdings meist nur in der Form, daß diese Tiere nachträglich dem wirtschaftlichen Gebrauch entzogen werden.

[64] In diesen nördlichen Breiten ist der Sommer so kurz, daß Frühling und Sommer

Die in der Tabelle mit ? bezeichneten Elemente lassen sich bei den Arabern nicht direkt nachweisen, aber doch immerhin indirekt wahrscheinlich machen, nämlich daraus, daß junge und weiße Tiere bei den blutigen Primitialopfern, die Frühlingszeit bei blutigen und unblutigen Primitialopfern (Jungtiere, Milch, Butter) bevorzugt werden [65]. Nimmt man noch dazu, daß in Zentral- und Nordasien weiße Tiere als Opfer- und Weihetiere für das Höchste Wesen (den lichten Himmelsgott), schwarze Tiere dagegen für Unterweltswesen gebraucht werden [66], so ist die Vermutung nicht unbegründet: Auch bei den Arabern gab es ursprünglich eine unblutige Tierweihe zu Ehren des Himmelsgottes, [190] wodurch die betreffenden Tiere dem profanen Gebrauche entzogen und dem Himmelsgott als alleiniges Eigentum überlassen wurden. Daß Allah schon vor dem Islam in Arabien bekannt war, wird heute nicht mehr bestritten; auch die Auffassung, daß er nicht allein auf jüdischen oder christlichen Einfluß, sondern auf ältere, bodenständige Glaubensanschauungen zurückgeht, findet in wachsendem Maße Anerkennung [67]. Im Kult spielte er allerdings in der historisch erfaßbaren Zeit (unmittelbar vor dem Islam) nur eine geringe Rolle. Vergleicht man diese Gegebenheiten aber mit den nord- und zentralasiatischen, so sprechen beachtenswerte Gründe dafür, daß in einer früheren, nur indirekt erfaßbaren Zeit auch in Arabien der Himmelsgott, der Geber des Regens [68] und damit Erhalter des Lebens der Herden, durch Freilassung weißer Tiere geehrt wurde. Da der Kult des Himmelsgottes nicht an bestimmte Kultplätze gebunden ist [69], erklärt sich damit auch zwanglos, daß die Überweisung an ein *ḥimā* unnötig und sogar unmöglich war. Sie kam erst dann auf, als Lokalgottheiten zu Empfängern der geweihten Tiere wurden [70].

---

fast eine einzige Jahreszeit bilden. – Bei den Abakan-Tataren und den Mongolen sind auch Herbstfeste mit Pferdeweihe bezeugt (Schmidt, UdG IX 626, 675).

[64a] [ ]

[65] Die Einzelnachweise in der oben (p. 179) erwähnten Arbeit.

[66] Vgl. oben Anm. 61; weitere Nachweise in den noch unveröffentlichten Bänden X–XIII von Schmidt, UdG; vgl. auch ebd. VII 609–646, 670, 674, 687, 695 f., wonach bei den Samojeden verschiedenartigen höheren Wesen auch verschiedenfarbige Rentiere geweiht werden. Dasselbe trifft auch bei den Abakan-Tataren für die Farben der Weihe- und Opferpferde zu (ebd. IX 604 f., 664–669, 673–681). [ ]

[67] Vgl. darüber z. B. Carl Brockelmann, Allah und die Götzen, der Ursprung des islamischen Monotheismus. ARW 21 (1922) 99–121; Tor Andrae, Mohammed. Sein Leben und sein Glaube (Göttingen 1932) 19–22. [ ]

[68] Belege siehe bei Brockelmann, ARW 21 (1922) 107 f.

[69] Vgl. Alois Musil, Northern Neǧd (New York 1928) 257.

[70] In Nord- und Zentralasien ist ein heiliges Gehege oder etwas Ähnliches nirgends erwähnt; die Weihe besteht äußerlich in der einfachen Markierung und Freilassung des

Es ist nicht ausgeschlossen, daß dann auch Ideen von (unpersönlichem) Tabu und Abwehrriten gegen den bösen Blick mit der Tierweihe verquickt wurden; aber der allgemein-ethnologische Befund spricht gegen die Annahme, daß die unblutige Tierweihe in Arabien aus diesen Wurzeln herzuleiten sei.

ADDENDA ET CORRIGENDA

Anm. 1: Cf. J. Henninger, Les fêtes de printemps chez les Sémites et la Pâque israélite (Paris 1975); siehe dort in der Bibliographie (pp. 1–22) bes. Nr. 180–187, 191, 193–196, 201, 203–205; zur unblutigen Tierweihe siehe ebd. 221 (Index s.v. consécration non sanglante d'animaux).

Anm. 7, Z. 9: Cf. Maurice Gaudefroy-Demombynes, Mahomet (Paris 1957) 36; Joseph Chelhod, Les structures du sacré chez les Arabes (Paris 1964) 209–237 passim (über *ḥimā* bes. 230f., 235, 237); M. Höfner, WdM I/1 (1965) 447 (Art. *Ḥimā*), 471f. (Art. Tierweihe).

Anm. 7 am Ende: Über Bodeneigentum, besonders Weiderechte, im neuzeitlichen und im vorislamischen Arabien, siehe J. Henninger, Das Eigentumsrecht bei den heutigen Beduinen Arabiens. ZRW 61 (1959) 6–56 [ArV, Nr. 19], bes. 13–18, 43f. Cf. auch Werner Reinert, Das Recht in der Altarabischen Poesie (Diss. Köln 1963) 32, 95, Anm. 317–320. Die Anlage eines (profanen) *ḥimā* im Neǧd durch den Kalifen ʿOmar I. (634–644) ist erwähnt bei Max Freiherr von Oppenheim und Werner Caskel, Die Beduinen III (Wiesbaden 1952) 12; G. de Gaury (RCAJ 31 [1944] 44) erwähnt «*himiat* or reserves» im heutigen Neǧd, Plätze, an denen wegen der Aufforstung kein Vieh weiden darf; hier handelt es sich offenbar um ganz neue Maßnahmen der saudiarabischen Regierung. – Bei den Kabābīš-Arabern in Kordofan, wo das Weideland Gemeinbesitz ist, gibt es auch Privatweiden des Nazir (Oberscheich); cf. Talal Asad, The Kababish Arabs (London 1970) – aber vielleicht erst neuerdings, weil dieser Oberscheich seine Machtstellung auch erst in neuerer Zeit errungen hat; cf. die Rezension, Anth 68 (1973) 336–338.

Tieres, aber unter Anrufung der Gottheit und zu ihrer Ehre. – Wenn deshalb Wellhausen (113) meint, es sei vielleicht schon vor dem Islam abgekommen, die Tiere in das *ḥimā* zu stiften (also die einfache Freilassung sei eine spätere Erscheinung), so dürfte in Wirklichkeit die historische Reihenfolge umgekehrt gewesen sein: Tierweihe ohne Überweisung an ein *ḥimā* war die ältere Form, die sich vielleicht vereinzelt noch bis zum Islam erhalten hat. Insofern hat Smith (149, 450, 462) richtig gesehen, wenn auch die Erklärung als bloßes unpersönliches Tabu unzutreffend ist. – Nur bei den Schilluk gibt es eine interessante Parallele zum arabischen *ḥimā:* eine Herde von geweihten Rindern, die dem Heiligtum des Königsahnen gehören (Schmidt, UdG VIII 238, 241). Hier scheint es sich aber um eine isolierte und spätere Form zu handeln; demnach hätte sich auch hier die äußere Form der Tierweihe in der gleichen Richtung entwickelt, wie es für Arabien wahrscheinlich gemacht werden konnte. [ ]

Anm. 8: Zur unblutigen Tierweihe und der – allerdings nicht ganz sicheren – Erwähnung eines *ḥaram* in ṣafaitischen Inschriften cf. G. RYCKMANS, HUCA 23 (1950/51) 436f.; ders., Les religions arabes préislamiques ([2]Louvain 1951) 24; [3](in: M. GORCE et R. MORTIER, L'Histoire Générale des Religions [2]IV [Paris 1960]) 208.

Anm. 14: Cf. J. CHELHOD, Le sacrifice chez les Arabes (Paris 1955) 152f.

Anm. 15: Cf. auch ERWIN GRÄF, Jagdbeute und Schlachttier im islamischen Recht (Bonn 1959) 61 (Belege für Augenausreißen und Zerbrechen der Rückenwirbel); WERNER CASKEL, *Ǧamharat an-nasab.* Das genealogische Werk des Hišām ibn Muḥammad al-Kalbī (Leiden 1966) II 335a (Belege für die Sitte, einem Kamelhengst ein Auge auszuschlagen, cf. oben Anm. 53).

Anm. 20: Vgl. Addendum zu Anm. 22.

Anm. 22: Vgl. Addendum zu Anm. 7. – Zu dem hier wiedergegebenen Korantext vgl. jetzt die Übersetzung von RUDI PARET (Der Koran. Stuttgart 1966), nach seiner Verszählung Sure 6, 138–145, und den Kommentar dazu (RUDI PARET, Der Koran. Kommentar und Konkordanz [Stuttgart 1971] 153f.). Die Formulierung weicht bei PARET vielfach von der im Text zitierten Übersetzung (von MAX HENNING) ab, enthält aber keine sachlich bedeutsamen Unterschiede. Cf. zum Ganzen auch GRÄF, Jagdbeute und Schlachttier (wie im Addendum zu Anm. 15) 41–44 (Kommentar zu Sure 6, 139–148; zu den unmittelbar vorhergehenden Versen 137 und 138: ebd. 39f.); vgl. auch ebd. 14, 16, 20f., 25, 28, 30, 48, 49, 60, 61, 221. Anspielungen auf diese Tabu-Vorschriften finden sich (nach GRÄF) auch Sure 16, 37; 58, 117; 10, 60; 4, 118; 22, 31; 7, 30. Vgl. ferner WALTER DOSTAL, Die Beduinen in Südarabien (Horn-Wien 1967) 68 Anm. 72. Den Ausdruck *mā fi buṭūni* «was in seinem (des Viehs) Schoße ist» (in Vers 140 bzw. 139), verstehen manche Korankommentatoren nicht von den ungeborenen Jungen, sondern von der Milch; vgl. dazu GRÄF, a. a. O. 41; DOSTAL, a. a. O.; PARET, Kommentar, 153. Diese Deutung ist, trotz Sure 16, 66; 23, 21, hier unwahrscheinlich, weil die folgenden Worte *wa-in yakun maitatan* wohl von Totgeburt sprechen (so PARET, a. a. O.).

Anm. 24: Cf. PARET, Der Koran. Übersetzung (wie Addendum zu Anm. 22) nach seiner Verszählung 5, 103; dazu Kommentar, p. 130f. und die dort zitierte Literatur, besonders GRÄF, ZDMG 102 (1952) 361–363 (mit Präzisierungen und Berichtigung von Übersetzungsfehlern in der älteren Literatur); GRÄF, Jagdbeute und Schlachttier (wie Addendum zu Anm. 15) 41, 58f. (über die Unsicherheit der Korankommentatoren). Vgl auch Addendum 64a.

Anm. 25: Cf. GRÄF, ZDMG 102 (1952) 362f.: «... Die wenig religiös klingenden Formeln für *waṣīla* und *ḥāmī* ... zeigen m. E., daß diese Einrichtungen nicht mehr echt religiös empfunden werden, sondern nur kraft des Beharrungsvermögens von Riten weiter bestehen. Es wäre – mit der religionsphänomenologischen Methode – zu erwägen, ob nicht *sā'iba, baḥīra, waṣīla* und *ḥāmī* trotz ihrer gleichzeitigen Nennung im Koran strukturell verschieden einzuordnen sind, d.h. daß die letzteren deutlicher als die erste [die ersten?] den Verfall der alten Volksreligion zeigen.»

Anm. 30: «... aus den Kommentaren (Ṭabarī und Faḫr ad-Dīn ar-Rāzī) zu Koran 5, 102 ergibt sich, daß die Tabuierung betr. *baḥīra* und *waṣīla* sicher, betr. *ḥāmī* wahrscheinlich direkt nach dem Wurf, also im Frühjahr, stattfand. Die unblutige Weihe reagiert auf ungewöhnliche, das blutige Opfer auf gewöhnliche Fruchtbarkeit.» (GRÄF, ZDMG 102 [1952] 362).

Anm. 31: Cf. DOROTHEA MÜLLER, Ḥadīṯ-Aussagen zum Erstlingsopfer, in: Festgabe für Hans Wehr zum 60. Geburtstag am 5. Juli 1969 (Wiesbaden 1969) 93–96; HENNINGER, Les fêtes de printemps (wie Addendum zu Anm. 1) 39–42 (bes. 39f. mit Anm. 66–70), 125.

Anm. 34, Z. 19: Allgemeines über *ḥaram* im Sinn von «Asylstätte» im vorislamischen Arabien: D. F. EICKELMANN, JESHO 10 (1967) 25f., 42f. (cf. auch die ibid. 23, Anm. 1 zitierte Literatur); über sakrale Territorien (Asylstätten) im heutigen Südarabien cf. HERMANN VON WISSMANN und MARIA HÖFNER, Beiträge zur historischen Geographie des alten Südarabien (Wiesbaden 1952) 82–86, 126; J. CHELHOD, Art. *Ḥawṭa*. EI [2]III (Leiden 1971) 294a–b und die dort zitierte Literatur.

Anm. 34, am Ende: Zur sakralen Jagd im alten Südarabien cf. Das Opfer in den altsüdarabischen Hochkulturen (oben, Nr. 7), Anm. 63 mit Addendum.

Anm. 35: Zur Frage, ob es im offiziellen Islam wirkliche Opfer gibt, cf. HENNINGER, Anth 58 (1963) 465–467 (im Artikel: Deux études récentes sur l'Arabie préislamique, a. a. O. 437–476).

Anm. 39: Über die besondere Wertschätzung weißer Kamele liegen auch aus dem Altertum schon Nachrichten vor, in denen keinerlei sakraler Bezug zu erkennen ist. «In a cuneiform text coming from the last quarter of the eighth century B. C. (published by Winckler in transcription and translation in Altorientalische Forschungen, I, 465 [Leipzig 1897]) we read that Šamši, one of the conquered Arab queens, gave one hundred and sixty-four white camels as tribute to the Assyrian conqueror. It would seem that even in that relatively remote day white camels were thought by the Abar [? wohl: Arab] nomads to have an especial value or significance.» (JULIAN MORGENSTERN, The Ark, the Ephod and the «Tent of Meeting» [Cincinnati 1945] 26, Anm. 42). Cf. auch TRUDE WEISS ROSMARIN, JSOR 16 (1932) 9 (mit Anm. 31), 31 (Šamsî). – Im 6. Jahrh. n. Chr. sind aus dem Königreich von al-Ḥīra Herden von weißen Kamelen im Besitz von Stammeshäuptern erwähnt; cf. M. J. KISTER, Arabica 15 (1968) 160f. mit Anm. 10–11 (es handelt sich nur darum, ob diese Herden besteuert werden sollen oder nicht); auch der König besaß eine Herde von weißen Kamelen (ebd. 168 mit Anm. 7).

Zur Bedeutung dieser Herde von weißen Kamelen in der Neuzeit cf. auch MORGENSTERN, a. a. O. 5f. mit Anm. 8, 26, no. 10, mit Anm. 26, und die dort zitierten Belege; ROBERT MONTAGNE, La civilisation du désert (Paris 1947) 27; ebd. 116–120 eine Geschichte von einem Raubzug, in der weiße Kamelstuten eine besondere Rolle spielen. – Bei den Muṭair in Ostarabien ist es auffallenderweise eine Herde von etwa 300 sehr dunkelfarbigen, fast *schwarzen* Kamelen, die eine entsprechende Bedeutung hat; cf. H. R. P. DICKSON, The Arab of the Desert. A Glimpse into Bedouin Life in Kuwait and Sa'udi Arabia ([2]London 1951) 584–587: Appendix VII: The *Al Shuruf* [*aš-Šurūf*] or «Honoured Ones» (The Famous Black Herd of Camels of the Mutair Tribe). Sie sind eine Art «sacred emblem»; er vergleicht sie mit der heiligen Kamelsänfte der Ruala (a. a. O. 585; ebenso auch ELIZABETH E. BACON, Obok. A Study of Social Structure in Eurasia [Viking Fund Publications in Anthropology, 25. New York 1958] 130f., die beides zusammen unter «Group symbols» behandelt). Zur Strafe für eine Rebellion (1929/1930) nahm König Ibn Saud den Muṭair diese Herde weg, ließ sie mit seiner Eigentumsmarke versehen und, wie sie früher von den Muṭair mit besonderer Sorgfalt bewacht wurde, für sich selbst bewachen (cf. a. a. O. 585–587). Eine heilige Kamelsänfte scheint bei den Muṭair nicht in Gebrauch gewesen zu sein.

Anm. 42: Nach MORGENSTERN, a. a. O. 6, wird vor dem *markab*, der heiligen Kamelsänfte der Ruala, jährlich ein weißes Kamel geopfert. Diese Angabe, aus zweiter Hand zitiert, geht auf eine Publikation von MUSIL aus dem Jahre 1910 zurück. Später spricht MUSIL auch noch von diesem alljährlichen Opfer, erwähnt aber die Farbe des Opfertieres nicht (Rwala 574).

Anm. 43: Nach MAX Freiherr VON OPPENHEIM, Die Beduinen I (Leipzig 1939) 129, Anm. 59, bezeichnet der im Kriegsruf vorkommende Name ʿAljāʾ die *Stammutter* dieser weißen Kamelherde.

Anm. 44: Über die heilige Kamelsänfte und ihre Beziehungen, einerseits zur Institution der «Schlachtenjungfrau» und dem Auftreten von Frauen in der Schlacht, andererseits zu beweglichen Heiligtümern im vorislamischen Arabien und im alten Israel, siehe die Literaturangaben im Artikel: Über religiöse Strukturen nomadischer Gruppen (oben Nr. 2), Anm. 17 und 18; cf. auch: FRANZ ALTHEIM und RUTH STIEHL, Die Araber in der Alten Welt III (Berlin 1966) 119, 130–133. Über die «Schlachtenjungfrau» in einer ṣafaitischen Felszeichnung cf. M. HÖFNER, in: FRANCESCO GABRIELI (ed.), L'antica società beduina (Roma 1959) 55f. (im Artikel: Die Beduinen in den vorislamischen arabischen Inschriften, ebd. 53–68). Eine andere ṣafaitische Felszeichnung, die zwei Frauen mit Saiteninstrumenten zeigt (cf. G. LANKESTER HARDING, A Ṣafaitic Drawing and Text. Levant 1 [1969] 68–72), hat dagegen mit diesem Beduinenbrauch offenbar nichts zu tun. – Die umfassendsten Ausführungen über die beweglichen Heiligtümer finden sich bei MORGENSTERN (wie oben, Addendum zu Anm. 39). Er bringt auch das *maḥmal*, eine Art Zelt, das auf dem Rücken eines Kamels in den Mekkapilger-Karawanen mitgeführt wurde, in genetische Verbindung mit den altarabischen beweglichen Heiligtümern (a. a. O. 41–55, bes. die Zusammenfassung 52–55). JACQUES JOMIER, Le Maḥmal et la caravane égyptienne des pèlerins de la Mekke (XIIIe–XXe siècle) (Le Caire 1953; cf. die Rezension von B. COUROYER, RB 63 [1956] 633f.) ist skeptischer; er zählt die verschiedenen Erklärungsversuche auf, betont aber stark, daß das *maḥmal* vor dem 13. Jahrhundert n. Chr. nicht erwähnt ist und sieht in dem ägyptischen *maḥmal*, trotz seiner Bedeutung in der Volksfrömmigkeit, kein religiöses, sondern ein ursprünglich rein politisches Symbol (cf. a. a. O. 10–73 passim, 205–207). Die ausführlichste Beschreibung des ägyptischen *maḥmal* und der Zeremonien, die in Kairo bei der Abreise und bei der Rückkehr der ägyptischen Pilgerkarawane stattfanden (seit 1926 wird kein *maḥmal* mehr nach Mekka gebracht), findet sich bei EDWARD WILLIAM LANE, An Account of the Manners and Customs of the Modern Egyptians (London 1836) II 181–186 (Reprint London und New York 1954 [nach einer späteren Auflage] 444–448); diese Beschreibung ist zitiert und kommentiert bei MORGENSTERN, der auch andere Berichte über das ägyptische *maḥmal* zum Vergleich heranzieht, a. a. O. 43–55 passim. Cf. auch G. E. VON GRUNEBAUM, Muhammadan Festivals (New York 1951) 37–39. «Mahmals similar to the Egyptian, but less magnificent, were formerly sent annually to Mekka by the Sultân of Turkey, with the Damascus caravan; and earlier, by the Caliphs of Bagdad [? ?]; by the Imams of the Yemen; by Ibn Rashîd, Prince of Hâil; by the Sultân of Darfur; and upon occasion, by the Maharajah of Hyderabad.» (ELDON RUTTER, The Holy Cities of Arabia [London and New York 1928] I, 168f., zitiert bei MORGENSTERN, a. a. O. 43; cf. auch JOMIER, a. a. O. 234a, Index s. v. *Maḥmal* [ʿiraqien, ottoman, syrien, yéménite, de Chiraz, etc.]). Nach anderen Angaben (die glaubwürdiger sind als diejenigen von RUTTER) sandten aber weder die Omaijaden- noch die Abbasiden-Kalifen ein *maḥmal* nach Mekka (cf. MORGENSTERN, a. a. O. 47f.,

53f.). – Beschreibungen des syrischen *maḥmal* sind zitiert und kommentiert bei MORGENSTERN, a. a. O. 41f. – Häufig legt man grossen Wert auf den Umstand, daß dem *maḥmal* und dem Kamel, welches das *maḥmal* getragen hatte, ein besonderer sakraler Charakter zugeschrieben wurde (cf. MORGENSTERN, a. a. O. 46, 53 [nos. 5 und 7]; JOMIER, a. a. O. 19f.) und daß das betr. Kamel nicht mehr zum Lastentragen gebraucht wurde (LANE 1836, II 182, zitiert bei MORGENSTERN, a. a. O. 43; GRUNEBAUM, a. a. O. 38; dasselbe war auch beim syrischen *maḥmal* der Fall; cf. MORGENSTERN, a. a. O. 42). Hier könnten aber auch «Elementargedanken» vorliegen, und trotz der von MORGENSTERN gesammelten Indizien ergibt sich kein zwingender Beweis für einen historischen Zusammenhang zwischen dem *maḥmal* und den vorislamischen beweglichen Heiligtümern. Die ablehnende oder mißtrauische Haltung orthodoxer Muslime gegenüber solchen Äußerungen der populären Frömmigkeit, wie sie mit den *maḥmal*-Zeremonien verbunden waren (cf. JOMIER, a. a. O. 205–207), ist auch ohne diese Voraussetzung voll verständlich.

Anm. 46: Zur Befreiung vom Lastentragen cf. Addendum zu Anm. 44, am Ende.

Anm. 48: vorletzte Zeile: Cf. JOHANNES SONNEN, Die Beduinen am See Genesareth (Köln 1952) 101 (in dieser Weise kann auch die Hälfte oder ein Viertel des Tieres als Almosen gelobt werden, ebd.)

Anm. 57: Zur Kritik der Totem-Opfer-Theorie von W. R. SMITH siehe einstweilen: HENNINGER, Anth 50 (1955) 81–148, bes. 125–142, 148, Anm. 297; HENNINGER, Über das Problem des Totemismus bei den Semiten. WVM 10 (1962) 1–16 (ArV, Nr. 26).

Anm. 58: Über unblutige Tierweihe bei Rentier- und Pferdezüchtern in Nord- und Zentralasien siehe jetzt die Belege bei W. SCHMIDT, UdG X (1952) – XII (1955) [1950 konnten diese Bände nur im Manuskript benutzt werden, siehe Anm. 58, Z. 9–11]; VITTORIO LANTERNARI, La Grande Festa. Storia del Capodanno nelle civiltà primitive (Milano 1959) 367–370, 384–386, Anm. 61–73, 78–80; Belege aus SCHMIDT und LANTERNARI detailliert angegeben bei HENNINGER, Anthropica (Gedenkschrift zum 100. Geburtstag von P. Wilhelm Schmidt. Studia Instituti Anthropos 21. – St. Augustin 1968) 181g, 182, Anm. 173, 186f. mit Anm. 188 (im Artikel: Primitialopfer und Neujahrsfest, ebd. 147–189; dort auch noch einige weitere Belege aus monographischen Arbeiten). Beizufügen noch (über unblutige Tierweihe in Tibet): MATTHIAS HERMANNS, Mythen und Mysterien, Magie und Religion der Tibeter (Köln 1965) 77f.; über unblutige Tierweihe bei Tataren: JEAN-PAUL ROUX, Anth 56 (1961) 456f.; bei südafrikanischen Viehzüchtern: Belege bei LANTERNARI, a. a. O. 367f.; zusammenfassend zum Ganzen: HENNINGER, Fêtes de printemps (wie Addendum zu Anm. 1), bes. 112 mit Anm. 326, 121 mit Anm. 392, 124–126.

Anm. 61a: Bestimmte Angaben über hellfarbige Opfertiere (Schafe) im vorislamischen Arabien sind mit Vorsicht zu gebrauchen und dürfen nicht auf andere Tierarten übertragen werden; cf. GRÄF, ZDMG 102 (1952) 362.

Anm. 64a: Über den Frühling als Weihezeit im vorislamischen Arabien cf. GRÄF (zitiert im Addendum zu Anm. 30).

Anm. 66: Cf. SCHMIDT, UdG XII (1955) 405–407, 505–507; für weitere Belege siehe die Literaturangaben im Addendum zu Anm. 58.

Anm. 67: Cf. HENNINGER, Fêtes de printemps (wie Addendum zu Anm. 1) 127–129 mit Anm. 421–430.

Anm. 70: Vgl. auch GRÄF, Jagdbeute (wie Addendum zu Anm. 15) 61: «Mohammed erklärt die heidnischen Speisetabus (mit Ausnahme der Jagdtabus im ḥaram-Gebiet im Zusammenhang mit den ḥadjdj-[*ḥaǧǧ*]-Zeremonien) als Lüge gegen Allah. Warum verfolgt er diese an sich harmlosen und tierfreundlichen Enthaltungen so erbittert? [cf. oben Anm. 22 und 23]. Wahrscheinlich deshalb, *weil sie von den Heiden auch zu Ehren Allahs geübt wurden* [Hervorhebung von mir. J. H.]. Mohammed beanspruchte für sich, den maßgebenden Frömmigkeitstyp zu verkünden. Aus diesem Grunde mußte es ihm peinlich sein, wenn ihm die Mekkaner entgegenhalten konnten: Wir leisten zu Ehren Allahs noch mehr als du, sind also frömmer als du. Erst von hierher wird seine Animosität gegen baḥīra, sā'iba etc. verständlich. Es berührt dabei eigenartig, daß er ausgesprochene Tierquälerei, wie das Zerbrechen der Rückenwirbel und das Augenausreißen ... [cf. oben Anm. 15, mit Addendum] im Koran übersehen hat, obwohl diese letzteren Manipulationen eine viel bessere Angriffsfläche boten. Er hat sich also seine Polemik nicht leicht gemacht, sondern gerade die Punkte aufgegriffen, die heikel waren und ihn selber tief beunruhigen mochten.»

[Korrekturzusatz:
Anm. 44: Die Abreise der Mekkapilgerkarawane von Istanbul im Jahre 1842 ist beschrieben bei CHARLES WHITE, Häusliches leben und Sitten der Türken. Nach dem Englischen bearbeitet, hrsg. von ALFRED REUMONT (2 Bde. – Berlin 1844–1845) I 224–231, bes. 227 f. [englisches Original: Three Years at Constantinople, or Domestic Manners of the Turks. – London 1844]. Dort wurde aber kein *maḥmal*, sondern die *kiswa*, die für die Kaʿba bestimmte «heilige Decke» mitgeführt; über die Kamele, die sie trugen, wird ausdrücklich gesagt: «Diese Thiere werden nie zu weltlichen Zwecken gebraucht» (a. a. O., I 228). – Den Hinweis auf diese Schilderung, die eine interessante Parallele zu den fast gleichzeitigen Beobachtungen von LANE in Kairo darstellt, verdanke ich Herrn Professor OTTO SPIES, Bonn].

9

WAS BEDEUTET DIE RITUELLE TEILUNG EINES TIERES IN ZWEI HÄLFTEN?

Zur Deutung von Gen. 15, 9ff. *

(1953)

[344] Über einen Ritus, der anläßlich der Choleraepidemie 1903 bei den Beduinen in Moab vorgenommen wurde, berichtet JAUSSEN wie folgt: «Les Ḥaweiṭāt se voyant décimés par le fléau recoururent au *fedou'* pour le faire cesser. Le cheikh se levant au milieu du campement s'écria à haute voix: ‹Rachetez-vous, ô gens, rachetez-vous!›. A cet ordre chaque famille prend une brebis qui doit servir de *fedou'*, l'immole, la divise en deux parties qu'elle suspend sous la tente ou devant la porte à deux piquets de bois *(rikāb)*. Tous les membres de la famille passent entre ces deux morceaux de la victime ainsi exposée; les petits enfants incapables de marcher sont portés par les parents. Souvent on passe plusieurs fois entre ces deux morceaux de chair saignante, parce qu'ils auraient la vertu de chasser le mal ou le *ǧin* [= esprit] qui veut nuire à la tribu. Chez les Beni Ṣaḫer, on a recours au *fedou'* dans des cas moins graves que celui de l'invasion du choléra, par exemple, lorsqu'il y a un certain nombre de malades, ils choisissent une brebis blanche, l'immolent et la suspendent ensuite à deux piquets, suivant ce que nous venons de rapporter» [1].

---

* Für Durchsicht des Manuskriptes und Vermittlung von Literatur bin ich den Herren Professoren WALTER BAUMGARTNER (Evangelische Theologische Fakultät Basel) und HERBERT HAAG (Katholische Theologische Fakultät Luzern) zu Dank verpflichtet.

[Im Original dieses Artikels sind die Fußnoten auf jeder Seite ab Nr. 1 gezählt; für den Neudruck wurden sie aus technischen Gründen durchnumeriert.]

[1] ANTONIN JAUSSEN, Coutumes des Arabes au pays de Moab (Paris 1908) 362. Einen

[345] Es ist schon öfters bemerkt worden, daß diese Zeremonie, zum mindesten äußerlich, eine auffallende Ähnlichkeit mit einem an zwei Stellen des Alten Testamentes erwähnten Ritus hat. Gen 15 wird die Bundesschließung zwischen Jahwe und Abraham beschrieben; dort heißt es: «[9] Da sprach Er zu ihm: Hole mir eine dreijährige Kuh, eine dreijährige Ziege und einen dreijährigen Widder, dazu eine Turteltaube und eine junge Taube. [10] Da holte er Ihm alle diese (Tiere), teilte sie mitten durch und legte jedes Stück dem andern gegenüber; die Vögel aber zerteilte er nicht ... [17] Da ging die Sonne unter, und dichte Finsternis entstand; da erschien ein rauchender Ofen und eine brennende Fackel, und zwischen jenen Stücken ging es hindurch. [18] An jenem Tage schloß Jahwe mit Abram einen Bund, indem er sprach: Deiner Nachkommenschaft gebe ich dieses Land ...».

Der andere Text ist Jer 34, 18.19: «Die Männer, die meinen Bund gebrochen, die sich nicht an die Worte des vor mir geschlossenen Bundes gehalten haben, mache ich wie das Kalb, das sie entzweigeschnitten und zwischen dessen Stücken sie hindurchgeschritten, die Fürsten Judas und Jerusalems, die Kämmerer, die Priester und alle Leute des Landes, die zwischen den Stücken des Kalbes hindurchschritten» [2].

Schon lange bevor JAUSSEN das Nachleben eines solchen Ritus bei heutigen Beduinen feststellte, hatte man Analogien in den Bundesschließungszeremonien anderer Völker gefunden, von denen klassische Autoren berichten [3]. Die Exegeten nehmen allgemein an, daß [346] hier eine Zeremonie,

---

kurzen Hinweis siehe auch ebd. 358: «... le sang et les morceaux de chair au milieu desquels défile toute la famille, chassent le mal ou le *ǧin* qui voudrait nuire à la tribu. Les Ḥaweiṭāt ont eu recours à ce moyen de protection, il y a trois ans, lors du choléra qui les a décimés». Ebd. 361 wird die Epidemie datiert «il y a quatre ans». Da das Vorwort des Buches 1907 datiert ist (p. VIII), dürfte es sich um das Jahr 1903 handeln. (Ohne Bezugnahme auf diese Epidemie, nur mit Hinweis auf ältere Praxis, wird dieser Brauch, im übrigen fast mit den gleichen Worten, schon RB 12 [1903] 248 erwähnt). – Der Begriff *fedou'* wird a. a. O. 361 definiert: «l'immolation d'une victime sacrifiée généralement à la face d'Allah, pour délivrer l'homme ou le bétail d'une maladie ou d'une destruction prochaine».

[2] Sir JAMES GEORGE FRAZER, Folk-Lore in the Old Testament (London 1918) I 409f., 412, 425. – ALFRED LOISY, Essai historique sur le sacrifice (Paris 1920) erwähnt 290f., 293 den alttestamentlichen Ritus (vgl. den ganzen Kontext 287–306) und ebd. 339f. die Beispiele aus JAUSSEN, aber ohne beides miteinander in Verbindung zu bringen. Wenn er ebd. 339 schreibt, das Opfer mit Blutstreichung an der Türe scheine viel seltener vorzukommen als das Opfer mit Halbierung und Durchgehen zwischen den Fleischstücken «qui est le type ordinaire du sacrifice de rachat», dann entspricht das in keiner Weise den Tatsachen. Während für die Blutapplikation zahlreiche Zeugnisse vorliegen, ist der von JAUSSEN berichtete Brauch ganz isoliert. Daß LOISY geneigt ist, diese Angabe zu verallgemeinern, scheint mit seiner magischen Opfertheorie zusammenzuhängen (vgl. die Ausführungen a. a. O. 339f.).

[3] Vgl. SAM[UEL] BOCHARTUS, Hierozoici seu de animalibus S. Scripturae compendium (Franequerae 1690) I 81 (lib. II, cap. 33): «Alius sacer boum usus fuit in percutiendo foedere, cum, bove, aut vitulô, in duas partes discissô, inter has partes ii transi-

die bei der Bundesschließung unter Menschen üblich war, auch bei einem Bund zwischen Gott und Mensch angewandt wird, um dem Menschen ein greifbares Unterpfand der göttlichen Zusage zu geben [4]. So neuestens auch

---

bant, quorum erat iurare foedus. Jer 34, 18, 19. Gen 15, 9, 10, 17, 18». Ebd. 81f. bringt er dann Belege aus LIVIUS, PLUTARCH, VERGIL, SERVIUS, LUKIAN, und verweist auch auf 1 Sam 11, 7 und Richter 19, 29 als Parallelen zu der bei den Skythen üblichen Art der Aufforderung zur Hilfe (vgl. darüber FRAZER, a. a. O. 394). Über die Zweiteilung eines Hundes bei den Makedoniern siehe BOCHART, a. a. O. 81. Von Hundeopfern ist auch die Rede ebd. 223 (lib. II, cap. 56), aber ohne daß ausdrücklich auf Zweiteilung Bezug genommen würde. FR. CUMONT, RHR 114 (1936) 24 note 2 zitiert BOCHART nach der Ausgabe von ROSENMÜLLER (1793) (II, 33: t. I, p. 333). Vgl. zum Ganzen auch RICHARD KRAETZSCHMAR, Die Bundesvorstellung im Alten Testament (Marburg 1896), bes. 44–46; THEODOR ZACHARIAE, Kleine Schriften (Bonn und Leipzig 1920) 255–260, im Artikel «Scheingeburt», ebd. 245–293 (zuerst erschienen in Zeitschrift des Vereins für Volkskunde 20 [1910] 141–181), der auf ältere Literatur verweist (a. a. O. 255 Anm. 1 und 2) und weitere Belege aus antiken Autoren bringt (DIKTYS VON KRETA I 15; II 49; V 10; HERODOT VII 38–40; APOLLODOR III 13, 7; DIODOR I 65); in späteren Publikationen, z.B. bei FRAZER, LOISY, CUMONT (a. a. O.), findet man vielfach wieder die gleichen Belege. Vgl. auch MARTIN P. NILSSON, Griechische Feste (Leipzig 1906) 404f.; ders., ARW 16 (1913) 314. Sogar EPHREM der Syrer hat zu Gen 15, 9, 10, 17 schon eine Erklärung aus einer alten chaldäischen (= aramäischen?) Vertragschließungszeremonie gegeben, die bei CYRILLUS VON ALEXANDRIEN wiederholt wird; siehe KRAETZSCHMAR, a. a. O. 44 mit Anm. 2; ZACHARIAE, a. a. O. 256. KRAETZSCHMAR gibt als Beleg an; Ephraem Syri opera, Rom 1737, tom. I, S. 161f.; es handelt sich um: In Genesim, cap. XXII. Der Text wird auch zitiert bei HUBERT JUNKER, Genesis (ECHTER-Bibel) (Würzburg 1949) 52 (zu Gen 15, 9, 10). Bei CYRILLUS steht die betr. Angabe: Contra Iulianum, lib. 10 (MPG 76, 1053 resp. 1054, no. 359). – Neuestens ist eine reiche Materialsammlung von OLIVIER MASSON veröffentlicht worden, der allerdings den Ritus vorwiegend unter anderer Rücksicht betrachtet (A propos d'un rituel hittite pour la lustration d'une armée: Le rite de purification par le passage entre les deux parties d'une victime. RHR 137 [1950] 5–25). Vgl. dazu unten Anm. 12.

[4] Vgl. PAUL HEINISCH, Das Buch Genesis (Bonn 1930) 231f.; Referenzen über ältere Exegeten siehe: JOHS. PEDERSEN, Der Eid bei den Semiten (Straßburg 1914) 49–51; ADOLF WENDEL, Das Opfer in der altisraelitischen Religion (Leipzig 1927) 112–115; ALFRED LOISY, La religion d'Israël ([3]Paris 1933) 114 mit note 1; ISRAELE ZOLLI, L'alleanza sacra nella letteratura antico- e neotestamentaria. Rivista di Antropologia 30 (1933/34) 393–402, bes. 393–397. Vielfach wird auch auf den Parallelismus der Ausdrücke *kāraṯ berīṯ* (einen Bund schließen, wörtlich «schneiden») und ὅρκια τέμνειν, foedus icere (ferire, percutere), hingewiesen. (so schon BOCHART, a. a. O. 82). HEINISCH, a. a. O. 231 lehnt das ab, weil unsere Stelle isoliert sei. (Jer 34, 18, 19, betrachtet er als interpoliert, weil V. 19b im Griechischen fehlt). In der gleichen zurückhaltenden Weise auch RENÉ DUSSAUD, Les origines cananéennes du sacrifice israélite [2](Paris 1941) 216f. – Z. MAYANI geht in seiner Arbeit, L'arbre sacré et le rite de l'alliance chez les anciens Sémites (Thèse Paris 1935) bei der Deutung des Ausdruckes *kāraṯ berīṯ* von der Rolle aus, die nach seiner Annahme früher ein heiliger Baum bei der Bundesschließungs-

G. von Rad in seinem [347] Kommentar zur Genesis: «.... Es wird nun gehandelt, und deshalb befiehlt Gott, Zurüstungen für ein geheimnisvolles Zeremoniell zu treffen. Es handelt sich um das Ritual einer Bundesschließung, die in ähnlicher Weise vielen alten Völkern bekannt war. Der Sinn des Brauches, den das Alte Testament auch anderwärts andeutet (Jer 34, 17ff.), ist, wie so oft, nur mittelbar zu erschließen. Werden die Tiere gehälftet einander gegenübergelegt, und haben die Bundkontrahenten die dadurch entstandene Gasse zu durchschreiten, so sprechen sie damit wohl eine Selbstverwünschung aus für den Fall eines Bundesbruches... Das Überraschende und auch in religionsgeschichtlicher Hinsicht Einzigartige liegt darin, daß Gott selbst unter den Formen, die unter Menschen die stärkste Vertragssicherheit garantieren, mit Abraham ein Gemeinschaftsverhältnis eingeht.... Die Theophanie, auf die die Erzählung so spannungssteigernd vorbereitet hatte, wird in höchstem Realismus geschildert; und doch ist eine gewisse Zurückhaltung zu verspüren, denn der Erzähler vermeidet es, Jahwe mit jenen seltsamen Phänomenen einfach zu identifizieren; das Verhältnis Jahwes zu ihnen bleibt unerörtert. Das, was nach Einbruch völliger Dunkelheit sinnenfällig erschien, war etwas wie ein Ofen und eine Feuerfackel, und das fuhr zwischen den ausgelegten Fleischstücken hin... Das Zeremoniell hat sich vollkommen wortlos und auch unter völliger Passivität des menschlichen Partners abgewickelt» [5]. Kürzer, aber ganz im gleichen Sinne R. de Vaux: «C'est [348] un vieux rite d'alliance qu'on retrouve encore dans Jér 34, 18s.: les contractants passaient entre les chairs sanglantes et appelaient sur eux le sort fait à ces victimes, s'ils transgressaient leur engagement. Sous le symbole du feu (cf. le buisson ardent, Ex 3, 2; la colonne de feu, Ex 13, 21; le Sinaï fumant, Ex 19, 18), c'est Yahwé qui passe, et il passe seul car son alliance est un pacte unilatéral, une initiative divine...» [6]. Auf die Einzelheiten der Feuererscheinung braucht nicht

---

Zeremonie spielte. Dieser Erklärungsversuch scheint aber nicht viel Anklang gefunden zu haben; vgl. z.B. die Rezensionen von E. Dhorme, RHR 114 (1936) 104–106; O. Eissfeldt, OLZ 40 (1937) 526f.

[5] Gerhard von Rad, Das erste Buch Mose. Genesis Kapitel 12, 10–25, 18. (Das Alte Testament Deutsch. Neues Göttinger Bibelwerk, Teilband 3. Göttingen 1952) 157–159. Vgl. auch ebd. 168, wo der Autor sich die Ansicht von Joachim Begrich (ZAW 60 [N. F. 19] [1944] 1–11) zu eigen macht: *berīṯ* ist ursprünglich keine zweiseitige Abmachung, sondern ein von einer Seite her bestimmtes Verhältnis: es wird dem Schwächeren von dem Mächtigeren gewährt.

[6] R. de Vaux, O.P., La Genèse (Paris 1951) 84. (La Sainte Bible traduite en français sous la direction de l'Ecole Biblique de Jérusalem). Vgl. auch H. Junker (wie oben Anm. 3, Schluß).

näher eingegangen zu werden; es ist eindeutig, daß es sich um eine Theophanie handelt, und daß nur Jahwe zwischen den zerteilten Tieren hindurchgeht. Aus diesem Grunde hat I. ZOLLI die gegebene Deutung angegriffen: es sei absurd, daß die Gottheit durch die Vollziehung dieses Ritus eine Verfluchung gegen sich selbst ausspreche [7]. Die Kraft dieser Argumentation ist nicht allzu hoch anzuschlagen, denn schließlich liegt hier kein stärkerer Anthropomorphismus vor als z. B. Deut 32, 40, wo Jahwe beim Schwur seine Hand zum Himmel erhebt – was doch offenbar ursprünglich auch nur für einen Menschen Sinn hat, der die im Himmel wohnende Gottheit zum Zeugen anruft [8]. Immerhin können aber die Bedenken [349] von ZOLLI und sein abweichender Erklärungsversuch (der, soviel ich sehe, unbeachtet geblieben ist) Anlaß zu einer erneuten Überprüfung dieser Interpretation sein.

Am ausführlichsten hat sich FRAZER mit diesem Ritus befaßt [9]. Er findet neben der bisher hier erwähnten imprekatorischen noch eine andere Deutung dieses Ritus und betrachtet beide nicht als einander ausschließend, sondern als komplementär: «*Two different theories* have been suggested. The one may be called *the retributive theory* and the other the sacramental or purificatory. We will consider the retributive theory first. According to it, the killing and cutting up of the victim is symbolic of the retribution which will overtake the man who breaks the covenant or violates the oath; he, like the animal, will perish by a violent death» [10]. «... But it may be questio-

---

[7] ZOLLI, a. a. O. 396: «... Sostenendo che lo squartamento di animali è il presupposto per la conclusione di un patto, si è forse spiegato il perchè di tale squartamento? Il GUNKEL è proclive a credere che all'atto dello squartamento degli animali e del passaggio attraverso la strada sanguigna si pronunciava la formula di maledizione: Possa la divinità spaccare il fedigrafo [sic; lege: fedifrago] come sono stati spaccati questi animali. Come si vede, anche il GUNKEL non ha tenuto conto del fatto che in Gen XV Iddio stesso rappresenta la parte contraente: Abramo nulla ha da mantenere, perchè nulla promette. Sulla persona di chi vorrebbe quindi eventualmente effettuare la divinità la maledizione dello squartamento? Evidentemente su se stessa! Prescindendo dall'assurdo a cui si arriva, va notata la completa assenza di tale asserzione nel testo ...» Vgl. auch ebd. 393f.

[8] Einige gute Bemerkungen grundsätzlicher Art über den Sinn anthropomorpher und anthropopathischer Aussagen im älteren Jahwismus siehe jetzt bei WILLIAM FOXWELL ALBRIGHT, Von der Steinzeit zum Christentum (Bern 1949) 263–265.

[9] FRAZER (wie oben Anm. 2) I 391–428 (Part II: The Partiarchal Age. Chapter I: The Covenant of Abraham).

[10] FRAZER, a. a. O. 399. Vgl. den ganzen Kontext 393–407. – Der gleiche Symbolismus scheint auch 1 Sam 11, 7 (und Richter 19, 29) vorhanden zu sein: vgl. BOCHART (oben Anm. 3) und LOISY, La religion d'Israël 114, note 1. Darauf hattte auch WILLIAM ROBERTSON SMITH, Lectures on the Religion of the Semites (Third Edition, with an

ned whether the retributive function of the sacrifice suffices to explain the remarkable feature in the Hebrew and Greek rite which consists in passing between the pieces of the slain animal or standing upon them. Accordingly W. ROBERTSON SMITH suggested what we may call *the sacramental or purificatory interpretation of the rite.* He supposed that ‹the parties stood between the pieces, as a symbol that they were taken within the mystical life of the victim›, and in confirmation of this view he pointed to the use of the very same rite in other cases to which the idea of punishment or retribution appears to be inapplicable, but of which some at least can be explained as modes of ceremonial purification...» [11]; (anschließend werden die von [350] W. R. SMITH angeführten Beispiele und dazu eine Reihe anderer Belege wiedergegeben, die in die gleiche Richtung weisen; zu letzteren gehört auch der oben erwähnte Brauch der heutigen Beduinen in Moab, bei dem absolut nichts auf eine symbolische Selbstverfluchtung hinweist) [12]. Nach weiteren Ausführungen (mit manchen diskutablen Einzelheiten, auf die aber hier nicht näher eingegangen zu werden braucht) kommt FRAZER schließlich zum Ergebnis, daß der Ritus aus zwei Elementen besteht, von denen jedes seinen eigenen Sinn hat; die Zerschneidung des Tieres symbolisiert das Schicksal des Eidbrüchigen, das Hindurchgehen zwischen den Stücken kann betrachtet werden «as a mode of identifying the persons with

---

Introduction and Additional Notes by STANLEY A. COOK. London 1927) 402, note 3, bereits hingewiesen.

[11] FRAZER, a. a. O. 408 (verweist auf W. R. SMITH, a. a. O. 481, nach der 2. Auflage, 1894; die Seitenzahlen der 3. Auflage sind gleich). Vgl. dazu in der 3. Auflage (691 f.) die Ergänzungen von COOK, worin auch verschiedene andere Theorien diskutiert werden. (Die dort zitierten Stellen aus CRAWLEY, The Mystic Rose, nach der 1. Auflage [1902], finden sich in der 2. Auflage [1927] im Chapter XI: Theory of Union [I 285–316]). – Die Vermutung von P. JENSEN, daß es sich um eine Eingeweideschau zu Wahrsagungszwecken handle, ist völlig unbegründet und mit Recht abgelehnt worden (vgl. M.-J. LAGRANGE, Etudes sur les religions sémitiques [²Paris 1905] 234 note 8, mit Fortsetzung p. 235). Eine kurze Zusammenfassung der Interpretation von W. R. SMITH siehe auch in seinem Artikel Sacrifice (Encyclopaedia Britannica ⁹XXI [1886] 138a; der ganze Artikel: 132b–138a). Dort lehnt er die Erklärung als «a formula of imprecation» vollständig ab: «it is more likely that the original sense was that the worshippers were taken within the mystic life».

[12] FRAZER, a. a. O. 408–424. (412, 414, 415 wird wieder W. R. SMITH zitiert). – MASSON (wie oben Anm. 3) unterscheidet «passage-purification» und «passage-serment»; in letzterem sieht er einen Sonderfall, auf den er nicht weiter eingehen will (a. a. O. 17–19), während er ersteres mit den Eliminationsriten in Verbindung bringen will, die im Hindurchgehen durch irgendwelche Öffnungen bestehen (siehe bes. a. a. O. 17–21, 23–25). Da die vorliegende Studie sich aber gerade mit der Bundesschließung befaßt, erübrigt sich ein weiteres Eingehen auf die Ausführungen von MASSON. [ ]

the victim for the purpose of endowing them with certain properties which the victim is supposed to possess...», also als ein Ritus, dessen Wirkung analog der Bestreichung mit dem Blute des Tieres und ähnlichen Zeremonien ist [13]. «Of these two elements the first is to be explained by the retributive, and the second by the sacramental theory. The two theories are complementary to each other, and together furnish a complete explanation of the rite» [14].

Es ist etwas auffallend, daß bei den Exegeten dieses zweite Element der Erklärung wenig berücksichtigt wird. Vielleicht liegt [351] der Grund dafür in folgendem Umstand: Bei der Gen 15 beschriebenen Zeremonie geht nicht der menschliche Partner, sondern nur die Gottheit – in der Feuererscheinung – zwischen den Fleischstücken hindurch; infolgedessen scheint hier diese Deutung nicht zu passen; für die Gottheit besteht keine Veranlassung, eine solche mystische Vereinigung zu suchen, und der Mensch tut in diesem Falle nichts, das geeignet wäre, sie zu erreichen [15].

Zur Erklärung könnte man etwa das Gleiche sagen wie oben betreffs des imprekatorischen Ritus: Wenn Beziehungen zwischen Mensch und Mensch in analoger Weise auf Beziehungen zwischen Gott und Mensch übertragen werden, ergeben sich naturgemäß so bedeutende Unterschiede, daß die Einzelheiten nicht gepreßt werden dürfen, sonst kommt man zu Absurditäten. Vielleicht ist es aber möglich, die Erklärung noch etwas weiter zu führen, wenn dabei die Theorie von Zolli berücksichtigt wird.

Zolli geht davon aus, daß das Alte Testament zwei Riten der Bundesschließung zwischen Gott und Mensch kennt; der eine ist beschrieben Ex 24, 4–11 und besteht darin, daß mit dem Opferblut teils der Altar (der die Gottheit repräsentiert), teils die 12 Denksteine (*maṣṣebōt,* die das Volk darstellen) besprengt werden; daran schließt sich ein heiliges Mahl «im Angesicht Jahwes», wie auch bei Bundesschließungen zwischen Menschen ein Mahl zum Ritus gehört (Gen 26, 30; 31, 54). Der andere (urtümlichere) Ritus ist der Gen 15 beschriebene und enthält den gleichen Symbolismus: das göttliche Feuer verzehrt beim Hindurchfahren einen kleinen Teil des Fleisches (vgl. Lev 9, 24; 1 Kön 18, 38), während das Übrige eine göttliche Kraft aufnimmt und zu einem heiligen Mahl dient [16]. Von letzterem sagt der Text allerdings nichts, es kann aber auch nicht als ausgeschlossen

---

[13] Frazer, a. a. O. 424f.

[14] Frazer, a. a. O. 425.

[15] Vgl. Pedersen, a. a. O. 50.

[16] Zolli, a. a. O. 397–401. – Vgl. dazu auch Smith, a. a. O. 481; Cook, ebd. 691; Wendel, a. a. O. 115–119; Begrich, a. a. O. 3.

betrachtet werden. Wenn G. VON RAD schreibt: «Ob die Tötung der Tiere als Opfer zu verstehen ist, ist nicht sicher; daß die Fleischstücke weder verbrannt noch verzehrt, sondern als fluchbehaftet verscharrt wurden, spricht eher dagegen» [17], so bezieht sich das zunächst nicht auf Gen 15, sondern auf den Brauch im allgemeinen, trifft aber auch nicht in dieser Allgemeinheit zu; FRAZER hat eine [352] ganze Anzahl Beispiele, die das (wenigstens teilweise) Verzehren des Fleisches, oder Blutgenuß u.ä., belegen [18]. Von der Frage, ob die Tötung der Tiere als Opfer anzusehen ist, kann abgesehen werden [19], ebenso auch von der Frage der Substitution, die viel komplizierter ist, als aus FRAZERS Ausführungen hervorgeht [20]. Es ist leicht verständlich, daß ein so weit verbreiteter Ritus verschiedene Varianten aufweist; dazu könnte gehören, daß das gemeinschaftsstiftende Element teilweise durch ein Mahl zum Ausdruck kam, teilweise nicht. Wie es damit im heutigen Moab steht, ist aus den Berichten von JAUSSEN nicht ersichtlich. Der Gesamteindruck spricht aber dafür, daß im semitischen Kulturbereich *der Gedanke der mystisch-sakramentalen Vereinigung bei*

---

[17] VON RAD, a. a. O. 157; so auch KRAETZSCHMAR, a. a. O. 46.

[18] FRAZER, a. a. O. 394–397, 399, 402f., 406, 414–416. – Nach SMITH a. a. O. 481, wurde das Fleisch vermutlich zuerst in zwei Hälften zerlegt, um von beiden Vertragspartnern gegessen zu werden, und als das außer Gewohnheit kam, stellten sich die Partner zwischen die Stücke, um so am Leben des Opfertieres teilzunehmen. Die äußere Form der symbolischen Handlung ändert sich, aber die Grundidee, Herstellung der Gemeinschaft, bleibt.

[19] Ablehnend äußert sich WENDEL (a. a. O. 113f.). HEINISCH (a. a. O. 231) und VON RAD (a. a. O. 157) sind zurückhaltend, während BAUDISSIN und PEDERSEN (a. a. O. 50f., auch bei WENDEL, a. a. O. 113f.) sich für den Opfercharakter aussprechen. LOISY spricht von «sacrifices imprécatoires», die aber weder eine Darbringung noch eine Elimination, sondern wesentlich eine magische Handlung darstellen (Religion d'Israël 114; Essai sur le sacrifice 289–294; über Eliminationsriten mit Zweiteilung ebd. 334–338). Zum großen Teil beruht das Problem auf der Frage nach der Definition des Opfers; zum Teil mag es auch auf die Art der dabei verwendeten Tiere ankommen. (In den Beispielen aus dem Altertum werden übrigens zuweilen auch Menschen bei diesem Anlaß getötet. Siehe FRAZER, a. a. O. 408, 416–420, 422–424; weitere Belege – vor allem aus Persien – bei CUMONT, wie oben Anm. 3, 24, note 4. CUMONT spricht unbedenklich von «sacrifice humain», während er in der Zweiteilung eines Hundes, zwischen dessen beiden Hälften dann die makedonische Armee hindurchmarschierte, nur eine magische Handlung sieht.) Über Menschenopfer siehe auch MASSON (wie oben Anm. 3), bes. 5–9, 12–16, 18, 21–25. [ ]

[20] Siehe FRAZER, a. a. O. 425–428, der sich hier weitgehend auf S. I. CURTISS stützt. Vgl. zum Ganzen ADALBERT METZINGER O. S. B., Die Substitutionstheorie und das alttestamentliche Opfer. Bib 21 (1940) 159–187, 247–272, 353–377, bes. 166–187, 252, 254; ferner J. HENNINGER, Anth 45 (1950) 856 [siehe unten Nr. 12].

diesem Ritus mehr beachtet werden müßte [356] *als bisher durchgängig geschehen ist.* In dieser Hinsicht scheinen die Interpretationen von W. R. SMITH und ZOLLI in ihren Grundzügen (trotz mancher unannehmbarer Einzelheiten [21]) einen wertvollen Beitrag zu seinem Verständnis zu bieten.

ADDENDA ET CORRIGENDA

Einige neuere Literatur zu Gen 15 (wo allerdings der Ritus und seine Sinndeutung meist nur nebenbei und kurz behandelt sind): O. KAISER, Traditionsgeschichtliche Untersuchung von Gen 15. ZAW 70 (1958) 107–126; ANDRÉ CAQUOT, L'alliance avec Abram (Gn 15). Semitica 12 (1962) 51–66 (über den Ritus: 59–61); kritisch zu CAQUOT: GEORG FOHRER, TLZ 91 (1966) Sp. 897f.; HENRI CAZELLES, Connexions et structure de Gn XV. RB 69 (1962) 321–349 (über den Ritus bes. 336–339, 344–346); NORBERT LOHFINK, Die Landverheißung als Eid. Eine Studie zu Gen 15 (Stuttgart 1967); über den Ritus bes. 63f., 105–108, 114–117; vgl. auch 131 (Stellenregister, zu Gen 15); SAMUEL E. LOEWENSTAMM, Zur Traditionsgeschichte des Bundes zwischen den Stücken. VT 18 (1968) 500–506; LOTHAR PERLITT, Bundestheologie im Alten Testament (Neukirchen-Vluyn 1969); über Gen 15 bes. 68–77 (über den Ritus: 73–75); dazu die ausführliche Besprechung (von DENNIS J. MCCARTHY): *b^erîṯ* in Old Testament History and Theology. Bib 53 (1972) 110–121 (zu Gen 15: 115f.). – Cf. auch R. DE VAUX, Histoire ancienne d'Israël I (Paris 1971) 158 mit Anm. 2, 261 mit Anm. 31. – Weitere exegetische Literatur ist in den genannten Arbeiten zitiert. (R. E. CLEMENTS, Abraham and David. Genesis 15 and its Meaning for Israelite Tradition [London 1967], erwähnt bei DE VAUX, l. c., war mir nicht zugänglich). Über ethnologische Literatur siehe weiter unten.

Die zitierten Exegeten halten durchwegs daran fest, daß die Zweiteilung der Tiere den Sinn einer symbolischen Selbstverfluchung hat (FRAZERS «retributive theory»); LOHFINK gebraucht dafür mit Vorzug den Ausdruck «Fluchsetzungsritus» (CAZELLES versteht übrigens Gen 15, 9f. so, daß es sich nicht um dreijährige Tiere handelt, sondern daß die Tiere dreigeteilt bzw. zerstückelt werden; cf. RB 69 [1962] 336f., 348; zum Ausdruck *kāraṯ berīṯ* ebd. 344–347). Der vorstehende Artikel von 1953 ist meist erwähnt, aber der darin hervorgehobene Aspekt wird nicht behandelt (so CAZELLES, LOHFINK) oder ausdrücklich abgelehnt, sei es für das Verständnis von Gen 15 (so FOHRER, TLZ 91 [1966] Sp. 898, Anm. 82: «... Dagegen spielt der von J. HENNINGER ... betonte Gedanke der mystisch-sakramentalen Vereinigung schwerlich eine Rolle»), sei es für andere Beispiele ritueller Zweiteilung (cf. CAQUOT, Semitica 12 [1962] 61).

---

[21] Dazu gehört bei SMITH die seiner ganzen Opferauffassung zugrundeliegende Annahme des Totemismus bei den Semiten, bei ZOLLI die Heranziehung von Theorien über den Zusammenhang von Opfer und Totenspeisung (a. a. O. 398, 399f.) und über das Mana (a. a. O. 398–400; siehe auch 401f.), worin er ja übrigens nur halbverblaßte Erinnerungen aus einer bereits überwundenen Entwicklungsstufe sehen wollte; tatsächlich ist die Annahme solcher Vorstufen unnötig, denn es handelt sich um ganz disparate Phänomene.

Zweifellos ist weder die imprekatorische noch die mystisch-sakramentale Interpretation auf *alle* derartigen Riten anzuwenden (vgl. oben, Anm. 12, die Hinweise auf Eliminations- und Lustrationsriten). Daß noch weitere, bisher von Exegeten kaum beachtete Deutungsmöglichkeiten bestehen, geht hervor aus einigen *neueren ethnologischen Publikationen:* AD. E. JENSEN, Beziehungen zwischen dem Alten Testament und der nilotischen Kultur in Afrika. In: Culture in History. Essays in Honor of Paul Radin [Columbia University Press 1960] 450–466, bes. 453–457; HARALD VON SICARD, Zum Verständnis von Gen 15, 9–18. Paideuma 7 (1959/61) 438–441; ERICH ISAAC, Circumcision as a Covenant Rite. Anth 59 (1964) 444–456, bes. 444–450.

Diese Autoren gehen von Riten und Mythen afrikanischer Völker aus, besonders von den Niloten und anderen nordostafrikanischen Völkern, bei denen eine entfernte Verwandtschaft mit den Semiten bzw. ein verwandtes kulturelles Substrat anzunehmen ist, und kommen dabei zu folgenden Feststellungen: Nach verschiedenen Ursprungsmythen wurde die Einrichtung zweier exogamer Heiratsgruppen vom Ahnherrn durch die rituelle Längsteilung eines Tieres begründet. Die Wiederholung dieses Urzeitgeschehens findet nun statt, wenn entweder eine Trennung herbeigeführt werden soll (z.B. zur Vermeidung bzw. Beseitigung von Inzest) oder wenn eine Trennung überwunden werden soll (bei Eheschließung, Friedensschluß, Bundesschließung). «... die Teilung des Tieres geschieht hier wie dort in der Absicht, die durch sie versinnbildlichte Trennung der ursprünglichen Einheit in zwei Gruppen durch eheliche Vereinigung wieder aufzuheben ... Denn in allen angeführten Fällen geht es doch offenbar um die Wiederholung des mythisch-religiösen Urerlebnisses der in der Spaltung oder Verdoppelung gefaßten Einheit des Lebens in Zeugung und Fortpflanzung. Oder anders ausgedrückt: In der Spaltung liegt die Bewahrung des Lebens.» (SICARD, 1961, 440). «... Auch der in Gen 15 geschilderte Bund in der Spaltung gilt dieser Vereinigung [mit dem Urquell des Lebens] – und Ziel des Bundes ist zahllose Nachkommenschaft» (ebd. 441).

In einen noch größeren Zusammenhang stellt ISAAC die Untersuchung dieser Riten. «The rite of circumcision is seen as a special case of general cutting or dismembering rites by which covenants or treaties were established.» (ISAAC 1969, 444). «... Is it then not possible to explain this rite of the severed covenant as a dramatization of the extinguishing of the old order and the birth of the new? The ritual establishes that the new order (the covenant) is really the order ordained from old ...» (ebd. 448). Was auch immer zu einzelnen Argumenten dieser Autoren, etwa zu den von ihnen angeführten sprachlichen Gründen (SICARD 1961, 440f.; ISAAC 1964, 446f.) zu sagen sein mag – hier werden weitere Aspekte des Bundesschließungsritus aufgezeigt, die nicht unbeachtet bleiben sollten.

Die ausführlichsten Literaturangaben finden sich jetzt bei LÁSZLÓ VAJDA, Ruchlose und heidnische Dinge, in: Explanationes et tractationes Fenno-Ugricae, in honorem Hans Fromm sexagenarii (München 1979) 373–404 (cf. Anth 75 [1980] 278f.). Ausgehend von einer angeblich im 9. oder 10. Jahrh. n. Chr. bei den damals noch heidnischen Magyaren üblichen Schwurzeremonie (zur Quellenkritik a. a. O. 373–382, 391–396, Anm. 1–50) behandelt er eingehend den Ritus der Zweiteilung, seine Verbreitung und die verschiedenen Deutungen (383–390, 396–398, Anm. 51–82) und stellt fest: «... verwirrend erscheint die Vielfalt der Angaben und Vermutungen über Funktion und ‹Sinn› dieser Riten ... Ein Teil der Beispiele wird – nicht zu Unrecht – zu den Vertrags- und Schwurriten gerechnet, in anderen dominiert die Tendenz der Purifikation (im weitesten Sinne), wieder andere erinnern an Übergangsriten oder gelten als Wiederholung der schöpferischen Tat eines Urzeitwesens» (386). Trotzdem könnte eine letzte Begründung der rituellen Zweiteilung «in jener umfassenden archaischen Welterklärung ... liegen, die – sehr vereinfacht – in zwei Punkten zusammengefaßt werden kann: 1. Unsere Weltordnung ist durch Dichotomien – polare Gegensatz-Paare wie Himmel/Erde, Männlich/Weiblich etc. – geprägt, die aber 2. in der mythischen Urzeit eine harmonische Einheit bildeten» (387). Diese Beziehungen sind aber nur wenigen in der betr. Gruppe bewußt; die meisten operieren mit simpleren Assoziationen (cf. 388). Dies ist umso eher verständlich, weil wir es hier nicht mit «Volksbrauchtum» zu tun haben, sondern mit einem Ritus, der nur aus wichtigen offiziellen Anlässen ausgeführt wird, daher mit einer nur auf herrschaftlicher oder staatlicher Ebene gepflegten Tradition (cf. 389).

Addendum zu Anm. 12: Zu Übereinstimmungen zwischen hethitischer und israelitischer Bundesschließung cf. E. ISAAC, Anth 59 (1964) 445f. und die dort zitierte Literatur.

[Korrekturzusatz:
Anm. 19: Über rituelle Zweiteilung von Menschen und die damit verbundenen Vorstellungen cf. auch I. HOFMANN und A. VORBICHLER, Der Äthiopenlogos bei Herodot (Wien 1979) 76–93, bes. 81–89].

10

ZUR FRAGE DES HAAROPFERS BEI DEN SEMITEN

(1956)

[349] In Darstellungen der altarabischen [1] wie überhaupt der altsemitischen [2] Religion finden sich häufig Abschnitte über eine rituelle [350] Behandlung des menschlichen Haares, die man gern als «Haaropfer» bezeich-

[1] Siehe: J. WELLHAUSEN, Reste arabischen Heidentums (¹Berlin 1887; ²1897; Neudruck Berlin und Leipzig 1927; die Zitate beziehen sich auf die 2. Auflage); W[ILLIAM] ROBERTSON SMITH, Kinship and Marriage in Early Arabia (¹London 1885; ²London 1907; die Zitate beziehen sich auf die 2. Auflage); ALFRED Freiherr VON KREMER, Studien zur vergleichenden Culturgeschichte, vorzüglich nach arabischen Quellen, I + II: SBKAWW, Phil.-hist. Classe, Bd. 120 (1890), 3. Abhdlg.; III + IV: ebd., 8. Abhdlg.; I. GOLDZIHER, Muhammedanische Studien. 2 Bde. (Halle a. S. 1889–1890) (die beiden Artikel von GOLDZIHER: Le culte des ancêtres et le culte des morts chez les Arabes [RHR 10 (1884) 332–359] und: Le sacrifice de la chevelure chez les Arabes [ebd. 14 (1886) 49–52] sind in ihrem wesentlichen Inhalt in dem zitierten Buch wiederholt und werden daher hier nicht berücksichtigt); G. JACOB, Altarabisches Beduinenleben nach den Quellen geschildert (²Berlin 1897); TH. NÖLDEKE, Art. Arabs (Ancient), in: HASTINGS, ERE I (1908) 659a–673a; WALTER GOTTSCHALK, Das Gelübde nach älterer arabischer Auffassung (Berlin 1919); GAUDEFROY-DEMOMBYNES, Contribution à l'étude du pèlerinage de la Mekke (Paris 1923); M. S. MARMARDJI, Les dieux du paganisme arabe d'après Ibn al-Kalbî. RB 35 (1926) 397–420; FRANTS BUHL, Das Leben Muhammeds. Deutsch von HANS HEINRICH SCHAEDER (Leipzig 1930); ROSA KLINKE-ROSENBERGER, Das Götzenbuch (*Kitâb al-Aṣnâm*) des Ibn al-Kalbî (Leipzig 1941); vgl. auch RICHARD HARTMANN, ARW 15 (1912) 150; verschiedene Artikel in der EI (4 Bde. + Ergänzungsband, Leiden 1913–1938); G. A. WILKEN, Über das Haaropfer und einige andere Trauergebräuche bei den Völkern Indonesiens. Revue Coloniale Internationale (Amsterdam) 2 (1886) – 3 (1887); wieder abgedruckt: De Verspreide Geschriften van Prof. Dr. G. A. WILKEN (Semarang, Soerabaja, 's-Gravenhage 1912) III, 399–550 (dort werden wiederholt arabische Parallelen angeführt).

[2] Siehe: WILLIAM ROBERTSON SMITH, Lectures on the Religion of the Semites (London 1889; ³1927, with an Introduction and Additional Notes by STANLEY A. COOK; die

net. Ob darin ein wirkliches Opfer, eine Gabe an ein höheres Wesen, gesehen werden darf, wird im zweiten Abschnitt dieses Artikels untersucht; zunächst sei eine kurze Übersicht über die Verbreitung der einschlägigen Bräuche gegeben.

Verbreitung

Am besten wird mit den Arabern begonnen, weil dort Berichte aus vorislamischer Zeit mit einem noch heute lebendigen Brauchtum verglichen werden können. Aus dem vorislamischen Arabien ist die Sitte oft bezeugt, daß man sich bis zur Erfüllung eines Opfergelübdes das Haar wachsen und es, nach der Darbringung des Schlachtopfers, bei einem Heiligtum scheren ließ [3]. Das abgeschnittene Haar wurde als etwas Sakrales behandelt; man warf es z. B. auf einen heiligen Baum [4] oder (beim Heiligtum des *al-ʿUqaisir*) in eine Grube (Opfergrube?) [5], die sich am Fuß des Steinidols befand [6]. Nachwirkungen [351] dieser Sitte haben sich im heutigen islamischen Wallfahrtsritual erhalten; der muslimische Mekkapilger darf sich erst nach Beendigung aller obligatorischen Zeremonien, am zehnten Tage des Wall-

---

Zitate beziehen sich auf die 3. Auflage); Marie-Joseph Lagrange, Etudes sur les religions sémitiques (²Paris 1905); Friedrich Schwally, Semitische Kriegsaltertümer. 1. Heft: Der heilige Krieg im alten Israel (Leipzig 1901); Sir James George Frazer, Folk-Lore in the Old Testament. 3 Vols. (London 1918); E. Dhorme, L'évolution religieuse d'Israël. Tome I: La religion des Hébreux nomades (Bruxelles 1937); vgl. auch die Hinweise von Karl Meuli in Phyllobolia für Peter Von der Mühll (Basel 1945) 205 mit Anm. 1 (im Artikel: Griechische Opferbräuche, ebd. 185–288); SAV 43 (1946) 92, 103–105 (im Artikel: Entstehung und Sinn der Trauersitten, ebd. 91–109).

[3] Wellhausen, a. a. O. 25, 26, 27, Anm. 1, 31, 44, Anm. 1, 62f., 64, 79, 80, 114, 122–124, 142f., 174, 198; Goldziher, a. a. O. I, 249; Smith, Kinship 179f.; Smith, Religion 332f.; vgl. auch ebd. 481, 483, 491; Cook, ebd. 618; Kremer, a. a. O., III–IV, 23; Hartmann, a. a. O. 150; Gottschalk, a. a. O. 153–158; Buhl-Schaeder, a. a. O. 86–88, 289, 299; Gaudefroy-Demombynes, a. a. O. 176, 192, 231f., 291–296, 302; Klinke-Rosenberger, a. a. O. 36, 50, 55f., 89, Anm. 101, 129, Anm. 349 bis 352, 130, Anm. 355; Wilken, a. a. O. 493; Conrad von Orelli, Allgemeine Religionsgeschichte (¹Bonn 1899) 313; dasselbe: ²I (1911) 334.

[4] Wellhausen, a. a. O. 124; Gottschalk, a. a. O. 156.

[5] Wellhausen, a. a. O. 62f., 64, 114, 124; Smith, Kinship 180; Smith, Religion 225, 331, Note 2; Gottschalk, a. a. O. 156; Marmardji, a. a. O. 411; Klinke-Rosenberger, a. a. O. 55f., 129, Anm. 350–352, 130, Anm. 355. – Nach Orelli (wie oben Anm. 3) wurde das Haar verbrannt. Hier liegt aber wohl eine Verwechslung mit dem israelitischen Ritus vor (siehe unten, Anm. 25); für Arabien ist Verbrennung des abgeschorenen Haares nicht bezeugt, überhaupt war dort das Brandopfer so gut wie unbekannt.

[6] Über die Opfergrube an anderen arabischen Kultstätten siehe Wellhausen, a. a. O. 35, 39, 103, 116; Smith, Religion 197f.; Buhl-Schaeder, a. a. O. 79, 85.

fahrtsmonats *Ḏu'l-Ḥiǧǧa,* wieder das Haar scheren oder rasieren lassen, und damit ist der Weihezustand *(iḥrām)* mit seinen mancherlei Enthaltungsvorschriften beendet [7]. – Eine andere altarabische Sitte, die hierher gehört, ist ebenfalls in den Islam übergegangen: das *'Aqīqa*-Opfer (wörtlich: Scherungs-Opfer; *'aqīqa* bedeutet: das Abgeschorene [8]). Dieses bestand in einem Schlachtopfer, das bei der ersten zeremoniellen Haarschur eines Knaben, gewöhnlich am siebenten Tage nach der Geburt, dargebracht wurde [9] (für ein Mädchen war in vorislamischer Zeit eine solche Zeremonie nicht üblich [10]). Was in vorislamischer Zeit mit dem abgeschorenen bzw. abrasierten Haar des Kindes geschah, ist aus den Quellen nicht ersichtlich [11]; im Islam wurde es schon früh üblich, das Haar mit Gold oder Silber aufzuwiegen und den Geldbetrag als Almosen zu geben [12], und diese Sitte besteht noch heute [13]. – In diesem Zusammenhang wird auch oft das [352] Anbringen von abgeschnittenem Frauenhaar auf Gräbern erwähnt, eine altarabische Praxis [14], die sich bei Beduinen bis in die Gegenwart hinein erhalten hat [15].

---

[7] Siehe WELLHAUSEN, a. a. O. 80; GAUDEFROY-DEMOMBYNES, a. a. O. 291–296; vgl. auch ebd. 170, 185, 189, 190, 198, 231f.; A. J. WENSINCK, EI II (1927) 210b (im Art. *Ḥadjdj* [= Wallfahrt], ebd. 208b–213b); vgl. auch oben Anm. 3. [ ]

[8] TH. NÖLDEKE, ZDMG 40 (1886) 184; vgl. SMITH, Religion 329, Note 1, und die Lexika.

[9] WELLHAUSEN, a. a. O. 121, 174; SMITH, Kinship 179–182; SMITH, Religion 133, Note 4, 328; vgl. auch COOK, ebd. 610; BUHL-SCHAEDER, a. a. O. 89; KREMER, a.a. O. I–II, 44f.; NÖLDEKE 1908, 666a; WILKEN, a. a. O. 497–499; TH. W. JUYNBOLL, EI I (1913) 251f. (Art. *'Aḳīḳa*); GOTTSCHALK, a. a. O. 156; R. CAMPBELL THOMPSON, Semitic Magic (London 1908) 229; Le COMTE DE LANDBERG, Etudes sur les dialectes de l'Arabie Méridionale II/3 (Leiden 1913) 1777; SAMUEL S. ZWEMER, The Influence of Animism on Islam (New York 1920) 99–106; HILMA GRANQVIST, Birth and Childhood among the Arabs (Helsingfors 1947) 264, Note 32; HILMA GRANQVIST, Child Problems among the Arabs (Helsingfors-Copenhagen 1950) 197, Note 1. – Die Angabe von TOR ANDRAE (Mohammed [Göttingen 1932] 12): «wenn ein Knabe *7 Jahre* alt wurde» muß auf einem Versehen beruhen. [ ]

[10] WELLHAUSEN, a. a. O. 121, 174; vgl. auch SMITH, Kinship 179–182.

[11] An den oben Anm. 8–10 zitierten Stellen wird darüber nichts gesagt.

[12] Vgl. KREMER, a. a. O. I–II, 45; SMITH, Kinship 180; SMITH, Religion 329, Note 1.

[13] JUYNBOLL, a. a. O. 251b; EDWARD WILLIAM LANE, Arabian Society in the Middle Ages (Edited by STANLEY LANE-POOLE, London 1883) 191; GRANQVIST (wie oben Anm. 9); weitere Belege bei ZWEMER, a. a. O. 92. Vgl. auch unten Anm. 21.

[14] WELLHAUSEN, a. a. O. 182, 184, 198; SMITH, Religion 323–325, 336; COOK, ebd. 606f.; GOLDZIHER, a. a. O. I, 247–251; JACOB, a. a. O. 140f.; NÖLDEKE 1908, 672b; WILKEN, a. a. O. 466f., 468; A. J. WENSINCK, Some Semitic Rites of Mourning and Religion (Amsterdam 1917) 96f.; PAUL KARGE, Rephaim (Paderborn 1917) 549; GOTTSCHALK, a. a. O. 156f.; BUHL-SCHAEDER, a. a. O. 78, 89. [ ]

[15] J. G. WETZSTEIN, ZfE 20 (1888) (195f.); GOLDZIHER, a. a. O. I, 248; CLAUDE

Bei den heutigen Arabern ist vor allem die *'Aqīqa*-Zeremonie häufig bezeugt [16]. (Sie gilt im Islam als pflichtmäßig oder wenigstens empfehlenswert [17].) Daneben – manchmal auch damit verbunden – findet sich die zeremonielle Haarschur anläßlich der Weihe eines Kindes an einen Heiligen [18]. In Syrien und Palästina geschieht das meistens in folgender Form: Die Eltern eines Knaben machen für ihn [353] (z.B. wegen Krankheit oder aus einem ähnlichen Anlaß) ein Gelübde zu Ehren eines bestimmten Heiligen [19]. Man läßt nun das Haar des Knaben wachsen, bis er ein bestimmtes Alter erreicht hat. Dann bringt man ihn zu dem betreffenden Heiligtum und läßt ihm dort das Haar scheren [20]. Das abgeschorene Haar wird

---

REIGNIER CONDER, Heth and Moab (³London 1892) 340–342; ANTONIN JAUSSEN, Coutumes des Arabes au pays de Moab (Paris 1908) 94 (dazu Fig. 8); ALOIS MUSIL, AP III (Wien 1908) 427 (mit Abb., ebd.); KARGE, a. a. O. 549; JAUSSEN et SAVIGNAC, Coutumes des Fuqarâ (Mission Archéologique en Arabie, Supplément au Volume II, Paris 1914 [paru en 1920]) 73; JOHANNES SONNEN, Die Beduinen am See Genesareth (Köln 1952) 75. [ ]

[16] LANE, a. a. O. 190–192; WELLHAUSEN, a. a. O. 174; KREMER, a. a. O. I–II, 46f.; JUYNBOLL, a. a. O. 251f.; LANDBERG, a. a. O. 1778; PAUL KAHLE, PJb 8 (1912) 159; H. REINFRIED, Bräuche bei Wunder und Zauber nach Buchari (Karlsruhe 1915) 25f.; GRANQVIST, Birth and Childhood 240, Note 22; GRANQVIST, Child Problems 197, 242, Notes 74–75; weitere Belege bei ZWEMER, a. a. O. 87–106 (dort ist auch von der Ausbreitung der *'Aqīqa* und ähnlicher Praktiken nach Ägypten und Nordafrika infolge der arabisch-islamischen Expansion die Rede; auf diese sekundäre Verbreitung wird hier aber nicht weiter eingegangen). [ ]

[17] Vgl. JUYNBOLL, a. a. O. 251b.

[18] Vgl. SAMUEL IVES CURTISS, Ursemitische Religion im Volksleben des heutigen Orients (Leipzig 1903) 173, 188–193, 294; ABRAHAM A. RIHBANY, Morgenländische Sitten im Leben Jesu (Basel 1927) 20f.; GOTTSCHALK, a. a. O. 126–131. – Es kommt auch vor, daß Kinder (z.B. anläßlich einer Krankheit) zur Hälfte, zu einem Drittel oder zu einem Viertel einem Heiligtum geweiht werden, d.h. das Heiligtum erhält für einen Knaben die Hälfte bzw. ein Drittel oder Viertel des Blutpreises, der für ihn bezahlt werden müßte, für ein Mädchen die Hälfte bzw. ein Drittel oder Viertel des Brautpreises (*mahr*); siehe RENÉ DUSSAUD, Histoire et religion des Noṣairîs (Paris 1900) 130; T. CANAAN, JPOS 6 (1926) 59; vgl. auch CURTISS, a. a. O. 191–193; GRANQVIST, Child Problems 123, 141, 247.

[19] Siehe die oben Anm. 18 angeführten Belege. ZWEMER, a. a. O. 72f., berichtet ein ähnliches Beispiel aus Maskat ('Omān), nach einer brieflichen Mitteilung von Miss FANNY LUTTON, Maskat. Außerhalb von Syrien und Palästina scheint diese Sitte aber wenig verbreitet zu sein.

[20] CURTISS, a. a. O. 173, 189f., 294; CONDER, a. a. O. 342; C. R. CONDER and H. H. KITCHENER, The Survey of Western Palestine. I. Galilee (London 1881) 356; TAUFIK CANAAN, Aberglaube und Volksmedizin im Lande der Bibel (Hamburg 1914) 74; ders., JPOS 6 (1926) 61; KAHLE, a. a. O. 150–152; RIHBANY, a. a. O. 20f.; GRANQVIST, Child Problems 125–131, 242f.; ZWEMER, a. a. O. 72f. Vgl. auch SONNEN, a. a. O. 101:

oft mit Gold oder Silber aufgewogen und dieses Geld dem Hüter des Heiligtums oder den Armen gegeben [21]; zuweilen wird auch das abgeschorene Haar dort in einer Nische deponiert [22]. (Bei Mädchen wird in einem solchen Falle nur ein Teil des Haares abgeschnitten [23].) Im beduinischen Arabien scheint eine derartige Zeremonie unbekannt zu sein [24].

[354] Der Umstand, daß die erwähnte Menschenweihe mit ritueller Haarschur fast nur in Palästina und Syrien vorkommt, läßt darin eine Nachwirkung altisraelitischer und altsyrischer Kultgebräuche vermuten. Aus dem alten Israel ist ja die Einrichtung des Naziräates bekannt. Der *Nāzir* machte ein, gewöhnlich zeitlich begrenztes, Enthaltungsgelübde und ließ während dieser Weihezeit sein Haar wachsen. Wenn die Frist abgelaufen war, ließ er ein Opfer darbringen, sein Haar scheren und das abgeschorene Haar im Opferfeuer mitverbrennen [25]. – Eine etwas andere Form des

---

«Eine Mutter gelobt bei längerer Krankheit ihres Sohnes, daß er sein Leben lang sein Kopfhaar nicht schneiden werde. So hat Mitras, ein Samakī, jetzt ein Mann von über 60 Jahren, niemals sein Haar geschnitten. Als kleines Kind war er vielmals krank, und deshalb machte seine Mutter dieses Gelöbnis.» Diese Sitte steht dem israelitischen Naziräat besonders nahe (siehe unten Anm. 25 und 26).

[21] PHILIP J. BALDENSPERGER, PEFQS (1893) 211; CURTISS, a. a. O. 173, 190; KAHLE, a. a. O. 150, 152; CANAAN, Aberglaube 74; ders., JPOS 6 (1926) 61; vgl. auch oben Anm. 12 und 13.

[22] KAHLE, a. a. O. 151: einen ähnlichen Gebrauch aus ʿOmān beschreibt ZWEMER (a. a. O. 72f.); dort wurde einem einjährigen Knaben an einem Heiligengrab in Maskat das Haar geschoren, dann das abgeschnittene Haar in ein Tuch eingewickelt und am Grabe angebracht. Dieses Haar gilt als heilkräftig; man nimmt etwas davon weg, um Krankheiten zu heilen. [ ]

[23] CURTISS, a. a. O. 191, 192, Anm. 4.

[24] Dort gibt es – wenigstens in den Randgebieten – andere Anlässe zur Darbringung des eigenen Haares; so schneidet sich in Arabia Petraea ein junger Mann nach seinem ersten erfolgreichen Raubzug Haare von seiner Stirnlocke ab und bestreut damit das erbeutete Kamel, «damit ihm Allâh so viele sende, als Haare da waren» (MUSIL, a. a. O. 396). Eine kranke Frau in Moab bringt etwas von ihrem Haar an einem heiligen Baum an (JAUSSEN, a. a. O. 333; Anbringung von Haaren an einem heiligen Baum auch erwähnt von CANAAN, JPOS 4 [1924] 62; dort ist aber nicht ersichtlich, ob der Ritus von Fellachen oder von Beduinen geübt wird). Von den Fuqarāʾ (im nördlichen Ḥeǧāz) wird ausdrücklich berichtet: «L'usage n'existe pas de vouer sa chevelure pour obtenir un bienfait de la divinité» (JAUSSEN et SAVIGNAC, a. a. O. 74).

[25] Die Hauptstelle über das Naziräat ist Num 6, 1–21; vgl. dazu und zu den sonstigen hierher gehörigen Texten die einschlägigen Artikel in den biblischen Reallexika, ferner: SMITH, Religion 332f., 482, 483, 485; WELLHAUSEN, a. a. O. 123, 142f.; SCHWALLY, a. a. O. 69–74, 106; GOTTSCHALK, a. a. O. 149–153, 155, 156; ALFRED LOISY, Essai historique sur le sacrifice (Paris 1920) 464; RENÉ DUSSAUD, Les origines cananéennes du sacrifice israélite (Paris 1921; [2]1941; die Zitate nach der 2. Auflage) 199–203, 264–

Naziräates liegt der Samson- (oder Simson-)Geschichte zugrunde; dort handelt es sich um die lebenslängliche Weihe zum heiligen Krieg gegen die Philister, deren äußeres Zeichen das Wachsenlassen des Haares ist; daher geht mit dem Abschneiden des Haares durch die verräterische Dalila die übernatürliche Kraft Samsons verloren [26]. Außerdem liegt hier auch nicht [355] die freiwillige Übernahme des Weihezustandes durch einen Erwachsenen vor, sondern Samson ist ein Gottgeweihter «vom Mutterschoße an» (Richter 13, 5, 7; 16, 17). Dieser Zug findet sich auch bei Samuel (1. Sam 1, 11), dessen Naziräat aber keinen kriegerischen Charakter hat. Allen Formen des israelitischen Naziräates ist das Wachsenlassen des Haupthaares gemeinsam.

Aus dem alten Syrien werden analoge Gebräuche berichtet. Beim Heiligtum der Dea Syria (= *ʿAtargatis*) in Hierapolis mußte sich nach LUKIAN jeder Mann, der die heilige Stadt betrat, zunächst Kopfhaar und Augenbrauen scheren lassen [27]. Ferner opferten dort junge Männer ihren Kinnbart [28]; junge Männer und Mädchen schnitten sich eine Haarlocke ab, legten

---

267; KARL BUDDE, Das alttestamentliche Nasiräat. Die Christliche Welt 44 (1930) 675–681; DHORME, a. a. O. 261f.; KLINKE-ROSENBERGER, a. a. O. 90, Anm. 101. – Manche Autoren sehen auch darin, daß Absalom sein Haar regelmäßig scheren und abwiegen ließ (2. Sam 14, 26), einen religiösen Ritus oder wenigstens die Spur eines solchen; siehe SMITH, Kinship 180; SMITH, Religion 484; SCHWALLY, a. a. O. 72; ADOLPHE LODS, La croyance à la vie future et le culte des morts dans l'antiquité israélite (Paris 1906) I, 129, Note 2.

[26] Zur Samson-Erzählung (Richter 13, 1–16, 31) siehe jetzt FRIEDRICH NÖTSCHER, Das Buch der Richter (ECHTER-Bibel) (Würzburg 1950), der in der Einleitung (a. a. O. 6) von «volkstümlicher und folkloristischer Verbrämung der Überlieferung» spricht und zu Beginn der Samson-Erzählung bemerkt: «Der Verfasser des Richterbuches hat, ohne den Duft und Schmelz des Volkstümlichen, ja teilweise Folkloristischen zu zerstören und ohne viel Lob oder Tadel hinzuzufügen, die mündliche oder schriftliche Tradition übernommen und nur mit wenigen Bemerkungen seinerseits .... in den Rahmen seiner Darstellung eingefügt» (a. a. O. 53). – Siehe ferner WILKEN, De Simsonsage (Verspreide Geschriften, wie oben Anm. 1, III, 551–579); SMITH, Religion 324, Note 1; SCHWALLY, a. a. O. 69–71; HERMANN GUNKEL, Reden und Aufsätze (Göttingen 1913) 38–64, bes. 43, 46, 48, 55–60; PAUL HUMBERT, Les métamorphoses de Samson. RHR 80 (1919) 154–170, bes. 156–160, 163–166; GOTTSCHALK, a. a. O. 149–151; DUSSAUD, Origines cananéennes 264–266; FRAZER (wie unten Anm. 36); WUNDT (wie unten Anm. 37); THOMPSON, a. a. O. 37f.; BUDDE, a. a. O. 677; W. BAUMGARTNER, SAV 41 (1944) 17. [ ]

[27] SMITH, Religion 331, Note 3; COOK, ebd. 618f.; CARL CLEMEN, Lukians Schrift über die syrische Göttin (Der Alte Orient, Band 37, Heft 3/4, Leipzig 1938) 26 (Kap. 55), 49f. [ ]

[28] SMITH, Religion 325, Note 1; CLEMEN, a. a. O. 27 (Kap. 60), 57.

sie in ein goldenes oder silbernes Gefäß, worauf sie ihren Namen schrieben, und deponierten dieses im Tempel [29]. Für andere Gegenden Syriens (einschließlich Phöniziens) sind ähnliche Sitten bezeugt [30]. Beim Adonis-Tempel in Byblos mußten die heiratsfähigen Mädchen vor der Ehe entweder ihre Jungfräulichkeit preisgeben oder ihr Haar opfern [31].

Von einer ähnlichen sakralen Prostitution im Kult der *Mylitta* berichtet für Babylon bekanntlich Herodot [32]; es ist aber aus Babylonien und Assyrien weder in diesem Zusammenhang noch anscheinend sonst etwas über Darbringung von Haaren bekannt [33]. – Aus [356] dem alten Kanaan

---

[29] Smith, Religion 325, 329, 330f.; Wellhausen, a. a. O. 198; Clemen, a. a. O. 27 (Kap. 60), 57.

[30] Smith, Religion 329, 330f.; Cook, ebd. 606f., 611; Clemen, a. a. O. 27 (Kap. 60), 57; Dhorme, a. a. O. 256.

[31] Smith, Religion 329, 330f., 483; Cook, ebd. 607, 611, 616; Clemen, a. a. O. 8 (Kap. 6), 31–33; Wilken, a. a. O. 511f.; Curtiss, a. a. O. 173–175, 190 mit Anm. 1, 192. – Zur syrischen Sakralprostitution siehe auch Franz Cumont, Les religions orientales dans le paganisme romain (4Paris 1929), 109–111, 257–259; [vgl. auch unten Anm. 71a].

[32] Siehe dazu jetzt Walter Baumgartner, ArOr 18 (1950) 81–83 (im Artikel: Herodots babylonische und assyrische Nachrichten, ebd. 69–106). Zur Erklärung des Namens *Mylitta* siehe ebd. 82, Anm. 72: *mu'allid(a)tu*, Gebärerin oder Geburtshelferin, später vielleicht verkürzt zu *mulittu*, ist als Beiname der *Ištar* in der Keilschriftliteratur belegt.

[33] Bei Bruno Meissner, Babylonien und Assyrien (2 Bde. Heidelberg 1920–1925) finden sich zahlreiche Einzelheiten über Haar und Haartracht (siehe Index s.h.v.), aber nichts über etwaige kultische Verwendung des Haares; ebensowenig bei Friedrich Blome, Die Opfermaterie in Babylonien und Israel (I. Romae 1934). Allerdings erwähnt Blome auch da, wo er vom israelitischen Naziräer spricht (a. a. O. 108 [§ 106], 156, Anm. 14 [§ 154], 195, Anm. 26 [§ 188], 240 [§ 227], 244 [§ 232]), niemals die Verbrennung des abgeschnittenen Haares, offenbar deshalb, weil er darin keine Opfermaterie sieht. Zu erwähnen wäre hier nur Haarraufen und Haarscheren als Trauerritus (auch im Kultus); siehe darüber eine Stelle in den Annalen Sargons, zitiert bei Alfred Jeremias, Hölle und Paradies bei den Babyloniern (Der Alte Orient, Band 1, Heft 3, Leipzig 1900) 10; Meissner, a. a. O. I, 425; ferner: Brief des Jeremias 30f. (nach anderer Verszählung: 31f.) (im allgemeinen über das späte Babylonien recht gut informiert); dazu Weigand Naumann, Untersuchungen über den apokryphen Jeremiasbrief (BZAW 25, Gießen 1913) 9f.; C. J. Ball in C. H. Charles, The Apocrypha and Pseudepigrapha of the Old Testament I (Oxford 1913) 604f.; Hedwig Jahnow, Das hebräische Leichenlied (BZAW 36, Gießen 1923) 111; vgl. auch ebd. 5. – Nach einem bei Thompson (a. a. O. 153) zitierten Keilschrifttext wurde menschliches Haar zu Schadenzauber gebraucht. In Beschwörungsriten fanden zuweilen Tierhaare Verwendung (a. a. O. pp. lxiii, lxiv, 161, 166); in anderen Fällen ist es nicht klar, ob Tierhaar oder Menschenhaar gemeint ist (a. a. O. 170, 192).

gehört hierher vielleicht Haarschur bzw. Ausreißen von Haaren als Trauerbrauch; diese Sitte wird in Israel, vor allem in älterer Zeit, bekämpft, wohl wegen ihres ursprünglich heidnisch-kultischen Charakters [34].

Verschiedene Interpretationen

Wie aus dem Vorstehenden zu ersehen, liegen aus dem semitischen Bereich verschiedene Berichte über rituelle Behandlung des menschlichen Haares vor, es fehlt aber fast jede Angabe über die zugrundeliegenden Glaubensanschauungen [35]. Man hat daher [357] vielfach auf Parallelen aus anderen Kulturen zurückgegriffen, wie sie bei FRAZER [36] und in anderen zusammenfassenden Arbeiten [37] gesammelt sind. (Für den indogermanischen Bereich

---

[34] Siehe darüber vor allem W. ENGELKEMPER, Blut und Haare in der Totentrauer bei den Hebräern. BZ 7 (1909) 123–128, und die einschlägigen Artikel der biblischen Reallexika; ferner SMITH, Religion 324, Note 1, 325; LAGRANGE, a. a. O. 322f.; LODS, a. a. O. I, 124–136; VINC. ZAPLETAL, Der Totemismus und die Religion Israels (Freiburg/Schweiz 1901) 110f.; FRAZER, Folk-Lore III, 270–303 (Part IV: The Law; Chapter IV: Cuttings for the Dead), bes. 270–274, 297–303; DHORME, a. a. O. 257f.; WUNDT (wie unten Anm. 37); JAHNOW, a. a. O. 5, 15–17, 22; Allgemeines über die Trauerbräuche in Israel ebd. 2–90.

[35] Als einziger Anhaltspunkt dient die Samson-Erzählung, aber um die Auffassung des Haares als Träger der Lebenskraft zu belegen, werden immer nur außersemitische Parallelen herangezogen (vgl. oben Anm. 26). Allerdings könnte man noch auf folgenden Umstand hinweisen: Bei den Arabern schnitt man Kriegsgefangenen die Stirnlocke ab; sie war das Zeichen des Freien, Sklaven durften sie nicht tragen (vgl. WELLHAUSEN, a. a. O. 197f., 250; SMITH, Religion 324, Note 2 [p. 325]; GOLDZIHER, a. a. O. I, 250f.; WILKEN, a. a. O. 518). Abschneiden von Haar und Bart war eine entehrende Strafe (vgl. WELLHAUSEN, a. a. O. 197, 250; 2. Sam 10, 4f.; Codex Ḫammurabi § 127: Abscheren der Schläfe als Strafe für einen Verleumder; siehe WILHELM EILERS, Die Gesetzesstele Chammurabis [Der Alte Orient, Bd. 31, 1932, Heft 3/4] 33; BÄCHTOLD-STÄUBLI, wie unten Anm. 37, 1262 mit Anm. 210). Diese Strafe wird bei manchen Beduinen noch heute geübt (vgl. JAUSSEN, Moab 94f., 229; JAUSSEN et SAVIGNAC, a. a. O. 74; ALOIS MUSIL, The Manners and Customs of the Rwala Bedouins [New York 1928] 116f.; vgl. auch ebd. 587, V. 2, 589, zu V. 2; SONNEN, a. a. O. 162). Daß diesen Sitten ein magischer Kraftglaube zugrundeliegt, ist aber nicht bewiesen. [ ]

[36] SIR JAMES GEORGE FRAZER, The Golden Bough. Part II: Taboo and the Perils of the Soul (³London 1911) 258–287; ebd. Part VII: Balder the Beautiful (³1913) II, 103f., 108–113, 126–129, 148f., 158f. (vgl. das ganze Kapitel: The external soul in folktales, ebd. 95–152); im wesentlichen dieselben (außersemitischen) Beispiele betreffend die Bedeutung des Haares als Träger der Lebenskraft und die «external soul» sind wiederholt: Folk-Lore II, 480–502 (Chapter VI: Samson and Dalila).

[37] Siehe z.B. WILHELM WUNDT, Völkerpsychologie. 2. Bd.: Mythus und Religion, 2. Teil (Leipzig 1906) 23; E. SIDNEY HARTLAND in HASTINGS, ERE IV (1911) 431f.,

liegen aus europäischem Volksglauben [38] wie auch aus Mythologie und Früh- [358] geschichte [39] zahlreiche Belege vor.) Es fragt sich aber, ob man aus diesen Parallelen auch für die Semiten entsprechende Schlüsse ziehen darf. Diese Frage ist für jede der vorgeschlagenen Erklärungen einzeln zu prüfen.

Eine erste Deutung sieht in der Darbringung der Haare ein wirkliches Opfer, wobei das menschliche Haar selbst die Opfermaterie bildet. So WELLHAUSEN: «Nicht deshalb ließ man das Haar wachsen, um sich eine Abstinenz aufzuerlegen, sondern um es zu opfern. Und die Haarschur war dann ursprünglich nicht bloß ein nachträgliches Zeichen des vollbrachten Opfers, sondern selber ein Opfer. Es ist bezeichnend, daß bei dem Heiligtum des

---

über Haarabschneiden und Haarausreißen in Trauerbräuchen (im Artikel: Death and Disposal of the Dead, Introductory and Primitive, a. a. O. 411–444); E. E. SIKES, Art. Hair and Nails, a. a. O. VI (1913) 474–476; ebd. 476b weitere Literatur, 476–477 Nachträge (von LOUIS H. GRAY); MARTIN P. NILSSON, Primitive Religion (Tübingen 1911) 77f.; THURNWALD in MAX EBERT, Reallexikon der Vorgeschichte XIII (Berlin 1929) 390–392 (im Art. Totenkultus, A. Allgemein. a. a. O. 363–409); G. WILKE, ebd. 411f. (B. Europa, a. a. O. 409–412); ECKSTEIN, Art. abschneiden, Abgeschnittenes, in BÄCHTOLD-STÄUBLI, HWDA I (Berlin und Leipzig 1927) 100–118 (bes. 100–114 über Haare und Nägel); BÄCHTOLD-STÄUBLI, Art. Haar. Ebd. III (1930/31) 1239–1288 (bes. Nr. 7–9, a. a. O. 1258–1271). – Vgl. auch WILKEN, a. a. O. 399–579 passim; SCHWALLY, a. a. O. 69–74; ZWEMER, a. a. O. 66–81; MEULI, Phyllobolia 205, Anm. 1; MEULI, Trauersitten 92, 103–105; SCHWENN (wie unten Anm. 42) 12, 69, 84–89 passim. [ ]

[38] Siehe zahlreiche Belege in den oben Anm. 36 und 37 zitierten Arbeiten; ferner G. KNAACK, Rhein. Museum für Philologie, N. F. 57 (1902) 217, Anm. 3; ERNST SAMTER, Geburt, Hochzeit und Tod (Leipzig und Berlin 1911) 180, 181; GRIMM, Kinder- und Hausmärchen Nr. 29: Der Teufel mit den drei goldenen Haaren; dazu: JOHANNES BOLTE und GEORG POLÍVKA, Anmerkungen zu den Kinder- und Hausmärchen der Brüder Grimm I (Leipzig 1913) 276–293, bes. 289; vgl. auch ebd. III (1918) 434; IV (1930) 107.

[39] Siehe SMITH, Religion 325f.; COOK, ebd. 606f., 618; WILKEN, a. a. O., 463–466, 492, 496f.; KNAACK, a. a. O. 217, Anm. 3; ERWIN ROHDE, Psyche (9-10 Tübingen 1925) I, 14–17; WUNDT, a. a. O. 23; SAMTER, a. a. O. 179–182, 203f.; MARTIN P. NILSSON, Geschichte der griechischen Religion I (München 1941) 53, 125–127, 166f.; ebd. II (1950) 213; MEULI, Phyllobolia, 205, 207; MEULI, Trauersitten, 103–105; PAUL THIEME, Studien zur indogerm. Wortkunde u. Religionsgeschichte (Berichte über die Verh. der Sächs. Akad. der Wiss. zu Leipzig, Phil.-hist. Kl., Bd. 98, Heft 5, Berlin 1952) 17–19; ebd. weitere Belege. Für die Germanen vgl. HANNA RYDH, Studier tillägnade Oscar Almgren 9.11.1919 (Stockholm 1919) 237–242; G. WILKE, Mannus 16 (1924) 64–73; R. MOSCHKAU, ebd. 112. (Einige der in dieser Anm. zitierten Belege verdanke ich freundlicher Mitteilung von P. Dr. J. MARINGER, jetzt Archaeological Institute, Ichikawa City, Chiba Prefecture, Japan). – Vgl. auch die oben Anm. 36–38 zitierten Arbeiten. [ ]

Uqaiçir [*'Uqaiṣir*] jeder abgeschnittene Haarbüschel zugleich mit einer Hand voll Mehl in eine Grube geworfen wurde; das Mehl weist deutlich auf den Opfercharakter der Handlung, die Grube erinnert an das Ghabghab[*Ġabġab*], wohinein geopfert wurde» [40]. Dieser Ansicht haben sich auch verschiedene andere Autoren angeschlossen [41]. Oft wird sie in der Form vertreten, daß im Haaropfer ein Ersatz für ein früheres Menschenopfer gesehen wird [42] (was WELLHAUSEN selbst nicht behauptet hat). Bei dieser [359] Interpretation wird dem menschlichen Haar auf jeden Fall ein gewisser (realer oder symbolischer) Wert zugeschrieben. Nach WELLHAUSEN wäre die Deutung des Haares als Opfermaterie auf alle arabischen Riten (Haarschur bei der Wallfahrt, *'Aqīqa,* Haarschur im Totenbrauch) anzuwenden [43]; allerdings muß er zugestehen, daß manche Formen des israelitischen Naziräates mit dieser Deutung nicht harmonieren [44].

Eine zweite Gruppe von Auffassungen sieht in der Haarschur bei den Semiten einen «rite de passage» [45]. (Diese Theorie kann mit der Auffassung des Haares als Opfermaterie kombiniert sein [46], kann aber auch den Opfercharakter der Haarschur verneinen oder davon abstrahieren.) Die Haarschur kann den Übergang aus dem sakralen in den profanen Zustand, die Desakralisation, zum Ausdruck bringen; diese Erklärung liegt besonders

---

[40] WELLHAUSEN, a. a. O. 124; vgl. auch ebd. 182, 198.

[41] SMITH, Religion 329, Note 1, 331, 483; GOLDZIHER, a. a. O. I, 250f.; WILKEN, a. a. O. 468; NÖLDEKE 1908, 672b; LODS, a. a. O. I, 128–130; SAMTER, a. a. O. 179–185, 203f.; ORELLI, a. a. O. 313 (²I, 334); HARTMANN, a. a. O. 150; RENÉ DUSSAUD, Introduction à l'histoire des religions (Paris 1914) 118; WENSINCK, Rites of Mourning 96f.; FRAZER, Folk-Lore III, 270–303, bes. 270–274, 297–303; GOTTSCHALK, a. a. O. 155–158; BUHL-SCHAEDER, a. a. O. 78, 89; DHORME, a. a. O. 256–258, 261f.; KARGE, a. a. O. 548f. [ ]

[42] Siehe z.B. WILKEN, a. a. O. 472–474, 496–498; CURTISS, a. a. O. 189, Anm. 3 (mit Fortsetzung p. 190), 294; NÖLDEKE 1908, 666a; SAMTER, a. a. O. 182–185; ROHDE, a. a. O. I, 17; KARGE, a. a. O. 545–549; vgl. auch HARTLAND, a. a. O. 432a; ECKSTEIN, a. a. O. 101 mit Anm. 14–16; BÄCHTOLD-STÄUBLI, a. a. O. 1263 mit Anm. 219; weitere Belege für diese Ansicht bei FRIEDRICH SCHWENN, Die Menschenopfer bei den Griechen und Römern (Gießen 1915) 12, 84–89; MEULI, Phyllobolia 205, Anm. 1; MEULI, Trauersitten 92, Anm. 2. [ ]

[43] WELLHAUSEN, a. a. O. 198.

[44] WELLHAUSEN, a. a. O. 124, Anm. 1.

[45] Siehe ARNOLD VAN GENNEP, Les rites de passage (Paris 1909); vgl. auch HEINRICH LEWY, Haarscheren als «rite de passage». ARW 25 (1927) 203f. und die dort angeführten Belege (von denen allerdings einige als nicht stichhaltig abgelehnt werden); ferner oben Anm. 37. [ ]

[46] Vgl. WELLHAUSEN, a. a. O. 123, 142f., 198; SMITH, Religion 326, 329–331.

nahe für den israelitischen *Nāzir* und für den arabischen Erwachsenen, der mit der Haarschur seinen (durch ein Gelübde übernommenen) Weihezustand beendigt [47]. Die *ʿAqīqa* läßt sich damit in folgender Weise in Zusammenhang bringen: Das Opfer für einen neugeborenen Knaben war pflichtmäßig [48]; solange es noch nicht dargebracht war, befand sich der Knabe im Weihezustand wie ein Erwachsener, der ein Gelübde abgelegt hatte, und dieser Zustand wurde durch die Haarschur beendigt [49]. – Andere betrachten aber die *ʿAqīqa* nicht als Desakralisations-, sondern vielmehr als Initiationsritus. Nach SMITH war sie eine Weihe des Neugeborenen an die Clangottheit; dadurch, daß der Vater diese vollzog, wurden die Kinder, die ursprünglich dem Clan der Mutter angehörten, in den Clan des Vaters eingegliedert. Den zweiten Teil dieser Theorie hat SMITH später nur noch mit Zurückhaltung vor- [360] getragen [50]; der Initiationscharakter der *ʿAqīqa* kann aber unabhängig davon angenommen werden [51]. WELLHAUSEN vermutet, daß früher beim Eintritt in das Mannesalter nochmals eine rituelle Haarschur stattfand, gewissermaßen eine Wiederholung der *ʿAqīqa* [52]. – Auch das Haarabschneiden (oder Haarausreißen) in Zusammenhang mit Tod und Begräbnis läßt sich als «rite de passage» auffassen. (Meistens ist es ein Trauerbrauch [53], zuweilen eine Art Kriegerweihe, um zu siegen oder

---

[47] DUSSAUD, Origines cananéennes 202f.; GAUDEFROY-DEMOMBYNES, a. a. O. 291–298, 302; LOISY, a. a. O. 464.

[48] WELLHAUSEN, a. a. O. 121.

[49] Vgl. WELLHAUSEN, a. a. O. 174.

[50] SMITH, Kinship 179–182; dagegen: NÖLDEKE ZDMG 40 (1886) 184; KREMER, a. a. O. I–II, 45, Anm. 1; dazu wieder SMITH, Religion 329, Note 1; vgl. auch THOMPSON, a. a. O. 229; ZWEMER, a. a. O. 99–102.

[51] Siehe DUSSAUD, Introduction 229–231; vgl. auch unten Anm. 74.

[52] WELLHAUSEN, a. a. O. 198. [ ] – Eine zeremonielle Haarschur zur Zeit der Pubertät ist bei manchen heutigen Beduinen üblich (vgl. JAUSSEN, Moab 94). Bei den Fuqarā' läßt der junge Mann den Bart, wenn er zu sprossen beginnt, erst dreimal rasieren, bevor er ihn endgültig wachsen läßt (JAUSSEN et SAVIGNAC, a. a. O. 74). Die meisten Beduinen lassen aber das Haar lang wachsen; auch die Männer flechten es vielfach zu kleinen Zöpfen. Geschoren oder rasiert wird es nur an bestimmten Stellen des Kopfes, z.B. am Scheitel oder am Hinterkopf. Siehe R. D. UPTON, Gleanings from the Desert of Arabia (London 1881) 238; JAUSSEN, Moab 94, 369; JAUSSEN et SAVIGNAC, a. a. O. 72; MUSIL, Rwala 115–117, 247f., 564, 568; J. J. HESS, Von den Beduinen des innern Arabiens (Zürich und Leipzig 1938) 129 (dazu ebd. das Titelbild); SONNEN, a. a. O. 10. – Über Unterschiede in der Haartracht im semitischen Altertum siehe WELLHAUSEN, a. a. O. 197f.; PETER THOMSEN, Art. Haartracht (C. Syrien-Palästina), in EBERT, Reallexikon V (1926) 6–11; B. MEISSNER (D. Vorderasien), ebd. 11. [ ]

[53] Siehe oben Anm. 14 und 15.

zu sterben [54].) MEULI erklärt es, wie andere Trauerbräuche, in der Hauptsache psychologisch [55]; auch da, wo das Haar am Grabe angebracht wird [56], hält er es nicht für notwendig, [361] auf Vorstellungen von der magischen Wirksamkeit des Haares zu rekurrieren [57].

Eine dritte Gruppe von Ansichten sucht aber die Erklärung der mit dem Haar vorgenommenen Riten gerade in magischen Ideen; als grundlegend wird die Auffassung des Haares als Kraftträger, Sitz der Lebenskraft, angesehen [58]; nicht das «Haaropfer», sondern das «Haartabu» sei das ältere Phänomen [59]. Man verweist auf die weitverbreitete Furcht vor dem Mißbrauch abgeschnittener Haare (und Nägel) zum Schadenzauber gegen den betreffenden Menschen, und ähnliches [60]; wenn bei den Semiten das Haar verbrannt oder an einem heiligen Ort deponiert werde, geschehe das, wenigstens ursprünglich, nicht, um es zu opfern, sondern um Schadenzauber unmöglich zu machen [61].

---

[54] Vgl. WELLHAUSEN, a. a. O. 198f.; SMITH, Kinship 251; SMITH, Religion 324, Note 2; GOLDZIHER, a. a. O. I, 249f.; WILKEN, a. a. O. 492f.; GOTTSCHALK, a. a. O. 157f.; BUHL-SCHAEDER, a. a. O. 87, Anm. 243.

[55] Siehe MEULI, Trauersitten, bes. 92, 103–105; vgl. auch Phyllobolia 205, Anm. 1. – Auch WELLHAUSEN ist einer solchen Deutung nicht ganz abgeneigt: «Das Abschneiden des Haares oder gewisser Haarlocken in der Trauer *mag ursprünglich nur eine Milderung des Haarraufens in der Leidenschaft des Schmerzes sein*, bekommt dann freilich den Charakter eines Opfers für den Toten, das auf seinem Grabe dargebracht wird» (a. a. O. 182). [Hervorhebung von mir. J. H.]

[56] Siehe oben Anm. 14 und 15. – Daß das abgeschnittene Haar der Trauernden mit der Leiche in direkten Kontakt gebracht wird, ist m. W. bei Semiten nicht bezeugt; wohl bei Indogermanen (siehe oben Anm. 38 und 39) und anderswo (siehe oben Anm. 34 und 37). Zur Deutung siehe MEULI, Trauersitten 104f.

[57] MEULI, Phyllobolia 205, Anm. 1, nach Darlegung verschiedener Arten der Verwendung von Haaren im Totenkult: «Gewiß ist das Haar sehr häufig als magische Substanz verwendet worden; aber gegenüber dem Wirrwarr komplizierter magischer Deutungen darf man wohl auch einmal auf den natürlichen Urgrund der Sitte hinweisen. Dies alles hat ja mit stellvertretendem Menschenopfer, Kommunion mit dem Toten, Kraftübertragung usw. gar nichts zu tun. Die allzu eifrigen Anhänger der Zauber- und Mana-Theorien mögen sich doch einmal überlegen, was für ein tiefsinniges Haaropfer der verzweifelte Agamemnon wohl dem Zeus darbringen mag» (anschließend zitiert er: Ilias 10, 15f.).

[58] Siehe die oben Anm. 36–39 zitierten Arbeiten, passim. [ ]

[59] So z.B. SCHWALLY, a. a. O. 69–74; FRAZER, Folk-Lore III, 302f. (etwas zurückhaltend); BUHL-SCHAEDER, a. a. O. 87f., 89.

[60] Siehe oben Anm. 33, 36 und 37.

[61] Vgl. oben Anm. 59.

Welche von diesen verschiedenen Erklärungen trifft für den semitischen Bereich zu? Sind überhaupt alle dort vorkommenden Riten aus einer einzigen Grundidee zu erklären? Solange man mit einer notwendigen, einheitlich verlaufenden Entwicklung der Kultur als einer Selbstverständlichkeit rechnete, war meistens auch die Erklärung aus einer einzigen Grundidee ebenso selbstverständlich [62], und diese fand man fast immer im Animismus oder der Magie. GAUDEFROY-DEMOMBYNES bemerkt aber durchaus mit Recht: «Il faut sans doute, en ces matières comme en beaucoup d'autres, renoncer aux explications uniques et simples, et tenir compte de la variété et de la complexité des faits» [63].

[362] Zunächst scheint es nicht, daß sich im semitischen Bereich alles aus einer magischen Auffassung des Haares als Kraftträger erklären läßt. Allerdings gibt es einige Zeugnisse dafür, daß der Glaube bestand (und besteht), abgeschnittene Haare könnten zum Schadenzauber verwendet werden [64]. Für einen großen Teil dieser Beispiele, vielleicht sogar für die meisten, muß aber mit außersemitischen Einflüssen gerechnet werden [65]. In weitaus den meisten Fällen steht der Gedanke einer besonderen Weihe

---

[62] Siehe oben Anm. 37, 40–43, 54, 58, 59.

[63] GAUDEFROY-DEMOMBYNES, a. a. O. 302.

[64] Über Belege aus der Keilschriftliteratur siehe THOMPSON (wie oben Anm. 33); ebd. 146, 147 werden Belege aus dem Talmud und anderen spätjüdischen Schriften angeführt. Siehe auch ZWEMER, a. a. O. 66–81 (bes. 69–72, 74); EDMOND DOUTTÉ, Magie et Religion dans l'Afrique du Nord (Alger 1909) 60f., 445f. über solche Anschauungen und Praktiken bei heutigen Muslimen. Nach einem bei DOUTTÉ (a. a. O. 60) angeführten Beleg wurde schon Mohammeds abgeschnittenes Haar zum Zauber gegen ihn mißbraucht, was auf eine altarabische Grundlage hinzudeuten scheint. [ ] In den einschlägigen Abschnitten bei WELLHAUSEN (a. a. O. 159–167, 197–199) wird nichts davon erwähnt; demnach ist wahrscheinlich die Verbreitung solcher Praktiken im vorislamischen Arabien nicht sehr groß gewesen.

[65] Die in Anm. 64 zitierten Stellen aus DOUTTÉ und ZWEMER beziehen sich nur zu einem kleinen Teil auf Arabien (siehe ZWEMER, a. a. O. 71 über Bahrain; DOUTTÉ, a. a. O. 60), meist auf Ägypten, Nordwest-Afrika und andere islamische Länder. Über magische Verwendung des Haares im alten Ägypten siehe HANS BONNET, Reallexikon der ägyptischen Religionsgeschichte (Berlin 1952) 267f. (Art. Haaropfer); und der Maghreb (Marokko, Algerien, Tunesien) gilt in der arabischen Welt in besonderer Weise als Sitz der Zauberei (einige Belege dafür – die noch bedeutend vermehrt werden könnten – siehe bei HENNINGER, SAV 44 (1947) 39f.). Wenn in einem äthiopischen Schutzgebet (veröffentlicht von LITTMANN, vgl. THOMPSON, a. a. O. 148) Gebrauch von Haar zu Schadenzauber vorausgesetzt wird, handelt es sich in diesem Randgebiet vielleicht auch um außersemitischen Einfluß.

des Haares, nicht die Vorstellung von einer ihm immanenten Kraft, im Vordergrund; wenn das abgeschnittene Haar verbrannt oder sorgfältig deponiert wird, handelt es sich nicht darum, den Mißbrauch des Haares als solchen (etwa zu Schadenzauber), sondern die Profanierung des geweihten Haares zu verhindern [66]. Wenn demgegenüber behauptet wird, hier liege bereits [363] eine jüngere Form vor, eine ursprünglich unpersönlich-dynamistische Vorstellung sei im Rahmen einer höheren Religion personalistisch umgedeutet worden, so ist das ein bloßes Postulat aus einer allgemeinen Theorie heraus, das sich jedenfalls für den semitischen Bereich nicht beweisen läßt [67]. Als Ausgangspunkt einer allgemeinen Erklärung der sogenannten Haaropfer bei den Semiten kommt also die magische Auffassung nicht in Betracht.

---

[66] Siehe oben Anm. 26; vgl. auch DUSSAUD, Origines cananéennes 202f.: «Il n'est pas exact de dire, avec STADE, que le *nāzir* abandonne sa chevelure en sacrifice à la place de soi-même, car l'intention est ici bien différente. Il s'agit de sortir de l'état de sainteté dans lequel le *nāzir* s'est placé: cette sainteté a son siège particulier dans la chevelure et pour s'en dégager, pour l'éliminer, il n'a d'autre ressource que de consumer sa chevelure dans le feu du sacrifice. C'est bien un esprit de vie qu'il abandonne ainsi, mais un esprit spécial de sainteté qui se superposait au sien propre.» (Zu dem Einwand, daß die arabische Praxis keinen genügenden Schutz gegen Profanation des Haares bot, siehe unten Anm. 72). – Die Samson-Erzählung wird vielfach so gedeutet, daß hier ein folkloristisches Thema (das Haar als Sitz der Kraft) rein äußerlich und künstlich mit dem Naziräat in Verbindung gebracht worden sei (siehe z.B. GUNKEL, a. a. O., bes. 43, 46, 48, 55–60; HUMBERT, a. a. O., bes. 156–160, 163–166; DUSSAUD, Origines cananéennes 264–266). Andere Autoren sehen aber in dieser Erzählung einen Reflex der Einrichtung eines kriegerischen Naziräates (neben dem priesterlichen), für dessen Existenz in Israel außer arabischen Parallelen auch andere Gründe sprechen; siehe SMITH, Religion 483; COOK, ebd. 618; WELLHAUSEN, a. a. O. 123, Anm. 2; SCHWALLY, a. a. O. 69–71; GOTTSCHALK, a. a. O. 138–143, 149–153; BUHL-SCHAEDER, a. a. O. 87, Anm. 243; BUDDE, a. a. O. 677f., 680. «Die Geschichte [Samsons] mag so verschiedene, zum Teil fremde, Elemente in sich aufgenommen haben wie sie will: was Israel vom Nasiräer glaubte und erwartete, das muß sie spiegeln, ob auch in märchenhafter Steigerung. Es ist deshalb grundfalsch und heißt die Mittel zur Lösung der aufgeworfenen Frage [nach dem Wesen des Nasiräates] unbedacht aus der Hand geben, wenn man auf die Ergebnisse aus der Simsongeschichte verzichtet.» (BUDDE, a. a. O. 677).

[67] Bei JAUSSEN, Moab 94 ist die Rede vom Vergraben oder anderweitigen Verbergen abgeschnittener Haare und Nägel «für den Auferstehungstag». Hier wie bei manchen der von ZWEMER (a. a. O. 66–81) aufgezählten Einzelheiten liegt es nahe, an eine nachträgliche islamische Umdeutung zu denken. (Über das Vergraben abgeschnittener Haare und Nägel siehe auch SONNEN, a. a. O. 131.) Es ist aber unbeweisbar, daß für alle oben aufgezählten Riten die Furcht vor Schadenzauber oder andere magische Ideen die Grundlage gewesen seien. Dies ist auch für den indogermanischen Bereich umstritten; vgl. THIEME, a. a. O. 18f. mit NILSSON, Geschichte der griech. Religion I, 167; MEULI, Phyllobolia 205, 207; MEULI, Trauersitten 103–105.

Ist es berechtigt, im Haar eine wirkliche Opfermaterie zu sehen? In der Form, daß die Haarschur der Ersatz für ein früheres Menschenopfer sei, ist diese Theorie für den semitischen Bereich nicht annehmbar, wenigstens nicht als allgemeine Erklärung. Wenn die Haarschur immer die Ablösung eines Menschenopfers gewesen sein sollte, käme man zu der absurden Annahme, daß sich früher der Gelobende regelmäßig selbst tötete oder töten ließ. Die rituelle Haarschur von Erwachsenen kann also nicht so erklärt werden [68]. Aber auch wo es [364] sich um Kinder handelt, wird das Haar desjenigen geschoren, dem das Gelübde nützen sollte (z.B. des Knaben, dessen Genesung durch ein Gelübde erreicht werden sollte), und dieser wurde natürlich niemals als Menschenopfer dargebracht [69]. Wohl kann die Weihe zu Dienstleistungen in einem Heiligtum durch rituelle Haarschur (und Zahlung einer Geldsumme) ersetzt werden [70]; es ist aber eine unbegründete Behauptung, diese Weihe eines lebenden Menschen sei an die Stelle eines früheren blutigen Menschenopfers getreten [71]. Wo schließlich,

---

[68] Höchstens könnte man an die Opferung von Sklaven und Kriegsgefangenen denken; diese spielte aber bei den Arabern (und überhaupt bei den Semiten im Nomadenstadium) bei weitem keine solche Rolle, wie sie ihr häufig zugeschrieben wurde. (Näheres darüber in einer Arbeit über semitische Menschenopfer, die im Manuskript abgeschlossen ist und voraussichtlich 1956 veröffentlicht werden wird. Vgl. einstweilen Anth 35/36 (1940/41) 644f., Anm. 59; Ethnos 13 (1948) 10). [ ] – Daß in Einzelfällen eine solche Substitution erfolgen konnte, soll nicht bestritten werden; vgl. auch die Erzählung bei Jaussen, Moab 369, wo ein Beduinenscheich seinem Feinde, statt ihm den Kopf abzuschneiden, wie er geschworen hatte, zwei Haarzöpfe abschneidet.

[69] Auch die Theorie, wonach es bei den Semiten früher allgemeine Sitte war, den Erstgeborenen zu opfern, ist ein unbeweisbares Postulat; Näheres dazu in der oben Anm. 68 angekündigten Arbeit. [ ]

[70] Vgl. Curtiss, a. a. O. 102f., 173, 190, 232; Gottschalk, a. a. O. 126–132, 151; Rihbany, a. a. O. 20f.; siehe auch Curtiss, VKARG II, 1904 (Basel 1905) 161, wo er über die Kirche des Hl. Grabes zu Jerusalem schreibt: «Innerhalb des Grabesraumes wird Knaben das Haar geschoren und dadurch das Opfer der Person selbst versinnbildet.»

[71] Vgl. Curtiss, Ursemitische Religion 175, 188, 294; Evaristus Mader, Die Menschenopfer der alten Hebräer und der benachbarten Völker (Biblische Studien XIV, 5/6. – Freiburg i. Br. 1909) 70; Gottschalk, a. a. O. 126–132. – Smith hat keine derartige Hypothese ausgesprochen, da er – mit Recht – das Menschenopfer als kulturhistorisch jung ansieht; siehe Smith, Religion 361–366; vgl. auch Cook, ebd. 630f., 680. Auch Samter (a. a. O. 182–185) läßt die Auffassung des Haaropfers als Ersatz für ein Menschenopfer nur mit Einschränkungen gelten. Loisy (a. a. O. 515, Note 6) lehnt die Ableitung der *'Aqīqa* aus einem Menschenopfer ab. Vgl. auch Engelkemper, a. a. O. 124f. Gegen die Deutung des Haaropfers als Ersatz für ein Menschenopfer siehe auch Schwenn (wie oben Anm. 42) 86 mit Anm. 3, 88f.

wie in Syrien (siehe oben Anm. 31) die Darbringung des Haares Ersatz für kultische Prostitution ist, liegt ein vom Opfergedanken ganz verschiedener Kreis von Vorstellungen und Bräuchen vor (Fruchtbarkeitsmagie, Analogiezauber) [71a]. Es bleibt also kaum ein Argument dafür übrig, daß die rituelle Haarschur an die Stelle eines früheren Menschenopfers getreten sei.

Kann nun das Haar etwa, unabhängig von dieser Voraussetzung, als Opfermaterie angesehen werden? An sich ist das wohl möglich, aber die von WELLHAUSEN (siehe oben Anm. 40 und 43) angeführten [365] Gründe sind nicht überzeugend [71b]. Die Verbindung des «Haaropfers» mit dem Mehlopfer an *al-ʿUqaiṣir* ist ein ganz isolierter Fall und kann daher nicht die Grundlage einer allgemeinen Interpretation bilden, abgesehen von den Divergenzen der arabischen Quellen über Einzelheiten [72].

Dagegen scheint die Deutung als «rite de passage» am besten begründet zu sein, aber mit einigen Unterscheidungen: Beim Enthaltungs- oder Opfergelübde eines Erwachsenen war die Haarschur eine Desakralisation [72a]; bevor man in das profane Leben zurückkehrte, ließ man an heiliger Stätte die Haare zurück, die man während des Weihezustandes hatte wachsen lassen und die daher (symbolisch-real) die Weihe enthielten. (Eine Bestätigung dieser Ansicht liegt in einem analogen vorislamischen Brauch: bei manchen altarabischen Heiligtümern durfte der Umlauf [*ṭawāf*] nicht in den alltäglichen Kleidern vollzogen werden, sondern entweder in Kleidern, die man zu diesem Zweck bei den Hütern des Heiligtums entlieh, oder nackt [73]. Durch das Zurücklassen des Haares wurde zugleich eine Verbin-

---

[71a] [ ]

[71b] [ ]

[72] Siehe die oben Anm. 5 und 40 zitierten Stellen, bes. WELLHAUSEN a. a. O. 62f., 64. Zum Teil sind die vorliegenden Berichte Satire auf das «Haar- und Läusefressen» der Havāzin und anderer Stämme; über diese wird erzählt, daß sie das in die Opfergrube geworfene Mehl (samt dem Haar) herausholten, buken und aßen. – Daß arme Leute das geopferte Mehl aßen, scheint legitime Gewohnheit gewesen zu sein, weil sie als Gäste des Gottes galten (siehe SMITH, Religion 223, 229), und man scheint darin auch keine Profanierung des abgeschorenen Haares gesehen zu haben, nachdem es einmal dargebracht war – wenn der Bericht in diesen Details überhaupt zuverlässig ist.

[72a] [ ]

[73] Siehe WELLHAUSEN, a. a. O. 110, 195; SMITH, Religion 451; NÖLDEKE 1908, 667b. – Die rituelle Nacktheit unter diesen Umständen hat keinen sexuellen Sinn, wie zuweilen behauptet wurde; vgl. dazu HENNINGER, RMP, N. S. 4 (1950) 409, Note 94. [ ]

[74] SMITH, Religion 329–331; vgl. ebd. 326, 483; COOK, ebd. 618; siehe auch NILSSON, Primitive Religion 77; ENGELKEMPER, a. a. O. 125; SIKES, a. a. O. 476a; M. H. FARBRIDGE, in HASTINGS, ERE XII (1921) 148a (im Art. Symbolism, Semitic, ebd. 146b–151a); H. HUBERT et M. MAUSS, Mélanges d'histoire des religions (²Paris 1929) 12f.;

dung zwischen der Gottheit und dem scheidenden Verehrer zum Ausdruck gebracht, die erhalten bleiben sollte, wenn auch der Weihezustand mit seinen Enthaltungsvorschriften ein Ende hatte; dieser Gedanke von SMITH [74] ist beachtenswert. Hier klingt aber auch schon die Idee der [366] Initiation an, zunächst im religiösen Sinne: Eingliederung in den Dienst einer Gottheit, zu der der Verehrer als Pilger, vielleicht von weit her, gekommen war [75]. Über Initiationen im soziologischen Sinne, etwa als Pubertätsriten, bei den alten Semiten wissen wir freilich wenig. Anderswo ist Haarschur als Pubertätsritus vielfältig bezeugt [76], diese Parallelen sind aber nicht ohne weiteres beweiskräftig. Jedoch kann die Kombination folgender Indizien weiterführen: Wie bereits erwähnt [77], vermutete WELLHAUSEN eine Wiederholung der *'Aqīqa* zur Zeit der Mannbarkeit. Besser begründet erscheint die Annahme, daß die *'Aqīqa* ursprünglich ein Pubertätsritus war und erst später an den Anfang des Lebens verlegt wurde. Das würde dem entsprechen, was man auch hinsichtlich der Beschneidung annehmen kann: ursprünglich ein Pubertätsritus, wurde sie später in die ersten Jahre, teilweise sogar (unter jüdischem Einfluß) in die ersten Wochen des Lebens verlegt [78]. Mit dieser Annahme harmonieren folgende Einzelheiten gut:

ALFRED BERTHOLET, Der Sinn des kultischen Opfers (Berlin 1942) 22 (Anm. 6 zu S. 21). – Vielleicht ist es auch in diesem Sinne gemeint, wenn G. VON GRUNEBAUM schreibt (Muhammadan Festivals [New York 1951] 27f.): «As to the prohibition of cutting one's hair, which in a slightly different form is familiar to us through the Old Testament, it has been suggested that the *muhrim* [= der Pilger im Weihezustand] *consecrates himself by devoting his hair*, which is part of himself and may be taken to represent himself, as an offering at the sanctuary.» [Hervorhebung von mir. J. H.]

[75] SMITH, Religion 326, 331–333, 335.

[76] Vgl. SMITH, Religion 325–331; WILKEN, a. a. O. 498f., 506–509; SAMTER, a. a. O. 182; SIKES, a. a. O. 476a; GRAY (wie oben Anm. 37) 477a; NILSSON, Primitive Religion 77; NILSSON, Geschichte der griech. Religion I, 126f.; BÄCHTOLD-STÄUBLI, a. a. O. 1263, 1265f. Aus neuerer ethnologischer Literatur gab mir Prof. Dr. P. G. HÖLTKER freundlicherweise noch folgende Beispiele an: Kopfrasur bei der Knabenweihe auf den Salomonen (F. SPEISER, Bull. der Schweiz. Ges. f. Anth. u. Ethn. 19 [1942–43] 66); Abschneiden der Mädchenhaare anläßlich der Initiation (zweite Menstruation?) bei den Cuna-Indianern (E. NORDENSKIÖLD, An Historical and Ethnological Survey of the Cuna Indians [Göteborg 1938] 62, 137; C. NIMUENDAJÚ, The Apinaye [Washington 1939] 70); vgl. auch H. AUFENANGER und G. HÖLTKER, Die Gende in Zentralneuguinea (Wien-Mödling 1940) 80. – Ein innerer Grund für diesen Ritus wird manchmal darin gesehen, daß das lange Haar als etwas Weibliches gilt; solange es vorhanden ist, ist der Träger noch kein Mann, sondern ein Knabe, der soziologisch zu den Frauen gehört. Diese Erklärung kann freilich keine allgemeine Geltung beanspruchen.

[77] Siehe oben Anm. 52.

[78] Über die Beschneidung als Pubertätsritus und ihre Vorverlegung siehe HENNIN-

1. Bei manchen heutigen Beduinen gibt es eine zeremonielle Haarschur der Jungmänner, auch wenn man das Haar nachher wieder lang wachsen läßt [79]. 2. Bei denjenigen südarabischen [367] Stämmen, wo die Knaben noch heute erst im Reifealter beschnitten werden, wird ihnen bei diesem Anlaß das Haar bis auf einen Büschel vorn in der Mitte abgeschoren [80]. 3. Die lang herabfallenden Schläfenlocken galten im alten Arabien, und gelten zum Teil heute noch, als Zeichen der Jugendlichkeit und Unreife [81]. Das alles spricht dafür, daß die *ʿAqīqa,* ebenso wie die Beschneidung, ein aus der Pubertätszeit an den Anfang des Lebens vorverlegter Initiationsritus ist [82]. Welche Rolle dabei das religiöse Element, etwa die Weihe an einen Stammesgott, spielte, darüber sind bei der Dürftigkeit des Materials nur Vermutungen möglich [83]. – Bei der Verwendung der Haare im Trauerbrauch ist zunächst das psychologische Moment zu berücksichtigen [84]; aber auch

---

GER, Anth 33 (1938) 952–958; 35/36 (1940/41) 370–376 [siehe ArV, Nr. 26 und 27]; vgl. jetzt auch HUBERT JUNKER, Der Blutbräutigam. In: Festschrift für Friedrich Nötscher (Bonn 1950) 120–128. – ZWEMER (a. a. O. 102–106) bringt die *ʿAqīqa* mit der israelitischen Praxis des Loskaufes der Erstgeborenen in Verbindung. [ ]

[79] Siehe oben Anm. 52.

[80] Belege siehe Anth 33 (1938) 957; ferner: LANDBERG, a. a. O. 1778; FREYA STARK, A Winter in Arabia (²London 1942) 80.

[81] Siehe WELLHAUSEN, a. a. O. 198; SMITH, Religion 324, Note 2, 325, Note 2 (p. 326), 330; UPTON, a. a. O. 238; JAUSSEN, Moab 94; vgl. auch Angaben im Alten Testament (Jer 9, 25; 25, 23; 49, 32) und bei HERODOT (III, 8) über eine besondere, vielleicht kultisch motivierte Haartracht bei arabischen Stämmen; dazu SMITH, Religion 325, 330; COOK, ebd. 607; WELLHAUSEN, a. a. O. 198; GOLDZIHER, a. a. O. I, 249; ORELLI, a. a. O. 313 (²I, 334); HARTMANN, a. a. O. 150, Anm. 1.

[82] Siehe SMITH, Religion 329–331, bes. 329, Note 1. – Vielleicht ist es in diesem Zusammenhang von Bedeutung, daß im alten Arabien (und auch teilweise heute noch bei Beduinen) die *ʿAqīqa* nur für Knaben, nicht für Mädchen, vorgenommen wurde (siehe oben Anm. 9 und 10). Nach islamischem Brauch findet sie auch für Mädchen statt, aber dabei wird nur ein Opfertier geschlachtet, für einen Knaben dagegen zwei (JUYNBOLL, a. a. O. 251b; vgl. dazu auch ZWEMER, a. a. O. 89–92, 96).

[83] Siehe SMITH, Religion 328f.; LAGRANGE, a. a. O. 256. – GAUDEFROY-DEMOMBYNES (a. a. O. 302) äußert die Vermutung, daß im vorislamischen Mekka Jungmänner und Mädchen «pour un rite d'admission à la virilité et à la nubilité» zur Kaʿba geführt wurden und sich durch die Darbringung des Haares unter den Schutz der dort verehrten Gottheit stellten. Diese Annahme ist an sich ansprechend, aber der Autor bemerkt mit Recht dazu: «Ce serait une interprétation partielle et toute conjecturale du rite.» [ ]

[84] Vgl. oben Anm. 55. – Bei manchen Beduinen schneidet man jung Verstorbenen (Jungmännern wie Mädchen) die Haare ab und hängt sie als Andenken im Zelt auf; bei den Fuqarāʾ besteht diese Gewohnheit nicht (JAUSSEN et SAVIGNAC, a. a. O. 74; vgl. auch JAUSSEN, Moab 94).

die Gedanken der Desakralisation (bei der Trauerlösung) und der kultischen Verbindung mit dem Toten sind wohl nicht abwegig, wenn man die Parallelen zwischen Götterkult und Totenkult im alten Arabien bedenkt [85]. Dabei hat es sich allerdings wohl mehr um einen Heroenkult als um einen allgemeinen [368] Totenkult gehandelt [86]; es scheint aber auch, daß das Abschneiden der Haare und ihre Anbringung auf Gräbern kein allgemeiner Trauerbrauch war, sondern sich auf hervorragende Persönlichkeiten beschränkte [87], also ebenfalls eine Art Heroenkult darstellte.

Schluß

Wie sich aus dem Vorstehenden ergibt, sind rituelle Haarschur und Darbringung des Haares nicht als Opfer im eigentlichen Sinne, sondern eher als Initiations- oder Desakralisations-Riten aufzufassen. Dazu kommt noch ein drittes Element, das von DUSSAUD recht glücklich als «matérialisation de la prière» bezeichnet wird [88]: Ebenso wie man z.B. einen Tuchfetzen, ein Stück Stoff von seinem Kleid, als Erinnerungszeichen und wirksame Verbindung mit dem verehrten höheren Wesen an einem Heiligtum zurückläßt, so kann man es auch mit dem eigenen Haar tun, und mit noch größerem Recht; denn das Haar wird ja, in durchaus lebendiger Weise, als ein Teil der eigenen Person empfunden, ohne daß dabei magische Vorstellungen grundlegend oder beherrschend wären [89].

---

[85] Vgl. WELLHAUSEN, a. a. O. 184; GOLDZIHER, a. a. O. I, 229–251; BUHL-SCHAEDER, a. a. O. 78f.

[86] Siehe die oben Anm. 85 angeführten Belege. – Gegen übertriebene Vorstellungen von altarabischem und überhaupt altsemitischem Totenkult vgl. LAGRANGE, a. a. O. 331–336; siehe auch LAGRANGE, Rezension zu LODS, RB, N. S. 4 (1907) 422–433, bes. 428f.; ENGELKEMPER, a. a. O. 124f.; DHORME, a. a. O. 257. [ ]

[87] Vgl. die Belege oben Anm. 14 und 15.

[88] RENÉ DUSSAUD, La matérialisation de la prière en Orient. Bulletins et Mémoires de la Société d'Anthropologie de Paris. V/7 (1906) 213–220 (ebd. 215 wird die Ansicht von DOUTTÉ [a. a. O. 445f.] abgelehnt, der in solchen Gesten einen Ritus der «Elimination des Übels» sehen will).

[89] Wie natürlich der Symbolismus des Haares für die Darstellung der eigenen Person ist, ohne daß man dabei auf magische Ideen rekurrieren müßte, zeigt sich schon in manchen bei WILKEN (a. a. O. 523) erwähnten Beispielen. Vgl. auch ENGELKEMPER, a. a. O. 125; ferner oben Anm. 57 und 74. – Herr Professor W. BAUMGARTNER (Basel) hatte die Freundlichkeit, das Manuskript dieses Artikels durchzusehen und mir (durch Brief vom 3.9.1954) eine Anzahl Ergänzungen und Berichtigungen mitzuteilen, die oben in Anm. 25, 26, 32, 33, 34, 66 und 81 verwertet sind.

ADDENDA ET CORRIGENDA

Besprechung: RB 65 (1958) 135 (R. de V. [= ROLAND DE VAUX]).

Anm. 7: Cf. JOSEPH CHELHOD, Le sacrifice chez les Arabes (Paris 1955) 55, 67, 90, 133f. (133 Anm. 4: Verbesserung eines Übersetzungsfehlers bei GAUDEFROY-DEMOMBYNES, a. a. O. 185); J. HENNINGER, DBS VII (Paris 1966) col. 581 (im Artikel: Pèlerinages dans l'Ancien Orient, a. a. O., col. 567–584); A. J. WENSINCK (et alii), Artikel *Ḥadjdj*. EI ²III (1971) 31b–38b (über Haarschur: 36a–b).

Anm. 9: Cf. CHELHOD, Sacrifice, 55, 100, 121, 137–140. – Der Irrtum von TOR ANDRAE ist auch in die französische Übersetzung übergegangen (Mahomet [Paris 1945] 13).

Anm. 14: Cf. CHELHOD, Sacrifice, 136f.

Anm. 15: Cf. HILMA GRANQVIST, Muslim Death and Burial. Arab Customs and Traditions Studied in a Village in Jordan (Helsinki 1965) 106f., 256, Anm. 23.

Anm. 16: Cf. RUDOLF KRISS und HUBERT KRISS-HEINRICH, Volksglaube im Bereich des Islam I (Wiesbaden 1960) 33, 236.

Anm. 22: Zum Haarscheren und Haarabschneiden bei Wallfahrten im heutigen Volksbrauch cf. KRISS I (1960) 52 (Allgemeines), 83, 110, 134 (Ägypten), 186 (Jordanien), 242 ('Irāq), 254, 290 (Syrien), 326, 332 (Türkei).

Anm. 26: Cf. WALTHER ZIMMERLI, Das Alte Testament als Anrede (München 1956) 33f. – Cf. auch unten Anm. 72a.

Anm. 27–29: Zu LUKIAN, § 60, cf. auch GODEFROY GOOSSENS, Hiérapolis de Syrie (Louvain 1943) 19f., 77f., 209.

Anm. 35: Über das Haar als Träger der Lebenskraft bei den Arabern cf. CHELHOD, Sacrifice 116, 131–140 passim; über das Abschneiden der Stirnlocke u.ä. ebd. 135f. Allgemeines über die Bedeutung des Bartes bei den Semiten: GUSTAF DALMAN, AS V (1937) 261–274 passim.

Anm. 37: Cf. E. R. LEACH, Magical Hair. JRAI 88 (1958) 147–164; A. SCHIMMEL, Artikel Haar, RGG ³III (1959) Sp. 1f.; TOUFIC FAHD, La Divination Arabe (Strasbourg 1966) 255 mit note 2; FRIEDRICH HEILER, Erscheinungsformen und Wesen der Religion (RdM I, Stuttgart 1961) 216 mit Anm. 139–140, und die in diesen Arbeiten zitierte Literatur.

Anm. 39: Cf. MARGARETE RIEMSCHNEIDER, Der Wettergott (Leipzig 1956) 124–133 (dazu AL. CLOSS, Anth 53 [1958] 288).

Anm. 41: Auch KRISS scheint dieser Auffassung zu sein, denn er führt die oben (zu Anm. 22) erwähnten Fakten im Register unter dem Hauptstichwort «Opfergaben» auf (I 354a–355b, bes. 355a). Doch faßt er den Begriff «Opfer» sehr weit, denn er bezeichnet auch die bei Heiligtümern niedergelegten Steine als «Opfer» (cf. ebd. 357a). Ähnlich HEILER (cf. Addendum zu Anm. 37).

Anm. 42: Cf. CHELHOD, Sacrifice, 135–140 passim.

Anm. 52, Z. 1: CHELHOD, Sacrifice 55, sieht in der Haarschur des Pilgers eine Art Wiedergeburt (also auch eine Wiederholung der *'Aqīqa*).

Anm. 52, am Ende: Allgemeines zur Haartracht der Männer siehe bei DALMAN, AS V (1937) 261–274 (Altertum: 267–274), zur Haartracht der Frauen ebd. 333–339 (Altertum: 335–339). Vgl. auch unten Anm. 81.

Anm. 58: Cf. CHELHOD, Sacrifice, 131–140 passim; ders., RHR 151 (1957) 239.

Anm. 64, Z. 7: Cf. CHELHOD, RHR 151 (1957) 239.

Anm. 68, Z. 6: Zu den angeblichen Menschenopfern im Totenkult bei den vorislamischen Arabern cf. jetzt HENNINGER, Anth 53 (1958) 749–753; zu angeblichen Ersatzformen für Menschenopfer ebd. 786–796, bes. 792f.

Anm. 69: Cf. HENNINGER, Anth 53 (1958) 721–805, bes. 753–757, 769–776, 781–783, 798, 804f.; J. HENNINGER, Les fêtes de printemps chez les Sémites et la Pâque israélite (Paris 1975) 158–170 und die dort zitierte Literatur.

Anm. 71a: Über kultische Prostitution siehe jetzt HENNINGER, Anth 53 (1958) 793–796; HENNINGER, DBS VII (1966) 581f.; HENNINGER, Fêtes de printemps (1975) 228 (Index s.v. sexualité, rites sexuels).

Anm. 71b: Auch M. HÖFNER lehnt die Deutung der behandelten Riten als Opfer ab; cf. WdM I/1 (1965) 458 (Artikel Opfer); RdM 10/2 (1970) 361.

Anm. 72a: Dazu schrieb mir Prof. HUBERT JUNKER (Brief vom 20.3.1957): «... Die Kategorie ‹Desakralisation› scheint mir auch den richtigen Schlüssel zum Verständnis der Samson-Geschichte zu bieten. Nach der zugrunde liegenden volkstümlich gefärbten religiösen Auffassung ist Samsons Stärke eine Gabe Gottes für den dem ‹heiligen Kampfe› lebenslänglich geweihten Nazir. Als Samson seine Berufung als Nazir verrät und sich sogar des äußeren Zeichens seiner Weihe durch die Philisterin berauben läßt, nimmt Gott ihm die Stärke, die ihn bis dahin unbesiegbar gemacht hatte. Das ist, wie gesagt, primitive und volkstümliche Darstellung, aber doch etwas ganz anderes als der Glaube an ‹Haarzauber› oder Ähnliches.»

Anm. 73: Zur rituellen Nacktheit bei der vorislamischen Wallfahrt in Mekka cf. HENNINGER, Anth 53 (1958) 794f. mit Anm. 334–338; 58 (1963) 474 mit Anm. 130–132; HENNINGER, DBS VII (1966) col. 579.

Anm. 78: Vgl. Addendum zu Anm. 69.

Anm. 83: Später spricht sich GAUDEFROY-DEMOMBYNES apodiktischer aus: «... Les Sémites avaient coutume d'offrir leur chevelure à la divinité au moment de leur mariage; l'usage en avait persisté pour les femmes à cette époque» (Mahomet [Paris 1957] 37; nach dem Kontext, ebd. 37f., handelt es sich um das vorislamische Mekka). Ein Beleg ist nicht angegeben. Man könnte an bestimmte syrische Gebräuche denken, siehe oben Anm. 29–31; aber damit wird eine solche verallgemeinernde Aussage nicht gerechtfertigt.

Anm. 86: Cf. J. HENNINGER, Einiges über Ahnenkult bei arabischen Beduinen (1967); siehe oben Nr. 5.

[Korrekturzusatz:
Anm. 45: Cf. ARNOLD VAN GENNEP, The Rites of Passage. Translated by MONIKA B. VIZEDOM and GABRIELLE L. CAFFEE; Introduction by SOLON T. KIMBALL (Chicago 1960)].

11

IST IN ARABIEN DIE RITUELLE ERDROSSELUNG EINES TIERES BEKANNT?

(1946/47)

[319] Bei WELLHAUSEN, Reste arabischen Heidentums, findet sich im Kapitel «Zauber und Gegenzauber» folgende Angabe: «GOLDZIHER 1, 34: zur Pestzeit führen sie ein Kamel durch alle Stadtviertel, damit es die Krankheit aufnehme, erwürgen es dann an einem geweihten Orte und bilden sich ein, die Seuche mit einem Schlage vernichtet zu haben» [1]. Gemeint ist das Werk von GOLDZIHER, «Muhammedanische Studien», wo die betr. Stelle wörtlich lautet: «Zu der Pestzeit führen sie [nämlich die Bewohner der Hafenstadt Janbuʿ, bei denen manche alte Bräuche aus ihrem Beduinenstadium bis in die neueste Zeit hinein fortlebten] ein Kameel durch alle Stadtviertel, damit es die Krankheit aufnehme und sich die Plage ganz allein darauf werfe, worauf sie es an einem geweihten Ort erwürgen und sich einbilden, das Kameel und die Seuche mit einem Schlage vernichtet zu haben» [2]. Als Beleg dafür wird die Reisebeschreibung von CHARLES DIDIER nach einer deutschen Übersetzung zitiert [3]. Von FRAZER wird diese Stelle ebenfalls nach GOLDZIHER zitiert: «In Arabia, when the plague is raging, the people will sometimes lead a camel through all the quarters of the town in order that the animal may take the pestilence on itself. Then they strangle it in a sacred place and imagine that they have rid themselves of the camel and of the plague at one blow» [4].

---

[1] JULIUS WELLHAUSEN, Reste arabischen Heidentums [2](Berlin 1897, Neudruck 1927) 162, Anm. 4.

[2] IGNAZ GOLDZIHER, Muhammedanische Studien I (Halle a.S. 1889) 34.

[3] Ibid., Anm. 4: «CHARLES DIDIER, Ein Aufenthalt bei dem Groß-Sherif von Mekka, übers. von HELENE LOBEDAN, Leipzig 1862, p. 143.»

[4] J. G. FRAZER, The Scapegoat (The Golden Bough, Part VI) [3](London 1913) 33.

Was bei dieser Stelle auffallen muß, ist die Angabe, daß das Tier *erwürgt* wird. Bei einem Opfer in Arabien gehört es nach allen sonstigen Angaben aus alter wie aus neuer Zeit unbedingt zum Ritus, daß dem Tier der Hals durchschnitten oder durchhauen wird und das Blut hervorströmt [5]. Allerdings handelt es sich bei dem hier zur Rede stehenden Brauch nicht um ein Opfer, sondern um einen magischen Ritus zur Vernichtung des Krankheitsstoffes; immerhin muß aber eine derartige Abweichung von den sonstigen Gepflogenheiten auffallen. Da nun WELLHAUSEN und FRAZER auf GOLDZIHER fußen und GOLDZIHER nur eine Übersetzung benutzt hat, war mir die Sache [320] interessant genug, um sie im Original des Reisewerkes von DIDIER nachzuprüfen. Dort lautet die betreffende Stelle: «En temps de peste, ils promènent un chameau dans tous les quartiers de la ville, afin de lui faire assumer et de concentrer sur lui le fléau tout entier; après quoi ils *égorgent* [6], dans un lieu consacré, ce bouc émissaire d'une nouvelle espèce, s'imaginant qu'en le tuant ils tuent du même coup la contagion» [7].

Was bedeutet nun hier égorger, das die deutsche Übersetzung mit «erwürgen» wiedergibt? Wie in jedem Lexikon zu finden, ist die Grundbedeutung nicht «erwürgen», sondern «den Hals abschneiden»; im weiteren Sinne kann es «erwürgen» bedeuten, daneben aber auch «umbringen, töten, schlachten». Um zu sehen, wie geläufig die letztere Bedeutung ist, braucht man nur einmal den Abschnitt «Immolation» bei JAUSSEN flüchtig durchzusehen, wo «égorger» und «immoler» immer wieder synonym gebraucht werden [8]. Am deutlichsten ist das bei der Beschreibung des Bauopfers, wo es heißt: «En lui plongeant le couteau dans le cou, le propriétaire dit...», und gleich darauf: «La victime égorgée est immédiatement préparée... [9]»

Das mag genügen, um die Übersetzung «erwürgen» an der angegebenen Stelle bei DIDIER zum mindesten als sehr zweifelhaft erscheinen zu lassen [10].

---

[5] Da ich darüber an anderer Stelle ausführlicher zu handeln gedenke, mag es hier genügen, auf folgende Belege hinzuweisen: Für die heutigen Araber: ANTONIN JAUSSEN, Coutumes des Arabes au pays de Moab (Paris 1908) 338; für die vorislamischen Araber: WELLHAUSEN, Reste 116–118. [ ] Auch das vielberufene Kamelopfer der Sinai-Beduinen, von dem NILUS berichtet, bildet in dieser Hinsicht keine Ausnahme; dort wird dem Tier ebenfalls der Nacken durchhauen, nur läßt man es nicht vollständig ausbluten; vgl. WELLHAUSEN 119f., wo auch der griechische Text zitiert ist. [ ]

[6] Hervorhebung von mir. J. H.

[7] CHARLES DIDIER, Séjour chez le Grand-Chérif de la Mekke (Paris 1857) 113.

[8] JAUSSEN 337–361, besonders 338, 343, 352, 354, 355.

[9] Ibid. 343.

[10] Zur Deutung des in Yambo' geübten Brauches ist vielleicht auch der eigenartige

Solange also keine weiteren Belege, und zwar solche eindeutiger Art, für diesen Ritus beigebracht werden, kann das Vorkommen der rituellen Erdrosselung in Arabien nicht als nachgewiesen betrachtet werden. Mithin scheint es, daß die Araber diesbezüglich gegenüber afrikanischen [11] wie auch nord- und zentralasiatischen [12] Hirtenvölkern eine Sonderstellung einnehmen. Ob bei anderen semitischen Völkern Opfer mit Erdrosselung des Opfertieres vorkamen [13], und wenn ja, ob dann wirklich ein ursprünglich semitischer oder ein entlehnter Ritus vorliegt, muß hier noch offen gelassen werden.

Bericht über einen ähnlichen Fall aus derselben Stadt nicht ohne Wert, den JAMES BRUCE hat. (Travels to discover the source of the Nile in the years 1768, 1769, 1770, 1771, 1772, and 1773, I [Dublin 1790] 261 f.) Dort war ein Aufruhr ausgebrochen, und mehrere Tage hindurch hatten Kämpfe zwischen der Bevölkerung und der türkischen Garnison stattgefunden, «but it had since been agreed on by the old men of both parties, that nobody had been to blame on either side, but the whole wrong was the work of a Camel. A camel, therefore, was seized and brought without the town, and there a number on both sides having met, they upbraided the camel with everything that had been either said or done ... After having spent great part of the afternoon in upbraiding the camel, whose measure of iniquity, it seems, was near full, *each man thrust him through with a lance*, devoting him *Diis manibus et Diris*, by a kind of prayer, and with a thousand curses upon his head. After which, every man retired, fully satisfied as to the wrongs he had received from the camel.» [Hervorhebung von mir. J. H.] BRUCE macht dann auf die Ähnlichkeit dieser Zeremonie mit der Austreibung des Sündenbockes bei den Israeliten aufmerksam. – Die Art der Tötung, daß das Kamel von allen Anwesenden mit ihren Lanzen durchbohrt wird, ist m. W. für Arabien sonst nirgends bezeugt; sie hat aber mit den sonstigen Riten dieser Art wenigstens das gemeinsam, daß sie eine *blutige* Tötung ist – also auch hier keine Erdrosselung. [ ]

[11] BELEGE siehe bei WILHELM SCHMIDT, UdG VII (Münster i. W. 1940) 392, 446, 450. [ ]

[12] Belege siehe UdG III (Münster i. W. 1931) 368 f., 549; V (1934) 818; VI (1935) 74; VII (1940) 615, 623, 627, 644, 646–648, 649, 654 f., 657, 661, 663, 684, 686 (sämtlich über Samojeden, und zwar Rentieropfer); siehe auch W. SCHMIDT, Ethnos 7 (1942) 137: Ritus der Erdrosselung bei den Altaiern; Spuren dieser Opferung bei dem Pferdeopfer der Burjaten und bei dem Schafopfer der Beltiren und der Yuguren. Vgl. auch ibid., 148, Anm. 12. [ ]

[13] Vgl. WILLIAM ROBERTSON SMITH, Lectures on the Religion of the Semites [3](London 1927) 343, im Index, 715b, verzeichnet unter «Strangling». [ ]

Anm. 5, Z. 4: Siehe jetzt J. HENNINGER, Les fêtes de printemps chez les Sémites et la Pâque israélite (Paris 1975) 125, 139–141; cf. auch ibid., 228, Index s. vv. sacrifices sanglants; sang, usage rituel du.

Anm. 5, am Ende: Zum sog. NILUS-Bericht cf. jetzt J. HENNINGER, Anth 50 (1955) 81–148; zum Ausströmenlassen des Blutes ibid., 109, 123–125, und die dort zitierten Belege.

Anm. 10: EDMOND DOUTTÉ, Magie et religion dans l'Afrique du Nord (Alger 1909) 454, beruft sich zwar auch auf GOLDZIHER, op. cit., I 34, gibt aber den Inhalt so wieder: «De nos jours encore, en temps d'épidémie, les Arabes promènent un chameau dans la ville infectée pour le charger du mal et le *mettent à mort* ensuite» [Hervorhebung von mir]. Durch den (absichtlich gewählten?) indifferenten Ausdruck «mettent à mort» ist hier also das Weitergeben des Irrtums vermieden.

Anm. 11: Weitere Belege siehe jetzt bei HENNINGER, Les fêtes de printemps (wie oben zu Anm. 5) 121, Anm. 390 – E. E. EVANS-PRITCHARD, Nuer Religion (Oxford 1956; Reprint 1970) 217 berichtet über zwei derartige Riten bei den Nuer, bemerkt aber zu einem dieser Fälle: «... the beast does not seem to have been consecrated and there was no invocation. It has more the appearance of *what we might better describe as a magical rite*, almost certainly of Dinka origin» [Hervorhebung von mir. J. H.].

Anm. 12: Weitere Belege jetzt bei HENNINGER, Les fêtes de printemps (wie oben zu Anm. 5) 121 mit Anm. 390; cf. auch ibid., 125, 127, 198.

Anm. 13: W. R. SMITH spricht an dieser Stelle von esoterischen Riten mit Blutgenuß, gegen die Jes 65, 4; 66, 3, 17 polemisiert wird. Er nimmt an, daß die betr. Tiere ohne Blutvergießen getötet wurden, und verweist auf Parallelen außerhalb des semitischen Bereiches. Diese Deutung ist aber nicht sicher; siehe die Kommentare zu diesen Stellen; cf. auch JEHOSHUA M. GRINTZ, «Do not eat on the blood». Annual of the Swedish Theological Institute 8 (1970/71, erschienen 1972) 78–105.

12

ZUR HERKUNFT EINES ISLAMISCHEN OPFERGEBETES

(1950)

In seiner «Introduction à l'histoire des religions» zitiert R. DUSSAUD ein Gebet, in dem das Opfertier ausdrücklich als Stellvertreter des Opfernden bezeichnet wird, und zwar so, daß die einzelnen Körperteile des Tieres den einzelnen Körperteilen des Menschen entsprechen. Der Text lautet:

«Mon Dieu, cette victime me représente moi-même. Sa chair représente ma chair; son sang, mon sang; ses poils, mes poils; sa peau, ma peau; ses os, mes os» [1].

DUSSAUD beruft sich dafür auf GARCIN DE TASSY [2], den er aber aus zweiter Hand, nach DOUTTÉ [3], zitiert [4]. Nach dem Kontext bei DUSSAUD könnte man glauben, daß dieses Gebet in Arabien und seinen Randgebieten beim Opfer an einen *Welī* (Heiligen) verrichtet werde; das trifft aber nicht zu. Es handelt sich vielmehr um ein Gebet bei der Schlachtung am 10. *Ḏu'l-Ḥiǧǧa* (Wallfahrtsmonat), an dem die großen Schlachtungen in Minā (am Berge ʿArafa bei Mekka) und gleichzeitig in allen islamischen Ländern stattfinden, ein Tag, der meistens unter dem türkischen Namen des großen

---

[1] RENÉ DUSSAUD, Introduction à l'histoire des religions (Paris 1914) 135f.

[2] [JOSEPH-HÉLIODORE] GARCIN DE TASSY, L'Islamisme d'après le Coran, l'enseignement doctrinal et la pratique (³Paris 1874) 228.

[3] EDMOND DOUTTÉ, Magie et religion dans l'Afrique du Nord (Alger 1909) 467.

[4] Der Text stimmt bei den drei angegebenen Autoren überein, bis auf eine kleine Differenz in der Interpunktion; hier ist die Interpunktion nach GARCIN DE TASSY gegeben. Das Gebet hat noch eine Fortsetzung, die aber hier nicht von besonderem Interesse ist.

Bairam-Festes bekannt ist [5]. Da der Text des Gebetes aus einem in Kalkutta gedruckten islamischen Gebetbuch entnommen ist [6], ist zunächst anzunehmen, daß es vor allem [853] von indischen Muslimen bei diesem Anlaß gebraucht wird. Ein sehr ähnlich lautendes Gebet ist aber auch im Gebrauch beim *'Aqīqa*-Opfer, das für ein neugeborenes Kind am 7. Tage nach der Geburt dargebracht wird. Dieses Gebet ist bezeugt für Indien [7], wahr-

---

[5] Vgl. GARCIN DE TASSY, a. a. O. 227. – Vgl. darüber auch [LAURENT JOSEPH] GAUDEFROY-DEMOMBYNES, Contribution à l'étude du pèlerinage de La Mekke (Paris 1923) 277–291; ferner in der Enzyklopädie des Islām (Leiden 1913–1938) die Artikel: *'Arafa* (I 435a, ohne Namen des Autors); *Bairam* (I 618b, von CL. HUART); *Ḥadjdj* [*Ḥağğ*] (II 208–213, bes. 210b, von A. J. WENSINCK); *'Īd al-Aḍḥā* (II 473, von E. MITTWOCH); *Minā* (III 574f., von FR. BUHL); *Wuḳūf* (IV 1235, von R. PARET). [ ]

[6] GARCIN DE TASSY, a. a. O. p. V., gibt als Quelle an: ... «3° Eucologe musulman, traduit de l'arabe et du persan»; ibid., p. XVIII: «L'eucologe musulman sunnite, qui suit la série des textes du Coran que je publie, a été imprimé en arabe et en persan à Calcutta, sous le titre de *Hidayut ool Islam*, Hindoostance [sic] press 1804 [= *Hidāyatu' l-Islām*, «Führer des Islām», Hindustani Press] ... Pour rendre plus complet ce recueil de prières musulmanes, j'y ai ajouté quelques autres prières extraites du Tableau de l'empire ottoman de M. D'OHSSON ...» Das Gebet, um das es sich hier handelt, findet sich aber nicht in dem Werk von D'OHSSON (Tableau général de l'empire othoman, 3 tomes, Paris 1787–1820; cf. ibid., I 211, 276–279, über das *Bairam*-Fest); also ist das vorher erwähnte Gebetbuch die einzige Quelle, auf die sich GARCIN DE TASSY stützt. Wahrscheinlich bezieht sich auch SAMUEL S. ZWEMER auf dieses Buch, wenn er schreibt: «That the Moslem himself once recognized the vicarious character of this sacrifice and its deeper significance of atonement is perfectly evident from the prayer used on this occasion. In one of the books of devotion published in Hindustani and printed at Calcutta, this prayer reads as follows: ...» (darauf folgt der bereits zitierte Text). (The Influence of Animism on Islam. An Account of Popular Superstitions [New York 1920] 103). Die Angabe, daß das Buch in Hindustani abgefaßt sei, widerspricht GARCIN DE TASSY, der von einem arabischen und persischen Text spricht; und da er beifügt: «C'est sur ce double texte que j'ai fait ma traduction» (a. a. O. p. XVIII), muß man schon annehmen, daß er recht hat und daß bei ZWEMER ein Gedächtnisfehler unterlaufen ist. ZWEMER spricht übrigens nach dem ganzen Zusammenhang (ibid., 87–103) vom *'Aqīqa*-Opfer, nicht vom 10. *Ḏu'l-Ḥiğğa*.

[7] Vgl. JAFFUR SHURREEF, *Qanoon-e-Islam*, or the Customs of the Moosulmans of India. Composed under the direction of, and translated by G. A. HERKLOTS (London 1832) 30; wie aus einem Vergleich mit ibid., 24 und 27 hervorgeht, wird dieses Opfer in Indien nicht immer am 7., sondern nicht selten an anderen «passenden Tagen», besonders am 6., 9. oder 40. Tag nach der Geburt vollzogen. – EDWARD WESTERMARCK, Ritual and Belief in Morocco II (London 1926) 397, note 3, verweist auf diese Stelle nach der Ausgabe von Madras 1863, wo es p. 20 ist, aber offenbar derselbe Text. – Der gleiche Text wird auch zitiert von THOMAS PATRICK HUGHES, A Dictionary of Islam (London 1895) 51a (im Artikel: Children, ibid., 50–53), bei der Beschreibung des *'Aqīqa*-Opfers. Eine Quelle für diesen Text wird nicht angegeben, aber die fast wört-

scheinlich auch für Ägypten [8] und Nordwestafrika [9]. Die Übereinstimmung der Texte geht hervor aus der hier folgenden Gegenüberstellung:

Indien:	Ägypten (?):
«While they are offering it [sc. the he-goat] an Arabic sentence is repeated; the signification of which runs thus: 'O Almighty God! I offer in the stead of my own offspring, life for life, blood for blood,	«The person should say, on slaying the victim [sc. a ram or goat]: ‹O, God, verily this 'aḳeeḳah [= '*aqīqa*] is a ransom for my son such a one; its blood for his blood, and its flesh for his flesh, and its

liche Übereinstimmung spricht dafür, daß HUGHES sich auf JAFFUR SHURREEF stützt (wie er ja überhaupt oft indisch-islamische Quellen benutzt, aber in seinen Ausführungen in allzu generalisierender Weise verwertet). Ungenau scheint auch die Einleitung zu sein: «The animal is dressed and cooked, and whilst the friends eat of it they offer the following prayer ...», denn nach allen sonstigen Angaben wird das Gebet während der Schlachtung, nicht erst während der darauffolgenden Mahlzeit verrichtet.

[8] Siehe EDWARD WILLIAM LANE, Arabian Society in the Middle Ages. Edited by STANLEY LANE-POOLE (London 1883) 191. Dort ist allerdings die Rede von islamischen Gebräuchen im allgemeinen, von den Ansichten der verschiedenen Rechtsschulen, und für das wörtlich angeführte Gebet wird keine Belegstelle angegeben. Nun kennt aber LANE aus eigener Anschauung am besten die ägyptischen Gebräuche, von seinem mehrjährigen Aufenthalt in Kairo her, und außerdem zitiert er im Zusammenhang wiederholt ein Werk des ägyptischen Schriftstellers ES-SUYOOṬEE (= AS-SUYŪṬĪ), gest. 1505 in Kairo (vgl. über diesen Autor CARL BROCKELMANN, Geschichte der arabischen Literatur II (Berlin 1902) 143–158; dazu Suppl. II [Leiden 1938] 178–198). Daraus ergibt sich wenigstens eine ziemlich hohe Wahrscheinlichkeit, daß auch das zitierte Gebet aus ägyptischem Brauchtum stammt.

[9] Auf den ersten Blick möchte man das als sicher annehmen, da sowohl DOUTTÉ (a. a. O. 467) wie WESTERMARCK (a. a. O. 397) dieses Gebet zitieren. Der Kontext erweckt aber einige Zweifel. DOUTTÉ behandelt im ganzen Zusammenhang (Chapitre X, Le sacrifice, a. a. O. 450–495) Opferriten sowohl nach nordwestafrikanischem Volksbrauch als auch nach der islamischen Orthodoxie (vgl. bes. a. a. O. 458f.) und zitiert den Wortlaut des betr. Gebetes nach GARCIN DE TASSY, der, wie wir gesehen haben (oben Anm. 6), auf einem in Kalkutta gedruckten Buch fußt; damit ist also noch nicht bewiesen, daß das gleiche Gebet auch in Nordwestafrika wirklich gebraucht wird. Auch WESTERMARCK handelt zwar ausführlich über das '*Aqīqa*-Opfer in Marokko (a. a. O. 386–398), den Gebetstext zitiert er aber nach LANE, a. a. O. 191, und verweist auch auf JAFFUR SHURREEF, a. a. O. 30 (nach der von ihm zitierten Ausgabe: 20) als Parallele. SAMUEL S. ZWEMER, Heirs of the Prophets (Chicago 1946) 93f. zitiert den Text nach WESTERMARCK und verweist auch auf HERKLOTS (JAFFUR SHURREEF), a. a. O. 30, gibt aber nicht ausdrücklich an, ob das Gebet in Marokko wirklich verrichtet wird. Immerhin kann man annehmen, daß ein so sorgfältiger Beobachter wie WESTERMARCK das Gebet nicht aufgenommen hätte, wenn die diesbezügliche islamische Tradition in Marokko toter Buchstabe wäre. Es ist also doch einigermaßen wahrscheinlich, daß das betr. Gebet auch in Nordwestafrika wirklich verrichtet wird.

head for head, bone for bone, hair for hair, and skin for skin. In the name of God do I sacrifice this he-goat.›» [10]

bone for his bone, and its skin for his skin, and its hair for his hair. O God, make it a ransom for my son from hell fire.›» [11]

[854] Ganz ähnlich ist auch die bei der gleichen Gelegenheit in der Nähe von Jerusalem gebrauchte Formel, die DALMAN in palästinischem Arabisch aufgezeichnet hat:

Jā rabbi tikbal hāḏi-l-ʿanz ʿaḳīḳa lebni flān, dammhā jefdi dammoh we laḥmhā jefdi laḥmoh uʿaḍmhā jefdi ʿaḍmoh, ḥakamt ʿalek biḏ-ḏebḥ bismillāh allāhu akbar.

«O mein Gott, nimm diese Ziege als Sühne (?) an für meinen Sohn N. N., ihr Blut löse sein Blut, und ihr Fleisch löse sein Fleisch, und ihr Gebein löse sein Gebein! Ich habe für dich bei der Schlachtung bekannt: Im Namen Gottes, Gott ist groß!» [12]

Die Zusammengehörigkeit der bisher zitierten Gebete, die teils am 10. *Ḏu'l-Ḥiǧǧa,* teils beim *ʿAqīqa*-Opfer gebraucht werden, kann kaum bezweifelt werden. Da die Belege sich wahrscheinlich über die verschiedenen islamischen Länder, von Indien bis nach Nordwestafrika, verteilen, liegt es am nächsten, den gemeinsamen Ursprung in Vorderasien zu suchen.

Nun findet sich eigenartigerweise eine auf der gleichen Grundidee aufgebaute Formel für ein Opfer (oder einen ähnlichen Ritus) bereits in der Keilschriftliteratur. Es handelt sich um einen leider nur fragmentarisch erhaltenen Text aus der Bibliothek Aššurbānipals, also aus dem 7. Jahrhundert v. Chr., der aber offenbar auf eine ältere Vorlage zurückgeht. Er wurde zuerst von RAWLINSON [13], später, unter Zusammenfügung ver-

---

[10] JAFFUR SHURREEF, a. a. O. 30.

[11] LANE, a. a. O. 191.

[12] GUSTAF DALMAN, AS VI (Gütersloh 1939) 373f. – Die Übersetzung von *ʿaqīqa* mit «Sühne» ist ziemlich frei; ursprünglich bedeutet *ʿaqīqa* «das Abgeschorene», nämlich die erste Haarschur des Kindes, die schon in vorislamischer Zeit mit einem Opfer verbunden war (vgl. TH. NÖLDEKE, ZDMG 40 [1886] 184), also «Scherungsopfer». Es ist wohl möglich, daß im Islam der Gedanke der Sühne eingedrungen ist, weil ja auch in manchen Formeln von der Bewahrung vor der Hölle die Rede ist; im Vordergrund des Bewußtseins steht aber doch eher die Bewahrung des Kindes vor physischen Übeln während des irdischen Lebens. Deshalb hat auch DALMAN mit Recht das Wort «Sühne» mit einem Fragezeichen versehen. [ ]

[13] HENRY CRESWICKE RAWLINSON, The Cuneiform Inscriptions of Western Asia. IV (London 1884; ²1891) 26, Nr. 6 (gewöhnlich nach der bei den Assyriologen geläufigen Abkürzung zitiert: IV ²R). – Statt Aššurbānipal, wie der Name meist wiedergegeben wird, ist richtiger zu lesen: Aššurbān(i)apli.

schiedener Fragmente, nochmals von BUDGE [14] veröffentlicht und wurde seitdem sehr oft zitiert [15]. Darin handelt es sich um ein Lamm, dessen einzelne Körperteile die einzelnen Körperteile des Menschen zu vertreten haben [16]; in einem ähnlichen, aber [855] weniger häufig zitierten Text ist es ein Schwein (Ferkel), das die gleiche Funktion erfüllen muß. Die Gleichheit der Grundidee ergibt sich aus einer Gegenüberstellung der Texte:

«Das Lamm, das Tauschobjekt [17] für einen Menschen, das Lamm gibt er [18] für dessen Leben, den Kopf des Lammes gibt er für den Kopf des Menschen,	«Das Schwein zerlege in seine Glieder, über den Kranken breite sie aus ... das Ferkel als Ersatz für ihn gib hin, das Fleisch anstatt seines Fleisches, das Blut anstatt seines Blutes gib hin,

---

[14] Cuneiform Texts from Babylonian Tablets etc., in the British Museum. Part XVII (London 1903), Plate 37, Tablet «Z». [ ]

[15] Siehe z. B. H. ZIMMERN in EBERHARD SCHRADER, Die Keilinschriften und das Alte Testament ([3]Berlin 1903) 597; MORRIS JASTROW, JR., Die Religion Babyloniens und Assyriens I (Gießen 1905) 351; PAUL DHORME, La religion assyro-babylonienne (Paris 1910) 274, 281 note 113; ANTON JIRKU, Die Dämonen und ihre Abwehr im Alten Testament (Leipzig 1912) 72; ALFRED JEREMIAS, Handbuch der altorientalischen Geisteskultur (Leipzig 1913) 290; PAUL VOLZ, Die biblischen Altertümer (Stuttgart 1914; [2]1925) 142; BRUNO MEISSNER, Babylonien und Assyrien II (Heidelberg 1925) 83; ERICH EBELING in HUGO GRESSMANN, Altorientalische Texte und Bilder zum Alten Testament I ([2]Berlin-Leipzig 1926) 330; FRIEDRICH BLOME, Die Opfermaterie in Babylonien und Israel I (Romae 1934) (§ 42); E. DHORME (= PAUL DHORME), La religion des Hébreux nomades (Bruxelles 1937) 215; ADALBERT METZINGER, Bib 21 (1940) 253. [ ]

[16] Daß das entscheidende Wort *urīṣu* «Lamm» oder «Zicklein» bedeutet, ist heute nicht mehr bestritten. Von manchen älteren Autoren wurde es mit «Kind» übersetzt und aus diesem Text ein babylonisches Kinderopfer abgeleitet; diese Ansicht ist aber längst aufgegeben. Vgl. dazu E. A. WALLIS BUDGE in der Einleitung zu Cuneiform Texts XVII, p. 3; C. FOSSEY, Revue de l'histoire des religions 49 (1904) 364 (gegen A. H. SAYCE); JASTROW, a. a. O. 349 Anm. 2; weitere Belege bei EVARIST MADER, Die Menschenopfer der alten Hebräer und der benachbarten Völker (Biblische Studien XIV / 5–6. – Freiburg i. B. 1909) 40–43, bes. 41 mit Anm. 1–3; 42 Anm. 1, wo die Rezension von FOSSEY irrig 1903 datiert ist. – MEISSNER, a. a. O. 84, und BLOME, a. a. O. 365–370, 372 f. (§§ 332–335, 337) erwähnen diesen Text bei der Erörterung der Frage der babylonischen Menschenopfer überhaupt nicht mehr, außer 367 (§ 333), aber dort nur in dem Sinne, daß das Lamm nicht Ersatz für ein Menschenopfer, sondern Ersatz für das von den Dämonen bedrohte Leben des Kranken ist. [ ]

[17] So oder ähnlich die meisten Autoren (JEREMIAS, EBELING: «Ersatz»; DHORME: «substitut»); andere übersetzen das assyrische *pūḫu* mit «Darstellung», «Abbild» oder «Ebenbild» (JIRKU, JASTROW; vgl. auch BLOME, a. a. O. 366 Anm. 16 [§ 333]). Der sachliche Unterschied ist nicht bedeutend; daß das Tier irgendwie an die Stelle des Menschen tritt, ergibt sich aus der Fortsetzung des Textes. [ ]

[18] Der die Beschwörung vornehmende Priester.

den Nacken des Lammes gibt er für den Nacken des Menschen,
die Brust des Lammes gibt er für die Brust des Menschen.»[19]

sie (die Dämonen) mögen es annehmen.
Das Herz des Schweines, das du auf seine Herzgrube gelegt,
anstatt seines Herzens gib es hin; sie mögen es nehmen.»[20]

In beiden Fällen handelt es sich sicher um einen Kranken, der durch eine Beschwörungszeremonie von den Krankheitsdämonen befreit werden soll. Da die einzelnen Körperteile von verschiedenen Krankheitsdämonen befallen werden, werden diesen, irgendwie als Ersatz, die entsprechenden Körperteile eines Tieres angeboten; es wird aber nicht ausdrücklich gesagt, daß der Dämon den Körper des Kranken verlassen und in den Körper des Tieres fahren soll[21]. Es gibt aber noch andere Fälle von «Stellvertretung», auf die diese Erklärung nicht angewandt werden kann; so, wenn es in einer Vertragsschließungszeremonie von dem dabei geschlachteten und zerstükkelten Widder heißt:

«Dieser Kopf – nicht der Kopf des Widders ist er; der Kopf des Mati'ilu ist er, der Kopf seiner Söhne, seiner Großen, der Leute seines Landes ist er. Gesetzt, Mati'ilu vergeht sich gegen diese Vertragsbestimmungen – wie dieser Kopf des Widders abgeschlagen ist, sein Bein in seinen Mund gelegt ist..., so möge der Kopf des Mati'ilu abgeschlagen werden... Diese Keule – nicht die Keule des Widders ist sie» usw. (die Fortsetzung ist beschädigt, es läßt sich aber noch erkennen, daß der Satzbau der gleiche ist)[22].

Ob man in den genannten Fällen von Opfern sprechen kann[23] oder nicht[24], kann [856] hier im Zusammenhang nicht weiter untersucht werden.

---

[19] Übersetzung nach ZIMMERN, a. a. O. 597.

[20] Übersetzung nach JEREMIAS, a. a. O. 290. Hinweise auch bei JASTROW, a. a. O. 351 Anm. 1; BLOME, a. a. O. 49 Anm. 17. – DHORME (1910, 273; 1937, 216) übersetzt die Stelle, die bei JEREMIAS lautet «das Herz des Schweines, das du auf seine Herzgrube gelegt» mit «le cœur que tu auras placé à son chevet». Auch diese Divergenzen sind ohne Bedeutung für den Grundgedanken.

[21] Vgl. BUDGE, Cuneiform Texts XVII, p. 3; DHORME (1910) 273f.; BLOME, a. a. O. 49 (§ 42) Anm. 17, und die dort zitierten Belege; ferner JASTROW, a. a. O. 349–351; JIRKU, a. a. O. 72f.; WALTHER SCHRANK, Babylonische Sühnriten (Leipzig 1908) 41–44.

[22] Übersetzung nach JEREMIAS, a. a. O. 289f., und ERNST F. WEIDNER, AfO 8 (1932/33) 19; vgl. ebd. den ganzen Artikel: Der Staatsvertrag Aššurnirâris VI. von Assyrien mit Mati'ilu von Bît-Agusi. (Ibid., 17–34; der Vertrag wurde im Jahre 753 v. Chr. abgeschlossen, vgl. ibid., 17 mit 26). Siehe darüber auch ZIMMERN, a. a. O. 597; DHORME 1910, 274f., 281 note 114; 1937, 217f.; MEISSNER, a. a. O. 83; BLOME, a. a. O. 49 Anm. 18; METZINGER, a. a. O. 253, daselbst weitere Literatur.

[23] So die meisten in Anm. 15 zitierten Autoren.

[24] So spricht GIUSEPPE FURLANI (Il sacrificio nella religione dei Semiti di Babilonia

Auch auf die ganze verwickelte Frage der Substitution beim Opfer im alten Orient [25] und in der heutigen vorderorientalischen Volksreligion [26] soll hier nicht eingegangen werden. Wenn das heute im Islam bei den genannten Schlachtungen verrichtete Gebet wirklich mit diesen altorientalischen Vorlagen genetisch zusammenhängt, sind sicher bedeutende Ideenverschiebungen erfolgt. Hier soll lediglich die Frage gestellt werden – die, soweit ich sehe, noch nie gestellt worden ist [27] – ob zwischen den beiden Formeln ein direkter Zusammenhang besteht – sei es literarisch, sei es durch mündliche Überlieferung. Bei dem langen Nachleben altorientalischer Kulte in nachchristlicher Zeit, für das die ḥarrānischen Ṣabier das merkwürdigste Beispiel sind [28], ist ein direkter Kontakt zwischen Muslimen und Anhängern solcher Kulte durchaus nicht ausgeschlossen, und die Aufzählung der einzelnen Körperteile erscheint als etwas so Charakteristisches, daß man sich nicht ohne weiteres mit der Erklärung aus einem Elementargedanken begnügen möchte. Für die weitere Forschung wäre es wichtig zu wissen, wie weit die behandelte Formel sich in der arabischen Literatur, vor allem in noch unveröffentlichten Handschriften, zeitlich zurückverfolgen läßt.

---

e Assiria. Memorie della R. Accademia Nazionale dei Lincei. Classe di Scienze morali, storiche e filologiche. Anno CCCXXIX – Serie VI. – Vol. IV. – Fasc. 3 [Roma 1932] 215f.) von einer bloßen Täuschung der Dämonen, die den Menschen angreifen (vgl. auch ebd. 208). Vgl. auch BLOME, a. a. O. 49f., bes. 50 Anm. 19; daselbst auch über die erwähnte Vertragsschließungszeremonie.

[25] Vgl. BLOME, a. a. O. 48–58 (§§ 41–49), 78 Anm. 89 (§ 72), 98f. (§ 95), 170 (§ 168); METZINGER, a. a. O. 159–187, 247–272, 353–377: Die Substitutionstheorie und das alttestamentliche Opfer, und die dort zitierte Literatur. [ ]

[26] Damit hat sich besonders SAMUEL IVES CURTISS befaßt (Ursemitische Religion im Volksleben des heutigen Orients [Leipzig 1903] passim), dessen Interpretationen aber vielfach kritisch zu betrachten sind. Vgl. schon die zurückhaltenden Bemerkungen von WOLF WILHELM Grafen BAUDISSIN in der Einleitung zur deutschen Ausgabe, S. IXf. Ich hoffe an anderer Stelle noch ausführlicher auf diese Frage eingehen zu können.

[27] DUSSAUD, a. a. O. 135, zitiert diesen Keilschrifttext (nach DHORME 1910, 274), unmittelbar vor dem islamischen Gebet aus GARCIN DE TASSY, zwischen anderen Beispielen für Substitution beim Opfer (ebd. 133–137); er scheint aber gar nicht auf den Gedanken zu kommen, daß zwischen diesen beiden Formeln ein engerer Zusammenhang bestehen könnte als zwischen den übrigen erwähnten Beispielen.

[28] Vgl. D. CHWOLSOHN, Die Ssabier und der Ssabismus. 2 Bde. St. Petersburg 1856; T. H. WEIR, Art. Ḥarrān. EI II 286f.; B. CARRA DE VAUX, Art. al-Ṣābi'a, Ṣab'ier. Ibid. IV 22f., und die dort angeführte Literatur. [ ]

Anm. 5: Die entsprechenden Artikel in der neuen Auflage der EI (Leiden-London 1960ff., englische Ausgabe), soweit erschienen, sind: *ʿArafa* (I [1960] 604a–b, von A. J. WENSINCK-[H. A. GIBB]); *Ḥadjdj* (III [1971] 31b–38b, von A. J. WENSINCK-[J. JOMIER] und B. LEWIS); *ʿĪd al-Aḍḥā* (III [1971] 1007b–1008a, von E. MITTWOCH). Zu der grundsätzlichen Frage, ob man hier von einem Opfer stricto sensu sprechen kann, cf. J. HENNINGER, Anth 58 (1963) 458–467.

Anm. 12: Nach GOTTFRIED SIMON, Die Welt des Islam und ihre Berührungen mit der Christenheit (Gütersloh 1948) 584, wird eine ähnliche Formel auch von Schiʿiten beim *ʿAqīqa*-Opfer gebraucht; leider gibt er keine Quelle an. Nach dem Kontext (cf. ibid., 583) scheint es sich um persische Schiʿiten zu handeln.

Anm. 14: Der Herausgeber dieses Bandes ist REGINALD CAMPBELL THOMPSON; von ERNEST ALFRED WALLIS BUDGE sind nur Vorbemerkungen beigefügt; cf. RYKLE BORGER, Handbuch der Keilschriftliteratur I (Berlin 1967) 545–547 über CT (= Cuneiform Texts) 16 und 17; cf. auch III (1975) 88f. über die Serie *udug-ḫul-a-meš (utukkī lemnūti)*.

Anm. 15: Cf. unten, Addendum zu Anm. 25.

Anm. 16: Prof. WALTER BAUMGARTNER (Basel) bestätigte mir, daß für *urīṣu* eine andere Übersetzung als «Lamm» oder «Zicklein» nicht mehr in Frage kommt (briefliche Mitteilung vom 28.10.1950.)

Anm. 17: «Auch für *pūḫu* reicht die Übersetzung ‹Abbild› nicht aus». (W. BAUMGARTNER, wie zu Anm. 16). Cf. unten, Addendum zu Anm. 25.

Anm. 25: Zur Substitution cf. jetzt auch: S. H. [= SAMUEL HENRY] HOOKE, The Theory and Practice of Substitution. VT 2 (1952) 2–17 (wieder abgedruckt in: The Siege Perilous. Essays in Biblical Anthropology and Kindred Subjects [London 1956] 204–221; Inhaltsangabe: Anth 53 [1958] 627); R. DE VAUX, Les Institutions de l'Ancien Testament II (Paris 1960) 316–318; ders., Les sacrifices de l'Ancien Testament (Paris 1964) 53–55. Bei diesen Autoren ist außer den oben (Anm. 13–24) besprochenen Heilungs- und Vertragsschließungszeremonien der sog. Ersatzkönig *(šarru pūḫu)* mehr oder weniger ausführlich behandelt; dazu jetzt ex professo: HANS MARTIN KÜMMEL, Ersatzrituale für den hethitischen König (Wiesbaden 1967), der auch die mesopotamischen Fakten behandelt; ders., Ersatzkönig und Sündenbock. ZAW 80 (1968) 289–318; weitere Literaturangaben zum «Ersatzkönig» bei J. HENNINGER, Les fêtes de printemps et la Pâque israélite (Paris 1975) 89, Anm. 206, 99, Anm. 239.

Anm. 28: Cf. jetzt J. HENNINGER, Anth 53 (1958) 783f. mit Anm. 259–264 und die dort zitierte Literatur; dazu noch: J. B. SEGAL, Pagan Syriac Monuments in the Vilayet of Urfa. Anatolian Studies 3 (1953) 97–119, bes. 107–116; J. HENNINGER, Anth 71 (1976) 145 f. mit Anm. 62–64.

13

REZENSIONEN – COMPTES RENDUS

[416] NIELSEN DITLEF. Der dreieinige Gott in religionshistorischer Beleuchtung. 2. Bd.: Die drei Naturgottheiten. 1. Teil (Kap. 1–6). XVIII–250 SS. in 8°. Mit 24 Abbildungen. København 1942. Gyldendalske Boghandel-Nordisk Forlag.

(1950)

Die Besprechung dieses Werkes ist eine Aufgabe, an die man mit gemischten Gefühlen herangeht. Einerseits hat sich der Verfasser durch seine seit Jahrzehnten betriebenen Studien auf dem Gebiete der semitischen, besonders der altsüdarabischen Epigraphik und als Herausgeber des «Handbuches der altarabischen Altertumskunde» [1] große Verdienste erworben; seine Belesenheit und der Fleiß, womit er immer wieder die neuesten Forschungen, z.B. über Ras Šamra, verarbeitet, sind erstaunlich, und seine Publikationen sind, schon wegen ihrer Materialfülle, unentbehrlich für jeden, der auf diesen Gebieten arbeiten will; andererseits muß aber sein Vorgehen bei der Interpretation und Kombination der Tatsachen immer wieder schwerwiegende Bedenken erwecken.

Der Ausgangspunkt seiner, in allen seinen Schriften seit 1904 beharrlich vertretenen Theorie ist die Tatsache, daß in den altsüdarabischen Inschriften eine Göttertrias, bestehend aus Mond (männlich), Sonne (weiblich) und Venus (männlich) die Hauptrolle spielt. NIELSEN glaubt nun, daß diese drei Gottheiten, die göttliche Familie [417] von Vater, Mutter und Sohn, die *einzigen* Gottheiten, alle sonst vorkommenden Götternamen bloße

[1] Der I. Band erschien Paris-Kopenhagen-Leipzig 1927; der II. Band ist im Vorwort des hier besprochenen Buches (p. VII) angekündigt, aber bis jetzt noch nicht erschienen. [ ]

Epitheta seien. Er findet diese Dreiheit aber nicht nur im alten Südarabien, sondern bei *allen* semitischen Völkern und leitet auch die neutestamentliche Trinität aus dieser naturmythologischen Vorstellung ab. Der zusammenfassenden und abschließenden Darstellung dieser Theorie soll das vorliegende Werk dienen, dessen I. Band 1922 erschien; 1942 folgte der 1. Teil des II. Bandes, der hier zu besprechen ist. Darin ist von den drei Naturgottheiten nur der Mondgott behandelt; die Sonnen- und Venusgottheit würden den Gegenstand des 2. Teiles bilden, der aber bis jetzt noch nicht erschienen ist.

Bei vielen, wenn nicht den meisten Orientalisten ist die Theorie von NIELSEN mit großer Zurückhaltung oder entschiedener Ablehnung aufgenommen worden [2], und man bekommt sogar den Eindruck, daß die Opposition sich mit dem Erscheinen jedes neuen Werkes steigere [3]. Tat-

---

[2] Vgl. darüber die bibliographischen Angaben bei G. RYCKMANS, LM 61 (1948) 206; A. JAMME, RB 55 (1948) 227f.; einige diesbezügliche Belege auch schon bei J. HENNINGER, Anth 37/40 (1942/45) 803f., mit Anm. 97–100. – Neuerdings wurde behauptet, daß Frl. Dozentin Dr. MARIA HÖFNER (Tübingen) die Auffassungen von NIELSEN teile (K. GALLING, Orientalisten-Treffen in Mainz, BiOr 5 [1948] 124b). Hier muß aber eine Ungenauigkeit der Berichterstattung vorliegen. Bereits G. RYCKMANS (LM 61 [1948] 206, note 36) hat diese Angabe nur mit Vorbehalt wiedergegeben («Mlle M. HÖFNER ... *aurait* partagé, dans sa communication, la manière de voir de NIELSEN» [Hervorhebung von mir. J. H.]). Tatsächlich heißt es in dem betr. Referat, das inzwischen im vollen Wortlaut erschienen ist (ZDMG 99 (1949] 15–28) wörtlich: «Wir können jedenfalls soviel feststellen, daß sich aus der Fülle der Namen drei große Göttergestalten herausschälen lassen, nämlich der Mondgott als männlicher Hauptgott, die Sonne als weibliche Gottheit und der Venusstern, der hier ebenfalls eine männliche Gottheit ist. Ob sich wirklich *alle* Namen auf diese Trias reduzieren lassen, bleibe dahingestellt. Es ist doch wohl wahrscheinlicher, daß es daneben auch noch andere Götter im altsüdarabischen Pantheon gegeben hat, wenn sie auch sicherlich von untergeordneter Bedeutung waren. Ich erwähne in diesem Zusammenhang nur die in den Inschriften oft genannten anonymen Bewässerungsgottheiten und die Familienpatrone» (a. a. O. 18f.). Dazu bemerkt die Referentin noch brieflich (1.9.1949): «Es ist gar keine Rede davon, daß ich die Ansicht vertreten habe, *alle* [im Original unterstrichen] südarabischen Götter ließen sich auf die Trias reduzieren. Aber natürlich konnte ich in der Zeit von 40 Minuten mich auf keine Einzelheiten einlassen und mußte hauptsächlich von der Trias reden, die ja tatsächlich das Wichtigste im südarabischen Pantheon ist.» M. HÖFNER kann also auch nicht als Anhängerin der Auffassung von NIELSEN betrachtet werden und legt sogar Wert darauf, daß das nicht geschieht (Briefe vom 1.9. und 6.10.1949). [ ]

[3] Siehe z.B. E. DHORME, La religion primitive des Sémites. A propos d'un ouvrage récent. RHR 128 (1944) 5–27; A. JAMME, D. Nielsen et le panthéon sud-arabe préislamique (Synthèse et critique). RB 55 (1948) 227–244; OTTO EISSFELDT, TLZ 73 (1948) 155.

sächlich läßt sich die Auffassung, die außer der genannten Trias keine andere Gottheit gelten lassen will, nicht einmal für das alte Südarabien aufrecht erhalten [4], es sei denn durch eine äußerst gewaltsame Interpretation der Quellen [5].

Diese Bedenken müssen sich noch steigern, wo NIELSEN sich in Fortsetzung seiner Untersuchung immer weiter von den genau dokumentierten Einzeltatsachen entfernt und zu größeren Zusammenfassungen fortschreitet. Die Mängel allgemein-religionsgeschichtlicher und methodischer Art, an denen sein System leidet, sind von [418] orientalistischer Seite gelegentlich schon erwähnt worden [6]; unter mehrfacher Rücksicht sind sie aber noch stärker zu betonen.

Einem Ethnologen muß auffallen, daß NIELSEN die Entwicklung der Ethnologie (und damit auch der allgemeinen Religionsgeschichte) in den letzten Jahrzehnten so gut wie gar nicht berücksichtigt hat [7]. Das zeigt besonders die Einleitung (1–19), die manches aus dem 1922 erschienenen I. Band wiederholt. Allgemeine Behauptungen wie, daß «in primitiven Kulturen kein prinzipieller Unterschied zwischen Tieren und Menschen gemacht werde» (10), oder daß «auf dieser primitiven Kulturstufe» noch nicht darüber nachgedacht werde, wie Himmel und Erde entstanden sind (87, Anm. 1), lassen sich heute doch nicht mehr aufrecht erhalten. Am stärksten hat aber auf NIELSENS ganze Konstruktion die Voraussetzung eingewirkt, daß die ältesten Gottheiten *immer* Naturgottheiten, und zwar Astralgottheiten, seien (6). Das zeigt sich im vorliegenden Band darin, daß jeder «große Gott» im semitischen Bereich ursprünglich immer ein Mondgott gewesen sein muß. Die Möglichkeit, daß es auch einen Hochgott ande-

---

[4] Vgl. A. JAMME. Le panthéon sud-arabe préislamique d'après les sources épigraphiques. LM 60 (1947) 57–147; A. JAMME, RB 55 (1948) 231–237, 240–242.

[5] Ein eklatantes Beispiel dafür findet sich im vorliegenden Band, 119–121. In der dort zitierten Inschrift finden sich – nach NIELSENS eigener Übersetzung – nebeneinander: (der Mondgott) *Sîn* von ʿIlum, (der Venusgott) *ʿAṯtar*, die Göttinnen seines Heiligtums ʿIlum und die Götter und Göttinnen der Stadt Šabwat. Dazu schreibt NIELSEN: «Dieselbe Göttertrias, die überall im alten Arabien zu Hause war, begegnet uns auch hier. Die solare Göttin, die sehr häufig im Plural auftritt, ist durch diejenigen Göttinnen vertreten, die immer hier Sonnengöttinnen waren» (121). Über die «Götter und Göttinnen der Stadt Šabwat» wird stillschweigend hinweggegangen! Vgl. zu dieser Stelle DHORME, a. a. O. 23f.; JAMME, RB 55 (1948) 241.

[6] Z.B. DHORME, a. a. O. 25f.; RYCKMANS, a. a. O. 206; JAMME, RB 55 (1948) 228–231, 238–240, 242f. [ ]

[7] PAUL EHRENREICH, Die allgemeine Mythologie (Leipzig 1910) ist fast das einzige ethnologische Werk, das er zitiert.

ren Ursprungs gegeben haben könnte (der unter Umständen nachträglich lunarisiert wurde), wird überhaupt nicht diskutiert. Auf die Namen W. SCHMIDT und N. SÖDERBLOM stößt man nirgends [8]; auch R. PETTAZZONIS Auffassung vom Himmelsgott wird nie erwähnt, obwohl doch PETTAZZONI über den Verdacht dogmatischer Voreingenommenheit, von der NIELSEN gelegentlich andeutungsweise spricht (3), erhaben ist.

Wie die Interpretation, die sich nur in diesem geschlossenen Zirkel bewegen kann, sich gestaltet, dafür haben wir ein instruktives Beispiel in den beiden letzten Kapiteln: Der große Mondgott als Regen- und Fruchtbarkeitsgott (123–173) und: Der große Mondgott als Gewittergott (174–250). Der bei Nord- und Westsemiten verehrte Regen- und Fruchtbarkeitsgott *Dagan* wird (133–147) auf den altarabischen Mondgott zurückgeführt; dabei ist sich der Autor noch ganz klar der Unsicherheit vieler Annahmen bewußt, aus denen sich seine Beweiskette zusammensetzt (133: «wahrscheinlich» [dreimal]; 136: «wohl»; 137: «wahrscheinlich», «vielleicht» [zweimal]; 141: «wahrscheinlich»; 147: «wohl», «wahrscheinlich»). Später heißt es dann aber ganz apodiktisch: «*Dagan* haben wir schon als Mond und Mondgott kennengelernt» (153) «... daß dieser Ackerbaugott jedenfalls ursprünglich mit dem großen arabischen Mondgott identisch gewesen sein *muß*, der zugleich – wie wir schon öfters gesehen haben – Regen- und Fruchtbarkeitsgott war». (155f.) [9]. «Wie der ḥaḍramautische Volksgott *Šîn*, so war auch der Philistergott *Dagan* kein lokaler oder ausschließlich nationaler Gott, sondern ein gemeinsemitischer [!] Name des großen lunaren Himmelsgottes» (168) [10]. «Daß *Dagan* ursprünglich ein Beiname des großen arabischen Mondgottes war, haben wir im obigen öfters gesehen» (170). Man sieht, wie die subjektive Sicherheit des Autors sich immer mehr steigert. Im folgenden Kapitel werden dann die nordsemitischen Gewittergottheiten *Rešep* und *Hadad* mit *Dagan* identifiziert (183, 184, 188, 191, 203) und auch wieder als Erscheinungsformen des Mondgottes unter anderem Namen betrachtet. Daß man mit solchen Methoden immer wieder auf

---

[8] Während doch Semitisten wie C. BROCKELMANN und TOR ANDRAE von den Forschungen dieser beiden Religionshistoriker für den semitischen Bereich Gebrauch gemacht haben. [ ]

[9] [Hervorhebung von mir. J. H.] – Zwar sucht NIELSEN (150–156) diese Auffassung mit Ras Šamra-Inschriften zu stützen, aber diese enthalten keinen eindeutigen Beweis für den Mondcharakter des Gottes *dgn*.

[10] 168, Anm. 1 werden die Philister, unter Berufung auf einen Artikel von FR. SCHWALLY aus dem Jahre 1891 (!), als semitisches Volk bezeichnet. Diese Erklärung wird kaum viel Anklang finden.

die «ursemitische Göttertrias» zurückkommen und alle anderen Gottheiten eliminieren kann, wird wohl niemand mehr wundernehmen [11]. Um [419] so skeptischer steht man aber den Folgerungen gegenüber, die aus solchen Prämissen gezogen werden. Zweifellos enthält die Abhandlung wertvolles Material über den Mondgott und im einzelnen viele wichtige Hinweise und Anregungen, denen noch weiter nachgegangen werden müßte; aber außer den erwähnten allgemeinen und methodischen Mängeln mahnen auch die zahlreichen Druckfehler und sonstigen Ungenauigkeiten, besonders in Autorennamen und Büchertiteln, zur Vorsicht und Zurückhaltung bei Benutzung der hier gesammelten Materialien.

Aus all diesen Gründen kann man an der vorliegenden Arbeit keine reine Freude haben. Bevor wir zu sicheren Endurteilen über das Wesen und Werden des semitischen Pantheons kommen (wenn man überhaupt von *einem* allen Semiten gemeinsamen Pantheon sprechen kann!), ist noch sehr viel mühsame Kleinarbeit zu leisten.

ADDENDA ET CORRIGENDA

Anm. 1: Ditlef Nielsen starb, 74 Jahre alt, am 15. Januar 1949 in England (cf. AfO 15 [1945/51] 197a). Seine Studie «Der dreieinige Gott» ist ebenso wie das erwähnte «Handbuch» unvollendet geblieben.

Anm. 2: Über spätere (nicht weniger distanzierte) Stellungnahmen von Frau Prof. Maria Höfner zu den Theorien von D. Nielsen cf. Anth 66 (1971) 599; 71 (1976) 161 mit Anm. 121.

Anm. 6: Zum jetzigen Stand der Diskussion um den «Familienmythus» cf. J. Henninger, Zum Problem der Venussterngottheit bei den Semiten. Anth 71 (1976) 129–168, bes. 129f. mit Anm. 2 und 3, 160–162 mit Anm. 120–125 und die dort zitierte Literatur.

Anm. 8: Cf. C[arl] Brockelmann, Allah und die Götzen, der Ursprung des islamischen Monotheismus. ARW 21 (1922) 99–121, bes. 103–105, 118–121; Tor Andrae, Mohammed. Sein Leben und sein Glaube (Göttingen 1932) 20–22.

---

[11] Vgl. zu der Abhandlung über *Dagan* (133–173): Dhorme, a. a. O. 25f., der besonders die Stellen 133, 147, 183 hervorhebt.

[646] RINGGREN HELMER. Word and Wisdom. Studies in the Hypostatization of Divine Qualities and Functions in the Ancient Near East. 233 pp. in 8°. Lund 1947. HÅKAN OHLSSONS Boktryckeri.

(1951)

Unter Hypostase versteht RINGGREN eine «quasi-personification of certain attributes proper to God, occupying an intermediate position between personalities and abstracts beings» (8, nach OESTERLEY-BOX). Er behandelt solche Erscheinungen in Ägypten (9–52), in der sumerisch-akkadischen Religion (53–73), bei den Westsemiten (außer Israel) (74–88), in der israelitischen Religion (89–171) und im vorislamischen Arabien (172–189). Wie der Verfasser selbst betont, ist seine Untersuchung nicht erschöpfend (5); sie stützt sich aber auf ausgedehnte Kenntnisse (vgl. die Bibliographie, 194–224) und berücksichtigt jedenfalls alle bedeutenden Phänomene dieser Art aus dem Alten Orient, abgesehen von Iran.

Einige der wichtigsten Beispiele seien hier aufgezählt: In Ägypten sind u.a. bekannt *Hu (ḥw)*, das (schöpferische) Wort und *Sia (śjȝ)*, der Verstand, ursprünglich Attribute des Hochgottes *Re-Atum*, dann personifiziert als seine Söhne, schließlich so unabhängig, daß sie auch mit *Amon, Osiris* und *Thoth* in Beziehung gesetzt werden oder sogar ohne Verbindung mit einem großen Gott auftreten können (9–27), und die Göttin *Maat (mȝʿ.t)*, Wahrheit (Recht, Gerechtigkeit, kosmische und ethische Ordnung), aus einer Funktion des Hochgottes zur Tochter *Res* geworden (45–52). – In der sumerisch-akkadischen Religion werden *Mēšaru*, Gerechtigkeit (kosmische Ordnung), und *Kettu*, Recht, aus Eigenschaften bzw. Wirkungen des Sonnengottes *Šamaš* zu seinen Söhnen und Dienern (53–59); in ähnlicher Weise wird auch das «Wort» eines Gottes oft hypostasiert (65–68). [ ] In Ras Šamra scheinen analoge Entwicklungen vorzuliegen, obwohl die Schwierigkeiten der Textinterpretation noch kein definitives Urteil gestatten (74–83). Für diese Annahme spricht auch die Erwähnung eines phönizischen Götterpaares *Misor* und *Sydyk* bei PHILO VON BYBLOS; *Misor* erinnert an den akkadischen *Mēšaru*, *Sydyk* ist = *Ṣedeḳ*, Gerechtigkeit (83–88).

Parallele Gedankengänge finden sich im Alten Testament und im spätjüdischen Schrifttum in der Schilderung der Weisheit *(ḥokmā)*. Im Buche

Job, besonders aber in den Proverbien, bei Jesus Sirach und im Buche der Weisheit erscheint sie, mehr oder weniger deutlich, als ein Wesen mit eigener Existenz (89–126). RINGGREN untersucht sorgfältig den Ursprung dieser Vorstellung (126–149) und zeigt die Unhaltbarkeit der Theorien über Entlehnung aus der babylonischen, ägyptischen und iranischen Religion. [ ] Bei aller Parallelität zur Denkweise der vorderorientalischen Umwelt ist der Ursprung der alttestamentlichen Weisheitsvorstellung doch als genuin israelitisch zu betrachten, als die Konkretisierung einer göttlichen Eigenschaft (139f.); dieser Vorgang wurde erleichtert durch den Charakter der semitischen Sprachen mit ihrer geringen Unterscheidung zwischen Abstraktem und Konkretem (155–191). In der Ausgestaltung der Einzelheiten hat aber u.a. die Opposition gegen fremde Religionen, so den *Ištar-* und *Isis*-Kult (133–139, 143–146), unzweifelhaft eine Rolle gespielt. Neben sonstigen alttestamentlichen Hypostasen (149–157) werden noch das Wort (*dābār* bzw. *mēmrā*) (157–164) und der Geist *(ruaḥ)* (165–171) behandelt. (Zu letzterem wäre jetzt noch zu vergleichen: ROBERT KOCH, Geist und Messias [Wien 1950]. Man hätte hier gern auch wenigstens eine kurze Erwähnung der Spekulationen über das [647] «Angesicht» und den «Namen» Gottes gesehen, wenn diese auch schon nicht mehr zum eigentlichen Thema der Untersuchung gehörten.) Wie abschließend festgestellt wird, hat der strenge Monotheismus der israelitischen Religion verhindert, daß aus diesen Hypostasenbildungen neue Gottheiten wurden; das Gleiche ist auch vom Islam zu sagen (192), aber die Kontroversen der frühislamischen Theologen über die göttlichen Attribute zeigen, daß man in diesen eine Gefahr für den Monotheismus sah (187–189). [ ]

Daß das Kapitel über das vorislamische Arabien verhältnismäßig kurz ist (172–189), erklärt sich aus der Spärlichkeit des Materials. Immerhin enthält es manches Interessante. RINGGREN behandelt hier auch das alte Südarabien, unterzieht die Ansichten von D. NIELSEN einer eingehenden Kritik und stellt dann die Hypothese auf, daß *ʿAṯtar* ursprünglich kein Venusgott, sondern ein Himmelsgott gewesen sei (173–177); dann wären vielleicht *Wadd,* «Liebe», und *Naḳrah* (möglicherweise ein Blitzgott, der erschreckende Aspekt *ʿAṯtars*) als Hypostasen dieses Himmelsgottes anzusehen; oder *Wadd* wäre ein Kultname des Mondgottes, der den älteren Himmelgotts verdrängt hätte (181). Diese Hypothese ist beachtenswert; andererseits ist aber die Verbindung *ʿAṯtars* mit dem Venusstern epigraphisch doch besser begründet, als RINGGREN annimmt [1]. [ ]

---

[1] Vgl. darüber jetzt A. JAMME, LM 60 (1947) 57–147, bes. 85–100; G. RYCKMANS,

Die Ansicht, daß der Hochgott *'Aṯtar* ursprünglich bisexuell gewesen sei (176f., 186), ist nicht genügend begründet. [ ] Über den Gott *Wadd* wäre auch zu vergleichen: JOHANN DEÁK, Die Gottesliebe in den alten semitischen Religionen (Eperjes 1914; Diss. Basel 1913), bes. 40–50. Für die Verbindung der Schlange mit *Wadd* liegt näher als die von RINGGREN angeführten Gründe (179f.) der Umstand, daß die Schlange, die durch Häutung periodisch ihr Leben erneuert, auch anderweitig als Mondsymbol bekannt ist.

Auf weitere Einzelheiten einzugehen, verbietet die Knappheit des Raumes; die bisherigen Ausführungen werden aber die große Bedeutung des Buches schon genügend gezeigt haben. RINGGREN hat seine Untersuchung auf eine bedeutend breitere Basis gestellt als diejenigen Autoren, die vor ihm diesem Problem ihre Aufmerksamkeit zugewandt hatten; wenn auch manche Einzelheiten noch der Diskussion der Spezialisten überlassen werden müssen, wird sich seine Grundkonzeption doch wohl als richtig erweisen. Die große Bedeutung seiner Studie für die allgemeine Religionsgeschichte kommt zum Ausdruck in den Schlußworten: «Thus we have obtained further confirmation of the conviction that the evolutionistic theory of a uniform development from belief in mana to monotheism does not hold good. The life of religion is of such variety that it cannot be contained in one formula. The course of development must be judged from case to case. But as a result of our investigation we may certainly maintain that the hypostatization of divine functions has played a considerable part in the origin and growth of polytheism» (193).

Die Hypostasenbildungen, die RINGGREN behandelt, sind keine bloßen künstlichen Konstruktionen theologischer Spekulation, wie man früher oft allzu generalisierend annahm (52, 60, 73), sondern gehen auf Grundkräfte der religiösen Entwicklung zurück (vgl. 7f., 190–193). Die «Götterspaltung» ist ebenso eine historische Wirklichkeit wie die «Göttervereinigung», die man zeitweilig, im Zusammenhang mit USENERS Theorie von

---

Il dio stellare nell'Arabia meridionale preislamica. Rendiconti dell'Accademia Nazionale dei Lincei, Classe di Scienze morali, storiche e filologiche, Anno 345, Serie VIII, Vol. III, fasc. 7–10, pp. 360–369, bes. 365–369. Die ḥaḍramautische Inschrift RES 2693 ist wohl nicht in dem Sinne zu verstehen, daß *'Aṯtar* als der Vater des Mondgottes *Sîn* betrachtet würde (175f.); vgl. dazu RYCKMANS, a. a. O. 367f. – Der Vollständigkeit halber wäre hier auch noch zu erwähnen: HUBERT GRIMME, Der Logos in Südarabien, in: Orientalische Studien, THEODOR NÖLDEKE zum 70. Geburtstag gewidmet (Gießen 1906) I 453–461, obwohl GRIMMES Theorie nirgends Anklang gefunden hat (vgl. dazu die Belege: NZM 3 (1947) 138, Anm. 19).

«Sondergöttern» und «Augenblicksgöttern», zu stark berücksichtigt hatte (vgl. 8, 72). Die große religionsgeschichtliche Bedeutung der Hypostasenbildung, die W. SCHMIDT bei Primitiven schon vielfältig festgestellt hatte (vgl. die Hinweise 192) [ ], wird hier auch für den Bereich der Hochkulturen bestätigt.

ADDENDA ET CORRIGENDA

2. Abschnitt, Z. 12: Cf. auch WILLIAM FOXWELL ALBRIGHT, Von der Steinzeit zum Christentum (Bern 1949) 194f., 425f., Anm. 86–88.

3. Abschnitt, Z. 8: Das schließt nicht aus, daß in Einzelheiten doch solche Einflüsse bestanden; cf. OTHMAR KEEL, Die Weisheit spielt vor Gott. Ein ikonographischer Beitrag zur Deutung des *m^esaḥäqät* in Sprüche 8, 30f. (Freiburg/Schweiz und Göttingen 1974).

3. Abschnitt, am Ende: Cf. THOMAS O'SHAUGHNESSY, The Koranic Concept of the Word of God (Roma 1948; dazu die Rezension: Anth 46 [1951] 645f.); ders., The Development of the Meaning of Spirit in the Koran (Roma 1953; dazu die Rezension: Anth 53 [1958] 1037–1039).

4. Abschnitt, Ende, mit Anm. 1: Die Annahme, daß *ʿAṯtar* im alten Südarabien (und in Ugarit) ursprünglich ein Himmelsgott war und erst sekundär mit dem Venusstern verbunden wurde, erscheint mir jetzt doch besser begründet als ich damals angenommen hatte. Cf. J. HENNINGER, Anth 71 (1976) 129–168, bes. 156–160, und die dort zitierte Literatur, bes. ANDRÉ CAQUOT, Le dieu ʿAthtar et les textes de Ras Shamra. Syria 35 (1958) 45–60.

5. Abschnitt, Z. 2: Auch die Annahme einer ursprünglichen Bisexualität bzw. sexuellen Indifferenziertheit der Gottheit *ʿAṯtar – Ištar* erscheint mir jetzt plausibler; cf. Anth 71 (1976) 154–156 und die dort zitierte Literatur.

Letzter Abschnitt, vorletzte Z.: Die Ausführungen von WILHELM SCHMIDT über die «Absplitterungsgestalten» betrachte ich jetzt mit etwas größerer Zurückhaltung; cf. J. HENNINGER, Les fêtes de printemps chez les Sémites et la Pâque israélite (Paris 1975) 187 mit Anm. 694 und 695, 199, und die dort zitierte Literatur.

15

[611] GASTER THEODOR HERZEL. Passover. Its History and Traditions. 102 pp. in 8°. With 13 fig. London 1958. ABELARD-SCHUMAN. Price: 12s. 6d.)

(1959)

Der Zweck dieses, für weitere Kreise bestimmten Buches (cf. 10) wird einleitend mit folgenden Worten ausgesprochen: «This book tries... to tell the story of the festival not only in terms of the accepted tradition but also against the background of modern knowledge. It seeks to present to the inquiring layman the full story of what recent research has to say about the true origins of Passover, the parallels to it in various parts of the world, and the historical authenticity of the events which it commemorates» (9). Nach einem kurzen Einleitungskapitel «What Passover is» (13–15) wird in den [612] Kapiteln 2–4 (16–45) der Ursprung des Festes und in den folgenden Kapiteln 5–11 (46–92) seine spätere Ausgestaltung im Judentum geschildert. Dabei werden, unter Benutzung der reichhaltigen Sammlung hebräischer Literatur in der Library of Congress, Washington (cf. 73), allerlei interessante Einzelheiten (Legenden, Lieder- und Gebetstexte, alte Bilder) über die Feier des Passahmahles gebracht. Auch das Passah der Samariter wird (nach einer authentischen Beschreibung aus dem 19. Jahrh.) geschildert (77–83). Dagegen wird auf die Umgestaltung der Idee des Osterfestes im Christentum nicht eingegangen. Ein Epilog, Literaturangaben und Index bilden den Abschluß (93–102). – Für die Leser dieser Zeitschrift ist naturgemäß die Behandlung der Ursprungsfrage von besonderem Interesse. Leider kann das religionsgeschichtliche Kapitel «How Passover began» (16–25) nicht befriedigen. Daß es ein vormosaisches Passah gegeben hat, und daß dieses zu «primitive seasonal rituals» (17) in Beziehung steht, ist zweifellos richtig, aber bei der näheren Erklärung sind sehr wesentliche Aspekte nicht berücksichtigt. Es wird auf die religiöse Bedeutung des Gemeinschaftsmahles, in Beziehung zur Gottheit (17–20), die apotropäische Bedeutung des Blutstreichens (20f.) und die Idee des stellvertretenden Loskaufes (21f.) hingewiesen. «Religious institutions rarely go back to one single motive» (21). Als «alternative view» wird dann noch die Erklärung angeführt, daß dieses Frühlingsfest ursprünglich eine Trauerzeremonie für den (zu Beginn der heißen Zeit sterbenden) Vegetationsgott gewesen sein könnte (23–25). Wie aus der Bibliographie hervorgeht, stützt sich der Autor vorwiegend auf ältere religionsgeschichtliche Literatur (W. R. SMITH, J. G. FRAZER, S. I. CURTISS u.a.), in der wahllos Parallelen von überall herangezogen werden. (Es ist auch ganz im Sinne dieser Autoren, wenn im abschätzigen Ton von «magical hocuspocus» gesprochen wird [22], oder wenn Moses' Schwiegervater Jethro kurzerhand als «Schamane» bezeichnet wird [27; 35 heißt es «priest or shaman»]). Man vermißt völlig die Idee des Opfers der Erstlinge und die Berücksichtigung des spezifisch hirtennomadischen Charakters der Passahfeier. (Cf. L. ROST, Weidewechsel und altisraelitischer Festkalender. ZDPV 66 (1943) 205–216; E. DHORME, La religion des Hébreux nomades [Bruxelles 1937], bes. pp. 58, 208, 210–212; auch sei es dem Referenten gestattet, auf weitere Materialien hinzuweisen, die in seinen beiden Artikeln verarbeitet sind: Les fêtes de printemps chez les Arabes et leurs implications historiques. RMP, N. S. 4 (1950) 389–432, bes. 410–430; Zum Verbot des Knochenzerbrechens bei den Semiten. Studi Orientalistici in onore di Giorgio Levi Della Vida [Roma 1956] Vol. 1, 448–458). – Das 3. Kapitel «Israel in Egypt» (26–39) ist ein im großen und ganzen gut abgewogenes Exposé (cf. bes. 29f., 38f., über den «historischen Kern» der biblischen Erzählung). Es befremdet aber, wenn dann Moses' Bedeutung wie folgt umschrieben wird: «Viewed in the light of contemporary events, and without dogmatic preconceptions, the genius and achievement of Moses would seem to have lain in an inspired *use* of religion *as a means* of freeing his people» (34 [Hervorhebung von mir. J. H.]; cf. auch den Kontext 34–38, und 9, wo als Entwicklungsstadien der Idee des Passahfestes angegeben werden: physical freedom, social freedom und human freedom). Man fragt sich betroffen, ob hier etwa Moses (im Sinne der Aufklärungsphilosophie des 18. Jahrh.) als ein politischer Führer dargestellt werden soll, für den die «Erfindung» einer Nationalreligion nur ein Mittel zum Zweck gewesen wäre. Aber wenn der Autor auch dem traditioneller gerichteten Judentum fernsteht (nicht erwähnt ist z.B. MARTIN BUBERS Buch über Moses), so ist es offenbar doch nicht seine Absicht, zu leugnen, daß für Moses ein echtes religiöses Erlebnis im Mittelpunkt stand. Dafür sprechen manche andere Wendungen, nicht zuletzt die Stelle im Epilog: «... Yet freedom is not mere independence, nor liberty mere licence. Freedom, says the Passover message, is redemption through God. It is not because they went out of Egypt that Israel became a free people; it is because they set their faces towards Sinai» (93).

[Cf. jetzt: J. HENNINGER, Les fêtes de printemps chez les Sémites et la Pâque israélite (Paris 1975), bes. 51–77, 123–199.]

16

[957] SEGAL J. B. The Hebrew Passover. From the Earliest Times to A. D. 70. (London Oriental Series, 12.) XVI–294 pp. in 8°. London 1964. Oxford Univ. Press. Price: 42s.

(1964)

Vor gut 50 Jahren entwickelte GEORG BEER in seiner Textausgabe des Mischna-Traktates *Pesachim* (Gießen 1912) seine Theorien über Ursprung und Sinn des israelitischen Passahfestes. Seitdem sind viele einschlägige Detailstudien erschienen, aber keine [958] Gesamtdarstellung mehr (VII) [1]. Es war daher eine verdienstliche Aufgabe, die Forschungsergebnisse dieser 50 Jahre in einer Monographie zusammenzufassen. J. B. SEGAL tut dies auf Grund umfassender Vorstudien; sein Literaturverzeichnis – als Select Bibliography bezeichnet! – umfaßt 20 Seiten (leider wird darin bei Büchern nur das Erscheinungsjahr, nicht der Ort, und bei Zeitschriftenartikeln nur die erste, nicht die letzte Seitenzahl angegeben; im übrigen ist die Ausführung hier, wie im ganzen Buch, sehr sorgfältig, und Druckfehler sind selten). Daß die historische Entwicklung des Festes nur bis zum Jahre 70 n. Chr. behandelt wird, ist von der Sache her begründet; mit der Zerstörung des Tempels wurde der Charakter des Passah wesentlich verändert. «Thereafter a new phase of its story opens – but it had become the Jewish, rather than the Hebrew, Passover» (266).

Um die Geschichte und das Wesen des Passahfestes innerhalb des so umgrenzten Zeitraumes zu erhellen, werden in einem 1. Teil sämtliche (biblische und außerbiblische) Quellentexte zitiert, analysiert und kommentiert (1–77) und die verschiedenen Theorien über seinen Ursprung und seine Entwicklung in der Frühzeit ausführlich behandelt (78–113). In einem umfangreicheren 2. Teil entwickelt der Verfasser seine eigene Theorie, die von weitverbreiteten Auffassungen vielfach abweicht. Danach gehörte das eigentliche Passah *(Pèsaḥ)* mit der Schlachtung des «Osterlammes» [2] von

---

[1] Das Buch von TH. H. GASTER, Passover (London 1958) war für weitere Kreise bestimmt und ist auch in mancher Hinsicht unbefriedigend (cf. Anth 54 [1959] 611 f.). [oben Nr. 15].

[2] Der Autor weist mit Recht wiederholt darauf hin, daß dieser Ausdruck inadäquat ist, weil das Opfertier ebensogut ein Zicklein sein kann. Es gilt aber ausnahmslos,

Anfang an mit dem siebentägigen Fest der ungesäuerten Brote *(Maṣṣōt)* zusammen und hatte den Charakter eines Neujahrsfestes; als solches bestand es schon vor der Einwanderung in Kanaan (114–188). In den beiden letzten Kapiteln wird seine Entwicklung seit der Seßhaftwerdung im Zusammenhang mit der Kultzentralisation und anderen Vorgängen behandelt (181–269, Zusammenfassung der Ergebnisse: 266–269).

Die Stellungnahme zu den Thesen und Argumenten des Autors ist in erster Linie Sache der Alttestamentler; hier können lediglich einige methodologische und religionsgeschichtliche Aspekte hervorgehoben werden.

SEGAL betont nachdrücklich (und wohl mit Recht), daß eine rein literarkritische Betrachtung nicht zur Lösung der Probleme führen kann, denn man stößt immer wieder auf die Tatsache, daß literarisch spät angesetzte Texte, wie die Priesterschrift (P), unbestreitbar alte Elemente enthalten; daher sind alle Theorien, die einseitig von der literarischen Bezeugung ausgehen, zum Scheitern verurteilt (cf. 42, 70–77, 91f., 114, 189f., 204). Aus einer umfassenderen kulturhistorischen Betrachtung ergibt sich vielmehr, daß das Passahfest, wie es in Ex 12 und 13 beschrieben wird, die älteste Form darstellt (obwohl ein großer Teil dieser Texte der Quellschrift P zugeordnet wird); dafür sprechen u.a. solche altertümlichen Elemente wie die Vornahme von Blutriten durch Laien (cf. 75f., 77, 157–165, 184, 190, 191, 192, 204).

Mit Recht lehnt der Verfasser auch eine Reihe von Theorien ab, durch die vielfach die Erkenntnis des Wesentlichen beeinträchtigt wurde, wie die verschiedenen Etymologien (darunter auch akkadische und ägyptische, 95–101), die Ableitung aus einem angeblichen früheren Opfer der menschlichen Erstgeburt (101f.), usw. Dagegen wird für die Zeit vor der Einwanderung in Kanaan auf das Vorkommen des Ackerbaus wohl doch zu viel Gewicht gelegt (93f.) [3] und dementsprechend der Nomadencharakter des *Pèsaḥ* zu wenig gewürdigt. Die Erklärung als Neujahrsfest (weitgehend im Sinne der [959] «Myth and Ritual»-Schule), so bestechend manche

---

während der ganzen israelitischen Geschichte, daß nur ein Jungtier von Kleinvieh *(ṣōn)* in Betracht kommt. In der Stelle Deut 16, 2, wo auch Rinder *(bāqār)* als Passahopfer genannt werden (einer alten *crux interpretum*), kann SEGAL mit beachtenswerten Gründen eine Textverderbnis plausibel machen (cf. 204f.).

[3] Auf die Frage nach der Wirtschaftsform der Hebräer vor der Landnahme in Kanaan, auf Grund der Patriarchenerzählungen der Genesis, gehe ich näher ein in einem Artikel «Zum frühsemitischen Nomadentum»; dieser wird voraussichtlich Anfang 1966 in Budapest erscheinen (in einem Sammelwerk über eurasiatisches Nomadentum).

[Cf. jetzt: J. HENNINGER, Zum frühsemitischen Nomadentum. In: Viehwirtschaft und Hirtenkultur. Ethnographische Studien, hrsg. von L. FÖLDES, unter redaktioneller Mitwirkung von B. GUNDA (Budapest 1969) 33–68, bes. 44–57.]

Argumente erscheinen mögen, muß eine Reihe von Elementen einfügen, für deren Annahme nur schwache Gründe vorliegen.

Das ganze Problem ist inzwischen auch von R. DE VAUX in gedrängter, aber klarer Form behandelt worden [4]; er hebt die typisch nomadischen (bzw. halbnomadischen) Züge des *Pèsaḥ* hervor und hält an seiner ursprünglichen Unabhängigkeit vom *Maṣṣōt*-Fest nach wie vor fest, während er SEGALS Deutung als Neujahrsfest ablehnt. Es kann jedem Leser überlassen werden, die Ausführungen der beiden Autoren zu vergleichen und ihre Argumente gegeneinander abzuwägen. Wenn neben den Texten des Alten Testamentes und den Dokumenten aus dem alten Orient auch die Ethnologie, speziell die Vergleichung zwischen semitischen und anderen Nomaden, entsprechend gewertet wird, scheint die Deutung von DE VAUX den Vorzug zu verdienen [5].

Dabei bleibt bestehen, daß SEGALS Studie ein Werk von großer Bedeutung ist; die reiche Materialsammlung macht dieses Buch zu einem wertvollen Arbeitsinstrument, und die kritische Durcharbeitung dieser Dokumentation wirkt überaus fördernd und anregend, auch da, wo man sich den Auffassungen des Autors nicht anschließen kann.

---

[4] R. DE VAUX, Les sacrifices de l'Ancient Testament (Cahiers de la Revue Biblique, 1, Paris 1964), bes. I. Le sacrifice pascal (7–27; kurze Stellungnahme zu SEGAL a. a. O. 27, note 1).

[5] In einem wichtigen Detail stimmt DE VAUX mit SEGAL überein, nämlich darin, daß das *Pèsaḥ* kein Opfer der Erstlinge der Herden gewesen sei (SEGAL, 103–105, 181f.; DE VAUX, 11, 19f., 22). Zur Klärung des Fragestandes sei aber folgendes bemerkt: 1. Zweifellos enthalten die Texte des Alten Testamentes keine Vorschrift darüber, daß das Passahlamm das Erstlingstier einer *Herde* sein müsse. 2. Die im Pentateuch kodifizierten Gesetze über den Erstlingswurf des *einzelnen Muttertieres* sind unvereinbar mit seiner Opferung an einem festen Datum, weil sie ja die Opferung am 8. Tage vorschreiben (cf. aber SEGAL, 104f.). 3. Wenn man aber den ganzen Komplex der Hirten-Frühlingsfeste in seiner weiten Verbreitung in Betracht zieht, bei denen die Opferung von Jungtieren (und bei den heutigen Arabern gerade auch vom Erstlingswurf der Herde) eine so große Rolle spielt, ist die Annahme plausibel: Auch in *frühsemitischer* Zeit hat es ein Hirten-Frühlingsfest mit Opferung des Erstlingswurfes der Herde gegeben; darauf geht das vormosaische Passah zurück. Ein direktes Zeugnis dafür gibt es freilich nicht, aber aus den *Pèsaḥ*-Riten wie auch aus den altarabischen *Rağab*-Opfern lassen sich eine Anzahl Indizien dafür gewinnen. (Statt von «arguments de convenance», wie DE VAUX, a. a. O. 11, note 1, würde ich lieber von «convergence de probabilités» sprechen.) Cf. zum Ganzen J. HENNINGER, Les fêtes de printemps chez les Arabes et leurs implications historiques. RMP, N. S. 4 (1950) 389–432 (bes. 402–405, 416f., 420f., 428–430); ders., Über Frühlingsfeste bei den Semiten. In Verbo Tuo. St. Augustin 1963 (cf. Anthropos 59 [1964] 666f.), 375–398 (bes. 376–378, 384–386, 390f., mit den zugehörigen Anmerkungen am Schluß des Artikels); [ferner jetzt: J. HENNINGER, Les fêtes de printemps chez les Sémites et la Pâque israélite (Paris 1975), bes. 51–77, 95–98, 123–199].

ABKÜRZUNGEN

AASOR	The *A*nnual of the *A*merican *S*chool of *O*riental *R*esearch
AD	*A*rabia *D*eserta (ALOIS MUSIL, New York 1927)
AF	*A*rabia *F*elix (BERTRAM THOMAS, London 1932)
AfA	*A*rchiv *f*ür *A*nthropologie
AfO	*A*rchiv *f*ür *O*rient-*F*orschung
AGWG	*A*bhandlungen der *G*esellschaft der *W*issenschaften zu *G*öttingen (Phil.-hist. Klasse)
AIEOA	*A*nnales de l'*I*nstitut d'*É*tudes *O*rientales d'*A*lger
AJSL	*A*merican *J*ournal of *S*emitic *L*anguages and Literatures
AKM	*A*bhandlungen für die *K*unde des *M*orgenlandes
ANET	*A*ncient *N*ear *E*astern *T*exts Relating to the Old Testament (JAMES B. PRITCHARD [edit.], Princeton, N. J. ²1955)
Anth	*Anth*ropos
AP	*A*rabia *P*etraea (ALOIS MUSIL, 3 Bde., Wien 1907–1908)
APAW	*A*bhandlungen der *P*reußischen *A*kademie der *W*issenschaften
ARAI	*A*ctes de la *R*encontre *A*ssyriologique *I*nternationale
Ar Or	*Ar*chiv *Or*ientální
ARW	*A*rchiv für *R*eligions-*W*issenschaft
AS	*A*rbeit und *S*itte in Palästina (GUSTAF DALMAN, 7 Bde., Gütersloh 1928–1942)
BASOR	*B*ulletin of the *A*merican *S*chools of *O*riental *R*esearch
Bib	*Bib*lica
BIE	*B*ulletin de l'*I*nstitut d'*E*gypte
BIFAO	*B*ulletin de l'*I*nstitut *F*rançais d'*A*rchéologie *O*rientale
BiOr	*Bi*bliotheca *Or*ientalis
BRAH	*B*oletín de la *R*eal *A*cademía de la *H*istoria
BSG	*B*ulletin de la *S*ociété de *G*éographie
BSO(A)S	*B*ulletin of the *S*chool of *O*riental (and *A*frican) *S*tudies
BZ	*B*iblische *Z*eitschrift
BZAW	*B*eihefte zur *Z*eitschrift für die *a*lttestamentliche *W*issenschaft
CBQ	*C*atholic *B*iblical *Q*uarterly
CRAIBL	*C*omtes *r*endus de l'*A*cadémie des *I*nscriptions et *B*elles-*L*ettres
CRSER	*C*omptes *r*endus de la *S*emaine d'*E*thnologie *R*eligieuse

DBS	*D*ictionnaire de la *B*ible, *S*upplément
DHGE	*D*ictionnaire d'*H*istoire et de *G*éographie *e*cclésiastiques
DLZ	*D*eutsche *L*iteratur-*Z*eitung
DTC	*D*ictionnaire de *T*héologie *C*atholique
EI	*E*nzyklopädie des *I*slām ([1]Leiden 1913–1938) *E*ncyclopaedia of *I*slām ([2]Leiden and London 1960 ff.) [wenn die französische Ausgabe zitiert ist, ist dies eigens angegeben]
ERE	*E*ncyclopaedia of *R*eligion and *E*thics
ESE	*E*phemeris für *s*emitische *E*pigraphik
FL	*F*olk-*L*ore
GAL	*G*eschichte der *a*rabischen *L*itteratur (CARL BROCKELMANN, Bd. 1: Weimar 1898; Bd. 2: Berlin 1902; 3 Supplementbde. Leiden 1937, 1938 und 1941)
GJ	*G*eographical *J*ournal
Gl	*Gl*obus
HUCA	*H*ebrew *U*nion *C*ollege *A*nnual
HWDA	*H*and*w*örterbuch des *d*eutschen *A*berglaubens (HANNS BÄCHTOLD-STÄUBLI, 10 Bde., Berlin und Leipzig 1927–1942)
IAE	*I*nternationales *A*rchiv für *E*thnographie
JA	*J*ournal *A*siatique
JAOS	*J*ournal of the *A*merican *O*riental *S*ociety
JASB	The *J*ournal of the *A*nthropological *S*ociety of *B*ombay
JBL	*J*ournal of *B*iblical *L*iterature
JDAI	*J*ahrbuch des *D*eutschen *A*rchäologischen *I*nstituts
JESHO	*J*ournal of the *E*conomic and *S*ocial *H*istory of the *O*rient
JKF	*J*ahrbuch für *k*leinasiatische *F*orschungen
JLM	*J*ahrbuch des *L*inden-*M*useums
JNES	*J*ournal of *N*ear *E*astern *S*tudies
JPOS	*J*ournal of the *P*alestine *O*riental *S*ociety
JRAI	*J*ournal of the *R*oyal *A*nthropological *I*nstitute
JRAS	*J*ournal of the *R*oyal *A*siatic *S*ociety
JRGS	*J*ournal of the *R*oyal *G*eographic *S*ociety
JSA	*J*ournal de la *S*ociété des *A*fricanistes
JSOR	*J*ournal of the *S*ociety of *O*riental *R*esearch
JSS	*J*ournal of *S*emitic *S*tudies
LM	*L*e *M*uséon
LThK	*L*exikon für *Th*eologie und *K*irche
MAGW	*M*itteilungen der *A*nthropologischen *G*esellschaft *W*ien
MO	Le *M*onde *O*riental
MPG	JACQUES-PAUL *M*IGNE, *P*atrologia *G*raeca

MPL	JACQUES-PAUL MIGNE, *P*atrologia *L*atina
MSOS	*M*itteilungen des *S*eminars für *o*rientalische *S*prachen
MUSJ	*M*élanges de l'*U*niversité *S*aint-*J*oseph
MV(Ä)G	*M*itteilungen der *V*orderasiatischen (bzw. Vorderasiatisch-Ägyptischen) *G*esellschaft
MW	The *M*oslem [seit 1948: Muslim] *W*orld
NGWG	*N*achrichten von der Königlichen *G*esellschaft der *W*issenschaften zu *G*öttingen
NZM	*N*eue *Z*eitschrift für *M*issionswissenschaft
ÖMO	*Ö*sterreichische *M*onatsschrift für den *O*rient
OLZ	*O*rientalistische *L*iteratur-*Z*eitung
Or	*Or*ientalia
PEFQS	The *P*alestine *E*xploration *F*und *Q*uarterly *S*tatement
PELOV	*P*ublications de l'*E*cole des *L*angues *O*rientales *V*ivantes
PJb	*P*alästina-*J*ahr*b*uch des Deutschen Evangelischen Instituts für Altertumswissenschft des Hl. Landes zu Jerusalem
PPEA	*P*ublications of the *P*rinceton *E*xpedition to *A*byssinia (ENNO LITTMANN, 4 voll., Leiden 1910–1915)
PQS	The *P*alestine *Q*uarterly *S*tatement
PRGS	*P*roceedings of the *R*oyal *G*eographical *S*ociety
RA	*R*evue d'*A*ssyriologie
RAss	*R*eallexikon der *Ass*yriologie
RB	*R*evue *B*iblique
RCAJ	*R*oyal *C*entral *A*sian *J*ournal
RdM	Die *R*eligionen *d*er *M*enschheit (CHRISTEL MATTHIAS SCHRÖDER [edit.], Stuttgart 1960ff.)
REI	*R*evue des *E*tudes *I*slamiques
RES	*R*épertoire d'*E*pigraphie *S*émitique
RGG	Die *R*eligion in *G*eschichte und *G*egenwart
RH	*R*evue *H*istorique
RHR	*R*evue de l'*H*istoire des *R*eligions
RMM	*R*evue du *M*onde *M*usulman
RMP	*R*evista do Museu *P*aulista
RR	*R*eview of *R*eligions
RS	*R*evue *S*émitique
RSO	*R*ivista degli *S*tudi *O*rientali
RW	*R*eligionswissenschaftliches *W*örterbuch (FRANZ KÖNIG [edit.], Wien 1956)
SAV	*S*chweizerisches *A*rchiv für *V*olkskunde
SB(K)AWW	*S*itzungs*b*erichte der (*K*aiserlichen) *A*kademie der *W*issenschaften in *W*ien
SE	*S*üdarabische *E*xpedition
SI	*S*tudia *I*slamica

SNR	*S*udan *N*otes and *R*ecords
SO	*S*tudia *O*rientalia (Helsingfors)
SPAW	*S*itzungsberichte der *P*reußischen *A*kademie der *W*issenschaften (Phil.-hist. Klasse)
SVT	*S*upplements to *V*etus *T*estamentum
SWJA	*S*outh*w*estern *J*ournal of *A*nthropology
TBGS	*T*ransactions of the *B*ombay *G*eographical *S*ociety
TLZ	*T*heologische *L*iteratur-*Z*eitung
TZ	*T*heologische *Z*eitschrift
UdG	Der *U*rsprung *d*er *G*ottesidee (WILHELM SCHMIDT, 12 Bde., Münster i. W. 1912–1955)
VKARG	*V*erhandlungen des *K*ongresses für *A*llgemeine *R*eligions*g*eschichte
VT	*V*etus *T*estamentum
WB	*W*iener *B*eiträge zur Kulturgeschichte und Linguistik
WdM	*W*örterbuch *d*er *M*ythologie (H. W. HAUSSIG [edit.], Stuttgart 1965 ff.)
WI	Die *W*elt des *I*slams
WVM	*W*iener *V*ölkerkundliche *M*itteilungen
WZKM	*W*iener *Z*eitschrift für die *K*unde des *M*orgenlandes
ZA	*Z*eitschrift für *A*ssyriologie
ZAW	*Z*eitschrift für die *a*lttestamentliche *W*issenschaft
ZDMG	*Z*eitschrift der *D*eutschen *M*orgenländischen *G*esellschaft
ZDPV	*Z*eitschrift des *D*eutschen *P*alästina-*V*ereins
ZfE	*Z*eitschrift *f*ür *E*thnologie
ZRGG	*Z*eitschrift für *R*eligions- und *G*eistes*g*eschichte
ZRW	*Z*eitschrift für vergleichende *R*echts*w*issenschaft
ZS	*Z*eitschrift für *S*emitistik

NAMEN- UND SACHREGISTER

Einfache Zahlen verweisen auf den Text, A. verweist auf Anmerkungen oder Addenda. Kursiv gesetzte Zahlen bedeuten, daß der ganze betreffende Abschnitt dieses Thema ex professo behandelt. Arabische Wörter mit dem Artikel *al-* sind unter dem Anfangsbuchstaben des Substantivs eingeordnet.

ORBIS BIBLICUS ET ORIENTALIS

Bd. 1 OTTO RICKENBACHER: *Weisheitsperikopen bei Ben Sira.* X-214-15* Seiten. 1973.

Bd. 2 FRANZ SCHNIDER: *Jesus der Prophet.* 298 Seiten. 1973. Vergriffen.

Bd. 3 PAUL ZINGG: *Das Wachsen der Kirche.* Beiträge zur Frage der lukanischen Redaktion und Theologie. 345 Seiten. 1974. Vergriffen.

Bd. 4 KARL JAROŠ: *Die Stellung des Elohisten zur kanaanäischen Religion.* 496 Seiten. 1974. Vergriffen. Neuauflage in Vorbereitung.

Bd. 5 OTHMAR KEEL: *Wirkmächtige Siegeszeichen im Alten Testament.* Ikonographische Studien zu Jos 8, 18-26; Ex 17, 8-13; 2 Kön 13, 14-19 und 1 Kön 22, 11. 232 Seiten, 78 Abbildungen. 1974.

Bd. 6 VITUS HUONDER: *Israel Sohn Gottes.* Zur Deutung eines alttestamentlichen Themas in der jüdischen Exegese des Mittelalters. 231 Seiten. 1975.

Bd. 7 RAINER SCHMITT: *Exodus und Passah. Ihr Zusammenhang im Alten Testament.* 112 Seiten. 1975. Vergriffen. Neuauflage in Vorbereitung.

Bd. 8 ADRIAN SCHENKER: *Hexaplarische Psalmenbruchstücke.* Die hexaplarischen Psalmenfragmente der Handschriften Vaticanus graecus 752 und Canonicianus graecus 62. Einleitung, Ausgabe, Erläuterung. XXVIII - 446 Seiten. 1975.

Bd. 9 BEAT ZUBER: *Vier Studien zu den Ursprüngen Israels.* Die Sinaifrage und Probleme der Volks- und Traditionsbildung. 152 Seiten. 1976. Vergriffen.

Bd. 10 EDUARDO ARENS: *The ΗΛΘΟΝ-Sayings in the Synoptic Tradition.* A Historico-critical Investigation. 370 Seiten. 1976.

Bd. 11 KARL JAROŠ: *Sichem.* Eine archäologische und religionsgeschichtliche Studie, mit besonderer Berücksichtigung von Jos 24. 280 Seiten, 193 Abbildungen. 1976.

Bd. 11a KARL JAROŠ / BRIGITTE DECKERT: *Studien zur Sichem-Area.* 81 Seiten, 23 Abbildungen. 1977.

Bd. 12 WALTER BÜHLMANN: *Vom rechten Reden und Schweigen.* Studien zu Proverbien 10-31. 371 Seiten. 1976.

Bd. 13 IVO MEYER: *Jeremia und die falschen Propheten.* 155 Seiten. 1977.

Bd. 14 OTHMAR KEEL: *Vögel als Boten.* Studien zu Ps 68, 12-14, Gen 8, 6-12, Koh 10, 20 und dem Aussenden von Botenvögeln in Ägypten. – Mit einem Beitrag von Urs Winter zu Ps 56, 1 und zur Ikonographie der Göttin mit der Taube. 164 Seiten, 44 Abbildungen. 1977.

Bd. 15 MARIE-LOUISE GUBLER: *Die frühesten Deutungen des Todes Jesu.* Eine motivgeschichtliche Darstellung aufgrund der neueren exegetischen Forschung. XVI - 424 Seiten. 1977.

Bd. 16 JEAN ZUMSTEIN. *La condition du croyant dans l'Evangile selon Matthieu.* 467 pages. 1977.

Bd. 17 FRANZ SCHNIDER: *Die verlorenen Söhne.* Strukturanalytische und historisch-kritische Untersuchungen zu Lk 15. 105 Seiten. 1977.

Bd. 18 HEINRICH VALENTIN: *Aaron.* Eine Studie zur vor-priesterschriftlichen Aaron-Überlieferung. VIII - 441 Seiten. 1978.

Bd. 19 MASSÉO CALOZ: *Etude sur la LXX origénienne du Psautier.* Les relations entre les leçons des Psaumes du Manuscrit Coislin 44, les Fragments des Hexaples et le texte du Psautier Gallican. 480 pages. 1978.

Bd. 20 RAPHAEL GIVEON: *The Impact of Egypt on Canaan.* Iconographical and Related Studies. 156 Seiten, 73 Abbildungen. 1978.

Bd. 21 DOMINIQUE BARTHÉLEMY: *Etudes d'histoire du texte de l'Ancien Testament.* XXV - 419 pages. 1978.

Bd. 22/1 CESLAS SPICQ: *Notes de Lexicographie néo-testamentaire.* Tome I: p. 1-524. 1978.

Bd. 22/2 CESLAS SPICQ: *Notes de Lexicographie néo-testamentaire.* Tome II: p. 525-980. 1978.

Bd. 23 BRIAN M. NOLAN: *The royal Son of God.* The Christology of Matthew 1-2 in the Setting of the Gospel. 282 Seiten. 1979.

Bd. 24 KLAUS KIESOW: *Exodustexte im Jesajabuch.* Literarkritische und motivgeschichtliche Analysen. 221 Seiten. 1979.

Bd. 25/1 MICHAEL LATTKE: *Die Oden Salomos in ihrer Bedeutung für Neues Testament und Gnosis.* Band I. Ausführliche Handschriftenbeschreibung. Edition mit deutscher Parallel-Übersetzung. Hermeneutischer Anhang zur gnostischen Interpretation der Oden Salomos in der Pistis Sophia. XI - 237 Seiten. 1979.

Bd. 25/1a MICHAEL LATTKE: *Die Oden Salomos in ihrer Bedeutung für Neues Testament und Gnosis.* Band Ia. Der syrische Text der Edition in Estrangela Faksimile des griechischen Papyrus Bodmer XI. 68 Seiten. 1980.

Bd. 25/2 MICHAEL LATTKE: *Die Oden Salomos in ihrer Bedeutung für Neues Testament und Gnosis.* Band II. Vollständige Wortkonkordanz zur handschriftlichen, griechischen, koptischen, lateinischen und syrischen Überlieferung der Oden Salomos. Mit einem Faksimile des Kodex N. XVI - 201 Seiten. 1979.

Bd. 26 MAX KÜCHLER: *Frühjüdische Weisheitstraditionen.* Zum Fortgang weisheitlichen Denkens im Bereich des frühjüdischen Jahweglaubens. 703 Seiten. 1979.

Bd. 27 JOSEF M. OESCH: *Petucha und Setuma.* Untersuchungen zu einer überlieferten Gliederung im hebräischen Text des Alten Testaments. XX - 394 - 37* Seiten. 1979.

Bd. 28 ERIK HORNUNG / OTHMAR KEEL (Herausgeber): *Studien zu altägyptischen Lebenslehren.* 394 Seiten. 1979.

Bd. 29 HERMANN ALEXANDER SCHLÖGL: *Der Gott Tatenen.* Nach Texten und Bildern des Neuen Reiches. 216 Seiten, 14 Abbildungen. 1980.

Bd. 30 JOHANN JAKOB STAMM: *Beiträge zur Hebräischen und Altorientalischen Namenkunde.* XVI - 264 Seiten. 1980.

Bd. 31 HELMUT UTZSCHNEIDER: *Hosea – Prophet vor dem Ende.* Zum Verhältnis von Geschichte und Institution in der alttestamentlichen Prophetie. 260 Seiten. 1980.

Bd. 32 PETER WEIMAR: *Die Berufung des Mose.* Literaturwissenschaftliche Analyse von Exodus 2,23-5,5. 402 Seiten. 1980.

Bd. 33 OTHMAR KEEL: *Das Böcklein in der Milch seiner Mutter und Verwandtes.* Im Lichte eines altorientalischen Bildmotivs. 163 Seiten, 141 Abbildungen. 1980.

Bd. 34 PIERRE AUFFRET: *Hymnes d'Egypte et d'Israël.* Etudes de structures littéraires. 316 pages, 1 illustration. 1981.

Bd. 35 ARIE VAN DER KOOIJ: *Die alten Textzeugen des Jesajabuches.* Ein Beitrag zur Textgeschichte des Alten Testaments. 388 Seiten. 1981.

Bd. 36 CARMEL McCARTHY: *The Tiqqune Sopherim and Other Theological Corrections in the Masoretic Text of the Old Testament.* 280 Seiten. 1981.

Bd. 37 BARBARA L. BEGELSBACHER-FISCHER: *Untersuchungen zur Götterwelt des Alten Reiches im Spiegel der Privatgräber der IV. und V. Dynastie.* 336 Seiten. 1981.

Bd. 38 MÉLANGES DOMINIQUE BARTHÉLEMY. Etudes bibliques offertes à l'occasion de son 60e anniversaire. Edités par Pierre Casetti, Othmar Keel et Adrian Schenker. 724 pages. 31 illustrations. 1981.

Bd. 39 ANDRÉ LEMAIRE: *Les écoles et la formation de la Bible dans l'ancien Israël.* 142 pages, 14 illustrations. 1981.

Bd. 40 JOSEPH HENNINGER: *Arabica Sacra.* Aufsätze zur Religionsgeschichte Arabiens und seiner Randgebiete. Contributions à l'histoire religieuse de l'Arabie et de ses régions limitrophes. 347 Seiten. 1981.